第七届清明论坛优秀论文集

DIQIJIE QINGMING LUNTAN
YOUXIU LUNWENJI

下卷

李建华　主编

中国社会出版社
国家一级出版社・全国百佳图书出版单位

目　录

优秀奖（38 名）

基于生态恢复的城市生态墓园设计探讨

北京社会管理职业学院生命文化学院　周　巍

摘　要：随着我国城市化进程的高速发展，人们对自然环境进行肆意改造，造成城市生态环境日益退化，在科学发展的国家政策大背景下，人们逐渐认识到了生态环境对于人类生存的重要性。如今在城市建设的各个方面，人们都在寻找生态环保的可持续发展新道路。墓园作为生命安葬之地，是民众关心的热点建设项目之一，拥有完整生态过程的城市生态墓园，可作为城市生态恢复的一种重要方式。本文以城市生态墓园内涵与特点为基础，总结了城市生态墓园植被的恢复原则，包括系统整体性原则、生物多样性原则、植被的自然恢复原则、物种间的生态交互性原则，并从人文、地理、植物配置、景观生态性、生态安葬方式等方面探讨基于生态恢复的城市生态墓园设计。

关键词：生态恢复　墓园建设　设计原则

在城市化进程加速的大背景下，大量土地被建筑材料所覆盖，遍地钢筋混凝土的城市生存环境，给城市这个特殊的生态系统带来了巨大的运行压力。在一个失去生态平衡的生活环境中，城市热岛高温、局部大风、空气污染等突出环境问题正威胁着人们的生活质量。城市中原有的自然生境和自然景观消失殆尽，乡土植物被品种有限的商业绿化植被所取代，原有生态系统的退化问题日益突出。

党中央、国务院高度重视生态文明建设，出台多项重大决策部署，使我国的生态文明建设取得了巨大进步。就目前我国的发展现状看，我国的生态文明建设水平仍然无法满足经济社会发展的需要，资源人均占有量有限，环境污染问题多发，生态系统退化，社会发展与自然环境之间的矛盾日渐显露。在党中央建设美丽中国、绿色发展的政策引领下，全国各地都在加大投入改善生态环境，让经济发展与环境保护协调发展，城市建设向建设园林城市的目标迈进，生态墓园的建设也是园林城市的重要组成部分，是造福子孙，改善人居环境不可缺少的重要设施。

我国墓园建设的发展是伴随着遗体处理方式改变而改变的，目前主要经历了两个阶段，从简单地存放人们火化后的骨灰发展到今天的园林化、艺术化、人文化的现代墓园。中华人民共和国建设部公告第 73 号文件中将墓园在园林中的定义解释为园林化的墓地，可见园林艺术化是墓园发展道路上的一条必经之路。据《中国人口老龄化发展趋势预测研究报告》，21 世纪我国已经进入老龄社会。目前我国人口结构正处于快速老龄化阶段，到 2020 年，中国老年人口将接近 2. 5 亿，老龄化水平将达到 17. 17%。在老龄化的人口结构下，死亡率必然会有所提高，这对我国未来殡葬设施的处理和设计水平都是一个严峻的考验，因此研究生态墓园的规划具有现实的指导意义。

一、城市生态墓园的内涵与特征

随着我国民众教育水平的不断提高，人们的思想观念变得更加开明，环境保护意识也逐步加强，生态墓园的设计理念逐渐在一些墓园的建设中得到应用。在绿色发展、可持续发展的大背景下，国内的墓园在建设或改造时都在向生态环保方向发展。2016 年民政部等九部门联合出台《关于推行节地生态安葬的指导意见》，该意见的提出为我国墓园经营和规划提出了具有指导意义的发展路线。

生态墓园是指在生态系统承载范围内，运用生态工程、社会工程和系统工程的方法，构建生态健康、景观适宜的殡葬环境和文明和谐的殡葬文化，促进社会主义和谐社会条件下的物质文明与精神文明、自然生态与人类生态的高度统一和可持续发展。具体来讲可从两个方面来解释生态墓园的内涵。

首先是墓园环境的生态化。这既包括自然环境也包括人文环境的生态化，墓园应在视觉上有艺术美感，改变墓碑排队、水泥硬化遍地的生硬画面，因地制宜，让设计结合自然，达到与自然相融合的景观效果，为居民提供良好的祭拜、家庭聚会的场所。要具有改善环境的生态作用，通过园区内植物的生理和物理功能调节小气候、降温降尘，净化空气和水体，为动植物提供良好的栖息场所，建立循环的生态系统；同时依靠科学的植被和建筑小品的配置，合理地对空间进行划分，注意运用植被的季相变化，在时间、空间和生态位的合理结构上建立人工植物群落。良性循环的生态环境，可以减少园区的养护成本，创造一个集生态、人文关怀功能于一体的生命纪念墓园。

其次是园内祭扫活动的生态化。结合地域风俗，通过园区内适当的引导方式，让逝者家属能自觉保护生态环境、爱护自然。虽然目前人口素质有所提高，但群众的环保观念还是需要有目的地来引导，这样才能形成良好的社会风气，形成环保、生态的祭奠观念。

一个完美、和谐、生态稳定的生态墓园或是人文纪念公园，外部形式应符合美学规律，同时内部结构与整体功能应符合生态学原则与特性。进一步讲，应在以下几方面突出生态特征。

（一）功能性特征

在满足殡葬设施功能性要求的同时兼顾改善城市生态环境、保护生物多样性、维护生态平衡的作用，突出园区的生态效应，同时发挥纪念园的人文教育功能。

（二）乡土植物群落特征

园区内的植物群落由乔木、灌木、草配置而成，种类和生物多样性丰富，乡土植被多，与自然环境植被群落相似。

（三）尊重基址环境

在尽量保留基址原有地形和生物种类的基础上，模仿自然环境中的植被结构和演替过程进行植配。

（四）经济易养护特征

生态墓园生态系统内的能量流动及物质循环以动态平衡的方式稳定运行。在一个物种多样性丰富的生态系统中，系统的自我修复能力较强，对于自然灾害和病虫害的抵抗能力强于传统的人工绿化系统。通过合理的空间设计及动植物的科学搭配，在一个完善的人工生态系统下，病虫害可以在一定程度上被免疫，生态墓园内的绿化植被可以自然更新，合理的空间设计可以自然排水，生态建筑可以降低能源消耗，生态化的墓园设计可以降低园区环境的养护强度，减少运营成本。

二、城市生态墓园植被恢复原则

随着城市化进程的推进，市区的面积不断扩大，原本选址在自然条件较差的郊区、城乡接合部建设的墓园，现在逐渐被划入市区内部或邻近市区，这就要求墓园的环境和城区的整体规划相协调，并在功能上有所拓展。在国家殡葬改革的政策下，传统墓园或新建墓园都应把美化园区环境、入葬方式向生态节地葬转变作为发展方向。植被恢复是推动生态系统恢复的主要内容，也是城市生态墓园建设的主体。在进行园区建设过程中，人为活动已经破坏了原有的生态系统，园区的重新绿化是建设中不可忽视的重要项目。生态墓园的特殊功能和特征决定了其在建设和改造中的植被恢复要区别于一般园林绿化，要结合生态学、生物学、园林艺术、林学等相关学科的理论综合制订建设计划。

（一）系统完整性原则

合理的时间和空间层次结构是生态系统实现完整功能的必要条件。对建设基址进行生态恢复时，地域性物种群落的种类、结构特点和演替规律应充分考虑，根据生态位理论，合理进行动植物的引种设计，保持生态系统的完整性，使物质能量和谐流动。

（二）生物多样性原则

生物多样性包括物种的多样性、年龄结构上的多样性，以及资源利用上的多样性等。增加开敞空间和各生境板块的连接度，为城市内生物生存和活动提供适宜的场所，促进人工生态系统与自然生态系统之间的物质能量交换，丰富生物的栖息场所，多样性的增加可为动植物的生存提供更多机会。绿化苗木在树龄、树种上的交错安排，可以使生态系统具有自我维持的能力，可以同野外生境中一样，随时间推移完成新陈代谢的更替。每个物种都会在特定的生活空间中活动，例如不同种类的昆虫，在树冠层、树干或接近地面的灌木中，地面和地下都有生存，植物有喜光、耐阴、日中性等多种类型。

（三）植被的自然恢复原则

依靠自然的力量从灾害中恢复是生态绿化的目的之一。只有人工植被成为自然生态系统的一部分，才能发挥其应有的生态功能和效益。对于占地面积上千亩的大型墓园来说，这种方法的运用在园区后期养护管理上会产生高效经济的效果，可以保持水土，控制和改善局部地区的气候，保护生物多样性。在城市和农村人口的密集区则可大量种植演替过程中成熟阶段的树种，再利用自然恢复的方法，吸引其他物种定居，使物种得到自然恢复。人工绿化过程中生物多样性的问题很容易被忽略，往往人为地按物种、树龄、间距等标准，对裸露地表进行绿化。这样植物在长大后很难形成层次，一旦遇到病虫害等侵扰，生态系统无法自愈，甚至会引发生态灾难。

（四）物种间的生态交互性原则

物种间的交互作用是维持生态系统顺利运行的基础，生存其中的物种之间存在着紧密的交互作用关系，使生态系统内的自然演替顺利进行。生态系统内植被的繁衍要依赖媒介动物，植物之间的互感作用，则会相互影响后期的生长发育。例如，鸟类等动物会控制系统内昆虫的数量，不同的昆虫之间的生存也存在着竞争，使生态系统内不会爆发某种虫害，对维持生态系统内的正常营养循环起着重要的作用。良好的园区环境还会吸引野生动物来栖息，从而带来天然林地区的植物种子，丰富园区内的物种多样性，增强生态系统的稳定性。

三、基于生态恢复的城市生态墓园设计原则

（一）以人为本，尊重历史原则

墓园的规划设计，要考虑人的生理与心理需求，注重人与自然之间的互动。应考虑到民众有着不同宗教信仰和风俗，丰富安葬手段。在空间的处理上要注意无障碍设施的建设和园区引导标志的设计，注重“以人为本”理念的实施。在体现自然美的同时，只有园区景观融入本土的地域特色，传承当地的人文历史文化，园区的发展才能够长久不衰，才会变为地域文化的组成部分。

（二）因地制宜原则

以尊重自然的方式对地形进行处理，尽量减少土石方的产生，减少人为干扰的因素，尽量应用原有的地形，强调墓园与场地的融合，园区内原有的植被能保留尽量保留。

（三）植物合理配置原则

一个成功的生态墓园，其内部绿地率应该在40%以上，绿化覆盖率则不能小于60%。植物配置主要选取乡土植物，模仿园区周围环境自然群落的结构，避免对植、列植等造景手段，以体现植物的自然美为主要景观，注重植物配置上要能够形成空间复层结构。为满足生物多样性要求，园区的树种在科学搭配的前提下应尽量丰富，这样可提升生态系统的自愈能力。绿化用花卉以多年生宿根品种为主，草本花卉选择自播能力较强的品种选配。适当引入能为野生动物提供食物的植物种类，吸引野生生物，使园区成为城市生物多样性保育和自然保护的关键区域。

（四）景观生态性原则

在生态墓园的景观设计中，墓碑、小品、建筑、植物种植方式等方面，要符合人们的审美，同时具有丰富的艺术内涵，将生态墓园营造成一处集人文、雕塑、建筑等艺术形式于一体的艺术殿堂，注重在生态建设基础上，完成景观的营造。景观建筑小品和园区建筑材料应选用环保、节能的新型建筑材料，做到园区的低碳运行。景观营造应充分利用原有自然景观，尽量减少人工痕迹，营造“虽由人作、宛自天开”的园林景观。运用植物造景手段，让植物景观成为唤起人们纪念追思之意的载体，让家属触景生情。

（五）生态安葬原则

相当比例的园林化墓园虽然从园林艺术的角度对园区进行了一定的美化改造和绿化，但本质上和生态墓园的理念相去甚远，园林化的墓园并不是生态墓园，也不一定能发挥生态环境修复作用。究其根源，在于安葬方式的差别，目前阶段的墓园中墓位仍然以钢筋混凝土做基础，大量土地被硬化覆盖，生态系统中的地下和地面以上空间的物质能量交换被阻断，系统的稳定运行受到干扰。如果以现在大力推广的树葬和草坪葬等节地生态葬方式进行安葬，不仅使土地资源可以循环使用，同时增加了城市绿化率；不仅不会破坏环境，还可以将断裂的生态系统循环恢复起来，让生态墓园真正发挥生态修复的作用，成为城市生态系统中的一部分。

结　语

在提倡绿色发展的社会背景下，生态墓园的建设成为学者们关注的焦点。城市墓园在景观规划设计和改造中应充分考虑所在地区的气候及地理特点，遵循“生态绿色”的造园理念。具有生态修复功能的墓园设计应能建立完整的生态过程，使生态系统内的物质和能量流动持续运行。因此，在生态墓园建设的植被恢复工程中，应以参考生态学理论和群落演替理论，结合园林艺术的造园手法，在满足墓园功能的前提下，使墓园的建设和城市生态系统相结合，墓园的精神功能与地域历史文化相结合，让宝贵的土地资源功能多样化，发展可持续化。生态墓园的建设对土地节约、生态修复、开辟新的人文纪念景点和旅游景点都具有极其重要的意义。

参考文献：

［1］园林基本术语标准（CJJ/T91-2002）.

［2］杨宝祥，章林. 殡葬学概述. 中国社会出版社，44.

［3］张庆费，张峻毅. 城市生态公园初探. 生态学杂志，2002，21（3）.

［4］古新仁，刘苑秋. 景观生态学原理在城市生态保护中的应用探讨. 江西农业大学学报，2001，23（3）：371-374.

节地生态安葬方式实践探索

山东省济宁市嘉祥县民政局　韩海涛　李春杰[①]

摘　要：我国的殡葬改革经过多年实践，取得了巨大的成就，但面对老龄化社会的到来、土地资源的压力及现代社会转型发展的需要，人口、资源和环境问题的不断恶化，其造成的诸多环境问题，也越来越凸显。20 世纪 60 年代提出的火葬改革已经不适应未来社会发展的要求，节地生态葬正在逐步被引导实践，然而传统的“风水”“面子”观念与从众攀比心理阻碍了生态葬的大力推行。笔者参考国际经验，结合我国国情，从殡葬配置与模式选择、完善殡葬法规、殡葬奖补、合葬制度设计、园林设计及人文精神关怀角度探索节地生态葬实践路径，以期对形成中国特色的安葬方式改革之路有所助益，实现中华民族永续发展。

关键词：节地生态安葬　实践探索

一、节地生态安葬的内涵与意义

生态安葬具体是指人的遗体火化后，通过树葬、壁葬、鲜花葬、水葬等不占地或少占地的方式处理骨灰的方式，具有环保、节能和成本低等特点。节地生态安葬，就是以节约资源、保护环境为价值导向，鼓励和引导人们采用树葬、海葬、深埋、格位存放等不占或少占土地、少耗资源、少使用不可降解材料的方式安葬骨灰或遗体，使安葬活动更好地促进人与自然和谐发展。推行火葬，改革土葬，开展壁葬、树葬、花葬等生态葬法，是今后殡葬改革

① 韩海涛，山东省济宁市嘉祥县民政局局长；李春杰，山东省济宁市嘉祥县民政局副科级干部，吉林大学社会学硕士研究生。

的一个主要努力方向。中国殡葬协会秘书长孙树仁认为："从土葬到火化是一场革命，从保留骨灰到不保留骨灰的节地生态葬则是又一场革命。"自20世纪60年代提出火葬开始至今，2014年全国殡葬火化率已达50%以上，一些发达城市已达90%以上，可以说，我们的殡改道路是艰难前行的。世界各国和地区也普遍推行火化，如韩国火化率达79.4%，日本在2000年就已达99.4%，[①] 这与日本土地资源紧缺的国情密切相关。在我国台湾地区，当局倡导火葬，但不限制土葬，而火化率2014年达92.47%。可见，殡葬改革是可以成为公众的自觉行为的。殡葬改革的最终目标是不保留骨灰，保留骨灰就要建造墓穴，必然会占有土地，为了节地，未来安葬方式不保留骨灰才能实现可持续发展，因此，节地生态葬所倡导的不保留骨灰被称为"一场革命"的观点是准确的。

二、生态殡葬发展的现实环境

随着老龄化社会的到来，每年死亡人口将逐渐增大，预计2025—2045年，年死亡人口将突破2000万。墓葬需求量极大，按照这个发展速度，日后有可能无墓可葬。2010年遗体火化减排8种大气污染物1300.4吨，总减排率为39.47%。其中，最主要的指标烟尘减排率76.6%、氮氧化物减排率39.9%、二噁英剧毒致癌物减排率达到90.8%。面对严峻的形势，2016年2月，民政部等九部门联合印发了《关于推行节地生态安葬的指导意见》，明确提出，鼓励家庭成员采用合葬方式提高单个墓位的使用率。依法纠正和查处党员干部尤其是领导干部去世后遗体违规土葬、乱埋乱葬、超标准建墓立碑等行为，积极推广骨灰植树、植花、植草等生态葬式；倡导骨灰撒海、撒散等不保留骨灰的安葬方式。尊重少数民族丧葬习俗，鼓励和支持少数民族群众选择既具有民族地域特色又符合节地生态要求的葬式葬法。这是国家在殡葬领域推进生态文明建设的首个专门性文件[②]。党的十八届五中全会强调，实现"十三五"时期发展目标，必须牢固树立并切实贯彻创新、协调、绿色、开放、共享的发展理念。其中绿色发展理念与节地生态安葬是相互契合的，

① 孙树仁：《如何取得节地生态葬又一场革命的胜利》，载《中国社会报·殡葬周刊》2016年1月26日第4版。

② 中社舆情中心：《民政部等九部门联合发文推行节地生态安葬引发社会热议》，载《中国社会报》2016年3月2日第4版。

顺应未来发展方向。各地也进行了各具特色的生态殡葬实践：北京市 33 家经营性公墓因地制宜推出了树葬、花葬、草坪葬、立体葬等绿色生态安葬方式，年节地生态安葬率达到了 20%，2014 年骨灰撒海量达到了年火化量的 2%[①]。可见，北京市经过改革传统殡葬，实施多样化安葬、优化殡葬服务环境，生态殡葬越来越受到公众认可。苏州市出台《苏州市推行绿色殡葬工作实施办法》等 3 个文件，对公益性节地葬建设发展、管理规范、补贴办法都做了明确规定；各地根据实践都有不同程度的成绩，无锡市政府利用文明城市创建之机，投资 2.4 亿元新建了一批公益性草坪葬和骨灰堂；常熟等地区将建设公益性节地葬与新农村建设整体规划相结合，纳入经济社会发展目标和考核体系，取得了可喜成绩，实现了无坟头目标；张家港等地实现了乡镇骨灰堂全覆盖，骨灰装棺再葬现象消失，推动了殡葬改革深化[②]。济南市为鼓励绿色环保、文明节俭的殡葬方式，提高了生态安葬补助标准，其中生态树葬、花坛葬补助由 300 元提高到 400 元，海葬补助由 500 元提高到 600 元[③]。从各地的生态殡葬实践成果来看，越发达地区推行的速度越快，且主要以政府主导自上而下推行，手段上以公墓建设、奖补和宣传为主，成绩得益于我国经济社会发展快速需要现代殡葬相适应，现实社会资源环境迫切要求需要绿色殡葬，市场化殡葬服务让群众不堪重负，面对舆论道德压力又无借口缩减殡葬消费，这个时候提出节地生态安葬，正好适应了现代经济社会发展与公众需求。

三、推行节地生态安葬的瓶颈

（一）传统的“风水”“面子”等观念的制约

传统殡葬是社会领域内的家族式活动，主要关注社会情感，实现了社会关系的生死交换，即逝者离开生者世界进入祖先行列。殡葬活动使人们相信他们自己与祖先存在某种联系。在广大的农村，传统的“风水”观念根深蒂

---

① 陈卫东：《转变观念 改革创新 全面推进我市绿色生态殡葬建设》，载《八宝山》2015 年第 4 期，第 5 页。

② 侯学元：《江苏采取有力措施推进节地生态葬建设》，载《中国社会报》2014 年 3 月 28 日第 2 版。

③ 王楠：《济南提高生态安葬补助标准》，载《济南日报》2015 年 3 月 29 日第 2 版。

固，人们很注重墓穴坟地的朝向，认为这不仅是对故去长辈的尊重，也会影响到子孙后代的发展，甚至把日常的不好梦境都归因到坟地的风水问题。关于“面子”问题，主要是由于社会开放程度决定的，有文化的人士爱面子，要风光大葬，趁机敛财又彰显权势能力；没文化的群众也要面子，愚昧地认为殡葬仪式可能会扭转自己家族的命运。

（二）“从众”“攀比”心理因素的影响

很多地方自2000年开始，陆续推出生态葬，但是10余年过去了，选择生态葬的公众比例却不多，这与大多数人的从众心理攀比心理有关。由于生活情境的限制，很多群众也是迫于无奈，面对巨额的殡葬费用，借钱安葬也要风光，如果周围的人都选择墓葬，自己独出心裁选择树葬或花葬，会被别人指指点点，同时得不到亲人的理解。有些老人生前为了减轻子女负担，嘱咐要求树葬或海葬，40多岁的李女士也表达了类似的观点，她说：“我愿去世后骨灰撒在漓江里，而不是厚葬。这样既不增加孩子的负担，孩子们祭扫我时也很方便、文明。”然而子女按老人要求做了以后，又被周围的人看作不孝。如此，致使生态葬推行艰难。

（三）矛盾心理，陷入两难

人们一边在感叹着墓地收费贵、“死不起”，一边又被传统观念制约，还是会选择价格相对较高的传统墓葬。很多人抱怨“葬不起”，但又不愿意“便宜葬”，导致陷入矛盾。这似乎是一对难以调和的矛盾。通过采访，对于生态葬老百姓在观念上是普遍认可的，但是由于各种原因还不能实施行动。如有人认为，“生态葬挺好的，但现在不会选择，等自己老了，接受的人多起来，再考虑吧。”

四、节地生态安葬实践路径

（一）完善殡葬法规

国外现代殡葬管理大多依托于完善的殡葬法律制度，依据政府在殡葬管理中的作用不同，形成了“法治型”“服务型”“阳光型”的政府殡葬管理格局。我国《殡葬管理条例》于1997年7月21日由中华人民共和国国务院令第225号发布，2012年修正并于2013年实施。但是《殡葬管理条例（修订草案）》中并没有涉及生态葬的内容，鉴于人多地少、环境恶化及各地生态节地葬发展缓慢问题严重，2016年，民政部等九部门联合印发了《关于推行节地生态安葬的指导意见》。这是国家在殡葬领域推进生态文明建设的首个专门性文件，推行多元化殡葬方式及提倡生态葬，要求在依法推行遗体火化、骨灰或遗体公墓内集中安葬的基础上，因地制宜地创新和推广更多符合节地生态要求的安葬方式。该意见并没有要求实施强制性措施推行节地生态葬，说明殡葬生态法规需要逐步完善，分阶段实现。

（二）发挥党员带头示范作用

中国殡葬改革的“一场又一场革命”都是由党员干部带头推动的，形成党员带头、群众参与、全社会推动的生态殡葬改革。2013年12月，中共中央办公厅、国务院办公厅印发了《关于党员干部带头推动殡葬改革的意见》，明确要求党员干部要带头火葬和生态安葬。通过党员示范作用，由他们的先进思想觉悟引导宣传，才能更好地推广实施。党员积极参与骨灰撒散、海葬，带头文明低碳祭扫，采用敬献鲜花、植树绿化、踏青遥祭、经典诵读等方式缅怀故人，弘扬慎终追远等优秀传统文化。

（三）优化生态殡葬配置

社会转型发展使得现代殡葬兴起，而绿色生态殡葬是现代殡葬的重要内容，是殡葬改革主要方向。我国的殡葬改革大部分时间是在计划经济条件下进行的，政府掌握着所有资源，通过行政手段推行火葬取得了很好效果。当前，在市场制度确认的现代经济条件下，行政管理要与市场接轨，培育殡葬市场发展，满足多元化条件下共性与个性需求，建设生态化骨灰堂与公益性公墓，满足公众基本殡葬需求，发挥市场作用，在保护生态环境与资源的条件下满足不同层次的个性需求。要根据国情选择适合自己的殡葬管理模式很重要，围绕国情统筹推进，在殡葬救助、福利上发挥应有作用，形成政府主导的多元主体参与殡葬模式。同时，现代殡葬的生态建设需要政府提供公共服务并对殡葬服务进行有效的监管，殡葬服务部门为丧家或居丧者提供特殊的服务，社会群体、组织为殡葬活动的开展提供必要的社会网络、社会规范及社会服务，这样才能实现生态殡葬的最佳配置。

（四）墓地生态设计

《中国殡葬事业发展报告（2012—2013）》指出，我国城市公墓需求逐年扩张，从全国范围来看，现有的墓穴数量预计只能使用6年。有关专家认为，如果不及时推行有效的殡葬改革措施，墓地资源会枯竭。

1. 土地循环使用。韩国民众较有特色的自然葬指将骨灰直接撒在草坪或采用可降解材料安置骨灰的方式，可刻小型铭牌，并收取少量管理费用，保留30年，30年后家属可以取走铭牌作为纪念，不保留骨灰的则不需要续期，土地可以循环使用。可以借鉴韩国循环利用经验，创新安葬方式，节省土地资源。

2. 城市绿化系统与公墓建设结合起来考虑。统筹公墓设计，公墓建设要与城市绿化综合起来考虑，通过部门协作，绿化既有园林，对城市绿地赋予生态殡葬新的功能。

3. 墓园墓穴生态化设计。在规划设计公墓上采用立体式墓穴设计，节省空间。采用阶梯式、塔式、墙式和廊式等立体式墓穴设计，节约土地，扩大绿化，并与景点结合使之更加美观。

4. 城乡统筹节约土地。在城乡统筹发展趋势下，要将农村零散的公墓集中起来，与城市公墓统筹发展，让殡葬用地由分散向集聚转变，推动生产力要素合理流动、科学配置，节约土地资源和避免污染。

（五）结合实际实施生态绿色殡葬奖补

关于生态葬奖补，很多地方已经尝试实施，主要分为选择生态安葬方式的补贴、殡葬环保用品补贴、骨灰堂和公益性公墓设施建设补贴等，还有地方推出丧葬仪式简化补贴和缩短丧葬时间补贴等。需要进一步健全奖补激励机制，鼓励为不保留骨灰者建立统一的纪念设施。加快推进公益性骨灰存放设施建设，提高规划建设奖补，倡导文明殡葬新风，鼓励骨灰海葬、树葬等。

（六）科技应用促进生态殡葬发展

在殡葬环保用品开发、防控殡葬行业污染和成果转化上取得重大进展。多年来，民政部一零一研究所一直致力于防控殡葬行业污染，助力生态文明建设，在火化污染物二噁英减排技术研究、丧葬用品无害化技术及焚烧设备研究、骨灰的无害化处置技术研究、遗体无害化处理技术研究、殡葬园区生态规划与生态建设关键技术研究、等离子火化遗体技术研究等方面取得了丰硕成果①。因此要强化科技在殡葬行业的作用，加大殡葬科技开发，实现殡葬污染防控，建立殡葬环保标准化体系，保护生态环境。

（七）鼓励生态殡葬志愿者服务

现代殡葬发展的社会参与不容忽视，如英国对殡葬业采取的就是殡葬学会下的行业自律管理，像加拿大的“殡葬服务协会”、意大利的“火葬协会”和“殡葬俱乐部”、美国的“棺材和殡葬用品联合会”“国家殡仪指导师协会”和“防腐师与殡仪从业者协会”等殡葬社团组织的作用也十分明显。美、德等国家私人或家族参与殡葬经营十分普遍，这些都反映出现代殡葬发展中行业自治、社会参与的积极力量②。我们可以建立社区殡葬服务志愿者队伍，帮助生活困难有殡葬服务需求的居民开展殡葬志愿服务，可以提供集中守灵、联系殡仪馆、殡仪服务公司及墓地等一条龙服务。设置社区集中守灵点，可以避免因为殡葬吹打噪声影响社区居民生活的矛盾，帮助困难家庭减少殡葬开支，长期持续的生态化服务模式，也可以摒弃原有的不利于生态绿色的殡葬仪式，引导社区生态殡葬发展。

（八）重构现代新型殡葬文化

在继承和弘扬优秀传统殡葬文化的基础上，实现文化再造。在殡葬活动中深入认识人的本质，拓展人的社会功能，通过殡葬服务延续和创新人类的生命文化和死亡文化，③ 重构现代殡葬文化，其中最重要的部分就是在社会上形成生态殡葬共识，包括公众与殡葬从业人员生态殡葬文化教育，发展本国特色殡葬生命文化，积极开展生命教育。2015 年 12 月 3 日，北京社会管理职业学院生命文化学院正式揭牌成立——这也是全国首个生命文化学院，重点培养具有生命文化理念的殡葬人才，强调接受生命文化专业教育价值观的学生们对殡葬事业的强烈使命感，去除殡葬行业自卑感，实施人性化殡葬服务，促进殡葬事业科学发展。生命文化强调精神性生命，即不同的逝者留下的优秀作风、生活态度、道德情操和思想观念等。笔者认为，精神性生命从宏观角度来说，中华民族优秀文化传统可以得到传承，用先人特别是毛泽东等老

---

① 《殡葬科技，为绿色生态贡献潜力》，载《中国社会报》2013 年 10 月 31 日第 3 版。

② 张震：《政府与市场相结合的国外殡葬管理体制》，载《中国社会报》2014 年 5 月 13 日第 4 版。

③ 张震：《国外殡葬文化：传承与创新并重》，载《中国社会报》2013 年 9 月 24 日第 4 版。

一辈革命家的先进殡葬思想与品质传承替代陈旧的殡葬仪式，并与生态持续发展结合，如树葬、花坛葬、草坪葬，使逝者的骨灰与树木、花草、土壤融为一体，使其生命得以延续与升华。中观层次上传承各个种族生态殡葬文化，特别是在尊重少数民族宗教、种族传统的基础上重构殡葬文化，充分显示我国殡葬文化的包容性。微观上就要强调家族血脉优秀传统，抚慰生者的悲痛，抒发对逝者的怀念，启发生者更好地珍惜生命、活好当下。

结　语

全面推进绿色生态殡葬建设意义深远，是殡葬深化改革的另一场革命。这需要在完善殡葬生态法规的同时，发挥政府行政主导作用，建设生态化骨灰堂与公益性公墓；发挥市场优化配置作用，满足多元化个性需求，并实施有效监管；发挥党员带头生态安葬示范引领作用，并在城乡统筹发展模式下，把城市绿化与公墓生态建设相结合。在墓穴规划上采用立体式设计，同时实施生态殡葬奖补，加大殡葬科技开发，扩大社会参与，积极重构现代殡葬文化，逐步走出一条具有中国特色的绿色生态安葬方式改革之路，为建设美丽中国、实现中华民族永续发展作出贡献。

参考文献：

[1] 桑胜高. 推进生态殡葬需要法律支撑. 法制日报，2015-10-22（7）.

[2] 吴军礼，朱佳磊. 生态殡葬缘何裹足不前. 各界导报，2015-04-02（7）.

[3] 何秀琴. 在农村地区推行生态葬的思考. 济源职业技术学院学报.

[4] 杨振威. 破解生态殡葬瓶颈之困. 中国绿色时报，2008-04-15（A02）.

[5] 杨庆. 国外如何推行绿色殡葬. 中国社会报，2013-04-09（4）.

[6] 崔炜，赵越. 借鉴国外经验推进殡葬改革. 中国社会报，2015-03-30（4）.

[7] 郭林. 现代殡葬的转型与社会生态建设研究. 社会学评论，Sociological Review of China 1（6）.

[8] 孙树仁. 如何取得节地生态葬又一场革命的胜利. 中国社会报，

2016-01（4）.

［9］张震．国外现代殡葬的发展路径．中国社会报，2013-04-03（3）.

［10］朱婕妤．以生命文化理念引领殡葬教育——全国首家生命文化学院揭牌．中国社会报，2015-12-08（4）.

［11］孙树仁．培养具有生命文化理念的殡葬人才．中国社会报，2015-03-30（4）.

经营性墓地的权益归属

温州大学法政学院　豆亚凡

摘　要：财产权是指以财产为标的、以经济利益为内容的民事权利。经营性墓地是由中央和地方县级以上人民政府民政部门管理的，为城镇居民提供遗体或骨灰安葬实行有偿服务的公共墓地。根据《中华人民共和国宪法》《中华人民共和国土地管理法》可知，经营性墓地所占用的土地归国家所有，经营主体仅享有占用土地的土地使用权。通过对财产权的理论分析得出，经营性墓地属于财产权客体而不是人身权客体。经研究发现，墓地购买者的权利是基于租赁关系所拥有的使用权，而对于墓所在的土地不能根据“地随房走”的原则而取得其权利，不得对土地进行随意改造。墓园管理者基于与墓地购买者的租赁关系管理墓地。通过对国内外墓地管理时限的比较分析得出，要完善对墓地的续期制度，不能仅仅局限于20年的期限，可以根据契约进行一定时间的继续购买，以供后代悼念。随着土地使用的紧张程度加大，要提倡循环使用墓地。

关键词：经营性墓地　财产权　租赁权　权益归属

一、前言

随着老龄化社会的到来，城镇化进程的不断推进，城市老龄人口逐年增加，经营性墓地作为向城镇居民提供遗体或骨灰安葬并实行有偿服务的公共墓地，在管理方面上出现了各种问题。2011年清明节前夕，济南、青岛等地一些陵园对超过20年使用期限的墓地续收管理费，引起社会关注。墓地购买者基于租赁关系购买墓地，对于墓所在的土地是否可以根据“地随房走”的原则拥有其权利？可以在其土地上根据自己的意愿随意进行建筑，这又会与墓园管理者产生极大的冲突。

根据《中华人民共和国宪法》《中华人民共和国土地管理法》可知，墓所在的土地的所有权是属于国家的，这是毫无疑问的。但是关于墓所在土地的使用权属于墓园管理者还是属于墓地购买者，抑或是两者共有，法律在这方面没有明确规定或者规定很少。这就直接导致在具体的实践中，墓园管理者与墓地购买者之间的矛盾冲突。两者基于租赁关系签订协议，对于墓园管理者来说，是对墓地进行管理，可以得到其使用权；而对于墓地购买者来说，因为自己是购买者，当然也应具有一定的使用权，然而当两者的使用权发生冲突时又该依据哪部法律进行解释？对于司法机关在审理墓地权属纠纷案时也没有具体的法律可以进行参考，使得结论模棱两可、难以服众。

现有的法律法规对于墓地使用权的规定并不很明确，存在不足与漏洞。由于地方性法规的位阶不够，上位法又没有具体可行的经营性墓地权属的规定，在处理具体墓地纠纷案件时，这又将是一个很大的问题。适用地方性法规就会违反“上位法优于下位法”的规定，若不适用又将导致这一纠纷案件无法解决。所以明确墓地购买者与墓园管理者之间的租赁关系、明确使用权的归属问题，将是解决墓地纠纷案件的关键。

经营性墓地若在期限届满后宽限期内未续交管理费用，则按照无主墓进行深埋处理，而对于如今社会而言，随着社会的进步，人口寿命的延长，社会观念的变化，原先规定的短短 20 年的期限已经不能满足死者后代的需求。而具体续期的实施又该如何执行？在续期过程中出现的种种争议又该如何解决？面对这样的情形，完善经营性墓地的续期制度迫在眉睫。

对于墓地的使用权争议，学界不乏有学者对墓地使用权的取得条件、方式、程序等进行分析，本文另辟路径，通过对财产权的理论分析，得出经营性墓地是属于财产权客体而不是人身权客体，是基于墓这个财产所拥有的权利，这对于墓地购买者与墓园管理者之间的租赁关系维护有很大的帮助作用。通过文献分析法，对墓地购买者权利的历史发展分析得出墓地购买者作为其租赁权的主体是拥有一定的使用权的。通过与一般的土地使用权的比较，认为墓地使用权 20 年的续期是否满足现在快速发展社会的需要，同时认为在此基础上还可以对墓地提倡循环使用，顺应现在社会的发展。总之，对经营性墓地的权益进行正确的归属，对今后的经营性墓地权属立法有一定的借鉴作用。

二、经营性墓地的法律地位界定

（一）财产权是什么

财产权，是指以财产为标的，以经济利益为内容的民事权利。它包括物权和债权这两种情况，也就是说，作为物权，财产权是通过对有体物和权利的直接支配而拥有的权利；而作为债权，是请求他人为一定行为（作为或不作为）而得到生活上的利益的权利。作为两种不同意义上的财产权，其共同的特点是可以获得财产利益，并且可以用金钱计算其价值，一般具有可让与性，受到侵害时也需要用财产方式予以救济，故而称之为“财产权”。

对于财产权，《中华人民共和国宪法》对于公有财产和私有财产有不同的规定。宪法第十二条规定：社会主义的公共财产神圣不可侵犯。第十三条规定：国家依照法律规定保护公民的私有财产权和继承权。国家的公有财产是任何人在任何情况下都不可以侵犯的，是神圣不可侵犯的；而对于私有财产，在特殊的情况下，国家根据公共利益的需要依照一定的程序可以征收征用私人财产。这就是说：对于财产权而言，属于国家所有的财产权一般情况下是不会受到侵害的；而属于私人所有的财产权，可能时不时地会受到国家征收征用的干扰。

财产权是人身权的对称。我们把民事权利概括地分为财产权和人身权，在法律上财产权与人身权是不可分离的权利，财产权不能单独存在，它是人身权得以实现的重要物质保障①。对于人身权，正如其名称所言，它是与人的身份有关的权利，是指与人身相联系或不可分离的没有直接财产内容的权利，也称人身非财产权。人身权的法律关系是指民法调整因人身关系而在当事人之间产生的权利义务关系，是人身关系在民法上的体现。人身权包括人格权和身份权两大类，其中人格权是一项基础性的权利，其包括生命权、身体权、健康权、姓名权、名称权、名誉权、肖像权等；身份权是与一定的身份有关系的权利，其包括亲权、配偶权、荣誉权、亲属权等。人身权与财产权的最大区别就是其主体不一样，作为人身权的主体必须具备特定的身份关系，这样才能拥有人身权；而财产权是基于财产所拥有的权利，任何人都可以拥有，并不需要特定的身份关系。

---

① 丁鑫：《人身权与财产权的人性基础分析》，载《文化》2013年第3期。

（二）经营性墓地是财产权的客体

在现有的民事权利体系中，最为常见的权利类型划分是人身权和财产权。那么，经营性墓地是否可以作为人身权的客体，即相关的人是否可以对经营性墓地享有人身权呢？答案是否定的。我们都知道，人身权分为人格权和身份权，人格权（Personality right）是以人格利益为客体的权利。人格利益是指人格自由、人格尊严、荣誉、隐私等方面的利益，我国法律法规把这些权益作为人格权的客体，其基本日的就是保障公民、法人的生存能力，发挥其既有主体且有社会性之存在的意义①。从法律规定的这些人格权种类来看，其所具备的权利是与人这个个体联系在一起的，是不能与之分开的，也就是说，是人身体内部的一部分，像自由、隐私这样的权利，只有在人这个个体身上才有可能被侵害，才有所谓的权利之间的关系。而墓作为一个物，它并不是基于人身体所特有的，不像隐私权那样与人联系在一起，所以墓作为民事权利上的一种物，不可能作为人格权的客体。

关于墓地能否作为身份权的客体，学界有不同的认定。身份权（the right of status）是指公民因特定身份而产生的民事权利，像亲属权、配偶权、监护权等。从这几项权利来看，身份权是基于人与人之间的身份关系所产生的权利，双方当事人都互负权利与义务。从身份权的发展来看，“罗马法上这种一方支配另一方的财产或人身的不平等的身份关系，此后演化为在人格平等的基础上的人与人之间的身份关系。在此种身份关系中，一方的权利即为另一方的义务，同时享有权利的一方也承担着与其权利相对应的义务。”② 而墓作为一个物体不能完全地互负权利和义务，也不能作为一个完整的义务人或者权利人来与墓园管理者或墓地购买者之间产生权利义务关系，两者之间并没有基于特定的身份关系，故而墓地不能作为身份权的客体。

墓地不属于身体的一部分，故而不能作为人格权的客体；墓地没有基于一定的身份关系，所以墓地不是身份权的客体。基于此，墓地不能作为人身权的客体，那么墓地当然就成为财产权的客体。但在现实生活中，亲人的去世给其近亲属带来了很大的精神上和心灵上的打击，怀念亲人和对亲人的不舍，甚至是有些亲人去世后，对留下的近亲属带来的也是孤单和失落，对于

---

① 参见杨立新：《人身权法论》第3版，北京：人民法院出版社2006年版，第76页。

② 段厚省：《论身份权请求权》，载《法学研究》2006年第5期。

中国这个伦理观念特别重的国家来说更是这样。所以大家都把自己对逝者的怀念与哀悼寄托在墓之上，对于墓产生了特殊的感情。一些对于墓地的侵害行为，可能赔偿的不仅是物质上的，更多的人需要的是精神上的损害赔偿。这似乎又与墓不属于人身权客体相冲突，而是基于特定的感情对墓地产生了感情，从而在受到侵害时需要精神赔偿。但是我们必须要明确一点，这个墓是承载着逝者的人身权和近亲属的身份权两个方面的，只不过逝者已去，生者想要基于特定感情而拥有一些情感上的精神赔偿罢了。

三、经营性墓地权属争议带来的问题

（一）权利内容不明，管理出现漏洞

墓地作为财产权的客体，在一定情况下，墓地购买者基于与墓园管理者的租赁关系，会在行使财产权这个权利时与其产生一定的冲突。双方的当事人签订租赁合同，在平等主体的状态下行使双方的权利，履行各自的义务，各取所需。

墓地购买者在亲人去世时，为其购买墓地，以供后人祭奠与怀念，与墓园管理者签订协议，在一定的时间内，能够使用这个经营性墓地。缴纳一定的费用，获得一定的使用权，在清明节或一些节假日去祭奠逝者。在这样的权利行使下当然是没有问题的，但是如果墓地购买者基于逝者的感情又或者有一定的目的，要在墓所在的土地上建造一些建筑物，像要建造一个房子什么的，或者要栽种一棵树什么的，这些特殊的要求对于墓园来说会是一个例外，会给墓园管理带来很大的不方便。不仅仅是从墓园的美观上来说是很大的影响，而且现在有人要种树什么的，也不乏将来有人基于特殊目的来占有土地。在现在土地使用这么紧张的情况下，并不排除有这样的人存在，为了占有土地，他们会不择手段，现在是一座墓地，将来他们运用各种各样的手段可以将整个墓园都占为己有，将国有土地占为私用，获取自己的利益。这对墓园的管理者来说，确实是一个亟须解决的问题。

墓园管理者在与墓地购买者签订租赁合同的同时，实际上还存在一份服务合同，墓园管理者有义务为墓地购买者管理墓，提供服务，定期打扫墓、保护墓地不受外人的侵害等。而在这样的情况下，如果墓地受到了不可恢复的侵害，对于墓地购买者来说就缺少了一个祭奠的地方，其精神上就会受到

很大的打击。故而，墓地购买者可能在要求物质赔偿的时候还会要求精神损害赔偿。因为对于墓地购买者来说，这个墓地不仅是存放逝者骨灰的地方，更多的是他们对逝者精神上的寄托，现在墓地被毁坏了，像这种无法恢复原状、也不可能重新再来一次的情形下，就算你的外观恢复得如何完整，实际上所承载的意义是完全不存在的。所以在这样的情况下要求精神赔偿也是在情理之中的。但对于墓园管理者来说，他们在签订服务合同时可能并没有这么一项内容存在，他们仅仅是基于类似保管合同所付出的服务，并没有约定赔偿精神损失之类的说法。

仅仅基于一份租赁合同和服务合同是很难解决墓园管理者与墓地购买者之间使用权的权属争议的，两者或多或少会在使用过程中存在这样或那样的问题，他们的利益在行使权利时发生了冲突。随着现在土地使用的紧张度升高，对于土地的使用也得到越来越多人的关注，解决这个经营性墓地的使用权在墓园管理者和墓地购买者之间的争议迫在眉睫。

（二）租赁期限届满，续期规定不足

根据我国现行的殡葬管理法规关于经营性墓地使用期限的规定，一般认为经营性墓地的使用周期最长为 20 年①。但是随着社会的进步，人们思想观念的改变，短短 20 年的使用周期已经完全不能满足人们的需要，人们往往想要有更长的时间来祭扫逝者，想要让后代都来怀念逝者。这就会引发一系列的社会问题。

社会在发展，人口在增长，大家对于逝者的祭奠又十分看重。特别是近年来，随着城镇化的快速发展，越来越多的人成为城市户口，而现有的用作经营性墓地的土地变得极其紧缺，而那些传统的“入土为安”的思想又没有发生改变。他们觉得人去世了就应该有一个安宁的地方来安置骨灰，从而让逝者安息，而且这个墓地还应有一个好“风水”，因为墓地的建造与其后代的繁荣昌盛是有一定的联系的，故而墓地的续期是必需的。

而真正的续期又在法律上没有明确规定，墓地购买者在 20 年的年限满了之后想要续期，可以与墓园管理者继续签订租赁合同，这种情况是最好的。

---

① 《公墓管理暂行办法》第十六条规定：“经营性公墓的墓穴管理费一次性收取最长不得超过二十年。”民政部《关于进一步加强公墓管理的意见》中规定：“墓地的使用年限原则上以 20 年为一个周期。”上海市的规定有所不同，《上海市公墓管理办法》第十九条规定：“墓穴使用期限最长不得超过七十年。”

但是如果在第一个墓地购买者的期限届满之前，另外一个墓地购买者已经与墓园管理者签订了另外一份租赁合同，要把同一块墓地租赁给另外一个墓地购买者；还有这样的人，他们可能会提前预购墓地。在这样的情况下，两个逝者都等着要同一块墓地来放置骨灰，出现这样的问题，墓园管理者又该如何解决？难道谁出的价位高就由谁拥有这块墓地吗？这样会不会对原先墓地的购买人以及原先逝者不合理呢？那么根据“先来后到”的原则，把墓地给予原先的墓地购买者，让他继续续期使用是否可以呢？这样一来，对于后购买者来说，逝者的骨灰又放在哪里？这是不是又是对租赁关系的挑战呢？在特别看重伦理观念的中国，哪一个人能够允许这样的事情发生呢？这不仅是对逝者极大的不尊重，对于逝者家属来说更是情何以堪，所以完善经营性墓地续期制度是社会急需要解决的问题。

四、对经营性墓地的权属完善

（一）明确租赁权，解决使用权争议

现在经营性墓地所在土地的所有权是属于国家的，这是毫无疑问的，土地所有权属于国家符合我国国情，这么多年实践下来都没有太多异议的。而作为墓园管理者，通过一定的法律程序，获得经营性墓地的使用权，为城镇居民建造墓地，供逝者存放遗体与骨灰。

墓园管理者从国家这个所有权主体手中得到土地使用权，这方面的使用权需要经过一定的程序，要依照法律法规的规定才能获得，并不是随便的一块地都能作为墓园。这需要国家的规划，需要国家经过市场调查，经过对种种因素的考虑才能够批准企事业单位建造墓园，并进行经营。所以在这方面的使用权上，经过人们的监督，国家听取人们的意见，从为广大人民利益考虑的角度把墓园建造权给企事业单位。

而在墓园管理者与墓地购买者之间的使用权争议中，要明确两者之间是租赁关系，他们签订的是租赁合同。在具体的使用权上，可以把具体的权利义务在合同中规定下来，而对于合同中没有明确规定，在后期的使用过程中又出现了的，可以先看法律法规有没有类似这方面的规定。如果法律法规有这方面的规定，可以按照规定进行处理；而对于法律法规没有规定的，从原则出发，从对逝者有利的原则来解决使用权争议，这既符合我国传统思想，

也正是建造经营性墓地的目的，给逝者提供一个安宁的处所，便于后代祭扫。

解决了这两方面的使用权争议后，不管是对于墓园管理者，还是墓地购买者都是一个好的事情。使得在对经营性墓地的过程中不发生各种各样的争议，让逝者安宁地离去，让活者安心祭奠。明确两者的租赁权后，签订租赁合同与服务合同时，尽量把使用权的归属说明清楚，避免争议。

（二）完善续期制度，提倡循环使用

经营性墓地的使用周期是 20 年，这对于现在社会来说是完全不够的。墓园管理者和墓地购买者可以协商，在墓地使用期限届满后，墓地使用的时间可以延续，而且延续次数不应受到法律的限制。也就是说墓地的时间和续期的次数不应该受到法律的限制。这完全是在双方意愿下签订的协议，协议的内容只要不侵害国家和第三人的利益即可。这样一来，对于墓地购买者来说，可以把对逝者的悼念继续延续下去，让后代继续祭扫，不会因为没有墓而无法表达对逝者进行怀念；对于墓园管理者来说，有协议做证，不用担心在墓地到期后因为无人使用而早早地给予了下一个购买者，并引发种种争议。续期制度不仅能够解决墓地购买者家属的感情寄托问题，而且是合同在法律方面的灵活性适用。

当然，一定的续期制度并不能从根本上解决当今社会经营性墓地购买的紧张问题，提倡“绿色殡葬”对于当今社会而言不失为一个好的解决方法。“绿色殡葬”是指花葬、树葬、撒海等新型的殡葬方式，这样可以解决现在墓地紧缺的现状，留下更多土地给生者。而且新型的殡葬更加安全、环保，当然还可以循环使用，这不失为一种更好的处理骨灰方法。

五、结语

明确经营性墓地是财产权客体，可以让墓园管理者与墓地购买者之间的使用权权益归属更加明确，让两者基于租赁合同使用经营性墓地，墓地购买者与墓园管理者各取所需。作为墓地的所有权个体，基于土地的资源性和财产性、有限性和非可再生性以及市场化的弊端，国家对公墓市场保持一定程

度的管制是合理的①。比如，严格限制墓穴面积、严格规定公墓出售条件、禁止炒买炒卖公墓等行为。这样的国家行为能够让土地得到更好利用，减少不必要的纠纷。对于墓地的循环使用，需要加大宣传，让更多的人认识到，必须适应时代的变化，为解决土地使用的紧张问题作出自己的贡献。

参考文献：

[1] 吴汉东．论财产权体系——兼论民法典中的“财产权总则”．中国法学，2005（2）．

[2] 夏泽祥．论坟墓上寄寓的权利：死者的安息权与后代的监护权．政治与法律，2013（2）．

[3] 肖泽晟．墓地上的宪法权利．法学，2011（7）．

[4] 乔群．祭奠权的法律保护．沈阳师范学院硕士学位论文，2014.

[5] 民政部．墓地无所有权20年到期可续费．新京报，2011-04-03.

① 宋伟江：《清明节与豪华墓地——透视豪华墓地背后法律的漏洞与缺失》，中国民商法律网，2011年5月24日。

聚焦殡葬服务供给侧改革，构建“智慧殡葬”

上海市殡葬服务中心　何兆珉

摘　要：在国家社会经济改革的重心从消费侧转移到供给侧的大背景下，聚焦殡葬服务供给侧改革。文章对于如何构建“智慧殡葬”进行探讨，提出打造殡葬“一站式”服务，打造现代信息管理系统和打造智慧殡葬服务、产品的建设思路。

关键词：智慧殡葬　殡葬服务　供给侧改革

习近平总书记在中央财经领导工作小组第十一次会议上提出：“在适度扩大总需求的同时，着力加强供给侧结构性改革，着力提高供给体系质量和效率，增强经济持续增长动力。”这是党中央对当前社会经济改革的总体判断和治理思路，这也标志着改革的重心从消费侧转移到了供给侧，产业升级改造任务十分繁重。对于殡葬行业而言，打造高质量、高水平、高效率的殡葬服务供给体系，是新形势下的核心任务。

2015 年 11 月，国务院出台了《关于加快发展生活性服务业促进消费结构升级的指导意见》（以下简称《意见》），该《意见》明确提出，“深度开发人民群众从衣食住行到身心健康、从出生到终老各个阶段各个环节的生活性服务，满足大众新需求，适应消费结构升级新需要，积极开发新的服务消费市场，进一步拓展网络消费领域，加快线上线下融合，培育新型服务消费，促进新兴产业成长。”从这种表述来看，毫无疑问，殡葬服务也可以涵盖在“生活性服务行业”之中，《意见》指出：“提升服务管理水平，拓展服务维度，精细服务环节，延伸服务链条，发展智慧服务”，是今后“生活性服务业”的重要发展导向。在 2016 年全国民政工作会议提出，在殡葬服务等领域开展

“互联网+”的推广应用工作。因此，我们认为，在今后一段时期内，借助“互联网+”的东风，打造“智慧殡葬”，既是推进殡葬服务供给侧改革的重要举措，也是深化殡葬改革发展的重要举措。

从一般意义上来看，“智慧殡葬”是“智慧城市”框架中的一个子系统。“智慧城市”这一概念，最早缘起于IBM公司。IBM与美国迪比克市合作，利用物联网技术，在一个6万人的社区里，把城市各种公用资源链接起来，并通过数据分析、整合，对市民需求作出智能化响应，同时搭建综合监测服务平台，及时对数据进行分析、展示，使整个城市对资源的使用情况一目了然。而市民也对自己的耗能情况有了比较清晰的认识，并激发了对城市发展、可持续发展更多的责任感。

在这里，“智慧城市”这一概念中的“智”侧重于智能化，“慧”则侧重于指人性化、人文化。在国内，上海、宁波、南京等城市都较早开展了“智慧城市”的建设工作。以上海浦东新区为例，在2012年就发布了《智慧城市指标体系2.0》，指标体系包含了城市基础设施、公共管理和服务、城市信息经济发展、人文科学素养、市民主观感知、软环境建设六个维度。殡葬服务作为公共服务的一个重要维度，也应该强调其智能化、人文化的发展方向。

因此，我们认为“智慧殡葬”应该是在殡葬事业发展过程中，充分运用信息通信技术，智能地感知、分析、集成和满足社会公众在殡葬活动中的相关需求，创造更加便捷、更具人文内涵的殡葬活动环境，提供更加智能化、人文化的殡葬服务和产品。

那么，如何打造“智慧殡葬”呢？我们认为要从以下几个方面入手。

一、打造殡葬“一站式”服务

所谓“一站式”服务就是，殡葬企业通过设置多种便于寻找的服务前台（实体的或虚拟的）和协调不同企业和部门之间的信息和服务，为市民提供全方位、一体化和个性化服务的组织形态。“一站式”服务，是“互联网+殡葬”的理想化状态，是以提升市民治丧满意度为出发点，主动满足市民治丧需求的服务模式，体现着殡葬人新的服务意识、管理理念和思想境界。

具体说来，一方面要加强虚拟服务平台构建。在“互联网+”时代，随着移动互联网的深入普及，这已经不是一个难题。一个应用、一个App甚至一个企业微信公众服务号就能成为一个强大的服务前台。在这里，要尽可能把有关殡葬服务和产品的信息全部囊括进来，形成移动互联网终端的“一条龙”殡葬服务平台。市民通过该平台能够快速、便捷地获取所需要的服务信息，对比服务质量和服务价格，完成服务的定制、预约，乃至服务评价工作。同时，还要注重对传统虚拟服务平台的补强和优化工作，比如网站、热线电话等，满足社会不同群体的特殊化需求。虚拟服务平台的建设，目前来看，至少有两方面的积极意义：其一，有利于市民更加便捷地获取殡葬服务信息、更加高效地完成治丧事宜；其二，该平台积累的大量市民服务信息、反馈，可以构成殡葬服务大数据的雏形。殡葬企业可以通过大数据分析来制定企业发展目标，开发新产品新服务；民政部门也能够通过大数据获得政策制定的基础数据和依据，为科学制定殡葬政策、推进殡葬改革提供理论支撑。

另一方面，要强化实体服务平台建设。重视对虚拟服务平台的建设，并不意味着对实体服务平台的抛弃，也不意味着虚拟服务平台能够取代实体服务平台，两者是相互补充、互为依存的关系。长期以来，殡葬企业的服务平台，呈现出两种类型：第一种类型，功能单一型，这以各殡葬企业的服务窗口为主。比如，殡仪馆的窗口不能办理公墓业务，公墓的办事处又不能办理殡仪业务，两者缺乏勾连和信息交流的机制，功能比较单一，造成了市民的诸多不便。第二种类型，功能全面型，这以各类社会殡葬“一条龙”为主。殡葬“一条龙”，虽然口头承诺能够帮助市民完成所有服务流程，但由于缺乏自律，时常出现价格欺诈等不良现象，以至于形成了“殡葬黑龙”的说法，导致这一服务平台实际服务效能的低下，并不能满足市民的治丧需求。新时期，实体服务平台的建设，要更加注重向服务平台功能的全面化、信息的集中化、服务的优质化方向发展。说到底，在虚拟服务平台所定制、预约的服务，最终是要在实体服务平台、服务终端完成的。

二、打造现代化信息管理系统

“智慧殡葬”建设的要义之一，就是要解决“信息孤岛”的问题，过去，殡葬企业也完成了企业信息化的工作。但是，在信息化过程中，由于“重软轻硬”“重网络轻数据”，因此，在积累了丰富的信息资源的同时，也形成了大量的“信息孤岛”，各企业之间、各部门之间信息流通不畅，阻碍了对信息的获取和利用，也给资源共享带来了更大的困难。“一站式”服务概念的提出，也对企业内部信息管理体系建设提出了更高要求。对此，我们认为，有三个方面的着力点：一是实施对企业基础数据的科学管理，对企业数据流进行统一的、标准化、制度化的管理，并以此为契机完成服务流程的再梳理和再造工作；二是统一进行信息资源规划，站在全局的高度，把握信息资源建设的方向和目标，协调各单位、各部门、各板块之间的活动，以此形成活力，实现高效率运作；三是实现系统应用集成，把企业的业务流程、数据、软件、硬件和标准联合起来，构成整体，使得不同企业之间能够形成既相对独立的业务系统，又能完成信息资源的共享。打造现代化的企业信息系统，以此来策应“一站式”服务平台的建设和落地。

三、打造智慧殡葬服务和产品

随着“互联网+”时代的来临，一系列智慧应用飞入寻常百姓家，极大地方便了市民生活。从外卖到预约租车、再到各类生活服务，无不插上了“互联网+”的翅膀，实现了产业的腾飞。在殡葬服务领域，“智慧服务”和产品，也有着十分广阔的空间。比如通过对大数据的分析和发布，促使市民有针对性地避开祭扫高峰，实现错时祭扫；再比如通过互联网，建立网上公墓、实现线下公墓和网上公墓的融合，把线下实体公墓的可存储空间无限放大，“海量化”保存逝者人生文化，并可借此实现逝者人生文化的“交互化”，把墓园改造为“人生文化博物馆”；还比如，一系列便捷应用的开发、网上支付、网上定制服务、网上购买商品等。

殡葬服务是服务人生的终极服务，是最能体现一个社会文明程度、人文关怀力度、文化重视程度的一项特殊服务，它需要更加“智慧”，即更加人文化、更加智能化。这是人性需求，也是社会需求，更是当前殡葬人推动殡葬服务供给侧改革、提高殡葬服务供给体系质量和效益的光荣使命。

论“奉死敬生”的殡葬职业道德

武汉民政职业学院　何秀琴[①]

摘　要：殡葬服务的服务对象、环境礼仪等特殊性促使我们提出“奉死敬生”的殡葬职业道德。“奉死敬生”体现了殡葬从业者将自己的一生奉献给与生死紧密相连的事业。“奉死敬生”意味着殡葬业要接纳死亡，供奉逝者；敬重生者，温情服务；爱护生命，加强生命教育。作为职业道德的“奉死敬生”有以下要求：以“奉死敬生”为职业理念，提升殡葬业形象；遵纪守法，对逝者讲文明，对生者讲礼貌；爱岗敬业、勤学苦练、与时俱进。

关键词：殡葬职业道德　奉死敬生　内涵　要求

按照2015年的国家职业大典，殡葬业属于第四大类（商业、服务人员），第七中类（社会服务和居民生活服务人员），第十四小类（殡葬服务人员）。和其他职业相比，殡葬服务有三方面不同[②]：一是服务对象特殊，既有生者，又包括死者，而且生者多数是处于丧亲阶段的人，心情悲伤难过；二是环境特殊，一般的殡葬服务场所都是邻避的场所，百姓不了解，不愿意谈，也不愿意来；三是服务礼仪特殊，仪式庄严肃穆，既要反映逝者的价值，又要抚慰生者，使其获得新生的力量。殡葬活动也很特殊，无论是安葬还是祭扫，都是活人做给活人看，已故之人无法参与。

根据殡葬业特殊之处，我们提出“奉死敬生”的殡葬职业道德，以期抛砖引玉，供大家批评指正。

---

① 何秀琴（1973- ），女，湖北襄阳人，武汉民政职业学院教师，湖北大学历史文化学院博士研究生。

② 杨根来等主编：《殡葬管理教程》，北京·中国三峡出版社，2001年版，第150页。

一、奉死敬生的含义

（一）奉死的内涵

奉是形声字，本义是植物已长高，接近高度极限，引申义为最后阶段的长高、提升高度到极限。在现代奉含有尊敬、遵从、供奉之意，如两手恭敬地捧着（奉书、奉还）、恭敬地接受（奉旨）、尊重（奉为圭臬）、信仰（信奉）、供奉，给养（奉养）；遵从（奉命，奉若神明）等意。以“奉死”作为职业道德，表明殡葬业在人生最后一站，奉献自己，供奉逝者，将人的生命价值“提升高度到极限”。“奉死”作为殡葬职业道德有三层含义。

1. 要遵从凡人必死之道，接受死亡。每一个人都会死是人间的道，几乎每个人的躯体都要经历出生→生长→疾病→衰老→死亡这样的生命历程。死亡是可怕的，也是仁慈的，它以不可逆转的方式结束了肉体生命，让人们对逝者充满思念和留念，使人的精神生命得以延续。奉死就是要探求生命达到什么高度，如何感悟生命极限，探求人们留给人的值得思念和牵挂的精神财富。

2. 逝者奉献了自己的生命，我们要供奉逝者。每个生命的生存都要占用资源，逝者奉献了生命，把资源留给后人，使后人得以延续，人类得以进化。为了表达对逝者的感激之情，生者向逝者进献上自己认为最好的东西，包括赞美和礼仪，这是真心的“奉”。常怀感恩心，供奉已逝人。

3. 殡葬从业人员将自己奉献给生命事业。殡葬从业者每天要和死亡打交道，没有死亡，就没有殡葬从业者存在的理由。而死亡又是多数人不愿面对的。殡葬者不仅每天要面对死亡，还要将优质服务奉送给一生只有一次的丧葬活动，任何的差错都将带来难以弥补的遗憾，这样兢兢业业的一生的确是奉献的一生，这是殡葬业的奉献之处，闪光之处。

《说文》曰：“奉，承也。”奉死要求殡葬从业者接受死亡，恭敬地供奉逝者，提升生命的价值，为殡葬事业奉献自己。

（二）敬生的内涵

“敬”是一个会意兼形声字，以手执杖或执鞭，表示敲打，有自我谨慎修持之义。《说文》曰：“敬，肃也。”本义指恭敬、端肃及认真的态度。“敬生”要求殡葬从业者认识到自己从事的生命的事业，出于内心地对生命产生敬畏，珍惜生命，敬重生者，认真生活。

1. 殡葬从业者要珍惜生命，严把生死关。殡葬业在服务时，应避免把活人当死人安葬。要严格检查确证死亡，绝不能看死亡证明就认定此人已经死亡，必须要亲自查验本人，看他是否有脉搏、有心跳以及是否有其他生命反应，是否真正死亡。同时，还要严格按照殡葬法规①的要求，绝不为没有死亡证明的人提供火化服务，以免被他人利用，毁尸灭迹，杀害无辜。

2. 要敬重来办理丧事的人。要发自内心地审视他们的失落与痛苦，学习必要的心理抚慰知识，进行必要的哀伤辅导，帮助他们经历失落的痛苦，走向没有逝者的新生活。对失去亲人后“显得高兴或平静”的人多加关注，他们可能需要更多的关怀和帮助。

3. 殡葬从业人员也要珍惜生命，敬重自己。殡葬从业者是幸运的，见识了各种死亡方式，见证了一代又一代人的死亡。接触死亡、了解生死之痛、感悟生命可贵是殡葬工作给予从业者最宝贵最值得珍视的财富，所以殡葬从业者比他人更懂得生命的可贵。

4. 殡葬从业者要正视人们对殡葬业的偏见，珍爱生活。从业者是在替生者尽孝道，为逝者送行，从事的是崇高的生命事业。但由于千百年来人们恐惧死亡，与死有关的也都忌讳，所以会产生偏见。在人类越来越重视精神价值时，殡葬业会逐步获得人们的认可。殡葬从业者要通过各种学习和考核才能从事殡葬业，大家公平竞争，通过自己的体力和脑力劳动为其他人服务，没有什么好丢脸和自卑的。但长期处在悲伤痛苦的环境，很容易使人产生负面情绪，殡葬从业者应学会从领导同事、社区和社会工作者以及心理咨询师那里获得帮助，不要将工作情绪带回家。做好工作的同时，发展个人爱好、扩大交往圈子，安排好自己家庭婚姻生活、供养老人、抚育后代的事，乐观向上，快乐生活，活出精彩人生。

（三）作为职业道德的奉死敬生的内涵

作为职业道德的奉死敬生指殡葬从业者要恭敬地接受死亡，以提升逝者人生价值为殡葬服务理念，遵从使逝者安息，生者慰藉，是生命永恒的服务

---

① 根据2012年《殡葬管理条例》第十三条第二款，“第十三条 遗体处理必须遵守下列规定：（二）火化遗体必须凭公安机关或者国务院卫生行政部门规定的医疗机构出具的死亡证明”。

宗旨，提供优质服务，让逝者有尊严地离开，使生命价值得以提升，使人类生生不息。

1. 接纳死亡，供奉逝者。我们厌恶死亡，死亡是最残忍的终结，带走梦想，带走最爱的亲人，带来无限的痛苦和悲伤，死亡吞噬了人生中最美好的事情。死亡是残酷的，也是温情的。没有死亡，生命的长度是无限的，人们就不会珍视生命中重要的东西，生命会失去动力和色彩。死亡让人知道生命是短暂的，稍纵即逝，时间不会为谁停留，“向死而生”，每过一天我们离死亡就更近，是死亡让我们更珍惜当下。

我们必须接纳死亡，才能认识到死亡的价值。资源的有限性使死亡有神圣的意义，只有一代又一代不断地离开，才能使人类作为群体活得更好，生者只有发现和保存死亡留给人类的精神中极为珍视的东西，才能使这种神圣的使命传递、延续，生生不息。

殡葬从业者客观接受死亡的事实，不论逝者年龄、性别、家庭状况，死亡原因，当死亡带他成为我们的服务对象时，我们要以恭敬奉献之心供奉他们的遗体，并将他的精神提炼、升华到极限，供后人追思、怀念。

供奉逝者本身就是对生者的敬重和尊重，也是从业者对职业的尊重。在生命的尽头，人类的价值要得到提升，他是谁，他如何来到世界，他做了什么，他和哪些人交往，他的生命历程，他珍视哪些价值，他为后人及自己留下什么宝贵的遗产……在探究这些价值的过程中，殡葬业只有牢记“逝者是人，是值得我们敬重的人”的人道主义理念，将逝者生命价值提升到极限的高度，才能获得社会的认可和尊重。只看到死亡、遗体，看不到生者、生命，殡葬业的价值将会大打折扣。

2. 敬重生者，温情服务。我国大部分地区有速葬的传统，几天内要将逝者安葬，来办理丧事者特别是丧亲者又处于极度的悲痛之中，还没有从亲人死亡的伤痛中走出来，很多人都心力交瘁，无力应付各种殡葬事宜，殡葬业者要全心全意为他们服务。《礼记·曲礼》曰：“毋不敬何允。”（注：在貌为恭，在心为敬）。“敬”要发自内心，凭良心工作，良心自律。“生、老、病、死、教”这五个行业已经成为“凭良心工作的职业”。[①]

爱护生命，差异化温情服务。了解客户不同需求，在法律允许的范围内

---

① 参见民政部职业技能鉴定指导中心编写：《墓地管理员》，北京·中国社会出版社，2006年版，第7页。

尽全力满足他们的需求；多观察注意细节，提供温馨服务温暖他们的心；学会应对极度悲伤和复杂的情况，注意尊重和保护他们的隐私，以免造成二次伤害。

3. 爱护生命，加强生命教育。殡葬业是见证生死相隔的、和死亡打交道的行业，但殡葬的使命是要使生命更有意义，所以殡葬业要担负起生命教育的任务，小到对家属的称呼，大到公祭仪式，点点滴滴都是生命的书写，需要我们心存敬畏。

殡葬业还要对殡葬职工开展生命教育。面对死亡，需要极大的勇气。殡葬职工在这些极为悲痛的环境中如何愉快地生存和生活，需要极大的智慧和生命的力量。行业协会和社会要开展生命教育，给予他们力量，支持他们，不断传递正能量给他们，让他们有能力化解死亡带来的悲痛，珍爱自己的生命，积极乐观地面对生活。

二、奉死敬生的职业要求

奉死敬生要求供奉逝者，敬重生者，珍爱生命，热爱生活。结合民政部职业技能鉴定中心2006年编写的六大工种中职业道德和职业守则的要求，奉死敬生的具体职业要求如下。

（一）以奉死敬生为职业理念，提升殡葬业形象

1. 殡葬活动满足精神需要，要以奉死敬生、传承文化为理念。在世界各地，人们认为丧葬仪式是人生之节，与出生、结婚一起称为人生的三大仪式。通过这些仪式，显示人生的意义和生命的尊严。在我国，殡葬也是满足人们精神需要的产物。“葬者藏也，孝子不忍其亲暴露，故殓而藏之”①。

古代五礼“吉凶军宾嘉”，吉礼（祭祀）和凶礼（丧葬礼）都与殡葬有关，古代殡葬也是中国文化传承的载体。小小的墓碑就是哲学、社会学、人类学、美学、文学、建筑、雕塑等文化共同的产物，是中华民族的优秀文化传统。悼词、祭文、各种丧葬礼仪更是人类文明的“活化石”。

---

① 司马光：《葬论》。据《孟子·滕文公上》曰：“尝有不葬其亲者，其亲死则举而委之于壑。”他日过之，狐狸食之，蝇蚋嘬之。意思是说：人们最早不葬先人，将遗体推到沟壑里，后来经过时，看到亲人的遗体被狐狸吃，蚂蚁吃，其他蚊蝇吃，后人不忍，将遗体沐浴后穿好衣服（殓）藏起来，安葬。

如果殡葬业纠结于遗体骨灰处理，只能使殡葬业处于“固体废物处理场”“邻避”的命运。我们必须还原殡葬本质，“事死如事生，事亡如事存”，回到奉死敬生的传统，回到“墓者，慕也，孝子思慕之处也”①，所以墓地的发展思路是解决孝子思慕的地方，而不要拘泥于安葬遗体或骨灰，将殡葬业打造成中华民族的精神家园，提升行业形象。

2. 殡葬业从话语到文化观念的转变。在话语上要显示敬畏之心，讲文明。对遗体最好不要称为“尸体”，以“遗体”“尊体”“大体”“遗骸”代替。火化后一般称为骨灰，也有以“灵骨”“遗骨”相称。不要用“处理遗体”，改为“供奉遗体”“安葬遗体”或者“安放遗体”。② 对已故之人不能叫死者、死人，可以叫“已故之人”“逝者”“老先生”“老大人”等。对来办理丧事的人，不能叫死者家属，以“×××的家属”或者“×××先生、×××女士”“来宾”等代替③。

从制度建设上，少一点对火化率、墓地建设等硬性指标的关注，多一点对丧葬仪式、祭祀仪式的殡葬文化建设和扶持，多一些保存多样性文化的措施。将职业教育宣传正能量化，大力提高职业认同感。历史上，从事殡葬的人一直是受人尊敬的人，从掌管祭祀的最早知识分子“巫师”，到管理氏族公墓的国家公务员墓大夫。现在很多农村地区，主持丧礼仪式以及清洗更衣的人都需要品行端正、德高望重之人。他们因为有知识，了解地方文化，品行端正，受到大家尊重。现在，人们对殡葬的研究已经日渐重视，跳开殡葬看殡葬，以对生命和死亡的敬重看待殡葬文化，我们就能认识到殡葬是优秀文化的事业，这将大大提升职业自豪感，提升行业形象。

---

① “墓”又与“慕”相通。《释名》：“墓，慕也，孝子思慕之处也。”意思是说“墓”就是“慕”，谓亲人葬后犹思慕其处。思慕的过程，主要以祭祀为主。

② 从自然科学的角度，人死后的遗体已经是物，不具有人的属性，归属于“固体废物”类，所以之前我们一直用“处理遗体”。但每个人都不愿意自己的遗体被“处理”掉，我们要以敬畏之心对待逝者遗体，以“供奉遗体”“安葬遗体”或者“安放遗体”来代替“处理遗体”。

③ 有些服务对象可能不习惯被称作“来宾”，在称呼上更应当注意，以“×××先生、×××女士或者×××的家属”来代替，一般不叫“大爷”“大妈”“叔叔”“阿姨”等包含身份的称呼。也许逝者正是来宾的“叔叔”“阿姨”，岂不是徒增来宾的痛苦，也会使服务有瑕疵。随着殡仪服务规范化、职业化，人们对来宾的称呼是否更能接受，需要殡葬服务人员观察与不断更新。

（二）遵纪守法，对逝者讲文明，对生者讲礼貌①

殡葬活动和其他活动的不同之处在于：几乎所有人都不能完成自己的殡葬活动，只有靠他人来完成。殡葬活动是基于他人死亡的事实，以逝者遗留物为载体，活人安排殡葬活动，做给活人看。自己不能控制自己的活动对个体尊严造成威胁，在丧失生命的那一刻，他也丧失了控制权，他的躯体任人摆布：供奉、爱护还是破坏、毁灭，他都只能听之任之了。

接受死亡需要极大的勇气和智慧。以最大的诚意安葬逝者，知道自己被供奉，逝者才能安息，殡葬活动是生命延续的力量，是代代相传的生命密码。对逝者讲文明，对生者讲礼貌主要体现在以下几方面：

1. 注意尊重和爱护遗体（骨灰），文明操作。注意动作要轻柔，搬动时要小心，轻抬轻放。保持遗体或骨灰完整不受损坏是所有殡葬从业人员应遵守的第一原则。在针对遗体的操作中，特别是遗体防腐整容操作中，凡是会对遗体开刀或缝合等破坏遗体完整性的操作，都要征得家属的同意并签字。一些地区，逝者的眉毛和胡须也不能乱动。在工作中一定要细心，多观察，多思考，多询问，不要想当然，将自己认为好的服务强加给家属。对于损坏严重、需要防腐整容的遗体，要注意多与家属沟通，认真仔细做好操作，尽量让家属满意。

2. 尊敬来办理丧事的生者，严肃认真地办理好丧事。有人说殡葬活动是做给后人看的，我们尊重先人，也让后人尊重我们。要一视同仁。所有人，无论善恶、美丑、贫富，他们的生命都来之不易，我们都要敬重这些承载着亲人希望的生命，以平等心对待所有来办理丧事的生者，心存敬意、敬畏，提供优质服务。

3. 要设身处地地为服务对象考虑，说起来简单，却需要殡葬职工用一辈子的时间来践行。逝者死亡原因千差万别，服务对象各式各样，要了解他们的需求，提供让他们满意的服务。

---

① 参见1984年民政部颁发的《殡葬职工守则》第四条：严守职业道德，对死者讲文明，对丧主讲礼貌。

（三）爱岗敬业、勤学苦练、与时俱进[①]

殡葬从业人员虽然一直和死亡打交道，但工作稳定，时间相对固定[②]，有时间学习。殡葬职工要利用有利条件，加强学习，提高殡葬服务技术含量，提高从业人员素质。殡葬从业人员要学习以下技能，使客户受益，提高自我认同感，提高殡葬业的地位。

1. 死亡相关知识。和死亡相关的有哲学（死亡观、生死观）、法医学（死亡原因及对遗体现象的影响，各种遗体现象及成因，遗体腐败发生发展过程）、化学（遗体和骨灰的成分及其对环境的利弊）等。

2. 殡仪服务技能。除了根据不同岗位了解自己岗位的技能，掌握遗体接运技能、化妆更衣技能、防腐技能、火化、骨灰检验与寄存等服务技能，还要了解当地殡葬习俗，关注特殊殡葬习俗，了解本单位所有殡葬服务项目，能解答客户咨询，提高单位及殡葬业整体形象。

3. 社会心理知识。了解客户消费心理，丧亲者心理，才能知己知彼，客观理智地为不同客户服务。学习社会学知识，了解各种客户关系系统是如何组成的，掌握客户生平，除为客户提供服务外，要及时发现丧亲者存在的心理疾患。有条件的单位，可以通过组织职工参加心理咨询师、社会工作师资格考试的契机，组织职工学习这方面知识。

4. 应用新技术。与时俱进，及时将其他行业的新技术应用到自己的工作领域，这是时代发展的需要。比如二维码技术，无人驾驶汽车在遗体接运和殡仪服务中的运用；美容整形技术、3D 打印、防腐技术在整容防腐中的运用；雕塑技术、新材料、新工艺等在墓地设计中的应用；灯光、音响等舞台效果在丧葬仪式上的运用等。

庄子曰：“物得以生为之德。”逝者死亡是殡葬业存在的基础，殡葬业不能仅仅停留在为逝者和死亡服务的范畴，而必须追求“物得以生”的“德”才能彰显自己的工作价值。以“奉死敬生”为职业道德，体现了殡葬业在人们生死别离之际，对生的诉求，对人类生生不息的渴求，功德无量。

---

① 民政部职业技能鉴定指导中心编写：《殡仪服务员》，北京・中国社会出版社，2006 年版，第 7 页。殡仪服务员职业守则：“遵纪守法、礼貌待客、优质服务、爱岗敬业。”

民政部职业技能鉴定指导中心编写：《遗体整容师》，北京・中国社会出版社，2006 年版，第 8 页。遗体整容师职业守则：“爱岗敬业、与时俱进。”

② 很多地方的风俗是上午办丧事，没有特殊情况，下午一般不办丧事。

论邹韬奋的生命文化观

北京社会管理职业学院　徐晓玲

摘　要：邹韬奋先生是我国现代著名的新闻出版翘楚，一生立足新闻出版的阵地，为民族救亡、民主政治和进步文化事业，历尽曲折，鞠躬尽瘁。邹韬奋的一生尊重生命、珍视亲情，对事业纯粹执着、对政治追求矢志不渝、对国家忠诚热爱，有限的生命折射出了无限的生命文化光辉，不仅是我们的精神楷模，还是我国殡葬改革的先驱，值得研究和学习。

关键词：邹韬奋　生命文化　殡葬改革　生命教育

邹韬奋（1895—1944），原名恩润，福建永安人，祖籍江西余江，是我国现代著名的新闻工作者和爱国民主战士。一生致力于新闻出版，为抗日救亡、民主自由奋斗不息，实现了民族资产阶级知识分子由改良民生主义走向共产主义的伟大转变。1926 年，邹韬奋在上海主编《生活》周刊，1935 年 8 月，创办《大众生活》周刊，鲜明地提出“团结抗日，民主自由”的主张，全力支持“一二・九”运动。1936 年 11 月，因积极宣传抗日救国，同沈钧儒等人被国民党逮捕，史称“七君子事件”，抗日战争爆发后才获释。邹韬奋一生都在追求进步，虽颠沛流离，仍矢志不渝，在长期的革命实践中选择了中国共产党，在临终时明确地向中共中央提出“请追认入党”的申请并获准。邹韬奋留下遗嘱要求将遗体供医学研究，也是第一个采用火葬的中共党员，可谓是我国殡葬改革的先驱者。运用孙树仁教授的生命文化的观点：人的生命是在“一体”“两面”“三个阶段”和“四个生命维度”交互影响和作用下构成的生命统一体。其中，“两面”就是生命的自然属性和社会属性；“三个阶段”分别是生命的存在阶段、死亡阶段和生命文化的传承阶段；“四个生命维度”即生物性生命、血缘性生命、业缘性生命和精神性生命。值此纪念毛泽东等老一辈革命家签名倡导火葬60周年之际，本文从生命的四个维度对邹韬奋先生的生命文化观加以论述，谨以此文缅怀邹韬奋先生，弘扬高尚情操，传播生命文化理念，讨论殡葬改革的举措。

一、邹韬奋生命文化观的主要内容

（一）自然生命：珍惜时间，尊重生命

自然生命，也就是生物性生命，即每个人的性别、年龄、体重、身高等生命的自然特征，属于生命的自然属性层面。自然生命是生命的基础，也是其他三个生命维度的载体。邹韬奋先生的自然生命虽然只有短短的49年，然而，邹韬奋的一生珍惜时间，尊重生命，呈现出一幅波澜壮阔的生命画卷。正如列夫·托尔斯泰所言：“人生的价值，并不是用时间，而是用深度去衡量的。”

1. 珍惜时间，相当于延长了生命

求学期间，由于家境贫困，邹韬奋采取各种措施，开源节流。其中，最重要的“节流”方式即争取优等生资格，免缴学费。邹韬奋日夜苦读，连年获得“优等生”资格。“开源”的主要方式是挣稿酬和当家教，邹韬奋在别人娱乐、睡觉的时候，通过辛勤的劳动和汗水争取生活来源。

办刊物期间，邹韬奋也是夜以继日，刻苦工作，纵然“把床铺搬到办公室里面去”也是来不及的。1936年7月15日发生的“七君子事件”期间，邹韬奋在狱中的8个月以读书和写作为主，共计著译了30余万字的书稿，其中有《萍踪忆语》最后8篇、《展望》《读书偶译》和《经历》等。

生命是条线段，生命的线段有长有短，判定其长短的标准不只是看自然的长度，更要看时间的利用度和生命的充实度。邹韬奋的一生，从刻苦学习到呕心沥血办刊，不但体现了他珍惜时间的可贵品质，也在一定意义上延长了生命。

2. 尊重生命，“保存于国于民有用之身”

在民主革命时期，邹韬奋对国民党反动派和日本侵略者无情揭露，导致生活和工作极其艰辛，在1933年至1942年期间曾先后六次被迫流亡。无论在多么艰难的情况下，邹韬奋始终乐观、积极、理性地面对，努力保全自己

用以革命的生命。

在“七君子事件”中深陷囹圄的邹韬奋和同人认为：“救国是一件极艰苦而需要长期奋斗的事情。参加救国运动的人当然要下最大牺牲的决心，但同时须在不失立场的范围内，极力避免不必要的牺牲，因为我们要为救国运动做长期的奋斗。”① 他们珍惜生命，避免不必要的牺牲，充分体现了革命者理性的生命观。

邹韬奋在同病魔顽强抗争时，从不轻易言死。他留恋生命，珍惜自己于国于民有用之身。刚刚到过敌后抗日根据地，刚刚看到中国的光明前途，事业未竟，怎能遽然撒手人寰？先生常对在旁的朋友说：“我要争取时间，和病魔搏斗！”“能写多少就写多少，写一些是一些。”有时候他一面写，一面痛得发抖，泪流满面②。

自然生命是一切社会活动的基础，只有拥有健康的身体，才能做一切有意义的事情。所以，要实现人生价值，就要尊重生命、爱护生命。

（二）血缘生命：珍视亲情，深情厚谊

血缘生命即不同家庭、不同家族、不同宗族以及本人在宗族、家族、家庭中所处的地位等。血缘生命是每个人社会性生命的根，每个人的一生都生长在家庭、家族和宗族的沃土之中。邹韬奋出生于一个日趋破落的封建大家庭，祖父在福建担任知县乃至知府，为官清廉，不置产业；父亲曾任福建省盐务局候补局长，后迁居北京，在财政部印花税处任科长，由于受“实业救国”思想影响，筹办纱厂未成，欠下巨债。因此，邹韬奋生活、求学、创业的条件都十分艰苦。

在邹韬奋看来，“天地间爱之最真挚者有二，曰母子之爱与夫妇之爱。”③ 母亲是邹韬奋童年最温暖宝贵的记忆，撰文《我的母亲》，认为母亲具有“可爱的性格”“努力的精神”“能干的才具”，盛赞母亲为所见过的女子中“最美的一个”④。

邹韬奋对两任妻子都感情深厚。1925 年初，第一任妻子叶复琼去世，邹韬奋饱蘸血泪在《经历》中写道：“她死了之后，我才更深刻地感到她的待我

① 沈谦芳：《邹韬奋传》，北京·三联书店，2016 年版，第 277 页。
② 同①，第 453 页。
③ 邹韬奋：《邹韬奋精品选》，北京·中国书籍出版社，2014 年版，第 112 页。
④ 同①，第 4 页。

的厚，每一想起她，就泪如泉涌地痛哭着。她死后的那几个月，我简直是发了狂，独自一人跑到她的停柩处，在灵前对她哭诉！”①

1926年1月1日，邹韬奋与第二任妻子沈粹缜结为伉俪。在投身抗战的过程中，生活颠沛流离，但邹韬奋时刻挂念着亲人。1942年苏中考察时，由于长期与家人分离，邹韬奋常常情不自禁地将所思所见的事情与妻子沈粹缜联系起来。碰到困难时总要对身边工作人员说：“不知道我爱人是不是能行。”他知道延安生活条件比较艰苦，总要问：“我爱人到延安能不能过得惯？”②1943—1944年邹韬奋病重期间，在稍微平静的时候，对妻子沈粹缜说：“你瘦了，是我的病把你折磨瘦了。”其中饱含了愧疚和疼惜。临终时用尽最后的力气对妻子写下“你不要怕！”③ 面对死亡，邹韬奋是平静从容的，淡然理性的，对家人的叮嘱，流露出无比深厚的亲情。

在教育子女时，邹韬奋从不把自己的意愿强加于人，总是充分考虑子女兴趣。邹家华从小就特别喜欢摆弄机器，对家里的玩具或其他东西，总是拆了装、装了拆，常将零件撒得满地都是，像开杂货铺似的。沈粹缜因怕影响邹韬奋工作，有时免不了责怪他。而邹韬奋却表示支持孩子，解释不能把他的兴趣限制死了，要顺应其发展培养。鉴于家华喜欢机器，就朝这方向培养他。邹家华的专业发展和最终成功与父亲的培养不无关系。

邹韬奋的一生固然有时代背景下的英雄色彩，但对于生命本身，他更是一个孝敬的儿子，一个温情的丈夫，一个和蔼的父亲，一个有血有肉、有情有义的人。

（三）业缘生命：“彻底服务”、执着追求

业缘性生命即每个人因为所从事的事业不同、工作岗位不同，有着自己的同事、朋友、上下级关系等，同时也因为事业而焕发出各自的职业精神。邹韬奋在职业生涯中，做事情一丝不苟，认真负责，对事业孜孜以求，锲而不舍，足以标榜后人。

1. 一丝不苟，终生秉持“服务上之彻底精神”

邹韬奋每干一事都认真负责，体现了“毋忝厥职的道德准则”和“服务

---

① 沈谦芳：《邹韬奋传》，北京·三联书店，2016年版，第56页。

② 同①，第448页。

③ 同①，第458页。

上之彻底精神”。

邹韬奋做事认真负责，坚持原则。在求学时期，经济方面最主要的来源就是做家庭教师。虽是为了救穷，却不存“患得患失”的念头，邹韬奋保持的态度是“你要我教，我就是这样；你不愿我这样教，尽管另请高明”，因为“我要忠于我的职务，要尽我的心力使我的职务没有缺憾”。[①] 邹韬奋这样的“硬汉”性格一直保持了一生。

在邹韬奋看来，“何谓服务上之彻底精神？即吾人不认事则已，既已任事，必竭吾心力，务使处理之事，达到尽量完备之境域，始肯释手，丝毫不存迁就敷衍之态度。服务上最忌之恶劣根性，莫甚于‘勉强过得去’为满足”。这种“服务上之彻底精神”发轫于苦学生涯，定型于“曲线救国”，并贯穿于邹韬奋的一生。

这一美德在邹韬奋职业生涯上表现得淋漓尽致。“不愿有一字或一句为我所不懂的，或为我所觉得不称心的，就随便付排。校样也完全由我一人看，看校样时的聚精会神，就和在写作的时候一样，因为我的目的要使它没有一个错字；一个错字都没有，在实际上也许做不到，但我总是要以此为目的，至少能使它的错字极少。”所以每期校样他都要看三遍，有时简直不是校，竟是重新改过![②] 正是由于这样的工作态度和优良作风，邹韬奋的刊物创造了很多出版奇迹，刊物可谓当时中国思想的海上明灯。

2. 执着追求，毕生奉献新闻出版事业

源于对梁启超的崇拜，邹韬奋走上了新闻出版之路，并将毕生精力奉献于新闻出版事业。邹韬奋先生对自己的定位是要做一个“永远立于大众立场的”新闻记者，他一生都在追求“办一份为大众所爱读、为大众做喉舌的刊物，办一个自由的、不受检查的报纸”。为此，在艰苦的条件下，先后创办《生活》《大众生活》《生活日报》《全民抗战》等刊物。为了刊物的生存和发展，邹韬奋呕心沥血，鞠躬尽瘁。他曾在写给沈钧儒的信中说：“每天一定要写若干字数的文字，还要开会，忙得不亦乐乎；到了晚上，放下笔杆，倒头便睡，真如僵尸一般。”生命的最后，邹韬奋还表示：“希望病愈之后再和大家一起继续努力二三十年”。谈了今后的打算，第一要恢复生活书店，第二要

---

① 邹韬奋：《邹韬奋精品选》，北京·中国书籍出版社，2014 年版，第 34 页。

② 沈谦芳：《邹韬奋传》，北京·三联书店，2016 年版，第 64 页。

为失学青年办一个图书馆，第三要办一个日报，以偿夙愿。[①]

（四）精神生命：爱国奋斗，永垂不朽

精神性生命即不同的人留下的优秀作风、生活态度、道德情操和思想观念等。人的生命是有限的，但精神是可以永存的。邹韬奋的一生是为国为民的一生，是追求进步的一生，是奋斗不息的一生。

邹韬奋从1926年接任《生活》周刊以后的19年中，始终立足于新闻出版业，站在人民大众的立场，本着“经世致用”的思想，办“有趣味有意义”的刊物，力图改善民生、改造社会，最后投身抗战，披肝沥胆。邹韬奋用笔杆的力量，唤起民众，共同奋斗，争取民族独立和民主自由，为我们留下了无穷的精神财富。同时还尽一切努力为抗战救亡贡献力量。1931年11月14日至1932年2月18日，《生活》周刊为支援马占山将士捐款129904.65元，此外1932年3月开办“伤兵医院”，参加战时后方的服务。这些都充分体现了邹韬奋以天下为己任的使命感。

邹韬奋在患癌症的生命最后时光，依然十分关注抗日救亡活动，他对妻子沈粹缜说：“我要使我的病很快地好起来，让我好早些到延安去。过去在重庆，我已不止一次地告诉过你，只有中国共产党才是中国人民的救星。我虽然不会使用枪炮做武器，但是我能用锋利的笔尖，挑开国民党无耻阴谋的黑幕，号召民族团结起来，反对敌人，那时我还能起着中国共产党政治上助手的作用。我要在敌人的地区内坚持斗争，不愿就此离开。今天国民党已经对我发出了通缉令，黑暗势力愈加恶劣，敌人想置我于死地，可是我不怕死，因此我要尽快到延安去，争取入党。我要为党多做一些工作……”[②]生命的最后，他依然心怀祖国，眷恋同胞，个人的安危早置之度外。

1944年7月24日，邹韬奋溘然长逝。为了不被敌人发现，邹韬奋的遗体用“季晋卿”的名字暂时存于上海殡仪馆，两年后才以真名落葬在上海虹桥公墓。在1944年10月1日的追悼邹韬奋大会上，郭沫若的演讲道出了所有人的心声：“韬奋先生！你是真的离开了我们吗？你是真的放下了武器倒下去了吗？没有的，永远没有的！你并没有离开我们，你还活着，你还活在我们每一个人的心里，每一个青年的心里，千千万万人民大众的心里。你是活着的，

---

① 沈谦芳：《邹韬奋传》，北京·三联书店，2016年版，第451页。

② 同①，第453页。

永远活着的……”①

泰戈尔说：失败可以导致胜利，死亡可以导致永生。邹韬奋的精神生命将永世流芳。

二、邹韬奋生命文化观的现世启示

随着我国老龄化的不断加剧，每年死亡人口也将快速增加，中国殡葬业一方面须提供又好又快的服务，另一方面受到传统文化和陋习陋俗的桎梏，殡葬改革面临的问题更加复杂。在这一现实背景下，深入分析把握老一辈革命家生命文化观的主要内容，对树立科学的生命文化观和科学推进殡葬改革均具有十分重要的实践意义。

（一）殡葬改革要有新思路和新举措

1. 殡葬改革要从文化的源头立意。殡葬文化扎根于民族的历史社会脉络，殡葬改革应纳入“以汉民族为主的生活方式”中加以反思。同时，殡葬改革也需要在继承传统殡葬文化的基础之上加以文化革新，要突出“中国人文自然主义”特色。而殡葬改革的目的应是维系“礼”的真情实义，在“俗”的部分应尽量美化、简化、净化，重点在于破除盲从迷信和陈规陋习，力倡丧事的简化、净化与美化，积极推广环保自然葬、节地葬。

2. 殡葬改革应以尊重生命为前提。“简而不俗、提升尊重”是殡葬多元服务的新课题。当然，殡葬从简并不是简单地取消仪式，既要考虑尊重逝者，更要顾及生者。重视逝者独特的历史文化价值才是真正意义上的“葬”。传统殡葬注重“哀悼死亡”，体现的是阴阳两隔，白花花、恐怖、阴森、鬼魂、生命的终点等；而现代殡葬应关注的是“讴歌生命”，体现精神永恒与文化、艺术、教育、心灵的对话。

3. 殡葬改革内容上要做到“三个引导”。当前，推行殡葬改革应将传统的殡、葬、祭，从物化的行为引导向精神文化内涵，将殡葬的理念由处理引导为服务、终止引导为延续、从简引导为尊重，将传统处理升级为“优化服务”，阴事阳做，让告别变成美丽、把残缺变圆满。

4. 殡葬改革要争取实现自上而下推行到自觉参与促进的转变。当前，我

---

① 沈谦芳：《邹韬奋传》，北京·三联书店，2016年版，第465页。

国殡葬改革应从生命文化的源头出发，倡导和树立现代殡葬礼仪新风尚，潜移默化地影响人们形成与社会主义核心价值观相一致的思想和行为方式，促使人民群众自觉接受我国的殡葬改革，并成为殡葬改革的参与者和促进者。同时，要不断探索和丰富殡葬改革的实践，务必减少强迫性的殡葬行为，以免南辕北辙。

（二）殡葬文化内涵建设应抓住生命文化这一本质

习近平总书记提出“努力实现传统文化的创造性转化、创造性发展，使之与现实文化相融相通”，为我们如何对待传统殡葬文化指明了方向。殡葬文化的本质是生命文化。殡葬行业应从生命文化的研究和弘扬中传承历史，引领未来。文明殡葬就是让生态文明唤起对生命的尊重，唤起对生活的热爱，唤起对人生的认识，唤起对人权的重视。

（三）开展生命文化通识教育，培养适度的死亡意识

中国人对死亡讳莫如深，面对死亡较多表现出恐惧和焦虑，难以在日常生活中接受死亡，“善待”死亡。然而，事实上死亡和殡葬是精神生命传承的交接仪式，殓、殡、葬、祭活动就是生命精神、生命智慧传承的载体和中介。学校应当重视人文教育，拓宽人文素质课程的通道；尝试采取灵活多样的形式推行生命教育课程；利用社会实践的机会，推广生命教育。

参考文献：

［1］沈谦芳．邹韬奋传［M］．北京：三联书店，2016.

［2］邹韬奋．邹韬奋精品选［M］．北京：中国书籍出版社，2014.

［3］邹韬奋．邹韬奋全集［M］．上海：上海人民出版社，1995.

［4］孙树仁．培养具有生命文化理念的殡葬人才［N］．中国社会报，2015-03-30（04）.

民族地区殡葬改革的调查研究与对策

——以云南省元江哈尼族彝族傣族自治县为例

云南省元江县烟草专卖局　普文杰

摘　要：在现实生活中，人们的殡葬观念尚未发生较大转变，因此在殡葬改革，特别是少数民族地区殡葬改革过程中，存在诸多的困难和阻力。本文以云南省元江县为个案，采用访谈和参与观察的方法，对元江县少数民族丧葬习俗、殡葬基础设施建设、殡葬改革阻力这三方面进行调查，展示了元江县殡葬改革的现状，并据此指出了元江县民族地区殡葬改革中存在的问题，提出对民族地区殡葬改革一些可行性的对策和建议。

关键词：少数民族地区　殡葬改革　对策

云南省玉溪市元江县是一个以哈尼族、彝族、傣族为主体民族的自治县，由于各民族丧葬习俗的多样性、传统观念的根深蒂固，使得该地区在殡葬改革中存在诸多的困难和阻力。

一、问题的提出

传统丧葬观念根深蒂固、殡葬基础设施建设滞后、殡葬改革宣传力度较小，使得民族地区殡葬改革困难重重。学术界对民族地区殡葬改革的研究相对较少，民族地区殡葬改革也没有引起政府和相关单位的足够重视，在促进民族经济发展过程中容易被忽视。然而重视民族地区的殡葬改革不仅有助于社会稳定、民族团结，还有利于促进民族地区经济的可持续发展。笔者以民族地区殡葬改革为出发点，深入云南省元江哈尼族彝族傣族自治县进行数据分析，结合田野调查，分析民族地区殡葬改革困难重重的原因，提出几点针对民族地区殡葬改革的对策。

二、元江县殡葬改革现状

（一）元江县概况

1. 地理行政环境

元江哈尼族彝族傣族自治县，位于云南省中南部，境内山坝相间，立体气候特点突出。最高海拔2580米，最低海拔327米。年均气温23.8℃，终年无霜，年均降水量31.483亿立方米。县人民政府驻澧江街道办事处，距玉溪市所在地130公里，距省会昆明210公里。全县辖3个街道办事处2个镇5个乡，总面积2858平方公里，总人口216623人。

2. 民族结构

元江是以哈尼族、彝族、傣族3个少数民族为主体，多民族和睦共处的民族自治县。总人口216623人，其中，少数民族人口169223人，占78.11%；农业人口187140人，占86.39%，是一个典型的山区农业县。各民族人口比重见表1。

表1　元江县各民族人口数量及比重

民族 人口	哈尼族	汉族	彝族	傣族	白族	苗族	拉祜族	回族	蒙古族
人数（人）	89510	47400	45736	24828	5831	1976	1108	200	34
比例（%）	41.17	21.8	21.04	11.42	2.68	0.9	0.51	0.09	0.02

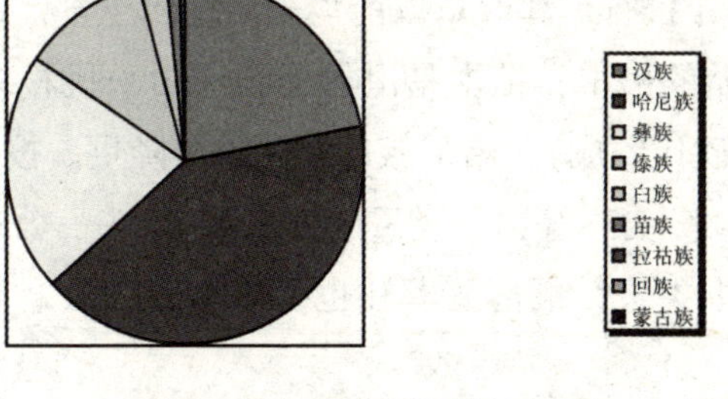

图1　元江县各民族人口比重

（二）县区主体少数民族的丧葬习俗

根据民族结构，县区主体少数民族为哈尼族、彝族、傣族。这三大民族分布较广，所处地理环境各异。因此，丧葬习俗不尽相同。丧葬习俗明显地表现出民族差异和地方特色。

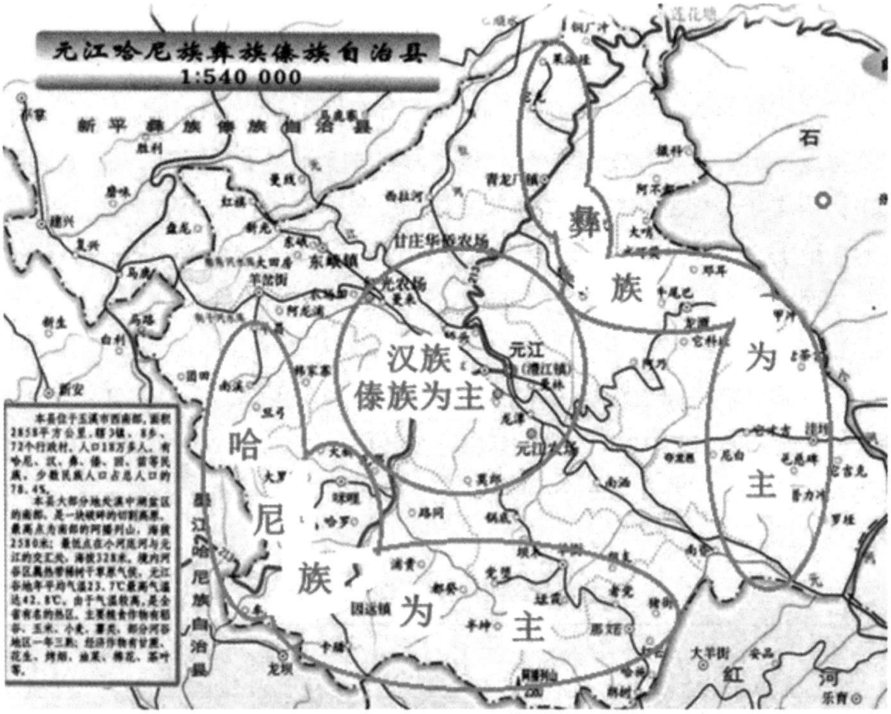

图 2　元江县三大主体少数民族分布图

1. 哈尼族丧葬习俗

哈尼族在 2014 年推行殡葬改革以前均采用棺木土葬。在元江那诺乡，哈尼族依然使用着原始的棺木，棺木是由村民到深山采伐杉树（杉树一般需要 20—30 年才能成材砍伐做成）。哈尼族的葬礼十分隆重。按照丧属的家庭状况和逝者的社会地位，分为三等，最隆重的要杀猪 12 头、公母牛各 1 头，中等葬礼要杀猪 6 头、牛 1 头，最薄的葬礼也要杀猪一两头。埋葬时，要将逝者生前用品随葬。

上述办丧，多为老人去世时进行，婴儿、青壮年均进行火葬。火葬在哈尼人心目中并不吉利，通常认为发生非正常死亡才会选择火葬。

2. 彝族丧葬习俗

元江彝族在2014年推行殡葬改革以前均采用土葬，土葬习俗与当地汉族类似。彝族群众去世后遗体一般停放两天，由毕摩（彝族巫师）诵经送魂，邻里、亲属前来祭拜。在彝族的丧葬习俗中，吃丧文化占据了重要的位置。彝族人去世后全村人在公房里吃请三天，进行祭祀仪式。其中，亲家须准备牛、羊各1头；关系较为近的亲戚，须准备猪或羊1头；逝者生前的朋友和邻居，一般直接给丧家礼金，礼金的数额视自己家庭状况以及与逝者关系的亲疏来定，礼金的数额尾数有严格规定，不能出现“1”“4”不吉利的数字，礼金尾数一般是“6”，这是汉族丧葬文化对彝族影响的具体体现。彝族忌讳火葬，只有族人遭遇意外死亡，或是年纪较轻的族人，才进行火葬，火葬后，不立墓碑。

3. 傣族丧葬习俗

元江县城周边聚居有傣族两大支系——傣雅（花腰傣）和傣洒（水傣）。

图3 元江县郊傣族分布图

在傣族丧葬习俗中，赴丧者须准备礼金，以示对丧属的慰问。元江傣族并不是全民信仰佛教，信仰小乘佛教的傣族家庭或村落中地位较高的长者，由于佛教中佛理对傣族丧葬习俗的影响，所以均实行火葬。火葬是小乘佛教传入后，对傣族丧葬方式产生的重要影响。

三大少数民族丧葬习俗多样，为便于比较，表2对三大少数民族丧葬习俗的相同点和不同点进行了详细说明：

表2　三大少数民族丧葬习俗的相同点

相同点＼民族	哈尼族	彝族	傣族
吃丧习俗	吃丧习俗在三个民族的丧葬习俗中，占有重要的地位，丧属以摆酒席的方式答谢亲友和助丧者，吃丧通常进行3—7天，夜晚需为助丧者提供消夜		
做法事	三个民族在置办丧事过程中，都必须有本民族的巫师在场，负责法事安排，在出殡当天负责开路仪式		
土葬	三个民族均实行土葬，傣族虽有火葬习俗，但火葬的比重较小，傣族人火化后，仍采用“二次葬”的方式，进行土葬		
墓地选址	三个民族均采用“滚鸡蛋”的方式选墓址，鸡蛋破碎的地方，定为墓地		

在不同点的比较中，由于受汉族丧葬习俗的影响，彝族和傣族的丧葬习俗有很多的相似性，因此，以哈尼族和彝族、傣族丧葬习俗的不同点做比较。

表3　哈尼族丧葬习俗与彝族、傣族的不同点

不同点＼民族	哈尼族	彝族 傣族
礼金	不收受礼金，赴丧者携家中牲畜去祭拜	收受礼金，礼金尾数有严格规定，不得出现“1”“4”尾数的礼金
丧服	全村着本民族服饰	披麻戴孝，着白衣、白帽，腰间系麻绳
葬礼规模	葬礼规模大，屠宰大量的牲畜用于祭祀，赴丧人数多，基本是全村祭拜	规模较小，赴丧人数较少，一般为宗亲、姻亲、邻居和逝者生前朋友
棺木制作	根据逝者的体形，到深山砍伐杉树来制作	购买成品棺木

注：哈尼族和彝族对于火葬十分忌讳，只有非正常死亡者或婴儿、年轻人、孕妇死亡才能进行火葬。

（三）殡葬基础建设及使用情况

1. 建设资金投入情况

1998年8月，元江县民政局投入84万元建设殡仪馆的主体工程，投入66万元建设附属工程，共投入资金150万元。元江县殡仪馆占地面积3.1亩，并于1999年5月竣工验收。2006年投入扩建殡仪馆项目资金150万元，2009年投入140万元，2010年投入120万元，2011年投入130万元，2012年投入60万元，2014年投入1020万元，2015年投入1220万元（2013年因殡仪馆收归民政部门所有，故未进行财政资金投入）

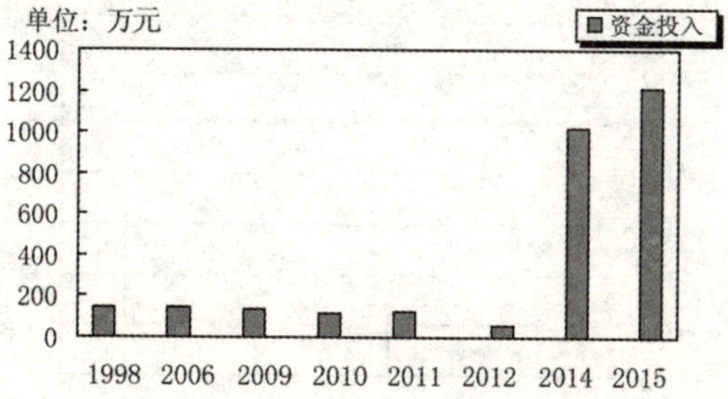

图4　元江县殡仪馆资金投入情况

表4　殡葬基础设施项目规划及资金投入

规划项目	殡仪馆主体建设	设备	殡仪馆附属工程建设	公墓管理所	公墓征地补贴	其他
资金投入（单位：万元）	110	160	180	80	2240	220

2. 殡葬土地使用情况

县城殡葬建设新增用地面积42.26亩，其中：殡仪馆扩建用地3.25亩，公墓管理所和停车场用地7.12亩，公墓用地31.89亩。农村公益性公墓均已投入使用。

3. 人员编制落实情况

目前，元江县殡仪馆已在退役士官中公开招聘了两名事业编制人员，分别担任殡仪馆馆长和出纳，但在遗体接运、防腐和火化技术岗位上，尚无事业单位编制，聘请劳务派遣工担任。公墓管理所和殡葬执法大队尚未组建。

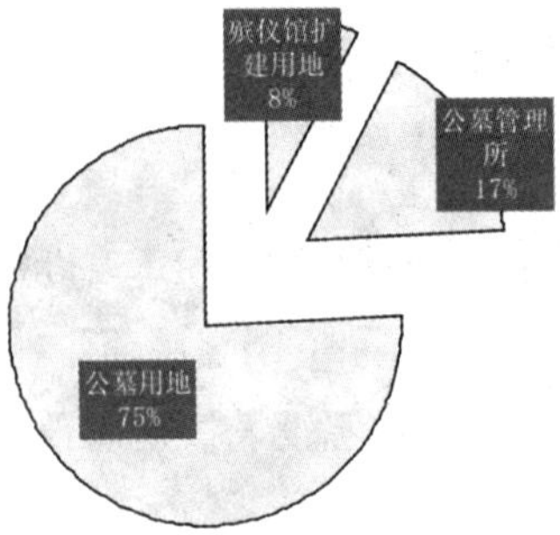

图5　元江县殡葬土地使用情况

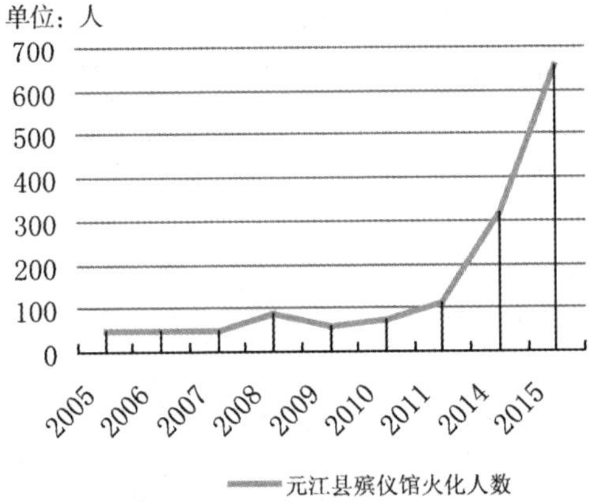

图6　元江县殡仪馆火化人数

4. 殡仪馆使用情况

殡仪馆主体工程自 1999 年 5 月建成投入运行后（承包），有力地促进了该县的殡葬改革工作，群众的丧葬意识逐渐提高。但由于该县民族结构复杂，民族风俗多样，火化率仍然很低。2005 年元江县死亡 1667 人，火化 50 具，火化率为 3%；2006 年死亡 1172 人，火化 46 具，火化率为 3.9%；2007 年死亡 1066 人，火化 48 具，火化率 4.5%；2008 年死亡 1466 人，火化 88 具，火化率 6%；2009 年，死亡约 1094 人，火化 57 具，火化率 5.2%；2010 年死亡约 1054 人，火化 72 具，火化率 6.8%；2011 年死亡约 966 人，火化 110 具，火化率 11.39%；2014 年，死亡 1072 人，火化 320 具，火化率 29.8%；2015 年死亡 1180 人，火化 658 具，火化率 55.7%；2012—2013 年数据因殡仪馆扩建，暂无数据。

三、殡葬改革存在的主要问题

（一）丧事大操大办风俗盛行，人力财力资源急剧耗费

在操办丧事过程中，需要耗费大量的人力、财力。有的村寨举全村之力来操办一场丧事，致使村民无法投身于农业生产，因操办丧事而影响到农时安排的现象在哈尼族村寨尤为明显，从而严重制约了农业生产水平的提高和农村经济发展。在治丧过程中，出现了大量与本民族习俗不相符的现象，这些现象带有浓厚的封建迷信色彩。如在做法事过程中，巫师往往要向丧属索要高额的费用，丧属在这些问题上，因畏惧心理，有苦难言，一场丧事办下来，少则两万，多则六七万。这些现象严重制约了农村经济的发展。

（二）殡葬管理较为混乱，殡葬专业人才奇缺

1998 年至今，由于元江殡仪馆经历了由承包经营到后来收归民政部门纳入事业单位管理的过程，致使殡葬管理较为混乱。现已在退役士官中公开招聘了两名事业单位编制人员，进行殡仪馆日常运营管理工作，缺少专业礼仪服务和防腐人员，随着生活质量的进一步提高，无法满足丧属对标准化礼仪服务的要求，设备无法满足处置重特大自然灾害遗体保存、火化的能力。公墓管理所和殡葬执法大队仍未组建，殡葬法治氛围没有形成。

（三）殡葬用品不规范，存在违规使用现象

殡葬用品作为一种特殊的商品，行业性强，使用特殊。目前，元江县丧葬用品销售点过多，违规销售丧葬用品现象较为普遍，扰乱了市场秩序，破坏了城市形象。一些殡葬用品含有大量封建迷信元素，有的商家为迎合丧属心理，制作了一些天价用品。由于墓地周边山林密布，丧属在焚烧丧葬用品过程中极其容易引发森林火灾，对森林资源造成极大的破坏。商家在经营丧葬用品时，存在布局不合理、无证经营、偷逃税收等不规范现象。

四、民族地区殡葬改革对策

殡葬改革是一项长期的社会工程，如靠强硬的行政处罚手段，会引起群

众反感，引发少数民族地区矛盾，造成不稳定因素。因此，要循序渐进，分阶段、划区域、逐步推进。

（一）提高认识，加大财政投入

政府及相关单位应切实加强对殡葬改革工作的领导，把殡葬改革作为创新、协调、绿色、开放、共享五大发展理念的着力点来抓，推动全面建成小康社会的一项重要内容来落实。把殡葬改革列入政府重要议事日程中去，纳入经济社会发展的总体规划中去，作为党政一把手的工作狠抓落实，将殡葬改革与全面推进依法治国建设有机结合起来，探索符合民族自治县的殡葬改革路线。

（二）加大殡葬改革宣传力度，探索殡葬改革宣传“互联网+”

1. 宣传教育活动常态化。不应只将宣传活动集中在清明节期间，而应将宣传教育活动常态化。在现实工作中，深入了解元江县各个民族丧葬文化，寻找各民族丧葬文化的共通点，适时调整宣传政策。

2. 采用形式多样的宣传手段。针对广大民族地区很多老人不会讲汉话的现状，依托村委会广播室，组织通晓民族语言的人员，利用民族语言进行殡葬改革法规和政策的宣传。

3. 可设立殡葬改革政策微信公众号、微博等新媒体宣传阵地，通过时效性较强的新媒体，将宣传半径延伸至“80后”“90后”青年群体，扩大年轻人辐射引导作用。目前元江县商业性公墓“聚孝山陵园”已注册并推送相关殡葬行业信息，政府职能部门在这方面还需进一步加强。

（三）积极组建管理机构，吸纳懂民族丧葬习俗的殡葬人才

根据殡葬改革中存在的人员少、工作兼职、效率低等现象，争取成立元江县殡葬管理所和殡葬执法大队，提高工作效率和专业化水平，负责好殡仪馆管理、公墓管理和殡葬执法工作，强化殡葬执法力度，加强执法监督工作，提高执法水平。在人事招聘中，根据元江多民族的特点，引进懂得民族丧葬习俗的专业人才。根据各个民族的特点，配合宣传部门，在殡葬执法过程中，有针对性地讲解殡葬改革法规和政策，执法人性化，减少民族同胞的抵触情绪；对不服从的民族同胞，认真进行劝服，发挥专业优势，减小殡葬改革的阻力。

（四）将殡葬改革纳入政府考核体系，改革压力层层传导

地方党委政府可根据具体情况，出台相关考核制度，将殡葬改革纳入考核体系，作为公职人员升迁、提拔的关键要素。加强对公职人员办丧的监管和划定责任范围，通过行之有效的措施，加大问责力度，避免为官不为、渎职失职的情况发生。坚决铲除办丧环节滋生腐败的土壤，营造风清气正的殡葬改革环境。

（五）理顺部门关系，加强联合执法

明确殡葬改革领导小组成员单位工作职责，民政部门在殡葬改革中起主导和协调作用，公安、城市管理、工商等行政执法部门做好秩序维护和市场监管，国土部门做好土地资源的优化配置和供给侧改革工作，卫生防疫部门做好遗体防腐和自然灾害疾病的防控工作，部门各司其职，齐抓共管，形成合力，进一步推进民族地区殡葬改革工作。

参考文献：

［1］元江县哈尼族彝族傣族自治县［EB/OL］. 百度百科，2012-07-25，http：//baike. baidu. com/view/481178. htm.

［2］元江哈尼族彝族傣族自治县第六次人口普查数据［R］. 元江县统计局人口普查办提供.

［3］杉树［EB/OL］. 百度百科，2011-09-27. http：//baike. baidu. com/view/131269. htm.

［4］高立士. 傣族支系探微［J］. 中南民族学院学报，1991，(1)：47-49.

［5］赵泽洪. 关于傣族丧葬习俗的特点和释读［J］. 玉溪师范学院学报，2006，(10)：96-98.

［6］李宏. 玉溪市殡葬改革工作督察报告［R］. 元江县民政局办公室提供.

墓地财产权问题的研究

温州大学法政学院　章晨晨

摘　要：我国公墓可分为经营性公墓和公益性公墓两种，由于土地变革的历史因素使然，我国墓地可分为完全私有，个人私有向国有、集体所有过渡以及当今无论何种公墓的墓地所有权都归国家或集体所有等阶段。由于墓地属于土地利用的一种方式，当人们埋葬亲属遗体、遗骨或者骨灰在墓地以寄托哀思，该墓地即由纯粹的土地财产权转为具有人身利益的属性。研究发现：由于土地改革连带造成墓地财产权的转化，引发了墓与土地归属不同人的纠纷；墓地使用权更倾向于建设用地使用权；墓地使用期限届满后，使用时间可以延续，且延续次数不受限制；相邻墓地之间可以适用相邻关系；墓地财产权受到不法侵害时，可请求获得精神损害赔偿以外的应有赔偿。

关键词：经营性公墓　公益性公墓　墓地　建设用地使用权

一、前言

近年来，山东、北京、辽宁等多地数万墓穴同时出现的墓地 20 年缴费“到期潮”使人们将目光重新聚焦到墓地财产权问题上。墓地使用期届满续交管理费这一规定又一次引起了社会范围内的激烈讨论。通常情况下，公墓可分为经营性公墓和公益性公墓两种。然而无论何种公墓都是人们存放亲属遗体、遗骨或者骨灰以寄托哀思的地方，对生者或逝者而言都有着非凡的意义。

墓地，就其所有权而言，《中华人民共和国宪法》《中华人民共和国土地管理法》中已有明确规定：墓地所有权属于国家或者集体。而关于墓地使用权的属性问题在我国却缺少相关法律的具体阐明。模糊的墓地产权问题直接导致了司法机关陷入解决墓地纠纷缺少法律依据，模棱两可的尴尬局面，并最终使墓地使用权人的合法权利在遭遇不法侵害时无法据理力争。现如今，墓地纠纷案件已呈现出增多的趋势，因此墓地产权的性质亟待确定。墓地使用权究竟是基于债法的租赁关系还是属于物权范围内的用益物权这一问题，虽不乏学者参与讨论，但是始终未得出符合我国实际情况且相对一致的结论。

本文旨在以我国民法体系中最基本的物权与债权为切入点，结合新中国成立前期至今的土地财产权变化趋势，进而预测出我国土地财产权发展的大致方向，为墓地使用权属性的确定奠定基础。在分析比较租赁关系与用益物权的合理性和各自的优势和劣势后，最终得出符合我国实际的墓地产权理论，为墓地产权日后的立法提供参考意见。

现行墓地有关的法律规范尚未完全成型，多数的规定在遭遇现实的问题纠纷时均会出现“适用困难”的情况。在法律规范不完善，且墓地的法律属性、取得方式、经营者运营等规定缺乏的情况下，建设用地使用权人或农村集体擅自改变土地用途、非法对外供应墓地的现象屡见不鲜，墓地使用权人的利益难以得到真正意义上的保护。因此，若想从根本上解决墓地纠纷，明确我国墓地财产权是关键。

就墓地产权问题而言，已有学者将我国墓地产权与韩国、美国进行比较分析。因此，本文主要从历史法学的角度，兼顾比较分析法，将我国土地财产权划分为若干个时期，总结各个时期土地财产权的性质并进行比较，最终得出新中国成立以来的土地财产权沿革脉络，顺应其发展趋势，以实现对墓地产权的定性。

二、我国土地财产权的历史沿革与未来方向

墓地并不是能够独立于土地之外存在的物，其所在土地的财产权性质对墓地财产权合理性质的确定有指导作用。因此，在对我国墓地财产权问题进行定性探讨之前，深入了解我国土地财产权的历史沿革，明确土地财产权的未来走向是非常有必要的。

确定土地财产权制度，明晰土地财产权权利内容，在调整土地法律关系上有其重要作用。土地财产权包括了所有权、占有权、使用权、收益权、处分权等权利。特定主体都对土地享有排他性的权利。在对土地占有、使用、收益、处分的过程中财产权也就得以完整性体现。综观新中国成立前期至今

我国土地财产权的变迁，这一进程确实是一个曲折的恢复过程，大致由非常完整、基本丧失、相对完整三个演进阶段组成。

（一）土地改革时期（1950—1952），完整的个人所有权

1949 年中国人民政治协商会议制定的《中国人民政治协商会议共同纲领》是《中华人民共和国宪法》制定以前的建国纲领性文件，对于民主革命的彻底完成和社会主义革命的过渡转变有着重大的作用。《共同纲领》第二十七条规定："土地改革为发展生产力和国家工业化的必要条件。凡已实行土地改革的地区，必须保护农民已得土地的所有权。"《中国人民政治协商会议共同纲领》为 1950 年《中华人民共和国土地改革法》的出台实施奠定了理论基础，自此，中国的土地改革运动正式拉开了序幕。

土地改革后，地主阶级被消灭，共产党领导的国家，以法律明确了农民从佃农身份解放，同时赋予了农民分得地主土地的合法性。此时，农民自有、自耕、自种、自给，拥有完整的土地所有权、使用权、占有权、收益权。在对土地享有完整的所有权的情况下，农民也当然对其所有的土地上存在的墓地享有所有权，此时有关墓地的纠纷均可以通过物权法相应规定处理。

（二）改革前（1953—1978），私有产权向公有产权过渡

初始阶段，农民获取各种生产工具，但不涉及土地财产权变更。1954 年 9 月 20 日，在全国人大会议上全票通过的《中华人民共和国宪法》中第八条指明："国家依照法律保护农民的土地所有权和其他生产资料所有权。国家指导和帮助个体农民增加生产，并且鼓励他们根据自愿的原则组织生产合作、供销合作和信用合作。"当合作社发展到高级阶段，农民依然对土地拥有所有权和收益权，但占有权和使用权逐渐让渡给了合作社集体。在合作社集体中，让渡土地占有权和使用权是农民获得高级社成员权的前提条件，并依据高级社成员资格分得收益。

1975 年通过的《中华人民共和国宪法》则将"农民所有"改为"社会主义全民所有和社会主义劳动群众集体所有"，意味着在合作社发展的最后阶段，农民不再拥有任何私人财产，非但农村土地的所有、占有、处分、使用、收益等权利都不属于农民私人，而且农民的房屋、生产工具等也不再属于农民自己。在土地财产权归全民所有和劳动群众集体所有的大前提之下，城市或农村土地上的墓地也就自然而然地属于全民所有和劳动群众集体所有。并

由此衍生出墓地所有权人与墓地埋葬者或其他相关权利人分离，墓地财产权归属发生变化的一系列问题。

（三）改革后（1978年至今），被赋予比较完整的使用权

改革开放后，人民公社解体。安徽小岗村首创的家庭联产承包责任制拉开了我国土地财产权的新篇章。“分产到户”“分田单干”的生产模式一改农民个人土地相关权利缺失的局面，家庭联产承包责任制重新赋予参与生产成员较为完整的，涵盖对土地占有、使用、收益在内的权利。紧接着通过的1982年《中华人民共和国宪法》第十条指出：“城市的土地属于国家所有。农村和城市郊区的土地，除由法律规定属于国家所有的以外，属于集体所有；宅基地和自留地、自留山，也属于集体所有。”

改革的意义就在于将完整的土地财产权细致划分成所有权与用益物权两部分，并将使用权以承包等方式传递到农民手中。无论是所有权还是用益物权都在我国物权法的保护范围之内，不至于因此出现法律空白使农民在不法侵害面前无力抵抗。但此时被认为独立于土地存在的物——墓地，就陷入了财产权模糊不清的尴尬境地。

农村公益性公墓大多建于家庭承包的土地上，缺少规划导致土地利用效率低；而经营性公墓则是由于规定不明导致纠纷频发。经营性墓地的租赁合同问题，例如，购买墓地时买方以为完成的是墓地使用权的转移，而卖方则是基于租赁关系与买方签订合同。此类情况下，墓地合同性质乃至墓地财产权性质应当如何认定的问题以及经营性墓地在保管过程中出现的问题仍是我国现阶段墓地管理的一大障碍。

新中国成立至今，我国土地财产权从完全私有到完全国有，再到部分私有的这一系列转变，说明在土地财产权方面，我国更偏向于将权利交到全社会劳动人民手中，使他们能够获得最大化的土地收益。这种建立在所有权与用益物权分离的基础上的最佳土地产权制度，既有利于土地资源的管理也有利于土地价值的发挥，充分说明全社会对土地等物的实质价值的认识也随着时代的发展进行了更新。在全新观念的影响之下，用益物权中的建设用地使用权极有可能是我国土地财产权发展的最终方向。

三、我国现存的问题与墓地财产权相关规定

我国墓地纠纷日益增多，然而在立法层面关于墓地相关法律问题的规定少之又少。因此立足于实际墓地问题，就其现存的空缺进行完善立法是当务之急。当今我国墓地问题主要有以下三个。

（一）擅改土地用途建造经营性公墓

对于有着深厚“葬之以礼、祭之以礼”传统的国人来说，执着地要为逝去的亲人求购小小的一块墓地，不过是希望在亲人逝后可以留下一个寄托哀思和追悼祭拜的地方。但我国现有土地毕竟有限，在传统观念作用之下，墓地供不应求状况的出现当在意料之中。农村擅自利用家庭承包土地建设公益性公墓的情况自始存在，不过随着人口的增加，这一情况日益严重。由于国有土地用于经营性公墓建设的要求严格且程序烦琐，往往难以实现获批，墓地开发商转而将农村集体土地当作目标，希望借助严重短缺的墓地供给现况抬高市场价格从中牟利。

尽管《中华人民共和国土地管理法》第三十六条以及《公墓管理暂行办法》第四条均明确规定“建立公墓不得占用耕地”，但为牟取暴利而罔顾公共利益的人仍占多数。墓地交易背后的巨大利润空间不断吸引着他们在未依法办理农用地转用和土地征收手续的情况下，便在集体土地上进行公墓的开发经营。其抱持的理念是“先非法然后使其合法”，即违规租赁集体土地，然后通过新增土地面积，争取使其合法化。

（二）墓地流转程序缺少规范

《公墓管理暂行办法》第十六条明确指出：“经营性公墓的墓穴管理费一次性收取最长不得超过二十年。”而到目前为止，官方的解释也只有民政部社会事务司副司长李波在 2011 年 4 月 2 日接受媒体采访时说：“我们一直强调，墓地不是产权关系，只有使用权。20 年到期以后，双方根据协议规定执行管理费的收费。”最初签订的墓地合同当然地包括规定合同双方的权利义务关系以及违约责任等条款。“收取 20 年的墓地管理费”是墓地使用权取得合同中的一项条款，是使用墓地的前提。

一般情况下，相关权利人可以依据合同约定，在一定期限内享有墓地所

有权。但若实际可用墓地数量不变而国人对墓地需求仍持续增加，飙升的墓地价格就会使开发商主动要求解除合同并赔付一定的违约金，转而与价高者签订新的合同来获得更大的利益。如此行为缺少法律规制，长此以往不仅损害了墓地原相关权利人的合法权利，也在一定程度上破坏了市场交易秩序，阻碍社会经济的发展。

（三）墓地设施遭毁，维权方式有限

由于我国早期缺乏对土地的规划，现今公墓分布杂乱无章，严重影响社会建设的进行。新建公共设施过程中发生的一系列“强拆”“强迁”，邻地新建公墓过程中对原有公墓的毁坏，都是对墓地权利人的权利侵害，但我国法律缺少对墓地权利人在此类情况下的有效保护。

首先，根据《中华人民共和国治安管理处罚法》第六十五条规定，故意破坏、污损他人坟墓或者毁坏、丢弃他人尸骨、骨灰的……可以处五日以上十日以下拘留；情节严重的，处十日以上十五日以下拘留，可以并处一千元以下罚款。但是《治安管理处罚法》该条款仅仅处罚“故意”的行为，由于过失造成他人墓地损害的情形无从处罚。因为，法律关系双方仅是行政机关和行政相对人，而真正的受害人被排除在法律关系之外，其利益的损害无从据此得以补偿。此外，《精神损害赔偿解释》第三条规定：“非法利用、损害遗体、遗骨，或者以违反社会公共利益、社会公德的其他方式侵害遗体、遗骨的，近亲属可以向人民法院起诉请求赔偿精神损害。”此规定保护的客体是“遗体、遗骨”，而不是公墓或者墓地。

四、我国墓地制度的完善

建成的公墓属于通过添附方式成为土地的一部分 ，我国法律制度之中对于土地所有权和使用权的规定比较全面，而现有的《中华人民共和国物权法》与《中华人民共和国土地管理法》中关于墓地相关问题的规定却是一片空白，甚至在2012年修改的《殡葬管理条例》中也未能找到墓地相关问题的明确规定。目前仍是仅能在1992年的《公墓管理暂行办法》中找到关于公墓墓区所有权的权属以及20年管理费用收取等规定，但《公墓管理暂行办法》制定的年代较为久远，其中大部分的规定在今日看来都是具有一定限制性的。因此，我国亟须制定并完善墓地相关法律法规，以适应墓地问题解决的需要。

（一）土地来源的法律规制

在我国广大的农村地区，受传统观念与文化的影响，集体所有土地上的墓葬仍是殡葬的主要形式。在对墓地进行规制之前，需要明确我国多民族、多风俗的特点，进行一定规制的前提是尊重各民族风俗文化。首先，农村墓地法律规制的原则是鼓励村集体建造公墓，将墓地限制在划定区域范围之内以便统一管理。其次，理论上允许对本村集体成员利用自留山、自留地建造公益性公墓，但应当明确利用程度的范围。

对于经营性墓地，首先应当加强审批时的实质审查，完善审批程序。其次，鉴于目前豪华型经营性公墓层出不穷的现象，对经营性公墓的面积统一进行立法规范，加强监管并建立信息公开制度不可少。最后，应当进一步完善对开发商违法使用集体所有土地进行经营性公墓建设行为的处罚制度，以达到震慑违法犯罪行为的效应。

（二）墓地流转活动的法律规制

禁止对墓地（墓穴）转让是我国殡葬管理的强行性规定，这些规定在一定程度上遏制了墓地炒卖及传销行为，但变相炒卖行为仍屡现不止，现实中墓地的迁移也时有发生，墓地购买者或其亲属的权益无法得到保障。在制度设计上，应对墓地的转让作出具体的规定，允许在一定条件下的转让行为。这不仅有利于保护购买者的利益，更有利于遏制非法及变相炒卖行为的发生，促进墓地的循环利用和对土地资源的保护。

我国在制定墓地财产权法律制度时，应充分考虑下列因素：首先，购买者的条件。对购买者的购买条件进行约束，只有购买者提供死亡证明或病危通知书，才能办理购买手续。其次，严格的转让条件。殡葬用地权利人原则上不能转让殡葬用地。在权利人因正当理由迁移墓地时，可以适当价格向经营者提出回购请求，在经营者拒绝回购的情况下，可向第三人出售。尤其对于经营者为牟取暴利而恶意毁约造成墓地权利人损失的行为需要严肃处理。最后，反馈机制。经营者应将回购信息定期向民政部门申报，接受民政部门的监管。

（三）墓地使用权期限法律规制

建设用地使用权对应的土地利用目的是利用土地建造建筑物、构筑物及其附属设施。经营性公墓土地使用主体取得土地使用权是为了建立经营性公墓，建造墓穴、墓穴建筑物及各种墓地配套设施，而这些墓穴、墓穴建筑物和各种配套设施恰恰是属于建筑物的范畴。因此，墓地使用权实质上更接近四种用益物权之中的建设用地使用权。当墓地使用权人的权益受到侵害时，可以适用物权法中对建设用地使用权的相关规定，而不仅仅限于请求获得精神损害赔偿。

我国现行殡葬管理法规的规定，购墓者对经营性公墓的使用以 20 年为一个周期，购墓者在该期间内占有和使用所购墓地。而 20 年的周期是基于 20 年前居民平均代际年龄确定，早已不能满足现实的需要。但是现行的《公墓管理办法》《殡葬管理条例》对经营性公墓使用周期期限届满后续期的法律问题并没有作出明确的规定。墓地使用权属于建设用地使用权，则当然适用《中华人民共和国城镇国有土地使用权出让和转让暂行条例》第十二条的综合规定或者其他用地使用权出让最高年限为 50 年的规定，并需要在墓地财产权立法过程中进一步明确。

五、结语

墓地不仅是一处祭扫场所，还是落叶归根的象征，甚至是个体身份在族群中的凭证。它维系着人们与逝者们的深厚情感，凝聚着家族成员的集体感。尽管稀缺的土地资源绝大部分应为活人使用，但今日的死者是往日的生者，为了生者能够更好地享有人格尊严，首先要肯定死者对生者的意义，明确在埋入遗骸、遗骨或骨灰后墓地具有的一定人格属性。

现今，有关墓地的纠纷不断涌现，这与墓地财产权性质模糊不清、民法保护严重缺失密不可分。保障墓地的安宁、保持坟墓的完整，进而维护逝者的物质性人身遗存，是对墓地进行法律保护的根本要求，而通过立法的形式确定墓地使用权性质是解决墓地保护问题的核心。只有“墓地使用权实质上是建设用地使用权”以法律法规的形式被固定，实际的墓地与相邻土地间发生纠纷才可以自然适用民法上的相邻关系处理，墓地相关权利人才能够在墓地建筑遭受自然以外的因素破坏时明确依据建设用地使用权相关条款获得保护，而不仅仅停留在“故意损坏他人财物”的刑法保护与违约责任的合同法保护层面。

在利用历史法学的研究方法，确定我国土地财产权由完全个人私有到完全国有或集体所有的发展方向的前提下，厘清墓地与公墓的关系，最终能得出墓地所有权的建设用地使用权实质的结论。而这一墓地使用权的最终定性，正是我国墓地立法保护的起点，为解决墓地争议奠定了基础，揭开了墓地保护新篇章。

农村殡葬改革应积极发挥自治组织的作用

湖南省殡葬协会　高景然

摘　要：推动殡葬改革，农村是难点和关键。农村殡葬改革不能用行政手段，应采取村民自治的方法。在殡葬改革中实行村民自治符合《中华人民共和国村民委员会组织法》的规定和中央文件的要求，湖南省30多年殡葬改革的实践证明，殡葬改革离开村民自治就无法深入、持续开展，实行村民自治就能顺利进行。村委会可通过村民自我管理、自我教育、自我服务的形式推动殡葬改革在农村的实施。殡葬改革实行村民自治需要政府推进，政府应把殡葬改革纳入新农村建设和农村社区建设的范围，进行规划；纳入农村文明建设的范围，进行考核；纳入以奖代补的范围，进行支持；并抓好典型，树立样板，进行示范。

关键词：农村　殡葬改革　村民自治　政府推进

"殡葬改革是破千年习俗、树一代新风的社会改革"。它的难点在农村，薄弱环节在农村，关键也在农村，农村殡葬改革搞好了，整个殡葬改革也就成功了。当前，制约农村殡葬改革的障碍包括：领导重视不够、基础设施落后、保障措施不力、思想观念陈旧、风俗习惯影响、攀比心理作怪等。要解决这些问题当然需要加强领导、加大投入、强化措施等，但更为重要的是转变观念、破除迷信、移风易俗。解决观念、习俗等问题不能依靠行政命令、简单从事，是一项艰苦、复杂、具体、细致的工作，需要上下协调、齐抓共管、多措并举、综合治理，弄不好会适得其反，引发负面效应，延缓殡葬改革的进程。要推进殡葬改革在农村落地生根，需要改变工作方法和作风，应积极发挥村民委员会这一群众性自治组织管理、教育、服务的作用，通过村民自治，使殡葬改革这一政府行为变为村民群众的自觉行动。为此，本文试图结合湖南殡葬改革发展的实际，就发挥村民自治的作用、推进农村殡葬改革问题探讨如下。

一、发挥村级自治组织在殡葬改革中作用的必要性和可行性

2010 年 10 月 28 日颁布实施的《中华人民共和国村民委员会组织法》在第二章“村民委员会的组成和职责”中规定：“村民委员会应当宣传宪法、法律、法规和国家政策，教育和推动村民履行法律义务、爱护公共财产，维护村民的合法权益，发展文化教育，普及科学技术知识，促进男女平等，开展计划生育工作，促进村与村之间的团结、互助，开展多种形式的社会主义精神文明建设活动。”“村民委员会应当支持服务性、公益性、互助性社会组织依法活动，开展农村社区建设。”2013 年 12 月 10 日，中共中央办公厅、国务院办公厅印发的《关于党员干部带头推动殡葬改革的意见》要求：“工会、共青团、妇联等人民团体和基层党组织、村（居）委会以及红白理事会、老年协会等社会组织要充分发挥作用，广泛动员群众积极参加殡葬改革。”殡葬改革工作既是公共事务和公益事业，更是建设社会主义精神文明的活动。因此村民委员会做好殡葬改革工作是法律赋予的职责，是中央文件布置的任务，是其自身职责范围内必须做好的工作。

湖南省人民政府自 1984 年转发湖南省民政厅《关于我省殡葬改革工作意见的报告》开始，1986 年湖南省人民政府发布《湖南省殡葬管理实施办法》，2000 年湖南省人民政府办公厅下发《关于加强殡葬改革工作的通知》，2005 年湖南省人民政府办公厅下发《关于进一步深化殡葬改革工作的通知》。随着这些文件的下发和贯彻，湖南省殡葬改革工作曾经出台了一些法规和政策，兴建了一批基础设施，火化率也有所上升，有过轰轰烈烈、快速发展的时候，一些地方还出现起棺火化、强行平坟等激进的做法，这不能说领导不重视、工作力度不大。但是往往会出现反复，好景不长，很难坚持下去，有时会跌至谷底，重新回到原点，甚至倒退到放任自流、无人过问的境地。为什么会出现这种情况呢？据分析，殡葬改革工作没有落实到村级组织工作之中，没有实行村民自治，不能不说是一个重要原因。从调查的情况看，湖南全省 80%以上的村民委员会，70%以上的居委会没有把殡葬改革作为自治的内容，也就是说，殡葬改革工作不在基层组织的工作范围。

2006年以后，长沙市把殡葬改革纳入政府目标管理，对所属单位和部门进行考核，同时也将殡葬改革作为城乡基层组织依法自治的内容，促使长沙市连续10年城区火化率达到了100%，农村达到90%以上。株洲市攸县福寿万村是一个比较贫困的丘陵山区，在全县还没有全面推行殡葬改革的2012年，由退休回乡老干部、村干部、德高望重的村民发起，组织全村群众参与，定协议、筹资金、建骨灰安放堂等，仅用两年时间，将全村由传统的土葬习俗逐步改革为火化、骨灰集中安放的新风尚，解决了领导和有关部门多年想解决而没有解决的问题。这些都在彰显着村民自治在殡葬改革中的生机活力和巨大作用。

二、在殡葬改革中村级自治组织有哪些作用可以发挥

《中华人民共和国村民委员会组织法》规定：村民委员会是“自我管理、自我教育、自我服务的群众性自治组织”。发挥自治组织在殡葬改革工作中的作用，就是根据村民委员会的职责把殡葬改革内容细化、具体化。

（一）自我管理

管辖本区域各类社会事务，是村级自治组织的基本职责。殡葬改革既是传统习俗改革，又牵涉家家户户的切身利益，不同于管理其他社会事务，它的特殊性要求至少要做到这样几个方面：一是需要建立一个有权威、有影响、能办事、愿做事的理事机构。株洲市攸县福寿万村自觉实行殡葬改革，主要就得益于株洲市教育局局长刘富喜退休回乡后，会同其他回乡的退职人员，协调组织村干部和村里老党员、德高望重人员组成村里殡葬改革的发起人、筹备小组和殡葬管委会。正是他们的工作，才使得这个村殡葬改革走在湖南省农村殡葬改革的前面。如果没有一个影响大、威望高、能力强的工作理事机构，在当前的情况下是很难把殡葬改革落实下去的。二是需要一个由群众广泛参与制定、得到普遍认可、规范可行的管理制度。这个管理制度有的叫自治章程，有的叫村规民约，有的叫协议书，湖南省攸县福寿万村叫殡葬改革议定书。无论叫什么名称，必须制定一个能让大家共同遵守的规则，用制度管人理事，这才是殡葬改革的长效机制。三是需要建立必要的殡葬信息管理系统。一方面可以及时掌握情况，及时处理问题，防止个别违反协定、公约、自治章程的现象发生；另一方面是便于村干部和村殡葬理事会及时慰问

丧户家属，协助解决问题，提供殡葬服务。最好是以村民小组长为依托，建立信息员制度，信息员应及时向理事会或村民委员会报告有关情况。四是需要必要的奖惩管理措施。在自治范围内，对积极参与殡葬改革，坚持移风易俗，丧事简办，生态安葬的必须给予一定的奖励；对违反殡葬改革，实行封建迷信，大操大办，乱埋乱葬的要有所惩罚，这样才能管得着、管得好。当然奖励要政策允许、群众认可、量力而行，惩罚要有法律依据、公正公平、留有余地。

（二）自我教育

实行自我教育是自治组织的基本职能和优势。在破除千年习俗，推进殡葬改革中让群众自己教育自己，能起到其他教育机构和教育形式无法起到的作用。根据调查，当前进行殡葬改革的宣传教育，需要解决这样几个问题：一是讲清道理。讲清殡葬改革是党中央提倡和推行的重大习俗改革，党员领导干部特别是中央领导带头执行；讲清殡葬改革与精神文明的关系，厚养薄葬、丧事简办是社会文明进步的标志，薄养厚葬、大操大办则是落后陋俗的表现；讲清殡葬改革与经济发展的关系，实行殡葬改革是解决人口增长与资源环境的矛盾，造福当代和子孙后代，促进经济社会可持续发展的迫切需要。有人说大道理现在没人听了，而实际上殡葬改革的大道理基层群众很期待，但是没有人讲，或者讲不清，成为殡葬改革的薄弱环节，应当引起重视。当然，讲大道理要生动活泼。言之有理，才能吸引群众。二是做出样子。群众最讲实际、实在和实用，看得见、摸得着的典型是最好的教材。中央要求党员干部带头推动殡葬改革，只要基层党员干部带头示范做表率，德高望重、致富带头人能积极支持和响应，群众就可能主动看齐，自觉模仿。如果思想工作能及时跟进，更能够起到事半功倍的作用。三是营造氛围。一定的气氛和氛围能够教育人、感染人、带动人。在基层进行殡葬改革需要一定的宣传声势、舆论导向、环境氛围等。当然，殡葬改革的宣传活动不同于其他宣传活动，有场合及时间的要求，不是所有的时间和地方都适合殡葬改革的宣传活动的，应当抓住清明前后我国传统的祭扫时间和治丧期间进行。

（三）自我服务

邻里之间红白喜事相互帮助是我国的传统习俗。在实行殡葬改革中仅仅如此是远远不够的，自治组织在殡葬改革中实行自我服务，需要做到这样几个方面：一是需要建立一支相对稳定的服务队伍。有了队伍在出现丧事的时候，才有人员及时上门服务。这支队伍应该由基层红白理事会牵头，形成相对固定的殡仪服务人员为主体、志愿人员相配合的人员结构。应该是坚持以无偿服务为主、低偿服务为辅，邻里互助的服务模式。二是需要建立一套比较规范的殡仪程序。治丧礼仪对当事人来说是一种处理逝者后事、表达思想感情的形式，体现的是文化水平和价值取向，建立治丧礼仪必须有正确的价值取向，使之成为社会主义精神文明内容。千百年来，各地都形成一套比较完整的治丧礼仪，虽有差别，但共同之处比较多，这些除去封建迷信的糟粕，大部分是我国传统文化的组成部分，在建立治丧礼仪时应当充分借鉴和运用，使之能够和传统文化相对接。同时，治丧礼仪还需要简单明了、庄严大方、群众认可。三是需要一定的基础设施。治丧场所和集体公墓是基层自治组织实行殡葬改革重要的基础，这些基础设施不具备，殡葬改革工作就很难坚持和推进。可暂时采取因地制宜、因陋就简、综合利用等形式解决治丧场所的问题，待条件具备后再提质、升级。集体公墓是当前农村殡葬改革的难点之一，有的群众不愿意进公墓，有的很难找到建公墓的地方，有的是管理措施跟不上 。对于不愿意进公墓的可采取做思想工作、减免费用等办法来引导；对于平原、湖区、郊区，没有荒山，不适合建公墓的地方，可视其情况建骨灰堂安放或实行塔葬等；对于不会管理的问题应通过组织外出参观学习，或进行培训等方法来解决。

三、如何推动村级自治组织在殡葬改革中积极发挥作用

受传统观念、习惯势力的影响和干扰，殡葬改革仅靠村级自治组织本身自发形成共识，自觉实行改革难度很大，甚至是不可能的。各级党委、政府，有关部门需要坚持不懈地重视、支持和推进，这样才有可能把殡葬改革的精神贯彻到村级自治组织的工作中去。作为各级党委和政府，在发挥农村自治组织的作用、推进殡葬改革工作中，应加强如下工作：

一是把殡葬改革纳入新农村建设和农村社区建设的范围，进行规划。新农村建设和农村社区建设是党中央在新时期重视农村问题、加强农村工作的重大战略决策，是建成小康社会的必由之路。虽然经过几年的实验和实践，新农村建设和农村社区建设都取得了一定的成果和经验，但仍属于起步阶段，在今后一个相当长的时期里，这依然是农村工作的主旋律。新农村建设和农

村社区建设同城市基本建设和社区建设一样，首先必须有科学和权威的规划以及整体和周密的工作部署。眼下规划的缺少是农村工作比较普遍存在的问题，但随着新农村建设和农村社区建设工作的深化，规划工作必将提到议事日程上来。各级政府应当及时抓住这个时机，将农村集体公墓建设、治丧场所等有关殡葬改革的关键设施，纳入新农村建设和农村社区建设的整体规划，统筹安排。这样，才有可能为殡葬改革村民自治提供基础保障。

二是把殡葬改革纳入农村文明建设的范围，进行考核。上级对下级的各项工作特别是文明建设的绩效进行考核，经过多年的实践已经成为各级党委政府推动工作的重要方法。殡葬改革是移风易俗的活动，属于精神文明建设的范畴，应该是绩效考核的重要内容，但一些地方忽视了这一重要内容，这不仅影响了殡葬改革的正常开展，同时也造成文明建设内容的缺失。党的十八大把生态文明建设纳入中国特色社会主义事业，同经济建设、政治建设、文化建设、社会建设并列的五位一体总体布局，不仅写进了党的十八大报告，而且在新修改的《中国共产党章程》作出明确规定，要求树立尊重自然、顺应自然、保护自然的生态文明理念，坚持节约资源和保护环境的基本国策，坚持节约优先、保护优先、自然恢复为主的方针，坚持生产发展、生活富裕、生态良好的文明发展道路。着力建设资源节约型、环境友好型的社会，形成节约资源和保护环境的空间格局、产业结构、生产方式、生活方式，为人民创造良好的生产生活环境，实现中华民族的永续发展。这一要求和规定丰富了农村文明建设的内容，对殡葬改革来说无疑是重大利好。当前，迫切需要的是把这些精神化作可操作性的具体措施。最近，湖南省人民政府把殡葬改革列入目标责任制，对市（州）绩效考核，对全省殡葬改革工作起到巨大的促进作用，正在快速改变全省殡葬改革的落后局面。应该全面推广这一做法，加强对各级政府特别是基层政府殡葬改革工作的考核力度。这样，殡葬改革纳入村民自治的范围就顺理成章了。

三是把殡葬改革纳入政府以奖代补的范围，进行支持。我国自改革开放以来，为了推进各项社会公益事业的发展，采取以奖代补的形式给予扶持，往往起到了事半功倍的效果。殡葬改革同兴修水利、退耕还林、农田改造一样是一项利在当代、功于千秋的事业，应当纳入以奖代补的范围给予支持。把农村殡葬改革纳入以奖代补的范围，当前的瓶颈是解决各级领导和有关部门的思想认识问题，要充分认识到实行殡葬改革对于端正政风、民风，加强建设精神文明的重要作用；要认识到实行殡葬改革对于建立资源节约型、环境友好型社会，加强生态文明建设的重要作用；要认识到实行殡葬改革同支持建设其他公益事业一样是得民心顺民意的事业。当前需要的是减免村民的火化费用和进集体公墓的安葬费用，使村民群众能够看到实行殡葬改革的直接好处。殡葬改革的关键是为了生态节地，事关可持续发展的大事，是国家行为，以奖代补的资金应由中央财政支付。只要奖励措施能够落实到位，把殡葬改革纳入村民自治的范围就有了具体生动的动力。

四是需要抓好典型，树立样板，进行示范。抓典型、树样板，开展示范活动是推动村民自治工作的基本方法。当前在农村不愿意实行殡葬改革固然有一定的市场，但也存在着看不到殡葬改革的好处，不知道怎样进行殡葬改革的问题。因此，开展殡葬改革的示范活动，让群众看到殡葬改革的具体做法、实实在在的好处，显得非常重要。省里应该有示范县，市（州）应该有示范乡，县应该有一定数量的示范村，这样学有榜样，殡葬改革才有可能在村民自治的推进下顺利进行。

浅析我国殡葬生态文明发展现状

北京社会管理职业学院生命文化学院　徐　莉

摘　要： 本文按照党的十八大确定的社会主义现代化建设“五位一体”总布局及其生态文明的理论，从殡葬自然生态文明、殡葬经济生态文明、殡葬政治生态文明、殡葬文化生态文明、殡葬社会生态文明五方面对我国殡葬生态文明的发展现状分析研究。

关键词： 殡葬生态文明　发展现状　殡葬改革

殡葬生态文明是以殡葬自然生态文明为基础，并与殡葬经济生态文明、殡葬政治生态文明、殡葬文化生态文明、殡葬社会生态文明共同构成又交互作用的殡葬文明形态。目前，我国的殡葬业已进入了传统殡葬向现代殡葬转型的关键时期。按照“建设资源节约型、环境友好型社会的要求，着眼于促进经济社会可持续发展，坚持倡导绿色低碳、生态文明的葬式葬法”的殡葬改革要求，经过数十年的殡葬改革，我国殡葬业已在殡葬生态文明方面取得了一定的成绩，但也出现了一些问题。本文从殡葬自然生态文明、殡葬经济生态文明、殡葬政治生态文明、殡葬文化生态文明、殡葬社会生态文明五个方面对我国殡葬生态文明的现状进行分析研究。

一、我国殡葬自然生态文明发展现状

殡葬活动的“终、殓、殡、葬、祭、传”是按时间顺序发生的。目前，我国殡葬业的“殓”环节，已在大多数地区，由过去封建落后、污染自然环境的形式，向生态、和谐、人文的形式转变。如我国大多数地区已取缔在逝者家中或楼下、社区私搭灵堂的做法，改由在殡仪馆进行守灵。这就减少了在逝者家中或楼下、社区私搭灵堂时，燃放鞭炮、焚烧纸钱等祭祀用品所造成的环境污染。“殡”在现代殡葬活动中主要指对逝者的哀悼告别。目前我国的“殡”活动主要以遗体告别仪式的形式展开，大多数地区的遗体告别仪式都是在殡仪馆中举行，在告别仪式中，大多采用鲜花进行缅怀，祭奠的花圈在大多数殡仪馆也都实现了循环使用，逝者家属采用租赁的方式进行租借。这就避免了大量购买花圈和祭祀用品后，再进行焚烧所造成的空气污染。“葬”是指对遗体的处理。自1956年4月毛泽东等老一辈无产阶级革命家在实行火葬的倡议书上签字表示身后自愿火葬起，火葬在我国开始全面推行。火葬包括火化和骨灰处理。50多年来，我国火葬区面积在不断增加，到2012年全国火化率已经达到了49.5%。火化减少了对自然生态环境的破坏，同时随着科技的不断进步，火化设备在不断进行升级改造，减少了有害气体的排放，保护了自然生态环境。在骨灰安葬方面，也逐步取消了将逝者骨灰送往墓地时沿途吹拉弹唱、抛撒纸钱的做法，而改为在墓地举行富于缅怀追思文化含义的安葬仪式，既保护了自然生态环境，也维护了人文生态环境。在安葬方式方面，生态化、多元化的葬式开始在我国各地得到了有力推广，树葬、花坛葬等节地葬式也开始逐渐被人们所接受。在江苏，已有近2万份骨灰采取了海撒、可降解骨灰盒树葬等生态葬式，有力地节约了土地，保护了自然环境。

一方面我们看到推行火葬、治理乱埋乱葬，倡导生态葬法，殡葬自然生态建设取得了一定程度上的进步，但同时仍存在许多问题，如祭品焚烧、遗体火化等过程中，对空气、水、土壤等带来的环境污染，殡葬礼仪活动及火化过程中带来的噪声等环境污染，乱埋乱葬、土葬回潮、私占耕地、传统葬式浪费了土地资源，造成“青山白化”环境污染，等等。因此，殡葬自然生态文明的实现，依然山重水复，问题种种。

二、我国殡葬经济生态文明发展现状

殡葬经济生态文明，是指通过殡葬活动，在保证死亡的尊严和生命尊重与纪念的前提下，最大限度地减少浪费并能促进经济不断可持续发展，同时也能为殡葬事业的科学发展和促进殡葬改革，提供必需的经济支持的相关环境。殡葬经济包括围绕殡葬活动所发生的一切经济行为。目前我国的殡葬经济生态乱象丛生令人担忧。从殡葬服务方面的“殡葬暴利”到殡葬消费方面“死不起，葬不起”，成为殡葬经济生态恶化的集中表现。我国殡葬经济生态文明程度主要受殡葬市场的良性运行程度影响。目前我国殡葬市场主要分为“基本公共殡葬服务市场、非基本公共殡葬服务市场”①。通过我国政府积极推进基本公共殡葬服务均等化政策，我国殡葬业在基本公共殡葬服务市场上（惠民殡葬）取得了可喜的成就。

2009年12月，民政部下发了《关于进一步深化殡葬改革促进殡葬事业科学发展的指导意见》。该指导意见提出“对生前生活特别困难的人员，由政府免除遗体接运、存放、火化和骨灰寄存等基本殡葬服务费用”。该指导意见的出台标志着我国开始推行基本公共殡葬服务。2012年12月，民政部颁布了《关于全面推行惠民殡葬政策的指导意见》。该指导意见提出了在我国实行基本公共殡葬服务均等化的重要意见。截至2012年年底，我国实施惠民殡葬政策的地区已有30个省（自治区、直辖市）和新疆生产建设兵团，北京、天津、深圳、杭州等少数经济发达地区已实施了全民性的基本殡葬服务。但我国目前的基本公共殡葬服务仍以救助性为主，即主要覆盖困难群体，即城乡低保对象、农村五保供养对象、重点优抚对象、城镇“三无”人员等城乡困难群体。即使如此，我国因惠民殡葬而受惠群体已超过5亿人，每年减轻群众负担近15亿元。

表1　各地基本公共殡葬服务情况

省/市	基本殡葬公共服务内容	享受减免的人群和方式
北京	遗体接运、普通炉火化、遗体冷藏、骨灰寄存	基本丧葬费用实行定额补贴，标准为5000元
天津	遗体接运、普通炉火化、遗体冷藏、骨灰寄存	基本丧葬费用实行定额补贴，标准为1800元
河北	遗体接运、普通炉火化、三天以内（含三天）的遗体冷藏、三年骨灰寄存、一个普通骨灰盒	1. 困难群体 2. 建立基本殡葬服务项目免费地区的居民

① 孙树仁、徐莉：《现代公共殡葬服务体系建设研究》，民政部2013年政策理论研究课题（2013年民政论坛）一等奖论文。

续表

省/市	基本殡葬公共服务内容	享受减免的人群和方式
辽宁	普通车辆遗体接运、普通火化设备遗体火化、三日内普通冷藏（冻）柜遗体冷藏、一个普通卫生纸棺、一个普通骨灰盒	困难群体免费
吉林	普通车辆遗体接运、普通火化设备遗体火化、两日内普通冷藏（冻）柜遗体冷藏、一个普通卫生纸棺、一个普通骨灰盒、一年骨灰寄存	困难群体免费
上海	遗体接运、普通炉火化、遗体冷藏、药液防腐、普通化妆	困难群体补贴300元
江苏	普通殡葬专用车遗体接运、三天内普通冷藏（冻）柜遗体存放、遗体消毒、普通火化设备遗体火化、一个价值200元以内的骨灰盒	困难群体免费
安徽	遗体接运、普通炉火化、遗体冷藏、骨灰寄存	困难群体免费
福建	普通殡葬专用车遗体接运费、三天内普通冷藏（冻）柜遗体存放、遗体接运专用尸袋、普通火化设备遗体火化、一个价值200元以内的骨灰盒	困难群体免费
江西	遗体接运、普通炉火化、三天以内（含三天）的遗体冷藏	困难群体免费
湖北	普通车辆遗体接运、普通火化设备遗体火化、三日内普通冷藏（冻）柜遗体冷藏、遗体消毒	困难群体免费

续表

省/市	基本殡葬公共服务内容	享受减免的人群和方式
广东	遗体车辆接运、遗体清洗消毒、遗体冷藏存放（最长不超过四日）、小型告别厅一班次、卫生纸棺一个、遗体火化、骨灰清理包装、骨灰盅一个、骨灰寄存（十年内）	困难群体免费
广西	遗体接运、收殓抬尸、普通炉火化、两天内（含两天）的遗体存放、一年骨灰寄存、一个普通骨灰盒	困难群体免费
重庆	普通殡葬专用车遗体接运费、三天内普通冷藏（冻）柜遗体存放、遗体接运专用尸袋、普通火化设备遗体火化、一个价值200元以内的骨灰盒	困难群体免费
贵州	遗体接运、遗体火化、遗体保存、骨灰寄存	困难群体免费
云南	遗体接运、普通炉火化、遗体冷藏、骨灰寄存	困难群体补贴1000元
陕西	遗体接运（含抬尸）、遗体火化（普通火化炉）、遗体存放（三日内）、骨灰寄存（两年内）	困难群体免费
甘肃	市区范围内普通车辆接运遗体、殡仪馆三日内遗体冷藏存放、普通火化设备遗体火化、三年内骨灰寄存、200元标准的骨灰盒	困难群体免费
深圳	遗体接运（普通殡葬专用车）、遗体火化（普通火化炉）、遗体存放（三日内）、骨灰寄存（十年内）、遗体告别（小型告别厅）	基本殡葬服务免费
杭州	遗体接运、遗体存放、遗体火化、骨灰寄存	基本殡葬服务免费

曾寒柳、李玉光：《基本殡葬服务和选择性殡葬服务研究》，载《中国殡葬事业发展报告（2012—2013）》，第52页，2013年。

惠民政策的实施促进了我国公共殡葬服务的发展，有力地改善了殡葬经济生态的“死不起，葬不起”以及对“殡葬暴利”的平抑，遏制住殡葬经济生态的趋于恶化的趋势，初步实现了殡葬经济生态良性发展。当然，我们还看到现在的殡葬公共服务水平还是初级的，发展也是不平衡的，依然有待政府加大政策供给及经济支持。

殡葬服务设施建设方面取得了一定的成绩

我国自殡葬改革以来，不断加强殡葬设施建设，取得了一定的成绩。我国从 1956 年开始推行火葬，兴建火葬场。20 世纪 80 年代后，火葬场更名为殡仪馆。1985 年全国殡仪馆仅有 9 家，2011 年全国殡仪馆已发展至 1745 家；1985 年全国公墓有 24 家，2011 年全国公墓发展至 1406 家；1985 年全国殡葬管理机构有 122 家，2011 年全国殡葬管理机构发展至 952 家。全国火化炉在 1978 年有 1712 台，2011 年已增至 5209 台。殡葬服务设施建设方面取得的成绩从侧面反映了我国殡葬市场的发展。虽然我国目前已有 1745 家殡仪馆、1406 家公墓、952 家殡葬管理机构，但仍不能做到县级殡葬服务设施全覆盖，公益性骨灰安放或遗体安葬设施也未全覆盖到乡镇。

三、我国殡葬政治生态文明发展现状

本文认为殡葬政治生态文明有广义和狭义之分，狭义上是指广大党员干部带头，积极响应国家倡导的殡葬改革；广义上是指政府提供的政策法规的支持、管理体制和机制的支持所构成的生态环境。在狭义的层面上，我国殡葬政治生态一直呈现出趋好的发展态势，取得了一定的成绩。但是在广义的层面上的政治生态则不容乐观。

狭义层面上，我国广大党员干部带头推行殡葬改革，为殡葬改革提供了殡葬政治“内生态”的保障。1956 年 4 月 27 日，在中央工作会议上，毛泽东、朱德、刘少奇、周恩来、邓小平等 151 位党和国家领导人在实行火葬的倡议书上签名，提出身后实行火葬，不留遗体，不建坟墓，自此掀开了中国以火葬为中心的殡葬改革的序幕，殡葬改革在这一政治生态环境中得到推进。在改革开放初期，人们对殡葬改革产生了怀疑，火化率下降，乱埋乱葬和封建迷信抬头，为了抵制这一次回潮现象，1983 年中共中央办公厅转发民政部党组《关于共产党员应简办丧事、带头实行火葬的报告》的通知，要求共产党员应带头实行火葬、要节简办丧事，并明确规定共产党员干扰殡葬改革，为其亲属或他人大办丧事，搞封建迷信活动，在群众中造成很坏影响的，应给予纪律处分。由于党员带头，成功地抵制住殡葬改革的第一次回潮现象，保证了殡葬改革的继续推进。进入21世纪以来，由于人们在殡葬改革的问题上片面理解科学发展观的“以人为本”，从2005年开始，反对殡葬改革的呼声及其行动再次“回潮”。针对这一情况，2013年12月中共中央办公厅、国务院办公厅印发了《关于党员干部带头推动殡葬改革的意见》，要求党员“四带头”，即：“带头文明节俭办丧事，树立时代风尚；带头火葬和生态安葬，保护生态环境；带头文明低碳祭扫，传承先进文化；带头宣传倡导殡葬改革，弘扬新风正气”。

广义层面上，我国的殡葬政治生态环境仍需进一步完善。首先，殡葬业作为一种特殊的服务行业，关系到伦理道德和公共利益，因此政府对殡葬的法制化监管尤显重要。但我国殡葬行业存在无法可依的现象，殡葬法等相关殡葬政策严重缺失。其次，殡葬政策的推行力度不足，民众认知度较低。我国自2009年开始，惠民政策在全国范围内全面推行。截至2012年底，全国已有14个省（自治区、直辖市）、92个地级市、400个县（市、区）实施了不同内容的惠民殡葬政策，惠及群体超过5亿人。在我国惠民政策取得了巨大成功的背景下，民众对惠民政策的认知度仍然不高。再次，我国殡葬管理体制至今依然保留着较为浓厚的计划经济色彩，管理体制政企不分、职责不明。最后，我国殡葬单位中尚未建立完善的激励问责机制。

四、我国殡葬文化生态文明发展现状

殡葬文化作为一种文化现象，因时代、民族、宗教信仰等因素的不同具有明显的差异性，是一种动态的殡葬文化。尽管殡葬文化是动态的，是不断变化的，但殡葬文化仍具有以下几方面的特征：一是殡葬文化的民族性。不同民族具有不同的殡葬文化，不同的民族殡葬活动中的文化品位、文化特征也各不相同。二是殡葬文化的地域性。殡葬文化在不同地域会受到地理条件、生存条件的限制，形成适应当地文化社会经济发展的殡葬文化形态。三是殡葬文化的流动性。殡葬文化会随着社会经济政治的变化而不断变化，落后的封建的殡葬文化，已不能适应社会的发展，要进行扬弃，同时伴随社会发展，殡葬文化也在不断变化，民族间、地区间的文化交流也在加深，这都使殡葬文化产生了流动性。四是殡葬文化的延续性。这一方面是由人类社会历史发展的继承性决定的，另一方面是由意识形态的相对稳定性决定的。事实上，只有适应社会发展趋势的文化才具有延续性、传承性，只有符合社会发展要求的殡葬文化才具有发展性。也就是说，只有符合我国生态文明建设要求的殡葬文化生态文明，才能推动我国殡葬自然生态、殡葬政治生态、殡葬经济生态建设、殡葬社会生态的建设，才能加快我国殡葬改革的步伐。

在我国殡葬改革的发展过程中，我国的殡葬文化也随着社会、经济的发展而不断变化。但随着本土文化的变迁和外来文化的进入，我国的殡葬文化开始出现了落后的封建传统殡葬文化抬头的现象，在各类文化的不断碰撞过程中，也引发了一系列文化问题，如“周口平坟事件”。周口平坟事件不仅使我们开始思考有关殡葬行政管理的问题，而且周口平坟事件所反映的殡葬文化，更是带给了我们极大的震撼。周口平坟事件告诉我们，只有引导民众树立适应社会发展、符合生态建设要求的殡葬文化观念，我们的殡葬改革才能具有群众基础，才能顺利推进。而我国的殡葬文化目前尚未形成适用于我国殡葬生态文明发展的殡葬文化生态文明体系，仍需进一步调整，不断完善，加强正向引导。

五、我国殡葬社会生态文明发展现状

我国殡葬社会生态文明应是有序的、全方位、以人为本的，它应由政府提供公共殡葬服务，由市场提供非公共殡葬服务，由社会提供物质服务和精神慰藉服务。但是，我国殡葬社会生态文明的建设过程中面临一系列社会困境，最根本的原因就是缺少了社会的参与。我国传统殡葬活动由家族组织，因我国传统社会结构是以费孝通先生所说的乡土社会为基础的，传统社会中的家族承担现代社会中本应由社会承担的功能。由家族组织的传统殡葬活动彰显了家族的实力，承担诸多社会功能，维护家族内的关系和组织外的形象，关注家族成员的社会情感，使人们相信逝者进入祖先行列，庇护家族生生不息。一旦社会让渡了对于殡葬所承担的责任，市场势必会占据社会本应发挥的角色作用。波兰尼（K. Polanyi）认为“原先是市场‘嵌入于’社会中，市场的原则即价格机制仅仅在经济的领域内才发挥作用；现在，市场原则却通行于整个社会，在经济以外的那些领域，如政治、文化和社会领域，都毫无例外地发挥作用”。而一旦市场全部放开，社会放弃了本应对殡葬承担的责任，则市场也会处于无序的状态。

在我国现代殡葬社会生态文明建设中，因现代殡葬的公益性、文化性、自然垄断性等特点，一方面应由政府提供公共服务并对殡葬服务进行有效监管，另一方面应由殡葬服务部门为丧家或居丧者提供特殊的服务。而最更重要的，则是应由社会群体、组织为殡葬活动的开展提供必要的社会网络、社会规范及社会服务，这样才能保障现代殡葬活动中政府、市场和社会协调行动。而我国在社会领域对殡葬业的社会功能完全缺失，也是亟待补充的。

殡葬生态文明因其直接关系到民众死的尊严、葬的文明，它的发展程度成为衡量现代殡葬转型的一个重要标尺，它的完善程度直接影响着现代殡葬的发展程度，因此建设、发展殡葬生态文明具有重要的意义。面对这些我国殡葬生态文明发展过程中出现的新情况、新问题，我们应该立足实际，积极研究，开拓新思路，探索新方法，大力推动我国殡葬生态文明的建设和发展。

参考文献：

[1] 杨宝祥. 现代殡葬生态文明建设研究 [M]. 北京：中国社会出版社，2013.

[2] 殷居才，郑吉林. 殡葬社会学 [M]. 北京：中国社会出版社，2004.

[3] 诸华敏著. 现代殡葬文化建设概论 [M]. 北京：中国社会出版社，2004.

[4] 肖璐. 推广生态葬法，实现美丽中国 [J]. 清明论坛优秀论文集（2013），2014.

[5] 陆春良. 经济较发达地区生态葬法改革方向研究 [J]. 清明论坛优秀论文集（2013），2014.

[6] 杨宝祥，章林. 和谐社会语境下现代殡葬生态文明建设的路径 [J]. 清明论坛优秀论文集（2013），2014.

[7] 卜维学. 实现生态文明是现代殡葬建设核心价值取向 [J]. 清明论坛优秀论文集（2013），2014.

[8] 温朝霞，黄苏萍. 从生态文明的视角看我国殡葬改革的发展 [J]. 广州：探求，2006.

[9] 时渭，徐希胜. 丧葬习俗与殡葬文化 [J]. 文化研究，2001（2）.

全国现代公墓建设培训班的成功之效和未来发展之路

福寿园国际集团文化教育委员会

摘　要：全国现代公墓建设培训班作为中国公墓业唯一面向全国长期开班的学习培训平台，由中国殡葬协会公墓工作委员会组织，上海福寿园承办，自1999年至2015年，共举办了33期，累计培训学员2123名，受训单位涉及816家。培训班以“定位准确、效用为先”为办班原则，“按需定课、汰旧立新”为办班制度，保证学员听得懂、学得快、用得好。该培训班对于提高公墓管理者的整体素质、促进公墓企业的健康发展、推动行业的共同进步发挥了重要作用，成为提升中国公墓业界整体形象和永续发展的重要保证。

关键词：全国现代公墓建设培训班　中国公墓业　实效　发展

20世纪80年代以来，为适应殡葬事业的发展需要，全国各地殡葬事业主管部门都把提高殡葬管理者的经营管理水平和广大职工的综合素质作为本地区殡葬业发展的重要战略任务来抓，展开了形式多、覆盖面广的教育培训。然而立足于整个殡葬行业集中有规划的培训始终付之阙如，直到1999年。

1999年11月，中国殡葬协会首期“公墓主任培训班”在上海福寿园成功举办。自此，首个中国公墓业界的培训班诞生了，成为中国殡葬发展史上的一项开创之举。其后16年间，由中国殡葬协会公墓工作委员会主导主办，福寿园始终牢记行业排头兵和先行者的使命与担当而尽心承办组织，一起将这个培训班推动发展成为中国殡葬行业内唯一一个时间长、内容专、参与广、人数多、收获大的培训项目，走出一条让学员普遍受益、助企业健康发展、推动行业共同进步的教学办班之路。

一、全国现代公墓建设培训班的开办之路

全国现代公墓建设培训班（以下简称为公墓培训班）首期培训 1999 年 11 月开班，至 2015 年 11 月止，历时 16 年，共举办了 33 期。16 年来，公墓培训班共吸纳学员 2123 名，平均每期 64 名，累计参与单位数 816 家。有 29 个省级地区的殡葬单位或相关企业派员参加，有不少单位多次派员。澳大利亚、蒙古、马来西亚等国外同行也多次慕名前来共同学习研讨。

随着时间的推移、行业的发展，培训班的知名度逐渐扩大，培训班的名称也经历了几次变化。由于开班之初的招生对象是公墓单位负责人，故定名为“公墓主任培训班”。在将招生对象扩展至公墓单位的中层管理者以及业外人士以后，更名为“全国现代公墓建设培训班”。2010 年开始一年两届的培训班区分为春季普及班和秋季精品班。从第 33 期开始，秋季精品班全面升级为总裁研修班，人数限定 60 人，定向招收公墓单位总经理助理及以上管理层人员。

公墓培训班的教学及课程设计以传授现代公墓建设理念为宗旨，包含殡葬行业的发展趋势、公墓的规划与经营、殡葬文化的创新与实践、营销管理、景观设计等实用课程，帮助学员了解殡葬业前沿资讯、学习先进理念、积累实战经验，最终能具备经营管理现代化公墓的能力。时至今日，接受过公墓培训班学习训练的学员们，大部分已成为中国公墓业的优秀经营者和领军人物，为建设一个永续发展、共同繁荣的公墓业界生态贡献着智慧和力量。

二、全国现代公墓建设培训班的长办之基

16 年间，公墓培训班不断总结办班过程中的经验和教训，不断提高办班的宗旨和目标，在全体讲师、学员和工作人员的共同努力下，教学资源日趋丰富，培训内容日趋实用，授课形式日趋灵活，组织服务也日趋合理。在殡葬行业不断发展的今天，公墓培训班能够常办常新，深受学员的欢迎和业界的认可，是与主办方定位准确、效用为先的办班原则，按需定课、汰旧立新

的办班制度分不开的。

（一）办班原则：定位准确、效用为先

公墓培训班学习期不长，属于非学历性质的短期培训班。要在4—6天的时间里，让学员接触并消化专业性强、信息量大的课程内容，没有一个明确的办班原则，势必会流于形式、失于浮夸，会让学员在结业后收获一堆概念却又无所适从。

公墓培训班首要的办班原则就是定位准确，这是和培训班的办班宗旨息息相关的。立足于全国公墓业界，为帮助公墓从业者开阔视野、更新观念、提升素质服务，它就像铁的纪律一样，为后续确定招生对象、课程设置等事务立规矩、定方向。

效用为先也是重要的办班原则。学员期望学到真正实用的知识和本领，为帮助公墓单位解决经营发展中的实际问题服务。培训班坚持效用为先原则，就是要以实用教学为核心，着眼于服务公墓单位亟待解决的实际问题，围绕经营管理、经济效益等重点，充分发挥培训班集中化、专业化的教学功能。真正实现学有所得、学有所用、学有所成的办学初衷。

（二）办班制度：按需定课、汰旧立新

作为一种民生类服务业，公墓业越来越注重服务的质量、多样性和便利性，这和公墓单位所在地域的经济发展水平和文化发展程度相关。在中国公墓业当前所呈现出的城乡发展不均衡状态下，参加公墓培训班的学员也必然带着不同的文化背景来到上海，对于培训班自然呈现出高低深浅的不同期待。对此，公墓培训班确定了按需定课、汰旧立新的办班制度，从而最大限度上来满足学员们多元的学习需求，尽可能保证学员对课程供应的自由选择权。

综观全部33期培训班开设的课程，无论是公墓发展趋势、殡葬哲学思考，还是品牌墓园打造、营销管理分析，始终围绕着业界热点和从业者关切的话题设置。这些课程大致可归类到“战略发展、市场营销、品牌文化、规划设计”四大模块，具体课程内容概括如下表所示。

课程模块	授课主题
战略发展	殡葬行业发展趋势与现代公墓建设
	殡葬的哲学思考与未来公墓建设趋势
	陵园经营定位与发展策略
	谈谈公墓业发展中的融合与分化趋势
市场营销	现代公墓的市场意识和经营策略
	营销管理与分析
	陵园网络营销
	浅析公墓营销中的大客户营销
品牌文化	从福寿园看殡葬行业的跨界与“混搭”
	创殡葬文化品牌
	改写中国殡葬业的文化创举
	社会发展与殡葬文化创新
规划设计	现代公墓规划和建筑设计
	福寿园景观设计
	艺术墓的设计与制作
	雕塑艺术与产品设计

这些课程的主讲者有中国殡葬协会专家委员会的专家，有公墓工作委员会的资深会员，有从业多年的公墓管理者，也有跨专业的研究学者。之所以选聘这些行业内外的精英担任公墓培训班的讲师，就是为了让学员能够在学习期间，集中接受他们通过实践获得的经验和思考。学员学习的课堂有时在教室里，有时在墓园中，他们时而聆听记录，时而讨论交流。这种课内外联动教学的模式能否获得学员的认可？主办方通过课后发放问卷做调查来进行跟踪反馈。学员根据听课所得的实际感受，对每门课程进行评价打分，也可以通过当期学员的微信论坛进行在线反馈。学员所提交的问卷会被集中起来进行信息整理，继而进行分数排序，那些主题明确、形式创新、参与度高、指导性强的课程将会被保留、完善，在下一期培训班继续开设。反之则会被淘汰舍弃。

通过这种按需定课、汰旧立新的办班制度，体现了为学员服务、为企业服务、为行业服务的办学思路，让主办方及时掌握课程的受欢迎程度、讲师的教学水平，设计后续方案巩固和转化培训效果，为构建一套兼具层次化、系统化、实用性、前瞻性的公墓建设课程体系提供有说服力的参考依据。

三、全国现代公墓建设培训班的实效之应用

公墓培训班的招生对象来自不同殡葬单位，它的培训效果需要通过个体学员带回应用到服务企业的建设中去，为全力推进培训成果向经济效益转化而服务，进而带动全行业的科学发展和共同繁荣。因此，公墓培训班的实效之应用就集中体现于学员个人、企业和行业三者身上。

（一）切实提高了不同层级公墓管理者的整体素质和格局眼界

公墓培训班会聚行业内外专家精英，提供全面专业有实效的对口课程，从理论到实战，从战略到战术，从案例到运用，跳出殡葬看殡葬，激发无尽创造力，是从业者学习提高综合素质的助推器、充电宝。参加过培训班的学员无不感到收获满满。学员在培训班上的收获可以归纳为以下四个方面：

认知方面：增加了对中国殡葬业现状和发展趋势的认识，增强对行业的认同感，以及从业的自信心。牢固树立“以人为本”“殡葬是生命事业”“做公墓就是做文化”等先进理念。

工作方面：启动了塑造公墓品牌的思考，明确了企业所应承担的社会责任、历史责任、行业责任、社会责任，厘清了今后决策规划和工作实践的方向。

交流方面：与讲师、学员、一线员工进行互动交流，结识了来自全国各地的同行，建立或增进了友谊，开阔思路，取长补短。

修养方面：增进了对自身的了解，吸收了专业技能和知识，感受了细节把握、团队合作以及主人翁态度的重要作用。

（二）帮助推进公墓企业的健康发展和服务提升

培训不仅能提高员工的整体素质，也能提高企业的竞争力；派员参加培训不仅是企业最有价值的投资，也是能获得最大产出的投资。培训班的学员们从培训班上收获的知识和技能，有意识地结合到企业的日常管理和生产经营中去，帮助企业建立学习型组织，以创新、开放、共享的发展理念从事现代墓园的建设，使企业的管理和业绩整体迈上一个台阶，从而在市场化大潮

中与时俱进、永续发展。这一点在近年的公墓业发展中以及学员的跟踪反馈中，培训班主办方明显感受到了培训班对不同公墓企业的发展促进作用。

（三）推动了行业的整体进步

中国殡葬业发展需要理论指导，需要文化支撑，公墓培训班就是一个网罗行业内外精英，传播先进发展理念，培养优秀管理人员的绝佳平台。通过公墓培训班，不仅培养出了一批批视野开阔、观念更新、从容自信的公墓管理者，不仅促使许许多多家公墓企业选择走科学发展和文化积淀的道路，更重要的是提升了中国公墓业界的整体形象、推动了全行业的共同进步，尽最大努力向全国乃至全世界同人传递新理念、新技术、新方法，借此提升了全国殡葬整体发展水平。

中国殡葬协会前会长陈群林曾对此有过高度评价：“她是一所学校，一所公墓建设乃至整个殡葬发展的实验速成学校。数以千计的公墓经营管理人员在这里接受正式的业务培训，更多的同行和政府官员到这里考察取经。公墓的规划设计、艺术构思、经营理念和管理模式，正在被天南海北借鉴仿效、发扬光大，让中国公墓满园春色。”

四、全国现代公墓建设培训班的未来发展之虑

公墓培训班虽然走出了一条成功之路，在业界的品牌影响力逐年扩大，被视为中国公墓业的“黄埔军校”，并且也实实在在地为行业发展作出了突出贡献，然而，在成绩的背后，也应该看到目前中国公墓业发展环境困难重重、从业人才明显缺乏、外界评价依然不高的现实。要想改变这一状态，还需要公墓从业者和关注者的共同努力。公墓培训班是行业发展的风向标，也可以成为改变行业形象的加工厂，在助推全行业后继有人、基业长青、永续发展方面，还可从以下几方面着手提高和推进。

（一）准确定位培训目标，建构起专、实、新、活的课程体系，编写成熟系统的培训教材

要根据不同层次的学员，重新排定筛选讲师和课程，将经典课程升级，更新讲课内容，丰富讲课形式，形成品牌特色，加强专家对实际案例的现场点评指导，强化学员的积极能动性和现场探讨氛围。今后的公墓培训班会将5

月和10月的培训进行差异化教学，内容设定更为科学，更符合实际需要。5月班侧重实操，内容简单易懂，注重中层和基层公墓从业者的能力培养；10月班侧重理论，偏向于MBA教学模式，在案例探讨和分析的基础上拓展理论的解释力，激发总裁班学员的互动性、创造性，并扩大学员的交流圈。

（二）细化进行招生对象的定位、分层

为了使目标教学更加有针对性、实效性，从“结果导向、效率意识、公平意识”的角度，培训班应当在原来的春季班和秋季班的分层定位基础上继续改革，每一期培训班确定个性化的主题和教学研讨方向，针对相应的主题来针对性招生，以求学员层级、特征与培训班主题匹配度更高，教学效果更好。

升级版总裁研究班要培养有情怀、有愿景、有味道的公墓企业家。领导者要有足够的胸怀、足够的格局，才能决定一个组织、一个企业、一个团队能够走多远。公墓总裁便是如此，故总裁班课程设计中一定要注重修炼其人文情怀。总裁班中还可融入部分政府主管部门的年轻官员，促进企业与政府主管部门的沟通协调，建立彼此之间“亲”和“清”的关系。

要面向更广的学员范围，并有针对性地招收海外学员，以促进中国殡葬业与国外行业之间的交流交往，共同进步，并为中国企业寻找海外合作商机，拓展中国葬文化。

（三）为公墓业年轻从业者搭建平台、施展所长

年轻人是任何一个行业的希望所在，公墓业也不例外。要根据“80后”“90后”年轻人的代际特征，用可以预见的职业前景来吸引他们，用更趋专业、更加包容的职业培训来充实他们。公墓培训班可以有针对性地面向年轻从业者设计特色班，并抓好教育的连续性，将培训班的学习经历转换成各自企业培训的发动机或是助推器。

（四）努力让培训班成为经营管理服务创新项目的孵化器

拓展培训班的任务和使命，不仅培育人，更要策动创新的项目。目标行业中亟须提高的方面和引领的趋势，有针对性地在每次培训班中设计创新课题的研讨，以期从中孵化出能够开发使用的新项目，推动行业的发展。

（五）办班形式进行变革

可以尝试与其他殡葬管理部门、协会、企业合办培训班，办班地点放在合办方当地；授课方式上还可以进一步创新，采用集中授课、分小组项目研讨、换位教学等多种方式相结合。每期培训班设定研讨教学的大主题，根据主题设计课程，并要设有与行业紧密结合的时事政策分析。

（六）以效用为基础，尽可能缩短培训“滞后期”的影响

所谓“滞后期”，是指受训人员回到工作岗位上，往往要经过一段时间，才能将学到的知识用于工作中去，短则一两个月，长则一两年，这一段间隔时间被称之为“效用产生的滞后期”。缩短“滞后期”的根本途径是坚持走培训与实践相结合的道路，在培训中加大案例分析、实例解难的比例，让学员在培训阶段就接触经营中的实际问题，锻炼解决问题的能力。回到企业后，须尽快拟订工作计划，将培训班学到的知识技能联系实际开展工作。倘如是，培训班的学习就成为生产与管理的一个基本环节，就能缩短培训结束到实际应用产生经济效益之间的“滞后期”。

（七）招生和宣传方式要坚持传统与创新并重

通过多渠道传播方式发布招生信息，建立动态档案库，跟踪学员的后续发展。将网站上发布招生简章以及向各会员单位和各地殡葬协会发布招生信息作为主要招生途径，利用微博、微信等新媒体，让主办方、讲师、学员在互联网平台上实现文字、图片、语音、视频的全方位沟通分享、交流互动。通过微博、微信的传播，扩大公墓培训班的知晓度和影响力。

（八）与福寿园生命服务学院资源共享，共促发展

公墓培训班一直以上海福寿园为教学基地和平台，由福寿园集团具体承办，今后可以与新成立的福寿园生命服务学院进行合作，借助学院的资源提升培训班的层级，共促发展。学院将能为公墓培训班提供更加广泛的师资和更优的课程，为公墓培训班提升层级和高度以有力支撑。

唯改革者进，唯创新者强。培训班的主办方和承办者均始终以行业的大繁荣、企业的大发展、学员的大进步为己任，并一直坚持走改革创新之路，不断为培训班注入新的活力和动力。在党的十八届五中全会提出“创新、协

调、绿色、开放、共享”五大发展理念的当下，公墓培训班将继续尽心尽力抓实效、先行先试搞创新，做好为整个公墓业打基础、育人才、造环境的工作，为全国乃至全世界的殡葬同人提供良好的交流平台，传递国际公墓业界最新的发展动态，不断完善教学体系，提高教学质量，干在实处、重见实效，推动中国公墓业的蓬勃发展。

参考文献：

[1] 王宏阶主编：《媒体眼中的上海殡葬》，上海科学普及出版社，2010年版.

[2] 朱金龙：《殡葬新论》，上海社会科学院出版社，2010年版.

[3] 郑晓江：《中国殡葬文化》，上海文化出版社，2012年版.

[4] 胡启明：《最后的尊严：长沙殡葬报告》，湘潭大学出版社，2014年版.

[5] 李伯森主编：《中国殡葬事业发展报告（2014—2015）》，社会科学文献出版社，2015年版.

生命的纪念
——浅论现代殡葬（公墓）与博物馆的结合

福寿园国际集团　唐幼幼

摘　要：殡葬是人类文明发展的自然产物，也是人类文明的有机构成。随着社会经济的快速发展和对生命内涵的深入认知，公众对殡葬寄托了更多的精神需求，这使得殡葬在现代化改革的进程中，必须重塑发挥其原有的文化内涵和教化功能。近年来，不少公墓已开始尝试与博物馆相结合，寻求变为城市纪念场所的可能。文章通过对博物馆与殡葬的历史渊源的阐释，公墓建设博物馆案例的分析，探讨使公墓变身为既能传承逝者精神风范，又可留存城市历史文脉的纪念性博物馆的可能性和意义。

关键词：博物馆　公墓　纪念　精神更生　文化传承

殡葬，作为人类特有的对已失去自然生命的同类所采取的意味深长的告别活动，积淀着深厚的文化内容，是一种人类文明的特定存在形态。它作为具体文化现象，其围绕个体自然生命死亡而展开殡葬活动，涵盖内容涉及实物、信仰、心理、伦理、道德、艺术等，其文化内蕴是丰富而深刻的，体现了人对生命价值的认识、理解与把握。随着时代的进步以及人本精神的回归，公众对生命有了更为深刻的认知和理解——人类忌讳死亡，因为珍爱生命；人们不愿意看到自然生命的终结，但更乐于延续精神生命的传承。这就让纪念性、文化性、精神性在中国殡葬现代化改革中显得尤为重要。让殡葬机构变身为公共纪念空间，变身为承载历史、面向未来的文化教育机构，成为生命的纪念性博物馆，是现代殡葬改革的新思路、新方向。

一、博物馆与殡葬的天然联系

博物馆虽然是近代才兴起的社会文化事业，但它的起源可以追溯到公元前几世纪。纵观博物馆的发展历程，可以发现它与历史更为悠久的殡葬活动有着天然的渊源。这渊源不单是指存在一些展示研究殡葬文化的专题类博物馆，而是两者在起源、载体乃至社会功能上，有着直接的影响和关联。

纪念性博物馆的起源与发展

博物馆现象最初萌发于人们对珍稀物品的收藏意识和对具有纪念意义的遗址遗物的纪念意识，并对此加以保护和利用。体现“纪念意识”的博物馆，可归为“纪念性博物馆”，其起源于人类对于神明的供奉与祭祀。

1. 起源于供奉与祭祀

罗马的万神殿是西方最早的纪念性博物馆，始建于公元前27—前25年，用以供奉奥林匹亚山的众神。在后世的千年间，其间历经变化，先后保存过多尊天主教圣骸，供奉过殉难圣母，也埋葬着一些伟大的意大利艺术家，如拉斐尔，后来又成为国王陵墓。

在中国，博物馆的雏形源于殷商的宗庙，这里既是文物的集中地，也是先祖的祭祀场所。中国最早的纪念性博物馆是公元前478年在山东曲阜建立的孔子庙堂。孔子逝后翌年，鲁哀公特命以曲阜阙里孔子故居中的三间房屋作为孔子的庙堂，室内陈列孔子生前所用的“衣、冠、琴、车、书”等物，“岁时奉祀”。

2. 从“祭祖”到“祭贤”

孔庙的出现，源于华夏民族在远古即已形成的“祖先崇拜与祭祀”。自春秋时期，祖先崇拜与祭祀已开始逐步分化出对社会卓有贡献的人物的崇拜与祭祀。《国语·鲁语》有言：“夫先王之制祀也，法施于民则祀之，以死勤事则祀之，以劳定国则祀之，能御大灾则祀之，能捍大患则祀之。”

虽然古代中国没有博物馆这一概念，但继孔庙之后，中国历史上此类纪念场所便绵延不绝，如汉宣帝“麒麟阁十一功臣”、汉明帝“云台二十八将”、唐太宗“凌烟阁二十四功臣”，又如武侯祠、岳王庙、史公祠……这种“祭拜先贤”的纪念行为一直延续发展到当代的中国博物馆事业中。在今天，一个省市可能没有展示当地历史文化的博物馆，但一定会有纪念本地前贤的纪念场所。

对于对社会作出突出贡献的人物，其有关遗址，展示其遗物，建立庙堂，纪念他们的功绩，弘扬他们的品德和思想，正是中国殡葬文化中重视慎终追远、追念先贤，以尊崇人文的精神使“民德归厚”的具体表现。

3. 殡葬对当代博物馆的影响

我们几乎都能认同博物馆是人类文明的表现，文化传承之地。但对于殡葬的看法十分不同。

殡葬是人类基于一定的生命观，是围绕着遗体处理而进行的文化活动，它是人类文明创造的重要体现。一般我们认为它通过一系列的行为，起到了社会教化、哀伤抚慰、遗体处理的作用。现今，多数人简单地将殡葬视为遗体处理，这是狭隘而不科学的。如考察中国自古以来的殡葬行为，处理遗体甚至不是它的主要内容。殡葬的丧、葬、祭等行为，都存在着“礼”的支撑，它的本质是具象化地表现了中国传统文化中的生死观、亲孝观、敬贤思想，最终作用到社会教化的功能。所以，殡葬是一种内涵丰富的文化活动。

“人类文化传承，得益于庙和坟。”中国人对于历史文化的研究很多是从墓葬、从丧葬文化中开始的。湖南省博物馆的马王堆是墓，西安秦始皇兵马俑博物馆是墓，2016 年轰动文博界的江西海昏侯考古发掘还是墓。博物馆所藏的国之重器也大多源于殡葬有关的活动，如祭祀礼器大克鼎、殓服金缕玉衣、明器唐三彩等。这些殡葬遗存以及它所承载的历史文化信息正是博物馆的立馆之本，也是中国文化的重要传承。

通过殡葬的文化本质和纪念功能，殡葬与纪念性博物馆，乃至综合性博物馆之间的联系便一目了然。但必须承认的是，随着社会文化的进步与发展，博物馆早已被公认为人类文化的圣殿，而殡葬却远远落后于这个进程。特别是以当下的殡葬状况而言，仅是让它和文化产生联想，就需要花费一番阐释了。

二、现代殡葬在博物馆领域的实践

在近现代中国的大变革中，特别是近 40 年的改革开放，中国社会的各个领域都得到了巨大的正向发展，但唯有殡葬似乎停滞不前，难以匹配当下公众的精神情感需求，这也导致公众对殡葬产生了众多的负面认知。所以对殡葬进行现代化革新已是行业的迫切要求和业界的最大共识。而通过唤醒殡葬的文化内涵和社会教化功能，是符合行业改革方向，更符合公众需求的改革良举。那么，通过在“基因”上便与殡葬具有关联的博物馆来完成现代殡葬的文化进化，是值得思考和尝试的。

（一）现代殡葬机构与博物馆的“联姻”

近几年，这类文化尝试其实已经出现在部分殡葬机构中。以上海地区为例，在44家经营性公墓中，有6家单位举办了博物馆或类似场馆，其中国有博物馆2家，注册登记的民办博物馆3家。

<table>
<tr><th>馆名</th><th>举办单位</th><th>开放时间</th><th>陈列内容</th><th>性质</th></tr>
<tr><td>龙华烈士陵园纪念馆</td><td>上海龙华烈士陵园</td><td>1997年</td><td>革命史
革命人物</td><td>国有</td></tr>
<tr><td>宋庆龄纪念馆</td><td>中华人民共和国名誉主席
宋庆龄陵园</td><td>2012年</td><td>名人纪念</td><td>国有</td></tr>
<tr><td>名人文化陈列馆
墓葬文化陈列馆</td><td rowspan="3">滨海古园</td><td>2003年</td><td rowspan="2">名人纪念
殡葬文化</td><td>—</td></tr>
<tr><td>人生文化博物馆(改建)
墓葬文化博物馆(改建)</td><td>2012年</td><td>—</td></tr>
<tr><td>上海市海葬纪念馆</td><td>2012年</td><td>海葬纪念</td><td>—</td></tr>
<tr><td>上海福寿园人文纪念馆</td><td>上海福寿园人文纪念公园</td><td>2010年</td><td>名人纪念</td><td>民办</td></tr>
<tr><td>上海知青博物馆</td><td>上海海湾园</td><td>2011年</td><td>上海知青史</td><td>民办</td></tr>
<tr><td>中国人民志愿军纪念馆</td><td>上海永福园陵</td><td>2012年</td><td>志愿军</td><td>民办</td></tr>
</table>

分析上表可以看出，由殡葬单位举办的博物馆，其性质多为纪念性博物馆，即重大历史事件或杰出人物有关的纪念建筑物或纪念地点的基础上建立起来以纪念事件或人物的纪念场所。

随着近代中国社会经济结构的变迁，殡葬已基于公共生活而进行，和传统社会中的散葬方式不同，原本以宗族乡里为基础的祖坟、祠堂等殡葬设施基本上已在城市中绝迹，取而代之的是公共墓园。除了部分杰出的已故党政领导人，绝大多数在当代逝世的名人与普通民众一样，安葬在公共墓园中或选择了其他遗体处理方式（海葬、遗体捐献等）。所以，在自觉或不自觉中，公共墓园必定会聚集起相当丰富的人文资源。同时，在当代中国公共文化资源总量不足、分配不均的情况下，政府也没有条件为每一位当地的先贤名家设立纪念场所，这也给公共墓园建设纪念性博物馆或纪念场所创造了需求和条件。

（二）上海福寿园人文纪念馆案例分析

我们以上海福寿园人文纪念馆为例，对公共墓园建设纪念性博物馆进行一些实践上的分析。

2010年，福寿园人文纪念馆在上海福寿园东部陵区落成，并开始向公众免费开放。在定位和功能上，它有以下几个特点：并非考证殡葬的起源与发展，也不探究殡葬风俗的变迁，更不在于剖析行业历史的职责。同时，虽由企业筹办运营，但又不是纯粹的企业博物馆，它的职能不是为企业历史的保存与传播而设立的展览场所，也不是用来向访客或客户彰显企业资源与实力的展示空间。

它既有博物馆的共性，即科学研究、宣传教育、文物收藏的属性，又具有自身的特性：不针对那些有科学性、历史性或者艺术价值的物品，而将“逝去的伟大生命”作为典藏、陈列和研究的对象。相较于综合性博物馆对藏品历史价值、学术价值、美学价值的追求，人文纪念馆更重视藏品的人文价值和精神性的范本意义。这样的着眼点，成为纪念馆的立馆特色。可以说，这所纪念馆的藏品是“生命”和“精神”。从纪念馆对藏品的选择和展陈方式上，就能看出一二：展台正中，射灯之下，摆放着一张普通的木椅。它见证了一位腿有残疾的女科学家、教育家的治学生涯，它的主人是著名物理学家、复旦大学原校长谢希德女士。对这件物品的入藏与展示，纪念馆思考的不是公众对名人遗物的猎奇，而是遗物背后所彰显的坚忍不拔的治学态度和为国奉献的时代精神。

正是这样的特色，使得上海福寿园人文纪念馆在上海的博物馆单位中独树一帜，被评为上海市爱国主义教育基地、生命教育基地、科普基地，在丰富了博物馆类型的同时，为在殡葬领域中发挥生命教育和历史教育的作用，提供了一个殡葬文化改革的范本。

三、现代殡葬在博物馆领域的意义：精神更生和文化传承

留存，是博物馆与墓园的共同特征。博物馆通过“物”，公墓通过“人”，博物馆探究“物”所承载的历史线索，而现代殡葬则应传承“人”所展现的精神。

作为跨时空、跨文化对话的场所，博物馆使城市的灵魂和记忆有处可依。

“博物馆是城市文化进步的积极力量：博物馆留给人们的不仅是历史的记忆，还蕴含着人们对未来的理想；人们不仅感受到视觉上的愉悦和知识上的满足，更多的应该是精神上的归属和心灵上的净化。”而殡葬同样带有强烈的文化体验，古人通过丧、葬、祭的一系列行为，现代人则更希冀通过一些形式化的手段，如遗物展示、个性墓碑、写家史、留影像等新型纪念方式，来表达心境、表现意愿，实现心理和情感的平衡与满足，使之成为家庭的或社会的某种精神财富。这种现代殡葬文化所倡导的可称之为“精神更生”——“不是对逝者留下的文化财富简单地重复和再现，更不是一般的收藏和保存，而是进一步地提升、升华，实现其‘更生’。”

展示生命、纪念生命的博物馆，能帮助公众更好地把握、认识生命，从而敬重生命，热爱生活。它的出现延展了生命纪念的方式和内涵，将文化视作促进殡葬现代化的动力，使殡葬具备了展示生命力量、弘扬不朽精神的生命教育功能，让个体记忆成为城市历史的一部分，这与博物馆传承文明、启迪后世的目标殊途同归。

现代殡葬单位筹建纪念馆，在博物馆与殡葬文化间构建了一座桥梁。它寻找到了两者的共同点，借助博物馆的公共性和文化性，改变了殡葬“隐晦灰暗”的边缘形象，重新激活其原有的文化内涵，可以使殡葬这个被公众“忌讳”的行业变得阳光、美好，用一个崭新的形象与公众建立起情感和心灵上的联系。

从“公墓”到“公共文化空间”，其改变的实质是以文化为驱动力，让这个空间具备向大众传递信心和希望的能力，让公众在生命纪念的过程中触摸到生命的温度，建立起人对自身观念的美好认识，找到精神上的归属，得到心灵上的净化。

著名历史学家熊月之先生曾说：“公墓与博物馆联合，通过生命纪念、人文研究，提醒社会敬畏生命，爱惜生命，珍惜人生，不光对于丰富城市人文内涵，弘扬城市精神有重要意义，也是我们这个转型国家所迫切需要的，是我们这个缺少宗教传统的民族所迫切需要的，是建设社会主义和谐社会所迫切需要的。”它的出现，满足了一种现代、文明而又温暖人心的精神诉求，也可能就是现代殡葬业建设纪念性博物馆的价值所在。

参考文献：

[1] 高海生，史广峰，裴清芳．论殡葬文化的内涵、形态和特征．河北

师范大学学报（哲学社会科学版），2006，5：140.

[2] 王宏钧．中国博物馆学基础．上海世纪出版股份有限公司、上海古籍出版社，2009（10）．

[3] 唐振君．论纪念性博物馆与其功能．中国博物馆研究，2014（4）．

[4] 陈士良，蒋涞．从传统殡葬的三大功能看现代殡葬业健康发展．联合时报．

[5] 陈群林．殡葬五问．2006.

[6] 单霁翔．广义博物馆理论与实践的思考．中国文物报，2011-06-29（5）．

[7] 郑永华．殡葬文化探究．民政部政策研究中心．

太原殡葬改革事业现状、问题及对策

太原市民政局　张　仪　和江涛

摘　要：殡葬改革是一项移风易俗的社会改革，是社会文明进步的重要标志。太原市殡葬改革工作坚持以人为本、为民解困、为民服务的宗旨，深入推进殡葬工作法制化、生态化、惠民化、便民化和信息化“五化”建设，取得了一定成效。本文以太原市为例，分析了当前形势下殡葬改革存在的问题，寻找进一步推进殡葬改革的方法和出路。

关键词：殡葬改革　殡葬管理　殡葬服务

殡葬改革是党和政府一贯倡导的一项移风易俗的社会改革，是我国社会主义精神文明建设的重要组成部分，与我国全面建成小康社会密不可分。近年来，各级民政部门高度重视殡葬改革工作，不断加大工作力度，使殡葬管理初步纳入了依法管理的轨道，取得了很大的成绩，得到了全社会广大人民群众的认可；殡葬改革事业的蓬勃发展，使城乡的丧葬陋习得到初步治理。但是面对日趋完善的市场经济体制新形势，殡葬行业还存在着许多方方面面的不适应和新问题，使殡葬管理远远滞后于社会的发展和进步，面临着严峻的挑战。

一、太原市殡葬改革工作现状

近些年来，山西省太原市殡葬改革工作始终坚持以人为本、为民解困、为民服务的宗旨，以深化殡葬改革为中心，积极推进殡葬工作法制化、生态化、惠民化、便民化和信息化“五化”建设，全市殡葬管理能力进一步加强，殡葬服务水平全面提升，有力地促进了民政事业的整体发展，维护了全市改革、发展、稳定大局，为社会文明建设、生态文明建设和经济发展提供了有力保障。主要做法如下。

（一）推进法治殡葬建设，加强殡葬工作依法管理

1. 修订《太原市殡葬管理办法》。2015 年，对《太原市殡葬管理办法》再次进行修订。对扰乱正常社会秩序的殡葬违法行为，明确处罚依据、处置办法，解决了违法殡葬行为扰乱社会公共秩序、危害社会公共安全的问题；规范传染病死亡人员和无名无主遗体的处理办法，明确处置主体、处置流程、处置时限，解决了特殊遗体处置不当影响公共应急处置能力和危害公共管理秩序的问题。

2. 扩大死亡人口火化区域范围。2013 年，太原市人民政府印发《关于扩大城镇人口死亡火化区域范围的通告》，规定全市迎泽区、杏花岭区、万柏林区、尖草坪区、小店区、晋源区（含高新区、经济区、民营区、不锈钢园区）全部区域和古交市、清徐县、阳曲县、娄烦县政府所在地及乡镇（街道办事处）政府所在地为实行火葬区域。死亡人口火化区域范围进一步扩大，为深化殡葬改革，促进全市精神文明建设和经济社会持续、快速、健康协调发展发挥了积极作用。

3. 制定公墓留存金制度。2013 年，太原市民政局制定出台了《关于对全市经营性公墓留存维护管理费的通知》，要求全市经营性公墓要与所在的县（市、区）民政部门签订共管协议，并设立专用账户，每年应按公墓营业额的 10% 留存维护管理费，专项用于墓园的后续维护与管理。此举加强了对全市经营性公墓的管理，规范了经营性公墓维护管理费的留存、管理和使用等事项，确保了全市经营性公墓的可持续运营。此外，全市经营性公墓实行统一公开承诺制，确保依法依规开展经营活动，此做法属全国殡葬服务行业首创。

（二）推进生态殡葬建设，传扬绿色生态殡葬理念

1. 推行多元墓葬方式。在全市公墓中积极推行可降解生态葬、树葬、花坛葬、草坪葬、壁葬等多种新型墓葬方式，节约墓葬土地资源，满足人民群众不同殡葬服务需求。

2. 推广生态墓葬。在全市全部 7 个经营性公墓中推广公益性生态墓葬，设立生态墓葬专区，倡导节俭、绿色、环保的殡葬新理念。

3. 倡导绿色文明祭扫。积极开展鲜花祭扫、网络祭扫、家庭追思会、时空信箱、祭文墙、社区公祭、踏青遥祭等多种现代绿色祭扫方式。设立太原市遗体捐献者纪念碑，为捐献遗体者家属缅怀悼念搭建平台，弘扬人道、博爱、奉献精神。并在祭扫节日，集中开展无名无主逝者、抗战老兵逝者等不同人群、不同形式的绿色低碳、环保生态集体安葬活动，引领文明祭扫、生态安葬新风尚，促进生态文明建设。

（三）推进惠民殡葬建设，杜绝“死不起”“葬不起”现象

通过大力推行殡葬惠民建设，有效地解决了人民群众反映强烈的“死不起”“葬不起”现象，加强了殡葬基本公共服务，减轻了人民群众殡葬负担。5 年间，全市惠民殡葬补贴累计支出 700 余万元，受惠群众达 12000 余人。

1. 对七类人员免除基本殡葬服务费。分别于 2010 年、2013 年对全市城乡低保对象、农村五保对象、优抚对象、城市“三无”对象、县级以上公安机关开具允许火化证明的无名尸体以及年龄在 20 周岁以下死亡火化者、土葬改革区内死亡自愿火化者 7 类人员，免除遗体接运、遗体存放、遗体火化、遗体消毒、骨灰盒 5 项基本殡葬服务费用，并适时提高惠民殡葬补贴标准，加强殡葬基本公共服务，完善惠民殡葬服务体系，减轻困难群众殡葬负担。

2. 对 80 岁以上死亡人员提供惠民殡葬补贴。自 2011 年 5 月，对全市 80 岁（含）以上死亡火化人员，发放 500 元惠民殡葬补贴，保障人民群众殡葬权益，让殡葬改革成果更广泛地惠及于民。

3. 对五类人员实行骨灰安置最低价格。2011 年全市经营性公墓向我市城乡低保对象、农村五保对象、优抚对象、年龄在 20 周岁以下死亡火化者、土葬改革区内死亡自愿火化者提供 5000 元的骨灰安置设施，加强惠民殡葬工作举措，深入推进殡葬改革。

4. 全面推行公益环保生态葬“1350 工程”。2014 年在全市经营性公墓实施公益性生态墓葬，开辟公益环保生态葬区，全面推行“1350 工程”（“1”：提供 1 万元以内的公益节地型骨灰墓葬；“3”：提供 3000 元以内的公益性壁葬；“5”：提供 500 元以内的可降解骨灰坛安葬骨灰的公益性生态葬；“0”：提供孤寡老人和无主骨灰的免费公益性深埋葬）。进一步降低殡葬服务费用，加强惠民殡葬服务体系建设，织牢惠民殡葬服务“兜底网”。

（四）推进便民殡葬建设，解决办事群众“最后一公里”难题

惠民补贴减免“一站式”服务。针对群众反映突出的“多跑路”“跑冤枉路”现象，深入开展殡葬便民服务。2014 年 6 月，将七类人员基本殡葬惠民补贴工作及 80 周岁以上老人惠民殡葬补贴工作统一下放至龙山、永安殡仪馆业务大厅，实现殡葬服务与殡葬惠民补贴工作合二为一，“一站式”服务。2014 年 8 月，将原集中、限时办理的殡葬“三联单”业务办理统一下放至各城区街道办事处服务大厅，优化审核流程、简化办事环节、提高服务效率，让办事群众在自家门口就能办理相关手续，为群众提供便利，打通殡葬服务最后一公里“肠梗阻”。

（五）推进信息殡葬建设，提高殡葬管理效能，提升殡葬服务水平

1. 构建殡葬信息化管理平台。2015 年统筹研发殡葬管理信息系统，业务应用涵盖殡葬管理业务、殡仪馆业务、公墓业务、寄存业务等全部殡葬管理及业务流程，具有设备动态监控、基础数据查询管理、综合数据统计分析、业务实时监控管理等多重综合管理能力，基本实现殡仪馆、墓园、殡葬管理机构和客户终端的互联网链接。太原市殡葬信息管理系统成为山西首个集殡、葬、祭、存等于一体涵盖殡葬全流程业务的信息管理系统，改变工作方法、改进业务模式、强化监督管理，提高了殡葬信息化管理水平和管理能力。

2. 提供殡葬信息化服务。通过殡葬信息化管理实现殡葬业务高效便捷办理，采用“一卡通”“二维码”扫描等方式和殡葬管理信息平台链接，提供殡葬业务办理、流程引导、消费支付、明细查询等多种便捷、快速服务；通过创建殡葬网站实现网络哀思、绿色祭扫，搭建已故亲友数字化、个性化纪念馆，满足群众互联网上开展祭奠、追悼、纪念等殡葬活动的需求，具备祭扫、焚香、献花、点歌、留言等多种服务功能；通过创建殡葬网络实现殡葬便捷引导服务，设立墓区墓穴数字定位，提供数字终端引导找穴服务。

二、太原殡葬改革工作存在的问题

太原市的殡葬改革工作虽然取得了一定的成效，有的做法甚至在全国首创，但整体来看与一线经济发达城市还存在不少差距，一些问题亟待在今后的工作中加以解决。

（一）领导重视不够，相关部门配合不力

一些领导干部对殡葬改革工作的重要性认识不够，没有把殡葬改革工作摆在城乡发展建设、生态文明建设的高度来对待，甚至对殡葬改革工作心存忌讳，能推就推，能拖就拖，导致殡葬改革工作领导不力，直接拖了全市的殡葬改革工作进程的后腿。2013 年，太原市出台了《关于扩大城镇人口死亡火化区域范围的通告》（并政发〔2013〕27 号），但几年时间过去了，城乡接合部及农村的火化推广工作进展缓慢。殡葬改革工作就像计划生育工作一样，政策性强、涉及面广、工作难度大，需要各部门的协助配合才能见效。而作为主管殡葬改革工作的民政部门往往是“孤军奋战”，唱“独角戏”，联合执法力度不够，难以形成齐抓共管的局面。

（二）公益生态安葬叫好不叫座

一方面是“死不起、葬不起”呼声日渐高涨，而另一方面却是树葬、花葬等公益生态葬式无人问津。太原市从 2011 年开始推广的 5000 元骨灰安置设施到当下推出的公益环保生态葬，据统计，5 年间，全市共销售各类节地生态葬墓穴 814 穴，而价位较高的普通墓葬穴位 15973 穴，是前者的近 20 倍。这一绿色环保葬法在实际推进过程中举步维艰，中国人传统的“厚葬观念”使得许多家庭对既经济又环保的生态葬法说“不”。根本原因是人们深受几千年的殡葬传统风俗思想影响，“厚葬”的观念根深蒂固，加上死者以长辈居多，丧葬活动常被看作是生者对死者最后一次表达孝心的机会，因此家属多会选择“厚葬”。在这种传统观念影响下，人们常滋生出攀比心理，感觉生态葬具有墓碑面积小、占地少等特点，会影响他们对逝者的情感表达。人们宁愿背上经济的负担，也不愿落下不孝的骂名。

（三）信息化建设存在壁垒，部门间信息资源缺乏共享

太原市虽然在殡葬行业大力推行信息化建设，筹备开发了殡葬信息管理系统，实现了集殡葬管理机构、殡仪馆、公墓于一体的殡葬信息化格局，但由于殡葬活动还与其他部门行业有着千丝万缕的联系，由于没有与其他行业部门实现信息对接，实行信息资源共享，导致信息资源浪费。比如，逝者家属在殡葬活动结束后，还需要到逝者单位、社保、公安等部门办理相关业务，而部门间的信息系统都是相对独立封闭的，逝者家属就只能凭各种纸质证明

材料往返于相关部门。

（四）农村火化工作尚未全面推开，乱埋乱葬现象严重

与北京、上海等一线城市相比，太原经济发展相对落后，城中村较多，群众思想观念也较为保守，传统丧葬陋俗及封建糟粕的困扰依然较强，在传统观念的影响下，普遍存在崇尚迷信，大操大办，乱埋乱葬，滥占耕地、林地等现象，导致殡葬改革工作停滞不前。

三、解决现存问题的对策及建议

（一）建立健全殡葬改革领导机构，多部门齐抓共管

1. 殡葬改革工作是政府工作的重要内容之一，作为主管殡葬工作的民政部门一定要坚定信心，克服困难，深入实际，扎实工作，积极争取党委、政府领导的高度重视和有关部门的大力支持，成立殡葬改革领导组织机构，加大对殡葬改革工作的领导力度，要将殡葬改革工作纳入地方各级发展规划，将殡葬改革事业发展列入城镇化发展、土地使用、新农村建设、文明城市创建等发展部署，纳入各相关部门单位目标考核责任制，与年底目标考核挂钩，对完不成殡葬改革既定目标任务的，实行一票否决，并追究主要领导责任，采用倒逼机制，实行综合治理，形成工作合力。

2. 殡葬工作是一项社会性、政策性、群众性很强的工作，这就要求各有关部门、社会各界和广大群众要共同参与、密切配合、上下联动。尤其要强化部门协作和社会参与两方面，改变民政部门唱“独角戏”的局面，同时民政部门要充分发挥牵头和协调作用，积极争取和配合相关部门开展工作。此外，还要充分发挥社会团体组织的作用，支持和鼓励社会各界参与到殡葬改革工作当中来，配合政府部门做好宣传教育工作，协调处理有关问题。

（二）倡导厚养薄葬，鼓励节地生态安葬

1. 政府部门应通过多种媒介树立尊老敬老的社会风尚，让人们发自内心地敬重和孝顺老人，使民众懂得“厚养”才是表达孝心和体现孝行的最佳方式；同时，要逐步扭转人们竞相攀比的心理，倡导节俭办丧的理念，大力培育“尊重生命、绿色生态”的先进殡葬文化理念。不断加大宣传力度，积极

引导鼓励民众选择环保、节地的安葬方式。

2. 政府部门要制定奖补激励机制，把不占或少占地的生态葬式葬法纳入奖补范围，并适时提高奖励补偿额度，为不保留骨灰者建立统一的纪念设施，积极探索建立环保殡葬用品补贴制度。

3. 殡葬服务部门要不断提升服务水平，严格落实安葬服务标准，优化服务流程，拓展服务项目，强化人文关怀。

（三）资源共享，促进殡葬信息资源效益的发挥

1. 构建政府信息交换平台建设，通过信息交换平台，实现与低保、社保、卫生、公安、老龄等部门的信息对接，实现自动提醒相关部门做好停发养老金、救助金事项，做好丧葬费、抚恤金、户口注销等工作，免去群众办理相关业务的烦琐流程，进一步提高政府服务水平。

2. 实现殡葬管理与社区管理服务网络互联，及时推送殡葬改革政策、宣传材料等，同时在社区网络中，建立与殡葬管理部门、殡葬服务单位的链接，通过社区网络向殡葬管理部门提出政策咨询，反馈服务意见、建议等信息，将殡葬信息化建设效能发挥到最大。

（四）加强宣传、营造氛围，大力发展公益性墓地

1. 各地要坚持从实际出发，结合地方风俗，深入进行宣传教育，不断启发广大村民的自觉性。运用多种形式，利用各种媒体，大张旗鼓地宣传殡葬法规及殡葬改革的重大意义，大力宣扬先进典型，适时对典型案件曝光。要深入农村、城乡接合部、村改居等重点地区，充分发挥基层和民间组织作用，开展强大的宣传攻势，营造浓厚的社会氛围，教育和引导广大群众认清形势，积极响应党和政府的号召，自觉遵守殡葬法规，破除旧的殡葬习俗，主动配合政府推进殡葬改革。

2. 各地要大力发展公益性墓地，以乡（镇）或村为单位建设公益性墓地或骨灰存放设施（骨灰堂、骨灰楼、骨灰塔等），把乡村公益性墓地建设作为推行火葬的一项配套工程来抓，当地政府要设置专项资金用于公益性墓地建设和管理。同时，要强化管理，坚决杜绝公益性墓地对外销售，建家族墓、豪华墓等殡葬违法行为。

参考文献：

［1］丁四金．新形势下殡葬管理的问题及对策．中国民政．

［2］郭爱华，仁俊，赵大伟．江西殡葬改革工作存在的问题、原因及对策研究．社会工作．

［3］周雅静，严国苗，韩艺．殡葬管理信息化建设存在的问题及对策研究．兰台世界．

探讨人生文化概念应用于殡葬企业
——以上海市殡葬服务中心为例

上海殡葬文化研究所　邵　颖

摘　要：殡葬企业，作为人死后必经的地方，应该采用多种多样的手段，协助并引导逝者家属挖掘逝者的人生文化，对逝者的一生所创造的文化内容进行归纳、整理和保存。

关键词：人生文化　节地安葬　教育基地

近日，民政部、国家发展改革委等九部门联合发布《关于推行节地生态安葬的指导意见》（以下简称《意见》），倡导不留骨灰的安葬方式，鼓励家庭成员采用合葬方式提高单个墓位使用率，倡导骨灰撒海、撒散等不保留骨灰的安葬方式。在土地资源日益紧张的大背景下，《意见》以节地生态为首要改革目标，践行绿色发展理念，不失为殡葬改革最有力的尝试。

但是，“入土为安”是我国传统固有的殡葬习俗，已经延续了千百年了。推行火化后，保留骨灰的同时对骨灰进行落葬也成了推行火化60周年来形成的共识。每年清明、冬至，市民集中拥入墓地祭扫先人，也成为家属对逝者情感上的一种寄托。因此，要把人们从骨灰入土的现有情况中脱离出来，关键在于要科学回答并解决不保留骨灰后保留什么的问题。对此，我们要从“以人为本”的理念出发，倡导市民从现有的“骨灰入土为安”的传统观念，转变到重视逝者活着时创造出来的人生文化中来，注重对逝者生前精神财富的收集和整理，从文化的角度传承逝者的精神品质。

事实上，上海市殡葬服务中心所属殡葬企业已经逐步意识到，“现代殡葬服务就要在体现人的文化本质上下功夫”这一理念的先进性，并通过多种手段自觉地将人生文化的概念，实践于殡葬企业的各个环节中。本文就以此为题，梳理中心已有的实践成果，并在此基础上，借鉴国外殡葬企业以及业外的相关经验，探索在未来我们还能有哪些改进及提升的可能。

一、什么是人生文化

文化，从广义来说，指人类社会历史实践过程中所创造的物质财富和精神财富的总和。全国政协副主席孙家正在《论文化、文化素养与文化情怀》中谈到，文化通常以三种形态表现其存在和品质：一是物态文化，就是物质产品所体现出来的文化，是物质产品生产者文化修养、素质包括审美观念的物化；二是方式文化，即通过生存、生产、生活等行为方式及风俗习惯所体现出来的文化；三是精神产品，包括书籍、戏剧、影视、美术、音乐、舞蹈等。如此看来，每个人都或多或少生活在文化的世界里，同时创造或代表着某种文化。

人生文化，就是人的一生所创造的物质及精神财富的总和。“一个普通人，不能要求他一生创造多少业绩，但我们应坚持历史唯物主义的观点，依然相信他总会作出若干积极的贡献，虽然许多事物并不以他们的名字命名，但在社会文化进步中已经融入这个普通人的文化创造。”① 无论名人、伟人还是普通人，每个人的人生都是有价值的。因此，挖掘自身的价值，并通过文化的形式保留和展现人生价值，十分必要。殡葬业，作为人死后必经的地方，应该采用多种多样的手段，协助并引导逝者家属挖掘逝者的人生文化，对逝者的一生所创造的文化内容进行归纳、整理和保存。

二、现有的实践

（一）对待遗体的态度

要把逝者当作“人”而非“物”来处理。早在2007年，上海市殡葬服务中心就提出把逝者当“人”还是当“物”的问题，并且认识到这一问题的重要性。

2015年，在上海市民政局系统组织的“优秀历史文化品牌”评选中，上

① 《坚守住敬畏生命的底线》，载《殡葬文化研究》2016年第1期。

海市宝兴殡仪馆的“礼敬生命”品牌获得了优秀历史文化品牌的美誉。在笔者看来，该品牌获得这一荣誉，就是上海市殡葬服务中心及其所属单位多年来对这一问题思考和探索交出的一份答卷。宝兴殡仪馆“礼敬生命工作室”着眼于对逝者的礼敬，其本质就是把逝者当作“人”来对待，“让人生庄严地谢幕”，传承的是“事死如事生”的殡葬文化。自2012年工作室成立至今，已经服务重大丧事100余起，推出的“净离别”故人沐浴服务，赋予每个离去的生命以最后的爱和永恒的美丽。

在过去的多年时间里，上海市殡葬服务中心等相关单位通过不断地探索和总结，得出的结论是，殡葬行业要彻底转变观念，不把逝者的遗体当“物”来处理，而是要当“人”来对待。因为，在当下，到殡葬单位的消费者已经不满足治丧过程中的一般服务，而是更关注细节上的体验和满意度。只有把逝者当“人”来对待，殡葬从业者才不会在情感上出现冷漠和疲劳，也只有把逝者当作人来处理，才会将心比心，换位思考，真正把以人为本、为民服务的理念落到实处。

对此，媒体也曾作过相应报道。东方网记者在《殡葬阳光车队：生命终点“一路有我”》一文中，讲述了宝兴殡仪馆车队的优质服务。记者在文末写道：“不把逝者的遗体当‘物’来处理，要当‘人’来对待，要考虑逝者家属的情感，要真正做到‘以人为本’，这并不是一句口号，在宝兴殡仪馆接运组每一个接运员的一举一动中，都能真切地感觉到‘以人为本’四个字的分量。”

（二）生命晶石的探索

近期，上海市殡葬服务中心推出“生命晶石”项目，得到了上海市民政局、市殡葬管理处领导的高度重视。“‘生命晶石’（暂命名）是骨灰经高温熔融冷却后形成的具有一定形状和颜色的美丽晶体，体积只有等重量骨灰的10%—15%，是骨灰减量化的一大进展。由于形态变得晶莹多彩，具有了审美性，改变了骨灰产生的令人生畏的心理形象，为多样化存放，尤其是为不依赖土地的存放方式开辟了广阔天地。”①

由以上资料看，生命晶石体积小、美观，可做成饰品方便携带，这为进一步节约土地资源提供了十分有利的基础；同时将晶石带在身边，睹物思人、方便祭扫，改善了清明、冬至两节，人流集中到公墓造成拥堵的安全问题；

---

① 《“生命晶石”服务项目推广研究报告（上）》，载《殡葬文化研究》2016年第1期。

此外，生命晶石更成为一种纽带，联系了逝者与家属的情感，成为生者对逝者的情感寄托。最为重要的是，生命晶石强调“逝者的人生文化是一个城市的富矿”“比物质性富矿更为宝贵”的观念，使市民更加重视先人的人生文化的保存，为更加珍视生命、敬重生命提供了新的契机，体现了人的文化本质，彰显了现代殡葬的人文特色。

（三）人生文化教育基地的打造

1. 上海滨海古园人生文化博物馆。上海市殡葬服务中心所属滨海古园拥有极为丰富的名人资源：赵朴初、丁玲、白杨、冰心、萧军……该中心滨海古园以名人为招牌，率先打造“人生文化博物馆”。这座人生文化博物馆依托古园名人生平事迹，向祭扫市民展示名人人生故事，不仅成为保存、展示名人人生文化的专门展馆，同时也是上海公墓单位中一个重要的文化教育基地，在潜移默化中弘扬和传承积极的人生文化。

此外，滨海古园突破观念，打造“葬文化陈列馆”“海葬纪念馆”等专业场馆，扩大了墓园的功能，积极把陵园建成公园，让人们在祭扫的同时，又多了一处凭吊、游览以及关怀生命的胜地。

2. 上海市龙华殡仪馆生命教育基地。上海市殡葬服务中心所属龙华殡仪馆正积极筹建生命教育基地。基地将借力国内首家以中国殡葬行业发展史为主题的博物馆——上海殡葬博物馆——丰富的史料，以大量的图片、档案和实物向社会大众展现殡葬行业的发展足迹。以博物馆为核心，配套其他生命教育项目，将殡仪馆建设成为展现人的生命意义的场所。该基地将成为集生命感知体验、殡葬文化传播、生命互动仪式于一体的教育和宣传场所，主要面向社区、共建单位、社会团体（公益组织）、高校、领馆以及社会上有需求的市民等群体，为他们提供殡葬文化讲座、博物馆参观、志愿者服务和生命互动体验等服务。立足殡葬业实际的同时，也承担了社会责任，为社会作出更多的贡献。

三、未来的提升

（一）殡葬建筑与设施本身便是展现人生文化的美学

“让两个世界的人都满意”，这是在上海市殡葬服务中心及所属单位里常常听到的一句话。送别故去的人是个十分庄重的过程，不能轻率为之。这句话反映的是一种理念。笔者以为，这种理念不仅在服务中得到体现，同时，就殡葬设施本身来说，其存在的意义，也正如此：不仅要让逝者安息，也要让逝者家属能安详面对。因此，殡葬设施更需要人性化的设计，来照顾及缓冲亲属们的情绪。

《殡葬文化研究》杂志于2015年曾介绍过日本建筑大师伊东丰雄设计的冥想之森市营殡仪馆。其形态概念来源于田间野鹭那洁白的羽翼和轻盈圆润的形体。“日本人把白鹭鸶作为纯净的生命的象征，殡仪馆（死）的概念与白鹭鸶（生）相结合，构成了生与死之间的界限。伊东用一个柔软的屋面来表达这个意象，连成一体的屋面和柱子就像是白鹭的翅膀和腿，大片的自由曲线屋顶表现着流动的漂浮感，使坐落于群山之中的冥想之森，与环绕萦回的自然环境融为一体……不论是离开或是留下的人，在即将放下世间尘埃的时刻，都希望可以回到和谐完美的自然，去感受与世无争的宁静及祥和，因此温暖的生机与祥和的情感是殡仪馆这种特殊的建筑所不能缺少的。”①

在国外，设计师能够参与设计一处殡葬设施是一件具有极高荣誉的事情。因为殡葬设施服务人群极为广泛，并且留存的时间也更为久远，有些殡葬设施是永久性的。且不说每个人都会死亡，殡仪场所是人最后的归宿，活着的人参与逝者的追悼活动一生也会遇到几次。

殡葬场所并不是冷冰冰的一堆建材的堆砌，它是有生命的。在殡葬场所中，尤其是殡仪馆、火葬场，每天发生着生与死的故事，生与死如此近距离地接触。在这里需要对逝者致以最高的敬意与尊重，而对生者来说，这里也是思考生命、思考人生极具启发力的场所之一。因此，建筑本身所散发出来的生命力量，让所有置身其中的人感受生命之美、人生意义，其作用不容小觑。笔者借此篇文章呼吁国内有关机构和人士对于殡葬设施的建设需要投入更多的人文情怀和对生命的礼赞。

（二）保存并展现人生文化将是墓园升级为公园的突破口

在国外，查看旅游攻略，公墓可能会被推荐为必去的胜地之一，比如法国的拉雪兹公墓、美国的阿灵顿国家公墓等，人们能在公墓中追寻名人的足

---

① 《庄严宁静的告别之所——建筑大师伊东丰雄设计的冥想之森市营殡仪馆》，载《殡葬文化研究》2015年第5期。

迹，思考生命、人生的价值。这里涉及保存并展现名人文化资源的问题。上海市殡葬服务中心所属各家墓园积极导入名人资源，通过博物院、展览馆的形式展现。在这样的努力下，厚积公墓文化。为了展现普通人的人生文化，中心所属墓园正积极努力，以筹划陵园旅游、筹划主题文化墓区等方式，推进传统墓园向文化公园的转化。例如，滨海古园开拓的《上海故事》，以老上海风情的文化特色为衬托，集中回忆老上海风貌，这也是保留和展现一段历史的有益尝试。汇龙园陵园开展了 9 年的“万人游”旅游项目，现在正积极探索陵园旅游胜地建设运作的研究。“游客在汇龙园中漫步，这里没有传奇的英雄，没有奇闻逸事，可能只是大千世界中最寻常的百姓，他们最终在此安歇，想象着清明、冬至，亲人祭扫，传承着孝道、感恩的中国传统文化，还可以促使游客思考一些人生问题。”① 虽然已有了如上的尝试，公墓方还在不断升级园内设施设备，完善内部服务质量。

应该说，上海墓地的人文历史积淀还不够丰富。较之国外的许多墓地能够挖掘丰富的旅游资源以及极为富饶的历史、人文资源来说，我们还处于起步阶段。比如拉雪兹公墓聚集了法国一两百年的名人，而俄罗斯的新圣女公墓名人的积淀更是长达五百多年。因此上海公墓需要更多的时间才能渐臻完美，好在上海市殡葬服务中心所属单位都已经充分认识到保留展现人生文化对公墓本身发展的重要性，逐步修补短板，缩小与国外的差距。

四、结论

笔者希冀通过清明论坛这样广泛的平台，呼吁更多业内业外的工作者和专家学者，关注传承人生文化这一重要议题，让中华民族更多优秀品质精神得以保存展现，永续弘扬。

不要说人生文化闪光点都聚焦在名人伟人身上，也不用妄自菲薄地说普通人没有什么人生文化可以传承。于光远说过：“一个普通人怎能要求有了不起的丰功伟绩？不要瞧不起一个死者一点点的贡献。一点点、一点点地加在一起，整个社会就发展……整个社会，整个人类历史就是靠这一点点一点点加起来的。”②

---

① 上海汇龙园：《旅游胜地建设运作研究》。

② 《殡葬服务与文化传承》，载《殡葬文化研究》2002 年第 6 期。

探析“家庭合葬”的理论基础与现实意义

上海滨海古园　金　伟

摘　要：在促进资源节约和环境保护，实现人与自然和谐发展的大环境下，探讨节地环保的生态安葬方式，是深化殡葬改革、推进精神文明建设以及传承优秀传统文化的不可或缺之维。“家庭合葬”其理论基础是中华民族悠久的“家文化”和“孝文化”，符合传统安葬习俗，对节地生态、绿色发展、殡葬改革等具有深远的现实意义。

关键词：家庭合葬　家文化　孝文化　殡葬改革

殡葬，作为社会生活的重要组成部分，与生态环境保护、精神文明建设、社会（家庭建设、孝道）文化的形成及传承等，均有着密不可分的联系。2013年12月，为推行殡葬改革，降低资源消耗，革除丧葬陋俗，倡导社会文明新风，中共中央办公厅、国务院办公厅联合印发了《关于党员干部带头推动殡葬改革的意见》（中办发〔2013〕23号）。三年来，在党和国家领导人的大力倡导推动下，在广大党员干部带领群众积极参与下，各地按照国家关于生态文明建设的要求，不断推进殡葬改革，探索推行节地生态安葬，取得了较为显著的成效。然而，作为一个拥有960万平方公里国土面积以及十几亿人口的泱泱大国，该项工作显然还处于起步阶段，各种与绿色发展理念不相符合，与殡葬改革宗旨不相适应的情况还普遍存在。

为进一步深化殡葬改革，促进资源节约和环境保护，促进人与自然和谐发展，2016年2月，民政部、发展改革委、科技部等九部门又联合印发了《关于推行节地生态安葬的指导意见》（民发〔2016〕21号）。作为国家在殡葬领域推进生态文明建设的首个专门性文件，也是贯彻落实中办、国办《关于党员干部带头推动殡葬改革的意见》精神的重要成果。该文件的下发，又一次将“殡葬改革”“节地生态安葬”等要求上升到了新高度。通过学习文件，“在火葬区鼓励家庭成员采用合葬方式提高单个墓位使用率”的提法特别引起了笔者的关注。

一、“家庭合葬”的文化基础——家文化和孝文化

“家庭合葬”（也称“家庭葬”），是一种以家庭为单位，以一个家庭一代或多代进行合葬的形式，采取向地上或地下索取空间，人均占地面积远低于单人单穴墓葬的一种节地生态葬式。这样的安葬形式，不仅能够有效缓解墓地资源紧张局面，节约大量土地，更蕴含着中国传统的两种重要文化形式：“家文化”和“孝文化”。

（一）家文化：家庭合葬是对“离世者的继承”

在2015年的春节团拜会上，习近平总书记发表重要讲话，强调“家庭是社会的基本细胞，是人生的第一所学校。不论时代发生多大变化，不论生活格局发生多大变化，我们都要重视家庭建设，注重家庭、注重家教、注重家风，紧密结合培育和弘扬社会主义核心价值观，发扬光大中华民族传统家庭美德，促进家庭和睦，促进亲人相亲相爱，促进下一代健康成长，促进老年人老有所养，使千千万万个家庭成为国家发展、民族进步、社会和谐的重要基点”。可见，作为国家、民族文化道德传承的重要基础——“家庭”，对于社会的稳定发展具有重要意义。而“家庭的存在”以及“家庭的传承”，在国人的文化内涵中，不仅包括家庭和睦、亲人相亲相爱，也包括老有所养、逝有所葬，不仅是活着的人组成的社会单元，同时也包含了对离世者的继承。而且这种“继承”，对于家庭功能的维系，具有不可或缺的稳定作用。自2008年起，将清明节确定为法定假日，正是对这种“家文化”有效传承作用的最大认可和鼓励。因此，“家庭合葬”，倡导一家人安葬在一起，不仅方便亲人祭扫，更能够让后代在祭扫的同时，感受“家庭成员永远在一起”的氛围，起到培育和养成良好家风，强化家庭传承力的作用。

（二）孝文化：家庭葬是“敬亲”的最佳表达方式

梁漱溟先生在他的《中国文化要义》一书中写道：中国传统文化本质上

可称为“孝的文化”①。这种以家为核心的道德文化，历经几千年，已深入人心，成为中国人的国民性、生活哲学和民族文化的有机构成，强调血缘为基础的感情纽带，对于“血浓于水强大凝聚力”的形成，都具有重要的作用。

《诗经·尔雅·释训》对“孝”的解释为“善事父母为孝”，以“孝道”为核心形成的中国式的精神情感方式，成为中华民族源远流长、血脉长存的精神财富。而“孝文化”更是体现、渗透在中国精神生活中的方方面面，“殡葬”活动中，亦不例外。

当代中国，祖孙三代共居的家庭结构仍然占据传统家庭总量的绝大多数，这种“习惯”形式的日常生活方式，在部分家庭成员离世后，仍然能够聚在一起，也成为“家庭合葬”的重大内生推力。此外，“孝文化”从表现形式上，包含“养亲、尊亲、敬亲、思亲”等多个方面，其本质则为爱以及爱的引申。即孝作为爱的一种表达，不仅表现为爱家人，更由爱的本质，可以引申为“亲亲、仁民、爱物”。由此，选择节地环保的“家庭合葬”，不仅能够以另一种形式使“家人”聚在一起，更体现了“孝文化”中爱人、爱社会、爱环境、爱国家、爱世界万物的境界。

二、“家庭合葬”的上海经验——复式家庭葬

“家庭合葬”这种科学绿色的丧葬方式，如果被曲解为“家族合葬”，并以此成为多占土地的借口，必然无法使其得到有效推广，反之，如能在明确其内涵的基础上运用和推广，一定能成为“绿色殡葬”不可或缺的重要方式。

（一）“家庭合葬”与“家族合葬”的区别

中国殡葬协会秘书长孙树仁，在解读九部门《关于推行节地生态安葬的指导意见》时说，合葬的方式本身可以节约耕地。更重要的是，能满足大家通过殡葬维系家庭建设、维系家庭血缘凝聚力的作用。不要认为“家庭的骨灰埋葬在一起，是过去我们反对的那种家族墓地”。过去的那种家族墓地，是一个家族一个人一个坟头，占用了大量耕地，形成宗族意识。这和传统的家族墓地不是一个概念，这是一种促进家庭建设的新的葬式方法，值得提倡。

可见，“家庭合葬”与“家族合葬”，以及“家庭意识”与“宗族意识”，

---

① 梁漱溟：《中国文化要义》，上海·学林出版社，1987年版，第307页。

都是有着很大区别的。家庭，是以夫妻关系与亲子女关系构成的最小的社会生活共同体，“家庭合葬”一方面强调直系亲属多代合葬，更重要的是要求成员间共同使用一个墓穴，达到节约土地，减少单墓使用面积之目的的葬式；家族，则是以婚姻和血缘关系结成，以宗族意识为纽带的亲属集团，“家族合葬”是一个家族安葬在一起，但一个人占一块土地，是“绿色殡葬”坚决要求予以取缔的丧葬方式。

（二）“复式家庭葬”的缘起及发展

面对老龄化程度不断加快以及人口增长的压力，上海自2008年就开始探索“复式家庭葬”，并以上海市殡葬服务中心下属两家墓园为试点，截至2015年年底，先后开发复式家庭葬148套，已售出127套。①

所谓“复式家庭葬”，指墓穴面积大小固定在1平方米的范围内，可以安葬8具骨灰，单具骨灰仅占地0.125平方米。即1亩地理论上最多可落葬5300具骨灰，减去包括墓间道、绿化等公共用地面积，实际可落葬近3000具骨灰。单具骨灰占地面积与《上海市公墓管理办法》中规定的单穴上限面积1.5平方米相比下降了10倍之多，大大提高了土地利用率。

以其中一家试点单位为例，通过对墓穴纵向的深度挖掘，将原本1平方米仅存放1至2具骨灰，增加至可存放8至12具。这样的“家庭合葬”方式，除了节约土地，对于“家文化”“孝文化”的传承，以及从经济角度、政策要求等方面看，均有重要意义。

首先，“可用于直系亲属多代合葬……便于祭扫，家庭成员在一次祭扫活动中同时缅怀追思多代、多位亲人。既能免去在祭扫高峰时期奔波于不同墓园的舟车劳顿之苦，又能避免因时间久远或隔代原因出现的无人祭扫现象”。②其次，对于单穴或双穴动辄十余万甚至更高价位的上海墓价而言，8至12具骨灰仅花费4万—5万元，对于“死不起”这一说法也是一种有力的回击。再次，大型城市，尤其像上海殡葬供需矛盾突出的超大型城市，寸土寸金，“如果按照入墓率80%计算，每年消耗土地墓地超过250亩，不出10年上海现存公墓用地将消耗殆尽”③。而“家庭合葬”方式显然能够有效缓解这一矛盾。最后，按照上海“十三五”规划，今后50%的骨灰将采用占地0.2平方

① 中国日报中文网，2016-02-25。
② 东方网，2009-12-16。
③ 新闻晚报，2009-12-17。

米以下的节地葬模式的要求，也是与这种合葬方式不谋而合的。

三、推广“家庭合葬”的现实意义——践行“绿色殡葬”

中国殡葬协会秘书长孙树仁说：基于中国的国情，土地资源越来越少，人口越来越多，要给子孙留下青山绿水，留下可持续发展的不可再生资源，就需要我们用绿色殡葬、低碳殡葬、节地殡葬、文明殡葬，使人们既逝有所安，又能保证我们的社会可持续发展。“家庭合葬”正是对这一要求的最佳诠释方式之一，积极推广“家庭合葬”，也具有较强的现实意义。

（一）逝有所安，家庭葬是“家庭建设”关键一环

当前，我国正进入全面建成小康社会、加快推进社会主义现代化的新的发展阶段。作为国家建设、社会建设重要基石的“家庭建设”，承载了社会和谐稳定发展、民族文化道德传承的重要作用。

如前所述，和谐的家庭关系，是塑造每一个社会人正确的世界观、人生观、价值观的基础，而作为“家文化”“孝文化”表达方式之一的“家庭合葬”形式，对于促进家庭稳定、维系家庭传承、形成良好家风，乃至整个社会的和谐，都有较为积极的促进作用。毕竟，受中国传统文化“入土为安”观念的影响，“家庭合葬”仍然采取骨灰入土安葬的形式，使家庭成员离世后，仍可“聚”在一起，具有较高的接受度。

（二）节地生态，家庭葬能有效践行“绿色殡葬”理念

党的十八届五中全会审议通过了《中共中央关于国民经济和社会发展第十三个五年规划的建议》，把“绿色发展”作为指引“十三五”乃至更长时期发展思路、发展方向、发展着力的“五大发展理念”之一，首次以生态环境质量总体改善为统领，提出了绿色发展的目标要求。

为实现这一绿色发展的目标，2015 年，党中央、国务院出台了生态文明建设全面专题部署性文件——《关于加快生态文明建设的意见》，2016 年，民政部等九部门又联合印发了殡葬领域推进生态文明建设的首个专门性文件——《关于推行节地生态安葬的指导意见》。一系列文件的发布及措施的实施，使“绿色殡葬”成为生态文明时代殡葬业可持续发展的必然要求。而所谓绿色殡葬，简单来说，就是要使殡葬变得更加低碳、低耗、低污染或零污

染，使人与自然和谐共生。

可见，本文所倡导的这种在绿色发展理念驱动下，形成的低消耗、低排放、低费用，又符合国人丧葬习俗的“家庭合葬”模式，不仅能够保障群众基本安葬需求，减轻群众经济负担，又有利于移风易俗、弘扬“家”“孝”文化，促进生态文明建设，造福当代和子孙后代，必将成为未来葬式发展的趋势之一。

（三）环境倒逼，家庭葬有利于促进殡葬改革

中国是世界上老年人口最多的国家，号称世界老年人口大国。据世界银行统计和预测，1950 年，中国 60 岁及以上老年人口为 4160.7 万，占世界老年人口总数的 13.4%；1990 年为 9935 万，占世界老年人口总数的 21%；预计 2030 年将增加到 32845 万，占世界老年人口总数的 26%。现在世界上每 5 个老年人中就有 1 个中国老年人；2030 年将是世界上每 4 个老年人就有 1 个中国老年人。① 如此严峻的老龄化形势，势必造成殡葬资源供需矛盾的更加突出，也成为“倒逼”殡葬改革的双刃剑。

“殡葬如果只注重火化率，是远远不够的，殡葬改革的最终目的是为了节约和保护耕地，解决死人与活人争地的问题。”② 当前，殡葬改革虽一直在积极进行，但总体形势不容乐观，急功近利的价值观作祟以及不科学的生态环境认知等原因，造成各种与“绿色殡葬”要求相悖的情况时有发生。可见，大力提倡本文所述这种既关注困难群体又移风易俗，既符合“绿色殡葬”要求又能实现人与自然和谐相处的“家庭合葬”方式，正是推动殡葬改革，有效缓解环境承载力边界的“题中应有之义”。

综上所述，节约土地、保护环境，给子孙后代留下青山绿水，不仅关系社会、经济、民生、文化发展的各个领域，也是“绿色殡葬”义不容辞的责任。推广低消耗、低排放、低费用，又能积极弘扬中国传统优秀文化、有效地促进殡葬改革的“家庭合葬”这一葬式，可谓利国、利民、利环境。

---

① 熊必俊：《人口老龄化与可持续发展》，北京·中国大百科全书出版社，2002 年版，第280 页。

② 刘凤明：《殡葬改革要以节约保护耕地为第一要务》，载《河南国土资源》2004 年，第43 页。

参考文献：

［1］关于党员干部带头推动殡葬改革的意见（中办发〔2013〕23 号）．

［2］关于推行节地生态安葬的指导意见（民发〔2016〕21 号）．

［3］梁漱溟．中国文化要义［M］．上海：学林出版社，1987.

［4］熊必俊．人口老龄化与可持续发展［M］．北京：中国大百科全书出版社，2002.

［5］刘凤明．殡葬改革要以节约保护耕地为第一要务［J］．河南国土资源，2004.

中国大陆 O2O 模式下殡葬业的法律规制

温州大学法政学院　王佳艺

摘　要： 近年来随着电子商务的迅速崛起，O2O 这种线上支付结合线下服务的商业模式也逐渐被大众所熟悉，从 1.0 阶段到 3.0 阶段，它正以一种井喷式的速度迅速发展膨胀。而伴随着中国人口的老龄化大潮，市场经济的发展，大众对于殡葬业的认知消费水准的逐渐提高和传统殡葬业的恶劣体验，O2O 模式将给高垄断、高门槛、高利润的殡葬业带来冲击。

尽管业内对殡葬 O2O 前景大多呈不看好的态度，但是综合分析国内殡葬业存在的种种问题，比对国外殡葬业发展的模式以及新兴殡葬电商的不断涌现，殡葬 O2O 存在巨大的发展前景。文章通过对殡葬 O2O 现阶段的发展状况、存在的问题的列举归纳，就我国 O2O 模式下殡葬业的法律规制进行分析，以便将殡葬 O2O 纳入科学化发展的轨道。

关键词： 殡葬业　O2O　垄断　电子商务

前言

选题背景与意义：

作为一个拥有 14 亿人口市场的特殊行业，殡葬业的容量与前景无疑是惊人的。据《2014 民政部统计年鉴》显示，中国每年去世人口近 1000 万，人均殡仪花费估计 3000 元（保守估计），再加上墓地选址、骨灰安放、后续关怀等其他消费，整个殡葬市场潜力无限。而在这个互联网改变一切的时代，殡葬业相较其他产业似乎十分冷门，不仅在于准入门槛的艰难，大众对丧葬的世俗偏见以及传统殡葬文化的衰落，还在于殡葬服务业的高度垄断性。

对于这样一个关系千家万户涉及公众利益的行业，它的发展，不但影响公民自身利益，甚至关乎社会秩序的维系与稳定。各项事物都处于不断发展不断变化的过程中。面对新兴互联网商业模式对于传统行业带来的挑战，西方资本市场改革的启示，殡葬业长期以来存在的行政垄断格局将逐渐被打破，到未来可能形成火化由政府监管其他环节放开的这种整合利用最大资源同时刺激市场竞争的模式。另外，由于我国殡葬业市场管理混乱，监管主体模糊以及相关规定缺失，随着《殡葬管理条例》的实施，政府对殡葬业的重视，社会上对殡葬行业的关注度也越来越高。这个关乎大众利益的特殊行业，特别是对于互联网背景下诞生的殡葬 O2O 产业，新兴市场的法律规制亟待解决。

基于上述考虑，本文尝试探讨如何针对 O2O 模式下殡葬业进行法律规制，分析现有市场条件下 O2O 模式在殡葬业的现状、立足点、漏洞呈现等问题，对于殡葬市场的整体良性发展来说，将是一个具有理论意义与具体实践价值的课题。

文献综述：

关于 O2O 模式下殡葬行业法律规制方面的研究，主要集中在殡葬行业法律规制、殡葬行业前景分析、O2O 模式下其他产业的法律监管等方面。主要有三类：

第一，殡葬业相关研究：宫亚楠《我国殡葬服务业的法律规制研究》、王颖《中国殡葬业调查报告》、叶修文《殡葬服务的消费者权益保护》。这类文献主要是殡葬行业各个面向的具体研究，并没有涉及殡葬 O2O 行业。

第二，O2O 模式其他产业相关研究：李晨瑜《打车软件的法律监管》、盛梦娇《O2O 网站团购模式的法律关系初探》、郝慧丽《O2O 商业模式下我国打车软件行业的法律监管》。主要是分析 O2O 模式下其他产业的法律监管问题。

第三，O2O 模式下殡葬行业研究：韩璐《殡葬 O2O 踉跄前行》、王钰《O2O 颠覆殡葬业》。综合分析 O2O 模式下殡葬行业的发展，但是仅停留在表面，没有提到殡葬 O2O 法律规制相关的问题。

分析上述文献可以看出，这些文献在不同角度分别针对殡葬业与 O2O 模式提出了独到而精辟的见解。然而不难发现，国内对于 O2O 模式下殡葬业法律规制的研究少之又少，极少数针对此领域的研究成果也停留在宽泛、浅层的基础上。基于此，本文将结合 O2O 模式与殡葬业，对其法律规制提出建设。

研究方法：

本文运用的研究方法主要有：

第一，比较分析法。通过比较分析 O2O 模式下不同产业的发展前景、发展现状、行业改革等方面，针对未来 O2O 模式下殡葬业的发展提出观点。

第二，实证研究法。结合我国对于殡葬行业的市场调控、相关规定，通过图表分析比对目前出现的殡葬电商行业竞争现状、行业规模、行业潜力。

一、O2O 模式的兴起与殡葬业的结合

O2O 即 Online To Offline，这个概念最早来源于美国，是指将线下的商务机会与互联网结合，让线上行销线上购买带动线下经营和线下消费平台。2013 年 O2O 进入高速发展阶段，从互联网资讯传播通道和平台的建设，到传统媒体更多的文字、图片、视频资讯的数位化，再到移动互联网的整合与完善，更多 Offline 资讯在完成数位化后成为 PC 互联网平台的传播主体，实现了从 Offline 到 Online 的过程。“你如果不知道 O2O，至少知道团购。但团购只是冰山一角，只是第一步。”著名经济学家李开复这样说道。从 1.0 时代团购的春天发展到 2.0 时代上门送餐、上门化妆、打车软件等线下服务的生活化，再到 3.0 时代社区 O2O 开始大放异彩，短短几年时间内 O2O 不断地飞速发展，确实越来越方便人们的生活。

O2O 的飞速发展源于线上线下的高度融合。从表面上看，殡葬业 O2O 改造似乎是个伪命题，从医院到火葬场到灵堂告别仪式再到墓地，每个环节几乎都是由政府一手把控，在这样高度垄断封闭的环境下，民营资本想要进入实属非常困难。但是随着《殡葬管理条例》的出台，政府表现出打破垄断的决心，与此同时殡葬 O2O 也从不可能向可能迈进。目前，市场上的殡葬电商运营模式似乎与典型 O2O 模式略有不同。O2O 模式要求消费者提前完成网站支付，支付资讯会成为商家了解消费者购物资讯的管道，方便商家对消费者购买资料的搜集，进而达成精准行销的目的，更好地维护并拓展客户。消费者则通过网上丰富、全面、及时的商家折扣资讯，选择适宜的商品或服务。但是包括一空网、彼岸在内的大多数殡葬电商采取先服务后付款的模式或取消网上交易，线上更多是作为一种视窗展示。这是由于殡葬实现的是家属对

逝者的缅怀与纪念，地区与个体文化的差异导致消费者对于殡葬的选择存在较大差异，因此，殡葬电商结合行业的特殊性，选择了最适合的方式以实现使用者体验的最优化。O2O 的本质还是一种链接，殡葬 O2O 通过互联网直接链接消费者和服务者，实质上并没有跳脱出这个范围。

二、殡葬 O2O 的发展现状

（一）国内殡葬行业现状

目前，殡葬服务主要分为三个部分：一是基本殡葬服务，主要包括遗体接运（含抬尸、消毒）、存放（含冷藏）、火化、骨灰寄存等必需的服务，实行政府定价；二是延伸服务，是指在基本服务以外、供群众选择的特殊服务专案，包括遗体整容、遗体防腐、吊唁设施及设备租赁等，各地根据本地情况实行政府指导价或市场调价，这些服务专案属于选择性服务内容；[1] 三是其他服务专案，包括丧葬用品、墓地、后续关怀、殡仪服务等。

在以上三类服务专案中，由于基本殡葬服务特别是遗体火化环节由殡仪馆经营管理，秉持保本原则[2]，殡仪馆这类自收自支的事业单位在此环节往往入不敷出，只能在其他环节不断提高价格以弥补亏空。

此外，殡葬市场的开放也使得民营资本不断涌入。民营资本进入殡葬行业主要选择的是后两类项目，由于后两类项目的销售价格缺少监管，运作成本低廉，利润大多十分可观。以墓地销售为例，据财政部、国家税务总局的规定，公墓免收营业税。因此除去单个墓穴石料的钱（按 20%估算）和土地成本，开发商的利润近 400%。这还只是最为保守的估算，墓穴价位越高，暴利空间越大，一般来说，利润是成本的 10 至 15 倍。[3] 种种原因造成了殡葬行业暴利的现状。

---

① 国家发展和改革委员会、民政部公布：《关于进一步加强殡葬服务收费管理有关问题的指导意见》，2012 年 3 月 2 日。

② 1992 年国家物价局、财政部下发的《关于发布民政系统行政事业性收费项目及标准的通知》（价费字〔1992〕249 号）第五条规定“殡葬收费由省级物价、财政部门本着保本的原则制定”，民政部在转发这一通知时强调：“殡葬收费主要是指国家管理的接尸、火化、骨灰寄存三项内容，其他有关的服务项目不在第五条规定之列。”

③ 《民间资本陆续进入殡葬行业，殡葬暴利谁来监管》，http：//finance. sina. com. cn/review/20070406/14063479816. shtml，今晚报。

（二）殡葬 O2O 的发展情况

据《殡葬绿皮书：中国殡葬事业发展报告（2014—2015）》显示，2020年后每年死亡人口预计将达到1555万，殡葬市场规模将达到1000亿元，而国家对殡葬行业投资仅30亿元，市场空间巨大。在如此诱人的前景下，民营资本纷纷涌入殡葬行业（从图1可以看出，2014年民企在全国殡葬服务企业占比超五成）。而市面上一般的殡葬业服务流程极其烦琐，供应商呈现小、散、乱的特点，也正是由于传统殡葬业的恶劣体验，才给了互联网介入的空间。

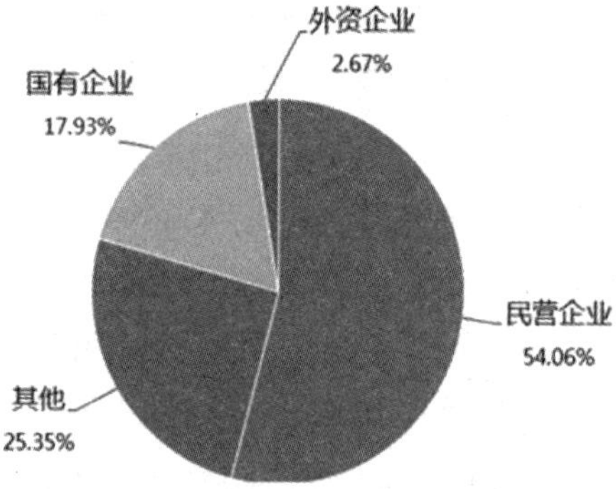

图1　全国殡葬服务企业性质分析①

目前，殡葬 O2O 行业发展势头较好的电商主要有：彼岸、一空网、安贤园、爱佑汇、福寿园等。这些公司在经历一段时间市场的大浪淘沙后，为迎合殡葬消费市场的特殊性，相较于其他 O2O 交易模式，各自发展出了独特的运营模式。

以本土活跃的彼岸电商为例，最开始其业务只是寿衣、骨灰盒的销售和配送。之后，定义为殡葬 O2O 的彼岸发现单纯的线上商品销售，模式简单，易被取代，因为丧葬行业的特殊性在于价廉并不是消费者最为在意的。于是，彼岸的业务开始纵向延伸，除了销售丧葬商品，还建立丧葬顾问团队，提供专业服务。线下，从2013年起，彼岸陆续开设实体店，他们希望通过实体店，让消费者更直观地了解到品牌与价格从而真正实现“线上平台+线下连锁”的运营模式。通过这种模式，据称，彼岸线上交易量已达总成交量的60%，仅仅三个月便实现收支平衡。同样，作为新兴的一站式殡葬服务平台，爱佑汇、一空网也通过“实体店面”“文化+一站式服务，B2B2C+O2O”等方式实现了各自的发展。

另外，说到殡葬O2O不得不提的便是国内首家电商“恩雪天使”。2014年成立时，它以未上线即获200万元融资被媒体报道，但仅一年后这家定位为“电商平台+社交网络”的网站即被关闭。而它的倒闭原因除了市场环境使然，还在于未建立用户消费习惯和低频的推广方式，这不仅是恩雪天使失败的原因，更是整个殡葬行业的痛点。

传统认知中，殡葬行业一直是个封闭的、忌讳的、上不了台面的行业，文化痛点加上积弊多年的政策痛点，想要在这一行有所成就需要极大的勇气和耐心。通过分析上述殡葬O2O企业可以看出，相较于其他注重线上展示消费的行业，殡葬O2O需要更注重消费者的实际感受和口口相传的认可度。不难发现，无论是彼岸、爱佑汇还是一空，不管是实体店还是先服务后消费，在整个服务过程中均存在人与人的实际交流，即先了解到用户的刚需后再为其量身打造，这也正是想要建立“综合商城模式”的恩雪天使所缺少的。越是到这种时候，能够提供的服务品质越是关键，相同的价格下，能不能给到更好的商品与服务才是最重要的。所以，殡葬O2O需要思考如何基于痛点做产品、基于内容做宣传以及有效规避行业黑洞，只有抓住这几点才能在风起云涌的殡葬业立于不败之地。

三、殡葬O2O发展中的法律问题

殡葬O2O发展势头迅猛，给人们带来更多选择更透明的价格以外，也颠覆了大众对于传统的认知和新的冲击。在这其中，也存在着非常多的问题，由于行业壁垒仍然存在，法律的监管缺失，同时又没有可靠的经验可循，殡葬O2O目前陷入了进退两难的困境。具体问题有以下几点。

（一）殡葬O2O交易安全问题

网上交易的殡葬用品，涉及交易额较大，对于买卖双方来说，对方的信用处于不确定的状态，所以除传统的网上银行、信用卡，双方一般借助协力厂商中立支付平台来规避风险。尽管沿用了传统电子商务的规避交易信用风险的协作厂商中立信用担保的方式，但是这种方便快捷的电子支付方式的安

① 资料来源：智研数据中心整理 http：//www.chyxx.com/news/2015/0407/309714.html。

全问题仍未能妥善解决。

目前，电子商务中的网络安全协定还没有全球性的标准和规范，相对制约了国际性的商务活动。此外，在安全管理方面还存在很大隐患，普遍难以抵御黑客的攻击。网上交易面临作业系统漏洞、木马植入、病毒等直接风险，在追求便捷支付方式的同时不可避免地降低了支付的安全系数。在我国协力厂商移动网络支付的大背景下，用户一旦选择运营商提供的 2G、3G、4G 网络或者公共场所等设计之初安全性就远不及有线网的无线网络，不法分子很有可能利用技术漏洞侵入进而窃取使用者的协力厂商交易账户资讯、资金甚至盗取使用者的银行账户资讯、资金。

在交易过程中，装有大量与电子商务有关的软件和商户资讯的系统伺服器是电子商务的核心，所以伺服器特别容易受到安全的威胁。长期以来我国对于个人资讯、隐私的保护机制都严重缺失，在互联网支付中已经出现过类似的使用者资讯泄露事件，殡葬网站一旦出现安全问题，造成的后果会非常严重。

殡葬 O2O 和传统的电子商务一样通过网络来完成，因此 ISP（网络服务提供商）在交易过程中须承担相应的责任。ISP 在电子商务过程中的地位类似传统的电信服务提供者但又有所不同。网络除提供资讯通路，它还涉及资讯资料输送等其他方面，一旦发生资讯传递失败、传送错误造成的合同订立失败，因防范不严造成的使用者资讯泄露等问题，ISP 在电子商务中究竟承担什么样的责任还有待进一步探讨。

另外，由于传统的殡葬行业属于冷门行业，大众一般持忌讳态度也往往不甚了解行业情况，在殡葬行业垄断已产生腐败的情况下，殡葬 O2O 一方面提供方便透明的交易环境，另一方面也带来对灰色交易的担心，例如洗钱、腐败行为等。当然殡葬 O2O 尚处于起步阶段，这种影响还相对较小，同时也应归结于背后的社会和制度问题，但是在未来一定时期不得不正视。

上述问题在我国现有的法律中都没有现成的答案。当然，种种缺失也意味着机会。未来，不仅运营商将会花大力气在这个领域，一些专门提供网络支付安全服务的企业也将迎来发展机遇。安全问题和制度问题需要政府监管部门、运营商、电商等整个产业链的共同努力。

（二）行业壁障下相关部门的监管问题

现阶段，我国殡葬市场监管制度体系混乱，法律效力较低，相关制度可操作性较差，殡葬市场监管存在真空地带。

首先，我国目前的殡葬管理体制仍是政企不分、管办不分。《殡葬管理条例》规定：国务院民政部门负责全国的殡葬管理工作。县级以上地方人民政府民政部门负责本行政区域内的殡葬管理工作。但是很多地方的民政部门并没有设立相应机关而是由社会事务管理部门兼管。另外，很多地区殡仪馆属于民政部门下属的二级事业单位，甚至作为管理执法部门的民政局殡葬管理处与殡仪馆是“一套人马、两块牌子”，既当裁判员，又当运动员。现有的僵化体制使殡葬业经营活力严重缺乏，内在发展动力不足，也造成社会面上的殡葬管理弱化，妨碍了殡葬市场监管工作的落实。尽管民政部 2009 年下发的《关于进一步深化殡葬改革促进殡葬事业科学发展的指导意见》中已提出现有的殡葬市场监管机构必须与殡仪馆、公墓等殡葬事业单位彻底分开，然而我国殡葬监管角色错位现状仍未得到妥善解决。

此外，我国殡葬市场多部门共同监管导致了执法权分散，执法力度严重不足。《殡葬管理条例》罚则中关于殡葬设施、殡葬设备等相关违规问题均由民政部门和其他部门共同负责监管，整个殡葬管理事务中监管权分散，民政部门几乎没有独立的行政处罚权，必须与其他部门配合。社会上许多殡葬行业漫天要价的现象，不仅大都没有经过价格主管部门的审批，对这些机构的监管也处于真空状态，至今没有哪个部门具体负责管理，立法滞后导致了殡葬服务缺乏规范化。如此多的行业乱象不仅对殡葬市场的公益性、公平性产生很大影响，也直接影响公众对殡葬行业的整体印象。在此背景下，完善殡葬市场立法势在必行，这是公众的期待，也是行业管理的必然趋势。我国殡葬监管的完善不仅需要政府早日立法，出台相应政策法规，更需要走向市场，迎接多元化的市场浪潮，做到殡葬监管效率化、本土化、规范化，这样才能更好地解决殡葬监管漏洞。

（三）殡葬 O2O 的课税问题

过去，很多人将殡仪馆视为民政部门管理的一个社会福利机构，其一切行为应全部纳入免税范围。原《中华人民共和国营业税暂行条例》第六条第（一）项也规定，殡葬服务免征营业税。同时，由于殡仪馆属于福利性、非营利性的机构，国家还对其免征企业所得税。这不仅是对殡葬行业的扶持，也是对于殡葬从业人员特有行业性牺牲的一种补偿。但是，随着我国社会主义经济体制的深化，殡葬行业体制暴露出种种弊端，特别是随着市场逐步地放开，殡葬事业已由过去的纯粹的公益事业转化为“一个特殊的服务业”，其表现为两重性：由其公益性带来的政策性和由其商业性带来的经济性①。殡葬行业的暴利与免税政策之间巨大的差距若得不到解决不仅会加剧市场的动荡，也会极大加剧民众不满的情绪最终造成严重后果。因此，税收政策应考虑殡葬事业的时代特征，根据具体的区域情况来进行调整。

更重要的是，殡葬 O2O 的复杂特点也造成税法层面很多的问题：作为一种互联网商业活动它该如何纳税？如果对其纳税，又该如何监管？如何在虚拟化的网络交易中确定税务票据问题？如何处理国际殡葬 O2O 交易中税法冲突问题？这些问题还有待商榷。

四、殡葬 O2O 法律规制及对策

互联网殡葬业可以说是近年来极具发展潜力的行业之一，它的出现与发展不仅会改变人们传统的消费习惯，引导人们对殡葬文化新的认知，还有可能转变交易模式，刺激整个产业链的转型升级。通过上述分析，可以看到我国的互联网殡葬市场目前还有很多问题需要解决，而上述问题在我国现有的法律中都没有现成的答案。当然，种种缺失也意味着机会。未来，不仅政府将会花大力气在这个领域，一些专门提供网络支付安全服务的企业也将迎来发展机遇。殡葬 O2O 监管问题需要政府监管部门、运营商、电商及整个产业链的共同努力。

（一）加快立法，推进殡葬改革

法制保障是殡葬 O2O 发展与监管的重要基石。目前我国殡葬业、电子商务行业立法存在真空地带，行政部门即使有心想管，也无法去管、无法可依。殡葬产业至今只有一部《殡葬管理条例》，虽然民政部陆续出台了相关规章制度，但是其效力远不及上位法。早在 2002 年，社会各界对于殡葬改革的呼吁引起立法机关的重视并列入立法计划，然而五年后公布的《殡葬管理条例》显然采取了更为保守的方法，没有将经营权与管理权分开，也没有从根本上动摇殡葬垄断的冰山，而“殡葬管理法”的制定仍然遥遥无期。

不仅如此，殡葬业、电子商务业总体立法思维也存在一定的偏差，多为

① 《殡仪馆：被税收征管遗忘的角落》，江苏国税网，2004 年 11 月 10 日。

限制性和管理型的立法，在许多涉及实务方面的问题上仅有些许原则性的规定，缺乏有效的可操作性。在法律的位阶上，多数属于行政规章，不少规定与之前所颁布的高位阶的法律相冲突，也不能与司法解释相协调，致使管理范围管理效力大打折扣，无法发挥法律条文应有的作用。

电子商务引发的智慧财产权、纳税问题以及围绕互联网支付、理财发展的互联网金融问题等，需要强化对电子商务的规范监管。特别是当电子商务融入殡葬产业后出现了殡葬 O2O 等新型行业，加强法律制度规范、强化电商监管已经迫在眉睫。由于没有高度统一的立法，行政监管部门多头立法造成重复管理或无人管理，不管电商还是消费者都面临着巨大的风险。中国庞大的殡葬产业、落后的产业情况、新型商业模式的涌入以及真空的法律地带致使中国殡葬产业乱象横生，远远落后于发达国家。生老病死乃人之常态，如果“死”这一环节都解决不好，这必将对社会的稳定造成不小的冲击，影响社会法制事业的发展。

所以，在广泛调查的基础上，我们必须加快立法进程，推进殡葬改革的具体落实。在立法的过程中，不但要注重法律的高度统一性，提高法律的效力层级，也要注重配套的法规规章和司法解释的出台和完善，及时出台具体的、更具操作性和相对详细的具有指导意义的法规规章和司法解释，同时尽量避免司法冲突以适应实务发展需要。

在完善现有法律的基础上从不同角度切入，涉及民事、刑事、行政多方面，具体是：在行政方面，有关部门要加强对于殡葬 O2O 准入门槛的限定，明确监管主体的职责、监管范围、监管内容、监管效力层级的划分，加强监管执法队伍的建设，协调干部管理与专业分工需求；在民事方面，对殡葬网络行销商及平台提供商的资质认证、商品服务等各类资讯资源管理以及线上支付、税收、隐私权保护、电子格式合同等法律未细化方面作出具体规定；在刑事方面，殡葬 O2O 行业可能涉及的洗钱、逃税漏税、诈骗、腐败等罪名的确定作出具体规定，强化执法力度。通过系统化、精确化、可操作化的法律引导殡葬 O2O 行业的健康发展。

（二）明确监管主体，形成监管体系

监管主体的缺位，导致殡葬行业违法违规现象的肆意横生。电商发展迅速，经营模式不断创新，而行政监管却仍处于摸索阶段，无法满足实务发展的需求。因此，我们必须做到以下几点。

第一，进一步完善监管职权 ，明确监管内容。

从目前国家机关职权划分来看，殡葬 O2O 行业的监管涉及工商、民政、海关、商检、工信部等多个机构。相关部门往往从本部门职责出发管理下属事务，并没有建立有效的跨部门协作体系，一旦遇到殡葬 O2O 这样牵涉主体复杂的情况，很有可能出现监管不到位、相互推诿或者重复管理现象的发生，极大地浪费了行政管理资源，降低了行政管理效率。因此，在构建殡葬 O2O 法律监管制度的同时，要注重监管主体的确立和监管职责的明确划分，这样才能为殡葬电商监管提供主体上的明确保障。

第二，加强建设监管执法队伍，紧跟殡葬 O2O 的发展速度。

监管执法队伍能力的落后是殡葬 O2O 行业存在的又一大难点。尽管国家工商总局已下设网络监管司，各地也都建立了网络交易监管队伍，但是由于建立时间过短，管理人员并不熟悉该领域的具体情况，再加上电商行业对专业性综合性的要求很高，执法队伍的能力显然应对不了复杂多变的市场情况，甚至出现了“淘宝诉网监司司长”现象。

所以我国目前的首要任务是加强监管队伍执法能力的建设，适应殡葬电商的特性与需求。特别是在目前的违法者熟练操作网络，熟悉监管漏洞的情况下，传统的监察取证方式及人才储备显然达不到实务要求。为此，2011 年，工商总局颁布了《关于工商行政管理机关电子资料证据取证工作的指导意见》，为电子资料取证明确了方向。一些发达地区整合监管队伍，引入大量电子商务专业人才，改进监管方式后，已经取得不少监管成果。这也证明了监管队伍思维与执法手段必须与时俱进，才能适应新形势和新要求。

第三，拓宽网络维权平台，建设完备信用体系。

如今，殡葬 O2O 行业的蓬勃发展，随着未来准入门槛的放低，尽管电商平台宣称已建立完善的线上线下服务体系，但是消费者与买方的冲突在所难免。一旦出现消费者接受的服务不符合预期效果，殡葬商品不满意却无处退货等情况，殡葬行业不能重来的特性将会加剧矛盾的发生，诸如此类问题也对我国目前的政策提出了严峻的挑战。

为此，除了加强消费者防范风险意识，严格审查殡葬电商资格，应拓宽网络维权管道，建立信用监管体系 ，发挥行业自律及信用约束激励作用。通过建立健全网络信用投诉处理机制、违法失信行为查处机制、交易者黑名单禁入机制，建立完备的殡葬电商信用资料库，推动信用调查、信用评估、信用担保等协力厂商信用服务和产品在跨境电商中的推广应用，营造良好的网络信用环境。

在这种统一的信用评级机制的条件下，对移动支付机构进行信用评级，并定期及时向社会公布各大支付机构的信用等级和违法处罚资讯，加强社会的监督，促进整个信用社会和殡葬电商信用运作的进行。

（三）强化管理，统筹兼顾，推进殡葬O2O科学化发展

对于殡葬O2O的管理，仅做的明确监管主体和监管体系还远远不够，加强执法者的执法力度和执法威严，提高执法队伍整体素质，是促进殡葬O2O科学化发展的重中之重。我国相关法律的缺失导致执法者在执法过程中缺乏有效证据也降低了执法力度。随着未来法律制度的完善，对于执法队伍的管理也需提前做好准备。

针对殡葬行业不同管理层面除定期进行培训，还应进行职业技能、执业道德、社会常识等相关考试，提升殡葬管理队伍的职业素质。统筹兼顾，面对不同地域不同经济发展水准和殡葬文化，加大殡葬科研投入经费，引入现代高科技成果，壮大殡葬O2O专业管理队伍，积极寻求殡葬业与其他行业的交流、结合，拓展殡葬行业广度、深度，从而达到规范和维护殡葬服务市场秩序的目的，实现殡葬O2O科学化发展。

结　语

殡葬与电子商务结合诞生了一种全新的产业模式：殡葬O2O。殡葬产业投入小、利润高、市场广的特点与电子商务高效性、整合性、富媒体性的特点也在殡葬O2O身上有了全新的展现。这个极具潜力的行业快速发展的同时，一系列阻碍、影响其健康发展的客观风险和制度漏洞仍一直存在。引导、维护殡葬O2O健康有序地发展，是我们需要积极思考和着手解决的问题。

本文从殡葬O2O现状入手，在分析比对了相关殡葬电商经营现状后，针对现有殡葬O2O市场存在的法律问题，如交易风险、行业监管、课税问题等提出了具体法律对策。当前，政府需要在推进殡葬O2O立法的基础上，落实监管队伍的规范化、科学化管理。通过完善的信用体制有助于形成良好的信用行为和可靠的信用关系，继而有效避免这些风险，达成便利和发达的交易关系，促进殡葬网络市场的规范与发展。

当然，解决殡葬O2O相关问题绝不仅限于此，笔者只是提出了自己的见

解和想法，针对目前殡葬O2O研究缺失的情况能够起到抛砖引玉的效果，引导电商企业、监管者和立法者反思。让我们的立法和电子政务能尽快跟上电子商务的迅猛发展的步伐，实现交易双方的权利的行使和义务的履行，将殡葬O2O发展纳入法治化、规范化、制度化的轨道。

参考文献：

［1］郝慧丽．我国移动支付监管的法律问题研究［D］．浙江财经大学，2014.

［2］宫亚楠．我国殡葬服务业的法律规制研究［D］．华东政法大学，2012.

［3］付静．我国殡葬服务业法律规制研究［D］．西南政法大学，2007.

［4］李晨瑜．打车软件的法律监管［D］．中国社会科学院研究生院，2015.

［5］郝慧丽．O2O商业模式下我国打车软件行业的法律监管［J］．商场现代化，2014（10）．

［6］韩璐．殡葬O2O踉跄前行［J］．二十一世纪商业评论，2015.

［7］上海市工商局课题组．我国跨境电子商务发展现状与监管对策研究［J］．中国工商管理研究，2015（10）．

［8］杨光．“互联网+”时代的天堂产业［J］．决策，2015（12）．

［9］王颖．中国殡葬业调查报告［J］．东西南北，2015（15）．

［10］胡苏敏．殡葬业试水电商：安贤园网上卖墓位［N］．东方早报，2014-12-22.

［11］钱玉娟．《再出发》系列报道——徐毅“彼岸”规划师［J］．中国经济资讯，2015（550）．

［12］赵婧．电商时代O2O模式的分析与展望［D］．对外经济贸易大学，2015.

［13］电商监管不能缺位［N］．中华工商时报，2015-02-04.

［14］邢亮．浅谈对殡葬产业的分析［EB/OL］．中国殡葬协会网站，http：//www.chinabz.org/bzwh/lltt/2308.html，2015-03-24.

网络舆情时代危机处理应对之道寻幽探微

——对一起殡仪馆危机公关处理事件的几点启发

贵阳市殡仪服务中心　郑　蓉

摘　要：危机处理是危机管理的核心，现代社会是一个竞争日益激烈的多元化社会，每个企业都无法避免随时可能发生在身边的潜在性危机。危机处理是危机管理的主要环节。在网络舆情时代，一旦企业发生危机事件，就事关企业的生死存亡。加强企业危机管理，提高企业危机处理的应对之道，尤其对身处特殊行业的企业至关重要。笔者以殡仪馆这个世人谈之色变，但又最终不得不去报到的特殊场所发生的真实危机处理事件为例，结合自己在工作中的实践和体会，寻幽探微，谈一些自己对危机处理应对之道的粗浅认识，仅供大家思考和借鉴。

关键词：网络时代　危机处理　寻幽探微

危机处理是公共关系活动中日益引起重视的管理思想和生存策略。特别是在全球化加剧的今天，企业或组织一个小小的意外或者事故就会被扩大到全国甚至更大的范围内，产生迅雷不及掩耳之势的恶化后果。因此在新时代，企业或组织更应该建立起完备的危机紧急处理系统，并懂得如何运用新的技术全方位地有效传播和收集信息，使损失降至最低限度。

一、危机处理案背景

清明前夕，笔者有幸参加了《中国殡葬》新闻周刊在全国展开的“绿色殡葬基层调研”采访活动，沿途在某市殡仪馆采访调研时听闻了这样一个真实案例：逝者王某于2005年在A市青年路“6·28”无名尸案经DNA数据比对，确认是王××和张××儿子，于是，其亲属于2015年9月到A市殡仪馆查找王某骨灰，准备带回B县农村公益性公墓择日安葬。然而当亲属到殡仪馆查询后，只查到A市公安局尸体检验中心2006年3月26日出具的《火化证明》，殡仪馆根据该证明于2007年3月已将该具遗体火化（尸检编号和火化编号一应俱全），但未找到王某的骨灰。工作人员的解释是“逝者骨灰已被他们成批处理”，但馆方却提供不出“被成批处理后”的骨灰及相关文字资料，故与家属产生争议。

二、调处经过概述

2015年11月8日，王某家属第四次来到殡仪馆，要求一定要找到骨灰，并提出要当面见馆领导讨个说法。接到家属的信访诉求后，殡仪馆领导高度重视，迅速成立了事件处置领导小组，并组织大量人力、物力查找王某骨灰去向未果。经馆方多方核查，造成王某骨灰去向不明的原因系按照该市殡葬管理法律法规相关规定，“无名遗体骨灰只保留六个月，六个月之后殡葬服务单位可按照无主骨灰自行处理”。而王某的骨灰已长达9年多的时间，由于当时殡仪馆档案管理资料及制度并不健全，自然无从查找。同年11月12日，馆领导接待了逝者王某的亲属一行7人，单位负责人代表单位向家属道歉，并诚恳地解释了骨灰无法找到的真实原因。希望双方能达成谅解与共识，并提出如下建议：一是请家属积极配合提供逝者生前遗物，在殡仪馆骨灰堂为其亡灵设立“衣冠冢”，供逝者亲人随时祭扫和寄托哀思，若家属往返不便，馆方也可由工作人员随时代为祭扫；二是馆方按程序报请州民政局同意后，可考虑给予家属3万—5万元的精神抚慰金，并真诚希望能得到家属的谅解。对于馆方给家属的答复，其家属态度强硬，表示拒不接受馆方提出的建议，并指责馆方漠视逝者，无视生命，提出要赔偿250万元的精神损失补偿要求，限一周内给予答复，否则将请媒体介入，进行负面报道。

三、调处结果

经多方调解，本着尊重逝者，给家属以安慰的原则，2015年12月4日，在A市州民政局主持调解下，双方自愿达成如下协议：一是馆方自愿补偿家属精神抚慰金12万元；二是家属方自愿放弃因王某骨灰产生的一切其他请求，双方再无其他权利义务关系；三是本调解协议为不可撤销协议，自双方签字后即产生法律效力；四是家属方在领取本协议约定的精神抚慰金后再次主张其他权利，馆方有权要求其返还精神抚慰金。

四、危机处理后引发的思考

以上案例所涉及的金额和社会影响不大，换言之是以货币弥补的方式防止了更大次生危机的发生。但留给我们许多思考。众所周知，民生问题是服务型政府关注的首要问题。在和谐社会的今天，作为殡葬服务单位，能够正确引导丧属，认真听取群众的合理诉求，不回避或推诿，主动想办法、出主意，尽可能地让其合法权益得到有效保障，让诉求方进门激动、出门感动，这是我们殡葬服务工作者关注民生应尽的分内之责，也是用公共关系的策略和方法来正确处理危机，从而保证企业和社会和谐的明智之举。

启发一：网络舆情的力量不容小觑

我们知道，自古以来商界从来都不是温情脉脉的乐土，而是刀光剑影、血雨腥风的战场，我们身在其中总会听到“商场如战场”这样一句感叹。当前，我们已步入了自媒体网络舆情时代，以博客、QQ、微信等为代表的自媒体无孔不入公众生活，进一步推动着互联网作为公众表达利益诉求和社会关切的重要平台，大范围的网络舆情日渐形成。面对新的时代、新的考验、新的挑战，作为殡仪服务的窗口单位，我们又该如何在危机处理中找出合适的应对之道呢？

启发二：网络媒体应发挥对殡仪馆刮骨疗伤、去腐生肌的监督职能

1. 殡仪馆黑手频现，面临诚信危机

毋庸讳言，在殡仪馆这个寄托无尽哀思、给生者以慰藉的肃穆之地，有人却用生者悲情图利、借逝者安葬发财，向“天堂”路上不断伸出腐败的黑手。这些人中饱私囊后却给殡仪馆带来了不可估量的诚信危机，有的炒手借此乱象为噱头，忽略常识离奇杜撰到火葬场火化前把逝者“开膛剖腹”、尸体火化后的尸油卖给饭店，装起来的骨灰不是一个逝者的……这些关于殡仪馆的荒诞传言，其目的就是吸引受众眼球，让不明真相的人盲目跟风，对殡仪馆进行口诛笔伐。有的好事之徒还将个别事件或案件与民怨捆绑，引发市场

恐慌情绪，甚至想打垮殡仪馆，企图坐收渔利，操纵殡葬市场。严重之处还不止于此，一旦遇到殡仪馆烧错人、发错灰、骨灰有金属异物等客观事实时，坊间就有这样的流传："殡仪馆有的是钱，谁叫它是冤大头，不讹他们讹谁呀！""只要出错就得赔偿！"并有人说这是屡试屡验的必胜"经验"。

2. 殡仪馆应逐步实现与网络媒体之间的良性互动

近年来，随着殡葬改革的稳步推进，各级党委政府加大了对众多城市、农村公益性殡葬服务设施的扶持和投入力度，部分老百姓受从众攀比心理的影响，并不买账，这无形之中又形成了群众需求与攀比心理的一对矛盾。政府即便加大投入筑好设施齐全、功能齐备的"凤凰巢"，他们却还是能挑出几分咸淡，既对现成的公益性设施视如敝屣，也对生态节地型葬法不屑一顾，仍然对拉钱背债购豪华墓穴乐此不疲。有些殡仪馆抓住了群众这一炫富心理，就依靠捆绑销售、礼仪出殡等衍生服务或产品来获取巨额利润，有的甚至设置不许丧户家属自带骨灰盒等霸王条款，以此增加收入。而个别媒体为满足人们的猎奇心理，在某些事件上也暴露出不遵守道义规范、不注重事实调查、缺乏理性的缺点，歪曲事实，虚张声势，恨不得将个别殡仪馆乱象无限放大、乱扣帽子到整个殡葬服务业，以至于将它们生吞活剥，杀之而后快。因此，在人人都是自媒体时代，就需要有主旋律来定音、来导航、来正向，更需要用正能量来暖心、来凝神、来聚力。网络媒体作为我们党新闻舆论工作的一个重要领域、一支重要力量，理所当然地应该以正确的舆论导向来帮助人们明辨是非，引领潮流。而作为社会良心的媒体人，应该采用传统医学中刮骨疗伤、去腐生肌的手段来促进殡仪馆局部的气血运行，增强其防御能力，把自身的"传声筒"功能发挥到极致，吸引公众对殡仪馆看法的理性回归，从而达到促进创口愈合的目的。殡葬服务机构不应有惧怕、排斥、躲避媒体的心理，不妨拿出坦诚的姿态主动与网络媒体交朋友，实现与网络媒体之间的良性互动，加大自身反馈力度，开辟群众参与的通道，使社会舆论真正发挥强大的监督作用，推动和完善殡葬服务机构的自身建设，从而在生存链条的突然断裂中，疏堵结合，迅速寻找弥合和修复之道。此外，企业或组织更应该建立起完备的危机紧急处理系统，并懂得如何运用新的技术全方位地有效传播和收集信息，使损失降低至最低限度，更好地促进企业发展，实现可持续发展。这才是有效防范危机、处理危机的上上之策。

启发三：危机处理，策略全面，战术具体

一般而言，危机处理类型分为A、B、C三大类：A类是对待比较小的网络危机事件处理，常用方法是封、删、撤稿。B类称之为纠缠性网络公关危机，方法则是疏堵结合。一方面要封、删、撤稿，另一方面发布大量正面信息，以此来冲淡事件影响，把主动权交给受众，仁者见仁，智者见智，形成网络争议，从而淡化事件。C类则称之为严峻网络公关危机事件，只能断臂求生。倘若网络危机事件到了这一步，说明这个潜伏题目可能会令人谈虎色变了，但品牌价值还不能让它倒闭。

如果我们把谈判策略比喻为习武之人用的一种武打招式的话，从本案中概括而言，可以提炼出殡仪馆危机处理应对进攻型、协作型和解决问题型三大策略和遭遇战、车轮战、疲劳战、读心战、攻坚战五大战术。

在现实生活中我们又怎样区分它们的类型呢？如果诉求方的行为表现为他不做出任何妥协，就像该案例中一开始诉求方不接受殡仪馆的任何条件，死死咬住索要骨灰的初始诉求，并且在此过程中，他所使用的技巧将导致谈判双方形成对抗性的关系，有点人们所谓的“得理不饶人”“寸土必争”“咄咄逼人”的样子，那么他用的就应当是进攻型的策略。如果诉求方的行为表现出让步的态势，希望达成一个令他获得满意又合理的利益结果，如当知晓找不到骨灰而退而求其次索要250万元的赔偿要求，他的做法看似漫天要价、不着边际，实则让事态已经出现了峰回路转之势。当然合理开价和礼节性争论是伴随协作型策略的两大技巧，同时也是区分协作型策略和进攻型策略的分水岭。

在五大战术中，我们可通过对这些战术的巧妙布局、灵活运用，使对手从肉体上到精神上感到疲劳，从而使其因疲劳造成漏洞，甚至动摇立场而改变初衷。一是遭遇战，即指双方在同一区域突然相遇，各自还来不及进行兵力部署、弹药分配和战术布置时，发生的战斗。结果往往是勇者胜，智者负。二是车轮战，即以多个对手针对某个论题或几个论题，轮番上台与对手辩论，在会场造成一种紧张、论理强硬的气氛，给对手精神上形成沉重的压力，迫其在疲于应付中主动退却的做法。三是疲劳战，即在谈判中，经过一轮又一轮的唇枪舌剑后，以重复、慢节奏来损耗谈判时间，造成谈判的低时效，表面看似无动于衷，实际都在暗暗比拼定力，以逼迫对手鸣锣收兵作出让步的做法。四是读心战，即为了阻止对方的压力，坚持己方的条件，而寻找各种借口和遁词的做法。五是攻坚战，即被誉为黎明前的黑暗，转折的前夜，应该说各自经过前面四种战术的运用，而拿出积极姿态，化干戈为玉帛，达成于己方有利协议的期盼和等待阶段。

启发四：殡仪馆应逐步做好档案危机管理预警系统的构建

在危机处理过程中，每一次危机既包含了导致失败的根源，又蕴藏着成功的种子。善于发现、精心培育，进而收获潜在的成功机会，让危机转化为商机，这就是危机管理的精髓，企业可以通过对暴露出来的问题的分析，进行必要的改革和调整，从而避免犯更大的错误。

从本案中可以看出，殡仪馆方自始至终表现出揽责认错的诚恳态度值得褒赞，但 12 万元的精神抚慰金着实有些冤枉，在一些城市审判实践中，法院在审理精神损害赔偿方面，因法律没有明确规定，都主张赔偿数额不宜过高，但一般不应低于 1000 元。本案例造成给付抚慰金赔偿结果虚高，是因为家属来寻找骨灰之初，馆方自信地认为不会有任何差池，没有认真洞察事态发展的敏锐性，未做好危机处理初始阶段必要的防范和应对。在家属多次交涉谈判的艰难过程中，一些被忽略的细节也值得深思。殡仪馆对档案管理工作的认识上存在一个大的误区，似乎可有可无，分量无足轻重，笔者认为这样的观点是非常不足取的，这也成为用惨痛的教训解决此纠纷的最大诱因。即便民政部关于印发《殡葬服务单位业务档案管理办法》的通知是 2010 年 12 月 3 日才得以出台，与本案对档案规范性的要求滞后 4 年之久。单纯从法律依据而言，应该说殡仪馆方也无明显的主责，但他们错就错在误认为过期或者作废的档案销毁处理不必再经过严格的手续，把档案的收集、管理、移交、存档等当儿戏，必然要为自己的放纵埋单，血的教训发人深省，值得业内同行警醒。值得欣慰的是，亡羊补牢，为时未晚，从发生这个事件后，馆方已经开始高度重视档案管理工作，及时补救和清理被忽略环节，加强健全档案管理制度，提高信息化水平和档案管理人员素质等基础业务建设。总之，在档案管理工作中，随着时代的发展，一些旧的管理制度也许不能适应时代的需要，甚至成为前进路上的障碍，我们既不能因循守旧，死抱着传统不变，也不能丢掉传统而迷失方向，应积极着手构建殡仪馆档案危机管理预警系统，建立完整的档案信息安全防范体系，减少对危机进行人工监测的工作强度和人工成本，更主要的是有效规避和防范危机的产生。

随着互联网的迅速普及，我国逐步进入高度信息化的时代。面对新媒体网络的“爆炸式”发展，从该案例不难发现，倘若殡仪馆方没有以认真负责、敢于认错、及时补救的态度与丧属主动达成一致。试想在当今舆情时代，如果他们推诿、懈怠，对“民意”不重视，很可能演变为“民怨”和“民愤”，丧属投靠无门之下肯定会按他们所言将该殡仪馆诉诸报端，再经网络媒介的快速传播，很容易成为“热炒”的对象，集聚形成网络舆情，那样很难想象会给该殡仪馆带来多少不可估量的负面影响，对殡仪馆的自身发展显然是不利的。诚然，坚持正确舆论导向既是网络媒体必须自觉践行和坚守的核心价值和职业道德，也是网络媒体存在的价值和意义所在，而如何应对网络舆情，则成为新形势下考量殡葬服务单位的重要标准。我们只要坚持以开放的胸怀、开明的姿态、阳光的心态面对舆情、面对媒体、面对公众，同群众坦诚沟通，赢得网民的理解和支持，防止事态的进一步扩大，就会使舆情不再是舆情，而转化为推动我们工作的助力。

五、结语

分析至此，本文开门见山通过典型案例所涉及的危机处理透视的问题大致可以得出如下结论性的答案：殡仪馆危机发生后，能否首先控制住事态，使其不扩大、不升级、不蔓延，是处理危机的关键。必要时借助政府相关权威部门介入调查，加大处理的公信度，减少公众的疑虑，尽可能地迅速消除危机带来的负面影响，当然这需要假以时日的检验。如果没有健全的管理制度，没有完善的监督体制，没有严谨的工作态度和档案危机管理预警系统的构建，还是心存一丝侥幸，那这样的事终究还会频繁发生。网络舆情时代殡仪馆应针对以上危机症结，参照所列危机处理应对之道，创造性地发挥自己的经验，调整自己的视角，就可以赢得危机处理中的主动权、制胜权，就能发现和收获潜在的共赢机会，就能更好地促进殡葬事业健康有序地发展。

参考文献：

韩德云：律师谈判的三大策略.

有关“小产权墓”的法律问题研究

温州大学法政学院　池晨艺

摘　要：“小产权墓”，又称公益性墓地，是指由乡（镇）提出建设规划，报县级人民政府同意后，纳入城乡建设规划和基本建设计划的墓地。这种服务于农民的公共墓地，法律规定不得对外开展经营活动。但是近年来随着城市公墓价格的飞涨，不少农民非法出售“小产权墓”，造成市场混乱。从“小产权墓”的理论出发，分析其存在的法律风险和形成原因，并提出相关解决途径。经研究发现，“小产权墓”是当前城乡土地二元结构下的产物，只有明确其法律地位，通过现阶段治理、长远改革两个层面去处理，才能从根本上解决该问题。

关键字：小产权墓　小产权房　城乡土地二元制度

一、前言

近年来，墓地的价格节节攀升，让许多普通民众直呼“死不起”更“葬不起”。而就在经营性墓地价格居高不下时，一种价格相对较低的“小产权墓”悄然热销，出现了生意火爆的现象。对于“小产权墓”，政府禁止向本村村民以外的其他人员出售，但现实中依旧存在大量“小产权墓”的交易。这一方面表明“小产权墓”有其存在的市场合理性；另一方面，由于现行法律不能明晰“小产权墓”的法律地位，导致交易的不安全，从而产生大量“小产权墓”的交易纠纷。因此，只有从根本上解决“小产权墓”的法律地位模糊问题，才能平衡各方利益，维护当前殡葬市场和社会的秩序。

本文旨在通过探讨“小产权墓”的法律地位，来解决当前“小产权墓”的交易纠纷和农村集体土地流转问题，完善农村集体土地使用权制度。而通过合理解决“小产权墓”问题也有利于维护当前殡葬市场的秩序，实现农村集体土地资源的合理配置。

目前有关“小产权墓”的法律研究较少，但鉴于“小产权墓”和“小产权房”有一定的相似性，可以通过研究“小产权房”来寻求“小产权墓”问题的解决。而有关“小产权房”的合法化问题，学界大致存在三种观点：有的主张否认“小产权房”的合法地位，坚决取缔；有的主张对“小产权房”进行合法化，打破城乡土地二元结构，实现城乡一体化；也有的认为应对“小产权房”进行不同的区分，实现有限合法化。

本文在借鉴“小产权房”相关概念的基础上，对“小产权墓”的概念、特征进行分析，提出当前“小产权墓”存在问题的成因并寻求相关解决途径。

二、“小产权墓”概述

（一）“小产权墓”的概念

“小产权墓”，又称公益性墓地，是指由乡（镇）提出建设规划，报县级人民政府同意后，纳入城乡建设规划和基本建设计划的墓地。作为一种服务于农民的公共性墓地，它具有社会福利的性质。因此，《殡葬管理条例》第九条规定：农村的公益性墓地不得对村民以外的其他人员提供墓穴用地。而有些农民将这些只针对本村村民的公益性墓地对外经营出售，以获取经济利益。

（二）“小产权墓”的特征

首先，由其概念可知，“小产权墓”所使用的土地属于集体所有的土地。其次，因为《殡葬管理条例》已明确指出农村公益性墓地不得向本村村民以外的其他人出售，所以“小产权墓”并不被当前法律所认可。最后，对于农民来说，农村土地承载着他们社会保障的功能，除了土地和房屋，他们无法获得其他的社会保障。所以他们愿意通过出售农村公益性墓地这项具有高回报率的产业来使自己获得一笔高价值的土地增值收益。另外，对于城市普通居民，高价的经营性墓地显然无法承受，他们更愿意选择价格低廉的“小产权墓”。由此可见，“小产权墓”是在其供给市场和需求市场的双重作用下产生的，具有一定的市场合理性[①]。

（三）“小产权墓”的法律风险

购买“小产权墓”虽然价格低廉，但由于当前国家并不承认其合法的地位，因而存在大量法律风险。

首先，城市居民在购买“小产权墓”时会和农民签订买卖合同，但由于当前法律并未承认其合法性，根据《中华人民共和国合同法》第五十二条规定，该合同属于无效合同，购买者无法获得法律保护。

另外，对于农民来说，一旦墓地被征收，根据《中华人民共和国物权法》第四十二条规定，可以获得相应补偿费。而“小产权墓”的购买者因缺乏合法依据，最后可能面临既失去购买的墓地，又无法获得相应补偿费的局面。

三、“小产权墓”问题成因

“小产权墓”存在上述特征和法律风险与其成因息息相关。造成“小产权墓”出现的原因是多方面的，归纳起来主要有以下三点。

（一）需求的增加和城市墓地高价

根据经济学上的供给理论，一个市场的产生必须首先有一个需求市场，之后才能形成一个有规模的市场链条。随着中国老龄化问题的不断加剧，墓地的需求量也日益增加。据统计，2015 年我国死亡人口已超过 1000 万，预计到 2030 年，这一数字将达到 2000 万左右。

但与此同时，城市公墓价格呈飞涨之势。民政部《殡葬绿皮书：中国殡葬事业发展报告（2014—2015）》指出，目前北京地区的殡葬消费平均达约 42837 元，市区居民高达 8 万元，92% 的北京市区消费者认为公墓消费过高。这一方面是由于城市土地资源稀缺；另一方面根据《殡葬管理条例》规定：“任何单位和个人未经批准，不得擅自兴建殡葬设施。”而申请的过程是：“建立经营性公墓，由建墓单位向县级民政部门提出申请，经同级人民政府审核同意，报省、自治区、直辖市民政厅（局）批准。”单看条文会认为建立公墓的难度并不高，但是在实际运作过程中，由于政府对建设公墓并不设立明确

① 王巧：《小产权房法律问题研究》，长春·吉林大学，2013 年 4 月。

的标准，使得一般机构鲜有获得从事这个行业的机会。也正是准入门槛之故，使得该行业内的从业者无须面对激烈的市场竞争，于是就出现了这样一个现象：不少墓葬经营企业低成本囤有大量墓葬用地，但开发缓慢，从而实现边囤边卖。

简单来说，是高昂的城市公墓价格将普通城市居民推向“小产权墓”市场，推动了“小产权墓”市场的“蓬勃发展”。

（二）城乡土地二元结构

根据《中华人民共和国宪法》的规定：“城市的土地属于国家所有；农村和城市郊区的土地，除由法律规定属于国家所有的以外，属于集体所有。”从而确定了国有土地和集体土地的平等地位。与此同时，《中华人民共和国物权法》中还将建设用地使用权和宅基地使用权规定为两项独立的用益物权。但事实上，国家和集体经济组织作为土地的所有权人，所享有的权利并不一致。例如：《中华人民共和国物权法》中规定国家可以为了模糊的“公共利益的需要”，将集体土地征收为国有；《中华人民共和国土地管理法》中也规定“农村集体所有的土地所有权不得出让、转让或出租用于非农建设”。在司法实践中，这种城乡土地二元结构虽然保障了农民的使用权和居住权，却也限制了其收益权，使得集体土地无法像国有土地一样同资本、劳动力、技术等生产资料相结合进入市场，抹杀了该项权利下土地及其上附着物用于流转、与城镇居民平等参与市场竞争的权利，忽视了集体土地使用权自身的用益物权性，使得集体土地权利人不能通过土地权利行使获得更多收益①。

而随着土地资源的商品价值凸显，土地的市场价格远高于征收、征用补偿款。这种价值实现轨迹为集体土地巨大的、潜在的商业机会，② 更加促使农民将土地向市场提供，从而催生了“小产权墓”。

（三）政府监管不力

“小产权墓”从点到面迅速发展，成为一个社会问题，固然与墓地价格飞涨、土地制度等因素有关。但不可否认的是，有关部门在对“小产权墓”的

---

① 刘天利：《城乡二元结构下“小产权房”治理的法律困境和路径选择》，载《西北大学学报》（哲学社会科学版）2014年第44卷，第4期。

② 参见黄宝根：《限制小产权墓地自由流转符合物权法立法精神》，载《法制博览》2014年2月。

监管上也确实存在疏漏。若是有关部门在“小产权墓”刚出现之时就严打防范，也不至于导致今天需要共商对策的局面。

当然政府监管不力，一方面是由于当前法律在此方面的缺失。《殡葬管理条例》第十八条虽规定：“未经批准，擅自兴建殡葬设施的，由民政部门会同建设、土地行政管理部门予以取缔，责令恢复原状，没收违法所得，可以并处违法所得1倍以上3倍以下的罚款。”但未对出售公益性墓地这一行为规定处罚措施，这给监管、执法机关造成了很大困扰。

另一方面，监管主体由于存在巨大的执法空当而使其行政作为空间十分有限，这也大大降低了“小产权墓”的违法成本。从制度经济学的角度来看，主体进行交易是有成本的，法律惩戒作为对主体违法行为的交易成本而存在；较高的违法收益比对较低的违法成本，必然会刺激“小产权墓”供给方的违法冲动，从而成为残缺的法律制度下具有“经济人”属性的集体组织和农民的一种理性选择。①

另外，在实践中，政府监管部门在大多数情况下需要群众举报来更好实施监管职能，而信息的不对称造成了政府在查处“小产权墓”过程中的滞后性与被动性。

四、解决“小产权墓”问题的途径

“小产权墓”作为一个社会问题，不能采取一概而论的“一刀切”方式去解决，而是应该辩证地去看待。一方面，虽然政府严令禁止出售“小产权墓”，不承认其合法地位，却依旧屡禁不止；另一方面，“小产权墓”的出现确实给承受不起城市高价墓地的市民带来一丝希望，也增加了农民的收入。因此，面对“小产权墓”，不能一味打压，也不能完全放开，应该通过现阶段处理、长远改革的方式去解决。

（一）现阶段“小产权墓”治理措施

1. 规范城市公墓定价

“小产权墓”的出现和城市墓地的高价有密切的联系，因此规范城市公墓

① 黄日生：《法经济学视角下小产权房的成因及治理对策》，载《经济体制改革》2015年第6期。

定价是现阶段解决“小产权墓”问题的重要一环。

《关于进一步加强殡葬服务收费管理有关问题的指导意见》就要求规范城市公墓价格，对于公益性公墓收费标准，由各地价格主管部门会同有关部门在成本监审或成本调查的基础上，按照非营利并兼顾居民承受能力的原则核定。其他经营性公墓，要加强对经营者定价行为的指导规范，对价格明显偏高的，必要时要依法进行干预和管理，切实遏制虚高定价行为。与此同时，完善价格和收费公示体系，通过民政部门网站或其他载体将本地区殡仪馆和公墓的收费项目、收费标准（价格）进行公示，为群众监督、选择提供方便。

2. 完善法律法规，加强监管、执法力度

解决“小产权墓”问题，仅仅依靠《殡葬管理条例》第十八条是远远不够的，有关部门还应该修改和添加相关处罚条例，为监管机关提供执法依据。

对于农村公益性墓地，政府应严格审批程序，加强此过程中的实质审查，从根源上杜绝“小产权墓”的出现。而针对已经存在的“小产权墓”，也要根据不同的情况采取不同的措施予以解决：对于已经下葬的“小产权墓”，应该在与家属合理协商的前提下，尽可能地将其墓移至城市公益性墓地中；对于已经购买未下葬的“小产权墓”，在遵守法律法规和家属意愿的基础上，或予以退款处理，或予以保留；针对还未出售的违规建设的“小产权墓”，一律予以拆除，并对相关人员进行处罚。

（二）“小产权墓”治理的长远之计

1. 破除城乡土地二元制度

“小产权墓”问题的存在，究其根本，还是因为城乡土地二元制度。而要破除此制度，走城乡一体化道路，并非短期内能够实现。若是短期内强行将两种土地同价、同权，势必造成集体土地的大量无序开发，不能有效确保集体土地的有序流转和我国18亿亩耕地“红线”目标的实现。

首先，要进一步区分集体土地的不同用途，编制相应的土地利用规划，分别处置。新修订的《中华人民共和国城乡规划法》虽将原来分割的城镇规划与乡村规划统一起来，作为城乡建设和规划管理的依据，为统筹城乡土地使用权市场流转奠定了基础；但并未明确区分集体土地中的农用地和建设用地。因此应将两种用地分别规划利用，以便建立各自适度、有序的流转路径。

其次，要允许集体建设用地有计划进入市场流通，享有与国有土地平等的权利。对于集体土地中除用于农业生产的农田、森林等土地外的建设用地，应赋予其和国有建设用地使用权相同的流转权利。这样既可减少集体土地的非法流转，也便于政府土地部门依法管理，又盘活农村土地资产，实现农村发展农民增收。

最后，要进一步明晰集体土地所有权主体，完善集体土地使用权主体制度。现行立法规定农村土地所有权归乡（镇）、村、村内农业集体经济组织的农民集体享有，但并未明确“农民集体”是何种民事主体。这种人人都有的情况，事实上却是人人都无法享有，所有权主体缺位。因而可借鉴国有资产管理相关立法，赋予相应的法人或非法人组织以切实的土地权利。该组织应由农村村民自愿组成，村民可作为出资人或股东，参与并制定统一章程，享有权利，分担义务，并选举相应人员组成管理机构开展活动，确保所有权能落到实处。①

2. 推行生态殡葬

2016 年 2 月，民政部等九部门印发《关于推行节地生态安葬的指导意见》，鼓励家庭成员合葬，倡导树葬、海葬等生态安葬方式，并对生态葬法进行奖补。生态殡葬作为一种新兴的殡葬方式不仅节约社会资源，更能绿化环境。可当前，人们对于生态殡葬的接受程度并不高，对此政府不仅需要增强对生态殡葬的支持力度，出台优惠政策、完善相关设施；更要加大宣传，逐渐改变人们传统的殡葬观念。

五、结语

当前，“小产权墓”的市场需求与其不合法性存在巨大矛盾，从而产生诸多交易纠纷。究其根源，一方面是由于土地资源的紧张带来的城市公墓高价，另一方面则是城乡土地二元制度。如何解决“小产权墓”问题既涉及目前土地制度的改革，又关系到诸多群体的利益；既事关历史遗留问题，又影响制度发展趋势，不能贸然行动，需要从“现阶段”与“长远”两个层面入手，采取不同的措施，最大限度地维护各方的利益，避免社会矛盾。但是，各地实际情况不同，解决“小产权墓”问题还需要因地制宜，具体问题具体分析，从而达到最好效果。

---

① 刘天利：《城乡二元结构下“小产权房”治理的法律困境与路径选择》，载《西北大学学报》（哲学社会科学版）2014 年 7 月第 44 卷，第 4 期。

参考文献：

[1] 谢自力，邵海勇．“小产权房”的法律问题．中国土地，2010，7.

[2] 陈耀东，吴斌．“小产权房”及其买卖的法律困境与解决．法学论坛，2010，1.

[3] 刘天利．城乡二元结构下“小产权房”治理的法律困境与路径选择．西北大学学报（哲学社会科学版），2014，4.

[4] 鲁晓明．论小产权房流转——原罪的形成与应然法的选择．法学杂志，2010，5.

[5] 宋要闯，王媛丽．我国农村小产权房的法律问题探究．前沿，2011，1.

[6] 曲苏闵．对小产权房问题的法律思考．中国土地科学，2011，12.

[7] 黄日生．法经济学视角下小产权房的成因及治理对策．经济体制改革，2015，6.

[8] 马俊驹，王彦．解决小产权房问题的理论突破和法律路径．法学评论，2014，2.

[9] 李蕻．浅论“小产权房”的出路．经济与法制，2010，12.

[10] 孟勤国，黄莹．中国农村土地法律政策的三个前置性问题．西南民族大学学报，2010，7.

[11] 缪婷婷，沈佳韵．法律问题探究小产权墓及解决机制．法制博览，2015，11.

[12] 黄宝根．限制小产权墓地自由流转符合物权法立法精神．法制博览,2014，2.

[13] 王巧．小产权房法律问题研究．长春：吉林大学，2013，4.

中国古代墓葬图像及对公墓设计的启示

北京社会管理职业学院　谢文璇

摘　要：本文阐释了中国古代墓葬图像的内容和艺术表现形式，分析了现阶段公墓设计存在的功能单一、风格单调和场所精神缺失等问题，并从传承优秀文化、拓展创新思路、构建新时期墓园文化的角度讨论了古代墓葬图像对公墓建设的启示，以期从文化传承和艺术设计的角度探索墓园文化建设的新路径。

关键词：墓葬图像　公墓　启示

墓葬图像主要指封闭墓室内雕绘的图像，包括墓室壁画图像以及画像石、画像砖等雕刻在墓室建筑和葬具上的图像。我国古代墓葬图像内容丰富、形式考究、制作精美，鲜活地记录了古代的丧葬习俗、死亡观念、宗教信仰、社会生活和文化艺术等。墓葬图像不仅是考古图像、艺术图像，更是殡葬文化的重要组成部分。研究中国古代墓葬图像对现代公墓设计有积极的启示作用。

一、中国古代墓葬图像的内容和艺术表现形式

我国古代墓葬图像不仅是“妥死者之魂，慰生者之望”的象征性符号和优秀的艺术作品，而且形象地反映了殡葬观念和社会生活的变迁。

（一）图像的内容

我国古代墓葬图像的内容取材广泛丰富，集中反映了当时的丧葬观念、

生活观念、宗教观念以及社会观念等。主要包括以下几种类别：

1. 墓主像

墓葬中的墓主像并不是肖像画，而是一种程式化的图像，一般出现在叙事性的场景中，如会客宴饮、听乐观舞、狩猎出行等。以墓主夫妇像或墓主人像为主，夫妇并坐或对坐，有时墓主背后辅以屏风、帷帐等“明尊卑”的道具加以强调。有时墓主人形象并未出现而是以与墓主相关的事物来象征墓主，如用墓主乘坐的车马来暗示墓主。

墓葬装饰中的墓主像最早可追溯到战国。西汉出现少量侧面墓主像。东汉时图像数量增加并出现半侧面和正面的形式。东汉末以后，墓主像以正面像为主。墓主像在汉、魏晋南北朝及宋元时期尤为兴盛，并在墓葬中扮演重要角色，成为墓主魂魄的替代物，不仅是子孙追念祭奉的对象，还有劝诫子孙后代行为的作用。

2. 孝子像

“孝”文化有着悠久的历史，在西周已开始流行，为封建社会的“万事之纲纪”。“孝”作为儒家核心思想之一，受到历代统治者的重视与弘扬，并成为维系其统治的精神纽带。

“孝子画像”正是“孝”文化的载体。主要刻画在墓室内的石室、石棺、漆棺以及棺床围屏上。其表现手法多样、造型生动、画面精美。内容有孝道的故事，如刑渠哺父、丁兰事木母、舜孝行、老莱子娱亲、七女为父报仇等；孝感动天的故事，如东海孝妇、蔡顺伏棺、姜诗孝母；忠义的故事，如京师节女、义浆羊公、鲁义姑姊、三州孝人等。

孝子图像的内涵和功能也随着朝代的更迭、世事的迁移而发生变化。“孝”在西周属于政治权力范畴，礼制的基本纲领、基本内容为尊祖敬宗，强化同出一祖的集体心理认同。此时的“孝”是君主与宗子的特权，为君德、宗德，而非子德。春秋时，以奉养父母为内涵的孝道观念开始萌生。战国时，这一观念已具备了一定的社会普遍性。如《盐铁论·孝养》中“以己之所有尽事其亲”。魏晋时，随着与谶纬和玄学的结合，演化出带有神秘色彩的孝感故事。“孝”文化逐渐由“昭孝事祖”演变为“孝悌之至，通于神明”，成为通神的工具。这种“孝”观念对南北朝以及宋元明清的孝道观念与丧葬思想产生了深远的影响。

3. 神话人物

（1）伏羲和女娲。汉代墓葬中最常见的图像，出现在画像砖、画像石和墓室壁画中，伏羲和女娲是中国神话中开天辟地化育万物的人文始祖。《周易》《淮南子·天文训》《礼记·名堂位》《楚辞·天问》《山海经·大荒西经》《淮南子·览冥训》等古代典籍等对他们都有记载和阐释。汉画像墓中伏羲女娲的造型有两种：一种为伏羲女娲交尾，有龙尾和蛇尾两种，以对偶神的形式出现，暗示生殖崇拜。一般伏羲作男装，戴冠；女娲作女装，有发髻或戴胜。另一种为伏羲女娲单体。如伏羲女娲各执灵芝，象征长生不老；伏羲执规、女娲执钜，象征图画天地；伏羲捧日、女娲捧月；伏羲执华盖，女娲执乐器等。

（2）东王公和西王母。东王公和西王母的信仰在春秋战国时已形成，到汉代时最为兴盛，并由最初的日神和月神演变为主宰宇宙的一对配偶关系的神。西王母形象最早出现于《山海经》，《山海经·西山经》中描述：“西王母其状如人，豹尾虎齿而善啸，蓬发戴胜，是司天之厉及五残。”在汉代神话体系中西王母地位要高于其他神。汉画中西王母的形象早于东王公，在西汉画像砖上多以独立的形象出现。到东汉早期画像石上东王公、西王母成对出现。西王母图像常与三足乌、九尾狐、玉兔捣药或羲和主日组合成图；东王公以乘龙的形象独立成为一幅图像，但这些图像常被模印在同一块画像砖上。

西王母和东王公以及女娲和伏羲这两对对偶神中的女性形象均比男性出现得早，且一开始并不是对偶神，而是在汉代神话演进中形成的。

（3）太一神。周至两汉间国家宗教的至上神，宇宙之主，代表自然界的天。历代帝王奉祀的主神。太一神的名称在传承中产生许多称谓，如“太乙”“太极”“天一”“天帝”等。在古代重要典籍中都有关于太一神的阐释。《庄子·天下》有记载：“建之以常无有，主之以太一。”《史记·封禅书》有记载：“天神贵者太一，太一佐曰五帝。”

古人的宇宙观杂糅了神话、宗教和自然天文学，这些神话人物成为天体宇宙和宗教神灵的表征：辟凶避邪，庇护逝者不受侵害，在升天的过程中不受到阻挠。

（4）羽人。身长羽毛或披羽毛衣能飞的人，最早出现在《山海经》，称为羽民。如《楚辞·远游》：“仍羽人於丹丘兮，留不死之旧乡。”有不死之意。因秦汉成仙之风盛行，汉墓室壁画上出现了大量羽人引导乘龙升天的图像。魏晋南北朝随佛教传入，羽人的形象和含义都发生了变化，先变为能飞升的神仙，后变为飞天、飞仙等佛教形象。

4. 避邪祥瑞

（1）四神像。四神又称四象、四方之神灵，包括青龙、白虎、朱雀、玄武。四神图像早在汉代就已出现在建筑构件及壁画中。东汉中晚期，四神图像进入成熟期，并得到了全面发展。

四神的含义随时代也有所变化。北朝所绘制的四神图像多位于墓室穹隆顶下方，紧挨着穹隆顶上方的星象图，四神作为二十八星宿的象征而与天象有着紧密的关系。四神除表示方位，还与四季对应，象征时空往复。也被视为死后升仙天界的引导者和护佑者，而有祛邪、避灾、镇墓、祈福、通神的功能。如关中地区的很多唐代墓中，神仙祥瑞一类图像得到大幅度的压缩而以四神代之。

（2）畏兽。具有兽首人身、面目狰狞、双翼展开、用力上举等特征的神异动物。非现实中有，利用真实动物，经过想象把飞禽走兽及人的特征夸张变形混合而成。具有避邪、镇墓的作用。

（3）十二生肖。与十二地支相对应的十二种动物。起源可追溯到战国时期与古代天文数术有关。最早的十二生肖像可见于北朝。隋代以前的生肖像常表现为写实的动物，隋唐时期则以兽首人身像居多。两宋时期，十二生肖像多流行于长江中下游流域、闽广等地，戴冠着袍，双手持笏，形象更为人格化。具有引魂镇墓等作用。

5. 反映墓主生活的题材

为了彰显墓主的威仪、成就、财富与地位，同时祈求死后能永享生前所拥有的富贵荣华，墓室中绘制了庄园家居生活、车骑出巡、宴饮庖厨和舞乐百戏等。

6. 反映社会生活的题材

如讲学授经、尊贤养老、播种收割、弋射渔猎、酿酒、采莲、耕获、淘练、茶道、井盐、放牧、供养等。反映了不同时期的文化交流、社会生产、商品贸易和民族迁徙等。

7. 佛教题材

借助佛教，祈求美好夙愿。如在宋辽金时期的棺椁上面大量出现的涅槃图。信众通过涅槃图希冀亡者具有佛教法身意味的身体到达涅槃世界，获得超生，亡者脱离苦难，超越生死。墓葬中的佛教故事已不再是单纯地具有佛教教化功用，更与往生、超生等建立了新的联系。

8. 其他

除以上几类内容，还有建筑图、山水景观图、客使图等。

（二）图像的艺术表现形式

1. 象征性、程式化的构图方式

墓葬图像首先要表达的是墓主及其家人对重生的期待。这种期待以象征性的图像和特殊的程式化的叙事方式呈现出来。图像的呈现方式开始是零散无规律的，后逐渐转变为依托于墓葬建筑以墓主画像为中心的仪式性、逻辑性的空间。墓葬建筑提供了生命转化的空间，图像成为重生符号安排布置于这个空间。

墓葬建筑一般由墓道、墓门、墓室三部分组成，暗示着重生的三个阶段。墓道雕绘车马出行图、仪仗图，为行走主题，象征走向另一个世界；墓门雕绘门阙神灵等，为跨越主题，象征进入另一个世界；墓室内的图像丰富多样，包括神话故事、孝子图、辟邪祥瑞、庖厨图、筵宴图、乐舞百戏等，是以日常生活为主的现实性题材，以现实性强化重生的真实感。

象征性也简化了图像呈现的方式。图像以墓主人为中心，按生死转化的思路程式化地表达出来。如水平方向方式安排的墓室壁画图像，图像是按墓道、墓门和墓室依次呈现；如上下方向，图像是由下而上依次呈现。

2. 精湛的表现技法

墓葬图像主要指墓室内墓葬壁画和墓葬雕刻呈现的图像，属于墓葬美术的范畴。墓葬美术是历时久远、植根深厚、信息丰富的一个综合性艺术系统，是美术史重要的组成内容。

墓葬壁画约始于东周，东汉晚期达到成熟，魏晋十六国渐渐衰微，北魏后得以复兴，唐代达到高潮。宋辽时期，墓葬壁画的题材有了变化，出现一些平民墓葬，内容更多世俗生活。元朝以后墓葬壁画再度走向衰落。

墓葬壁画以毛笔为主要绘画工具，使用朱、绿、黄、橙、紫等色调的矿物质颜料，因而壁画色彩历久不变，发现时一般都很鲜艳。造型手法或写实或夸张，绘制技巧有写意法、没骨法、白描法、渲染法等。

墓室建筑或葬具上墓葬雕刻的表现形式主要有画像砖和画像石等。画像砖指刻有花纹画像的建筑用材，也是一种墓葬装饰。形制有两种：一种为边长 40 厘米左右的方形，一种为长 45 厘米左右、宽 25 厘米左右的长方形。画像石指在墓室、棺椁、墓祠、墓阙上的以石为地、以刀代笔的石刻艺术品。其中汉代的画像石数量最多、内容最丰富，并形成了一些汉代绘画艺术原则，为汉以后的墓室壁画及国画所继承。如上远下近的散点透视构图模式、填白的构图原则等。

二、我国当代公墓设计存在的问题

公墓是为公众提供骨灰（遗体）安葬、祭扫、悼念等活动的场所。从1949年至今我国公墓的发展经历了清理过渡（1949—1956年）、墓葬改革（1956—1966年）、破坏停滞（1966—1976年）、恢复兴建（1976—1990年）以及稳步发展（1990年至今）五个阶段，并逐渐走向规范化、生态化。然而在设计和管理的过程中仍存在一些问题。

（一）建设粗放、功能单一

我国大多数公墓在建设上带有随意性，缺少统一设计规划，对公墓功能定位单一，片面强调公墓的殡葬功能，而忽视生态旅游和文化教育等功能。片面追求经济效益，忽视生态环境、人文环境的建设。公墓只是安葬遗体或骨灰的场所，成为水泥石材等硬质材料堆砌的场所。公墓成为只有安葬或祭奠时公众才会想到的地方，平时几乎无人光顾，造成土地使用的单一性和浪费。随着我国土地资源日趋紧张，公墓功能的单一和粗放型建设，已成为公墓发展的困境，拓展公墓在城镇建设中的作用和功能已迫在眉睫。

（二）设计呆板、风格单调

20世纪90年代以来，民政部先后下发了《公墓管理暂行办法》《殡葬管理条例》等文件，并对公墓的建设提出了新的要求，公墓建设总体向着艺术化、园林化的方向发展。但在实际建设和设计过程中仍存在设计思想陈旧、设计手法单一问题。公墓从整体规划到细节设计都缺乏新意。骨灰安置方式仍以花岗岩等硬质材质的立式墓碑为设计首选。墓碑或依等高线梯田状排列或成排成行紧密布置。政府所倡导的节地葬等绿色殡葬方式因为设计更为粗陋，缺少文化内涵、人文关怀，无法充分表达生者对逝者的缅怀之情，所以大多数墓园的节地葬等骨灰安置方式仍处于初级阶段未形成规模，没有被公众普遍接受。墓区内的雕塑、小品等同样存在相似问题。一方面设计内容空洞，要么简单粗浅地表达传统文化，要么东拼西凑地呈现现代文化：另一方面设计手法缺乏创新，没有反映出这个时代应有的艺术水平。

（三）场所精神的缺失

“场所”在某种意义上，是人们情感的物化和空间化。而场所精神可以理解为“对一个地方的认同感和归属感”。当代公墓设计过于强调安葬的功能，而普遍忽视对传统文化、历史文脉、时代潮流的挖掘与表现，呈现出趋同性，存在公墓场所精神的解散和流失。场所精神的缺失使公墓沦为公众避之不及的“骨灰安置地”。重新探索符合公共行为、反映当地文脉和时代精神的场所精神，是公墓得以“重生”的重要途径。

三、我国古代墓葬图像对公墓建设的启示

（一）传承优秀文化

我国古代墓葬图像博大精深、源远流长，是文化艺术的宝库，其发展和流变都是有脉络可循的，既有继承又有发展，反映着当时的艺术水平和社会风貌以及殡葬观念。正如黑格尔所说，“传统并不是一尊不动的石像，而是生命洋溢的”。“研今必习古，无古不成今。”当代的公墓建设对于传统的继承不应只停留在表象的描摹，或照抄照搬，而应当“去其糟粕、取其精华”，领会和学习艺术表达的方式，探索深层次的文化性、趣味性和精神内涵。

中国优秀的传统文化有许多值得继承和发扬，比如“孝道文化”“吉祥文化”等。其中“孝道”文化不仅是我国优秀的传统文化，也是古代墓葬图像表现的重要题材，并且随着每个时代“孝道”内涵的变化而呈现出不同的形式。“孝道”文化现在仍是我们弘扬的主旋律，并且孝道文化与殡葬改革也密切相关，如“厚养薄葬”“节地家庭葬”等。因此在公墓设计中应当传承“孝道”文化，并且以符合当代人“孝道”观念和行为的方式呈现出来。

（二）拓展创新思路

随着时代的进步，人们对殡葬服务的需求越来越多元化。政府和公众对公墓的建设和发展也都有不同层面的要求。我国大多数公墓创建于 20 世纪八九十年代，设计形式落后，逐渐无法满足多方面的需求。拓展和创新设计思

路成为公墓发展面临的首要问题。解决这一问题可以从两方面入手：一方面汲取优秀的传统文化，从设计思想、内容、形式等多角度入手合理选择运用；另一方面探索符合当代文化的设计观念和形式。公墓建设应当根据所处的地理环境、人文背景、经济条件，扬长避短，突出特色。

我国古代墓葬图像代表着古代先进的艺术理念和精湛的艺术技巧。其中象征性的图像呈现方式、叙事性的情节展现以及彩绘、雕刻等不同的艺术技巧都对公墓艺术设计具有启发意义。同时应当在公墓中进一步引入新的艺术形式、表现技法和设计材质，设计出能够代表当代艺术水平，展现时代气息的公墓艺术作品。

（三）构建具有时代特色的墓园文化

墓葬图像是墓园文化的重要载体。丧葬信仰、社会风貌等都会影响图像的表达，众多领域和不同层面的社会观念通过综合和叠压，集合于墓室图像之上。因此墓葬图像已不是图像本体，而是包含着社会文化内涵的综合体。

我国2014—2015年殡葬事业发展报告中指出殡葬改革中突出问题包括“殡葬改革宣传深度不够、殡葬先进文化引领缺失”。公墓作为殡葬改革的平台，殡葬先进文化的展示空间，应当调整设计理念和设计形式，使当代公墓成为传承优秀文化、反映当代文化、引领先进文化的载体。

当代公墓的设计与建设与古代墓葬艺术相比更具有开放性和公众性，在设计时应当不拘泥对古代墓葬图像形式的描摹，更多的应当借鉴古代墓葬艺术的设计思路来反映时代风貌。以群众喜闻乐见的生动鲜活的艺术形式，弘扬中华民族“厚养薄葬”“慎终追远”“移风易俗”“缅怀先烈”“人本思想”等传统美德。更要因势利导、推陈出新，推动中国殡葬改革持续深入发展，弘扬“绿色殡葬”“惠民殡葬”“阳光殡葬”等现代殡葬观念，宣传时代新风尚，体现主流观念的变迁，使其成为这个时代的见证。

参考文献：

[1] 朱勇．清明论坛（2013年）．中国社会出版社，2013.

[2] 朱勇．中国殡葬事业发展报告（2014）．社会科学文献出版社，2014.

[3] 杨宝祥．殡葬设施规划设计．中国社会出版社，2011.

[4] 汪小洋．中国墓室壁画图像体系探究．民族艺术，2014（3）．

[5] 孙武军．北朝隋唐入华粟特人墓葬图像的文化与审美研究．西北大

学博士论文，2012.

［6］邹清泉．北魏孝子画像研究．中央美术学院硕士论文，2006.

［7］崔兴众．意映丹青——韩城宋墓图像研究．西安美术学院，2015.

［8］谭浩源．关中盛唐壁画墓中的四神像研究．中央美术学院，2014.

重庆市殡葬社会工作初探

——以重庆市石桥铺殡仪馆社工站为例

重庆市石桥铺殡仪馆 杨艳梅 陈 婷 胡 玲

摘 要：随着殡葬改革的深入和殡葬事业的发展，社工在殡葬服务过程中发挥着越来越重要的作用，本文以重庆市石桥铺殡仪馆社工站为例，浅析殡葬社会工作发展现状，分析殡葬社会工作存在的困难和问题，试图以社工专业化的角度来化解殡葬社会矛盾，进而推进社工服务与殡葬服务两者的有机融合、相互促进、共同提高，从而提升整个殡葬行业的服务水平和社会认可度。

关键词：重庆市 殡葬 社会工作

一、重庆市石桥铺殡仪馆社工站现状

（一）殡葬社会工作的含义

北京社会管理职业学院殡仪系教研室主任张丽丽认为，殡葬社会工作的概念可以界定为：殡葬社会工作作为一种专业化社会工作，在医院太平间、殡仪馆、公墓、社区等相关机构中，运用专业理论和方法，为丧亲者及殡葬行业工作人员提供相关心理疏导以及帮助，从而提升整个行业服务水平。

民政部社会福利中心崔炜和北京师范大学管理学院李倩倩认为，殡葬服务社会工作是指殡葬服务社会工作人员运用社会工作专业方法、配合殡葬服务单位提供殡葬综合性服务，解决丧亲者及其家属因失去亲人而引起的各种有关社会、经济、家庭、职业、心理等问题，提高殡葬服务质量的一项工作。

重庆市石桥铺殡仪馆殡葬社会工作站依托殡仪馆殡葬服务，多年来，一直运用社会工作专业理论和专业方法，根据殡仪馆职工、丧亲家属面临的生理、心理、职业、社会等层面问题，提供社会工作专业服务。

（二）重庆市石桥铺殡仪馆社工站情况介绍

重庆市石桥铺殡仪馆社工站是2012年9月由重庆市石桥铺殡仪馆与重庆市冬青社会工作服务中心共同成立的，重庆市冬青社会工作服务中心派驻专职社会工作者在馆内开展社会工作服务，通过3年多的探索发展，服务内容不断拓展，服务项目不断增加，取得了一定的成效。社工站秉持“助人自助”的原则，针对馆内员工及丧亲家属需求，开展专业社会工作服务。为馆内员工提供服务，疏解员工压力，发掘工作潜能，提高员工素养；为有需求的丧亲家属提供哀伤辅导，协助其度过困境；同时，向社会大众宣传殡葬服务知识及社会工作知识。

（三）服务发展现状

1. 服务内容不断得到拓展创新

石桥铺殡仪馆社工站先期开展对丧亲家属的服务，但由于家属在馆停留时间短、流动性大、情绪不稳定，而哀伤情绪一般发生在殡仪馆以外的场所，加之几千年的封建思想根深蒂固，先期开展的丧亲家属服务效果不理想。石桥铺殡仪馆社工转而通过引进企业社会工作服务模式，先开展石桥铺殡仪馆员工服务，进而拓展到丧亲家属，而后扩大到整个社会面，让更多的人群参与其中。目前石桥铺殡仪馆的社工服务内容根据服务对象身份的不同分为三个方面：一是针对石桥铺殡仪馆员工的服务。根据殡仪馆员工面临的困惑，围绕殡仪馆员工的身心、工作、家庭三个层面提供社会工作服务。即：己——修身，关注员工身心健康，促进员工健康发展；业——耕耘，关注员工的工作能力、工作适应性及工作关系，促进工作效率提升；家——和谐，关注员工家庭及社会关系，协助员工建立良好的社会支持网络。二是针对丧亲家属的服务。根据丧亲家属面临亲人去世后的情绪和生活问题，围绕丧亲家属的心理和社会层面提供社工服务。即：离——送别，协助丧亲家属顺利完成治丧过程；忆——释怀，为丧亲家属提供心理支援服务，协助其顺利度过哀伤期；守——生活，协助丧亲家属解决因丧亲带来的困难，协助其重建生活。三是针对社会大众的服务。石桥铺殡仪馆社工协助殡仪馆进行惠民殡葬、绿色殡葬的宣传工作；开展“国际社工日”活动，向社会大众宣传社工理念，使大家了解和认可殡葬社工这一职业。

2. 服务模式逐步得以探索实践

社工站驻站三年多来，经过前后几批社工的艰辛努力，探索出了适合丧亲家属的服务模式。由于丧亲家属流动性强、在殡仪馆的时间不长，在短时间内难以与丧亲家属建立信任关系，社工以为丧亲家属免费制作生命纪念册为途径，便于后期跟进服务，此服务模式已初见成效。截至 2015 年 12 月，社工已开展个案服务 20 个，其中有不少个案服务还取得了较好的实效，使丧亲家属顺利走出哀伤情绪期，重新构建崭新的生活。

个案服务案例一：陈某某，女性，30 多岁，因自己 3 岁半的孩子去世，陈女士在殡殓时的遗体处，由于过度悲伤，望着自己孩子的遗体，而迟迟不愿离去，任其丈夫及他人劝阻，均毫无用处。当社工站社工了解此事后，运用心理学上的“同理心”原则对其进行劝阻，告知“我也是个孩子的母亲，非常理解你此刻的心情”。(同理心，又叫作换位思考、神入、共情，指站在对方立场设身处地思考的一种方式，即在人际交往过程中，能够体会他人的情绪和想法、理解他人的立场和感受，并站在他人的角度思考和处理问题。)随后，便与她前往社工站进行短暂的休息，倾听她的倾诉，了解小孩的基本情况。通过情感的宣泄，陈女士心里的悲伤情绪得到了疏解，情绪明显比先前平稳了不少，也逐渐接受小孩过世的事实。后期社工通过与陈女士一起为逝者制作生命纪念册进行个案介入，运用叙事和缅怀疗法，和陈女士回顾其孩子短暂生命中发生的故事，书写陈女士和孩子的点点滴滴，使陈女士逐渐走出哀伤情绪期。

个案服务案例二：陈某，男性，40 多岁，与父亲感情深厚，因其父生前患有严重疾病，陈先生辞职在家陪伴父亲多年，其父去世后在石桥铺殡仪馆治丧时接触了社工，询问社工与志愿者的区别。社工以为其父亲制作生命纪念册为途径，与陈先生建立了信任关系，但其妻子却误以为社工是骗子，态度十分反感，最终双方还是互留了联系方式。在随后近一周的时间内，社工采取电话、短信慰问等方式多次主动与陈某取得联系，了解其情绪变化，成功预约家访。通过收集制作逝者生命纪念册的资料，陈先生和其母亲口述了逝者的生平，分享逝者在世时的每一个精彩瞬间，社工对陈先生及其母亲的现状进行了评估，根据他们的需求，量身定制了服务项目。首先，通过心理陪伴和心理辅导，疏解陈先生和其母亲因丧亲而带来的哀伤情绪；其次，社工协助陈先生找到了新的工作，拓展了陈先生的社会关系，扩大了他的注意范围；最后，社工建议以陈先生自身的成长带动其母亲改变，接纳逝者已去，留者善生的观念。通过 3 个月的个案服务，社工成功帮助陈先生和其母亲接受了逝者去世的事实，和逝者进行了心理上的离别，走出了不良的哀伤情绪，进入了正常的工作生活轨道。

3. 服务成效逐渐得到肯定认可

石桥铺殡仪馆的社会工作服务通过 3 年多的积极探索，目前形成了集职工服务、丧亲家属服务、社会大众服务于一体的服务模式，取得了一定的成效。一是服务参与人数显著增加。在殡仪馆员工方面，从最初的不了解社会工作，不愿意参加社会活动，到积极主动参与服务。目前，全馆招募的志愿者 50 余名。通过开展活动对于缓解职工工作压力，舒缓情绪，培养健康的心理，均收到了较好的效果。2015 年 1 月至 12 月，石桥铺殡仪馆社工共对 972 人次开展服务。在丧亲家属方面，从社工站成立之初的根本不愿意接受服务，至如今的丧亲家属走访、丧亲家属来访、电话回访、随车出访、心理陪伴、个案服务等。2015 年 1 月至 12 月，石桥铺殡仪馆社工共对 941 人次开展服务。二是服务对象满意度高。2015 年 12 月，社工在殡仪馆内各个科室随机抽取员工共计 52 名，以不记名的方式对社工服务进行评估，评估结果显示殡仪馆员工对社工服务满意率高达 96%，其中非常满意占 73%；在丧亲家属方面，有越来越多的家属肯定石桥铺殡仪馆提供的社工服务。

二、殡葬社会工作存在的问题及挑战

（一）殡葬社工待遇偏低，导致专业人才流失严重

这几乎是整个社工界都存在的现象，社工的薪酬待遇太低，而社工大多是接受过高等教育的专业性人才，相对社工的整个社会地位和薪酬待遇，造成心理落差过大，导致整个业界人员流动强。尤其是综合素质佳、个人能力强、业务精湛的人才转行其他领域，给社工界带来了不小的损失。比如，重庆市石桥铺殡仪馆社工站从 2012 年 9 月成立至今，短短 3 年多的时间，就更换了 3 批驻站社工。

（二）缺乏资金，导致社工开展活动受局限

目前石桥铺殡仪馆社工站有3名专职社工。该馆人事社工科有2名社工，单算人工工资一年下来也需一笔不小的费用，加之服务对象的特殊性，为开展活动增加了不少的困难，比其他领域的社工工作，更不利于推广和实施。该馆2015年申报的“殡葬社会工程服务”社工项目被评为品牌项目，但全年的项目经费仅为20万元左右，根本不足以支撑整个殡葬社工服务。如2015年的国际社会工作日，本打算借此契机，向广大民众大力宣传社工知识，原定于在沙坪坝区人流量较大的沙坪公园租用场地，但该场地一天的租金就高达2000元，还不算招募志愿者、购买物品、奖品的费用。因预算经费过少，只能选择就近的社区开展特殊的服务宣传，费用仅1000余元。

（三）社会宣传较薄弱，导致市民对殡葬社工的认知度和接受度较低

目前石桥铺殡仪馆社工站的对外宣传每年仅在国际社会工作日、清明节两个大型节日期间进行，而清明节因为节日的特殊性，只能局限于在殡仪馆内开展，国际社会工作日又因经费预算较低只能选择在人流量少、地理位置偏僻、无场地租用费的小区开展。再加之殡仪馆给外界的印象，总感觉是阴森恐怖的地方，使人产生避而远之的想法，大都不愿意主动来了解殡仪馆、殡葬社工。

（四）殡葬社工与殡葬服务两者的有机融合还需进一步强化

殡葬社工服务本应是整个殡仪馆服务体系中的重要环节，甚至可融入殡葬服务的整个过程，但就目前的情况来看，有一定的局限性：第一，接触家属时间较短，难以了解家属真正的需求。第二，仅仅靠三名社工的力量是远远不够的，每天会有大量的治丧群众来殡仪馆，显得势单力薄。第三，社工的被认可程度目前还不够，陌生人突然介入，家属往往会不知所措，且多有被同情、被怜悯的感觉，对家属来说也难以接受。第四，石桥铺殡仪馆职工中具有社工专业知识的人员过少，在全馆近300名职工中，具备社工从业资格的仅为8人。其中，社会工作师3人、助理社工师3人、社工员2人。

（五）殡葬行业的特殊性，导致服务对象主动求助欲望较低

殡葬行业具有特殊性，加之中国几千年的传统观念，家属大都认为家中

有人过世，自然而然会产生哀伤情绪，不愿向社工倾诉，认为随着时间的流逝，哀伤情绪会渐渐淡化，因而主动求助的欲望相对低。且丧属在殡仪馆内待的时间短暂，一般均在 3 天以内，留给专业社工服务的时间极短，一旦丧属离开殡仪馆后，就不愿意再次接触。

三、进一步加强殡葬社会工作的对策及建议

殡葬社会工作是一项复杂的社会系统工程，加强殡葬社会工作的目的就是推进社工服务与殡葬服务两者的有机融合、相互促进、共同提高，从而提升整个殡葬行业的服务水平和社会认可度。为此，提出以下建议。

（一）重视殡葬社会工作，成立专门研究机构

殡葬行业由于具有特殊性，可供学习借鉴的资料有限，全国至今无专门的研究机构对此进行系统深入的研究，对殡葬社会工作如何与殡葬工作有机融合，并未进行大胆的探索实践。殡葬社会工作是殡葬工作中一个极为重要的环节，建议民政部、各省份分别成立专门的研究机构，对殡葬社会工作进行深入研究，在横向上借鉴其他领域与社会工作结合的有益探索，在纵向上充分吸收国外的先进理念，探索出一条适合我国殡葬社会工作发展之路。

（二）稳定社工人才队伍，提高专业化水平

一是提高社工薪酬待遇，明确职业身份，建立完善的使用机制，加快拓宽社工职业发展空间，制定社工专业人才激励保障政策，让社工有升职加薪空间。二是在提高薪酬待遇的同时，逐步提高社工的归属感，使他们获得职业认同感。三是通过邀请专业社工讲授社工方面的知识，提高职工的社工专业化水平。四是出台相关的政策，积极支持职工考取社工从业资格证书，培养本土专业社工。

（三）加大投入力度，保证工作经费

建议各级政府加大对社会工作的投入力度，尤其是殡葬社工，因其具有较强的特殊性，更亟须从人力、物力、财力上给予优先保障。各级政府每年下拨的殡葬专项经费大都用于殡葬设施建设，可参照殡葬专项设施建设经费的模式，设立殡葬社工专项经费用于社会工作，为社工开展工作创造有利条件。

（四）加大宣传力度，让市民了解殡葬社工

一是开展殡葬开放日活动。每年固定时间为殡葬开放日，邀请社会各界代表参观殡葬服务单位，让市民了解殡葬行业，了解殡葬社工。二是充分利用电视、报刊、标语、宣传栏、微信、微博等多种媒体，主动宣传殡葬、社工知识。三是联合学校、社区、图书馆等单位，在殡葬服务单位内开展生命教育主题活动，使人们学会尊重生命，理解生命的意义。

（五）殡葬与社工有机融合，提升行业形象

积极探索创新，使殡葬社会工作融入殡葬服务的全过程，使社工服务与殡葬服务相互促进、共同提高，从而提高行业整体形象，提高群众满意度。比如，遗体接运服务，社工可在遗体接运过程中了解丧属的需求，适时进行哀伤抚慰；治丧守灵服务中，社工可以与家属攀谈，运用观察、陪护、关怀等一些技巧，逐步建立信任关系，更好地为丧属服务。如果接触到一些有特别需要的服务对象，可以通过制作生命纪念册等方式进行跟踪服务。

提升服务质量和水平，是殡葬改革和发展的应有之义，创新殡葬服务方式，让殡葬服务更加人性化，体现对人和生命的尊重，关系每个家庭的福祉。重庆市石桥铺殡仪馆引入专业社工服务的探索和实践，让冷冰冰的殡葬服务提升了温度，也为社会工作介入不同领域发挥作用提供了一个样本。

"互联网+"环境下的殡葬服务管理初探

上海市淀山湖归园公墓　王　伟

摘　要："互联网+"日益成为传统企业产业升级的推动力，由于传统殡葬产业的特殊性，其在"互联网+"和互联网化的道路上只是刚刚起步。因为"互联网+"并非是在传统产业上叠加一个互联网就可以了，也并非是简单地增加一个工具。它们的相互融合，不仅涉及文化、管理，更涉及对传统价值观念、创造逻辑、思维方式等的颠覆。而在推进殡葬改革与殡葬产业的科学发展中，用"互联网+"来推进殡葬服务管理，创建适应时代发展的新型服务模式与新型业态，从而使"互联网+"殡葬服务管理有效成为产业转型的具体方法、工具及实现路径。

关键词："互联网+"　殡葬服务管理　转型　思维

一、引 言

在"互联网+"时代，移动互联网与传统产业的相互渗透正在深刻地改变着产业的组织方式，改变着传统的生产方式，改变着企业的商业模式，改变着企业内部的管理方式。对于一直以来相对封闭、自成一体的传统殡葬产业来说，互联网的渗透还处于边缘地带，其中发展最为迅速的领域包括殡葬用品电子商务、网络祭扫运营服务网站以及城市陵园网站的建设。这些在"互联网+"环境下应运而生的殡葬行业互联网公司正在通过互联网整合各种资源，以打破原有的灰色利益区域为机遇，将产品价格公开透明，向消费者提供价格合理的产品和服务，作为嫁接殡葬业的共同选择。然而，殡葬业的互联网改造才刚刚起步，涉足这一领域的企业也屈指可数，而传统殡葬业靠灰色利益链条足以生存，根本没有改变现状的强大动力，因而“互联网+”殡葬业任重而道远。但这一切，对于传统的殡葬业来说既是机遇又是挑战，互联网+殡葬服务管理，实质上是互联网+战略管理、+营销管理、+服务创新管理、+作业过程管理、+组织理论、+人力资源管理、+质量管理等，由此形成的全方位的转型与可持续发展。在“互联网+”的环境下，我们积极在趋势、形态、群体、市场、路径、管理等多方面创新求变，以互联网化的渐进性创新，推进殡葬服务管理的持续发展，从而真正成为互联网+殡葬服务管理。

二、“互联网+”与“+互联网”的区别

如何使“互联网+”殡葬服务管理有效成为产业转型的具体方法、工具及实现路径，那首先一定要了解“互联网+”与“+互联网”的异同之处。

首先，两者站位不同。“互联网+”更多地强调“逆袭创新”。大体而言，电子商务是互联网向商业的逆袭……这种由“新”向“旧”的突入式扩张，已经造成了强烈的震撼，而且这也许只是开始。“+互联网”则更多强调“顺势创新”。其次，两者优势不同。“互联网+”有新技术优势、体制机制优势和更广泛的社会支持，容易产生爆发性增长。相对而言，“+互联网”拥有的是存量优势、行业标准优势和公信力优势。最后，是主导者差异。根据上述两个不同之点推论，“互联网+”的主导者往往是互联网企业。“+互联网”则正好相反，主要是传统企业在主导着融合进程。

殡葬业+互联网，是在一轮又一轮的延续性技术创新中不断持续补充、改变、发展的。互联网+殡葬服务管理是在一次又一次的颠覆性创新中，成为产业转型的具体方法、工具及实现路径。

三、互联网+殡葬现状

（一）殡葬电商

殡葬市场属于精准细分，一般人尚难以入行。在黄页搜索“殡葬”，共找到1419条信息；搜索“殡葬电子商务”共找到90条公司信息，年营业额大于10万元的有89家，年营业额大于100万元、员工数大于100人的公司有3条。现在殡葬电商主要包括平台和垂直电商两大类，但平台类电商运营并不

理想，许多网站在短暂的运营后关闭。

现存殡葬电商包括："彼岸"，"彼岸"专营寿衣、骨灰盒等殡葬用品，是"线下连锁+线上电商"的O2O模式；中国清明网，全国殡葬门户网站，旨在帮助广大殡葬企业开拓网上市场。旗下设有清明商城，作为殡葬用品采购平台使用，还包括殡葬行业数据分析；天堂殡葬网，利用互联网特殊优势，为殡葬服务企业提供殡葬行业资讯等服务；中国殡葬人才网，专业性求职招聘网站，为全国各类殡葬单位和人才提供网络招聘等人力资源服务。目前，互联网和科技在殡葬业的应用发展迅速，在电商趋势的推动下，殡葬电商的规范化和文化的普及将慢慢唤起人们对于生命和轮回的更多接受和尊重。

（二）祭祀网站

网络祭祀的发展已经历了十多年，网络祭祀的概念也越来越被社会所认知。然而从行业整体来看仍处于初级阶段，据不完全统计，目前我国有上千个形式不一的祭祀网站。从祭祀网站的运营方来看，其中较为活跃的大多为民营网站。然而，祭祀网站的运营情况不容乐观，目前大部分祭祀网站都处在亏损状态，处于积极运营维护状态的网站屈指可数。网络祭祀平台不同于其他电商平台，受到传统观念的束缚，网络祭祀的发展相对缓慢。对于祭祀网站而言，长周期的概念推广和宣传无法转化为经济收益，和现有的电商经营模式显然不符。导致的结果是多数祭祀网站处于无力看管的"废弃"或"半废弃"状态。每年更有不少祭祀网站因此而关闭，致使用户建筑的情感天地也不复存在，直接给用户造成了情感伤害和经济损失。如今，少数祭祀网站已经推出了仿真墓地、3D陵园等模块，显示出较高的技术水平。同时，随着移动互联的普及，手机版祭祀网站、App应用、二维码墓园也随之出现。3D数字陵园、二维码墓园与实体陵园公墓的对接应用在一定程度上促进了实地祭祀与网络祭祀的结合与共存，对网络祭祀的发展有一定的积极意义。

（三）发展困局

首先，不说非典型葬礼和新型悼念方式的接受程度，光是传统的殡葬要实现线下到线上的一条龙服务，难度就很大。其中难度最大的就是跨区域性。毕竟殡葬这件事情，区域差异很大，要全部整合到线上，在现阶段还是不太可能实现的，只能是先从大城市开始做起。同时，要规范殡葬产业链，先把殡葬价格降下来。服务效率提升之后，才能有机会推广新理念。毕竟华夏五千年对于殡葬文化的积淀不是一朝一夕能改变的。只有人们对死亡有了新的认识，才能慢慢接受殡葬多元化。

其次，殡葬电商并没有提供一个行业性的解决方案，其变革意义也没有深入营销以外的层次，更多时候像是一个殡葬版的“黄太吉”。对于所期待的殡葬O2O，应该比目前所能看到的一切更加深入，更加具有行业意义。在笔者看来，互联网对殡葬服务管理的颠覆或将是传统殡葬产业转型、颠覆的有效路径与方法。

四、“互联网+”殡葬服务管理是殡葬产业转型和升级的推动力

（一）互联网思维是转型的制胜点

1. 转型是否成功，与“基因”无关。随着互联网技术作为工具逐步发展，越来越多的商业形态受到互联网的冲击。当这种冲击不断加深和变革不断加剧的时候，互联网就不再仅仅是一种技术，而是逐渐演变成为一种思维方式。殡葬行业要想转型成功，适应移动互联网时代商业社会的要求，绝非网上开个店或者做个微博营销那么简单，这些都是转型的“皮”而已。转型成功的核心，就是必须具备互联网思维。

有些“资源论”者，认为殡葬行业具有独特性、唯一性，并且在行业、企业运营过程中都积累了深厚的线下终端资源和行业经验，是互联网化难以取代的。但是在殡葬行业中，有很多企业自身基础的商务环节并没有做好，导致在互联网转型过程中，低效环节得以放大，难以应对互联网大潮的来势汹汹。同时，由于缺乏对传统商业本质的理解，甚至连传统商务都没做好的企业，对于操盘电子商务来说，无疑存在巨大的挑战。而那些电子商务的后进入企业，凭借对商务的理解和对互联网工具的掌握，在机遇发展的大潮中，撼动传统殡葬业的线上制控权，却不无可能。也就是说，谁能够充分理解商务本质并且利用好互联网工具和互联网思维去优化企业的价值链条，谁就能够赢得这场商业竞争。

2. 明确互联网思维。传统企业互联网化的最高境界，就是用互联网思维去重构企业经营的价值链。首先，我们要明确，互联网思维绝不是你的产品连上网、具有网络功能就代表你有互联网思维，也不是你的产品通过互联网渠道销售就代表你有互联网思维，而是向互联网转型的过程中，要从骨子里

改变，必须要从企业根本、企业文化上突破。比如，组织体系的变革、激励方式、技术研发投入、互联网人才引进、打造开放平台等。

3. 互联网思维重构。首先，企业上层组织要意识到互联网转型的迫切性与重要性，只有完成自身的互联网思维切换，那么企业才具备了成功转型的基础。其次，整个管理团队和员工的思维要切换；人才培养、制度设计、文化建设要按互联网思维的要求来变革。这个过程非常难，也非常痛苦。最后，业务的互联网思维要重构。包括产品的设计、服务的设计、体验的打造、品牌的传播等。

4. 基于价值链上的思维重塑。一是用户思维。在以用户为中心的互联网时代，消费者的话语权日益增大，并且影响着企业各环节的决策。在互联网开放、透明、共享的特点下，消除了殡葬行业的信息不对称，使得用户能够掌握更多的产品、价格、品牌、服务方面的信息，从而打破殡葬业的“暴利”及乱象的潜规则；同时，要让用户产生参与感，使他们不再停留在功能层面，而是通过产品、服务来表达自己的情感。二是简约思维。它包括看起来简洁，把简单的界面呈现给用户，把简洁的产品提供给客户，把复杂的组织和逻辑留在背后。白事流程一目了然，服务体系一站到底。用起来简化，平台、界面、信息操作的顺序清晰，“一键到底”，轻松简便。三是极致思维。极致就是把产品和服务做到最好，超越用户预期。只有把用户体验做到极致，才能够真正赢得消费者，赢得人心。正如在殡葬服务中，我们要有同理心，进入并了解用户的内心世界，只有彼此感同身受，才能将服务做到极致。四是迭代思维。就是小处着眼，微创新。现在是移动互联网时代，是“微”时代，应用和服务的场景都充斥在用户碎片化的时间之中，而在短时间之内，用户不太可能享用长时间的服务，对于巨大的创新和平台，用户也没时间和耐心去了解、享受你的成果。所以，微创新有的时候就是让烦琐的事情变得异常简单。同时还要坚持持续地微创新，行业、企业的进步，就是靠微创新不断积累起来的。五是大数据思维。大数据的价值在于挖掘和预测的能力。一切行为全部都可以被“追踪”和“引导”。通过对活动、过程、行为、结果等信息的分析，就可以很容易地了解消费者的购买需求。这样不仅可以使成本降低，而且可以很容易地提升消费者的满意度。六是跨界思维。“跨界”这个词已经融入了各行各界，并被不断赋予新的含义，它意味着截然不同的技术、学科乃至行业的结合与创新。探索殡葬行业的背后，是生命哲学、礼仪文化、伦理教育的跨界融合，这些形成了中国人的血脉延续与精神传承。探索殡葬行业的跨界，我们发现：跨界公益，奉献社会，让殡葬登上了"大雅之堂"；跨界艺术，以艺术为载体，传递生命的感动；跨界旅游，心与心的交流，墓园让灵魂去旅行；跨界人文，留存殡葬业的最大财富，留存人类最宝贵的人文遗产；跨界文化，是对文化的坚守和创新，让殡葬行业不仅仅是"殡"与"葬"的行业。相信通过跨界，可以使殡葬行业做到创新与重塑。

（二）"互联网+"时代的转变

1. 感知有价值的变革。在移动互联网时代，传统企业可以通过转型和变革，不失去必需的控制。在保持高度的企业纪律的同时，又可以通过结构的变化，文化的提升，赋予员工充分的自由；在继续保持规模优势的同时，又可以依据互联网的灵活性，建立新的业务领先；在保持传统产业优势的同时，又可以通过组织变革、文化创新，注入创新者的基因。但是必须有一个前提，只有预先修补好船上的漏洞，才会取得"水涨船高"的效果；必须适应互联网这一技术革命带动的环境变化，并提前进行管理的适用和变革，才能继续保持领先。

2. 管理进化的关键要素。首先，随着互联网时代的来临，殡葬事业的转型，"以人为本"深入落实到殡葬技能人才队伍职业化建设领域，就是要求一方面要以满足广大人民群众多元化的殡葬服务需求为本，通过加强殡葬从业人员职业化建设，建立完善培养、评价、使用、选拔、激励机制，提升殡葬从业人员职业技能水平和殡葬服务水平；另一方面要求以殡葬技能从业人员的职业发展需要为本，通过建立殡葬从业人员的职业发展通道，实现殡葬从业人员的自我价值。为实现上述发展目标，不仅要从殡葬事业的发展需求和殡葬技能人才实际出发，更要加大殡葬技能人才的培养力度，大力实施殡葬领域特有职业技能鉴定，继续组织好殡葬领域职业技能竞赛及优秀技能人才评选表彰等活动，创造有利于殡葬人才快速成长的良好氛围。

其次，在移动互联网时代，需要激情、动力、适应力、灵活性和创新性，同时更需要全新的驱动能力。如：适当宽松、平等和更加民主的环境。这个时代需要好的管理，也需要自我管理的复兴；激发自我、贡献比资历更重要的意识。服从太多，投入就会变少，控制带来的是服从，自主带来的则是投入。控制得越多，就失去越多。如果有了自主做好事情的欲望，那么驱动力就不是难题。避免退化成个体。互联网化的转型不仅仅依靠与众不同的想法和创意，更重要的是将整体的激情和个人原动力紧紧联系在一起。互联网化的创新和迭代的速度加快，与消费者也可以发生直接联系，那么就需要把传统企业的传统权利移交到富有才华的员工手中，让他们能够依靠自身的判断力和主动性，对市场的变化、创新的速度进行敏锐的反馈，自主地发挥创造力和独特眼光。

五、结束语

在“互联网+”的环境背景下，行业间企业的竞争将日益加剧，通过探索、研究、实践互联网+殡葬服务管理这个有效的方法及路径，颠覆企业传统模式，促进企业积极转型，从而逐步厘清行业秩序，除旧布新，推进传统殡葬产业的转型升级。这是一条殡葬转型发展的必由之路。

参考文献：

[1] 郭林．现代殡葬的转型与社会生态建设研究［J］．社会学评论，2013（1）．

[2] 费中正．线上的关键在线下：社会变迁视野下网络殡葬发展研究［J］．甘肃社会科学，2014（1）．

[3] 郭林．从“死无所葬”到“葬有所安”［J］．浙江大学学报，2013（5）．

[4] 认清“互联网+”与“+互联网”的异同［J］．国际金融报，2015（3）．

[5] 马云．读懂互联网+［M］．北京：中信出版社，2015（6）．

[6] 赵延伟．新形势下企业经济管理创新与实践探析［J］．经管空间，2015（1）.

以“三层三观”推动殡葬服务市场管理的研究

四川省眉山市殡仪馆　李　庆　苟云飞

摘　要：本文采用医生看病治病的方式来诊断我国殡葬服务市场存在的“病情”（存在的问题），检查“病因”（剖析问题产生的原因），再开具“处方”治病，并以“治理理论”为指导，以“管理层、供给层、消费层，宏观、中观、微观”来分析，提出殡葬服务市场治理的意见建议，希望对推动殡葬服务市场的管理有所帮助。

关键词：三层三观　殡葬服务　市场管理

市场管理，是国家运用法律、政策和经济措施对市场交易活动进行的管理，旨在维护市场秩序，保护合法经营和正当竞争，稳定物价，保障消费者权益。对殡葬服务市场的管理，是殡葬改革的内容之一，也是政府管理的一项重要内容，长期以来沿袭了政府推动、行政突击的模式，但殡葬服务市场乱象丛生，有效的治理一直没有得到根本解决。对此，笔者引用 20 世纪 90 年代兴起的“治理理论”对殡葬服务市场进行治理，探讨如何搞好殡葬服务市场的控制、引导和操纵，建立以调和为基础的政府与民间、公共部门与私人机构之间的合作与互动模式，以促进殡葬行业的良性发展。

市场治理就像看病，如果诊断不准病情，找不出病因，就下不准药、治不好病、控不了乱。因此，对殡葬服务市场的治理，首先要号准“乱脉”，再剖析病因，最后根据病情配药，方能药到病除。

一、殡葬服务市场“病情”诊断

随着市场经济的发展，在经济利益的驱动下，与殡葬相关的各种服务、墓地、用品价格越来越高，严重损害了人民群众的利益，阻碍了殡葬服务市场的健康发展。殡葬业也因此“荣登”暴利行业排行榜，出现“死不起、葬不起”的说法。

（一）殡不起

“殡”一般指逝者下葬前的各种悼念仪式及活动。这个过程中，服务价格的供给种类有 3 种：一种是基本服务费，如遗体的基本运输、冷藏、火化、骨灰寄存等，由政府定价；一种是延展性服务，如遗体整容、告别厅租用、个性化服务等，价格一般由政府指导；还有一种是丧葬用品销售，如寿衣、骨灰盒、花圈等，价格由市场自行调节。而所谓“殡葬暴利”，则发生在基本服务之外的其他两类上，占了“殡”总费用的 80%左右。

有记者对山西省太原市的殡葬服务市场进行了调查，粗略统计来看，一次传统殡葬仅从花费稍大的环节及成本算起大致为：遗体运输费（根据车型 1000 元—5000 元不等），遗体冷藏（450 元—2000 元/天），寿衣（300 元—8000 元不等），骨灰盒（200 元—5000 元不等），租用灵堂（大约 1000 元起），配饰纸扎（300 元—800 元），等等。以最低的选择来计算，大概一次殡仪活动需花费：300 元（逝者新衣）+1000 元（遗体运输）+450 元（遗体冷藏）+ 200 元（骨灰盒）+1000 元（租用灵堂）+300 元（配饰纸扎）= 3250 元。看似不高，但据了解，由于很多环节的差价较大，并且殡葬活动还可选加乐队、礼仪、礼炮、鲜花、告别仪式等服务环节，所以单次费用高的可达 10 万元以上。

除此之外，攀比、厚葬思想也是造成“殡不起”的一个因素。一些农村现在办丧事至少 3 天，讲究的就是 7 天，还要加上每 7 天悼念一次，做到“五七”。请“道士”做“道场”要 300 至 1500 元，天天大摆宴席要花数千元至几万元不等，总平下来，一次中等规模的丧事要花去 1.5 万元左右。

（二）葬不起

“葬”涉及墓地、葬式层面的问题。

墓地方面：目前我国的墓地有两种体制——社会经营性公墓和公益性公墓。前者，随着城市化的进程，土地资源越来越少，导致“抢墓”风气日盛，墓地价格只涨不跌，其涨势强劲，涨幅远超房价，造成“阴宅”产业迅速成为暴利行业。据媒体调查，墓地价格十年涨了十倍，有些城市的公墓价格甚至已被炒至每平方米超过10万元。据福寿园2014年年报，2014年福寿园销售定制艺术墓平均售价每个27万元，成品艺术墓均价6.5万元，传统成品墓均价4.8万元。2014年福寿园销售所有墓位10093个，销售收入高达6.6亿元，均价为6.5万元。“葬不起”的黑色幽默也被演化而出。后者，国家在公益性墓地上的投入不足，城镇公益性公墓处于稀缺状态，建设总体迟滞，多数处于勉强维持的边缘状态，远远落后于经营性公墓的发展步伐，这些因素也促成了墓地价格的上涨。

葬式方面：各地区骨灰装棺二次葬、私埋乱葬等现象屡禁不止，修建（选择）大墓、豪华墓葬屡见不鲜。这些不仅超标占用了土地，更花费了大量钱财，违背了殡葬改革的初衷。就眉山来说，买木棺，少则七八百，多则上千；建坟，普通的需2000元，中档的四五千元，高档的上万元。坟面讲“七滴水”屏面，看着富丽堂皇，费用就上去了。而廉价甚至免费的生态葬法“叫好不叫座”。

二、殡葬服务市场“病因”检查

（一）管理层治理调控缺失

1. 市场监管机制、法制体系不健全

对殡葬服务市场不规范的现象，光靠行政手段干预和处理是不行的，先要从制度层面去思考、解决。目前，我国没有一部殡葬法，而《殡葬管理条例》等法规条例并没有明确规定殡葬服务的内容和范围，制度可操作性较差，法律效力较低，殡葬市场监管制度体系亟待完善，立法滞后是导致殡葬服务市场缺乏规范化的原因之一。

2. 市场管理不到位

殡葬服务市场涉及多部门共同监管，事实上许多部门的管理是缺位的。原因是：多年来基本上是民政部门在唱“独角戏”，相关部门职责不清，工作衔接和协调配合得不够，部门综合协调、联合执法监管机制尚不健全，导致殡葬执法权分散，执法力度明显不足。而民政部门又只有行政告知权，没有行政处罚权，削弱了对殡葬服务市场的监管能力，导致出现了监管漏洞。

3. 宣传影响力不足

殡葬行业是特殊行业，许多人对其知之甚少。再加上一直以来，我们的宣传力度、广度、深度不够，特别是党政宣传“喉舌”平时参与的较少，使得人们对相关政策认识不足，对相关服务、商品价格不明，对现代殡葬文化接受度不高，这对殡葬服务市场的管理，无疑造成了一定的阻碍。

（二）供给层经营混乱

殡葬服务市场早已放开，其供给层主要由国有机构和民营机构（包括殡仪服务公司、丧葬用品经销商、殡葬服务自由从业者等）组成。国有机构，由政府控制，其收费严格遵循物价部门审批的价格标准，体现着社会公益性。而民营机构具有较强的逐利性，追求的是利益最大化。社会上的“死不起”之说，其实就是一些民营机构不计老百姓的承受能力，过分追求最大利益，“宰一个是一个”所产生的后果，这是市场混乱的主导原因。在这里我们主要讨论民营机构服务提供方面的问题。

1. 经营手段多

民营机构在延伸服务上大做手脚，巧立收费名目让人眼花缭乱，如装尸费、卸尸费、消毒费、灵车布置费、香烛费、供果费、护灵剂、遗体整理费、遗体装袋费、看存尸体费、遗物焚烧费、休息室费等，并存在捆绑消费“选择性服务和商品”，“一条龙”打包现象也屡禁不止。

2. 丧葬用品价格无明确定价

殡葬的延伸服务和商品名目繁多，价格不菲，且未明码标价，且无收费参考标准，价钱全凭经销者个人定夺。据调查，就寿衣的销售来说，同一款式寿衣，不同店家的报价相去甚远，销售价格是出厂价的几倍甚至十来倍，且绝大多数寿衣都是“三无”产品。就骨灰盒的销售来说，不同材质和样式的骨灰盒，标价从不至千元到几万元不等。据殡葬用品生产厂商透露，经销店的寿衣、骨灰盒及卫生纸棺等物品的利润都在100%以上，尤其是大多数骨灰盒其利润竟高达500%或以上。除此之外还有很多封建迷信丧葬用品，如冥币、纸金银元宝、纸人纸马、“别墅”到“跑车”等，因为价格低，用量最大，仍旧在市场上公然出售，再加上社会丧葬业“专业人士”推波助澜，快速的推介、不由分说的安排，丧属在忙乱悲痛、浑浑噩噩中被动接受了高消费。

3. 墓地低成本高售价产生暴利

墓地价格主要由四部分组成，即墓穴价格、墓面（地表建筑）价格、安葬费用以及墓地维护管理费用。据新华社的一则报道显示，一般每亩土地征地费用不过数万元，加上平整、绿化、道路、装修等投入，折算下来，每亩土地成本不过20万元，但经营性墓地中一个墓穴价格动辄上万元到数十万元，高的甚至过百万元。同时，墓地开发经营又可享受营业税收的减免、除去单个墓穴、墓碑石料和土地成本，其利润高的可达1000%或以上。其超高的利润率超过银行、房地产等高利润行业。

可见，大力整顿和规范供给层经营秩序，应是殡葬行业必须常抓不懈的一项重要工作。

（三）消费层存在非理性需求观念

1. 传统的“重殓厚葬”丧葬观念和特殊的“孝道”情感需求助推了高消费

有些人认为要请乐队、和尚、“道士”，做做“道场”、仪式，才是送亲人最后一程的最好形式；有些人认为多花钱才能寄托对亲人的哀思，于是就不顾成本，不问价值，只要消费了，就觉得对得起已故亲人了，殡葬成本居高不下。

2. 攀比之风盛行，“面子消费”也是原因之一

很多人的心理是不求最好，只求最贵，葬礼一定要有规模、有档次，才能在周围人中不丢“面子”。一些有经济能力者将丧事大操大办，档次越来越高，炫富攀比，惊天动地，这些也助长了殡葬暴利。

三、殡葬服务市场管理对症开方

在以后的殡葬服务市场治理工作中，笔者认为，应做好以下层面的工作。

（一）管理层的宏观调控

好的治理核心含义是：政府的职能应该从“划船”到“掌舵”转变，即治道变革，尤其在市场经济条件下，更是政府对公共事务的治理之道。

1. 强化法律法规建设

加强殡葬立法。我国现行的《殡葬管理条例》已不适应需要，立法工作

刻不容缓。在殡葬立法方面，德国制定了《火葬法》《埋葬法》《公墓法》等法律，值得我们借鉴。

2. 强化相关职能部门对市场的监管

发挥好政府对市场的引导和规范作用。市场解决不了所有问题，需要政府为市场提供规则、环境、必要的保障和有效的引导、推动，使市场这只“看不见的手”和政府这只“看得见的手”各司其职、优势互补。

健全职能部门管理机制。从政府的立场出发，制定殡葬服务市场相应的准入机制，出台监管、处罚等配套地方法规和规章制度，提高殡葬市场监管效率。完善相关收费监管制度，加强对墓地、丧葬用品成本监审，设定收费边界，细化收费项目，设定详细的参考价格并予以公示。

解决好政府职能“错位”“越位”和“缺位”现象。利用建立殡葬工作联席会议制度，积极探索民政部门与发改、国土、林业、工商、质监局、公安、城管、物价、财政、综治办、宣传等相关部门合作的方式，重新整合各相关政府职能部门，厘清各主体之间的殡葬工作权责，组建针对服务机构收费督察、丧葬用品市场监管、群众丧葬活动管理等相关工作组，建立问责机制，提高政府对殡葬市场的监管力度。

3. 加大殡葬事业财力投入

加大公益性殡仪服务站、公益性公墓等殡葬公共基础设施建设投入，加大惠民政策、补贴政策的推广，借鉴社会保险制度的有益做法，建立死亡保险保障制度，实现基础殡葬保障和逝后保险互补，将公民最基本的“死”纳入国家的保障范围。

4. 营造殡葬服务市场良好氛围

一方面加强正面宣传，营造良好的殡葬服务氛围。利用影视、广播、文艺节目、宣传册、标语及村务、党务公开栏等宣传媒介、渠道，多形式、多渠道、多层面地宣传殡葬改革政策的意义和作用、便民惠民政策和举措、殡葬服务流程及内容、服务收费体系及科学、文明丧葬习俗等。另一方面要加大对违规违纪行为的查处力度，畅通举报电话，认真受理群众的投诉或举报，严肃查处违规行为，对性质恶劣、情节严重的典型案件公开曝光，切实维护广大群众的合法权益。

（二）供给层中观管理

1. 杜绝服务机构利益恶性循环

对于国有机构来说，要严格遵守国家有关政策规定，严格规范服务和收费行为，认真执行收费公示制度，公布服务项目、服务流程、服务规范、收费标准、减免政策、文件依据和举报电话等内容，使服务透明化，广泛接受社会监督；充分体现公益性，提供并配足收费低廉的服务和商品，满足低收入人群的殡葬消费需求；杜绝任何形式的捆绑、分拆或强制提供服务并收费，避免出现“过度供给”和“诱导需求”行为。

对于民营机构来说，有些民营机构采用不正当手段谋取利益的行为有增多趋势，政府有必要出台政策、措施，禁止不正当谋利行为，不让高额治丧费、天价公墓、骨灰盒等任性地掏民众的腰包。具体办法包括：积极完善市场准入机制，取缔非法经营、无证经营机构，严厉打击制造销售封建迷信丧葬用品行为；建立并实施常态监管制度，定期组织年审、考核，不定期地进行抽查，控制其从业行为，维护正常市场秩序；对民营机构和殡葬个体从业者进行造册监管，开展教育培训，规范服务行为，提高从业人员素质，净化殡葬市场环境。

2. 发挥社会组织功能

殡葬行业社会组织包括：各级殡葬协会、红白理事会等非政府性质机构。这些组织在规范市场方面，应充分发挥“自律、发展、协调、互助、服务、交流、调节、制衡”八大功能，使其起到桥梁作用。建议：各级殡葬协会将管理面扩大并向下辐射，在对国有服务机构管理的同时，对民营服务机构进行约束，维护公平竞争的市场秩序，减少不良的市场竞争行为；设立专管部门，监督服务机构、从业人员对殡葬相关政策、法规、制度执行情况，及时向相关职能部门反映问题；积极做好市场调研，向政府部门提出市场管理和发展的建议等。

就红白理事会而言，由基层政府或社区牵头组建红白理事会，负责教育、指导、监督本辖区内的民营服务机构（或个体人员）的经营行为，及对群众操办婚丧事宜进行引导；配合国土、林业、工商、质监、公安、城管、物价、综治办、文化等部门积极做好市场摸底调查，获取第一手资料，积极协助殡葬服务市场的管理。

（三）消费层的微观宣教

对于殡葬消费层（广大群众）来说，最首要的是要通过坚持不懈的宣传、教育，引导群众转变丧葬观念和行为。

1. 加大宣传力度

一方面，各类媒体要积极介入、支持，解决舆论宣传障碍，不间断地进行深入宣传，改变群众传统、落后的丧葬观念。一方面，将生死观与殡葬观念的教育前置到学校教育领域，从娃娃抓起。这样才能建立从根本上转变殡葬观念、弘扬先进殡葬文化的长效机制。

2. 形成一支强大的引领队伍

加强党员干部的管理，党员干部要不折不扣做殡葬改革的贯彻者、引导者，不搞“道场”仪式、不搞隆丧厚葬、不大摆宴席、不建超标墓，带头践行文明简办、绿色殡葬、生态殡葬。

3. 引导“理性消费”

要教育引导群众摒弃“生哀死荣”的畸形社会观念以及攀比之风和落后愚昧丧葬陋俗，抵制“不孝”“不吉利”思想，改变群众爱面子、好攀比的旧观念，倡导“厚养薄葬”的孝道观、科学文明节俭治丧观和生态低碳丧葬新风尚。

参考文献：

［1］中国殡葬事业发展报告 . 2011.

［2］胡象明，鲁萍 . 治理视野下的政府公共服务市场化 .

［3］国家发展改革委：民政部关于进一步加强殡葬服务收费管理有关问题的指导意见（〔2012〕673 号）.

［4］李娟 . 强化殡葬服务宣传 构建和谐殡葬 .

［5］马金生，张楠 . 我国经营性公墓的经营状况与发展对策 .

论传统堪舆文化与现代殡葬改革

北京社会管理职业学院生命文化学院　翟媛媛

摘　要：堪舆文化是人们在长期实践中积淀下来的、一种传承有序的民俗现象，它是博大的中国传统文化不可或缺的组成部分，从实质上讲也是一种流传亘古的环境生态学。本文通过梳理概括传统堪舆文化的理论体系，分析了堪舆文化对中国殡葬事业的影响，指出堪舆文化在现代殡葬改革中的重要作用和政策导向。

关键词：堪舆文化　中国传统殡葬　现代殡葬改革

一、传统堪舆文化的理论观

堪舆文化作为中国传统文化中的一个组成部分，已经植根于中国社会心理结构的深处，甚至被人们有意无意神化到神秘地步，自觉不自觉凝结为人们的一种“集体无意识”。人们从事经商、置产，尤其在中国传统殡葬等人类活动中都离不开堪舆文化。那么，如何发挥中国传统堪舆文化精华的积极作用，使其与当代殡葬改革相结合、相呼应、相促进，是非常值得我们深思和探讨的重要问题。

堪舆学即风水学，本为相地之术，即临场校察地理的方法，目的是用来选择宫殿、村落选址、墓地建设等方法及原则，其核心就是人们为达到趋吉避凶的目的，对生存居住或死亡埋葬环境进行的选择和处理。简要概括风水文化的理论观点，主要有以下几点。

（一）顺应自然的天人合一观

人类与其他动物相比具有无可比拟的主观能动性，能在短时间内对自然环境进行有目的、有规模的改造。但是这种改变必须遵循自然规律。人类改造自然的活动如果违背了自然规律，就会受到大自然的无情报复。这种对大自然的根本认识，《葬书》中早已有云：“山者险势而有也，法葬其所会。乘其所来，审其所废，择其所相，避其所害，是以君子夺神功改天命。”意思是说在选择葬地的时候，要利用山川形势，利用自然形成的“吉壤”，尽量避开不利因素。堪舆学讲“天人合一”，主要是指人类对自然规律的认识和合理利用。堪舆学不仅讲求人和自然的和谐，同时也是十分忌讳破坏自然环境的，注重保护生态环境，注重顺应自然规律。直到今天，“天人合一”的思想似乎又成为中国古代所有思想的核心，并在相当大的范围内被赋予了它从来不曾有过的人与自然和谐、保护环境、可持续发展等意义。

（二）五行规律的有机循环观

堪舆学认为整个自然是一个有机整体，人与自然也是有机统一的。五行相生相克的规律也告诉人们万事万物是循环统一的。五行相生的规律是：木生火，火生土，土生金，金生水，水生木；五行相克的规律是：木克土，土克水，水克火，火克金，金克木。自然界的事物就是在这样一个规律下循环往复，生生不息。

（三）前后左右的方位观

在堪舆文化的影响下，对宅基地和墓地选址人们主要的是选择方位。《葬书》云：“夫葬以左为青龙，右为白虎，前为朱雀，后为玄武。”“玄武垂头，朱雀翔舞，青龙蜿蜒，白虎驯俯。”根据堪舆学方位论的理想模式：墓穴背后的玄武要垂头，主峰渐渐低下，前方的朱雀要好像在跃动舞蹈，左侧的青龙似蜿蜒曲折，右边的白虎要温驯俯伏。这样的地理格局，从客观上顺应天然地理，从主观心理上满足了一种期望安稳、寻求庇护的愿望需求。

（四）阴阳相对的中和观

堪舆学十分重视“中和”的观念。南宋蔡元定所撰的《发微论》曰：“夫孤阴不生，独阳不成，天下之物莫不要相配对。地理家以雌雄言之，大概不过相对待之理。何以言之？山属阴，水属阳，故山水相对有雌雄；阳山取阴为对，阴山取阳为对，此主客相对有雌雄也。其地融合，则雌雄必合，龙穴砂水左右主客必相登对，若单雌单雄，不相等对，虽或结地，必非真造化也。经曰：雌雄相喜，天地交通；……其次又当辩强弱。强弱者，言乎其禀气也。夫天下之理，中而已矣。”这就是强调在选择穴地的时候要考虑到阴阳调和，雌雄匹配，以便找到上好的吉地。气脉太强则“折”，气脉太弱则“柔”，过强过弱都不宜做穴地，所以比较讲究阴阳、雌雄、强弱以中和为好。

二、传统堪舆文化与中国传统殡葬

（一）传统堪舆文化在墓茔选址中起到主导作用

自古以来人们已经认同了灵魂不死、神灵崇拜等信仰观念，因此运用堪舆学对阴宅选址一直以来是堪舆文化的重头戏。依据堪舆学选择理想墓地一般要求是：首先统一并和谐。堪舆学认为，天、地、人、生四大系统是以有机统一体存在于大自然中的，要求既要考虑山清水秀、排水良好、视觉优美的环境，又要考虑方位中和、逢凶化吉、趋利避害的目的。其次对称并均衡。传统堪舆学认为，风水宝地的标准是其环境中多项自然地理因素的有机协调，既要具备良好的地质结构、地貌状况，又要有良好的水文气候因子、适中的土壤和生物物种；还要求各项因子必须统一协调，构成一个有机和谐的生态环境，这样的环境才具有更大的稳定性。

在我国，最有代表性的阴宅要数帝陵了。中国封建社会的所有王朝都有帝陵传世（元朝除外），陵寝四周无不饱含着堪舆学说的理念，虽然在空间结构上大同小异，但还是符合生态学、美学、心理学上对景观布局的需要的，对当今的风景园林、建筑设计具有一定的指导意义。人们普遍认为，依据风水理论选址和建造的帝陵，因其阴阳和谐，强柔兼济，风脉宜人，几乎很少遭到自然营力的破坏，只要不是人为地盗掘和损毁，绝大部分随葬物品都能较为完好地保存于墓室之中，为我们研究古代历史、社会经济以及传统文化提供了直接有力的依据。

（二）传统堪舆文化中夹杂着陈旧愚昧、迷信的观念

千百年来，由于科技、文化知识、经济发展等诸多因素，人们自觉不自觉地把堪舆学蒙上了一层不可莫测的神秘色彩，同时五行、八卦、易学等理论的深奥难懂，以钱财为目的的江湖骗子、“风水先生”趁机装神弄鬼，愚弄百姓。现如今，在民间，仍然流行请风水先生根据死者年龄、性别、生死时

辰来推算避忌生肖、出殡时间，测出安宅、定灵、灵门等一系列符咒，并用朱笔点过引魂幡、避忌牌，然后又依照风水术中的寻龙、点穴、观砂、察水等过程，选定一个藏风聚气结穴之处，将穴点定，然后请人按阴阳先生所定方位挖墓。在农村，请风水先生完成一个墓茔的选择需要花销上千元的费用甚至更多，不仅给事主造成了经济负担，其中愚昧封建的风水师还在其操作过程中传播着迷信思想，使老百姓既要多花钱还要受折磨。这些是堪舆文化中愚昧无知、封建落后的迷信成分，与社会主义精神文明建设远远相悖，应当加以引导、纠正、取缔和批判。

三、传统堪舆文化与现代殡葬改革

（一）当今殡葬中存在的问题及其原因

殡葬作为人类生活的组成部分，从一个侧面反映社会的文明与进步。一个时期的殡葬活动形式可以让人们感受到时代脉搏的跳动，从中窥到一个国家的社会发展状况。综观我国殡葬事业的现状，分析广大民众的殡葬观念，改革中还存在着这样一些问题。

1. 死人与活人争地，浪费土地

当前我国各大城市，尤其是在经济较为发达的大中城市出现“阴宅房地产热”现象。受利益驱动，墓地开发商借城市园林公墓建设之机，利用陈规陋习大炒“阴宅房地产”，从中牟取暴利。鉴于这种现象，死人与活人争土地、争风景区及殡葬带来的环境问题已十分突出。目前我国城市人口过密化已相当严重。在自然死亡率相对稳定条件下，人口基数的增大必然引起城市人口自然死亡数增加，因此解决我国城市中殡葬与土地利用之间的矛盾已迫在眉睫。

2. 公墓布局缺乏科学性，“死墓”凸显危机

由于受地形条件、规划水平、投资规模、经营理念、管理机制多种因素的影响，我国公墓在开发和改造过程中没有足够地考虑生态建设，因而存在不少问题。一是公墓绿化设计、视觉美化设施落后。主要表现在：园林专业技术人员匮乏；重基础建设、轻绿化美化；建设资金安排使用比例不当等。二是在园林建设方面与公墓整体建设不协调。具体表现在：规划不合理，绿化树种单一，植物配置不美观，绿化覆盖率和绿色含量相对较小，绿地保护

不力等。三是公墓绿地系统生态效果不尽如人意。相当数量的城市公墓在建设之初的园林设计就缺乏生态方面的统筹。随着社会和市场经济的发展，人们对殡葬服务的期望标准越来越高，解决当前殡葬园区的“死墓危机”问题已经势在必行。

我国倡导殡葬改革已经历时很久，但是殡葬领域存在的问题依旧严重，仔细分析我们会发现，长期以来遗留下来的顽固的传统殡葬心理和习俗是其中的重要因素。

1. 从众、信仰心理

民间的从众心理历久弥坚，人们缺乏改变现状及不良习俗的意识和勇气，因此在继承人类科学文明的同时，也会把很多的糟粕承续在生活习惯及理事过程中，以致成为殡葬改革的障碍。

千百年来信仰祖传已经成为人们的一种心理定式，因此对于祖宗流传下来的习俗和观念，不加分析审视，哪怕是迷信空无和落后的东西，也要“宁信其有”，别人怎么做咱就怎么做，而不愿改变不良习俗，免得众人笑话。

2. 崇拜、依赖心理

人们从自然界的演变规律和神学家的臆断妄言中，一直相信有另一个世界的存在。生在天，死入地。从古至今人类在广袤的土地上繁衍生存，相信人来自自然，最终还要回归自然。儒家的思想认为，“身体发肤，受之父母，不可损伤”。受这种传统思想的影响，“入土为安”是人去了自然的另一个世界，人与土融为一体，是中国封建农业大国人们对土地情感的依赖。

3. 炫耀、攀比心理

中国人是“最为死人操心的民族”，丧事的排场与否被作为一种经济实力和人脉关系的竞争形式，并以此赢得孝子贤孙名声。在这种畸形心理下滋生出来的竞相攀比，大操大办，占土地、坏生态、浪费资源财富的现象，让人们不断承受“死要面子活受罪”的折腾。农村村民经过一场“排场的”丧事，要花费全家一年的收入甚至更多。

（二）堪舆文化与当代殡葬改革的政策导向

我国殡葬改革面临着滥用土地、浪费林木、毁坏景观等问题，已经到了不得不引起高度重视的地步了。这些问题不仅使人们承受了沉重的精神和物质压力，而且使社会负担加重、自然资源和人力浪费、生态环境失衡、社会风气不正，影响着经济的发展和社会的文明进步。对于这些问题，我们不得不思考怎么解决。笔者认为，应当继承中国传统文化中的堪舆文化精华，积极引导民众相信科学，用正确的堪舆学理论指导殡葬活动，从而有效地促进殡葬改革。

1. 引导人们正确理解并应用“天人合一、有机循环”学说，积极推进生态安葬

经调查，堪舆学的天人合一、有机循环思想，还是能够被大多数人认同的。基于这种认识，我国的殡葬改革可以借势避短，摈弃民间靠封建迷信行为利用人们的模糊概念操作赚钱的不良行为。通过政府、政策的干预、引导、组织行为积极倡导树葬、花坛葬、草坪葬等生态安葬方式，使人们逐渐自觉地接受回归自然的生态观，让人们充分认识并接受绿色殡葬：一是利民。让民众节约大量的殡葬费用，减轻百姓负担，利于移风易俗，树立“厚养薄葬”的新风尚。二是利国。充分利用现墓园中的绿地，开发废弃的荒山荒地，把节约土地资源和保护生态环境有机结合起来，既满足人们入土为安、回归自然的愿望，又能缓解骨灰安置设施的压力。三是推动社会文明的进步。生态安葬方式既符合堪舆思想中的天地与我并生、万物与我合一的思想，又符合广大中国人的习俗和心理。骨灰复归泥土，成为生态系统中生物地球化学循环的网点之一。

2. 利用堪舆学“方位观、中和观”思想，营造原生态的城市墓园空间

堪舆学理论与生态环境理论是一致的。堪舆学本身是人类认识自然、利用自然的经验总结，其宗旨是通过勘查自然、顺应自然，有节制地利用和改造自然，选择和创造出适合于身心健康及其行为需求的最佳建筑环境，使之达到阴阳之和、天人之和、身心之和的至善境界。现代城市墓园的生态环境观念是在自然环境空间或是现存城市网格中，保留墓园的原有特色，尊重现有的自然条件和历史的发展，从生态环境理念营造的墓园又是大自然与人和谐统一的空间实体状态。同时，在墓园的自然环境中渲染一种启迪人们心灵的浑元气氛，使人的内心感受在这里得到释放，享受回归自然的心理体验。

堪舆文化扎根于传统文化的土壤中，它依托于根深叶茂的古文化与民间风俗，在客观上对古代国人乃至今日的普通百姓认识自然、利用自然和改造自然起到一定的规范教育、影响约束作用。但是，传统的风水文化中也夹杂着迷信元素和陈旧观念，在科学技术日益发达的今天，我们对此应有足够清醒的认识。辩证地看待、探究中国古老的堪舆文化中关于人与自然和谐统一

的精髓、关于人类追求灵魂至善至上的心理；进一步研究、分析、运用传统堪舆文化的正面影响，取其精华，去其糟粕，解决环境保护与生态危机问题；掌握民众传统心理，因势利导，破除封建落后的迷信思想。这对我国殡葬改革与殡葬建设可持续发展具有重要的意义。

参考文献：

［1］陈传康．风水现代化及其旅游开发意义．人文地理，1996，11：29-35.

［2］焦阳，祁刚，郭峅．继承传统风水理论的探讨与思考．建筑设计管理，2011，1：53-54.

［3］文传浩，周鸿．论风水文化对中国传统丧葬文化的影响．思想战线，1999，2：58-64.

［4］葛玉红．中国殡葬改革存在的问题与发展对策的研究．长沙民政职业技术学院学报，2005，3：23-25.

［5］王夫子．殡葬文化学——死亡文化的全方位解读．湖南人民出版社，2007.

殡葬改革的“两次革命”

北京社会管理职业学院　冯翠平

摘　要： 随着人类社会在经济、政治、文化等方面的不断发展，人们观念的不断变化，我国的殡葬方式也在不断发展进步。本文针对殡葬改革的“第一次革命”——火葬方式——进行了系统分析。同时，对殡葬改革的“第二次革命”——节地生态安葬与环境保护问题、人们思想观念等问题——进行了探讨，旨在引导人们转变观念，深化殡葬改革，促进殡葬事业科学发展。

关键词： 火葬　节地生态安葬　生命文化　二次革命

2016 年是毛泽东等老一辈无产阶级革命家签名倡导火葬 60 周年，又是周恩来总理离开我们 40 周年。生不争名利，死不占土地。周恩来总理提出，由保留遗体到不保留遗体，是殡葬习俗的“第一次革命”；由保留骨灰到不保留骨灰，是“第二次革命”，也是更加彻底的革命①。60 年前老一辈无产阶级革命家签名倡导火葬，拉开了我国殡葬改革的帷幕。火葬方式是我国殡葬改革的“第一次革命”。民政部颁布《关于进一步深化殡葬改革促进殡葬事业科学发展的指导意见》(民发〔2009〕170 号)、《关于推行节地生态安葬的指导意见》(民发〔2016〕21 号) 等文件，标志着以“节约土地、保护环境、移风易俗、减轻群众负担”为宗旨，“节地生态安葬”为核心的第二次殡葬改革正在进行。本文对节地生态安葬与环境保护、人们殡葬观念的变化等问题进行了探讨，旨在引导人们转变观念，深化殡葬改革，促进殡葬事业科学发展。

① 李剑军、曹红：《殡葬呼唤“二次革命”》，载《湖北日报》，2004 年 4 月 5 日。

一、殡葬改革的“第一次革命”

（一）殡葬改革的“第一次革命”的由来与意义

生命的消逝是人类最终归宿，生命文化随着人类社会的文明进步不断发展。“孝道为先”“入土为安”的儒家思想影响我国殡葬习俗几千年，将逝者遗体、遗骨掩埋于泥土里得以安息，一直是人们实行的殡葬方式。到了近代，因社会稳定和科技进步，人口飞速发展，死亡人口总量日益增加，加上科学文化的影响，人们的殡葬观念不断发生变化。自1956年毛泽东等老一辈无产阶级革命家签名倡导火葬以来，火葬已成为我国主要的遗体处理方式。据统计，我国东中部一些省份火化率持续攀升，有十多个省份连续多年火化率保持在90%以上，上海、浙江已达到100%。民政部提出，到2020年，要使全国火化率达到或接近100%，节地生态安葬率达到40%以上①。60年来，有老一辈革命家的倡导和身体力行，虽然殡葬改革不时有“回潮”现象，但火化已经成为人们的共识、被人们接受，可以说，我们基本上取得了这一场“革命”的胜利②。

火葬本身有着悠久的历史，我国最先流行于西域。古代火葬使用木材焚化遗体，现代火葬则多用电力和柴油。火葬后的骨灰，传统方式中最常见的就是墓葬，即将骨灰埋于地下。客观分析，相对于土葬，火葬缓解了逝者与生者争土地的主要问题。但是，因目前科学技术水平有限，火葬在节地的同时也带来了新的环境问题。然而，随着时代的发展和科技的进步，火化机的技术水平和操作人员操作技能的提高，火葬所带来的环保问题终将会解决。在人口日益增多、土地资源日益紧张的今天，只要能控制住遗体火化过程中骨灰处理的环保问题，这无疑是文明、科学的殡葬方式③。

---

① 民政部：到2020年全国火化率达到或接近100%，2016年4月3日，腾讯新闻，http：//news. qq. com/a/20140403/016795. htm。

② 孙树仁：《如何取得节地生态安葬又一场革命的胜利》，载《中国社会报》，2016年1月26日第004版。

③ 孙树仁：《如何取得节地生态安葬又一场革命的胜利》，载《中国社会报》，2016年1月26日第004版。

（二）火葬与环境保护

火葬方式，一方面有利于生态环境保护，另一方面因科学技术的局限造成了一定的环境污染。

1. 火葬有利于生态环境保护

随着人类社会在经济、政治、文化等方面的不断发展，人们观念的不断变化，整个社会社会化程度和城市化程度进一步提升。尤其是随着中国人口老龄化的趋势越来越迅速，我国现行的火葬方式解决了传统土葬引发的人地关系紧张问题，使土地资源得到有效保护，有效保护了本已紧缺的农耕用地；火葬使森林资源得到有效利用，减少了乱砍滥伐的无序现象；火葬使一些传染病的传播得到控制，遗体火葬防止了尸体病毒在地下的蔓延，更防止了病毒对地下水的污染①。

2. 火葬造成了一定的环境污染

遗体在燃烧过程中会放出大量的有害气体，如 CO、CO_2、碳氧化合物、氮氧化合物、含硫化合物、含卤化物、颗粒物（烟尘和粉尘）等。火化设备所用燃料在燃烧过程中，也产生了新的污染物。这些在一定程度上造成了大气污染。另外，重殓厚葬、占用耕地林地建坟、使用不可降解材料、骨灰装棺再葬现象在一定程度上仍然存在，一些存放在骨灰堂的骨灰也无法回归到大自然。

（三）火化技术的进步，将解决火葬环保问题

国家制定并颁发《燃油式火化机污染物排放限值及监测办法》《燃油式火化机通用技术条件》等相关文件和标准，达不到防止污染排放指标的火化设备，可视为污染源。为可持续发展、净化生态环境的需要，对火化设备的创新和发展，最首要提出的是，采用最先进的科学技术有效地防止火化机的污染，这是火葬最根本的发展方向和目标②。

在火葬过程中，遗体汽化分解会产生新的污染物和火化设备所用燃料在燃烧过程中也会产生新的污染物。如何控制和减少火化过程中产生的烟尘、碳氧化物、氮氧化物、硫氧化物、氨等有害物质，近年来相关专家一直在研

---

① 阴文燕：《农村从土葬到火葬的道德理由探析》，首都师范大学，2011 年。

② 《建立火化机行业自律机制 加快火化机的创新和发展》，载《中国社会报》，2004 年 2 月 21 日。

究解决，如火葬场无害火化系统的改造①、遗体火化二噁英类污染物减排技术研究②、新型环保等离子火化装置的研发③、蓄热式高温燃烧技术在火化机上的节能应用④等。这些火化技术的研究及研究成果的转化，将进一步减轻火化对环境的不利影响。应加强技术创新，发展高科技，促进火化设备相关科研机构和生产企业加大科研投入，提高产品质量，加快环保火化设备的创新和发展。加强殡葬行业管理，规范火化设备生产销售市场秩序，促使火化机生产销售公平合理的竞争，保护正规火化机生产厂的合法权益，打击和制止不正规火化机生产厂生产火化机，保护殡仪馆用户的利益⑤。随着时代的发展和科技的进步，火化机的技术水平和操作人员操作技能的提高，火葬所带来的环保问题将会得到解决。

（四）火葬与节地生态安葬

以火葬为标志的殡葬改革“第一次革命”，从土葬到火葬的改革并不简单。在中国普及火葬40年之后的1997年，火葬率只有36%，直至现在也没有超过一半。中国政府规定，截至2020年，除少数民族聚居地等部分地区，所有地方的火葬率都要达到100%，但达成这一目标并不容易，因为仍有很多中国人希望以传统方式土葬⑥。由于传统丧葬陋俗的顽固性和反复性，一些地方重殓厚葬之风盛行，占用耕地林地建坟、过度使用不可降解材料、骨灰装棺再葬等问题突出，造成了环境污染和资源浪费，助长了盲目攀比、奢侈浪费等不良治丧风气。殡葬改革60年来，通过推行火葬，改革土葬，整治乱埋乱葬，在节约殡葬用地、保护资源环境上取得了显著成效，但与节约资源、现代文明发展的要求相比，还存在不小差距⑦。

---

① 陈仁：《火葬场无害火化系统的改造》，载《上海环境科学》，1990年，第4页。

② 尹荔堃、熊程程、邢啸林、鲁琦、陈曦、李大涛、姜思朋、肖成龙、王玮：《遗体火化二噁英类污染物减排技术研究》（2012中国环境科学学会学术年会论文集—第四卷），2012年版。

③ 郭雷、孟浩、李伯森、李秉杰、史峰、方祥：《新型环保等离子火化装置的研发》，载《工业加热》，2015年第4期。

④ 孟浩、郭婵、李光敏、高源、郭雷：《蓄热式高温燃烧技术在火化机上的节能应用》，载《资源节约与环保》，2015年第7期。

⑤ 《建立火化机行业自律机制 加快火化机的创新和发展》，载《中国社会报》，2004年2月21日。

⑥ 火葬率不足五成，韩媒：中国葬礼改革为何受阻，2014-12-23 07：03：01，来源：参考消息网，责任编辑：张程，http：//china. cankaoxiaoxi. com/2014/1223/605776. shtml。

⑦ 九部门负责人解读《关于推行节地生态安葬的指导意见》，2016-02-29，来源：新华网，http：//news. xinhuanet. com/2016-02/29/c_ 128763396. htm。

科技文明在进步，人类社会在发展。随着人们对低碳生活的要求，对环境污染程度的关注，因目前火化技术的局限性，火葬所带来的环保问题，受到社会关注。随着社会文明进步和科技发展，殡葬方式也发展。现代文明发展理念贯穿于殡葬事业之中，辐射到殡葬活动各环节和殡葬改革全过程，推动合理利用殡葬用地资源，促进资源节约和生态环境保护。我国在大力倡导和推行火葬的同时，积极探索骨灰存放、树葬、海葬、深埋等节地生态葬法，促进殡葬领域生态文明建设、人与自然和谐共生。节地生态安葬的产生符合社会发展规律，是殡葬文明发展的必然产物。

二、殡葬改革的“第二次革命”

（一）殡葬改革的“第二次革命”的过程和意义

殡葬改革的“第一次革命”是60年前老一辈革命家发起倡导的，现已取得基本胜利。殡葬改革的“第二次革命”正在进行。

2009年，民政部颁发《关于进一步深化殡葬改革促进殡葬事业科学发展的指导意见》（民发〔2009〕170号文件），确定了以“节约土地、保护环境、移风易俗、减轻群众殡葬负担”为我国殡葬改革的宗旨。“节约土地”被放在首位。2013年，中办、国办印发《关于党员干部带头推动殡葬改革的意见》，充分发挥党员、干部带头作用，积极推动殡葬改革。2016年2月24日，民政部、国家发展改革委、科技部、财政部、国土资源部、环境保护部、住房和城乡建设部、农业部、国家林业局九部门联合印发了《关于推行节地生态安葬的指导意见》，倡导节地生态安葬，即以节约资源、保护环境为价值导向，鼓励和引导人们采用树葬、海葬、深埋、格位存放等不占或少占土地、少耗资源、少使用不可降解材料的方式安葬骨灰或遗体，使安葬活动更好地促进人与自然和谐发展。这是国家在殡葬领域推进生态文明建设的首个专门性文件。

我国是人口大国，加之人口老龄化程度加深，年死亡人口数量庞大，安葬问题处理不好，就会造成土地与资源的过度消耗，对人居环境和农业生产产生负面影响，成为现代文明发展的短板。殡葬改革60年来，通过推行火葬，改革土葬，整治乱埋乱葬，在节约殡葬用地、保护资源环境上取得了显著成效，但与节约资源、现代文明发展的要求相比，还存在不小差距。面对资源约束趋紧、环境污染严重、生态系统退化的严峻形势，推行节地生态安葬，将现代文明发展理念贯穿于殡葬事业之中，辐射到殡葬活动各环节和殡葬改革全过程，推动合理利用殡葬用地资源，促进资源节约和生态环境保护，功在当代，利在千秋①。

（二）节地生态安葬的主要方式

1. 树葬

树葬是人们以认养绿地的办法，植一些树木，使用特制的可降解材料盛纳骨灰安葬于树下，让其自然溶解，地表无任何殡葬设施，以纪念树或自然石为标记的一种现代殡葬方式。

化生为树，让生命在大自然里延续，现代树葬既符合国人千百年来受儒家思想影响“入土为安”“回归自然”的殡葬思维，又达到了节地环保的效果，彻底解决了火化后又选择多种形式的墓葬产生环保问题，树葬可谓目前最理想的节地生态安葬。

2. 海葬

海葬是在有关部门指定的海域内将骨灰撒入大海的一种现代殡葬方式。

周恩来总理等老一辈无产阶级革命家逝世后的骨灰撒海方式，开创中国海葬的先河，冲破了传统的“入土为安”观念。海葬是继火葬以后的又一次重大改革，是彻底解决骨灰入土占地，节约殡葬支出最有效的处理方法之一，也是今后骨灰处理的发展方向。

3. 花坛葬

花坛葬是使用特制的可降解材料盛纳骨灰安葬在花坛下方，花坛上种植花朵，让其自然溶解，地表无任何殡葬设施的一种现代殡葬方式。

这种安葬方式是墓葬与树葬的创新，充分利用地下空间，除去基础建设用地，可达到“零占地”，可循环利用，实现真正的环保节地。花葬的最大主角就是各色花朵，在节省土地资源的同时，也可以令墓地环境赏心悦目，并充满关怀。

4. 其他

有草坪葬、壁葬、塔葬、冰葬、太空葬、烟花葬、气球葬等。

---

① 九部门负责人解读《关于推行节地生态安葬的指导意见》，2016-02-29，来源：新华网，http://news.xinhuanet.com/2016-02/29/c_128763396.htm。

（三）节地生态安葬与生态祭扫

生态祭扫是节地生态安葬的延续，安葬逝者只需要一次，然而人们的追思绵延不绝，日后的祭扫活动需要若干次，要想节地环保，减少污染，就不仅仅是推行节地生态安葬，还要更加重视节地、低碳、环保、文明的生态祭扫方式。

随着互联网技术的发展，“网络祭奠”“网络虚拟社区”打破了传统祭扫的方式。ater9 社交网站宣称，先进的人工智能技术创造出与用户对应的“虚拟生命体”，在用户因为某种原因不幸离世之后，网站将能够自动模仿用户的行为模式继续发帖和活动，就像用户还活着一样。随着科技进步，人的精神生命将在“网络虚拟社区”中“永生”。

（四）节地生态安葬符合我国民众的观念

由于人们受“入土为安，树碑立传”观念的影响，传统意义上的土葬和火葬都要为逝者提供一个坟头或墓穴并且树立一块不可降解的墓碑。而在现代社会，人们不是“入土为安”，还可以“入海为安”，人们不用树碑立传，也可以入网为传，以多媒体的形式再现。而节地生态安葬的思想就是不保留骨灰，而是回归自然，满足了人的自然生命回归的本意，通过生命文化教育，使得优秀的生命文化和精神品德得到颂扬而万古流芳。无论是在尊重自然生命的回归，为子孙万代留下持续发展的土地和青山碧水，以及对优秀生命文化品质的传承，还是延续人伦情感等方面都具有积极意义①。

综上所述，在有着几千年“孝道为先”“入土为安”的儒家理念土葬传统的中国，推行火葬，无疑是一场殡葬的革命。火化解决了人口日益增多，土地资源日益紧张的问题。同时，遗体火葬过程中的污染和遗体火化成骨灰后的污染问题，随着科学技术的进步也将解决。几千年来“全身而退”“入土为安”“魂归故里”殡葬文化根植于社会深层，在殡葬社会生活中形成了固化的传统文化心理结构、传统集体伦理价值观与个体主体价值观。当不保留遗体又不保留骨灰的节地生态葬出现的时候，就需要人文殡葬提供体现生命的尊严和死亡的尊严的仪式互动与紧密的情感纽带，满足人们尊重生命，慎终

---

① 孙树仁：《如何取得节地生态安葬又一场革命的胜利》，载《中国社会报》，2016 年 1 月 26 日第4 版。

追远的文化诉求①。引导人们转变观念，倡导现代文明的节地生态安葬，使现代生命文化理念成为全社会的共识和奉行的价值观。国家应在现代生命文化理念下推进殡葬立法，将“节地生态安葬”这种殡葬方式写入殡葬法律法规中。建立完善的殡葬法体系，以发挥生态殡葬的最大效能。使人与自然和谐的原则贯穿在殡葬管理工作中，大力倡导建设环境友好型社会中的殡葬伦理观念，不断培育环境友好的殡葬文化氛围。建立健全有利于环境保护的殡葬决策体系，倡导环境友好、资源节约的殡葬消费方式，带动现代文明殡葬产品和服务的生产，形成现代文明殡葬消费与现代文明殡葬生产和殡葬服务之间的良性互动②，使殡葬活动最大限度地减少对环境的负面影响。

参考文献：

[1] 韩云龙．关于环保殡葬的思考 [J]．辽宁城乡环境科技，2005 (1)．

[2] 肖成龙．推行现代文明殡葬共创美好家园 [R]．中国环境保护优秀论文集，2005.

[3] 葛红玉．中国殡葬改革存在的问题与发展对策的研究 [J]．长沙民政职业技术学院学报，2005 (3)．

[4] 丁树谦．全面推行现代文明环保殡葬的建议及对策研究 [J]．辽宁师专学报 (社会版)，2010，(1)．

[5] 寇英来．关于殡葬改革的几点思考 [J]．2012 年 2 月 8 日 (四川)．

[6] 孙树仁．如何取得节地生态安葬又一场革命的胜利 [N]．中国社会报，2016 年 1 月 26 日第 004 版．

① 孙树仁：《如何取得节地生态安葬又一场革命的胜利》，载《中国社会报》，2016 年 1 月 26 日第4 版。

② 杨宝祥．绿色殡葬：殡葬理论与实践的创新，http：//101. mca. gov. cn/article/kxyj/200811/20081100022328. shtml。

殡葬文化源于生活、服务生活

北京市大兴区殡仪馆　韩德茂　展红军

摘　要：乍一看，关于“殡葬文化”的解释很复杂，其本身涵盖的内容很广泛。总结起来，它既有精神层面的内容，也有物质层面的内容。它是涉及人们社会生活方方面面的一种文化现象，是和人们生活息息相关的文化现象。笔者认为，简言之，殡葬文化就是人们表达治丧感情，以及在寻找表达感情载体的过程中，衍生出的事和物。

关键词：殡葬文化　社会生活　殡仪服务

从图腾崇拜的远古时代到电子信息的当今岁月，炎黄子孙在表达对先人的孝、敬、思的过程中，逐步形成了一套可传承、可发展的文化体系——殡葬文化①。自古以来，历代学者研究和丰富着殡葬文化，为后人留下了宝贵的文化财富，例如经典的《礼记》，在《檀弓》《丧服》等篇中，就有了对先秦殡葬比较系统的总结和论述。

那么，我们所说的殡葬文化的本质是什么？发展到今天，它与社会生活之间是一种什么关系？它对我们的现实生活有哪些意义？下面，笔者就带着这三个问题，阐述一下自己的观点和想法，还望业内学者和专家多多指教。

一、殡葬文化

关于殡葬文化，有一种唯物的解释，笔者认为比较合理：殡葬文化，是与死亡相关的人类创造的社群活动中多种特质文化的复合体，其涵盖内容涉

① 本文中所提到的“殡葬文化”，仅限于我国国内范围，不涉及国际殡葬文化。

及实物、信仰、心理、伦理、道德、艺术，由此而延伸展开形成了诸如临终关怀、遗嘱文化、死亡教育、死亡观念、殡仪习俗、丧仪文化、葬文化、祭扫文化、葬仪经济、殡葬科技以及其他有关活动等。

从形态角度来区分，学者王夫子在书中[①]阐述了殡葬文化有三类形态，即：观念形态、操作形态和实物形态。

乍一看，关于“殡葬文化”的解释很复杂，其本身涵盖的内容很广泛。总结起来，它既有精神层面的内容，也有物质层面的内容。它是涉及人们社会生活方方面面的一种文化现象，是和人们生活息息相关的文化现象。笔者认为，简言之，殡葬文化就是人们表达治丧感情，以及在寻找表达感情载体的过程中，衍生出的事和物。

二、殡葬文化与当今社会生活之间的关系

纵观人类文明史，我们会发现任何一种社会文化的形成、发展都离不开社会生活这个平台，它的生命力是和社会需求成正比的，也是和人们的日常生活息息相关的。同样，殡葬文化的传承、发展也是和社会生活脱离不开的，它是与社会政治、社会经济、社会意识形态有着密切关系的。

（一）当今殡葬文化与社会政治之间的关系

政治，具有明显的时代特性，不同的历史时期或者是社会制度下，有不同的政治特点。所以，探讨当今殡葬文化与政治之间的关系，需要结合现在的政治特点来进行。

1. 历史中的殡葬文化与政治间的关系。在传统的殡葬文化中，很多习俗的形成，都是由统治阶级以及维护统治阶级利益的力量引导的，殡葬领域的精神追求和物质设计，都要合乎统治者心思和统治意愿，比如“商王拥有主持王室祖先祭祀的权力”[②]，君臣士大夫的礼遇有明显的三六九等之分。也就是说，古代的殡葬文化在政治层面上，打上了深深的阶级烙印。

2. 新时期两者之间的关系。新中国成立后，尤其社会主义社会发展到今天，政治文明较封建社会有了质的变化和提高。从政治角度看当今社会，我

---

① 王夫子：《殡葬文化学》，长沙·湖南人民出版社，2007 年版。

② 刘源：《商周祭祖礼研究》，北京·商务印书馆，2007 年版，第 314 页。

们特别提倡民主、自由、公平、公正。党的十八大关于“政治文明”建设的内容指出：借鉴人类政治文明有益成果、经过长期探索实践形成的，是历史的选择、人民的选择。……我们一定要坚定不移沿着这条道路前进，使我国社会主义民主政治展现出更加旺盛的生命力。在这种政治背景下，我们的殡葬文化，很显然不可能再存在“阶级压迫”的因素，它的发展方向应该是亲民、利民、惠民。由此推断，当今的政治环境，促进了殡葬文化的民主发展、文明发展，彻底扫除了“特权统治”在殡葬文化领域的阴影，从根本上指引殡葬文化为人民服务，满足百姓生活需要。反过来，当今殡葬文化的发展，势必会促进社会的和谐，为政治建设起到积极的促进作用。

（二）当今殡葬文化与社会经济之间的关系

在基本的哲学关系中，经济是基础，政治是经济的集中表现，文化是经济和政治的反映。一定的文化由一定的经济、政治所决定，又反作用于一定的政治、经济，并给予政治、经济以重大影响。当然，文化有其自身的传承性和相对的独立性，并不是始终与经济发展亦步亦趋的。

1. 社会经济对殡葬文化的影响。具体到殡葬文化与社会经济的关系上，也没有脱离上述的基本关系框架。从古至今，不同社会制度下的经济特点，决定了殡葬文化具有不同的时代特色。在加大改革开放力度、全面建设特色社会主义经济的今天，社会经济的发展，决定了殡葬文化的产业化发展，促使殡葬文化从原本的意识形态层面，逐渐渗透到物质体现的层面，在“寻求表达感情的载体”和“创造感情载体”的过程中，加大了物质存在的体现力度。例如，每年在北京社会管理职业学院举办的“生命文化”年会上，就殡葬文化的体现形式而言，丧葬用品的展示相比书面理论展示和文本资料宣传，逐年有所提高。很明显，这就是社会实体经济发展对殡葬文化发展产生刺激的具体体现。另外，由于市场化经济的冲击，在殡葬文化领域发展的过程中，也已出现“趋利”行为。比如，殡葬文化所属的丧仪文化，在一些仪式的举办过程中，服务人员夸大对所需丧葬用品代表含义的解释说明，强化了葬品作为表达感情载体的作用，潜意识中就把葬品当作商品出售，表现出明显的经营思维和推销模式。

2. 当前殡葬文化对经济的影响状态。殡葬文化在经济领域的这种不健康发展，一方面，刺激了市场消费，拉动经济数值上升，推动了市场经济的繁荣；另一方面，追逐利益和利润的发展方式，势必引起恶性竞争或者是恶性经营方式，给市场稳定造成巨大的社会隐患。根据《殡葬绿皮书：中国殡葬事业发展报告》等相关数据材料显示，巨大的殡葬经济数字背后，非专业从业者的经营额度占很大比例，已经呈现冲击50%、超越50%的强劲势头，这些不可控的力量，纯粹把殡葬文化引向“金钱包装”的境地，足以导致文化发展失去原动力和核心力，更容易造成人们殡葬意识的模糊，从思想高地夺去文化的纯洁性和文明性。这不能不引起我们的高度重视。

（三）当今殡葬文化与社会意识形态之间的关系

1. 社会意识形态。随着经济基础的变化，政治、法律、道德、艺术、宗教、哲学和其他社会科学等，各以特殊的方式，从不同侧面反映现实的社会生活。它们相互联系、相互制约，构成意识形态的有机整体。

社会意识是社会精神生活现象的总和，它是社会存在的反映，是与一定社会的经济和政治直接联系的观念、观点、概念的总和，包括政治法律思想、道德、文学艺术、宗教、哲学和其他社会科学等意识形态。

社会意识形态是指社会意识在社会现实生活中的表现和表述形式。

2. 殡葬文化和社会意识形态的相互作用。（1）在当今社会主义社会意识形态下，人们从意识层面对殡葬文化有了较为全面的认知和思考。从最早对殡葬的畏惧、厌恶，到当代殡葬专业学科的设立、《殡葬管理条例》的修订、“殡葬法”的研讨、清明节假日的法定化……这些变化，首先反映出社会对殡葬的认可，把殡葬提升到应有的高度，也反映出人们从各个社会领域和层次对殡葬文化的思考开始有了学术性、研究性、系统性、规范性的意识和行动。

（2）在这种发展背景下，殡葬文化将越来越被社会重视，其自身发展的空间也会随之得以提升。按此逻辑，殡葬文化将更能在社会文化中得到健康发展，更能促进社会意识形态领域的文明程度，其中互相促进的社会意义不可小觑。

三、殡葬文化对社会的积极意义

我们探讨殡葬文化，不能只是停留在说说、看看的层次，而是要激发殡葬文化本身对社会生活有益的积极因素，让文化反哺生活、服务生活。

（一）殡葬文化在现实中的存在

单单提及“殡葬文化”这个词，我们可能觉得它离我们很远，它是一种意识性的东西，摸不着抓不到，怎么会服务生活、接近地气呢？其实，我们的日常生活中从不缺少殡葬文化的影子，因为有死亡就会有殡葬。“人，固有一死”①，谁也不可能远离世间的尘嚣，寻得长生不老的仙境。自然而然的，在安置逝者后事、追思逝者的每一个环节中，无不渗透着殡葬文化的气息。

下面让我们通过最最熟悉的丧仪文化，感悟一下殡葬文化服务生活的社会意义。

丧仪，即丧葬礼仪，一般来讲是对人去世以后直到安葬每一个治丧环节的仪式过程的总称，是人们生活中最常见的殡葬文化的组成部分。虽然不同的地区和不同的民族在丧葬礼仪中的表现形式各异，但大体上可以归纳为：初丧礼仪、治丧礼仪、出丧礼仪、墓葬礼仪和葬后礼仪五个部分②。在漫长的岁月演变中，丧仪从始至今形成了它固有的文化特点。首先，作为仪式，它有固定的流程环节，有层次、有步骤、有连贯性、有传承性。比如在初丧部分，一般有沐浴、穿衣、整容、报丧等步骤，环环相扣、有条不紊，前后相连、循序渐进。其次，作为礼仪，它有自身的操作标准。比如，在当今遗体告别仪式（治丧礼仪部分）过程中，服务人员的一举一动都要符合“殡仪服务员”教学大纲的要求，形象、语言语气都要体现出对逝者的尊敬和仪式的庄重。“在上举过程中，让上臂与身体成45度左右的夹角，并且食指、中指、无名指、小拇指在上升过程中前两个关节弯曲，其中食指与伸直的大拇指几乎合闭稍留缝隙，待双手举至帽檐儿或帽前端两侧时，大拇指与弯曲的食指合作将帽檐儿或帽前端两侧攥牢，把帽子托起离头顶5厘米的空中。”③ 最后，作为仪式，它的每一个细节都要表达出一定的含义，否则就失去了举行仪式的根本意义。最简单的例子，我们在举行遗体告别仪式的过程中，要对逝者行“鞠躬礼”。鞠躬④，弯身行礼，以示恭敬。这是一种表达由衷的敬意的动作，其中包含了感激、尊敬、诚恳、礼貌之意。具体到仪式现场，“鞠躬”这个动作看似是行礼人对逝者的一个简单的肢体语言，但是这个动作深深地表

---

① 司马迁：《报任安书》。

② 陈婕：《军休工作》，2015年3月23日，郑州军休网。

③ 笔者考察北京民正殡葬礼仪服务有限责任公司的实践操作规范。

④ 《仪礼聘礼》：执圭，入门，鞠躬焉，如恐失之。

达了对逝者的哀思，凸显了对逝者的礼貌和尊敬——这就是仪式中设置某一个细节的意义所在。

(二) 殡葬文化的社会意义

丧仪文化的这些突出特点，基本能代表整个殡葬文化的特点。在这个特点基础上，我们不难看出殡葬文化在日常生活中的社会意义。

1. 殡葬文化的传承过程，促进了人们的横向和纵向交流

通过对丧仪文化的简述，我们可以看出，作为殡葬文化的组成部分，每一个分支都会有具体的操作形态，操作过程中，需要人们相互分工合作，共同完成某一个环节的仪式流程或策划安排。很显然，恰恰就是在操作过程中，人与人之间需要语言沟通、思想沟通、行动沟通，这势必加强了人与人之间的互动和交流，促进了人与人之间的和谐相处，促进了心灵相约，无声中创造了既有小家又有大家的良好氛围，“慎终追远”的清明节，正是这种和谐、文明的具体体现。

另外，这些仪式或安排的过程和操作方式，会形成某一区域内的习俗，一代代地传承下去，让每一个时代之间的人也能发生“沟通”的可能，这就保证了文化的稳定性和持续性，在一定程度上促进了人们思想的稳定，从而能起到维护社会稳定发展的重大作用。

2. 殡葬文化本身对社会是有教育意义的

文化本身就是人类创造文明过程中的智慧结晶。在它的形成、发展、传承的过程中，一方面总结了人们高尚的思想精华，另一方面也不忘将思想精华传播渗透到广泛的群众中间，发挥其对社会的教育作用。

首先，说到殡葬文化的教育作用，其表现形式还是要具体到操作形态上来（各种丧葬礼仪）。丧葬的仪式可以对活人的人生观起到一定的教育和感化作用：当人们看到人在死后的情景，对功名之争必有淡化之想；前来参加仪式的人们，对逝者死后的情景记忆深刻，感触颇深，即便家财万贯、良田千顷，死后一切将不复存在；有的人直到父母去世，才真正醒悟到父母养儿育女的不易，才会产生“子欲养而亲不待”的悔过之情。

其次，殡葬文化还会强化人们的生命观。从某种意义上讲，生，其实是一个等待死亡的不可逆转的过程；死，是生命的另一种存在形式。这种自然规律，任何人都无法改变和躲避。一系列的丧葬礼仪可以使人们正确面对死亡，消除人们对死亡的恐惧，也使人们能够坦然地面对死亡。同时，丧葬礼

仪还能够教育人们善待生命，树立乐观的人生态度。

3. 殡葬文化正确引导殡仪服务

殡仪文化中的丧仪文化发展到今天，我们可以把它的狭义解释引申为殡仪服务。在民政部编写的教材中这样解释：殡仪服务，即殡葬礼仪服务，是特定的殡仪服务单位在丧葬活动中从事的特殊服务，是殡葬事业单位运用殡葬设备、设施和丧葬用品为殡仪服务对象提供劳务服务活动中所有项目和内容的总称。①

从对殡仪服务的解释中可以看出，有提供服务的主体，有接受服务的客体（其中客体中包含逝者及家属）。在主客双方的治丧理念中，一般都会受到当地风俗、宗族观念的影响。在服务与被服务的过程中，可能会出现一些不必要的争议。这种现象的产生，一般源于双方沟通少或者存在思想差异，缺乏统一的沟通依据。

殡葬文化的存在，恰恰弥补了上述缺陷。不论是服务方还是被服务方，如果都能遵照殡葬文化约束的公共礼仪程序和要求，将最大限度减少双方的隔阂和认同误区。在近几年民政部发起的全国民政职业技术大赛中，针对殡仪服务专业的比赛，特别强调了殡仪服务要有文化内涵，要体现人文理念，要贴近百姓生活，通过比赛要培养高端人才，打造高端服务。这种要求，很明显地反映出人们想利用殡葬文化成果的迫切心情。

从更深一层次讲，用殡葬文化引导的殡仪服务，将会在最大限度上体现“以人为本、尊重生命”的殡葬主题，真正达到“善事逝者、慰藉生者”的殡仪服务目的，从而反作用于文化发展，使其向着丰富理论、丰富实践、检验再提高的方向前进。

四、结束语

殡葬这个主题本身就隐含了尊重人权、尊重生命的重大意义，殡葬文化将这个意义社会化、普遍化，让人们在丰富道德情感的同时，体会了生命的价值所在，是人类文明主体的核心灵魂。作为殡葬从业者，我们愿为传承殡葬文化尽微薄之力。

---

① 肖成龙：《殡仪服务员》，北京·中国社会出版社，2006年版。

殡葬行业发展两大主要论战的简单探讨

济南市殡仪馆　李　澎

引　言

生老病死是自然规律，也是民生大事。殡葬服务市场化十多年来，中国的殡葬业在科学管理、人才引进、改善服务、建设品牌和提高殡葬设备科技含量等方面取得了长足进步。但随着社会发展和文明进步，城乡居民公共服务需求日益增长，对殡葬服务的需求趋向多样性和个性化，殡葬行业是该重新审视发展方向的时候了。党和政府高度重视殡葬管理服务，2012 年 7 月 11 日，国务院印发了《国家基本公共服务体系“十二五”规划》，将“为身故者提供基本殡葬服务”列入基本社会服务项目。在全面建成小康社会的进程中，如何顺应人民群众对殡葬服务的新期待，更好地体现社会对每一名逝者的尊重，成为摆在我们面前的重要问题。笔者将从对殡葬行业发展的主要论战入手分析，探究殡葬行业发展的主要方向。

早在 2007 年，针对殡葬服务和殡葬管理中存在的问题，国家起草了《殡葬管理条例》修订草案征求意见稿，向社会公开征求意见。修订草案征求意见稿所涉及的修改内容主要表现在四个方面：一是坚持了火葬为主的殡葬方式，号召逐步推行火葬，改革土葬，并将殡葬方式同土地利用相联系。征求意见稿规定，实行火葬的地方应当尽量少占或不占土地，实行土葬的地方要进行深埋，不留坟头。二是明确了基本殡仪服务的公益性质。征求意见稿规定，殡仪馆是提供遗体运送、冷藏、火化的公益服务机构，其他殡仪服务机构可以从事遗体运送、冷藏、火化以外的经营性服务。三是细化了殡仪服务的操作规范。征求意见稿对火化的基本程序和操作规范进行了细化。四是增加了公墓管理的内容。征求意见稿规定了申请建设公墓的条件、公墓经营的登记管理，以及公墓经营中的禁止事项。征求意见稿公布后，由于社会各界分歧较大，修订草案基本被搁置，至今也未能出台正式明确的文件。分歧主要体现在两个方面：一是火葬还是土葬；二是搞市场还是搞公益。应该说，这两个论战不单单是在条例修订这个阶段，恐怕在未来相当长的时间内仍然是殡葬行业发展的主要争论焦点。

一、火葬还是土葬：各有利弊

（一）土葬论点分析

土葬支持者一般从习俗、法律和优势三个方面来佐证自己的观点。习俗方面，认为土葬是中国几千年来的传统习俗，“入土为安”的观念根深蒂固，不宜更改。法律方面，认为《殡葬管理条例》不是法律，规定强行火化是侵犯群众私权的表现，选择何种安葬方式应当由群众自行选择。优势方面，认为遗体是天然养料，回归自然并不占用土地，减少环境污染。我们从这三个方面加以分析：

1. 从历史上看，土葬和火葬都是我国传统的殡葬方式。火葬开始于少数民族，《庄子》和《列子》中都有少数民族火葬的描述：“羌人死，焚而扬其灰。”“秦之西有仪渠之国，其亲戚死，聚柴积而焚之，熏则烟上，谓之登遐，然后成孝子。”后来随着佛教传入我国，由于佛教倡导火化遗体可以灭除多生多世的业障，火葬习俗在信教民众中开始出现，宋朝时期变得普遍，有的地方专门建立了焚化院、化人亭等火化场所，这种状况一直持续到明朝。明清统治者严令限制火葬，《大明律・礼律・丧葬条》及《大清律・仪律》有对火葬者实行杖责、流放甚至斩首的规定，由此土葬又成为我国的主要葬法。目前民间讲土葬是我国几千年的传统葬法是片面的，应该说明清以后土葬是我国的主要葬法。由此可见，葬法是可以随着社会形势发展而发生变化的，火葬和土葬都曾经是我国的传统葬法。

2. 对于法律方面，葬法选择是逝者生前意愿与亲属权利的综合体现。许多逝者生前即表达出打算何种葬法，在故去后亲属一般会满足逝者意愿。但更多的时候，逝者生前并没有选择死后的葬法，选择何种葬法更多的是亲属意志。这种亲属意志是基于与逝者的特定身份而实现的，属于身份权范畴。

3. 土葬确实有明显的优势。农村和城市相比优势是拥有大量土地，而且基本是群众的自耕地，价格低廉，这为埋葬遗体提供了基本条件。同时，农村地区缺少殡仪馆、火葬场、骨灰存放处等基础设施和服务，火化遗体和存放骨灰都不方便。而实行土葬相比火葬的遗体接运、冷藏、火化以及办理相关手续等更加简单快捷、节省费用。更为重要的是土葬环境污染小，不浪费能源且可变废为宝，肥沃土壤。在确保土葬地点分散并远离村庄、远离水源的前提下，土葬是绿色、环保、文明的遗体处理方式。

4. 土葬的劣势更多的是附加行为。传统土葬模式有缺点，但缺点不在“土葬”自身，而在于附着在“土葬”环节中的某些环节，主要是修坟、立碑不利于农用机械使用，棺木浪费木材，落葬殡葬过程迷信色彩浓厚等，但这些都是可以通过制度约束逐步改进和完善的。很多地方规定的第一年保留坟头、第二年平坟复耕等办法也走出了一条新路。

（二）火葬论点分析

国家现阶段倡导火葬主要是基于土地利用、节约耕地的角度。《殡葬管理条例》第二条规定：殡葬管理的方针是“积极地、有步骤地实行火葬，改革土葬，节约殡葬用地”。1956 年，毛泽东等老一辈无产阶级革命家提出火葬倡议书：“现行的土葬占用耕地，浪费木材，实行火葬不占用耕地，不需要棺木，可以节省装殓和埋葬费用，也无碍于对死者的纪念，应该大为提倡。”1965 年，民政部前身的内务部出台《关于殡葬改革工作的意见》，要求“大力推行火葬，改革土葬”。这一殡葬改革意见的主导思想在殡葬管理工作中一直延续至今，即使 1997 年出台的现行《殡葬管理条例》同样要求实行火葬，改革土葬，节约殡葬用地。可以说我国殡葬改革起步于 20 世纪 60 年代，七八十年代属于积累期，到 90 年代初才实现快速发展。而这个发展道路是曲折艰难、充满阻力的，是靠政府强力推动的，没有得到广大群众的积极响应和积极推动。究其原因，许多人只是从群众思想观念落后、传统习俗根深蒂固、经济投入不足、有关部门工作不力等方面找原因，其实症结存在于火葬本身。

从《殡葬管理条例》的规定和城市现状来看，群众除了火葬没有其他更好的选择渠道，或者应该说，现行的火葬政策更加适合城市需要。其优势主要是城市不可能满足土葬用地需求。城市公共服务设施能提供人们遗体火化的各种服务。但是在具体实行中，以节约耕地、移风易俗、保护环境为目的的火葬模式表现出严重不足：

1. 火化遗体污染环境，浪费能源。火葬模式的主要环节就是火化遗体。受财力所限，绿色环保节能的全自动数控火化炉难以推广。我国目前采用的火化炉大多是柴油喷燃，这种火化炉目前根本达不到无毒无烟的环保要求，严重污染大气环境。遗体防腐、冷冻保存、遗体消毒设备等技术要求高，容易造成二次污染。同时，火化遗体燃烧大量柴油，消耗了大量资源。按照火化一具尸体 15 升柴油计算，我国每年火化 500 万具遗体共需要消耗 7500 万升柴油，而这些柴油的消耗并没有创造实际的价值。还要考虑到存放遗体所耗的电能、运送遗体及相关人员物品的交通燃油等消耗。

2. 骨灰安放问题较多。现行火葬实际上和历史上的火葬已不是一个概念。历史上的火葬遗体大都是一次葬，尸体火化后殡葬仪式结束，骨灰或弃之野外，或“扬灰撒掉”，或“寄之寺庙由僧侣处置”等。而现行的遗体火化后的逝者骨灰安放很不明确，受“入土为安”传统思想的影响，亲属大多选购墓地再掩埋骨灰，实际进行二次土葬。特别需要指出的是，目前墓地都是水泥浇灌的永久墓地，是实实在在地破坏土地，与节约土地、保护环境的火葬初衷已相去甚远。

3. 火葬行为并未减轻家属负担。目前国家的基本殡葬制度建设尚不完善，还未提到应有的高度。实行火葬引发的费用名目繁多，每年清明前后都有媒体发文提出质疑和批评。对于抛撒纸钱、焚烧花圈、大操大办等殡葬陋习的管理不够严格，对殡葬中介缺乏准入制度和管理手段，殡葬问题已引起丧主的严重不满和媒体的高度重视。

综上所述，火葬模式的缺点越来越明显地表现出来，这决定了火葬只能是一种过渡模式而不能作为殡葬事业发展的目标模式。而土葬模式值得肯定，更需要明确范围和方式方法，加强引导和管理，避免走入新的误区。

二、搞市场还是搞公益：各有需求

殡葬服务应当引入民营资本充分实现市场化，还是继续发展国有殡葬事业单位回归公益，是社会关注的另一个热门议题。有观点认为，殡葬行业的暴利是国家对该行业垄断所导致的，要解决暴利问题就必须开放殡葬服务业，只有引入市场机制才能减少或消除暴利。已经有个别城市将国有殡葬单位全部托管给殡葬服务集团开展市场化服务，具体效果我们拭目以待。从国外及一些地区的发展情况来看，坚持国有公益化与发展市场化是并存的，没有标准说哪个模式更加优越。如一些西方国家殡葬服务是由政府提供的，法国法律规定保障得到体面的葬礼仪式是公民的权利，通过殡葬服务营利是对亡灵的亵渎；德国和意大利则规定遗体只能埋葬在公共墓地。我国台湾地区群众可以自主选择土葬和火葬的葬法，但受价格杠杆的调节，大多数台湾人都选择火葬模式；对于经济条件较好的群体，则有比较完善的殡葬服务配套。市场化和完全公益都有弊端，只有厘清这其中的界限，才能让公益与市场各归其位。

（一）殡葬服务市场化的弊端

从国外的情况来看，如美国殡葬服务市场化程度较高，但企业为赢利往往不顾社会公德，使公墓扩张过大过快，利用率低，助长了墓葬的投机心理，推高了墓穴等殡葬产品和服务的价格。这种负面影响引发了去市场化的需求，现在美国通过社区等提供殡葬服务的方式在一些地方悄然兴起。市场经济是竞争经济，是经营单位追逐利润的场所，追逐利润是营利单位的首要任务。营利主体与公益服务主体在价值观上存在着本质区别，这种本质区别反映了两者在目标追求、操作手法上的巨大差别。同样是宣传公益理念，营利组织宣传时总不会忘记提醒公众关注自己的存在，具有明显的功利性特征，其宣传只不过是一种营销手段而已。殡葬服务实行完全市场化，与国家节约土地和保护环境的方针并不符合。实行火化的地区，如果对殡葬服务采取市场化经营，就会造成环境和土地的大量负担；如果在维持数量限制的情形下引入市场化，那么只发生经营主体变更，不存在价格竞争，通过市场化减少暴利的目的难以实现。而公墓占用土地涉及土地管控，不可能大量开发，经营主体的数量限制也难以达到消除殡葬暴利的结果。

综上所述，殡葬市场化并非是殡葬暴利的终结手段，不是殡葬服务的改革目标。

（二）殡葬服务的公益化需求

《殡葬管理条例》第四条和第二十条规定：“人口稠密、耕地较少、交通方便的地区，应当实行火葬。将应当火化的遗体土葬，或者在公墓和农村的公益性墓地以外的其他地方埋葬遗体、建造坟墓的，由民政部门责令限期改正。”这相当于法律为火葬区群众设定了一项只能在殡仪馆以火化的方式处理遗体的义务。按照权利与义务对等的基本法律原则，民众就有权利要求获得遗体处理火化所必需的服务。这里，遗体处理所必需的服务应当包括遗体接运、消毒、保存、火化、骨灰临时性保存和最终处理的全过程。全国除极个别地方，政府授权国有殡葬单位作为实行火化的垄断性单位，也应当担负起为群众提供以上服务，即完成遗体处理的服务全过程。这种服务过程应当平等地为所有人民群众所得，不因逝者生前身份、地位、经济水平的不同而存在差别性，这种服务过程必须是公益的。而现实操作中，殡葬事业单位对遗体处理过程中法定任务（遗体收集、运送、保管、遗体处理、骨灰保存）是物价部门核定的，价格低廉到不仅不会有“暴利”，而是亏损严重。殡葬事业单位不得不开辟新的殡葬服务项目，以弥补公益服务产品的亏损。而且，随着经济条件的改善，群众对殡葬事业单位提出了更高的要求，他们不再仅仅满足于简单地处理遗体，需要殡葬单位提供更多的服务项目，有相当一部分人要求提供高层次的殡葬服务产品，而这种情况又刺激了新的消费人群，给殡葬事业单位提供了多种经营的舞台。这两个方面的影响，使得殡葬事业单位不得不通过创收来录用更多人员、购置新的设施设备、自行维修改造设备等满足服务需求。往往这部分市场化服务需求产生的收入，都被财政部门掌控，成为非税收入的一部分。这是体制原因造成的根本性问题。

实际上，无论公益还是市场，都是殡葬行业发展的有机组成。殡葬行业暴利的根本原因并不在于谁作为经营主体，而在于经营方式和价格管控。目前，我国殡葬业由行政权力形成的垄断并没有充分体现公益，政府投入和价格机制都逼迫殡葬事业单位要走放弃公益自负盈亏的道路。而殡葬市场化又缺乏有效监管，使不规范甚至戴有各种公益面具的“黑中介”为所欲为，直接损害了广大群众的利益。在这种情形下形成的暴利，并不是体制性缺陷所造成，而是缺乏管控所导致的。因此，把殡葬服务纳入公共服务范畴，由政府实行必要的价格管制，并通过管理制度设计和加强执法力度，是终结殡葬暴利的重要手段。

三、殡葬行业发展展望：公益托底下的规范市场

坚持火葬为主的多种葬法选择是我国应该遵循的主导思想，总的原则仍应该是绿色、环保、文明和可持续发展。

（一）社会呼唤殡葬立法

现行的《殡葬管理条例》由于过于原则，缺乏可操作性，已无法充分规范殡葬活动。社会各界都急切呼吁制定“殡葬法”来取代《殡葬管理条例》。对于这部法律的制定，涉及民政、土地、工商、发改、环保等多个部门，制定难度大，周期长，分歧多。建议“殡葬法”应包含行政管理和民事活动部分。详细规定殡葬行业的准入、人员的准入以及经营管理事项，强调基本殡葬服务的公益性质，明确经营主体和政府民政部门的关系，明确基本服务以外的服务可以实行市场化，明确经营主体资格的取得标准以及设立条件和设立程序、从业人员的资格许可等事项；明确墓地使用年限及签订合同当事人的权利义务；明确遗体火化设施建设和设备配置标准，设置殡葬服务设施规划的条件，明确殡葬价格的制定、价格的变动、价格的监督等。总之，明确国家提供的基本服务和市场化非基本服务的界限，提供免费的满足群众最低需求的基本服务，将非基本服务完全推向市场，但加以严格管控，由群众自主选择、签约服务、自行调控。

（二）实施殡葬基本服务免费政策

2012 年 7 月 11 日，国务院印发了《国家基本公共服务体系“十二五”规划》，将“为身故者提供基本殡葬服务”列入基本社会服务项目。殡葬兜底，是公益殡葬的显著特征。基本殡葬服务费用由政府承担，要逐步从特定人群起步的补缺型到适度普惠型再到全民普惠型，实现殡葬公共服务均等化。“死不起人”“死无葬身之地”的问题，集中表现在中低收入群体，尤其是特殊困难人群，解决好他们的问题，是殡葬惠民的首要任务。政府也应在机构、编制、经费、基础设施建设等方面为殡葬部门埋单，使之与惠民殡葬相匹配。按照保障基本、覆盖城乡、绿色发展的原则，实施城乡居民殡葬基本服务由政府买单，实现遗体接运、消毒、存放（不超过 3 天）、告别厅（简单告别厅）、火化（普通火化炉）、骨灰盒（简易型）、骨灰寄存（标准型、不超过 1 年）、骨灰处理（海葬、树葬等生态葬法）8 项基本服务免费。有条件的地区还应适当扩大免费对象范围、增加免费服务项目、提高免费服务标准。我们看到深圳市联合有关团体，将基本殡葬覆盖面扩大到非深圳户籍和延伸服务内容，彻底解决了所谓的“死不起”问题，值得各地学习。

（三）建立强化监管下的市场化服务体系

“殡葬法”出台后，应建立依法严格管理、保障落实到位的管理体系。民政、价格、工商等部门联合加强监管，依法严厉打击和有效遏制殡葬服务过程中的违法违规行为和对未经准入私自服务的行为，营造公平、规范、诚信、有序的殡葬市场环境，维护人民群众合法权益。在此基础上，将整容化妆、个性告别、遗体服务、入户布置等推向市场，由市场最终评判。进一步理顺殡葬管理体制，加快推进殡葬领域政事分开、政企分开、管办分离，行政机关在人、财、物等方面彻底与经营性殡葬服务单位脱钩。

参考文献：

[1] 殡葬管理条例（修订草案征求意见稿）。

[2] 美国殡葬法律制度的主要内容和特点。

[3] 遗体火葬与土葬的利弊分析——实行绿色环保丧葬模式。

[4] 坚持公益性定位　更好地保障人民群众殡葬基本公共服务需求。

尝试殡葬信托开辟经济和社会效益双赢新路径

重庆仙人堂陵园有限公司　何　强　王　钢

摘　要：殡葬信托在许多国家和地区早已兴起，而我国大陆却未有出现。随着我国社会老龄化问题凸显，加之特殊政策导致现今独居空巢老人趋多，民间自助和互助办理丧事的传统做法已不能满足社会需求。故本文结合我国现实情况阐释了殡葬信托兴起的必然性、紧迫性和积极的社会意义，指出了当前推行殡葬信托面临的问题，并对如何尝试殡葬信托提出了自己的见解。

关键词：殡葬　信托

一、什么是殡葬信托

所谓殡葬信托，是指委托人将自已身后事以契约的形式托付给专门的组织机构或个人，委托人按约定支付一定费用，受托方按契约办理当事人身后事宜的行为活动。

殡葬信托在国外早已兴起和发展，我国台湾、香港等地区早在20世纪80年代就已出现并推行。

目前，大陆少部分地区出现公墓企业开展“生前计划”“事前规划”等类似殡葬信托的服务，但效果难估，也没普遍推行起来。

可以说，大陆地区信托业务本身就不发达，加之在殡葬领域人们思想观念、社会管理、依法治理等方面严重滞后，殡葬信托更是无人涉及。但是，随着我国社会的发展，殡葬信托的兴起是迟早的事。

二、殡葬信托的出现和兴起是社会发展的必然

言及殡葬信托，必须从社会进步发展的角度来分析和认识。

第一，中国现代社会是从农业社会形态、工业社会形态逐渐演进过来的，其中农业社会形态长达数千年，而工业社会形态才仅仅四五十年。在农业社会形态里，殡葬事务是以民间自助、互助的形式来完成的。这种形式在我国广大农村仍延续至今，改变不大；而城市里这样的形式也延续至改革开放后的20世纪80年代。随着我国社会的发展进步，逐步进入工业社会形态，人们的生活方式随之发生了深刻变化，自20世纪90年代以后，城市里围绕处理殡葬事务的社会化服务逐渐产生并快速发展，如专门的殡仪服务场所取代了临街或就近搭建灵棚现象；过去散埋乱葬的“关山坡”被政府规划和批准修建的公共墓园所替代。这与过去的“自助”“互助”有一个明显的区别，就是有偿的社会化服务。社会化服务领域是广泛的，殡葬只是其中之一。而信托服务则是社会化服务的一种成熟形式。信托服务在财产管理领域最早兴起，以类似信托形式的服务在其他领域也运用广泛，而在殡葬领域里由于多方面的原因，如观念陈旧、法律和社会管理缺失等，导致少有人问津，实难以做成。

因此，随着社会发展进步，以及社会化服务的兴起，社会对殡葬信托理应有所需求，但就目前来看，要开展类似的服务工作，还必须努力创造条件，克服思想观念、行为习惯、社会管理、法制建设方面的诸多困难。

第二，中国社会人口及家庭结构发生了极大变化。20世纪60年代，我国大陆实行了计划生育政策，这对国家后来的经济和社会发展起到了积极作用，但也造就了我们今天社会管理的新问题，那就是人口结构、家庭结构较之以前发生了很大变化，加之城市化发展，人口流动空间扩大，空巢老人、独居老人大量出现且迅猛增多。这就带来了一个极大的社会问题——谁来负责这样大量空巢、独居老人特别是失能老人的养老和寿终？

这个问题非同小可，如果我们现在认识不到这个问题的严重性，不及早着手应对，将会出现严重的人性化社会危机。

怎样应对这个问题？根据现代社会发展的一般规律，只有一条，就是围绕“养老”和“寿终”，积极发展多样化的社会化服务，殡葬信托当是其中的内容之一。

第三，现代社会需要更完善、更便捷、更具人性的社会化服务来支撑。现代社会高度发达，对社会化服务的需求不断增多，同时经济发展和科技进步为社会化服务领域的扩展创造了条件，大力发展社会化服务成为现代社会发展的客观规律。

自20世纪八九十年代以来，改革开放推动我国社会的现代化进程快速发展，并取得了长足进步。我国的社会福利事业开始由救助型转向普惠型，围绕社会民生的社会化服务得以兴起。随着现代社会生产、生活方式的变化，不仅对社会化服务的需求进一步增多，更要求运用信息和网络以及金融技术加以升级，使之更加丰富、更加便捷、更加符合人性化需求。社会化服务成为整个社会不可或缺的有力支撑。

由此不难预料，殡葬信托将作为社会化服务内容之一，一定会在不久的将来出现在我们的社会生活中。

三、当前推行殡葬信托具有紧迫性

（一）老龄化社会来势凶猛

当前，我国社会老龄人群潮涌，65岁及以上老年人口在2014年已达1.37亿，占全国人口的10.1%。据预测，到2050年，我国65岁及以上的老年人口数量将达到4亿，占总人口将超过30%。在当下，我们已经强烈地感受到，一方面，社会在进步，生活水平在提高，人的寿命在延长，与此同时整个社会上不仅空巢、独居的老年人群急剧增多，而其中高龄、失能老人更是不少，他们根本无法自我完成养老和寿终的相关事宜。

（二）城市化发展的需要

建设现代化社会必须要经历城市化过程，城市化又必然带来人们生活方式的巨大变化。在城市里，过去农村通过自助互助养老和办理丧事的条件不复存在，必须依靠社会化服务来进行、来完成。这是社会发展的必然趋势。当前正是我国城市化快速发展期，如何承接人们生活方式转变，如何兴起和推进养老和寿终方面的社会化服务，实在是刻不容缓。

（三）现代社会的人性化需求

现代社会的本质特征是以人为本，实现人性化发展是社会进步最基本的要求。由于前期对现代社会发展需求估计不足，特别是对关乎老年人群民生的社会化服务关注不够（如过分强调家庭养老为主），以至于现在对老年人群的社会服务在观念、管理、资源配置和趋势研究等方面都严重地滞后。近几年媒体报道各地发生空巢、独居老人去世数日都无人知晓的案例大量增多就是个例证。这种状况如果得不到遏制，甚至蔓延下去，我国的社会发展就会畸形，出现人性化危机是很有可能的。这绝非危言耸听！

四、怎样搞好殡葬信托，促使其健康发展

信托，在我国还不是很发达，殡葬信托更是新生事物，尤其当前我国处在社会转型期，一方面要积极探索和创新，另一方面又要稳妥实施，有实际举措。因此必须从现在起，动员尽可能多的社会力量和资源，从事这项极具社会意义的工作。

第一，要转变观念。如前所述，不论养老还是殡葬，这在中国是典型的传统领域，要使人们在这一传统生活领域有所改变，接受社会化服务，而且是有偿服务，很多人从思想上就会产生抵触。这里讲的很多人不仅指一般老百姓，还指相当数量和级别的政府人员。比如，现在多数老人儿女不在身边，自己宁可在家自理困难、孤独，也不愿意去养老院。如果去了，不仅很多老人本人想不通，认为儿女不孝，而在其他人看来也大多会认为儿女不孝。又比如，理性看待殡葬之事，谁也回避不了，但在现实生活中，绝大多数人心里恐惧，行为回避，而事到临头又多非理性。这样普遍的社会意识是导致目前我国养老和寿终领域社会化服务难以健康发展的根本原因。

第二，要创新社会管理。早在20世纪末，党中央针对社会发展中出现的各种新情况，提出要创新社会管理的问题。创新社会管理应是全面全方位的，除了很重要的法治方面，其他如行政管理、发展规划、社会治理、民生福利等，都要跟得上时代发展的要求。新一届中央领导关于治国理政的提法和做法，极富新意，深得民心，应该成为我们各级各地各行业各个方面在当前形势下创新社会管理的引领。其中，政府工作人员要勇于担当，前瞻性地应对社会老龄化问题，积极动员和整合各种社会资源，科学规划

和发展面向老年人群的社会化服务体系，当是应有之义（殡葬管理是其重要内容之一）。

第三，要建立相应的法律法规。没有规矩，不成方圆。创新社会管理必须要有相应的法律法规作为保障，一方面对落后的、已经不适用的法条要予以废止或修订；另一方面要及时总结创新社会管理的成功且成熟的做法，上升到法律法规层面，起到指导和保障以后的作用，真正贯彻依法治国理念。殡葬信托业亦如此，而且比较复杂，既涉及政府管理，也涉及私人财物和其他利益，还涉及服务主体和服务中介。如何形成保障性服务，要考虑和做的事情很多。这是一个大课题，这里详解不了，须做专门讲解。

第四，要敢于放手探索。目前开展殡葬信托还需要创造很多条件，如相关的法律法规条文还没有，信托双方、中介、监管、实施者等主体及其责任尚难明确，社会管理也存在缺失，况且现行法规规定，购买公墓须凭死亡证明等，这些都使殡葬信托难以一步到位地开展起来。所以，有必要分步试点探索。

就目前殡葬行业而言，在部分地区出现有“生前规划”“事前安排”之类的殡葬信托雏形，类似国外和我国台湾地区殡葬业开展已久的“生前契约”业务。这类现象在殡仪、火化范围还不多，在公墓业内卖“寿墓”的现象就较为普遍了。

那么对卖寿墓可不可以放开呢？笔者认为以此作为殡葬信托的第一步进行试验，是可以的。笔者曾经对卖“寿墓”作过一个分析，结论是：在当前社会发展条件下，不失为殡葬行业开展跨界服务，开辟经济和社会效益双赢的一条新路径，很值得探索、总结、完善和推广。

五、加快立法，实施监管，助力殡葬信托的兴起

简单分析，目前试验推行“寿墓”形式的殡葬信托至少有三个方面的积极意义：一是作为公墓企业，可以提前获得这部分资金，以利于加快本项目的建设和发展；二是老年人在健康之时安排自己的身后事，一方面可以减轻后辈的负担，同时也在一定程度上消除以后墓地涨价的后顾之忧；三是最重要和最具社会意义的，就是能够通过此举，形成一些针对空巢、独居老人的社会化服务，以弥补目前政府在这方面的“空白”。

需要指出的是，目前推行殡葬信托，突出地存在两个重要方面的不足：

一是缺少法律遵循；二是没有监管。因此，在试验阶段应抓紧这些方面的工作——有关方面抓紧立法，政府担当起监管重任。

参考文献：

〔中国台湾〕杨国柱著．殡葬政策与法规．

倡导重“仪式”轻“形式”的殡葬新风尚

深圳市盐田社工服务中心　李新梅

摘　要：殡葬行为和延伸出来的习俗，都是有“意义”的东西。人的社会活动就是不断创造意义、利用意义、规定意义又被意义所约束的过程。而殡葬仪式作为社会生活中一种最直观、最生动又最具规范性和操作性的行为，是殡葬习俗的承载体。提倡和重视殡葬习俗中的“仪式”，有助于建立死者的尊严和舒缓生者的哀伤，推动绿色殡葬，打击封建迷信和过度消费的殡葬商业行为，使殡葬习俗体现其应有之义。

关键词：仪式　殡葬　殡葬仪式

殡葬是人类对死者遗体进行处理的文明形式，是社会发展的产物，也是文化传统的组成。而随着市场化的不断发展，殡葬习俗也因过度商业化而逐渐失去“仪式”，丧失了其哀悼和心灵慰藉的本意。

一、殡葬仪式应是殡葬文化习俗的组成部分

人类学家对仪式的解说见仁见智，仪式首先被限定在人类的“社会行为”这一基本表述上，但作为最能体现人类本质特征的行为表述与符号表述，仪式通常指一种社会文化现象。殡葬仪式作为殡葬行为和文化的承载体，贯穿于整个殡葬过程。

（一）殡葬仪式的内涵

仪式对于仪式行为者来说，是因为有“意义”才会去做，但其“意义”

绝非日常的实用性意义，而是精神领域的意义。仪式是典礼的秩序形式，但绝不只是或者全是形式，还是“意义”的载体。殡葬仪式属于仪式中“过渡仪式”范畴，指的是人生中的重大事件死亡，也称为“生命危机仪式”或“生命周期仪式”，它们标志着一个人从社会生活的一个阶段向另一个阶段的转变。

殡葬文化是人们对死亡的认识、对生存的价值、人性亲情等有关人类本源性问题思考得出的结论。殡葬仪式是殡葬文化和行为的承载体，生者通过行为和场景构建出一个有意义的仪式情境，在殡葬的情境中重温和体验逝者的死亡的意义，带给生者心灵慰藉和精神需求。

（二）殡葬仪式的演变

我国殡葬仪式的起源可以追溯到旧石器时代晚期。山顶洞人的遗骸周围，撒有含赤铁矿的红色粉末，并有钻孔的兽齿、石珠、骨坠等装饰品随葬。随着历史的发展，出现了阶级，殡葬仪式在墓地、葬具和随葬品等方面都体现出差异。封建社会将“事死如事生”的丧葬礼俗发挥到了极致，形成一套隆重而烦琐的殡葬仪式。近代由于战争、自然灾害等原因，死亡人数增加，但对于死亡的意义追溯和观念更新较慢，殡葬仪式比较模糊，一部分沿用了封建社会的复杂烦琐的殡葬习惯，一部分则重“形式”多过“仪式”，草草了事。随着现代社会市场化和商业精细化发展，殡葬被消费引领，殡葬仪式弱化，但形式上铺张盛大，缺少追思，缺乏生者精神意义的哀悼。

无论形式上如何演变，殡葬仪式作为殡葬文化的一部分，对其“意义”的探索，影响殡葬文化习俗的演变。重视殡葬仪式的研究，有助于我们推动殡葬文化走向健康和可持续发展之路。

二、殡葬仪式的价值发掘有利于推动新时期殡葬改革

殡葬仪式是人们对逝者情绪、感情以及意义灌注的工具，是殡葬的重要价值体现，发掘殡葬仪式的价值有助于推动新时期殡葬改革。

（一）殡葬仪式的价值意义

殡葬仪式作为一种群体行为，是在围绕逝者的生者集合群体中产生的行为方式，会激发、维持或重塑群体中的某些心理状态。

1. 促进参与殡葬成员的相互慰藉，强化群体内部的认同。殡葬的仪式能进一步提升群体的团结，强化“血缘”“业缘”“地缘”关系建立的群体属性。由于亲人、朋友、乡邻去世，与逝者相关的亲戚朋友和乡邻聚集在一起，成为表达和加强殡葬成员情感和团结的一个方式。而参加殡葬的仪容和装扮，例如都佩戴黑色袖章等，成为殡葬仪式的一个部分，形式上强化了参与者的共同感，激发参与者团结友爱的意识。

2. 植入希望。殡葬仪式通过特定的形式，引导生者自觉地将心理潜能和对逝者的哀伤，深化成一种生者坚强的责任。在殡葬仪式上，人们身处哀乐、哭泣等构成的庄严肃穆场景中通过哀悼仪式的践行，有效地宣泄情绪，参加者相互之间的分享和交流，纾缓哀伤，对“活着”的价值放大，愿意宽恕并感恩生命，将心理潜能深化成珍惜生命的追求，植入对新生活的美好希望。

3. 角色转换和群体整合

殡葬仪式因为有了特定的因怀念逝者而凝聚的群体，作为一种文化的仪式对群体的心态和情绪起到催化和凝固的作用。由于逝者的丧失，群体的不同角色可能会转换，同时通过一些区别和标志，对内相互号召和凝聚人心，使群体的哀伤情绪放大直至宣泄。

（二）殡葬仪式的发展和社会进步相互影响

随着殡葬仪式的形成涉及政治、经济、文化、科学、伦理等方方面面的内容。一方面，殡葬仪式的内涵和外延，在不同的社会环境中会有不同的体现，融合当时的文化习俗；另一方面，形成既定的殡葬习俗，也会对社会文化观念产生作用。所以殡葬仪式的发展，也是我们社会文明进步的重要标志。

（三）发展符合现代社会发展观念的殡葬仪式

现代社会“以人为本”观念的深入，信息化传播的加速，人们愈加崇尚“简约、便利”的生活方式，传统的殡葬仪式已经不被年轻人熟悉，也不符合年轻人的生活方式。树立符合社会潮流发展的殡葬新仪式势在必行。

三、倡导重“仪式”轻“形式”的殡葬新风尚

殡葬文化习俗存在的核心是其祭奠缅怀追思逝者，反思生命的意义，但由于对实质意义发掘不够，形式受多种文化的影响多变且不易追随，很多殡

葬仪式都流于形式，感受不到对生命的尊重。要推动殡葬改革，需要倡导殡葬仪式。

（一）构建“尊重、多元、可持续发展”的新时期殡葬仪式

作为殡葬文化和行为的承载体，殡葬仪式因包含人们对死亡的认识，对生存的价值、人性亲情等有关于人类本源性问题的思考，其核心的意义是凝聚和传播对生命尊严的观念。据此笔者认为当务之急是要构建“尊重生命尊严、接纳多元殡葬习俗、倡导可持续发展理念”的新时期殡葬风尚。

1. 尊重生命尊严

尊重人的价值首先就应该是尊重生命的价值，要尊重生者的生命，也要尊重逝者的尊严。尊重意味着“无条件”地对生命现状（生或者死）、价值观、人格的平等接纳。尊重可以创造安全、温暖的氛围，最大限度地表达自己，唤起自尊心和自信心，感受到被重视和关心，非常契合殡葬仪式中对生命尊严的回顾和反思。

2. 接纳多元殡葬习俗

随着社会科学技术的发展和人们观念的进步，殡葬形式越来越多元。不同民族和不同社会阶层的人们，可以多元选择殡葬方式，但由于人们对死亡的畏惧以及对生命价值意义的理念还没有完善和普及，往往过于从形式上表达对逝者的尊重，对哀悼逝者“意义”上的挖掘不够，而过于强调“形式”的殡葬习俗在传播中被模仿，形成不良的殡葬习俗。不同殡葬文化之间的渗透会在形式上融合成“四不像”的殡葬仪式。接纳多元殡葬习俗，首先，要尊重“和而不同”的殡葬仪式，其中“和”应该是殡葬仪式中“意义”的发掘，树立尊重生命尊严，平等接纳不同生命形态的理念；其次，要尊重多元殡葬习俗的边界，不能强行灌输被商业文明裹挟的殡葬文化；最后，要树立“简而不繁”的殡葬仪式规范，回归哀悼的本意。

3. 倡导可持续发展的殡葬理念

可持续发展是“不断提高人群生活质量和环境承载能力的、满足当代人需求又不损害子孙后代满足其需求能力的发展”。由于受“入土为安”“死要全尸”等观念的影响，原有的殡葬习俗污染环境，破坏生态环境，导致一些社会问题。可持续发展成为我们殡葬改革必须要走的路。倡导可持续发展的殡葬改革，需要从观念、政策等方面全面考虑，既要有充分坚定的信心，也

需要有长期倡导的战略准备。

（二）鼓励社会力量积极参与殡葬改革

目前我国的殡葬发展主要是政府引领和市场化操作，在流程和形式上规范比较明确，但是没有形成核心的“意义”发掘，殡葬仪式掺杂了不同时期文化的痕迹，例如封建社会的迷信思想依然有一定的存在，商业文化的渗透，淡化了哀悼的意义。鼓励社会力量积极参与殡葬改革，可以从殡葬文化习俗的研究入手，着重殡葬文化的意义探寻，重塑形式规范“有尊严”的仪式。

1. 宣传可持续的殡葬理念

采取多种形式，结合社会组织已有的服务平台，坚持长期宣传殡葬改革的重要意义和相关社会政策，引导居民树立可持续发展的殡葬新风尚。鼓励动员全社会重视殡葬改革。

2. 营造尊重有序的殡葬仪式

重视对殡葬文化缅怀追思意义的发掘，确定平等、尊重的环境氛围，倡导简单、有序的仪式流程。杜绝过度商业化或攀比心态。

3. 搭建好政府和居民之间沟通的桥梁

政府通过社会政策的制定和执行，推动殡葬改革，但一些人还是有“入土为安”等传统观念，通过各种方式违背社会政策。社会力量要做好第三方，搭建政府和居民之间沟通的桥梁，促进良好的沟通和尊重，促进殡葬改革的有序推进。

4. 鼓励专业力量开展哀伤辅导服务

做好对殡葬过程的引导和资源整合，评估和疏导生者的哀伤，并给予专业支持。

（三）宣扬和传播“死亡教育”，提升生命价值

死亡教育具有人生观、价值观的意义，由死追问生、反思生，协助人们正确面对死亡，进而对人生的价值及意义进行深刻的体验，珍惜生命。死亡教育推动人类文明进步，人们对死亡的认识还有很多愚昧和盲目的认识，只有树立普遍的健康的生死观，才能使社会崇尚科学文明。

死亡是生命的一部分，死亡的恐惧、丧葬的焦虑、生死离别是人类最深的痛苦，做好殡葬服务，通过良好的殡葬仪式的进行，纾缓亲友情绪，要逝

者安息，生者安心，体现殡葬过程的人性文化，也是推动社会文化进步的重要部分。

参考文献：

[1] 薛艺兵．对仪式现象的人类学解释（下）．民族学人类学研究．

[2] 刘卫英，姜娜．近十年国内仪式研究现状综述．黄山学院学报，2011（2）．

[3] 彭文斌，郭建勋．人类学视野下的仪式分类．民族学刊，2010-01 总第3期．

[4] 朱胜进，陈维国，陈利．中国殡葬行业现状．浙江社会科学，2012（7）．

构建应用型人才培养方案，提高人才培养质量
——关于殡葬人才培养的几点思考

上海市龙华殡仪馆　王红梅

摘　要：人才培养方案是实现人才培养目标和质量要求的总体计划实施方案。本文在分析人才培养方案现状的基础上，着重阐述了应用型人才培养方案构建的指导思想和基本原则，提出了应用型人才培养方案的实现途径。

关键词：应用型人才　人才培养思考　构建

根据中国殡葬协会征集全国清明殡葬理论学术交流会论文的要求，结合殡葬改革和殡葬事业科学发展的新形势，为推进殡葬事业的长足发展，笔者作为一名基层单位的人事管理人员，站在基层单位的角度上，结合上海殡葬行业发展的状况，将论文的主题确定为“殡葬人才培养的几点思考”，其目的主要是为培养殡葬人才的应用性、实践性和人才梯队建设，以及可持续性的发展等提供借鉴与参照。

一、人才现状

（一）人员数量现状

上海市市属三家殡仪馆均属于自收自支的事业单位，从业人员按照单位性质用工，是事业编制内的用工，但是行业在2003年起停止事业编制的招录用工，为适应精细化服务需要，十几年发展下来，编制外的用工数量大大超过了编制内的从业人员，到目前为止，出现一个倒挂的现状。根据事业单位的分类改革的大方向，目前行业被定性为公益二类的事业单位，这势必要逐

步减少编制外用工，增加编制内人员的数量。

（二）人员质量现状

在从业人员中，基于行业的特殊性，人员素质和质量都并不理想。虽然近几年招用了一些高层次学历人员，也鼓励员工在职进行提升教育，但总的来说不是很理想。由于行业的性质、社会的歧视，单位在招录人员的时候一些优质的、有特长、有思想的优秀人才难以招到。一些即便在招用后，由于绩效工资控制总额的推行，激励效果不明显，员工也难以留用。这样，就形成一些优秀人才留不住、一般岗位人员难招聘，想要的人不想来、想来的人我们不想要的尴尬局面。

二、用工模式经历的三个阶段

在20世纪五六十年代，是第一阶段。这时殡仪馆是民政部门推行殡葬改革的附属机构，完全受行政控制，没有人、财、物的支配权和经营自主权，用工方式是统一分配，而且没有人愿意到殡葬行业里来工作。

第二阶段是从1983年至21世纪初，民政部在全国殡葬系统推广以承包责任制和馆长责任制为主要形式的经营服务模式，逐步由财政全额拨款向差额拨款和自收自支转变，逐步扭转经营机制，赋予殡葬事业单位一定程度的经营自主权，通过签订责任书或合同以及目标管理的方式，明确事业单位和责任人的责、权、利，使殡葬事业单位开始尝试成为独立的经营主体。从殡仪馆经营模式发展来看，殡仪馆的人员也由传统的国家人员开始慢慢地转变为社会人员，殡仪馆作为独立的经营体，自1997年前后开始有了非国家工作人员的用人模式，俗称“临时工”。

第三阶段是事业单位分类改革时期。此时，殡葬服务业被划为公益二类的事业单位，带有一定的经营性质，行使公益职权，属于一种半开放的模式。在上海殡葬走过近15年向企业化转型的方式后，重新回归到行使公益职权的事业单位轨道上来。这个时期的殡仪馆除了国家编制内的员工，还有15年以来停止招录国家编制内员工，而不得不录用的大量的非编制的从业员工。我们现在所思考的不仅是编制内员工的培养，还必须将非编制内的人才培养考虑进来。

三、二元用工模式下，人才现状存在问题分析

（一）身份认同存疑，归属感不强

在行业发展的第二阶段至第三阶段的过渡期，由于行业往企业化过渡的导向，录用编制外人员的“廉价”，殡葬行业编制内公开招聘人员没有具体的标准，加之录用编内人员诸多的客观矛盾等因素，从而使劳务派遣用工方式的员工在数量上大大超过编制内员工。因为“身份”不同，他们没有从真正意义上认识到我是“自家人”，哪怕他在这个单位干了 10 年、20 年，对单位的整体认同感也不强。加上行业招聘内部消化现象又十分严重，关系盘根错节，给单位的管理带来了不小的难度。

（二）染缸效应明显，感恩心态缺失

在人员的质量上，不可否认，事业编制职工曾经将美好的青春年华奉献给了殡葬，而且他们走过那个特别受人歧视的特殊年代，其情感付出需要给予充分肯定。他们取得成功，有所作为。但同时，不可否认有一些不好的行为作风，如仗着自己的资历无形之中影响了非编制内的员工。而非编制内员工在缺乏系统化培训教育的情况下，很容易被这种影响同化，感觉自己是“后妈”生的，这给单位的管理带来了非常大的难度。另外，一些年轻的员工感恩心态严重缺失，产生了唯“金钱至上”，除本职工作外干任何一件事情都想要获得一份报酬，认为我来就是赚钱的，别的都不重要。

（三）制度落实不全，难以形成体系

人才培养方面的各项制度，制定之后，重要的是落实。有的时候组织一些培训，员工主动参与的积极性不高，效果也不很明显，评估做得也不及时到位。而培训管理体系，是一个涵盖计划、组织、反馈、评估在内的体系。除此之外，还涉及培训后人才的聘任、梯队培养等长远的人力资源规划。而整个行业目前的人才培养管理现状还是相对松散粗线条的，缺少专业化、规范化，更不要说系统化了。

对于员工来讲，职业规划不清晰，目标不高远，自我价值实现的愿景不够强烈；还有一些员工过于漂浮，不能沉下心来干实事。

四、加强人才培养的建议和措施

承接事业单位的转型，行业目前正进入快速发展后的一个缓冲期，正需要厘清思路、静下心去解决一些人的基本问题。我们这里提到的应用型人才是指能将殡葬文化专业知识和殡仪服务技能应用于所从事的殡殓社会活动中的一种专门的人才类型，是在熟练掌握文化或技术的基础上，主要从事一线服务窗口的专业人才，其具体内涵是随着殡殓服务的发展而不断发展的。这就需要他们沉下来，静下心，用脚踏实地的态度工作，唯有如此才能厚积薄发，提升综合竞争力，弥补缺失的市场资源。

（一）围绕制度机制，加强工作指导

首先，在现行的用工形式下，尽快配合上级部门制定公开招聘编制人员条件，明确岗位进入编制资格条件；机制上的问题，尤其要做好基础工作，需要我们解放思想、突破阻碍，让多年从事殡葬行业的、优秀的非编制内员工看到职业发展的希望。同时在目前的状态下，加大岗位轮岗制度、岗位晋升制度，进一步推进岗位聘用制度，等等。从制度管理体系的科学化、系统化建设入手，着力提升员工素质的具体化工作，培养后备人才。其次，从应用型人才继续教育培训体系和技术传承体系两个方面着手，整合现有的高级技师、技术能手等资源，探索内部传承人才培养的方法和手段，探索外部知识更新培训的运行管理模式，结合殡仪文化发展轨迹，造就出跟上社会节拍的、符合岗位特色的新型人才。

（二）围绕业务能力，加强队伍建设

根据岗位特点、工作职责，分批分层对岗位人员开展培训，使工作人员进一步明确工作职责、岗位职责，明确业务能力。每月召开例会，总结部署工作，加强工作总结，及时了解和解决存在的问题，搭建班组与班组间的交流与沟通平台，提升班组带头人的作用。围绕岗位特点开展相关培训，提升岗位专业能力。同时，加强实地教学，通过参观学习，开阔视野，学习借鉴好经验、好做法，为岗位建功立标树形象。

对于管理队伍，要让“会来事”的干部没市场，把会谋事、想干事、能干事、干成事的干部选拔出来；把敢抓敢管、勇于担当、攻坚克难、知难而

进的干部推出来；把心系群众、淡泊名利、对上不媚、对下不威的干部用起来，形成务实风气激荡、干事人才迸发的良好局面。

（三）围绕团队意识，建设可持续梯队

应用型人才培养的关键是建设一支既有深厚殡葬文化功底，又有较强的实践操作能力的双师型师资队伍。确立“宽口径、厚基础、重能力、求个性”的12字人才培养模式，以知识传授为基础，以能力培育为重点，注重人才知识、能力、素质的协调发展，使人才有较强的实践、创新能力和职业技能。过去常常强调领导者个人的“领头羊”作用，但是一个人毕竟不能撑起一个集体，关键还必须依靠团队的力量。为了调动员工参与应用型人才培养模式探索与实践的积极性，积极探索适合应用型人才培养的有效模式，依托团队，建立行之有效的团队奖惩制度。设立多种奖项，对做出成绩的团队及时给予表彰和鼓励，并通过公开传授经验交流等方式，推广先进经验，形成可持续梯队的良好局面。

当前，上海殡葬行业人才培养模式初见成效，就上海市龙华殡仪馆而言，现已建立起两个上海市技能大师工作室，两个团队获得了首席技师千人计划资助，单位聘请了“全国劳动模范——张宏伟”“民政部劳动模范——王刚”两名首席技师；有一支强有力的援外队伍，能出色地完成援助社会突发性、特大型事故等；这些都是在日积月累的过程中沉淀下来的人才精英。我们相信，在这些精英的带领下，殡葬岗位将人才辈出。

关于完善基本殡葬公共服务体系的思考

唐山市殡葬管理处副处长　么　斌

摘　要：文章在阐明完善基本殡葬服务体系的重要意义基础上，从深化殡葬改革、提升服务质量、推行惠民政策、改进基础设施等方面总结了唐山殡葬工作取得的成绩；从财政投入、管理体制、人员素质、殡葬文化建设等方面分析了唐山殡葬服务存在的问题；从改革殡葬管理体制、推行生态殡葬模式、提高殡葬服务质量、推行惠民殡葬政策、提升从业人员素质、打造新型殡葬文化等方面提出了完善基本殡葬服务体系的对策。

关键词：殡葬服务　体系　思考

殡葬作为对死者遗体进行处理的文明形式，集中反映了人们对死亡认识、生存价值、人性亲情、人与自然等重大课题的思考，是人类文明的重要窗口，是关系每一个家庭、每一个人的普遍社会活动。正因如此，完善基本殡葬公共服务体系，是一项重要的基础性民生工程，对于满足群众殡葬需求、维护群众殡葬权益乃至建设社会主义和谐社会都具有重要意义。

中华人民共和国成立后特别是改革开放以来，党和国家高度重视殡葬管理工作，以节约土地、保护环境、移风易俗、减轻群众负担为宗旨的殡葬改革全面深入展开，基本殡葬公共服务体系逐步确立，殡葬事业取得了长足进步。但是，随着改革开放和经济社会快速发展，殡葬事业总体水准与科学发展观要求不相适应的矛盾日益突出，在殡葬资源配置、殡葬服务品质、殡葬救助保障、殡葬管理体制和运行机制等方面，尚不能完全满足人民群众的丧葬需求。这要求我们必须始终坚持以实现群众殡葬改革愿望、满足群众丧葬需求、维护群众殡葬权益为出发点和落脚点，努力完善基本殡葬公共服务体系，促进殡葬事业科学发展。笔者结合唐山市殡葬工作实际，就完善基本殡葬公共服务体系问题试谈几点粗浅的认识。

一、从唐山情况看基本殡葬公共服务体系

基本殡葬公共服务体系，是指作为基本殡葬公共服务主体的政府，为满足民众在遗体的运输、存放、火化、骨灰存放等基本殡葬环节的需求而提供的殡葬服务、设施及相关制度的总和，其构成要素应包括服务主体、服务内容、服务方式、服务管理体制与运行机制、服务管理评估、基本殡葬公共服务救助等方面。

近年来，唐山市站在加强和谐社会建设、民心工程建设、精神文明建设的高度，深入推进殡葬改革，全面加强基本殡葬公共服务体系建设，取得了显著成绩。一是殡葬改革不断深化。遗体火化工作中坚持政策引导与强化执法相结合，社会火化率连续10年保持100%，居河北省前列；开通“唐山7·28纪念网”，建设网上祭奠馆826座，以治理乱埋乱葬乱堆坟头、治理装棺再葬、治理丧事大操大办和封建迷信活动为主要内容的三项治理成果显著，丧葬习俗改革不断推进；骨灰树葬经验在全国推广，先后组织骨灰撒海活动16次，已撒散骨灰1000余盒，生态殡葬理念逐渐深入人心。二是服务质量显著提升。素质工程持续推进，从业人员服务意识、服务技能和综合素质不断提高；实施殡葬上门服务，推广多项特殊服务项目，形成较突出的殡葬服务特色，群众满意率达100%；认真贯彻殡葬行业行风建设标准，开展岗位练兵、技能培训、服务竞赛等活动，拓展政务公开范围，规范办事程序，严格执行收费标准，主动接受社会监督，努力争创行风建设示范单位，得到了群众的好评。三是惠民殡葬政策逐步推行。认真落实国家惠民殡葬政策，每年为困难群体减免火化等费用200余万元，迁安市、丰南区还先后实施域内群众死亡后运尸、火化、骨灰盒等五项费用由政府埋单，年减少百姓经济负担近500万元。四是殡葬基础设施逐步改进。经过多年建设，唐山现有市级殡仪馆1个，县级殡仪馆10个，经营性公墓10座，农村公益性公墓4114个，骨灰堂287个，骨灰基本都葬入公益性公墓或存入骨灰堂。目前，唐山市还正在筹划在原址对市殡仪馆进行整体改造，力争将新馆建成功能齐全、设施完备、流程科学、环境幽雅、服务优质的国内一级殡仪馆。

随着市场经济的发展和公众殡葬需求的不断提高，特别是在和谐社会大

背景下，唐山殡葬服务体系也暴露出一系列问题，在一定程度上影响了殡葬改革的顺利进行，主要体现在以下几个方面：一是财政投入相对不足。多年来地方财政没有安排殡葬管理专项经费，殡葬服务设施建设相对落后，且普遍老化，百姓需要的个性化殡仪服务项目不能开展，迟滞了丧事的集中办理进程，使文明丧葬引导作用趋于弱化，影响了殡葬改革的深入开展。二是殡葬管理体制不顺。政府、企业及行业协会等殡葬管理相关主体职责定位不清，殡葬管理法规操作性不强，使殡葬行业管理还很混乱；民政、公安、国土、城管等相关部门职责不清，导致殡葬执法乏力。三是从业人员素质偏低。目前，唐山殡葬行业初中以下文化程度人员占全部从业人员的80%以上，而且年龄偏大、进取心不足，对新事物的认识落后，跟不上形势的发展，社会上高学历、高素质的人才也不愿从事殡葬行业，致使工作人员在工作技能、服务水平等方面不能完全达到群众满意。四是殡葬文化建设滞后。虽然全市近年来采取多种形式开展了殡改法律法规、生态环保殡葬、现代殡葬文化宣传教育活动，但由于对文明殡葬活动扶持力度不够、一些殡葬新观念落实缺乏政策和资金的支持、媒体宣传力度不足、现代殡葬礼制尚不健全等原因，传统的殡葬风俗习惯还没有从根本上得到改变。

二、完善基本殡葬公共服务体系的对策

（一）改革殡葬管理体制

一是厘清殡葬管理相关主体市场定位。科学界定政府、企业及行业协会等殡葬管理相关主体在殡葬公共服务中的职责，是改革殡葬管理体制的关键。政府是基本殡葬公共服务的主体，必须提供能够满足群众基本殡葬需求的各类设施及服务。政府应从践行科学发展观、实施民生工程的高度，发挥主导作用，明确基本殡葬服务范围，将其纳入政府公共服务范畴，加大政府公共服务产品供给力度，真正体现殡葬基本服务的公益性。对殡葬基本服务之外的选择性殡葬服务领域，应逐步对社会开放，全部实行市场化经营与运作，开展公平竞争。殡仪服务市场准入门槛应该逐步降低和撤销，殡仪服务收费标准和丧葬用品价格依靠市场来调节，从而达到降低丧葬费用、减轻丧葬负担的目的。政府相关部门切实履行引导、管理和监督职责，统筹管理殡葬服务市场，制定选择性殡葬服务标准，建立起选择性殡葬服务管理、审查、处

罚机制，建立丧葬用品生产经营许可制度。还要强化殡葬行业协会的作用，建立行业准入制度，加强殡葬行业管理，对所有殡葬服务公司的资质、经营行为等进行年度检查，维护合法经营企业的权益，促进殡葬行业健康发展。

二是完善殡葬市场监管联合执法机制。从目前情况看，社会上广泛存在的非法生产销售花圈、冥币、冥纸及其他封建迷信丧葬用品，非法运送遗体，非法经营墓地，治丧过程中搞封建迷信活动等违法现象，目前主要由民政部门进行监管、查处。而民政部门受人力、物力、执法资格和执法手段所限，很难从根本上遏制上述违法现象。应该完善殡葬市场管理联合执法机制，由政府成立殡葬联合执法领导小组，研究制定规范化的责任追究、处罚办法，负责殡葬秩序整治工作联合执法的统一指挥调度；民政、公安、工商、卫生、物价、城管、国土、宣传等相关职能部门按实际需要及时派出相应执法力量，加强协调配合，形成执法合力，切实加强对殡葬服务单位经营活动的监管。

（二）推行生态殡葬模式

生态殡葬即绿色殡葬，是经济社会发展和人们生态意识增强的必然结果，符合人们追求环境生态化的良好愿望，符合社会主义和谐社会建设的需要，符合人类社会发展规律和趋势，是社会经济发展、文明进步的必然选择。推进生态殡葬，应重点从以下几个方面着力：一要规范生态殡葬管理。要出台符合地方实际的生态殡葬法规，制订生态殡葬统一规划，从生态殡葬地点、模式、操作程序到环境建设、管理服务、价格设定等各个方面，进行统筹规划，实施规范管理，确保生态殡葬在法制轨道健康运行，使群众能够认同生态殡葬环境，明白生态殡葬操作程序，接受生态殡葬价格，从而自愿选择生态殡葬模式。二要加强政策引导。移风易俗，推行生态殡葬，关键在政策引导。要完善政策配套，出台鼓励措施，使生态殡葬逐渐为群众所认知、理解和接纳。比如，可由政府投资建设各类生态模式的公益性墓园，完善其服务和管理，制定低廉的价格，在不增加群众负担的基础上，使群众有更多的生态殡葬选择空间，或指定荒山、贫瘠地等非耕地作为生态殡葬区域，鼓励群众自行实施树葬、草葬。又如，可制定生态殡葬奖励或补贴政策，对选择生态殡葬的家属给予物质或精神奖励，完善并免费举行生态殡葬仪式，调动群众开展生态殡葬的积极性。三要强化示范效应。各级领导干部应以身作则，积极提倡勤俭节约的作风，主动选择生态殡葬模式。对机关公职人员尤其是领导干部家属丧事大操大办的，纪检监察部门应介入调查，对违反《殡葬管理条例》的，给予查处，以儆效尤。四是强化舆论宣传。要充分运用报刊、广播、墙报、标语、黑板报、宣传栏等传统宣传方式，进一步运用电视、互联网、多媒体视频、动漫、漫画等新兴宣传方式和传媒技术，在全社会弘扬和推广绿色殡葬理念，形成立体宣传态势和效应，逐步引导群众变革殡葬观念，破除传统殡葬的陋习，树立绿色殡葬新风。

（三）提高殡葬服务质量

一要加强殡葬硬件设施建设。政府应将殡葬设施建设纳入经济和社会发展总体规划，列入政府的重要议事议程，在人、财、物等方面给予实实在在的支持。在殡仪馆建设方面，应推行以庭院绿化、亮化、美化为主要内容的“三化”工程，提高各类设施利用率，为群众治丧提供一个良好的外部环境。在公墓建设方面，应积极推进城镇经营性公墓和农村公益性墓地的规划和建设，出台优惠政策积极引导，减免各种规费，扶持建设村级公益性生态公墓；要简化公墓建设审批流程，比如，可由乡镇上报初步选址后，由民政部门牵头会同有关部门现场办公，一次性联合审定。二要规范服务流程。要坚持“丧户至上，服务第一”的服务宗旨，在殡葬服务的咨询接待、接运消毒、悼念告别、遗体火化和骨灰寄存等主要工作环节，制定完善各类操作规程、岗位责任制、工作制度，公开收费标准、服务内容、服务程序、服务承诺、服务监督等事项，严格实行挂牌服务，认真实施绩效考核，保证各岗位操作规范，程序严谨，实现各环节工作零差错。三要进一步创新殡葬服务模式。要积极推行多元化服务，开展上门服务、预约服务、鲜花服务、电子礼炮服务等新型服务，既继承传统习俗，又体现现代文明；要积极开展人性化服务，健全“一站式”服务模式，全程协助丧户举行悼念仪式，使生者真正体会到“传承、善终”之意；要积极推动个性化服务，针对不同的消费层次和消费需求，灵活开展标准不等、形式多样的个性化服务项目，以满足不同人群的需求。

（四）推行惠民殡葬政策

全面推行惠民殡葬政策，为城乡低收入群众乃至全体社会成员身故后提供遗体接运、存放、火化、骨灰存放等基本殡葬服务，是一项重要的基础性民生工程。在现有惠民殡葬政策基础上，逐步扩大殡葬公共服务保障范围，逐步实现基本殡葬服务均等化，是完善基本殡葬公共服务体系的主要内容。

一是继续扩大享受惠民殡葬政策的群体范围。在针对重点优抚对象、城乡低保对象、农村五保供养对象、城市“三无”人员等特殊困难群体实行基本殡葬免费服务的基础上，继续有计划、有针对性地加大惠民殡葬政策向城乡低收入群体的倾斜力度，比如，可将受灾户、特困户、残疾人等群体纳入受惠范围，并继续逐步向其他相对困难群体扩展，在此基础上，完善基本殡葬公共服务体系的内容和形式。二是逐步推行基本殡葬费用政府埋单。基本殡葬服务免费化既是我国殡葬事业改革和发展的基本趋势，也是建立和完善基本殡葬公共服务体系、实现基本殡葬公共服务均等化的必然要求。从唐山的情况看，按每具遗体使用普通火化炉火化、往返 40 公里接运、存放 3 天、骨灰寄存 3 年计算，每具遗体基本殡葬服务费用约为 800 元；按全市每年火化遗体 4 万人计，基本殡葬费用约 3200 万元。从唐山经济发展水平和财政收入情况看，政府有能力承担这项费用，应在“十二五”期间，完成对全市常住居民实行免费火化的目标。

（五）提升从业人员素质

殡葬从业人员应按照市场经济的要求，强化竞争意识、危机意识，切实转变服务理念，不断提升业务水平。一是加强继续教育。要立足教育培训，不断增强职工服务意识，通过召开会议、重点帮助、个别交心等多种方式，全方位、坚持不懈地对职工进行思想教育；要立足岗位练兵，不断强化职工服务技能，开展知识竞赛、技能比武、演讲比赛、业务交流等活动，让职工在活动中相互学习业务、共同提升技能；要立足学习深造，不断提升职工文化素养，组织职工外出考察学习、参加职业技能考试，使职工队伍朝着职业化、专业化的方向不断迈进。二是拓宽人才引进渠道。要吸收各类人才加盟殡葬行业，为他们提供施展才能的空间。专业人才的培养离不开社会这个大环境。培养一大批新式的殡葬职工充实到殡葬行业中去，并提高现有殡葬职工的素质，从而优化整个殡葬从业人员的殡葬服务理念，提升殡葬服务的水准，改变整个社会对殡葬行业的观瞻，以提供优质的殡葬服务。三是构建人才评价体系。通过构建科学的人才评价体系，建立有效的激励机制，不断提高从业人员素质，增强行业的竞争力。应积极推进行业职业技能鉴定工作，将殡葬行业殡仪服务员、遗体接运工、遗体防腐师、遗体整容师、遗体火化师、墓地管理员等职业纳入鉴定体系，使职业资格证书成为殡葬从业人员求职、任职、晋升的资格凭证，充分调动殡葬从业人员加强理论学习、钻研实操技能的积极性。

（六）打造新型殡葬文化

殡葬习俗源于殡葬文化，文化对人的思想和行为的影响更深刻、更根本。在完善基本殡葬公共服务体系中，我们不但要从体制、机制、葬式改革等方面进行努力，还要对更深层次的殡葬文化变革深入研究，将打造新型殡葬文化作为完善基本殡葬公共服务体系的重要内容和抓手，从而引导人们树立正确的殡葬价值观念。 要加强生死观宣传教育。通过学校教育、媒体宣传、橱窗宣传、传单和标语宣传、专题活动等方式和载体，在学校、社区、农村、广场等场所，大力推行生命教育，宣传人生价值、生死规律、人间真情，引导群众探索与认识生命的意义，启示人生真谛，培养人文精神。二要制定现代丧葬礼制。我国传统殡葬文化，经过几千年的发展，形成了包括观念、葬式、仪式、习俗、实物等多种文化要素在内的一整套礼制，其中虽有很多封建糟粕，但其深厚的文化内涵却是不容否认的。应本着“取其精华、去其糟粕”的原则，按照殡葬改革的要求，研究建立以传统文化与时代精神紧密结合为特征的现代丧葬礼制并广泛宣传推广，使人们办理丧事有章可循，最终起到移风易俗、树立新风的作用。

国运所系　民之福祉
——从老一辈革命家的殡葬观谈起

武汉民政职业学院　徐静春

摘　要：西柏坡的约定，中南海的协议，党和国家第一代、第二代领导集体用倡议和行动开创了"移风易俗，改造国家"[①]的先河。其理论精髓是人民利益至上、国家利益至上、可持续科学发展观，是基本的、重要的治国理念。

殡葬改革是贯彻土地、人口等重要国策的配套政策，推行火葬是净化人类生活环境的必然选择，改革的方向是绿色殡葬、公益殡葬。

关键词：殡葬改革　土地国策　绿色殡葬　公益殡葬

我国是世界首屈一指的人口大国，但在资源占有、资源分布、资源人均拥有方面位居后列。就拿土地资源的人均占有来说，我国人均拥有耕地1.5亩，世界平均为5.5亩；我国人均林地1.8亩，世界平均15.5亩。[②]

土地是农民的命根子，也是一个国家国计民生最重要的资源，党和国家第一代领导集体忧国忧民，以民生保障为第一要务，在国家、人民、个人三者的重大利益关切问题上，我国第一代领导集体高风亮节，亲为表率，并且身体力行，为我国的殡葬改革开了一个好头，奠定了我国殡葬改革牢不可破的科学可持续发展理念，值得我们铭心刻骨地牢记，身体力行地践行，勇往直前地发扬光大。为了21世纪现代化中国民主、富强、文明目标的实现，为

① 1981年12月18日张邦英副部长在全国殡葬改革工作会议上的报告：《进一步加强殡葬改革工作——为建设社会主义精神文明而努力》，民政部政策研究室编《民政工作文件汇编（二）》第553页。

② 北京地理学会：《高中地理复习十讲》，上海教育出版社，1985年第9版，第183页。

了幸福中国的美好愿景，我们应该承先启后，继往开来，决不后退！

一、“移风易俗，改造国家”，是党中央第一代领导集体的重要执政理念之一

早在中国共产党的七届二中全会上，就在河北西柏坡，党和国家第一代领导集体决定将中央领导机关搬进大都市北京的前一夜，以毛泽东为首的中央第一代领导集体约定，不以人名做地名，相互之间朴素节俭，不相互祝寿，不相互请客送礼搞铺张浪费，并且写进了党的文件。①

“移风易俗，改造国家”是党的第一代领导集体重要执政理念之一，以毛泽东同志为首的党的第一代领导集体，早在1956年一次中央工作会议上倡导身后火化，并且集体签名，留鉴后世。刘少奇、周恩来同志不仅身后火葬，而且不留骨灰，先后将骨灰撒入大海；朱德、彭德怀、贺龙三位党的高级领导干部身后火化后，不二次下葬，骨灰盒放置集体骨灰堂，不占土地，不浪费资源；邓小平同志身后火化，不保留遗体，不建坟墓，而且身后捐献眼角膜供医学使用，造福生者；徐向前、蔡畅、李一氓等老同志生前留下遗嘱，遗体火化、丧事从简、不搞遗体告别、不开追悼会。这一件件感人的事迹背后，体现了一代伟人心中只有人民，只有中华人民共和国的土地，只有人民的卫生环境和身体健康与伟大的社会主义生产建设过程对土地资源的迫切需要，唯独没有自己的名和利。

在改革开放和现代化建设时期，我国党中央第二代领导集体的核心——邓小平同志强调，衡量改革开放的各项政策成效的标准，就是要以人民满意不满意、高兴不高兴、赞成不赞成为标准；后来，江泽民同志提出了“三个代表”重要思想，把“始终代表中国最广大人民的根本利益”作为我们一切工作的出发点和归宿；胡锦涛同志提出“权为民所用，情为民所系，利为民所谋”，这是对我国党中央第一代领导集体“移风易俗，改造中国”“全心全意为人民服务”和“毫不利己，专门利人”思想的继承和发扬。其理论精髓是人民利益至上、国家利益至上、可持续的科学发展观，是基本的、重要的治国理念。

当前，一些地方的领导干部参与封建迷信活动，个别机关建办公场所，

① 毛泽东：《党委会的工作方法》，载《毛泽东选集》第4卷，第1443页。

请风水先生定大门朝向，开工选“黄道吉日”，其影响很坏。封建迷信的背后是个人利益至上、封建宿命、拜金主义、享乐主义、当官做老爷思想在作怪，是背离甚至背叛党和国家信仰的表现。更加恶劣的是，党的重要领导干部参与封建迷信活动，可能导致更多的基层党员干部上行下效，其结果是封建迷信像瘟疫一样大行其道。当迷信战胜科学，神鬼蛊惑人心，党带领人民建成初步繁荣昌盛的社会主义现代化中国的第一个一百年目标，就会面临重大挑战。因此，“移风易俗，改造国家”，不仅要求我们全体党员干部要内化于心、实践于行、知行合一，而且要心性一致、众志成城。

二、殡葬改革就是贯彻土地、人口等重要国策的配套政策

我国年死亡人口超过800万，土葬率大概为47%，每年约有430万亡者实行土葬，以每个坟墓占地4平方米土地计算，每年就要占用五六万亩土地；一具棺材按0.5立方米使用木材量计算，每年400多万死亡人口要耗费二三百万立方米的木材。[①]

土地是我们保障民生的最基本资源，13.7亿人口所需要的粮食、肉、蛋、禽、奶、豆等，都依赖在土地上的耕作、依赖土地的产出率，没有土地，就没有人类生存的根基；土地匮乏，就会危及人类生存的基础。

因此保护我们的土地，就是保护我们中国人民生存的根基，土地管理、土地保护、土地综合利用，是我们的重大国策，关乎中华民族的当前兴衰及未来发展，关系国运昌盛之血脉。因此，我国第一代、第二代党中央领导集体，都视保护土地为保护国民生命线的历史传承，这足以让我们感觉到殡葬改革历史使命之沉重。

我国的土地资源有144亿亩，居世界第三位，但人均占地不到世界人均占地面积的1/3。我国用占世界7%的耕地，养活着占世界22%的人口，由于城镇建设和每年因灾损毁耕地，我国净耕地面积每年还在不断减少。[②]

作为民生根基的土地，保障民生是第一要务，任何人、任何集体不能置重要的民生资源地位于不顾，把土地作为谋取私利或集团利益的资源和工具。土葬占地审批、公墓的设置审批，一定要纳入政府的监管和规划审批范围，

---

① 周良才主编：《民政工作》，天津大学出版社，2010年1版，第254页。

② 周良才主编：《民政工作》，天津大学出版社，2010年1版，第254页。

反对任何没有规划、不受监管的土葬行为。

当前，乱埋乱葬、建豪华墓、建高规格的家族墓，以及大城市郊区以村集体名义公开售卖成块连片的“小产权墓”，有肆意妄为，占可耕土地、占优良林地、切割风景名胜区的嫌疑。而且拥地自居，自以为是，我行我素，漫天要价，哄抬殡葬地价，动辄十万元一小墓，百万元一中号墓，数百万元甚至上千万元一大号墓，一些群众惊呼“死不起，葬不起”。什么时候人的死亡都成为一些人趁机发财的机会？而且囤积居奇、一夜暴富？

在土葬问题上，我们要坚持利用荒山瘠地，统一规划，加强绿化，不准占用可耕土地和优良林地，不准占用风景名胜旅游区土地，要远离公路、铁路等重要交通干线，远离城市和乡村重要的水源地。

当前，政府的规划审批应该前置，殡葬改革也要体现立党为公、执政为民、以人为本、人文关怀的执政理念，既体现对中国传统的孝道文化的尊重，又贯彻保护和综合开发利用土地资源的原则。

民政部门应该加强调查研究，既广开言路、集思广益，汇聚社会各界和广大人民群众的智慧，又调查收集农民和城市居民的合理诉求，因地制宜，以县、市、乡镇、村为单位，结合农村农民的产权登记工作，出台切合当地实际，提前未来 50 年或 100 年，甚至更长时期的殡葬用地指导性规划。民政部门应该会同国土部门出台殡葬用地规范，指导地方加强殡葬用地管理，通过超前规划，适度规划荒山瘠地增加殡葬用地供给，成片建设公益性公墓，缓解殡葬乱占土地、乱建墓园以及墓地土地供不应求的矛盾。林业部门应当参与指导墓地、墓园的绿化。同时，地方民政部门应该加强城乡殡葬管理经验交流活动，善于发现，并且及时向乡镇、村人民群众提供推广先进典型的样板示范，将殡葬改革纳入城乡社区建设示范和群众自治组织建设示范的范围，主要依靠群众自治和县乡殡葬管理职能部门自治管理、执法管理、规范指导相结合，城乡社区和乡镇人民政府主要领导要对本辖区范围的殡葬改革、土葬管理承担管理、督促、规范、引导的责任。

三、推行火葬——净化地球环境的必然选择

推行火葬科学卫生。土葬的历史证明，土葬后尸体的腐烂降解是一个漫长的过程，人一般都是病死的，人体一旦死亡，由于没有生命抗体的抑制作用和新陈代谢过程的分解，人体自身携带和潜藏于其中的细菌和病菌就会呈

现出几何级数的增长。墓穴就是一个大的病毒巢穴，经过空气和地下水的对流循环，以及寄生生物携带搬运作用，一部分病菌就会进入人类生产生活环境和饮水水源及盥洗水源之中，当人们生产、生活过程接触到这些细菌、病毒，就会有较高的患病风险，大肠杆菌、痢疾杆菌、伤寒杆菌、乙肝病毒、肺结核杆菌、脊髓灰质炎病毒、霍乱病毒、出血热病毒、天花病毒、鼠疫病毒等，就这样从死亡者的尸体中经过土葬得以存活，循环往复地穿行于地下地上，成为人类社会绵绵不绝的病患传播链条和祸害根源。

因此，世界上绝大多数文明国家主张推行火葬，特别是对高传染性病死者的遗体，主张火葬，禁止土葬。

我国第一代、第二代中央领导集体，高瞻远瞩，以对人民高度负责任的历史使命感和造福子孙万代的远见卓识，早在20世纪50年代就提出了“大力推行火葬，改革土葬，改革旧的殡葬习俗”①。

火葬可以节省木材资源的消耗。据测算，我国森林覆盖率不足11%，人均森林面积只有0.11公顷，不足世界人均量的1/7；人均森林蓄积量只有9.1立方米，只占世界平均数的1/8。② 保护森林，就是保护我国国民的生态环境，保护了1公顷森林，就相当于增加了一个20万立方米储水量的中型水库，不仅表现在给地表涵养水分的作用方面，还表现在调节气候增加降雨的效应方面；森林还能吸收转化二氧化碳，释放氧气，增加空气中的负氧粒子和含氧量，改良人居环境；森林能够固化土地，减少水土流失，减少土地沙化和土地石漠化灾害的危害；森林能够帮助土壤脱毒，有助于耕地改良，让土地进入有机绿色循环的自我修复程序之中。

四、殡葬改革要体现绿色殡葬和公益方向

毛泽东同志早在1956年4月25日《论十大关系》一文中指出：“我们历来提倡艰苦奋斗，反对把个人物质利益看得高于一切，同时我们也历来提倡关心群众生活，反对不关心群众痛痒的官僚主义。”③

殡葬改革事关国家土地国策的贯彻实施，应体现绿色殡葬和公益殡葬的

---

① 民政部政策研究室：《民政工作文件汇编（二）》1984年9月版，第541-543页，内务部关于殡葬改革工作的意见（摘要）。

② 周良才主编：《民政工作》，天津大学出版社，2010年第1版，第255页。

③ 《毛泽东 邓小平 江泽民论科学发展》，中央文献出版社，2009年第2版，第7页。

方向。

在绿色殡葬方面，主张火葬。火葬后骨灰处理采用草坪葬、树葬、海葬、空葬、壁葬、公墓葬，或以社区为单位设置骨灰堂。在平原地区平地深埋，不建墓碑，不留坟头，地下殡葬，地上种树、种庄稼，不影响农业生产。反对任何私人在自留地、自留山上随意安葬留坟头，反对家族墓葬，乱埋乱葬。

在公益殡葬方面，对五保老人去世和城乡低保老人去世，以及流落他乡病亡且找不到亲人的，由民政部门安排救济性质的免费公益葬。

中国是文明古国、礼仪之邦。早在三千多年前的西周时期，中央政府就颁布了六项保息之政和六项礼俗安万民，殡葬被列为六项礼俗之一："以本俗六安万民：一曰媺宫室；二曰族坟墓；三曰联兄弟；四曰联师儒；五曰联朋友；六曰同衣服。"① 同宗同乡的人不能割舍亲情、友情、乡情、同学情、故国情，死后都要葬在一起。社会主义中国提倡对公民要开展爱国、爱家、爱集体、爱岗位、爱社区、爱社会主义教育。在殡葬改革的设计方面，要引导公民开展公墓葬、集体葬、绿色葬。现阶段我国的土地所有制分为国有和集体所有，并不存在私有土地。因此，公墓的最小设计单元应该放在农村村委会（社区）一级，村委会（社区）规模偏小的，也可以几个村委会（社区）联合设立，或以乡镇行政区域为单位设立，县市及以上行政区域内应该至少有一处整块连片的利用荒山瘠地规划设立建设的公墓区。

公墓不仅有利于联络社区成员的归属感、认同感、集体感，还有利于开展统一的管理和服务，便利人们祭扫缅怀逝去的先人，继承他们的遗志，还有利于进行整体的园林设计、绿化、美化、净化，以增加墓葬文化品位和艺术内涵，彰显爱国主义、集体主义、爱岗敬业、感恩报恩、勤俭持家的人文情怀要素，让祭扫亡故先人活动成为开展中国孝道文化、勤俭持家文化，彰显为国牺牲精神、为人民服务的奉献精神的好课堂、好去处。

目前，每逢清明节，每家每户的后人，从四面八方集聚故里，以小家为单位开展祭祖活动。由于墓葬分散，祭奠方式简单原始，无非是培土上坟、烧纸、磕头、放鞭炮，烟熏火燎，造成火灾频发，野火不断，常常遍山燎燃，烧毁的成材林不计其数；还有酗酒闹事，砍伐森林竹木的，由于酗酒引发交通事故比平时要多。上述由清明引发的环境问题和社会治安问题，应该通过殡葬改革系统方案设计一体化解决，未来以社区为基本单元开展公墓葬，应

① 民政部人事教育局编：《中国民政简史》（内部试用教材）1986 年 3 月，第 21 页。

该是较好的殡葬改革可选方案之一。

公墓葬有利于发挥政府主导，形成社会参与、公众建设、互惠共赢的优势互补局面，以社区集体为单位，由乡村干部、专业社工和社区义工兼职组成专业服务小分队，在清明期间，或老人安葬之际，开展能充分体现死者尊严、人文关怀的绿色殡葬，以推动绿色殡葬的发展。

社区公墓建设可以与散布于广袤中国大地上的乡村古寨修复结合起来，既体现荒山瘠地的综合利用，又把古寨文化、殡葬文化、乡贤文化结合起来；既增添了乡村文化的厚重感，又增添了殡葬文化内涵的分量，也给农村社区成员增加一处参观休息交流的新去处，还给乡村旅游增添了一处亮丽的新景点。此一举多得，何乐而不为？

互联网视野下的殡葬管理与服务

西安市殡葬管理处　夏越颖

摘　要： 在今天，“互联网+”已成为一个热门话题，各行各业都在借助互联网的能力实现新生和繁荣。作为人类最古老的职业之一，殡葬行业自然要逐步实现与互联网的对接和融合。本文从“互联网+”的特性入手，着重分析互联网可能对殡葬业管理、服务产生的影响，以及在互联网作用下殡葬行业管理与服务方面可实现的突破。虽然在我国当前社会发展和丧葬观念下，实现“互联网+”还难以改造这个传统的行业，但是这不意味着殡葬行业不进行互联网化的尝试。希望通过笔者的梳理和总结，对正在关注“互联网+”的殡葬人有所启发。

关键词： 互联网　殡葬　管理　服务

1946年，当宾夕法尼亚大学的第一台计算机ENIAC问世时，它的研制者们未必能想到，21世纪后的今天，由计算机、互联网所引起的变革正如暴风雨般轰轰烈烈地降临。“互联网+”“互联网思维”以迅雷不及掩耳之势迅速占领了受众生活中的方方面面。甚至有人说“忽略互联网就是忽略未来”①。2015年3月，李克强总理在政府工作报告中首次提出“互联网+”行动计划，一时间，“互联网+”被推崇到一个前所未有的高度。

基于互联网视野下的探索和热议，虽然还仅仅停留在初级阶段，作为人类最古老职业的殡葬行业，也远远谈不上可以被互联网重塑和改造，但探索互联网视野下的殡葬管理和服务工作，可以给我们打开通往未来的“一扇窗”。若是能结合互联网线上线下的常态，进行一个“互联网+殡葬行业”发

① 杨树弘：《新媒体及其发展战略途径》，载《新闻寻刊》2008年第3期，第30页。

展趋势的预测，更可以为殡葬业提供很多参考和借鉴。

一、“互联网+”的概念

“互联网+”战略是全国人大代表、腾讯董事会主席兼 CEO 马化腾 2016 年向人大提出的四个建议之一。马化腾解释说，“互联网+”战略就是利用互联网的平台，利用信息通信技术，把互联网和包括传统行业在内的各行各业结合起来，在新的领域创造一种新的生态。

简单地说就是“互联网+××传统行业=互联网××行业”，是利用信息通信技术以及互联网平台，让互联网与传统行业进行深度融合，创造新的发展生态。它代表一种新的社会形态，即充分发挥互联网在社会资源配置中的优化和集成作用，将互联网的创新成果深度融合于经济、社会各领域之中，提升全社会的创新力和生产力，形成更广泛的以互联网为基础设施和实现工具的经济发展新形态。

“互联网+”是一种思维，更是一种合作方式。实际上，成功的“互联网+”的成功案例已经比比皆是：“互联网+传统集市”，有了淘宝；“互联网+传统百货商场”有了京东；“互联网+传统媒人红娘”有了世纪佳缘。

二、“互联网+”的特性

（一）叠加性

笔者以为，“互联网+”的最重要特征是它可以利用、整合传统行业的叠加性。无论是在通信领域，微信等即时通信 App 的应用，还是交通领域各种打车软件的兴起，以及在零售、电子商务领域，“互联网+”的推广，互联网的出现并没有彻底颠覆传统行业，反而促进了运营商进行相关业务的变革升级。正如马化腾所言，“它是对传统行业的升级换代，不是颠覆掉传统行业”。在其中，又可以看到“特别是移动互联网对原有的传统行业起到了很大的升级换代的作用”。这种升级，不仅体现在技术手段的相互渗透上，也体现在宣传方式、管理手段的相互补偿和交融上。

（二）竞争性

毫无疑问，互联网的存在对实体店铺和商业模式造成了巨大的冲击和挑战。出租车和专车司机相互挑衅和斗殴的新闻屡见报端，大批实体、零售店铺倒闭潮的来临也证明着“电商猛于虎也”。这其中当然有传统行业成本过高、同质化严重、后期服务不到位等原因。但互联网、B2B、B2C 等电商平台的兴起，的确瓜分了传统模式的利益空间。“互联网+”铺天盖地地袭来，不仅瓜分了社会中有限的产品资源，使得原本就很激烈的市场竞争变得更加血腥而无情；而且“互联网+”正逐步改变着普通人的消费习惯，从而进一步瓜分着更为有限的消费群体。因此，原本由旧行业改造而来的新互联网行业，在经历了不断发展壮大之后便迅速脱离甚至超越传统行业，促成了当今消费环境的二元之势。同时在很长一段时间内，这种对立和博弈还将继续存在下去。

（三）长期共存性

从漫长的商业历史中可以看出，任何一种新兴的商业模式要想取代传统行业都不可能是一蹴而就的，相反要经过相当的时期才能决出胜负。在这场“互联网+”与传统行业的赛跑中，由长期固定消费群体、专业的管理销售队伍、便捷可视的消费环境所构成的传统行业将显示出它顽强的生命力。特别是“互联网+”这样一个新的命题，有着很强的年龄和时代制约性，这就使得“互联网+”行业与传统行业彼此平分秋色，各自掌管自己的权益范围，两者将长期并存。

三、殡葬行业初涉互联网

通过前文的分析可以看出，殡葬行业要想实现自身的发展，可以充分利用“互联网+”包容、兼并、叠加的特性，吸取自身甚至是其他行业在发展过程中的优点，同时也要接受“互联网+”带来的冲击和挑战。由于殡葬行业本身的神秘和隐晦性，加上部分群众对死亡的抗拒和忌讳，笔者以为，殡葬行业与互联网的结合要比其他行业来得更慢、所用时间更长，其过程也会更加艰辛。

目前，我国殡葬行业已经出现了一些与互联网碰触的迹象。据笔者归纳分析，主要集中在以下两个方面。

（一）虚拟和资源整合

搭建公共平台对现有资源进行整合是殡葬行业初涉互联网的主要模式。将墓园、殡仪服务和产品分门别类，提供相关产品和服务的介绍，同时推出网上墓园、虚拟墓地和个性化的纪念空间，是目前大多数殡葬服务类网站采取的方式。现在在国内具有较大影响的中国清明网、全球祭祀祈福网及各墓园的网上纪念区域采用的都是这种形式。这种纯线上的虚拟墓地祭拜，突破了时间与空间的限制，方便人们有针对性地选择，满足了人们快节奏和个性化的双重需求。

（二）提供线下服务

时下殡葬行业大热的一空网，除了搭建一个销售和纪念平台，采取的是一种“B2B2C+O2O”模式，线上线下同步推进。例如，该网站目前着重推出一款以云朵为图案，以复合高分子粉末作为材料的3D打印骨灰盒。同时该网提供骨灰盒、寿衣、祭祀品、随葬品和礼仪答谢品及专人殡仪服务的销售，实现了殡葬行业消费体验的突破。

四、殡葬业与互联网的深度融合

其实，借助互联网的威力，殡葬业还可以做得更多，走得更远。笔者仅以“管理”和“服务”两个方面列举互联网可能对殡葬业带来的影响。

（一）殡葬管理：借助互联网的资源共享

建设将殡葬管理部门、殡仪馆、公墓三点相互联系的互联网信息系统，推进业务规范化、信息化，是未来互联网可以为殡葬事业作出的第一个贡献。

对殡葬管理部门而言，在这个信息平台的作用下，可以保持殡葬信息的一致性和殡葬资源的共享，保证信息更新的同步性和权威性。与此同时，通过信息交换平台的搭建，殡葬管理部门可实现对火化证明系统的管理，包括死者信息登记、收据验收登记等。同时可与公安、医疗、卫生、养老等部门进行数据对接，实现户口注销、停发各类保险金等业务同时更新和办理完结，能有效提升管理效率①。此外，与区（县）民政部门和财政部门进行网络链接和信息共享，还可以实现惠民殡葬补助资金的有效拨付和落实，方便救助人群网上办理。

在殡仪馆管理方面，可建立殡仪处理管理系统，通过最初接收遗体的信息录入，可以有效地加强遗体管理，实现对遗体在殡仪各环节的追踪，家属也可以利用该系统准确了解处理的相关流程和环节。

在公墓管理方面，开发基于GIS（地理信息系统）的公墓墓穴管理系统，可以方便管理者对各墓穴的管理和识别。对已安葬墓穴、预定墓穴和可预售墓穴进行分类排布，能大大节约管理成本。除此之外，也可以将公墓、骨灰堂管理系统用于费用支出结算、私埋乱葬分析等应用。

其他扩展业务，还可以延伸到对死亡原因的分析、对死亡人员区域的分析、研判和死亡年龄结构的分析等。

其实，在这方面我国相关省市已经有了成功的经验。例如，山东省民政厅在开发研究殡葬收费项目和标准化信息管理系统的基础上，研究开发了在线殡葬业务服务系统，实现了全省所有殡仪馆与省民政厅信息平台的实时联网，真正做到了对殡葬管理工作可监控、可追踪查询、可评价反馈②。

此外，结合民政部等九部门日前下发的《关于推行节地生态安葬的指导意见》要求，各殡葬管理部门可依据殡葬管理系统，对生态安葬进行统计，并对节地生态安葬率进行有效考核和奖补，有效推动政策的落实。

互联网在殡葬管理方面可提供的另一个参考就是搭建平台，这实际上也是资源共享的一个表现。由殡葬管理部门主导，搭建公共政务平台，可加强对殡葬电子政务交易的管理和有效控制。通过对殡葬资源的信息共享和整合，逐步完善信息发布、殡仪信息、网络咨询等子系统，满足广大群众对殡葬信息化的需求。

（二）殡葬服务：大数据时代的精准服务

提升管理水平，其根本也是在为服务提供保障，在殡葬服务方面，互联网能起到的作用不容小觑。

在殡葬基本服务设施方面，在殡仪馆、公墓安装电子门禁系统、RFID

---

① 周雅静、严国苗、韩艺：《殡葬管理信息化建设存在的问题及对策研究》，载《兰台世界》2015年10月中旬刊第73页。

② 秦守政：《扎实推进殡葬信息化和档案化管理》，载《中国民政》2015年第6期，第38页。

(射频识别技术）的应用，能实现对人身、财产的有效保障。

随着社会的不断发展，“70 后”“80 后”成为治丧的主力大军，他们对殡仪的需求充满个性和人性化。殡葬服务单位可以充分利用互联网对丧属的性别比例、年龄阶段、不同喜好、不同要求通过大数据进行了解，从而制订具有针对性的个性化殡仪服务项目方案。与传统的问卷调查参与度不高、有效性不强的弱点相比，互联网的匿名性和反馈及时性，有效地规避了上述缺陷，使得服务、宣传更加精准。

互联网与现实生活的界限会变得越来越模糊，殡葬业也可以考虑 O2O 模式（O2O 是 Online to offline 的简称，分为四种运营模式：1. Online to offline 是线上交易到线下消费体验；2. Offline to online 是线下营销到线上交易；3. Offline to online to offline 是线下营销到线上交易再到线下消费体验；4. Online to offline to online 是线上交易或营销到线下消费体验再到线上消费体验）。“虚拟祭拜”是当下比较热门的话题，通过开发项目或者是 App，受众可以在线上提交申请，在线下享受一系列的服务体验。在殡葬行业，O2O 的意义绝对不是再造一个淘宝或者京东，而是利用在线平台收集访问量、交易数据等大数据，分析群体需求和喜好，再做服务方面的调整。

综上所述，在互联网的影响下，殡葬行业的管理和服务可以发生根本性的变化，殡葬行业也可以借助互联网，实现更多的产业价值。当然殡葬行业有着自身的特殊性，作为一个互联网时代的“婴儿”，它还面临着知晓程度低、主动介入性差等问题，借助互联网大发展是一个长期且艰苦的过程。“线上的关键在线下”，从现在做起，立足当下，放眼未来，也许是对“互联网+殡葬业”最好的回答。

参考文献：

[1] 郭林．从“死无所葬”到“葬有所安”．浙江大学学报．

[2] 周雅静．殡葬管理信息化建设存在的问题及对策研究．科学管理．

[3] 杨光．互联网：时代的天堂产业．决策，2015 年 12 月．

[4] 吴嬴雨．殡葬业的互联网探路．解放日报，2014 年 4 月 8 日版．

[5] 蔡激扬．互联网背景下政府行政管理方式创新研究．

[6] 俞建良．清明论坛优秀论文集，2012.

魂　　葬

——中国殡葬二次改革的新突破点

上海市颛桥寝园　许　敏

摘　要：为积极落实党的十八届五中全会关于“创新、协调、绿色、开放、共享”发展的“十三五”规划，民政部等九部门于2016年2月下发了《关于推行节地生态安葬的指导意见》，就推进殡葬业改革发展作出了系列部署。其中针对生态葬式的大力改革与推进的要求，表明了中国殡葬改革第二次突破点在此一举。随着社会化城市化大发展，人文素养的不断提升以及科技和互联网虚拟技术的进步，为殡葬业二次改革注入了无限可能。本文遵循政府指导精神，同时借鉴社会广泛观点，研究殡葬墓园建设发展趋势，围绕从古至今强调的仪式感，“孝以后尊、心念追恩”的观念，提出了符合现代殡葬需求的新概念——魂葬。作者长期服务于上海市殡葬服务中心下属公墓单位，对城镇化殡葬模式有深刻了解。本文就目前殡葬业的发展作出自己的展望，期望能对我国殡葬业的深化改革提供参考，更希望在大型城市的土地资源利用和文化创新方面给予建议。

关键词：生态葬　魂葬　仪式感　人文悼念　科技+互联网

我国的殡葬改革经过多年的实践，已取得了巨大成就，但面对我国老龄社会的到来以及构建和谐社会的需要，我国的殡葬业仍需进一步深化改革，以更好地协调人与人的关系、人与社会的关系、人与自然的关系，使整个社会处于和谐状态。多年来，我国的社会学工作者，提出殡葬改革一定要注重与文化挂钩，一定要具有社会化、民俗化、可操作性。老前辈于光远就一针见血地说“做殡葬就是做文化”。如果将文化与人们的需求结合到一起，殡葬改革成功就会指日可待。

自1956年以来，我国殡葬改革已经取得了跨越式发展。但21世纪初，殡葬改革出现了新的困难和挑战，殡葬改革似乎走到了十字路口，面临着重要抉择。今后10年乃至更长时间，积极而谨慎地推进殡葬改革，是未来中国改革的主题之一，是关系到社会民俗改革、社会文明进步、党风建设和人民利益的重要大事。尊重人文、纪念传承、环保科技将是中国殡葬未来发展必须思考与研究的课题，也是未来发展的方向。

据统计显示，从2009年开始我国老龄化进入快速发展阶段，老年人口年均增加800万至900万人；到2020年，老年人口将达到2.48亿。预计到2050年进入重度老龄化阶段，老年人口将达4.37亿，约占总人口的30%。以上数据同时也预示着我国殡葬服务业将进入一个快速发展时期。

我国城乡现行殡葬模式，以死者遗体的处理方式为标志，主要有两大模式：一是城镇普遍适用的火葬模式，二是广大乡村普遍沿用的土葬模式，我们称之为传统模式。这都是对历史上已有殡葬模式的继承与创新。随着时代飞速发展，社会的进步，人文的提升以及科技的应用，社会风俗习惯也在逐渐改变，殡葬业也不例外。虽然，殡葬由于其特殊性一时还难以走出其传统风俗的范围，但是冰山一角，涓水已流。随着社会科技的进步和人文素质的提升，更加多元化的悼念方式、怀念手段、安葬模式都已经被创新甚至被接受。

上海作为全国殡葬改革的先行城市，经过多年的政策引导和积极实践，市民的殡葬观念正在转变。据上海市殡葬管理处资料显示，上海的葬式结构（入土、入室、撒海）由“十一五”的80：19：1转变为“十二五”的70：28：2。骨灰撒海机构共举办131次骨灰撒海活动，5.7万名市民随船出海，撒海骨灰1.25万多具。近年来，除推行复式家庭葬，上海市还采取一些措施。从2006年开始研究推广小型墓（占地不超过1平方米）和节地生态葬式，如寄存、壁葬、树葬、花坛葬、深埋等。到2015年末，全市绝大部分经营性公墓可提供一种或多种节地生态葬式，小型墓占全市墓穴销售的比例已达到84.7%，寄存、壁葬、树葬、花坛葬、海葬等节地生态葬式达到10.6%。“十三五”末，上海要力争实现所有经营性公墓新建单座墓穴面积不超过0.8平方米。可以看出，上海已经在生态葬的推广尝试中走在全国前列，而且效果可期。

在中国安葬文化根深蒂固的影响下，中国殡葬业改革在成功强制推广火化遗体之后遇到了瓶颈，二次改革的呼声也喊了很多年，但始终无法继续向前推进。这里有方向的问题、文化的差异以及政策的原因。如果将中国殡葬改革大致分三个阶段的话，目前我们还只处在过渡的第二个阶段。第一个阶段为强制推广火葬的起步阶段；第二个阶段为多种葬式共存的过渡阶段。第二个阶段发展到如今，该暴露的问题得到了充分暴露，比如墓地占地问题、悼念高峰拥堵问题、墓地长久性使用问题等，这些都必然要求我们殡葬从业者继续思考、继续改革，这也是本文所探讨的第三阶段必然到来的客观规律。魂葬为第三阶段，即让安葬和悼念分开的安葬模式，区别于骨灰撒海的高尚情操，既保留“入土为安”的人文关怀，又能实现“长久追思”的终极设想。

一、火葬模式的发展以及现状分析

中华人民共和国成立后，百废待兴，殡葬活动也自然被纳入新政府的视野。1956 年 4 月 27 日，在毛泽东倡议并带头签名下，中共高层领导人身后遗体实行火化的声明诞生了，150 余位党和国家高级领导人的签名揭开了中国殡葬改革的序幕，殡葬改革在全国城乡开展。其一项重要目标就是推行火葬。这个发展道路是曲折的，也是充满阻力的，几乎是靠政府强力推动的。实行火葬，是以节约耕地、移风易俗、保护环境为目的的，有很强的针对性和可操作性。但火葬只是解决了遗体处理的殡葬第一个过程，焚烧后骨灰的存放问题是整个第一次殡葬改革留下的尾巴。公墓墓园、骨灰堂虽然较之以往缩小了面积，节省了空间，但是依然有以下几个缺点：第一，依然占用土地。为骨灰安葬购买墓穴依然占用大量土地。第二，这些墓地都是石砌的或水泥的，是永久墓地，一旦占用就是几十年上百年。

二、火葬模式如何从第二阶段变成老百姓安心认可的模式

火葬模式是新中国老一辈革命家以高尚的情操和人格魅力带头推动的殡葬模式改革。这是一条已经写入宪法的基本国策，利于国计民生，破除了守旧思想，提高了全民精神文明，是一条不可更改的殡葬政策。但随着对于火葬后的安葬问题的思考，社会上也出现了越来越多的声音，有重提“土葬”优势论的，有废除“火葬”论的，也有借鉴国外安葬模式论的。这些讨论的声音各有观点，论证充分，都为本文的第三阶段思路提供了宝贵的材料。笔

者认为，我们要进行二次殡葬改革，首先要坚持的一条原则就是不能改变党和国家制定的以“火葬模式”为基础的前提原则；其次要兼顾中国人历来根深蒂固的“入土为安”的传统文化；最后在前两者的基础上利用科技互联网手段打造仪式感，让人文怀念不至于出现断层。

（一）对几种安葬模式的思考

1. 遗体土葬的情感。人们的殡葬活动长期植根于农耕社会文明，广泛沿袭了遗体土葬的习俗和厚葬久丧的传统。《礼记》说“众生必死，死必归土”，而且讲究“棺椁必重，衣食必多，文绣必繁，丘陇必巨”。除了“入土为安”的思想，丧葬习俗也是乡土社会中人们交往的重要一面。到了新中国成立初期，土葬通常被认为迷信和浪费，且会占用耕地，导致瘟疫，所以国家提倡火葬。土葬的传统在群众心中占有很高的地位，其中最重要的一点就是有着国人挥之不去的“入土为安”传统观念。传统无法抛弃，文化更不可能说断就断。

2. 火葬的推进。1965 年 7 月内务部颁发《关于殡葬改革工作的意见》（14 号）。该文件分为 4 个部分：一、大力推行火葬；二、改革土葬；三、改革旧的殡葬习俗；四、把殡葬事业统一管理起来。这是我国在全国范围内（首先是大、中城市）全面推行殡葬改革的开始，也是全面推行火葬的开始。“火葬、从简”成了新中国成立后殡葬改革的两个关键词。50 多年来，推行火葬在城市取得了明显成效，民政部的资料显示，一些城市火化率接近 100%，许多大中城市火化率保持在 80%—90%。城市的殡葬改革相对容易，人们与土地的联系已经不那么紧密。而相较于快节奏的城市，乡村生活仍旧显得变动较小。在农村，以“移风易俗”等名义开展的平坟运动，如何与普通民众的朴素情感和信仰达成平衡、兼容，仍是一个待解的难题。

3. 火葬与墓葬的结合问题。国家鼓励老百姓用墓葬形式安葬骨灰，但公墓只是殡葬改革的过渡形式，国家对公墓用地审批采取严格的限制。据最近发布的《殡葬绿皮书》披露，中国大部分省份的现有墓穴都将在 10 年内用完。火化后再行墓葬目前属于主流安葬形式，但其局限性在当今大城市里显得特别突出。首先是价格问题。在北京、上海等地，由于墓地价格飞涨甚至超过房价，“阴宅”已经贵过“阳宅”。其次是悼念问题。每当清明、冬至这些悼念高峰时节，路况拥堵，墓区人满为患，生态遭受破坏尤甚。最后是墓区僵化问题。一片墓区规划后大小墓地排列壮观，淡季时阴森恐怖，节日时熙熙攘攘为患。最重要的是这些规划都是长久性的，这片土地哪怕再园林化也不能被城市合理化利用。

4. 生态葬的现状。每年清明前，一年一度的上海“海葬公祭日”在滨海古园举行。据统计，自1991年上海举行首次海葬以来，先后已举办了237次骨灰撒海仪式。上海在过去的30多年时间里，始终倡导现代文明、绿色环保的安葬形式。近10年来，又积极探索生态安葬，包括树葬、花葬、草坪葬等节地葬法，这其中，海葬是最生态、最节地的葬式。海葬者的选择为子孙后代节约的净土地已超过125亩。目前，市殡葬服务中心正在研究推进“生命晶石”项目，通过无害化，将遗体骨灰转化为数百颗晶石颗粒，便于亲属保存和纪念，促进葬式和祭扫方式变革。但无论是在城市抑或乡村，相比高昂的墓地，树葬、花坛葬、海葬等更经济环保的选择却陷入推广难的尴尬境地。多地对选择生态葬的丧户提供补贴，但收效仍然不大。人们所面对的是一个关于如何与这个世界告别的选择。生态葬的推进难以突破，从根本上说是人们的情感无法找到选择突破口的问题。

5. 生态葬与魂葬的差别。生态葬已经是殡葬改革最高的指导意见，也是多年来殡葬业摸索创新出的系列葬式大全。其形式完全符合“人来自自然、死后重归自然”的精神，以及节地、绿色、生态的要求。但其最重要的就是人文关怀的差别，总有让逝者或丧属产生难以逾越的心理障碍。“火葬、从简”之后很多人把从简搞成了草率，这与“慎终追远”思想是相违背的。中国人起坟立碑的宗旨就是要有追远的存在感。如果不能在安葬的仪式感上和祭扫的存在感上为后人留有空间和可选择性，那么可接受程度自然是不会高的。魂葬是注重精神寄托、认同生态理念的安葬方式。在遵循节地生态安葬方式的同时，从风俗文化上来说，魂葬依然能达到让后人“慎终追远”的现代殡葬要求。

6. 魂葬的设想。第一，骨灰的不保留处理或不建墓。撒海或深埋是对骨灰的处理途径。第二，要有能让后人进行祭奠和怀念的地点或对象，比如一座碑、一棵树、一个雕像等。第三，引导人们进行网络化怀念。建设网上虚拟城市总先人网，可定名为“天堂村”，对每一个逝去的先人资料进行录入，就像是入住了天堂一样，甚至仍未离我们而去。虚拟墓区建设可以更加豪华大气，结合逝者生前遗愿和安葬地（撒海或深埋）详情以对家属有一些心理抚慰。第四，要做好网上虚拟安葬和祭奠的仪式感。南京牛首山佛顶宫的祈愿仪式就可以作为安葬的仪式参考。设想亲属在手捧亲人骨灰随着仪式放置安葬的心情是能达到“慎终追远”的目的的。而体现出的仪式感就是表明了与亲人的最后告别，从此以后，想念的亲人将去往天堂，如怀念，去虚拟空间就可做到。而骨灰这一具体留存则会被机器送往后台处理，或深埋或撒海。

（二）中国传统殡葬文化的历史作用及意义

殡葬文化是中国文化的一个重要组成部分，礼仪文化又是殡葬文化的重要组成部分。中国素称“礼仪之邦”，历来重视礼仪活动，而丧葬礼仪是礼仪中最为独特、最为引人注目的一种，因为丧葬礼仪是关于死亡的仪式，是人们既感到恐惧，而又不得不面对的人生重大仪式，其中既夹杂着恐惧和敬畏心理，更有着对新生的渴求和追求生命的永恒和不朽。一个国家、一个民族的文化传统是它的根，虽然在表面上我们阻断了某种行为和习惯，但在民族的心理上我们不可能轻易地了断。具体来说，它是中华民族在长期社会实践中逐渐发展起来的殡葬道德观念、殡葬道德原则和死亡观的总和。历史是延续的，殡葬伦理是传承的，对中国传统殡葬伦理思想进行回顾，将有助于我们确立现代殡葬伦理思想。

孔安国在注《论语》的时候说：“慎终者，丧尽其哀；追远者，祭尽其敬。君能行此二者，民化其德，皆归于厚也。”这就告诉我们，我们对待死者应该竭尽我们的哀痛之情。死者当初是和我们一样的生命，现在是他，以后就轮到我们了，这是谁也逃脱不了的。现在我们如何对待死者，将来别人也会如何对待我们。假如我们对死者没有感情，丧事办得非常草率，那么，人生究竟还有什么意思呢？

传统的殡仪文化包括对丧户的心理安慰、葬具、殡葬服饰、坟墓与风水、扫墓、殡葬语言以及殡葬文书等。殡葬文化不能简单等同于封建迷信，它属于民族文化的一部分，是人民群众客观存在的需求，只是这种需求可以随着时代的变化而不断变化和发展。如果从形式上来讲，生态葬是最为有利的安葬方式的话，那么我们从殡仪文化上创新和辅助将是可行的，也是能极大获得人民认同并有利于生态葬的快速推广的。

三、魂葬模式

凡是改革，不能光有目的，殡葬改革第一次推动火葬改革，除了明确的目的，与“文化大革命”的影响不无关系。第二次殡葬改革虽然喊了很多年，目的性也非常明确，但一直难以推动发展，无外乎因为外在条件不够成熟。随着社会发展和物质水平的不断提升，人们对于精神层面的追求也越来越注重，这些都将是引发殡葬二次改革的契机。魂葬，主要有以下几个条件。

（一）魂葬的设施条件——魂葬与功能场地的结合

从20世纪80年代开始，一大批环境园林化、艺术化、绿化美化的公墓在全国各地出现，虽然环境优美、生态合格，但是依然属于城市中的另类场地，无法完全融入城市化利用。这种墓地由于成片的碑林、坚固的砖石和水泥形成了永久的城市黑暗地。要积极开展魂葬的推广，除了海葬形式，首先就要在硬件设施、场地形式上进行创新或改造。

（1）纪念墙或雕塑。以在城市中心公园内建设纪念墙或雕塑的形式，用来纪念那些为城市作出杰出贡献的人物和遗体捐献者。墙上刻上名字和事迹，以便悼念。

（2）足球场、篮球场等体育类公共服务场所。足球场作为公共服务区域，也可以在显要墙壁或部位刻上魂葬死者的名字，一般可考虑体育工作者，包括这座城市培养出的运动员、教练员。

（3）音乐厅、图书馆或艺术馆等艺术类公共服务场所。如足球场一样，可在音乐厅的某过道或墙壁进行魂葬死者名字的雕刻，一般可考虑热爱艺术的或艺术家。

（4）公园墓。在公园里设置以雕像为单体的，只针对一些名人的纪念地。

（5）公益林。以道路绿化或公共绿地，以树干为包装对象进行雕刻逝者姓名的悼念形式。或在城市外围地带，先人骨灰以一棵树为纪念碑进行深埋的安葬形式，可以规划为成片林，但向公众开放，10年之后不再受保护。

（二）魂葬的文化力量条件——魂葬与仪式感人文关怀的结合

近年来，上海市的“绿色殡葬”事业在“葬”与“祭”上已经有了极大的发展与推进。从“葬”的形式看，主要围绕节地、环保做文章。从节地角度看，目前，上海墓地新开墓区中，有80%是1平方米以下的小型墓。传统墓穴单穴在1.5平方米左右，双穴为3平方米，而小型墓的双穴也控制在1平方米左右，在一定程度上节约了日益稀缺的土地资源。此外，小型墓的推行，节约了石材的消耗量。据一些石材商介绍，以3平方米的传统墓穴为例，墓碑所耗石材为0.5立方米，而小型墓则为0.2立方米。除了小型墓，壁葬、塔葬、树葬、花葬、草坪葬等更为节地甚至不占地的葬法，也如雨后春笋般在上海市各大墓园出现。市民政局一项统计显示，2009 年，全市落葬的市民当中，选择地面葬式的较 2008 年提升了 5 个百分点，这不难看出“节地葬”正逐步深入人心。生态葬式不仅体现环保，也符合中国人“入土为安”的殡葬传统。但这些都是固定在特定范围内的墓地区域内完成的安葬形式，我们要打破这一范围，让墓地真正成为城市的一种文化，融入城市发展，就必须从文化上、城市居民的人文关怀上下功夫。这点从实际墓区转上网络虚拟将大有可为。

（三）魂葬的社会力量条件

由于墓区土地等矛盾日益激化，不少新型的殡葬方式应运而生。在上海市颛桥寝园，节地复式家庭墓已经推行了几年，向下要空间，扩展纵深资源，曾经获得上海市殡葬服务中心的创新金奖。在上海滨海古园，树葬、花坛葬、海葬等生态环保的“节地葬”已经逐渐开始取代传统的墓葬方式，被人们所接受。这种新型的殡葬方式更容易被年轻人所接受。令我们感到欣喜的是，近几年来不少高收入家庭也开始选择“节地葬”，生态环保殡葬观念深入人心才是推行节地葬的钥匙。未来，生态殡葬必定是殡葬事业发展的大方向。推行生态殡葬，让骨灰与自然融为一体，才是真正意义上的入土为安。社会力量的不断成熟和人们观念的不断转变是魂葬推行的必要条件。

一项政策的推行离不开政府的指导和引导。政府应当承担起公共服务和公共管理的责任，在制定制度和规划、筹措资金增加投入和加强监督等方面切实起到主导作用。民政部发布的《关于进一步深化殡葬改革促进殡葬事业科学发展的指导意见》，提到政府对基本殡葬服务，要加大投入，对于绿色、节地产品应加大扶持力度，同时通过政策导向，引导市民选择绿色殡葬服务及产品。

（四）魂葬的科技力量条件

在充满仪式感的落葬仪式上，全自动化骨灰安葬运送系统是这一环节的保证，自动化运营也能得到科技的保障。另外，作为虚拟悼念的网络科技正日新月异，更可以进行设计满足。

四、结语

我国殡葬改革取得的成就有目共睹。在殡葬业改革不断向纵深发展，政府在保障群众基本殡葬权利的同时，要积极传播现代殡葬文化，树立殡葬新风，改变传统观念。在继续提高火化率的同时，大力推广深埋、树葬、草葬、花葬、海葬等生态葬法，结合网络技术和虚拟悼念，以魂葬的方式最终让先人“入土为安”，后人“慎终追远”！

参考文献：

[1] 杨根来等主编．中国现代殡葬大全．黄河音像出版社，2003.

[2] 徐吉军．中国丧葬史．江西高教出版社，1998.

[3] 范兆歧．中国现代殡葬研究．中国社会出版社，2004.

[4] 冯泸祥．中西生死哲学．2002（3）．

[5] 葛承雍．中国传统风俗与现代化．中原农民出版社，2002（9）．

[6] 上海殡葬文化研究所．殡葬文化研究．2015 年合订本．

积极推进节地葬式　勇担殡葬改革责任

——关于加强公墓生态文明建设的思考和实践

上海市颛桥寝园　陈凤梅

摘　要：文章通过对公墓生态文明建设的论析，指出，在殡葬改革中应克服困难，解决土地资源日益紧缺的矛盾，多管齐下，控制土地消耗；开展个性化服务，坚持宣传节地葬式；以绿色生态、低碳低耗理念，建环境友好型公墓。

关键词：开发　节地葬式　宣传　生态文明　环境友好

2016年2月，民政部等九部门联合发布《关于推行节地生态安葬的指导意见》，是我国在殡葬领域推进生态文明建设的首个专门性文件。2013年12月，中办、国办出台了《关于党员干部带头推动殡葬改革的意见》也明确要求党员干部“带头火葬和生态安葬，保护生态环境”。为节约土地资源、保护生态环境，我国政府鼓励和引导国人采用不占或少占土地、少耗资源、少使用不可降解材料的方式安葬骨灰或遗体。在殡葬行业转型发展的关键时期，上海的殡葬工作者怎样走在改革的前沿，是摆在我们面前的重要课题。作为殡葬基层单位，在我们的本职工作中，积极落实绿色殡葬、文明祭扫，做好环境文明的具体举措，就是从一个最基本的层面上加快生态文明建设，推进殡葬改革的发展。

一、加强公墓的生态文明建设迫在眉睫

政府对用于建公墓的土地管理采取严控政策。人们料理丧事时，又因“入土为安”的传统观念而往往选择骨灰墓葬，这就形成了与葬式改革的矛

盾，这对矛盾将在很长时期内存在。一方面用于骨灰安葬的土地不可能随意扩大，另一方面群众的世俗观念也不可能在短时期内改变。这就使得承担大众骨灰安葬职责的公墓单位面临严峻挑战，如何更好地施展“巧媳妇”的才能？既要节约土地，又要满足大众“死有所葬”的需求，“少米之炊”怎样做得让大众满意、让政府满意？这是一个迫切需要解决的重大研究课题。很多公墓单位都积极寻求和实施创新举措，在实现理想目标的道路上开拓前行。

二、尽力缓解土地资源日益紧缺的问题

在探索开发小型墓等节地葬式的实践中，经过十多年的努力，我们积累了一些经验，取得了一定的成效。早在20世纪90年代，离市区较近的老墓园颛桥寝园周围已被工业区包围，毫无扩展余地。由于情势所迫，寝园只得积极想对策、重实践，首先在园内利用各个墓区边缘的小块不规则土地，设计开发了花坛葬，每个墓穴占地仅为0.35平方米（含墓间道），价格自然比普通墓来得低廉，推出后受到了希望选购中低价位墓穴的市民的青睐。2006年上半年又开发了适合安放超小型骨灰装具或不放骨灰盒的葬式。这种小型墓每座外径尺寸为长40厘米、宽25厘米、高30厘米，净占地面积只有0.1平方米。其最大的特点是将骨灰直接放入墓穴石坑，舍弃了传统的骨灰盒，墓穴石坑采用天然整石制成，加工精细，密封性能好。此类葬式既符合了社会大众普遍存在的“入土为安”的传统观念，且在价格上更具有经济实惠的优势。以后多批小型墓一经上市，很快就全部售罄。

公墓的发展首当其冲的就是如何节约土地资源消耗。寝园努力把握节地的原则，遵循创新、发展的理念及思路，不断推出少占地的花坛葬形式，如逐年开发出每座占地面积仅0.1平方米的超小型花坛墓；开发最多可安放八个骨灰盒占地面积仅1.2平方米的复式家庭墓；开发占地面积0.2平方米、墓穴石坑上下排列的花坛墓；以及墓穴石坑前后排列、占地0.61平方米的小型墓。不断开发少占地多品种墓型，加之提供骨灰壁葬、骨灰寄存等多种葬式，供前来办理故人丧事的市民任意挑选，满足各种层次消费者的需求。实践表明，只有推广环保葬式和绿色殡葬，延长公墓经营寿命，才能实现可持续发展，达到“让逝者安息、让生者欣慰”的企业追求。

为了进一步发展节地葬式，颛桥寝园设计的普通墓也尽可能缩小占地面积，而在墓型的外观设计上力求款式的变化，每年推出多个新墓型，供客户

选择。公墓的年消耗土地是全市公墓单位中最少的，而近两年使用土地则更为节约，每年用地不足一亩。

每年制订限量出售墓穴的计划。经过测量剩余土地等工作，拟订了今后十年的土地使用规划，用周详的计划和扎实的行动，做到合理使用土地，延长企业经营期限。

三、多管齐下，控制土地消耗

随着城市老龄化程度加快，上海比其他地区更早进入老年社会，死亡人数逐年增多。而确保“死有所葬”这一重大民生问题，是关乎社会和谐安定的大局问题。

民政部等九部门发布的《关于推行节地生态安葬的指导意见》首次明确了节地生态安葬的内涵，突出了节约资源和保护环境的价值导向，强调采取鼓励和引导的方式，明确把不占地或少占地、少耗资源、少使用不可降解材料三个要素作为关键性的衡量指标。尽管当下市民的“入土为安”传统观念仍根深蒂固，选择墓葬的骨灰处理方式占大多数，我们仍应不遗余力地坚持加强节地葬式的宣传和推广力度。

（一）对骨灰寄存的葬式进行更新改造

比如骨灰室内寄存，改变老寄存楼光线暗、格位小、陈设旧的状况；新寄存楼是全新的装饰，有的楼外观既具民族特色，又显现代化气息，具有中西合璧的风格。室内寄存格位采用新型高分子防火材料制作，加上格调明亮的室内装饰，寄存室更显宽敞时尚，使各楼层更为美观舒适，满足了部分丧家选择较高档寄存格位的需求。2016 年寝园还对老的寄存楼装修及老寄存格位进行了改建，以焕然一新的面貌提高寄存葬式的档次，增加非资源性收入，既满足客户需求，也为今后业务发展方向探路。

因受“入土为安”观念的影响，售出格位大多为短期寄存，也就是暂时安放骨灰，客户在选购了墓地后就立即移出的情况居多。因此，营销人员在导购时，积极宣传寄存葬式“祭扫直观方便、格位清洁安全、价格低廉实惠”等优点，鼓励客户选择寄存葬式及壁葬。上海市有的区民政部门已制定了对选购寄存和壁葬安放骨灰的本区居民进行奖励的政策，体现了政府有关部门解决重点难点问题倡导节地葬式的不懈努力。

（二）新型生态葬的试行

最近两年，在市殡葬服务中心的统一部署下，寝园利用面积仅十多平方米的边角地块，又推出了普爱苑生态葬墓区，这里所用骨灰坛由环保材料制作，可在一个月内溶解在土壤中，使土地得以重复利用。墓区四周有黑色大理石砌成的低围栏，上刻逝者姓名，既体现低碳、环保的要求，也符合国人“入土为安”的殡葬理念。普爱苑生态葬让逝者长眠在树木、花坛、草坪下，绿草茵茵，鲜花点缀，与大地融为一体，重归自然。

“众爱苑”作为新型节地葬式，每个墓穴占地仅 0.04 平方米，分上下层可放两只骨灰坛。每平方米建造 25 座，可安葬 50 个骨灰坛，是适合低收入人群购买的入土墓穴，既节约了土地，又满足了客户“入土为安”的心愿。此两类葬式均采取集体落葬形式，简朴而隆重，很受市民欢迎。

（三）其他有关措施的建议

另外，有关专家经过调查研究后，提出将原定的墓穴存放时间 70 年改为 30 年，缩短限制墓穴存放时间，即在“入土为安”的墓穴中存放 20 年，然后搬迁到室内寄存 10 年，甚至长期存放。这样的方案老百姓还是能够接受的，也不失为殡葬改革的一项好措施。目前 70 年的规定确实是长了，与节地的目标不相符。再者，现在随着代际年龄的增加，由第三或第四代去为老辈的骨灰搬迁入土，在心理上的阻力和影响会相对小些。因此，虽然它是一个节地见效并不快的措施，但多管齐下，也是可以试行的方法之一。

四、开展个性化服务，宣传介绍节地葬式

（一）尽力向市民介绍推销节地葬式

业务人员在与客户洽谈过程中，一般都能了解推测各种客户群的经济、文化、层次等情况，揣摩他们选购的意向、心理价位等，应尽量恰如其分地向他们介绍符合其心愿的葬式。比如，对中年丧偶的，就建议他（她）暂时选购寄存或壁葬，待百年之后，再考虑购买双穴，夫妻俩放在一起，客户一般容易接受；有的客户来之前没有特定的意向，在导购时，就向他们介绍寄存、壁葬的优点，室内的格位干净，格位内可以放置各类小型供品，便于瞻

仰和祭扫，而墓葬在室外，风吹雨淋，不一定干爽，让丧家接受寄存或壁葬的节地葬式；对于二三十岁年轻人过世，或者经济状况一般，又坚持要选购墓葬的，则可以介绍选购小型花坛葬。

为要丧家接受而且选购超小型墓葬，需要坚持不懈地宣传推介工作，这是殡葬工作人员义不容辞的职责，使客户在思想上能够冲破传统观念的束缚和影响，自觉接受新型的不放骨灰盒或者超小型骨灰装具的葬式。

（二）希望新闻媒体加大介入力度

希望通过新闻媒体的积极介入，利用一切机会，加大力度宣传倡导节地型葬式，宣传殡葬改革趋势，形成移风易俗的社会氛围。

（三）其他配套措施跟上

需要有关各方面的配套措施共同协作，才能促使超小型墓葬市场需求的扩大。比如，可以引进国外殡葬行业的一些产品和葬式。一些国家和地区采用美观而有艺术风格的小型容器作为骨灰装具，我们的骨灰盒生产单位也可以开发生产一些为节地葬式配套的小型多样化的骨灰装具，如罐形、瓶形的等，如果做工精致，质量上乘，应该可以得到丧家的认可。在这种超小型葬式逐步被人们接受的过程中，为节地葬式配套的骨灰装具需求市场也将会随之扩大。再者，从殡仪馆经营销售骨灰装具及遗体火化这些环节开始，就可以配合提倡小型的骨灰装具，为丧家选用的节地型骨灰安葬方式提供配套服务。否则在传统观念中，一旦亲属骨灰安放入骨灰盒，再取出就会被视作不吉利之举，因而使推行小型节地葬式的举措遇到阻力而中断。而配套措施中不能遗漏的重要一环是骨灰压缩工序，因为缩小骨灰装具，并非减少骨灰的量，而是将同量的骨灰经压缩后使其能够装入容积小的装具，仍保持骨灰的完整，这才是老百姓能够接受的方法。只有这样实行环环相扣的配套措施，才能确保节地型骨灰安葬方式逐渐顺利推广。

五、树绿色生态、低碳理念，建环境友好型企业氛围

寝园还注重落实文化殡葬的特征，因地制宜开展“祈愿树”活动，营造了清明“祭扫、追思、踏青、春游”的节日气氛。逐步采取用鲜花换鞭炮、系黄丝带、彩色风车等方式，展示丰富深湛的清明节习俗。清明是慎终追远、

敦亲睦族及体现行孝的传统节日。开展“祈愿树”“心愿卡”活动，无字碑前的祈愿树下，聚集了满怀追思和感恩的扫墓人群，大家纷纷在小卡片上写上自己的心语，悬挂在树上，或者存放在寄存格位里，寄托对已故亲人的思念，祈祷子孙后代幸福健康平安。市民们在挂满祝祷卡片的祈愿树下摄影留念，营造清明文化祭扫氛围。

开展错时落葬（避开两个祭扫高峰时段）等宣传和服务，在清明、冬至联动周组织两次生态葬集体落葬仪式，引导市民采用环保生态葬式，提高对参与错时落葬市民的优惠和让利。

拟开设网上支付宝账户业务，实施网上续收维护费和续存费用等方法，方便客户交费。

公墓业的发展是整个社会以及经济发展不可或缺的组成部分。上海的公墓业已进入殡葬改革的新阶段，提倡少占地或不占地的葬式，减少公墓“白色化”，建设节地、生态环保型公墓。对此，我们面临着很大的挑战和机遇，肩负着重大的历史责任。改革发展任重而道远，必须靠自身的实力和创新的能力。让我们不忘初心，砥砺奋进，为促进生态文明建设，为全面深化殡葬改革、建设美丽中国作出应有的贡献。

基于 CRM 和客户满意度反馈的殡葬一条龙服务标准建立初探

北京农学院　安永刚　俞　磊　胡景诚

摘　要：文章结合 CRM 理论，针对目前社会各界对殡葬服务缺乏标准化的现象，结合客户对满意度的反馈，探讨如何进行殡葬一条龙标准化流程的建立，并从理论与实践的结合上验证两者的关系。

关键词：馆园一体　殡葬一条龙　白事前出　CRM　服务标准

一、研究背景

目前在民俗殡葬市场上，由于我国民俗文化教育的断层，以及传统文化缺失，大量的“70 后”“80 后”“90 后”客户，缺乏对白事方面的了解以及相关的产品购买的经验，因此，出现了买卖双方针对服务标准以及产品内容的信息不对称。这也是殡葬业多年来一直存在的问题，无法把流程化的服务进行标准化，使得产品提供方不能进行流程管理，也使产品购买方不能针对产品和服务进行评价。

因此，本课题组结合云南昆明晋福文化陵园股份有限公司馆园一体的现状来进行研究，结合成熟的管理学模式，进行殡葬服务一条龙的流程标准化研究——白事前出。

二、相关的理论研究分析

（一）CRM 理论体系与殡葬事业的联系

CRM 即 Customer Relationship Management，属于管理学范畴，意为客户关系管理。随着市场竞争日趋激烈，越来越多的企业不得不把关注的焦点由企业内部的产品转移到企业外部的客户关系上。在殡葬服务业领域内，CRM 管理模式是相对比较新颖的概念，它是一种能让殡葬事业的经营管理体系更加整合的营销方式，其重点更加强调的是墓园及殡仪馆（以下墓园简称为园；殡仪馆简称为馆）与丧户亲属之间长期的合作关系而非短期的交易行为。如何让客户感受到殡葬服务给逝者亲属满意甚至是感动，进而使新客户变成终生的客户，老客户变成墓园及殡仪馆的“黄金推销员”，创造好口碑，就成了殡葬企业管理的核心任务，CRM 正是在此基础上产生和发展起来的。

具体地说，CRM 是利用相应的信息技术和互联网技术来协调殡葬企业与丧户在销售、营销和服务上的互动关系，向客户提供生命文化体验式的个性化服务。实施馆园一体化的服务吸引新客户、保留老客户以及将已有客户转为忠实客户，增加市场份额，抚慰亲人们的思念心理。

在实施 CRM 过程中最重要的是获取客户的信息、分析信息及制定营销决策，供相关部门参考以提高殡葬管理工作效率。实践证明，构建基于云计算的殡葬管理信息化平台，可以实现殡葬业务的协同，有效整合各方资源，大幅提高资源的利用率，满足馆园服务客户的需求。

（二）现阶段殡葬服务业缺少有价值的营销途径

通过对我国现阶段现有的信息化殡葬服务资源和社会变迁视野下网络殡葬发展机遇的分析，可以明确地看出，信息化处理在殡葬中的销售、营销和服务上的交互，并没对殡葬事业的发展起到关键性的作用。笔者认为不应该只局限于殡葬活动的祭扫环节，如果单一发展互联网祭扫，就会将虚拟殡葬与社会传统祭拜模式完全割裂。

（三）CRM 与殡葬一条龙服务相结合能达到的价值

CRM 与殡葬一条龙服务相结合就是要解开这种“虚拟殡葬与社会传统祭

拜模式”的割裂，就是要正视目前我国网络殡葬的发展现实，以更宽阔的视野和更开放的战略格局重新审度 CRM 与殡葬服务的管理，从殡葬活动的祭扫等多个环节入手，以信息化殡葬平台的实践为基础，同时以我国目前社会变迁给生命文化网络化带来的利好机遇为抓手，通过线上和线下的 CRM 措施，改革完善现实的殡葬服务制度，以线下为保障，扎实地构建线上殡葬系统，为网络殡葬破局，充分发挥 CRM 模式与殡葬全程化服务相结合能实现的价值。

（四）二者深入研究的可行性分析

随着互联网的快速发展，殡葬活动与互联网的结合日益紧密，我国网络殡葬悄然走进公众的日常生活，其中发展最为迅速的领域包括殡葬网络化，特别是 CRM 电子信息化的发展以及墓园规划网站的建设。社区信息化建设与 CRM 殡葬信息化管理、社会结构网络化与网络殡葬互动、社会服务阳光化与生命文化服务等的相结合的机遇和可能，都会成为 CRM 与殡葬服务深入融合和研究的可行性。

三、以昆明晋宁现代殡葬服务有限公司及云南晋福文化陵园股份有限公司为例

（一）案例公司介绍

昆明晋宁现代殡葬服务有限公司（是殡仪馆简称为馆）及晋福文化陵园股份有限公司（是陵园简称为园）位于昆明市晋宁区境内，于 2010 年成立，从事殡仪服务及墓地销售业务，历经五年时间，在董事长、总经理及全体员工的努力下，取得了不错的成果。殡仪馆主要辐射晋宁区，馆的业务由单纯的接运、冷藏、火化及寄存等基本服务业务衍生出追悼会、鲜花服务、乐队、摄像、守灵及各项礼仪服务。火化人数亦有 2000 余人，营收目前也达数百万元，一切都朝着设定的目标前进。墓地销售业务也随着园区建设日益成熟，植物绿化配置的完善，墓区的多样性，客户服务的标准化及营销策略的深化，在昆明玉溪市占有一定的市场份额，营收也达数千万元。在殡仪服务及墓地销售的稳定增长之下，为了未来进一步的发展亦申请“新三板”上市，成为云南墓园首家申请上市的公司。

（二）馆园一体一条龙服务的竞争优势

近年来，随着老龄化的推进，殡葬消费主体将由“70后”转至“80后”，由于此类人群的殡葬消费经验很有限，不知道如何办理丧事，需要专家协助办理，这就为一条龙服务提供了市场需求。

殡葬市场的逐步开放，民间或国外资本的进入，造成殡葬竞争日趋白热化。随着生活水平的不断提高，殡葬客户对服务质量的要求提高，服务内容也需要多样化甚至个性化。在这三种因素的冲击下，公司管理阶层结合自身的优势有馆有园，可将殡与葬进行更好的结合。

馆园一体的好处是一切都从以人为本出发，一切为了丧户，一切为了便民利民，不让丧户在最脆弱、最无助的情况下，还要接触不同的殡葬单位洽谈丧事。馆园可以满足家属成员精神上、物质上的种种需求，在特定的环境下，用特定的礼仪为特定的人群服务。达到“一个电话丧事无忧”，使“只要您来个电话，其余的事情都由我们公司来做”不是一句空泛的广告语，它让城乡丧户看得见，摸得着，得得到，感受到“一站式”服务的好处。

晋福公司实行买墓地送殡仪馆服务，有亲人去世，只要打一个电话向工作人员告诉一下，便会立即得到优质、体贴、周到、快捷的服务。你用什么，我们有什么；你需要什么，我们提供什么；只要你方便，我们不怕麻烦。另外，接尸车、存尸间和冷藏棺、丧葬用品等所有有偿服务，都根据客户购买墓价的不同，为丧户提供了较广的选择空间。

（三）白事前出争取主动服务机会

目前的殡葬市场还充斥着社会殡葬中介，我们并不否定殡葬中介存在的功能，他们的存在弥补了部分殡仪馆的不足，当然中介也获取了相应的报酬。晋福公司是专业的殡葬服务企业，具有专业的人员、设备及知识，可以提供专业化、个性化的服务。更重要的是它接受民政部门的监督与指导，使消费者投诉有门。晋福公司只是为消费者提供多一种选择，以服务决定市场的优胜劣汰。

晋福公司针对中高端的白事服务市场，提供品牌化、品质化、个性化的“英式服务管家”的服务体验，以直营门店加盟门店为基础，打造“三十分钟白事管家服务圈”，以最快的速度抵达服务现场，接管现场，争取主动服务的机会。

白事前出通过互联网平台实现线上线下的全面互动，提高殡葬服务响应能力，通过“白事服务+网络平台”的模式，实现线上线下服务平台的建设、经营、推广，打造“临终关怀”产品—殡葬无忧“一站式”服务体系，面向丧户提供临终关怀服务，打造“老、殡、葬、祭”一体化的服务产品链。

（四）CRM 信息的利用

晋福公司将殡葬流程与 CRM 相结合，根据丧葬流程中“客户报丧→处理灵柩→布置灵堂→举行告别会→骨灰安葬”的具体步骤，针对客户的社经地位、消费水平等因素进行分类：尊严型客户、尊享型客户、尊贵型客户。并针对三类客户设计出相应的殡仪套餐，其价位分别为 4600 元、8600 元及 13800 元。殡仪套餐内容包括接送服务、遗体处理服务、追悼服务、火化服务及寄存服务五项，按照不同的客户类别选择相应的殡仪套餐。

（五）标准化流程的建立

晋福公司具备馆园一体的优势，又有利用 CRM 设计适合的产品，然而若无法提供客户满意的服务也是空谈。本文主要是探讨晋福公司为提升客户满意度，不遗余力地推展建立标准化的流程。以下图说明整个治丧的流程，包含殡葬祭三部分，以布置灵堂为例，包含搭建灵堂、鲜花摆设、遗像制作、逝者灵位及挽联书写。有人认为各地殡葬习俗不同，无法建立标准化的流程，其实不然，各地或许会搭建不同形式的灵堂，但搭建灵堂在治丧流程是必须要有的。

晋福公司非常重视客户服务的满意度，自公司成立后不断探索最优化的服务流程，尤其是考虑服务对象、硬件设备、员工素质及灵活调配等因素建立适合当地环境、自身条件的服务流程。以下以殡仪馆接运工作标准化流程为例简要说明流程内容，每个标准化流程分成五个部分：工作职责、工作程序、工作标准、工作纪律及考核。为节省篇幅以下仅列出接运地点是医院太平间的具体操作流程：

1. 根据家属提供的死亡证明（必须查验其有效性及合法性）在收殓单及收殓卡上正确填写逝者的相关信息，请家属确认遗体并检查遗体情况如伤口、腐败程度、随身贵重物品、收殓方式（如卫生棺）等，在收殓单上做好相关记录并请家属签字确认。

2. 遗体确认完毕后，将收殓卡贴在尸袋或卫生棺上。

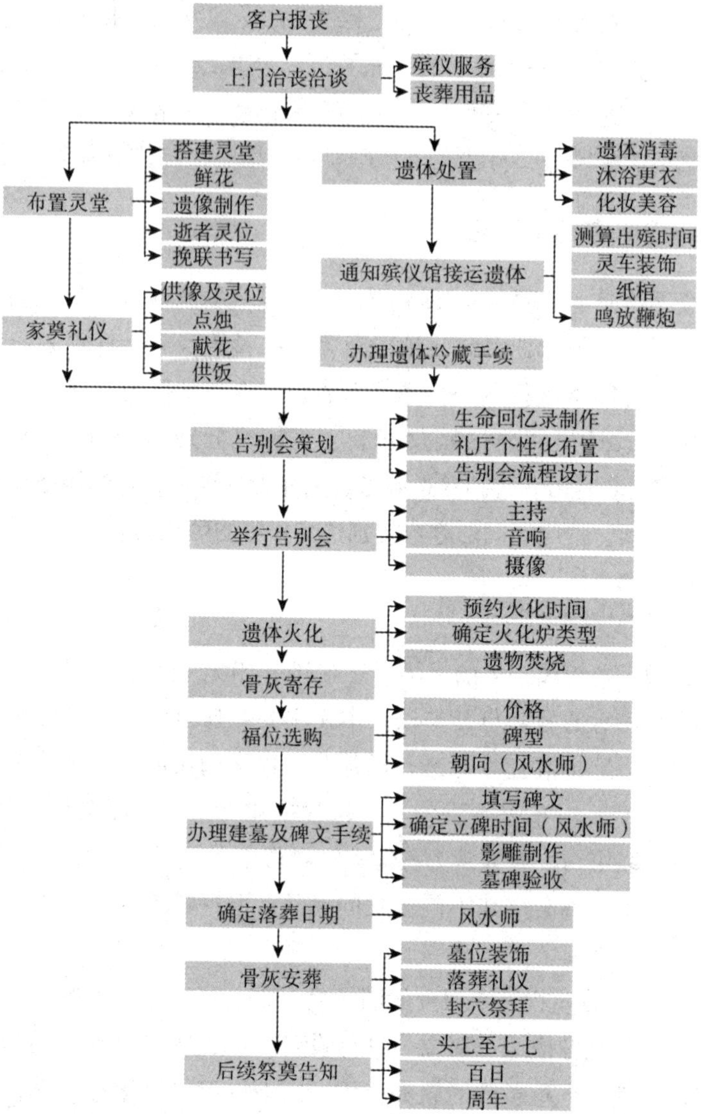

图1　殡葬祭流程图

3. 收殓遗体时，卫生棺底部铺垫的纸钱必须摆放美观大方；移动遗体前必须向遗体一鞠躬；搬运遗体时要轻抬轻放。

4. 将遗体抬上车后，请家属带齐所需物品如逝者身份证及直系亲属身份证等，起运回馆。

5. 遗体进馆后下车前必须向遗体一鞠躬。接运工作完成后在登记簿上做好相应记录。

将工作职责、工作标准与考核紧密结合，才是有效的标准化流程。并针对容易犯错误的程序，多做一道检查的动作防止错误发生。

（六）客户满意度调查

企业管理程序学派强调计划、执行与考核，考核是为了知道执行的成效，也为计划提供修正的方向。考核由自己部门领导实施，亦可增加由客户加以评价服务的成果。殡仪馆自 2005 年即每单交易必须由丧户亲属填写客户满意度调查表，依照服务流程分别对车队（如出车前是否有打电话告知、遗体装棺及下车时是否有鞠躬、对车队整体服务是否满意等）、殡礼部（遗体处理是否满意、告别会是否满意、对殡礼部整体服务是否满意等）、前台接待部（丧事洽谈是否满意、服务项目及收费是否满意、对前台接待部整体服务是否满意等）、火化车间（火化时间是否有超时、骨灰质量是否满意、对火化车间整体服务是否满意等）等服务情况进行填写，第二天由办公室再以电话进行回访及核实。

自实施以来，殡仪馆整体服务的满意度在 95%至 100%之间，对客户反映不满意的服务追究其原因。属流程导致服务不佳者修改标准化流程，属设备物品老旧或缺少者则汰换设备补充物品，属人员操作疏忽或态度恶劣者在考核上扣分。

四、结论

晋福公司在馆园一体的优势下，努力开展白事前出主动争取服务的机会，同时按 CRM 理论结合晋福客户的特色，提出三种不同的殡仪套餐销售。所建立标准化的流程服务客户以来，已经取得绝大多数客户的认可。

晋福公司为了将来进一步地发展，将实施客户满意度调查作为企业改革的推动力，不断修正企业服务流程，提升人员服务质量，保障服务设备堪用及物品充足供应，提高客户满意度。总之，晋福公司结合 CRM 理论，建立殡葬“一条龙”标准化的流程，有助于客户满意度的提升。同时，客户满意度的反馈亦有助于标准化流程的优化。

参考文献：

[1] CRM 定义 [2014-4-8] .

[2] CRM 在企业管理中的三大作用 .

[3] CRM 价值以及试用介绍 .

[4] CRM+App：随时随地轻松管理客户信息 . 8thmanage. [2014-5-22] .

[5] 京诺移动 CRM. 京诺移动 CRM. [2015-7-16] .

中华民国（1912—1949）时期国葬研究综述及其他

武汉民政职业学院　何秀琴①

摘　要：1917 年至 1949 年间，民国政府对许多对国家有特殊贡献的人进行国葬，相关的资料记录较多，以往的研究主要集中在三方面：一是散见于各种报纸、报道之中的名人国葬记录；二是国葬的政治影响及思想教育作用；三是从社会文化角度、文学艺术角度展示国葬的文化内涵。国葬亟待进行研究的领域主要有以下几方面：国葬记录的考证与研究，国葬对民国及现代葬礼改革的影响、中外国葬之比较研究等。

关键词：民国　国葬　记录　研究领域

1916 年“中华民国”通过第一部国葬法。从 1917 年至 1949 年，“中华民国”政府先后为黄兴、蔡锷、冯国璋、戴季陶等 28 人②举行了国葬。1916 年以来，对国葬的报道和研究一直在持续，本文对以中华民国（1912—1949，下同）时期国葬为内容的报道和研究进行梳理，以期抛砖引玉。

---

① 何秀琴（1973-），女，湖北襄阳人，武汉民政职业学院教师，湖北大学历史文化学院博士研究生。

② 数据主要来自胡滔滔：《民国时期的国葬》，载《湘潮》2009 年第 3 期，第 51 页，文中提出对黄兴、蔡锷、冯国璋、孙中山、李仲麟、林修梅、程璧光、廖仲恺、谭延闿、卢师谛、黎元洪、段祺瑞、胡汉民、邵元冲、朱培德、唐继尧、刘湘、谢持、林森、蔡元培、张自忠、柏文蔚、陈其美、张继、郝梦龄、李家钰、覃振、戴季陶 28 人举行了国葬。

一、民国国葬研究的领域及成果

我国对国葬的研究记录主要集中于国葬基本知识、葬礼情况以及国葬的文化意义三方面。

（一）民国知名人士国葬基本情况

1. 国葬基本知识及世界各国国葬

对国葬知识的介绍穿插在国葬的记录中，有国葬起源、国葬与公葬、国民葬的区别，以及各国国葬的区别等。

一是关于国葬起源。吴德广认为“国葬礼仪始于古罗马，沿用至今。有些君主制国家，如日本，按其以前颁布的国葬令，天皇、皇后、皇太后和皇太子等的葬礼，理所当然是国葬。”①

二是国葬和其他葬法的区别。王夫子对国葬与公葬进行界定和区分。“国葬又称‘国丧’，为一国之最高规格之丧礼。”② 公葬是低于国葬而又高于民间私家葬礼的一种丧礼规格。③ 严昌洪先生也对两者进行了区分，他认为中国古代并无这种意义上的国葬，封建王朝把皇帝或皇后之丧称为“国丧”或“国恤”，但不是指具体的葬礼④。

三是国内外国葬信息。储信艳分析了美国、英国、意大利等国的国葬资格及分类，指出“一些体现人性光辉的小人物也可以获得国葬的待遇”⑤。谌华侨指出国葬在许多国家都存在，如中国、日本、美国等。国葬是一种高规格的葬礼，代表了国家意志⑥。

如上所述各国国葬仪式大致有五点一致：要得到相关权力部门批准，降半旗，停止娱乐活动和宴请活动数天，元首和政府首脑出席，费用由国库支付等。这些文章大致介绍世界各地国葬的情况，篇幅比较短，内容简练，叙

---

① 吴德广：《“国葬”上的大国外交》，载《世界博览》，2014 年第 9 期，第 92-95 页。

② 参见王夫子：《殡葬文化学》，长沙：湖南人民出版社，2007 年版，第 568-570 页。

③ 参见陈明锋：《社会转型视野下民国新式丧葬礼俗的实施》，载《贵州文史丛刊》，2008 年第 1 期，第 41-44 页。

④ 严昌洪：《民国时期丧葬礼俗的改革与演变》，载《近代史研究》，1998 年第 5 期，第 171-196 页。

⑤ 储信艳：《各国国葬盘点》，载《共产党员》（河北），2014 年第 8 期，第 44-44 页。

⑥ 谌华侨：《外事知识：国体、国教、国葬》，载《重庆与世界》，2014 年第 3 期，第 30-35 页。

述性强，对各国国葬比较研究较少，以后的研究可以深入。

2. 民国知名人士国葬具体情况

1949年前的国葬记录主要是对知名人士国葬的批复、日程安排、葬礼流程、安葬事宜及注意事项等进行说明，多数是公文性、叙述性文件。多数报刊还刊载了图片。1949年后对民国国葬的报道侧重于记忆和缅怀，主要是以讲故事的形式出现，时间多集中出现在其他国家有国葬的时期。人物主要集中在国葬第一人蔡锷、黄兴、孙中山、张自忠、戴安澜和其他将军的。

这些报道重复率很高，很多事件是多次记载，记载内容相同的部分较多，也有一些不同的。如有关张自忠将军国葬的期刊文章有92篇，时间截至2015年9月20日。全国报刊索引（1833—2013）共409篇；方正数字书苑（1983—2016年）19篇。

这些记录有一些是故事性和娱乐性的，可以从即时史学、新闻学和文学的角度进行研究，也可以从史学的角度研究这些历史人物是如何被解构和构建的。

（二）与国葬相关的政治问题

1.《国葬法》的立法及三次修改情况

从现有的资料分析，中华民国时期《国葬法》经过三次修改。1916年，北京国民政府公布首部《国葬法》。当年制定《国葬法》和国葬礼仪的主要负责人之一——湖南湘阴籍的范源濂等人，在1916年11月3日议定黄兴国葬优恤礼仪体例时特别提到：“（甲）仿效美、法先进共和国施行之先例；（乙）参照英、日崇拜伟人礼仪之一部……考察主要是日本、英国及美国等国形式而制定。”①

这部《国葬法》在执行14年后，于1930年10月7日进行了修改。1947年12月5日，南京国民政府通过第三部《国葬法》。1948年11月26日，国民政府通过第四部《国葬法》。

从上述《国葬法》的修订可以看出，民国非常重视国葬，在短短的30年间，三次修订《国葬法》，还出台了《国葬条例》《公葬条例》《国葬仪式》等相关规定。这些立法背景研究较少，亟待深入。

2. 国葬对本国以及国际影响

多数学者认为，一次国葬也是一次对外交往，影响国家交往和国际关系。

---

①《黄兴蔡锷魂归岳麓山，开启中国近现代国葬之礼》，载《长沙晚报》，2013年4月12日（C01）。

曾任外交部礼宾司参赞的吴德广，在他的著作中分析了我国利用越南胡志明主席国葬，苏联勃列日涅夫以及安德罗波夫和契尔年科的葬礼，进行几次“葬礼外交”，是中苏两国的第一副总理间隔 20 多年的互访。1989 年日本裕仁天皇葬礼时与印尼达成实现两国关系正常化的“三点一致意见”①。

针对孙中山国葬对当时政治的影响的研究较多。郭必强指出，段祺瑞政府虽然和国民党不和，但迫于孙中山的威名远扬，也不得不为孙先生的国葬提供支持，以便获得民众的支持②。田海林、李俊领认为：国民党与南京国民政府把孙中山从“总理”推尊演绎成了“国父”，并为其不断举行各种典礼仪式，从而产生强化“社会记忆”的巨大能量③。高冬琴、蔡世华认为：国葬仅仅是国民党塑造孙中山形象的开始，“孙中山”这一符号的神圣化还需要“多种形式的权力技术”④。

从国家行为分析国葬，国哀制度（包括国葬、设立全国哀悼日、降半旗等几种形式）既是对逝者的尊重，也是弘扬国家意志、凝聚民族精神的最好的表达方式和途径。⑤

3. 思想教育角度

国葬是一场爱国主义教育，在提高国民个人素质方面有很大作用。这方面研究散见于对国葬之人回忆的文章中。

刘庸诚指出，何香凝曾在葬礼上对黄埔军校为廖仲恺扶灵的学生进行教育：“……菽水之惠，古人尚且不可忘义。你们廖党代表尸骨未寒，血衣犹存。你们有些学生竟自孤恩负义，背离总理三大政策，忘掉廖党代表的教导。真是令人痛心之至。”“国难当头，人民仍在水深火热之中，希望你们黄埔学生好自为之！”⑥

亓秀娟指出：抗日战争时期，公葬和国葬的实行能给人们正面的力量，用烈士的英勇无畏、勇于奉献的精神感染人们，能极大地提高我国的民族向

---

① 吴德广著：《“国葬”上的大国外交》，载《世界观察》，2014 年第 9 期，第 92-95 页。

② 郭必强：《奉安大典的政治观察：以蒋汪为中心的讨论》，载《南京社会科学》，2010 年第 10 期，第 17-22 页。

③ 田海林、李俊领：《仪式政治：国民党与南京国民政府对孙中山的祭祀典礼》，载《史学月刊》，2007 年第 4 期，第 29-38 页。

④ 高冬琴、蔡世华：《国葬与国家民族认同——以孙中山遗体及其安葬为中心》，载《孙中山与中华民族崛起——国际学术研讨会论文集》，2006 年版，第 445 页。

⑤ 国哀制度包括国葬、设立全国哀悼日、降半旗等几种形式。杨西虎：《论作为宪法制度的国哀制度》，北京 · 中国社会科学院研究生院，硕士论文，2011 年版。

⑥ 刘庸诚：《何香凝挥泪训责黄埔生——迎接廖党代表灵柩奉安南京亲历记》，载《黄埔》，2005 年版。

心力，对于抗战的胜利具有重要的推动作用。①

《山东商报》2014年7月7日在《追访抗战殉国将领之后》中，以北京市佟麟阁路、赵登禹路、张自忠路为活着的记忆，记者通过张自忠后人的话表达一种民族精神，即：“军人最大的荣耀是为国捐躯。我不悲伤。”

（三）从社会文化思考角度研究国葬

从广义上说，所有有关民国国葬的记忆都是记忆，是历史的再现，都可以从社会文化的角度进行分析。

1. 知名人士国葬前后社会评价

对国葬人士的评价很多，多数在记录国葬的文章中，多为溢美之词，有少部分反映出民国时的矛盾。如国民政府元首林森1943年逝世后，被誉为“一代伟人，社会完人”。《泰晤士报》推崇他为“万人尊敬之伟人”，他的“道德观念及大公无私之精神，尤为全世界人士所尊敬”。《纽约时报》称林森为“中国圣哲”②。对壮烈殉国的抗日英雄戴安澜评价也很高，国民党政府批准戴安澜英名入祀南京忠烈祠。美国政府颁授其懋绩勋章一枚。周恩来题写了挽词：“黄埔之英，民族之雄。”

对一个人的声誉是如何建构的，也是热门话题。苏州大学季川通过分析当时社会的悼念风俗、国葬制度缘何诞生、何以蔡锷先于黄兴国葬、民间对于“黄蔡”的看法的转变等，指出，“蔡锷的形象自护国战争后达到顶峰”是如何层累形成的③。聂蕾也对1916年至1945年蔡锷形象的建构与变迁进行分析④。但对其他被国葬的人研究还比较少。

当然，对国民党和南京国民政府祭祀孙中山的典礼仪式，也有人提出批评。陈西滢指出：“我们觉得无声的悲哀是最沉痛的悲哀，无声的行列是最严重的行列……我以为一个懂得你的反抗者比一个盲从的信仰者有价值得多。”⑤

---

① 亓秀娟：《南京国民政府的抚恤褒扬制度——以辛亥、抗战烈士为中心》，长沙·湖南师范大学，硕士论文，2014年版。

② 何立波：《林森——年高德劭的国民政府主席》，载《海内与海外》，2003年第5期，第67-71页。

③ 季川：《黄兴、蔡锷的逝世及其影响》，苏州·苏州大学，硕士论文，2014年版。

④ 聂蕾：《再造蔡锷——试论蔡锷形象的建构与变迁（1916-1945）》，载《华中师范大学研究生学报》，2012年第9期，第118-121页。

⑤ 陈西滢：《中山先生大殡给我的感想》，姜振昌、庄伟：《〈西滢闲话〉及其他——〈现代评论〉派杂文选》，北京·文化艺术出版社，1996年版，第3-4页。

2. 国葬中的文学、艺术研究

国葬中的文学及艺术研究主要集中在遗嘱、挽联和悼词、语言文字、小说创作和建筑艺术研究方面 。

国葬者的遗嘱也具有很高的研究价值。1936 年段祺瑞因病逝世。他给政府留下亲笔遗嘱，即“八勿”之说：勿因我见而轻启政争，勿空谈而不顾实践，勿兴不急之务而浪用民财，勿信过激之说而自摇邦本，讲外交者勿忘巩固国防，司教育者勿忘保存国粹，治家者勿弃固有之礼教，求学者勿骛时尚之纷华。戴安澜致妻子的遗书称：“决以全部牺牲，以报国家养育！为国战死，事极光荣。”

国葬中的挽联很多，而且国葬之人皆是名人，写挽联之人也较有文采，所以留下的挽联很多。以下仅举几例：章太炎挽黄兴：“无公则无民国，有史必有斯人。”孙中山挽蔡锷：“平生慷慨班都护，万里间关马伏波。”陈其美自题联：“扶颠持危，事业争光日月；成仁取义，俯仰无愧天人。”冯玉祥挽张自忠：“张上将自忠弟，千古荩忱不死。”几乎每一次国葬就是一次艺术盛会，对这些挽联进行研究也是非常有意义的，目前对挽孙中山的挽联研究较多[①]。国葬的悼词是比较讲究的，谁有资格致悼词，如何写悼词值得研究。目前相关研究较少。朱素梅从语言学特征进行了对比分析[②]，对民国国葬悼词的研究有很好的借鉴意义。

从文学的角度看国葬。以《国葬》为书名的有 2 本：主史家杰著《国葬：长篇纪实文学》，华文出版社 2008 年版；以及白先勇著《国葬》。

从建筑艺术的角度研究国葬也很有必要，目前对中山陵的研究较多。有对中山陵 45000 亩的新式园林建筑建成历史进行说明的文章[③]，还有对范鸿仙墓保护设计的构想，[④] 以及对中山陵旁廖仲恺墓周围建筑的研究。[⑤]

3. 国葬中的死亡与生死观

以国家的名义举办的葬礼自然是应当“斯人既逝，举国同悲”，对人的死亡与生死观有很强的教育意义。由于我国存在“邻避”思想，对死亡谈论得较少，在中华民国时期，社会极度动荡，对死亡的谈论就更少，这方面的研究也较少，近年来的研究和话语值得关注。

---

① 杨潜：《挽孙中山联中的政坛恩怨》，载《文史天地》，2010 年第 10 期，第 46-48 页。

② 朱素梅：《中美国葬悼词对比分析》，苏州·苏州大学，硕士论文，2008 年版。

③ 张欣：《南京中山陵范鸿仙墓保护设计研究——兼论南京民国墓葬类文物建筑特征及保护策略》，南京·南京工业大学，2013 年版。

④ 《南京中山陵园建园的前前后后》［N］. 皖江晚报，2014 年 3 月 7 日（A4）。

⑤ 苏艳萍：《廖仲恺、何香凝国葬中山陵园始末》，载《中国纪念馆研究》，2012 年第 2 期 。

2011年徐贲在《新京报》撰文《追思逝者是公民教养》，对挪威全国下半旗为76名遇难者致哀中提出问题：“为逝者哀悼，为生者祝福，已成为灾难后的基本共识。但是，灾难之后，如何启动公共哀悼仪式，何时哀悼，怎么哀悼，这已成为一个不容回避的问题。”

二、民国国葬亟待研究的领域

90年来，对国葬的回忆和记录越来越多，有关国葬的研究相对较少，亟待加强。

1. 国葬记录（史料）的考证与研究

胡滔滔研究称，中华民国时期黄兴、蔡锷、冯国璋、戴季陶等28人国葬。[①] 现有报刊资料显示，戴安澜、熊希龄、佟麟阁、伍廷芳等人也享受国葬，中华民国时期究竟国葬了哪些人？国葬标准是什么？哪些人可以国葬？参加国葬的究竟有多少人？哪些人（组织）参加了国葬？是自发的，还是组织的？参加后他们的感想是什么？参加政府首脑如大总统和将军的国葬人员有何不同？这些需要研究。

从1917年至1949年32年间，日本入侵，国家动荡，政府更迭频繁，百姓生活变化较大，国家却拿出国库的钱国葬了为国家作出贡献的人。各级政府是如何运作这些事的？资金是如何筹措的？民众的态度呢？国葬后的评价如何？国葬的国家认同和民族认同有何影响？国家对国葬的干预及意义？

2. 国葬对民国及现代葬礼改革的影响

有研究称：在殡葬礼仪上，袁世凯政府于1912年8月7日发布国民《礼制》，规定丧礼为脱帽三鞠躬。而后历代政府的官方丧礼均遵从之，如1929年南京政府行“奉安大典”迎孙中山先生灵柩于南京东郊紫金山安葬。1976年毛泽东去世，丧礼中均用三鞠躬。在民间，国内有人急于推行丧礼三鞠躬礼，但民间难以接受，遭到强烈反对，故民间现仍用叩头礼。这些变化对于推动中国的殡葬改革都起到很好的先导作用[②]。

国葬和公葬是中华民国时期借鉴西方礼仪而兴起的新的礼仪形式，它们改革了以往三跪九叩、五服等传统礼仪，在礼俗史上占据很重要的位置。这

---

① 胡滔滔：《民国时期的国葬》，载《湘潮》，2009年第3期，第51页。

② 王夫子：《殡葬文化学》，长沙·湖南人民出版社，2007年版，第568-570页。

两种由国家颁行的礼仪在文本和操作上有何异同，它们对后世殡葬改革中葬礼改革有哪些影响？

资料显示，1981 年 5 月 29 日，中华人民共和国名誉主席宋庆龄因病在北京逝世。中共中央、全国人大常委会、国务院发表公告，宣布为宋庆龄举行“国葬”。宋庆龄主席的“国葬”较之民国国葬有哪些异同？2008 年汶川大地震后首开全国哀悼日后，是不是一种新的国葬或国哀形式？2009 年钱学森逝世后，网络上关于提议为钱老举行“国葬”的声音不断，为什么没有国葬？①中国社会科学院法学研究所研究员、博士生导师莫纪宏近日在中国法学网发表题为《从钱学森去世谈制定国殡法的意义》的文章，建议中国能够制定一部国葬法。这个呼声后来如何演变？

3. 中外国葬之比较研究

资料显示，18 世纪以来，亚洲、非洲、欧洲、美洲、大洋洲等都有国葬记录，各国国葬有哪些相同和不同之处？可以在被国葬人的选择，宣布国葬的法律程序、经费，以及社会文化等方面进行研究。

此外，非政治人物国葬之研究也是个好视角。有很多非政治人物进行了国葬，他们中有国学大师（章太炎）、艺术家（德国古典巴洛克音乐大师亨德尔）、科学家（英国牛顿）、体育明星（巴西“车神”塞纳）、奥运官员（国际奥委会终身名誉主席萨马兰奇）、修女（特蕾莎修女）②、流浪汉（美国雷蒙德·威维尔）③。有很多作家，如法国的伏尔泰、卢梭、雨果、左拉和大仲马、贡斯当、法朗士、瓦雷里、科莱特和赛采尔，吉尔吉斯斯坦作家艾特玛托夫等，都进行了国葬。英国的拜伦逝世后，希腊就为其举行国葬；奥地利作家茨威格逝世后，巴西也为其举行了国葬；等等④。

不同国家和不同时期，为什么国家会选择对这些非政治人物进行国葬？他们的国葬对本国和世界产生了哪些影响？他们的国葬仪式与政治家的仪式有什么不同？参加人员与政治家有什么不同？

综上所述，国葬是国家对作出贡献的特殊人物给予的一种特殊的荣誉，既是国家政治权力的一种表达，也可以提高国家凝聚力。对国葬的研究可以从政治、社会、文化等方面进行。

---

① 《钱老受得起国葬之礼》，载《四川乐山晚报》，2009 年 11 月 3 日。

② 储信艳：《国葬也葬普通人》，载《课外阅读》，2014 年第 8 期，第 44-45 页。

③ 柯玉升：《流浪汉享受国葬礼遇》，载《特别健康》，2015 年第 7 期，第 59-59 页。

④ 许锡强《获得“国葬”殊荣的作家》，载《书屋》，2008 年第 11 期，第 48-49 页。

利用殡仪馆开展廉政文化建设的思考

武汉民政职业学院　何秀琴[①]

摘　要： 殡仪馆开展廉政文化建设具有可行性：殡仪馆场所的特殊性能转变人们的人生观，来宾的广泛性使廉政文化宣传达到较好效果，殡仪馆开展廉政教育具有独特性。针对客户的廉政文化教育以传递正能量为主，在实施上以直观的宣传标语、轻松愉快的图片、故事、影片等形式展示出来，可以在候灰厅、休息处、走廊等地点展示。针对其他单位的廉政学习教育必须针对不同人群及教育目的，进行认真的规划和组织，并对实施效果进行评估。

关键词： 殡仪馆　廉政文化建设　可行性　组织实施

目前，各级政府都重视反腐败工作，不论从巩固党的执政地位，还是从树立良好的国际形象来说，大力开展廉政文化建设都是势在必行的，而且十分迫切。开展廉政建设必须切实采取多种措施、多种途径。本文主要探讨利用殡仪馆开展廉政文化建设的可行性及具体措施，以期抛砖引玉，进一步拓展廉政建设的途径。

一、殡仪馆开展廉政文化建设的可行性

（一）殡仪馆开展廉政文化建设具有独特性

1. 殡仪馆场所的特殊性能转变人们的人生观。殡仪馆是人生的终点站，每个人最终都会来到这里。生前的繁华与荣耀，生前的富有与奢侈，都会变

① 何秀琴，女，湖北襄阳人，武汉民政职业学院教师，湖北大学历史文化学院博士研究生。

成一盒白灰。这是最真实的对生命价值的感悟。同样是一盒白灰，为什么有的人让人潸然泪下，有的人遭人唾骂。人们最能在这里感悟到生命的可贵，精神信仰的力量和贪婪追求财富的虚浮。

对此，有报道称，去贫困家庭、红色基地、监狱和殡仪馆是有效的廉政教育形式。组织党员干部到殡仪馆观看，面对逝者和哀乐环绕的悲痛气氛，让党员干部认识到钱乃身外之物，生不带来，死不带去，死后不过是一抔黄土①。许多到殡仪馆参加亲朋好友的遗体告别仪式、追悼会的人都真诚地感到，自己经受了一场十分真切有效的人生观、价值观教育。

2. 殡仪馆来宾的广泛性使廉政文化宣传达到较好效果。近年来，我国腐败现象的一个突出特点就是家庭腐败，家人的贪婪和朋友的纵容很容易致人腐败。大体来说，每个殡仪馆每年接待来宾可达 100 万人②，其中多数人在殡仪馆可能需要等待一段时间，如等候领取骨灰等，因此，利用殡仪馆开展廉政教育，既有时间也有条件，能达到良好的实际效果。

3. 殡仪馆开展廉政教育具有独特性。一般来说，廉政文化包括行政文化、职业文化、组织文化、社会文化等方面，具有时代性、长期性、针对性、大众性和有效性等特点。殡仪馆作为事业单位，承担着“死有所葬”的责任，殡仪馆职工为逝者服务，让生者尽孝，殡仪馆的这种职业文化、组织文化和社会文化，本身就可以很好地展示职工们的奉献精神，对来宾起到很好的教育作用。同时，殡仪馆又是长期存在、全年天天都为大众服务的场所，可以分别不同的群体有针对性地开展廉政文化宣传教育工作。

（二）殡仪馆开展廉政文化建设的可行性

近年来，我国各地殡仪馆已经开始针对单位职工开展廉政文化建设，并且取得了一定的成效。许多地方的殡仪馆以行风建设为契机，积极探索开展各式各样的廉政文化建设。如江苏省徐州市殡仪馆开展“勤廉殡葬”活动推进行风建设，湖北省孝感市孝南区殡仪馆开展“红色教育”助推党风廉政建

① 《去贫困家庭、红色基地、监狱和殡仪馆是有效的廉政教育形式》，http：//bbs1. people. com. cn/post_ detail. do. 2010-04-14。

② 按每个殡仪馆每年大约火化 4000 具遗体、每位逝者约有 250 位亲朋好友、同事到殡仪馆参加告别仪式、追悼会或其他相关活动计算。

设，孝昌县殡仪馆推进“廉洁文化进家庭”活动深入开展①。

同时，有些地方的殡仪馆针对全社会开展廉政文化建设也取得了突破性进展。例如，福建省漳平市殡仪馆通过搭建“八个平台”积极传播廉政文化，通过廉政文化传播教育，一是让每年来馆治丧、吊丧及本馆干部职工等3万多人在潜移默化中得到启示、受到教育；二是殡仪馆打造了一支特别能超越自我、特别能战斗、特别能服务、特别能奉献的团队②。

再如，四川眉山市殡仪馆秉持“做殡葬就是做文化”，积极开展廉政文化进单位活动，通过创建十大平台传播廉政文化，努力营造“以廉为荣、以贪为耻”的廉政文化氛围。③

武汉青山殡仪馆建立国内首座殡仪文化公园，设廉政长廊展出了中共反腐历程、古今廉吏和贪腐案例，以及当代反腐文献及漫画警示世人，有关部门已将其列为廉政教育基地。④

综上所述，利用殡仪馆开展廉政文化建设是完全可行的。殡仪馆要对外进行廉政文化教育，必须首先在单位内部搞好廉政文化建设，保证本单位能为群众提供廉洁高效、优质的殡仪服务，以廉政的事实赢得口碑，这是殡仪馆内部的工作，本文不多做论述，而是重点论述殡仪馆对外开展廉政文化建设活动。

利用殡仪馆作为教育基地对外开展廉政文化建设，主要针对两类群体；一类是到殡仪馆办理丧事的客户；一类是有组织地到殡仪馆进行廉政学习、教育的人群。下面分别进行论述。

二、针对客户的廉政文化教育

针对客户的廉政文化教育可以与生命教育、心理抚慰教育等形式并存。其主要目的是让客户认识到死亡的客观存在，感受到死亡是生命的一个不可

---

① 《孝昌县殡仪馆推进“廉洁文化进家庭”活动深入开展》，湖北省民政厅网站，2012-07-12。http：//www.hbmzt.gov.cn/xxgk/ywb/shsw_ new/gzrd/201207/t20120702_ 130998.shtml。

② 《漳平市殡仪馆通过搭建“八个平台”积极传播廉政文化》，漳平市民政局网站，2013-01-10。http://www.zp.gov.cn/cms/siteresource/article.shtml?id=40268285673030000&siteId=40242341721020000。

③ 《眉山市殡仪馆“十个平台”传播廉政文化》，2010-07-28。http：//www.msmz.gov.cn/tz_nry.jsp? urltype=news.NewsContentUrl&wbnewsid=1108&wbtreeid=1029。

④ 《设廉政长廊警示世人》，楚天金报，2013-04-03。http：//news.cnhubei.com/ctjb/ctjbsgk/ctjb28/201304/t2525666.shtml。

少的部分，一方面逐步接受自己失去亲人、空落的心境；另一方面也认真思考自己的人生，去除自己心理中的贪欲，“清清白白做人”，让生命在死亡到来之时更有价值，更值得后人留念。

（一）定位：以传递正能量为主

到殡仪馆办理丧事的客户刚刚遭受了失去亲人、朋友的痛苦，大都处于悲伤之中，处于应激反应状态，针对他们开展的任何活动，首要必须考虑的是不伤害他们。有鉴于此，殡仪馆针对客户进行廉政文化教育，最好是积极传递正能量，主要运用正面的事例引导他们认识廉洁的力量、认识人性中闪光的地方，感受生命的价值，更有利于他们接受逝者已经离世的事实，鼓励他们增强重新开始新生活的勇气。相反，不宜用腐败的事例刺激他们，使他们感到社会和生活的黑暗，徒增他们的无力感，伤害他们已经伤痛的心。

具体来说，可以选择殡仪馆所在城市、我国历史上著名廉洁人物的事例进行正面宣传。比如：范锴——开汉口史志著述先河；张之洞——创导新学，百年留芳；谭鑫培——从武昌走出的国剧泰斗；李四光——骑着毛驴建武大；徐行可—— 一代藏书大家；关肃霜——民众乐园孕育的剧坛奇葩等。[①] 或者加入一些死亡教育方面的名句。例如，列夫·托尔斯泰写道：“如果我们记得我们是会死去的，我们的全部生活就会获得完成另一种使命。人在知道他过半小时就会死去时，便不会在这半小时内去做那些徒劳无益的事、那些愚蠢的事，尤其是那些坏事。然而，离死亡半世纪同半小时难道不是一回事吗？在死亡面前和在现实面前，是不存在时间长短的。”

（二）组织和实施

1. 内容。客户来殡仪馆一般都比较累，而且办理丧事的人通常比较多，悲伤的心情和嘈杂的环境无疑会影响他们的理解力和注意力，亲人的离去又会让他们悲伤失落。因此，廉政文化宣传应当以让人放松的、给人传递正能量的内容为主，少宣传贪污腐败的案例，以免让他们心更冷，失落情绪更重。

2. 形式。以直观的宣传标语、轻松愉快的图片、故事、影片等形式展示出来。比如现在宣传的中国梦的图片。可以选用比较好的廉政宣传语。例如：“民为贵，社稷次之，君为轻。”“老当益壮，宁移白首之心；穷且益坚，不坠

---

① 陆永初著：《品读武汉文化名人》，武汉·武汉出版社，2010年版。

青云之志。”“德惟善政，政在养民。勤能补拙，俭以养廉。”“一年之计，莫如树谷；十年之计，莫如树木；终身之计，莫如树人。不以恶小而为之，不以善小而不为。”“身廉一世清，家和万事兴。”“没有人富有得可以不要别人的帮助，也没有人穷得不能在某方面给他人帮助。一个人最大的破产是绝望，最大的资产是希望。”

3. 地点。应当以便利、舒适为主，最好是在不经意间让人们感受到廉洁的力量。因此，可以在候灰厅、休息处、走廊等处展示。

针对客户的廉政文化教育是“摸着石头过河”的事，需要细心规划，组织实施，一旦有负面反应，马上修改，以免伤害这些深陷悲伤的人。

三、针对其他单位的廉政学习教育

把殡仪馆建成廉政文化教育基地，就要定期或不定期地接待有关单位集体组织的学习教育。单位组织的学习有以下特点：一是有目的、有组织的；二是强制性的，有固定的教育项目；三是有部分人对殡葬单位存在排斥态度，效果会受到影响。因此，在开展这种廉政教育活动前，殡仪馆必须进行认真规划和组织。

（一）廉政教育规划

1. 目的。让受教育者见证死亡，认识到生命的可贵，更加珍惜生命，自觉抵制腐败的侵蚀，提高生命的质量。人本主义心理学家认为，每个人都有自我提高、自我完善的愿望，只是有些人年龄不断增加，心理却停留在一点，固定着，不愿成长，不愿进步。

腐败的人取不义之财，贪不义之利。他们贪婪，想要更多；得到更多，还想要更多。究竟多少才能让他们满足，得到更多能干什么，他们自己也不清楚。他们不过是思想固着在一点，不愿意成长和改变。对他们来说，认识到死亡不可避免，可能会引发他们心理的震撼，促使他们心灵成长起来。

2. 面向人群。由点到片，由对殡葬没有偏见的人群逐渐扩展到整个社区。教育要达到一定的效果，必须使受教育者产生共鸣，引导受教育者改变。对殡葬有偏见的人可能会对这种教育有所抵制，从而会影响教育的效果。

（二）组织与实施

1. 准备。由于社会上对殡葬行业有偏见，对我国死亡教育的认知度较偏，因此殡仪馆开展针对组织的廉政教育时要做好充分的准备。首先，要在社会上宣传死亡的一般知识。如死亡是人生的必然阶段，让人们认识到死亡不是阴森可怕的，而是每个人的必经阶段，人生因为死亡而圆满。其次，要对职工进行宣传教育，提高职工对死亡的认知及整体素质。殡仪馆相对比较封闭，面对外界来学习，职工要有对外沟通的技巧和一般的公关知识，否则会降低学习效果。最后，最重要的是，殡仪馆和外界能有效沟通与交流。

2. 组织与实施。可以分四方面实施文化教育。

一是请他们观看殡仪服务有感染力但又不很恐怖的工作情境，直面死亡。不同受教育者因其职业、工作环境及社会活动空间不同，对殡葬的认识也有所不同，殡仪馆请他们观看的内容也应当各有不同，要因人而异地组织不同的人群参观殡仪馆的不同业务部门。

到殡仪馆，看到无论多么显贵的人最后都化作森森白骨，或敲或捏，粉碎着摆进小小的骨灰盒。这个时候的我们对于金钱、权力、名利的欲望，可能会淡然。人生不过就是如此，骨灰不过是一堆碳酸钙，最后的我们还不是幻化成了世间的尘土？

二是引导他们观看针对普通客户的正面廉政宣传内容。一方面让他们感受死亡带给亲人的痛苦，认识死亡的必然性，教育他们；另一方面也向社会展示殡葬单位的文化，提高他们对殡仪馆开展廉政文化教育的认同感。

三是到专门设立的廉政教育场所，观看腐败者的反面案例，引导他们廉洁公正。这是最常见的廉政教育形式，殡仪馆可以借鉴其他单位的成功经验。

四是静思与内省。提供静思的空间，让受教育者整理自己的思绪，倾听自己内心的声音。这是廉政教育的重中之重。不能走马观花，看完就走。安排他们在环境良好的空间，如殡仪文化博物馆、会议室或者小花园里静下心来，将自己的真实感想写下来，倾听自己内心的声音，重新认识自我，认识自己在家人朋友心中的位置，重新定位自己，找准未来发展的方向。殡仪馆甚至可以通过问卷或者其他形式，设置一些题目让他们思考、回答，引导他们更好地认识自我。例如有以下题目：如果我现在就死亡，会不会有遗憾？当我死亡时，我希望自己是什么样子？我能给后人留下什么？我的家人和朋友将如何对我？我给家人留下什么？

如果殡仪馆的廉政教育只是参观参观，看完就走，肯定会大大降低教育的效果。

3. 评估实施效果。利用殡仪馆开展廉政文化的宣传教育，目前还是“摸着石头过河”，处于探索阶段。因此，在实施后必须十分注意评估实施的效果，不断提高效率，让群众满意。为此，可以采取以下措施评估实施效果。

一是访谈法。有组织地对殡仪馆职工、客户和其他来宾进行访谈，调查廉政文化宣传教育中比较有效的措施以及需要改进的地方。

二是问卷法。向职工、客户和其他来宾发放问卷，收集他们的意见，了解实施的效果。根据意见及实施效果，修改措施，达到提高廉政宣传教育的目的。

三是设置留言箱、留言簿。给所有来到殡仪馆的人留下空间，请有所感悟者把他们的感想留下来，不仅可以让他们的心情得以宣泄，而且可以帮助我们了解群众的心理及需求，以便为群众提供更贴心的殡仪服务。更重要的是，可以通过留言使他们直接参与殡仪馆的文化建设，使殡葬文化和廉政文化来自群众，服务群众，从群众中来到群众中去，只有这样，植根于群众的殡葬文化和廉政文化，才能日益成长。

综上所述，利用殡仪馆进行廉政文化建设具有可行性。要想对外开展廉政文化宣传，殡仪馆内部必须做到廉洁。通过精心策划，组织实施并评估实施效果，殡仪馆对客户和其他单位的廉政文化宣传，一定可以收到很好的效果。

关于殡仪馆扩大挽联服务市场的思考

江西省九江市殡葬管理处　李文玉

摘　要：目前，在殡仪馆服务中，挽联服务市场还很不完善，挽联服务应有的功能缺失现象十分严重。扩大挽联服务市场，对于专业从事殡仪服务的殡仪馆来说，不仅是对优秀殡葬文化的继承和发展，而且可以提高其在市场竞争中的有利地位，从而获得更多的经济效益，同时也能使殡仪馆的殡葬服务向有深度、更文明的方向发展，有利于吸引更多的潜在客户，扩大殡仪馆的影响力并使之不断地发展壮大。

关键词：殡仪馆　挽联服务　市场前景　发展趋势

一、关于挽联的概述

挽联，又称丧联，是哀悼死者治丧、祭祀时专用的对联。从春秋时期开始，人们就开始用语言、文字来对死者表示哀悼。《诗经》和《楚辞》中都有挽歌，后来发展成诔词、哀祭文。隋唐之后，律诗风行，促进了对联的形成。到五代末宋初，对联以其独立的形式出现，挽联作品也开始出现，因为它简洁明了，有人用来代替挽歌、挽词、挽诗以寄托哀思。

二、挽联服务应有的功能

（一）挽联寄托哀思的功能

挽联多主要综述逝者的生平，评价逝者的功绩，表彰逝者精神和情操，以及他的死亡对后人的影响等。挽联感情真挚，多抒发自己对逝者的感慨，或表达对逝者的依恋。如齐白石挽其妻联："怪赤绳老人，系人夫妻，何必使人离别；问黑脸阎王，主我生死，胡不管我团圆。"

（二）挽联总结和感慨逝者的功能

挽联不光有追悼亲友的功能，还能起到激励生者的作用。如康有为挽谭嗣同联："复生，不复生矣！有为，安有为哉？"

（三）挽联交际应酬的功能

我们的祖先很重礼节，为了交际，在丧礼中致送挽联，都是为了以物达情，表示对逝者与生者的礼貌与诚敬，致送挽联过程中显得庄重高雅。

在提倡殡葬改革的今天，挽联仍有实用价值，它既可以寄托挽者的哀思，又不同于致送某些庸俗的礼物，所以有必要在现代丧礼中加以推广。

三、殡仪馆挽联服务的现状

目前我国大部分殡仪馆的挽联服务在功能体现方面基本是缺失的。快速的生活节奏缩短了人与人交往的时间，传统的殡葬活动正受到前所未有的挑战，而殡仪馆作为殡葬活动的平台也在为之改变。漫长的殡葬活动在现代化的殡仪馆中，只浓缩在短短几十分钟的追悼会中。挽联作为殡葬文化的载体，也就只能流于"沉痛悼念某某某""某某某千古"这种简单的文字形式了。

大多数殡仪馆的挽联服务，基本都是让家属在一本挽联集册中选择。殡仪馆的挽联集册中一般收集一百条挽联，分别按男女、年龄、行业类别排放编号供家属选择。这样的集册在行业里称挽联模板，家属将所选的挽联相应的编号告知殡仪馆工作人员，由工作人员负责在追悼会举行当天手写或打在电子屏幕上。这样的挽联千篇一律，服务形式单一，误导了消费者对挽联的认识，也从侧面削弱了传统文化在殡葬活动中的作用。

四、殡仪馆挽联服务功能缺失的原因

（一）挽联来源途径单一

殡仪馆为消费者提供方便、快捷的“一站式”服务，而市场化的运作模式则促使挽联模板以成品的形式呈现在消费者的面前，消费者对丧事活动的盲目性和悲痛心理使殡仪馆在挽联服务上总是占有主导地位，加之持有资源的不对等也迫使消费者只能机械地做“选择题”，就这样，一次挽联服务的对接便草草了事。

（二）挽联内容缺少针对性。

由于殡仪馆对挽联模板的大量使用，导致更多的消费者误认为挽联就是这样的，从而导致专门为逝者量身定做的挽联凤毛麟角。因为优秀挽联产量不高，受关注程度不高，所以质量也就无从谈起。

现在参加逝者追悼会的人员大部分最多只读一遍遗像两侧的挽联，用心读的很少，用心琢磨的更少。原因在于目前的挽联大致相同，内容单一、文字简单、模式普遍，使用人群广泛，基本可以说每个人用的都是一样的模板，只是被挽者的姓名不同罢了，没有给人眼前一亮、惊鸿一瞥的感觉。这就造成了现在人们越不关注越没质量、越没质量越没人关注的恶性循环。然而此循环的源头在于提供平台的殡仪馆，因为对挽联服务市场的买方与卖方而言，作为市场享有资源卖方的殡仪馆，对挽联服务属于专业业务领域，而作为买方的消费者，对殡葬行业大多一无所知或一知半解。

（三）营销方式单一

现代社会，虽然殡葬业有了很大的发展，人们对殡仪馆的服务逐渐有所了解，但是大多数来殡仪馆治丧的人员对于殡仪馆挽联服务这一块了解还并不是很多，有的甚至可以说根本不了解。行业的特殊性和对资源占有的绝对优势，让殡仪馆挽联服务基本是“等客上门”，然而即使是在客户“上门”后，也没有过多地询问是否有更多的挽联需求。在这样的多米诺效应下，挽联服务项目自然举步维艰。

（四）行业重视度不够

虽然殡仪服务业有了较好的发展势头，但大多殡仪馆更为重视的是硬件设施的建设。例如，火化机的更新换代、礼厅的装潢、鲜花服务等，然而，对于软环境的发展建设还没有足够重视起来，造成了行业整体对挽联服务重视度不够。而大多数殡仪馆在考虑馆内殡葬服务的发展趋势和走向问题时，基本上忽视了挽联服务市场，认为挽联服务的现行状况已是最佳状态，没有什么可开发和挖掘的利润空间，这在主观上也加重了挽联服务市场的困局。

五、殡仪馆扩大挽联服务市场的意义

（一）扩大挽联服务市场有利于丧户寄托哀思

对于客户来说，扩大挽联服务使家属得到了不同程度上的精神满足，感觉真正的物有所值，自己的要求得到了满足，心理上就得到了安慰。若能给逝者一个用字考究、排比整齐并且是只属于逝者独一无二的精彩挽联，那么逝者家属将会在消费感知中得到最大的满足。例如逝者甲姓名为王戈，其挽联为：

曾记否 浔阳江畔九江学院 处处显才女气质 王者赢天下

却此时 灵堂黑纱丝绸素棺 人人泣往昔英杰 戈壁满悲沙

该挽联就是为其量身创作的独一无二的，将寄托哀思、激励生者等挽联应有的功能体现得淋漓尽致，挽联上下联最后一分句中分别藏有其姓和名。

（二）扩大挽联服务市场有利于殡仪馆加大经济效益

近年来，随着殡葬市场的开放，市场竞争不断加剧，服务日益规范。单一服务项目的利润率逐渐降低。创新个性化殡葬产品，特别是有文化底蕴的挽联服务，可以促进殡葬市场、消费者、挽联产品及相关文化价值链的重构，从而实现利润与文化的共赢。

（三）扩大挽联服务市场有利于提高殡仪馆的社会地位

殡葬，是社会活动的一个重要组成部分，与人民群众生老病死密切相关，对社会文明进步产生了不可忽视的影响。殡葬历来是社会的一个窗口、一面镜子。通过它，我们可以感受到一个时代脉搏的跳动，一个社会的文明进步，窥视到一个国家与民族的兴衰荣辱。扩大挽联服务是崇尚科学、提倡文明、推动社会事业全面进步的需要。扩大挽联服务有利于殡仪馆不断发展壮大，提高其在社会上的地位，让人们进一步了解殡葬，了解殡仪馆，了解殡葬职工，改变对其的偏见，促进殡仪馆长远快速地发展下去。

（四）扩大挽联服务更是服务转型的需要

殡仪馆只有及时实施服务转型，着力改变粗放式服务模式，逐步摒弃依靠丧葬用品来获利的做法，积极开拓殡仪服务的内涵与外延，努力以文化为轴心挖掘本地殡葬市场，研究本地的丧葬习俗，推出符合本地民俗风情的服务项目，才能在开放的殡葬市场中取得优势地位。

六、殡仪馆扩大挽联服务的具体策略

（一）兼容现代传统，丰富挽联服务项目

充分利用好现代化的科技，如电子屏幕等。但不是盲目地依赖性使用，在向客户介绍挽联服务项目时，应详细热情地推荐创作型挽联，即所用的挽联内容是为逝者量身定做的，不能千篇一律地使用一些通用的挽联。

不能舍弃传统的手写挽联，因为手写挽联运用起来比较灵活，可以尽量满足不同丧户的要求。例如采用不同的字体，如行书、楷书、隶书；采用不同的书写材料，如布、绢、丝绸、纸等；请不同的人来书写，如请一些书法家、名人领导等。表现送挽联人的身份地位，满足其送挽联的目的。

此外，扩大挽联服务内容，增加服务项目，开拓殡仪服务新领域，满足不同层次的丧事需求，是殡仪馆已经面临的现实问题。但如何进行服务项目的创新，是我们需要认真探讨的。总的来说，挽联服务项目的创新主要是两个领域：一是挽联服务项目内涵创新，二是挽联服务项目外延创新。

（二）改变营销思路，提高挽联服务需求

殡葬行业经营的不是简单的物质产品，营销人员经营的是理念，是精神，是服务，是情感，更是技巧。在营销手段日益同质化的今天，已经没有什么东西能够隐藏得不为人知，未来殡葬市场的竞争，必然将是文化的比拼、细节的比拼、服务的比拼，不能只是简单的“等上门、走过场”。一定要向消费者输送关系价值。殡仪馆和消费者之间也要保持长期的联系。不能只视消费者为收入和利润的增长点，而是要视消费者为战略伙伴，殡仪馆要尽一切可能向消费者提供产品利益、服务利益、时间利益和心理利益，在设计个性化的殡葬营销服务组合时，需要综合考虑这些元素。

（三）确保宣传力度，加深挽联服务影响

在市场经济高度发达的今天，殡葬文化与经济的互相交融、与现代科技的紧密结合，已经日益成为推动殡葬经济发展的强大动力。如何不断地满足消费者日益增长的殡葬文化需求，也是推动殡葬文化发展的必然条件。

挽联服务这一特殊的商品，能够满足人们的丧葬消费需求，其目的既为使死者得以安息，又使生者得以慰藉，其消费需求也势必不断增长。因此，服务项目的创新将是殡仪馆一项长期的工作。在服务创新时既要注意客户导向，又要注意殡仪服务单位本身的引导工作。在尊重丧户意愿的前提下，根据丧葬消费发展趋势，积极扩宽服务领域，提供新的服务项目，如请名人名家撰写的挽联提高市场知名度，利用文化这一共有的元素和新媒体进行互动，使挽联服务市场真正走向系列化、正规化。从低档次的廉价、无偿服务转向不同档次的有偿服务，探索出一套适合我国国情、民情和乡情的文明、健康、科学、高雅、便利的挽联服务模式。

虽然目前大部分殡仪馆的挽联服务市场还处于初级阶段，但作为殡葬文化元素的一种表现形式，其中也蕴含着无限的商机。如何完善并丰富挽联文化，也给我们提出了新的课题和挑战，相信优秀的传统文化与现代的市场运作模式在不断的磨合中定能碰撞出创新的火花。

参考文献：

[1] 王夫子．殡葬文化学．湖南人民出版社，2007.

[2] 罗冈．挽联概况．中南大学出版社，2004.

［3］［荷兰］威廉姆–博格斯著．细节营销．华夏出版社，2004.

［4］中国殡葬协会网采编．我国丧葬习俗的演变形成．网址：http：//www. chinabz. org/，2010.

［5］中国清明网采编．殡葬文化的发展与社会现代化．网址：http：//www. tsingming. com/，2010.

浅论上海殡葬改革的发展方向

——轻物质重精神　慢节奏广延伸　少从众多个性

上海市益善殡仪馆　韩　瑞

摘　要：经过半个多世纪的发展，上海殡葬已经具备了较高的服务能力，殡葬管理不断加强，殡葬改革得以深化，现代殡葬建设也取得了初步成效。不过笔者认为，就上海之于全国的发展地位而言，就上海市民的殡葬文化需求而言，上海殡葬仍有很大的发展空间。通过探析，文章提出了上海殡葬轻物质重精神、慢节奏广延伸、少从众多个性的发展方向，并对实现这些目标所要做的工作进行了简要的分析。

关键词：上海殡葬　发展方向

据《2013上海殡葬年鉴》记载，2012年上海有殡仪馆15家，经营性公墓和骨灰堂53家。上海殡葬已经具备了较强的服务能力，殡葬管理不断加强，殡葬改革得以深化，现代殡葬建设也取得了初步成效，但是就上海之于全国的发展地位而言，就上海市民的殡葬文化需求而言，上海殡葬仍有很大的发展空间。笔者认为上海殡葬的发展方向是可以引导的，这个发展方向就是轻物质重精神，慢节奏广延伸，少从众多个性。

一、可以引导：上海殡葬是不断发展变化的

传统丧葬中，大殓、出殡、落葬、守丧等程序都是在家庭、家族中完成的。汉族是农业民族，以土为本，认为“入土为安”，一直崇尚土葬……数千年来殡葬文化的形态基本稳定，但也在社会文化的变迁中发生着渐进的变化。随着城市化进程的加快，居住环境的变更，如今公墓和殡仪馆成了上海市民

办丧事的唯一去处。受西方文化影响，遗体修复、防腐化妆、召开追悼会等被人们逐渐接受，最近几年遗体单殓守灵、故人沐浴、生命晶石也为人所熟知。西方人崇尚灵魂升华轻视肉体而形成的简丧薄葬的思想在部分人群中产生了一定影响。受佛教影响以及殡葬改革的推动，遗体火化已经被大多数人所接受。据《2014 上海殡葬年鉴》记载，2013 年 15 家殡仪馆共火化遗体 12513 具。丧事办理场所的集中化为引导上海殡葬发展提供了可能。随着观念的转变以及计划生育的实施，家族成员变得单一，很多人几十年才会遇上一次丧事，处理经验无从谈起，丧事办理中殡葬中介或殡仪服务人员往往起主导作用。这些都为引导殡葬的发展提供了条件。

二、引向何处：探析上海殡葬的三个发展方向

（一）方向一：轻物质重精神

随着雾霾越来越重，环保问题成为全球关注的焦点。《中国共产党第十八届中央委员会第五次全体会议公报》指出："实现'十三五'时期发展目标……必须牢固树立并切实贯彻创新、协调、绿色、开放、共享的发展理念……坚持绿色发展，必须坚持节约资源和保护环境的基本国策。"对处理遗体以火化为主的上海殡葬业而言，实施绿色殡葬乃必然趋势，而"轻物质"则是实现绿色殡葬的重要手段。

首先让我们一起分析一下殡葬过程中哪些环节会对环境产生不良影响。殡葬过程中产生的花篮、花圈等废弃物，如不能合理处理则成为固体废弃物污染源。遗体的焚烧会有大气污染问题，现在多是带棺木（蜂窝板制成）火化，释放戴奥辛、二氧化碳、氢氟酸、硫化碳、氢氯酸等。如果逝者过度着装，寿衣中含有尼龙塑化等成分，同时再焚烧拐杖等五花八门的陪葬品，遗体火化的排放问题就变得更加严重。还有就是噪声污染，特别是郊区的殡仪馆，居民还保留着锣鼓阵、唢呐、鞭炮等习俗，打扰了周边居民的宁静。可见，殡葬过程存在着空气污染、固体废弃物污染和噪声污染问题。笔者认为，减少这些污染，可以从"轻物质"着手，所谓轻物质就是减少丧事环节的物质消耗，通过丰富多样的殡仪服务让逝者家属寄托哀思。建议做法：一是引导市民转变观念，注重厚养薄葬，简化丧事办理；二是引导隆丧厚葬的市民将"隆""厚"之力用在丰富丧葬活动的精神文化上。比如可以倡导白布裹

尸，抑或只穿一身纯棉质地的单衣。研发提供自然降解材质的棺木及骨灰盒。追悼会现场使用的花圈、花篮、挽联横幅尽量循环再利用，提供更多的租借服务。公墓引导家属注重墓碑文化，注重慎终追远的祭奠，而不是攀比墓地有多大，墓碑有多贵。殡仪馆早日研制配备能满足上海遗体量大、火化集中、炉子超负荷运转需求的火化设备及后处理装置，解决遗体火化中的粉尘、异味、黑烟、噪声问题。尽快探讨出遗体消解更为科学、环保的方式，比如冷冻分解，实现遗体处置的重大变革。所谓重精神，即多利用丧葬仪式让生者与逝者对话，建立精神纽带，比如开发守灵、送灵、祭奠、人生小电影等服务，让亲属把悲痛与思念之情尽情发泄，让逝者生平得到圆满总结，达到逝者安息、生者满意的目的。

（二）方向二：慢节奏广延伸

在上海这个大都市中，社会节奏越来越快，治丧也变得“速战速决”。根据《关于国有企业职工请婚丧假和路程假问题的规定》，国有企业职工的直系亲属死亡时企业应该根据具体情况酌情给予职工1—3天的丧假。而现在的情况是，人没有了生命体征后家属会第一时间致电殡仪馆接运遗体，在殡仪馆一般停灵一两天开追悼会，然后当天火化，骨灰寄存在殡仪馆或公墓。正常情况下，三天时间一个人就完成了从有到无的过程，而且严格地讲遗体接运到殡仪馆后，家属再见到逝者的时间一般只有追悼会上的半小时了，人的离去显得非常匆忙。这对于因意外事故死亡的逝者家庭，对于英年早逝的逝者家属而言更难接受。根据传统，人去世一般要在家停灵三天，一是等待外出的子孙归来见最后一面，二来家属要日夜守灵后才能出殡。如今从遗体安全的角度出发，也受居住条件的限制，不提倡以上做法，但是在殡仪馆利用短暂的时间加强生死沟通放慢丧事料理的节奏，才能更好地平复家属情绪。比如，有些殡仪馆已经开展了守灵服务，提供给家属一个私人的、安全防护到位的场所：焚香、上供、静坐，让生者安心地守护逝者，为其好好送行。此不失为一种好的尝试。

广延伸即丧事办理向前、向后延伸，即注重临终关怀和悲伤辅导服务。对于疾患在身生存希望渺茫的患者，可以开展临终关怀服务。现在不少绝症病人，在医院花光了毕生积蓄，靠心脏起搏器、呼吸机等维持生命，临终前留下的是消毒药水味及白大褂的冰冷。从社会角度而言浪费了医疗资源，从个人角度而言活得没有价值没有尊严。如果殡葬行业能及时介入这类人的生活，帮助其认识生命看透死亡，并促成一些未竟心愿的实现，比如打开一个心结，融洽一种关系，见到某一个人，甚至听一听他的一生、他的忏悔……抱着假如明天不会来临的心态度过好临终前的每一天，换来的也许是更为圆满、更加无憾的人生。生前契约也是殡葬服务向前延伸的一种形态，如今这方面已经开始进行了尝试，比如上海市殡葬服务中心与失独老人签订了《生前契约》，对身后事的处理进行了提前规划。一般人认为人是避讳谈死亡的，但老人生前好好为死亡做准备还是有传统的。记得小时候，我的爷爷提前几年就打造好了寿棺；子女会给年龄大的父母亲手缝制寿衣，还让老人挑选花色，一切都那么自然，相反人断气了什么都没有准备才是子女的不孝。所以，生前契约、临终关怀是有历史基础的。相信随着人们思想观念的开放，这类服务会被更广泛的人群所接受。

人去世了，痛苦的不是死去的人而是活着的人，如果亲人去世很突然，特别是英年早逝，这种情绪更甚。丧事完结了，人的心理则需要一个长期的调适过程，如果殡仪馆根据家属需要由心理咨询师上门提供进一步的排解，让家属的悲伤尽情宣泄，给他活下去的信心与勇气，也是很有意义的。特别是没有子女的老人，老伴去世后另一半由于心灵过度空虚随之而去的事例不乏见诸报端。可见，对生者进行心灵关照也很有必要。当然，如果临终关怀做得比较好，心灵抚慰就变得比较容易。比如上面提到的守灵服务，为家属最后一次提供生者与逝者相守的机会，也可以作为悲伤辅导的手段之一。向后延伸还包括对祭扫活动的重视，比如周年祭、清明祭等，大家并不陌生，不再赘述。

（三）方向三：少从众多个性

每个人都是一个独特的个体，有不同的秉性、爱好，从事各行各业，平时的家居装饰、服装选择等都带有个人特点，然而死亡后的殡葬事宜则千人一面。无论男女老少一般都是穿五领三腰（五件上衣、三条裤子）的寿衣，批量生产、样式宽大、花式传统，尤其穿在年轻逝者身上显得很不协调。追悼会礼厅布置也大同小异，中间是逝者大头黑白照片，上方是“沉痛悼念某某”的横幅，两边是对联、花圈、花篮，哀乐一般也是统一的曲子。追悼会仪式则是念一遍悼词、对遗体三鞠躬、围着遗体转一圈，被简称为“131 模式”。中国殡葬协会专家委员会乔宽元曾指责这种追悼会“粗糙得令人不想去死”。雷同性不仅体现在殡殓环节，在葬上也很突出。比如，骨灰寄存的格位布置千篇一律，有的还推出格位套餐，供品整齐划一都是金童玉女、摇钱树、金元宝……往往只是世俗的寄托，而非对逝者的缅怀。

可见，模式化、从众化的殡葬礼仪与广大人民群众的个性需求是极不相称的。值得欣慰的是，殡葬经营机构已经认识到了这个问题，在殡葬追思的形式上进行了一些尝试与创新，特别在重大丧事的办理上体现得更为突出一些。比如，有些殡仪馆并不强求家属购买寿衣，而是穿逝者生平喜欢的服装，哀乐也可以选择乐器现场演奏，遗像可以是艺术照、彩色全身照、旅游中的美好瞬间记录，追悼会开得像一个生日会、结婚典礼，等等。拿上海最大的殡仪馆龙华殡仪馆来说，近 5 年来承办重大丧事 70 多宗，凭借精巧构思和周密安排，得到了逝者家属的满意和社会各界的认可。但相较于龙华年 2.7 万具的殡殓量而言，个性化的殡葬还明显不够。区县殡仪馆的创新比例更小，可见个性化的服务还需要更深入地开发，需要更广泛地推广。可以遵照逝者个性及家属偏好，视角独特地展示逝者的与众不同。比如，可以利用礼厅全方位电子屏将逝者及亲朋置身世外桃源、缥缈仙境、宗家厅堂等场景，可以把追悼会开得像家庭聚会一样温馨而难忘……总之，要遵从个性，按照逝者想要的方式去殡和葬。

三、如何引导：上海殡葬发展任重道远

引导上海殡葬朝着轻物质重精神、慢节奏广延伸、少从众多个性的方向发展依然任重道远，需要媒体、殡葬管理者、经营者、从业者共同努力。上海殡葬需要加强与媒体的沟通与合作，利用清明、冬至两个殡葬节日做好舆论宣传，向广大市民灌输厚养薄葬、绿色殡葬的理念；殡葬管理者要加快进行殡葬事业单位分类改革，规范市场秩序，解决殡葬用品利润率偏高、服务利润率较低的问题，尽快完善殡葬法律法规，发挥殡葬改革的引领作用，加强对殡葬经营单位的监督与管理。上海殡葬经营者要具有国际化的视野，放眼世界殡葬寻找上海殡葬的发展空间，探索上海殡葬国际化与本土化巧妙结合的发展路径。轻商品重服务，改变殡葬服务种类单一的现状，充分利用网络等现代化手段提升服务水准，开发丰富的文化服务项目供市民选择。改革技术，优化设备，研发生产环保、可持续的殡葬用品。通过人才引进、培养，建立一支高、精、尖的殡葬队伍，把殡葬机构培育成传承优秀文化的阵地，把殡仪馆建成生命教育基地，公墓建成城市绿肺、文化公园，让人们愿意流

连其间。上海的殡葬从业者应该是最有文化的一群人，对生命敬畏充满人文情怀。上海的殡葬从业者要尽快成长为复合型人才，具有多元知识结构，能够从容应对个性化丧事策划，具备心理学基础和人际沟通艺术，能深入治丧人群的心灵实施关怀与服务，能熟练运用多种语言应对涉外丧事，等等。当然上海殡葬的引导还要循序渐进，遵循市场规律，重视市民心理反应，唯有润物细无声，方能沁人心脾、入木三分。

参考文献：

［1］郑晓江，徐春林，陈士良主编．中国殡葬文化．上海文化出版社，2012.

［2］吕春玲，高建华．2013上海殡葬年鉴．上海市殡葬管理处．

［3］吕春玲，高建华．2014上海殡葬年鉴．上海市殡葬管理处．

［4］何兆珉主编．2015上海市殡葬服务中心殡葬年鉴．上海殡葬文化研究所编．

［5］朱金龙．走向文明与现代的中国殡葬业．百度文库，http：//wenku. baidu. com/view/0ce82d370b4c2e3f572763fc. html.

［6］王宏阶．营造现代文明的殡葬文化．搜狐网，http：//roll. sohu. com/20120329/n339319034. shtml.

浅谈互联网经济时代的殡葬服务管理

厦门市殡葬管理处　赵奇伟

摘　要：当前中国已经进入互联网经济时代，互联网的技术普及运用促进了传统行业的变革发展，“互联网+”传统行业的经营模式得到广泛的推广实践。作为传统的殡葬行业拥有广阔的市场前景，即利用“互联网+”的技术和经营模式与殡葬行业融合创新，激发市场活力，引导殡葬行业升级转型，这需要进行认真的研究探讨。

关键词：互联网+殡葬服务　市场　管理

当前中国已经进入互联网经济时代，互联网的技术普及运用促进了传统行业的变革发展，“互联网+”传统行业的经营模式得到广泛的推广实践。作为传统的殡葬行业拥有广阔的市场前景，据英国调查公司欧睿信息咨询有限公司（Euromonitor）的一组研究数据显示，2008 年到 2012 年，中国殡葬服务业年复合增长率达到 13.1%，预计 2013 年到 2017 年复合增长率将达到 17%。此外，该公司预计，2013 年殡葬服务业市场规模将达到 530 亿元，预计到 2017 年，这一市场规模将达到 990 亿元。如何利用“互联网+”的技术和经营模式与殡葬行业融合创新，激发市场活力，引导殡葬行业升级转型，这需要我们进行认真的研究探讨。

一、"互联网+"的现状

（一）什么是"互联网+"

国务院《关于积极推进"互联网+"行动的指导意见》中对"互联网+"进行了定义："互联网+"是把互联网的创新成果与经济社会各领域深度融合，推动技术进步、效率提升和组织变革，提升实体经济创新力和生产力，形成更广泛的以互联网为基础设施和创新要素的经济社会发展新形态。简单地说，就是通过互联网技术与传统产业相结合，产生新的生态。比如，"传统集市+互联网"有了淘宝，"传统百货卖场+互联网"有了京东商城，"传统银行+互联网"有了支付宝，"传统的红娘+互联网"有了世纪佳缘，"传统交通+互联网"有了滴滴打车。

互联网技术与金融、通信、交通、民生等传统行业融合创新，不断改变着社会生活的方式，可以足不出户买到所需的商品，可以出门就能坐上预订的专车，利用移动设备即可完成支付。对于传统行业，"互联网+"有效地降低了融资创业成本，激发了个体创业创新的积极性，满足了社会大众多层次的消费需求，对改善社会供需矛盾、提升经济活力提供了一个有力平台。

（二）"互联网+"的特点

"互联网+"是基于移动互联网、云计算、大数据、物联网等技术发展的一种互联互通方式，具有以下几个特点：一是拥有强大的跨界融合能力。阿里巴巴开始众筹电影，以影视内容为主业的乐视做起了电视和手机，原来专门为手机做系统的小米科技做起了手机、电视，甚至是净水机。跨界发展因有互联网技术的支持，在吸引人才、筹集资金方面变得更加容易，原有传统经营格局发生了剧烈改变。二是创新驱动加强。中国粗放的资源驱动型增长方式早就难以为继，需要转型到创新驱动发展上来。互联网基于移动互联网、云计算、大数据、物联网等技术的特质，互联共通，优化集合社会资源，更有效地发挥创新的力量。三是打破行业边界，重塑结构。互联网经济模式打破了原有的社会结构、经济结构、地缘结构、文化结构。企业、行业的跨界发展，新的理念和经营模式得到充分支持，权力、议事规则、话语权不断在发生变化。四是强调个体发展和个性需求。"互联网+"强调对人性最大限度的尊重。对用户体验的注重，对人的创造力的重视造就了互联网产业的繁荣。“互联网+”提供了一个更加开放的平台，充分展示个体的能力。同时，个人的需求能够得到充分满足和尊重。互联网上蓬勃发展的自媒体，提供传统媒体难以提供的服务，原来是传统媒体提供什么我们看什么，现在是你想看什么就有人提供什么，如作为影视内容提供服务的乐视网制作自制剧。五是开放生态。生态是“互联网+”的重要特征，生态的开放促进了产业融合升级，“互联网+”把过去制约创新的环节化解掉，把孤岛式创新进行链接，创造出新的生态。

（三）“互联网+”是国家发展战略

2015 年 3 月 5 日，十二届全国人大三次会议上，李克强总理在政府工作报告中提出：“制订‘互联网+’行动计划，推动移动互联网、云计算、大数据、物联网等与现代制造业结合，促进电子商务、工业互联网和互联网金融健康发展，引导互联网企业拓展国际市场。”这是“互联网+”的提法首次出现在政府工作报告中，把这一概念上升到一个前所未有的高度。

2015 年 7 月 4 日，经李克强总理签批，国务院印发了《关于积极推进“互联网+”行动的指导意见》，制定了发展“互联网+”的总体思路：“顺应世界‘互联网+’发展趋势，充分发挥我国互联网的规模优势和应用优势，推动互联网由消费领域向生产领域拓展，加速提升产业发展水平，增强各行业创新能力，构筑经济社会发展新优势和新动能。坚持改革创新和市场需求导向，突出企业的主体作用，大力拓展互联网与经济社会各领域融合的广度和深度。着力深化体制机制改革，释放发展潜力和活力；着力做优存量，推动经济提质增效和转型升级；着力做大增量，培育新兴业态，打造新的增长点；着力创新政府服务模式，夯实网络发展基础，营造安全网络环境，提升公共服务水平。”并提出了发展目标：“到 2018 年，互联网与经济社会各领域的融合发展进一步深化，基于互联网的新业态成为新的经济增长动力，互联网支撑大众创业、万众创新的作用进一步增强，互联网成为提供公共服务的重要手段，网络经济与实体经济协同互动的发展格局基本形成。”“到 2025 年，网络化、智能化、服务化、协同化的‘互联网+’产业生态体系基本完善，‘互联网+’新经济形态初步形成，‘互联网+’成为经济社会创新发展的重要驱动力量。”

二、殡葬行业“互联网+”模式下的前景分析

（一）殡葬行业服务由政府主导

目前，我国殡葬服务行业主体机构基本从属于民政部或各地民政部门，具体包括火葬场、殡仪馆、殡仪服务站、骨灰室和公墓等，这些主体机构是殡葬产品和服务的主要提供者。我国殡葬服务行业是政府高度监管，向民营资本开放比较有限，即使开放程度较高的墓地产业，不仅需要政府部门层层审批，在选址、规模等方面也受到政府严格监管，行业进入门槛较高。国务院《殡葬管理条例》自 1997 年颁布实施后，一直沿用至今，殡葬管理体制机制没有太大的变化。2009 年出台的指导意见，将殡葬服务分为基本性殡葬服务和选择性殡葬服务，基本性殡葬服务由政府部门给予保障，满足民众的基本丧葬需求；选择性殡葬服务向市场开放，引导民资进入参与竞争，提供更优质的殡葬产品和服务。

（二）殡葬服务互联网化处于初级阶段

由于殡葬业具有特殊性，中国人对白事比较忌讳，信息传播推广比较困难，对于依赖信息互联共享的“互联网+”模式十分不利。当前殡葬从业人员整体素质不高，提供的产品和服务未能达到民众对互联网市场的预期要求。目前，常见的互联网殡葬服务是设立门户网站、开展网葬等互联网形式化的运用，并未完成触及“互联网+”更深层次促进传统行业加强竞争、引导创新的实质。有大胆的创业者尝试互联网+殡葬的模式，创立殡葬电商，发展不太顺利。

三、殡葬行业互联网化过程中的管理思路分析

（一）互联网对殡葬服务行业的改造升级是未来的趋势

当前殡葬行业受制于思想观念、人员素质、服务水平等因素，互联网化进程仍处在不断探索尝试阶段，但是“互联网+”殡葬将是未来发展的趋势，基于以下几点原因：一是“互联网+”是当前国家发展战略，互联网思维的普

及将对殡葬行业产生启发效果，引导行业创新升级；二是“互联网+”拥有强大的融资和聚集人才的能力，有助于优化资源配置，在行业中形成强有力的竞争和主导市场；三是当前殡葬服务行业发展模式已经不能完全满足市场的需求，需要转型升级。

（二）思想上高度重视，时刻关注殡葬行业变化发展

“互联网+”模式能够准确地发现市场的需求，通过互联网强大的聚合能力，以及大数据分析判断未来行业的走向，提前布局产业，创造出更多具有创新性的产品和服务。比如，原来的出行方式基于公共交通和个人私有车辆，滴滴打车软件的出现构建了一个平台，将私家车主与出行个人进行链接，优化了交通出行，但是对传统出租车行业造成冲击，引发较大的争议。正是由于这种超前性，管理部门要做好随时应对新情况、新问题的思想准备，时刻关注殡葬服务行业的变化，对于新兴的服务模式给予客观评价，好的保留，不好的及时制止去除，保证行业的健康发展。

（三）转变传统观念，正确处理“互联网+”与殡葬服务的关系

一种新兴经济模式的出现，往往面对的是传统行业的恐慌和敌意。“互联网+”不是对原有产业的颠覆，而是对原有产业的融合升级。比如在通信领域，以微信、QQ 为代表的即时通信软件能够进行语音、文字甚至视频交流，造成传统运营商语音和短信收入大幅下滑。但现在随着互联网的发展，来自数据流量业务的收入已经大大超过语音收入下滑的收入。可以看出，互联网的出现并没有彻底颠覆通信行业，反而创造出新的营利点，促进了运营商相关业务的变革升级。所以，殡葬服务行业在谋求发展的过程中，应秉持包容心态，积极适应互联网模式的新常态，取长补短，增加自身实力。

（四）恪守底线，保障民生，促进选择性服务多样化

民政部出台的《关于进一步深化殡葬改革促进殡葬事业科学发展的指导意见》中提出，我国殡葬服务分为基本殡葬服务和选择性殡葬服务，基本殡葬服务包括遗体接运、存放、火化和骨灰寄存，作为基本殡葬服务项目，由公益性殡葬服务单位提供，并可根据当地经济社会发展水平和需求状况，适当增加基本殡葬服务内容。对选择性殡葬服务，包括遗体整容、防腐、告别、骨灰安葬、丧葬用品及其他殡葬特需服务，建立行业规范，实行自愿选择，

公平协商，市场运作，政府监管。基本殡葬服务是政府保障民众基本殡葬权益的重要方式，作为公共产品由政府提供。选择性殡葬服务向市场开放，引导“互联网+”参与选择性服务的市场开发，提高服务水平，提升产品质量，满足市场日益增加的消费需求。

参考文献：

［1］崔荣光．互联网金融大格局：金融跨界+传统变革+实战剖析．人民邮电出版社，2016.

［2］姚乐，李红主编．“互联网+”时代的转型与变革．电子工业出版社，2016.

［3］张明亮．2010 清明论坛优秀论文集．中国社会出版社，2010.

［4］张捷夫．丧葬史话．社会科学文献出版社，2011.

浅谈基于绿色经济的墓园可持续建设

苏州木渎山陵文化　骆春燕

摘　要：近年来，随着我国经济社会的发展，人民的生活水平提高，民众对公墓的要求也越来越高。建设绿色经济的墓园，对于立足于传统，寻求突破发展的公墓行业显得尤为重要。本文阐述了在推进现代公墓可持续发展过程中，公墓应从墓园整体规划、节地生态的安葬方式、绿色祭扫形式等方面着手，将厚重优秀的传统殡葬文化与时代潮流相结合，创新现代殡葬文化，建设绿色经济可持续发展的墓园。

关键词：绿色经济　公墓　规划　可持续发展

绪　论

公墓是规划出来供埋葬死者之用的土地。公墓的建设与发展同群众的生活息息相关。现在公墓行业面临着土地资源紧缺，很多墓园在建设过程中存在管理规划不到位、人员文化素质水平较低等问题，严重制约了公墓服务的可持续发展。这与我们落实科学发展观、构建和谐社会、保障群众“逝有所安”的要求还有较大的差距。在新形势下，加强墓园功能性建设，推行节地生态葬式，倡导文明错峰祭扫，提高公共服务水平迫在眉睫。

一、研究的背景

“墓穴，究竟还能用几年?”由于生育率的降低和寿命的延长，人口的老龄化成为一个普遍问题。据统计，20 世纪末，中国 60 岁以上老年人口占总人口的比例超过 10%，按国际通行标准，中国人口年龄结构已开始进入老龄化阶段。据中国人口发展研究中心公布人口预测：到 2050 年，我国老年人人口将达到最多——4 亿，占全国人口的 31%。这表明，在未来 50 年，我国老龄化程度越来越高，也意味着进入人口死亡的高峰期。

以上海为例，近几年上海年均 10 万的死亡人口中的入墓率为 52.1% 左右，通过对目前上海 44 家经营性公墓的土地储备情况的调查分析，如果不推行绿色生态安葬形式、墓园不发展衍生服务产业链，有 80% 的经营性公墓将在未来 10—15 年的时间内陆续走向“休克”期，届时上海市民“死无所葬”的问题将十分突出①。

每逢清明期间都会听到“公墓消费高，葬不起”“现有的墓穴将在 10 年内用完”等热点话题，这一方面反映了目前我国殡葬领域公共服务水平仍比较低，殡葬救助保障政策措施还不完善，墓园出现大批无主墓无法进行处理，群众在支付殡葬费用方面存在压力；另一方面反映了活人与死人争地矛盾的日渐突出，土地资源日趋紧张，如何提高公墓建设，促进公墓的可持续发展，保障“逝有所安”，这是现代公墓亟待解决的问题。所以，殡葬行业加大改革步伐应对新的挑战，已成为当务之急。

二、绿色经济的概述

（一）绿色经济内涵

所谓绿色经济，从广义上讲是以生态经济和知识经济为基础，以市场为导向，以经济与环境的和谐与可持续发展为目的建立和发展起来的一种新的经济形式，是产业经济为适应人类环保与健康需要而产生并表现出来的一种发展状态②。我国未来将逐步推进绿色经济的可持续发展。作为公墓行业，绿色经济即将生态建设、文化建设以及可持续发展思想融入公墓的建设与发展中，促进人与自然的和谐共生。

---

① 上海统计局编：《上海统计年鉴 2003》，中国统计出版社，2003 年版。

② ［英国］皮尔斯：《绿色经济蓝图》，1989 年版。

（二）绿色经济的墓园特点

1. 墓园建设园林化

中国人自古就有“入土为安”的观念，传统的公墓只是作为人民群众办理丧事安葬逝者的场所。近年来随着殡葬事业的改革与发展，公墓经营者开始注意对墓园的开发，但大多数仍然只停留在基础设施建设上，缺少对墓园的科学管理规划，导致土地资源的浪费。同时由于缺少绿化设计，严重影响了城市的景观建设，造成城市环境的视觉污染，引起市民的不满。公墓建设园林化，即通过科学的管理规划、艺术的设计，将“坟地”打造成生态林地和特色人文基地，降低公墓的负面效应及减少公众的反感。

2. 土地资源利用可持续

近年来，随着城市的外扩，拉近了公墓与城区的距离，造成了活人与死人争地的局面，据《公墓管理研究新论》（上海大学出版社，2003 年）的数据统计，上海某公墓原定实行室内葬的墓园，当年预测的结果是，该墓园的存量土地还可以用 94 年①。可令人遗憾的是，当下该公墓由于改变节地葬战略模式，将室内葬改成墓葬，使有限的土地资源已经早早地进入“死墓危机”阶段。未来如何在资源日益趋紧的情况下，保障群众“逝有所安”，合理利用殡葬用地，按照生态文明建设的要求，积极探索骨灰存放、树葬、海葬、深埋等节地生态葬法势必成为未来的趋势。

3. 祭扫形式多样化

每逢清明、冬至扫墓时节，民间常有焚烧锡箔、燃放鞭炮、祭奠亡故者的习俗。据了解，锡箔中含铅量高达 50%左右，表层还能生成有毒的铅白和氢氧化铅，焚烧时生成黄色的黄丹（一氧化铅）也是有毒的化合物。这些有毒的微粒随着热气流飘浮在大气层中，被周围的人群吸入呼吸道，沉积在肺部。扫墓焚烧锡箔，除了容易导致山林火灾，还会对人的身心健康和生态环境造成更大的危害。

近年来，随着人们自身素质的不断提高，公墓经营方式的转型升级，网络祭扫、代客祭扫、音乐祭扫、鲜花祭扫、植树祭扫等更多的创新祭扫形式，被越来越多的人所接受。祭扫形式绿色文明多样化，对培育绿色文明殡葬理念，弘扬慎终追远等优秀传统文化具有重要意义。

---

① 《殡葬文化研究》第 81 期，2013 年第 2 期。

三、建设绿色经济墓园的重要性

党的十八大以来，习近平总书记对推动科学发展发表了一系列重要论述，其中包括发展绿色经济、低碳经济，实现可持续发展，将生态文明建设纳入中国特色社会主义事业“五位一体”总体布局，明确提出绿色发展理念并作出一系列重大决策部署。

（一）建设绿色经济墓园有利于推进绿色发展理念、促进生态文明建设

随着我国人口老龄化程度的加深，年死亡人数逐年增加，同时面对资源紧缺、环境污染、生态退化的严峻形势，将绿色发展理念融于绿色经济墓园建设规划中，推行节地生态安葬方式，有利于推动殡葬用地的合理利用，推动资源节约和生态环境保护，促进生态文明建设。

（二）建设绿色经济墓园有利于深化殡葬改革、倡导移风易俗

殡葬改革不仅是一项移风易俗的社会革命，更是一场充满困难和挑战的风俗革命。由于传统丧葬陋俗具有顽固性和反复性的特征，一些地方重殓厚葬之风盛行，大面积圈占草地、耕地、林地来建造坟墓、焚烧锡箔、燃放鞭炮，不仅造成了环境污染和资源浪费，而且容易诱发火灾隐患，同时助长了一些人盲目攀比、奢侈浪费等不良治丧风气。建设绿色经济墓园，倡导移风易俗，有利于深化对殡葬改革与资源环境关系的认识，促进转变落后丧葬观念，培育绿色、文明、健康的现代安葬理念和行为习惯。

（三）建设绿色经济墓园有利于保障群众“逝有所安”

由于墓地土地资源接近饱和以及“入土为安”思想的影响，导致现有公墓墓价的居高不下，舆论反映“葬不起”的声音越来越多。建设绿色经济墓园，改变安葬理念和行为习惯，大力发展节地生态葬，倡导惠民殡葬，降低墓穴价格，实惠于民，有利于在节约资源、保护环境的同时保障群众“逝有所安”。

四、公墓建设发展中遇到的问题（以木渎山陵文化为例）

（一）公墓建设缺乏科学规划

殡葬行业是垄断行业，容易缺乏创新机制。就苏州而言，由于20世纪六七十年代老墓区居多，导致近年来公墓发展水平缓慢。公墓早期大多由村进行自治管理，墓穴年代久远，且多以老墓为主，同时出现一批无主墓。由于在新旧区域进行整治规划中存在的诸多问题，老墓区的绿色美化、产品的级别提升，墓园的文化布局都相对滞后，没有办法发展成和上海福寿园、滨海古园类似的体量、规模的园林式公墓。

（二）土地资源有限，存量土地不足

据江苏省国土资源厅数据，江苏省现人均耕地面积降至0.86亩，不到全国水平的六成。江苏国土开发强度为20.99%，居全国之首。苏南开发强度超过30%的国际警戒线。此外，由于公墓管理办法的出台，规定禁止新建经营性、公益性公墓，有依法审批的墓地不得扩大国有部门依法核定的土地面积，使土地资源极其有限。以木渎山陵文化为例，由于墓园邻近苏州市区，交通便捷，早期又有50%为上海客户，同时又要保障当地15万人口的失地农民和本地居民未来的公益安葬功能。因此不改变为墓园绿色发展的新理念，墓区越发快速地消耗现有的存量土地，如果不及时有效地推行绿色生态产品，对日后持续发展将产生很大影响。

（三）殡葬管理力量不足，职工队伍素质有待提高

在管理上，大部分公墓仍旧按传统的办墓理念经营，对墓区的发展规划缺乏创新意识。在服务上，虽然增加了一系列的配套服务，如礼仪落葬、告别仪式、周年祭、网上祭扫、代客祭扫等形式多样的祭扫形式，但由于各墓园服务项目不普遍，市民受传统观念的束缚，员工的服务水平差异化，往往新的服务内容在推广及接待程序上仍旧不够完善。同时，服务人员进取心不强，文化素养较低，对事物和理念的认识转变落后，不能理解和引领客户日益发展的多种精神消费需求，也制约着改革发展。

五、建设绿色经济墓园的可行性措施

（一）加强殡葬法规宣传教育，开展便民殡葬活动，转变人们传统的殡葬习俗和观念

公益活动能在最大程度上体现企业的核心价值观和文化精髓。应广泛发动群众，认识和把握殡葬传统文化的历史意义和现实价值，以清明、冬至等传统节日为契机，大力倡导“一枝鲜花、三鞠躬”的文明祭扫方式，弘扬先进殡葬文化，提倡文明节俭办丧事，引导群众破除丧葬陋俗。同时，进一步开展殡葬改革进社区的活动，充分利用广播、电视、报刊、互联网等新闻媒体，积极宣传殡葬改革新政策，倡导文明新风。

（二）以人为本，发展公墓特色服务

殡葬与民生息息相关，以人为本，关注民生，关注民众感受，关注服务细节，是公墓行业可持续发展道路上不可或缺的经营思路。发展公益特色服务，受益的不仅是客户，公墓也同样为自己的可持续发展奠定了良好的基础。积极挖掘传统文化内涵，将墓园文化潜移默化地融入祭扫客户的心中，积极推广礼仪落葬、网上祭扫、代客祭扫等形式多样的墓园特色服务，将人文关爱投注到每一位祭扫客户的心中。

（三）发展生态节地葬，推动殡葬持续发展

明确公墓在生态环境中的定位，充分发挥其生态作用，将绿色经济可持续发展墓园作为发展方向。或建成城市的森林绿肺，或开辟为市民的休闲娱乐场地，或开发成文化旅游区域，或建设成禽鸟栖息地[①]……通过鼓励和引导的方式，让群众逐步接受节地生态安葬理念，支持和选择“源于自然，归于自然”的骨灰植树、植花、植草和骨灰立体安葬等节地生态安葬方式，既节约用地，又保护生态环境，有力地推动殡葬持续发展。

---

① Francis Harvey. Constructing GIS：Actor Network of Collaboration. URISA Journal，2001，1.

（四）因地制宜、立足当前、着眼未来，完善公墓规划建设

建设绿色经济的可持续墓园应以绿色、生态化为主要目标，结合各地的丧葬习俗、文化习惯、社会经济状况以及所服务区域内目前的情况和未来目标年度内区域发展的情况、区域内人口的发展、人口结构、经济发展情况、区域整体规划情况、区域内的人文习惯、殡葬改革的方向等因素综合考虑，因地制宜地加强公墓整体规划建设①。

（五）加强殡葬专业培训，建立优秀员工队伍

公墓传统的管理模式、理念随着时代的发展，已逐渐落后，树立新形象，打造一支过硬的管理和服务人才队伍势在必行。因此各公墓管理机构要建立完善的人才培养体系，加强针对有效的殡葬技能课程的培训，推动员工新知识和新技术的学习，同时转变工作人员思想观念，树立起“丧户至上，服务第一”的思想，以优质服务赢得良好的信誉，赢得更多的市场空间，通过提高工作服务质量，从而提高单位的竞争力，以使其能够在市场经济大潮中与时俱进，在激烈的市场竞争中巩固阵地，加快发展。

六、结论

总之，公墓规划建设的问题解决得好坏，直接关系到城市的建设、民生问题的处理和墓园的健康持续发展。通过以上分析，我们可以看到当代公墓行业形势之严峻。“死墓危机”“老龄化加剧”“土地紧缺”“人才缺少”……这些都要求我们解决好公墓规划问题。在可持续发展的原则指导下，以科学、创新和求实的态度，以节约宝贵土地资源为主线，建设绿色经济的墓园，促进生态文明建设。

参考文献：

［1］上海市统计局编：《上海统计年鉴2003》，中国统计出版社，2003.

［2］［英国］皮尔斯：《绿色经济蓝图》，1989.

---

① Khrir Al-Kodmany. Ectending Geographic Information Sysems to Meet Neighborhood Planning Needs The Case of Three Chicago Communities, JAPA, 2001. 2.

［3］《殡葬文化研究》第 81 期，2013，2.

［4］Francis Harvey. Constructing GIS：Actor Network of Collaboration. URISA Journal，2001，1.

［5］Khrir Al－Kodmany. Ectending Geographic Information Sysems to Meet Neighborhood Planning Needs The Case of Three Chicago Communities，JAPA，2001，2.

浅谈殡葬业对中国优秀传统文化的传承与创新

济南市殡仪馆政工科　刘　婷

摘　要：中国的文明源远流长、博大精深，其中殡葬文化更加具有丰富的内涵，并在人们的政治、经济、文化生活中占据重要位置。随着经济的发展，殡葬行业也面临来自各个方面的压力，而文化理念之争是在殡葬服务质量之争的基础上又一种深层次的比拼。殡葬文化的深入挖掘逐步在提升服务深度和服务广度上发挥出了巨大的作用，殡仪馆文化建设也在不断拓展殡仪服务精细化的道路上彰显了各自的地域特色和人文特点。但是近现代以来，随着对传统文化的批判和反思、社会生活方式的变迁，殡葬行业仍然是不被了解、理解和谅解的行业，逝者的丧葬活动也逐渐蜕变为失去了文化内涵的物质处理过程，这发人深思。当人们重新认识殡葬文化时，重新梳理殡葬文化的源流，我们发现这其实是人们通过对殡葬文化的扬弃与传承，结合现代科技技术与人们的生活方式，构建的一个科学的殡葬文化崭新体系。殡葬文化既能促进殡葬事业的健康发展，同时也能满足广大人民群众在丧葬活动中的心理需求与文化需求，所以对殡葬文化的研究带着无穷的魅力，也引申出了多个层次的话题。

关键词：儒家文化思考　文化建设成果　文化建设途径　文化建设与环境　建设的和谐统一

一、儒家的殡葬文化观引发的殡葬文化思考

儒家文化在中国的地位与作用，倾江河之水而书写亦不能尽言。丧葬文

化在儒家文化中占据着重要地位，与儒家文化的礼纪纲常和孝道观念是相辅相成的。起于孔子、孟子、荀子，以至后世大儒朱熹、王阳明等人的学说，一脉相承。

孔子的丧葬观是与儒家的孝道紧密相连的，他把养生与送死看得同等重要，甚至更加重要。孔子说："事死如生，事亡如存，仁智备矣。"在《论语·学而》中他又说："慎终追远，民德归厚矣。"① 意思是要认真对待人生的结束，要隆重哀悼亲人的逝别。《史记·孔子世家》中借晏婴的口，佐证了孔子对丧礼的重视。当齐景公问政于孔子时，晏婴进言道："夫儒者滑稽而不可轨法，倨傲自顺，不可以为下；崇丧遂哀，破产重葬，不可以为俗；游说乞贷，不可以为国。君欲用之以移齐俗，非所以先细民也。"意思说儒者都能言善辩，很难用法令来约束；他们高傲自以为是，不能任为下臣使用；他们重视丧礼，甚至可以为此倾家荡产，这种礼俗不足以效仿；他们不事生产到处游说求职，是不能用来掌理国事的。因此国君不能用此来改革齐国的风俗，引导老百姓。

"慎终追远"② 是孝道的体现，按照孔子另一位高足有子的说法，也就是仁道的根本（孝弟也者，其为仁之本与!）。所以过去给皇帝的奏议常有"圣朝以孝治天下"一类的话。普通人家的祖宗牌位上面也总是有"慎终追远"四个字，表示这是一个讲孝道的家庭。直到今天，一般中国家庭也没有废弃"慎终追远"。虽然祖宗牌位已没有了，但父母去世的丧事还是要慎重地办一办的。清明时节，很多家庭也必须要去为父母上坟，烧几炷高香。当然，那种借父母去世而大办丧事，大肆张扬以捞取钱财的做法，已经违背了"慎终"的精神，不仅不能使民风归于淳朴厚道，反而使人虚情假意，陷于商业化的人情算计之中去了。

二、殡葬文化的逐步沿袭和传承发展

殡葬文化演变至今，依然保留着"慎终追远"的思想底蕴，同时又去除了繁文缛节，以一种新鲜的形式展现在现在的各地殡葬服务机构中。"慎重追远"既是殡葬文化的一种表现形式，也是殡葬职工在从事殡仪服务过程中以

① 中国殡葬文化的传承与创新。

② 慎终追远解读，http：//zhidao. baidu. com/link？ url＝kRq_ 20erXsruyrS76ONLfFVR0OEJGh8GaoATsw2aHuXuaPVIMzhGO_ pOcc9TwjSzYH9SftPZC5Tb6fIQ1ADTGK。

殡仪馆管理理念和殡葬礼仪为核心，由此延伸出的企业文化，同样是凝聚着员工归属感、积极性和创造性的人本管理理论，同时受社会文化影响和制约，以殡仪馆规章制度和物质、行为现象为载体的一种经济文化，是外显于馆风馆貌、内隐于员工心灵的一种意识形态。

殡葬内部文化以环境建设为基础，将制度建设、文化建设与之相辅相成，形成了一整套的文化内涵。殡仪馆文化建设的核心是“价值认同”，是让员工认同单位所确立的“为谁做事、如何做事、如何做人”的理念，优秀的文化理念使职工在思想上得到了高度认同，就等于在单位内部建立了一套“行为公约”。单位职工能够以文化支撑自己的信念，忠诚守信、敢于奉献。这些都源于对各自内心的精神寄托，是单位给予每位职工的安全感和归属感的集中体现。

三、殡仪馆文化建设成果总结和作用

文化建设基于共同价值观之上，是全体职工共同遵循的目标行为规范和思维方式的总称。当今文化建设的价值越来越明显，因此单位文化体系的建设与形成对于核心竞争能力的提升具有不可忽视的重大意义。核心能力也可以理解为单位发展的独特之处，它集中体现在能够带来巨大的价值、能够支撑多种核心价值、竞争者难以模仿或复制。这种能力的拥有决定了一个单位能否具有生命力，能否获得长远发展的决定性因素①。济南殡仪馆在实际工作中不断总结工作经验，先后整理成册多部文化丛书，《组织文化手册》是济南殡仪馆对殡葬文化理念及服务宗旨等内容的一次总结归纳，并且对本馆的职工行为进行了标准化的规范整理，以此来规范职工的一言一行。《工作简报合订本》是将济南馆每月两期的工作简报进行归纳整理，印刷成册。它是济南殡仪馆工作点滴的写照，记录了多年来的发展变化和创新改进。反映了一线殡葬工作者无私奉献的精神，以起到弘扬正气、树立典型的积极效果。《发展中的济南殡仪馆·图册》则是以图片的形式，直观地记录了济南馆近几年的发展历程，从领导关怀到服务创新，再到馆区环境、设施建设等，都从一个独特的视角展现了殡葬文化的发展和殡仪服务的不断创新。《媒体眼中的济南殡仪馆》则是通过媒体的视角展现殡葬行业的风雨历程，同时从更广阔的空

① 文化建设与核心竞争力的关系，http：//wenku. baidu. com/link？url=ScGY wyqpiKl5TzbupKjQwjl3vNc。

间和时间里，对殡葬行业的诸多方面进行了一一展现，体现出了殡葬服务单位和个体殡葬商户的区别，同时也为市民提供了一个正确的消费引导。服务单位，始终坚持“慎终追远，民德归厚”的服务理念扎实开展工作。尽管在实际工作中，殡葬从业者受到了来自社会各界的误解和压力，但是作为殡仪馆来讲，始终为群众周到考虑，从业者们一直在不断追求更加便捷的治丧方式和更加畅通的沟通渠道，以便为逝者家属提供更全面的服务。当然通过媒体各方面的真实报道，殡仪馆的社会美誉度在逐渐提升，群众的接受度也逐年上升。《济南殡仪馆职工应知应会手册》是对各个工作岗位的工作标准进行的细致总结，对每一个细节都进行了归纳整理，这也是济南馆不断提高标准、深化服务层次的又一次总结和探讨。

四、殡葬文化的功能性区域建设的作用

（一）殡仪馆内部文化功能的有效发挥应以有利于员工长久的身心健康为基础。殡仪馆内部文化的凝聚、激励、约束、导向等基本功能在构建和谐殡葬中具有广阔的运用空间，但殡仪馆员工必需的庄重与正常生活中的热情有很大的区别，长久的角色冲突让工作热情的发挥存在隐患。因此殡仪馆领导不仅要带头维护内部约定俗成的规范，更要为员工营造一个有利于加强人际交往能力的宽松、向上的环境①。

（二）文化具有凝聚、激励、导向、约束四大基本功能，此外还具有塑造形象等辅助功能，济南殡仪馆用文化来增强员工的向心力，以诚信为基础，加强创新文化氛围建设，引导员工关注服务质量，这是其文化建设成功最重要的特征。

（三）将文化和历史进行整理，激发员工的归属感。济南殡仪馆展示馆是在职工活动室的基础上的一次深层次的拓展和展示。它将济南馆的发展历程用一个个长镜头分别陈列出来，在不同的区域内展示出了不同时期的特点和背景，对职工的活动和荣誉也进行了一一汇总整理，让所有职工在这里能够找到自己的影子，感受到作为单位一分子的荣誉，共同为单位的发展出谋划策。这与其说是一种总结，更不如说是一种追溯，一种展望。历史往往让我

① 现代殡葬文化建设概论/殡葬学科丛书，http：//vip. book. sina. com. cn/pub/book. php？book = 442600。

们更加清醒，而未来则是一次次的历史重演和新的升华。

（四）丰富的文体活动，缓解员工的压力，凝聚力量。济南馆殡葬职工篮球场对于大多数职工来说有着激情和拼搏的回忆，历年来的运动会上都有着职工们的光荣与梦想、拼搏和汗水。这对高强度的工作者来说是一种精神的释放和心情的疏解。丰富的文体活动是工作的有益补充，也是文化建设的重要环节。在锻炼中强健身心，在拼搏中展现坚韧。这些都使干部职工有了更多的配合和协作，增进了解，锻炼队伍，凝聚人心，塑造形象。

（五）辩证地把握文化与行政手段的关系。相对于行政手段的强制性而言，文化具有能为殡仪馆绝大多数职工所自觉接受的特性，特点是在潜移默化中发挥“润物细无声”的作用，不仅把文化作为直接约束职工的理由，文化的形式也不是由行政措施简单宣布的几句僵硬的标语和口号。

五、殡葬文化建设的深度和广度分析

（一）殡仪馆文化建设是消除群众误解的有效途径

总体来说，公众对殡仪馆的整体满意度集中体现在：经营理念是否顺应时代发展。针对这一点，殡仪服务应力求做到服务内容的不断创新，服务用品的不断丰富，服务环境的不断改善。这些都集中体现了管理者的经营理念；而殡葬职工的服务态度则直接影响到了群众的满意度，群众更在意贴心度够不够，服务项目的丰富多样、服务程序的便捷通畅、价格的合理公开，所以有了好的经营理念，更要加强员工整体素质的提升，这样才能将好的政策执行到位，好的理念贯穿始终。

那为什么社会上还会存在对殡仪馆的误解呢？一方面，殡仪馆作为占用公共资源的公益性服务单位，它的服务范围更多的是家属联系而提供的服务。而个体殡葬单位，俗称“丧贩子”，则是主动上门，而且往往打着殡仪馆的旗号，这就给家属造成了一定的误解。他们的收费完全没有界定，有时候殡仪馆只卖几百块的骨灰盒，到了他们手里要卖到几千块。这样无形中使家属对殡葬行业产生了一些误解。另一方面，为什么“丧贩子”就能在第一时间得到消息出现在逝者家属面前呢？这与医院和社区的多层次管理有着密切的联系。现在的医院工作人员与“丧贩子”都有着很多内部交易，他们提供信息，从中获取相应的报酬。而社区则以人们的相互介绍，为“丧贩子”建立了广泛的人际关系，他们可以说分布在各个社区里，而且彼此约定好势力范围，相互牵制又互不干涉。所以他们的势力范围会随着群众的习惯而形成一种垄断模式，这也就助长了他们“坐地起价”和“漫天要价”的风气。目前价格相差较大的部分仍集中在丧葬用品的销售、殡葬礼仪服务、遗体运输等几个方面。而改革这种不正当经营的方法，就是在医院的殡葬服务机构与殡仪馆之间建立起规范的沟通模式，同时在社区内广泛宣传殡葬服务知识，让人们更加了解正规的殡葬服务机构和殡葬收费价格。当然这是一个长期的整合过程，同时要求多个部门通力合作，不是一蹴而就的事情。但我们目前可以做到的就是通过文化建设和殡葬文化，大力宣传殡葬知识和殡仪馆的整体形象，使人们可以从源头上找到一个正确的办丧方式，避免花费更多的冤枉钱。

（二）殡葬文化建设是提升殡仪服务的有效途径

为了更好地为治丧群众提供高品质的服务，济南殡仪馆在工作中整理和提炼出“工作流程规范化，业务技能专业化，伴随服务全程化，服务标准亲情化”的四化服务标准。通过“四化”服务标准，让服务对象看得见，摸得着，真正享受了规范化和标准化的服务。同时济南馆实行“六公开”制度，即公开服务内容、标准、程序、价格、承诺、监督电话。同时制定出“六要六不”，即要移风易俗，不宣扬迷信；要方便群众，不刁难事主；要文明礼貌，不使用忌语；要遵章守纪，不接受馈赠；要按规定收费，不强卖搭售；要执行规定，不违法经营。

在清明、中元、寒衣三个传统祭奠节日，积极宣传“新三样替代旧三俗”，为群众提供免费的鲜花换火纸、追思卡、代祭服务、网络祭扫等服务，积极倡导文明、环保的祭扫方式；个性化服务、殡仪服务进社区取得了初步成效，通过开展免费进社区引导服务、免费司仪主持服务等，在一定程度上解决了群众办丧难的困扰。

此外，殡仪文化的精细度体现在诸多细节上，为群众准备了相应的服务用品，如轮椅、雨伞、便民药箱、便民针线包等，供群众需要时免费取用；根据季节不同，还在多个服务窗口设置了免费饮水点，暑期免费提供绿豆汤、矿泉水，冬季免费提供姜汤、热水助群众驱寒。同时，还从方便群众的角度，开展了“安心套餐服务、暖心伴随服务、放心进家服务”活动；为了发挥殡

---

① 中国殡葬文化，http：//101. mca. gov. cn/article/whjz/200911/20091100042031. shtml。

仪事业的公益性，制定了“八项免费服务举措”(免费上门为特殊群体办理手续；免费代祭服务；对自愿放弃烧纸烧香的群众，免费提供鲜花、免费提供供灵厅、免收卫生费；免费天使信箱；免费对到期续期告知提醒服务；免费预约代办四大合法公墓；免费在正常工作时间以外预约取灰；免低保家庭一年普通安放费)。这些举措，引起驻济媒体广泛关注。

六、殡仪馆文化建设的深度探讨

(一) 强化道德宣传，提高职工整体素质

济南殡仪馆注重加强职工的道德修养，在济南馆道德讲堂内定期开展公共科目培训，并且记录了每位职工的学习心得和考核结果。将学习与运用有机结合。这里是职工的舞台，在这个舞台上职工们可以分享各自的工作经验，探讨行业的发展要求，介绍各自的优秀经验，交流不同的服务感受。通过不断的交流，让职工的心声产生共鸣，对不同岗位的工作特点有了更加清晰的理解，也为服务的全程化引导模式提供了理论基础。女子入殓师和女子司仪班的工作纪实曾经引起了社会各界的广泛关注，这不仅是一种社会接受度的提升，也是对殡葬从业者道德修养的一种充分肯定。她们的事迹感染了广大市民，受到了社会各界的赞扬，从一定程度上也促进了殡葬服务和文化理念的深入挖掘。

从这一系列的成功事例中不难看出，文化需要潜移默化和深入人心。虽然行业具有特殊性，但从业者都是普普通通的人，他们的年龄结构包括了各个年龄层次，这其中也有诸多“90后”年轻女性。她们作为一个普通的劳动者，却承受了不同于常人的舆论压力，这也就使这些从业者被赋予了一种特殊的含义。所以人们的工作本来很相同，就是因为文化不同，所以结果不同。大多数的群众是认可与接受的，但难免会有些不理解和不接受，这也是很多殡葬从业者的共同困惑。也正因为如此，他们的生活或多或少地受到了来自不同方面的压力。这也在无形中塑造了殡葬工作者们平和的心态和坚强的性格。虽然有着不同的生活背景和生活经历，但他们每天面对不同的生离死别时，都经历着一次次的心灵洗礼，所以对于一般人所困惑和恐惧的问题，有了新的认识和深刻的理解，他们更多地认识到生活的可贵，认识到生命的意义。

殡葬服务的礼仪可以说是一种由内而外的真实体现，正因为有了道德教

育，使道德观念在职工心中根深蒂固，从而内显于外，并付诸行动。所以从业者在面对办丧家属时的举手投足、言行举止都会让人们感受到工作者的真实内心。所以殡仪服务不是简单的轻声细语，不是刻板的待人接物，而是一种文化的积累和思想的沉淀。所以深层次的文化建设更加注重对心灵的净化和心情的疏导，使从业者更加真切地感受到丧属的悲痛，以更加温和的话语和温暖的眼神以及专业的殡葬知识，让家属深刻地感受到工作者的真情服务。所以殡葬文化更多的是寻找从业者和家属的心灵共鸣，让人与人之间的交流变得更加和谐、更加平静。

“生命教育”也随着人们的思想接受度逐渐在很多年轻人中兴起，被社会越来越多地关注。通过生命教育，人们不再对死亡绝口不提，不再躲避很多敏感的话题，也逐步开始在青少年中开展一些实际的安全教育和常识宣传。许多生命教育课题都是非常实用的知识，由此引出的关注和探讨是对生命意义的深刻研究，从表面的安全知识引发出的深层思考，从小事中发现很多隐藏的危机，提升青少年的自我保护意识。

强化服务再培训，提高处事能力。济南馆对殡仪职工的培训工作注重整体性，从行业语言、着装仪表、服务程序以及殡葬仪式等各方面，建立一整套服务规范和培训机制，对于职工的行为进行了细致的规范。组织开展军事科目培训，以求达到塑造形象、激发斗志、锻炼队伍的效果。干部职工都以高度的统一性和协调性完成工作，这就使整体的工作效率得到大大提升，队伍的战斗力大大加强。

定期组织职工进行职业技能培训和岗位大练兵。评选优秀的工作人员和模范标兵，以带领和激励整体队伍的素质提升。法律知识培训和安全知识培训都使职工的知识层次得到不断的拓展，引导从业者向着更加规范的方向发展。

（二）加强殡葬文化研究，以文明礼仪取代封建陋习

殡葬文化源远流长，几千年来积累了各地的风俗人情，烧纸烧香等诸多风俗虽然看似简单却被人们赋予了深刻的殡葬意义。但是随着社会的发展和环境建设的要求，人们已经深深体会到保护环境的重要性，如何既能让家属完成心愿又不污染环境，也促使我们不断研究新课题，不断研究出新的祭扫方式让群众逐步接受。济南馆多年来一直倡导移风易俗，倡导“鲜花换火纸”的文明祭扫方式，倡导绿色节地葬法，积极推广灵骨安放、海葬等多种环保

方式。抓住时机，做好消费导向，提高社会美誉度。一方面，按照社会学上的一些调研方法，搞好殡葬消费调查，了解最新消费趋向；另一方面，在调查研究取得大量调查材料，透彻了解丧葬消费状况的基础上，制定长短期发展战略，有计划、有步骤、有针对性地引导消费方向，努力实现丧事简办，朝着和谐文明健康方向发展。

（三）改进基础设施建设，形成浓厚的殡葬文化氛围

根据人文环境与生态系统、生态建设以及景观学科发展的需要，对服务行业提出了新的课题。以唯物主义历史观、主客体关系哲学、生态现代化理论以及生态观念链思想作为指导思想，选择综合对照的技术路线，采取案例研究、比较研究、局部分析、实用价值等研究方法，对环境建设的生态转型问题进行了系统研究。以求更加注重文化氛围，以文化—建设的理论意义和政策内涵为出发点，以建设实践、生态思想和相关政策控制等为重点，构建多层次的理论研究结构。环境建设体现了殡仪馆的发展历史背景与实践历程，济南馆在景观环境生态建设的内容结构与实践评析基础上，提出了生态和环境优化能力相结合的服务环境，更加注重环境的实际功效和设施建设的实用性。①

作为殡仪服务窗口单位，为群众提供高品质的服务，除了要有规范的工作流程、人性化的引领服务，还要具备高品质的服务环境。为此管理者对园区环境规划，提出了增加苗木品种，增添园区色彩的工作要求。各部门严格落实任务，进一步提升高标准、高质量的庭院景观效果。树木带给我们很多馈赠，树木是自然的调温器、天然除尘器，是氧气的制造厂，是细菌消毒站，同样又是天然消音器。绿叶能吸收声波，降低噪声。调整后的园区绿植更加错落有致，同时，给来到这里的办丧群众带来一种宁静和清新的感觉。

济南殡仪馆孝慈湖是实用景观的最好体现。在消烟除尘的同时，美化了环境，改善了整体治丧氛围。群众经常会在这里驻足，既是对逝者寄托哀思，也是对生命的一种思索。文化长廊起到了引导群众的效果。在告别区域内设置的文化长廊，将文化和服务有机结合，对群众是一种引导，对殡葬文化进行了诸多总结，以此引导殡葬消费并提升服务品质。馆区建设充分考虑舒适性和实用性，所以要让每一个亭子、每一口池塘，都具有观赏性，都有实用

---

① 中国现代殡葬工作，http：//baike. baidu. com/link？url。

性。将可以作为景观的做实用要素科学组合，就出现了一个景观节点。景观轴线和节点会对人流起到引导作用，这也体现了环境建设与人文建设的高度和谐。

参考文献：

[1] 文化建设与核心竞争力的关系.

[2] 中国现代殡葬工作/殡仪服务员，http：//baike. baidu. com/link? url.

[3] 中国现代殡葬大全. 黄河音像出版社，2003.

[4] 中国丧葬史. 江西高校出版社，1998.

[5] 中国现代殡葬研究. 中国社会出版社，2004.

浅议乱建坟墓的生态治理

——福建宁德乱建坟墓治理引发的思考

福建省民政厅　葛铁强　涂　东　高凤英　方红民

摘　要：由于立法的空白，乱建坟墓有“回潮”趋势，如何治理乱建坟墓，成为殡葬工作者的业务难题。福建省宁德市近年来采取一系列措施，有效地遏制了乱建坟墓的势头，同时将旧墓进行了生态化处理，为治理乱建坟墓提供了些许思路和对策。

关键词：乱建坟墓　生态化　治理

宁德，福建省东北翼中心城市，东临浩瀚的东海，与台湾隔海相望。土地面积1.34万平方公里，人口339万人，每年死亡人数1.8万左右。下辖蕉城区、东侨开发区、福安市、福鼎市、古田县、霞浦县、周宁县、寿宁县、屏南县、柘荣县（4个沿海县区，5个山区县）。长期以来，宁德市殡葬改革工作严重滞后，火化率一直在低位徘徊，2000年全市平均火化率仅为7.2%，到2006年全市平均火化率也仅为43.6%。乱埋乱葬现象严重，高速公路、国道、省道两旁不断冒出新坟，山上是坟，山下是城，“推窗见坟”的现象比比皆是。多年来，当地政府进行多次乱建坟墓治理，但收效甚微，陷入“治理—回潮—再治理”的怪圈。2008年以来，经广泛深入调查研究，宁德市突出三步走、全面推进殡葬改革战略规划，即全境火葬、治理乱建坟墓、规范丧事活动。目前，全市火化率已连续5年保持100%，墓地治理取得阶段性明显成效，全市上报485座应拆除坟墓全部治理完成，16997座旧墓已经全部按照生态化标准治理到位。

乱建坟墓，主要是指以私人使用为目的，在相关法律法规禁止区域建立坟墓的行为。墓地生态治理，主要表现为以保护自然生态为基础，采取迁坟、改造、植树披绿等的方式，保证殡葬活动始终保持在环境承载能力之内。目前对乱建坟墓迁移、改造经常涉及“强制执行”，民政部门无“强制执行”权限，植树披绿又存在延续性的问题。乱建坟墓治理如何有效开展，这是困扰很多殡葬工作者的难题。

一、乱建坟墓治理收效甚微的原因分析

（一）“入土为安”的殡葬习俗源远流长

作为拥有五千年历史的文明古国，我国民俗之于社会人，恰如水之于鱼，意义深重。姑且不论民俗之良性、恶性或中性，在殡葬领域，“入土为安”“死后留尸”的土葬方式所表现出来的文化、伦理、道德及其传递的生者与死者之间的感情纽带，其意义不可忽视。撇开不同葬法的优劣之分，在精神信仰、感情皈依方面，目前土葬方式发挥的作用依然是火葬所无法比拟的。

（二）治理依据不足增大执法难度

我国没有殡葬监督检查、违法处罚等方面的相关法律规定，1997 年国务院颁布实施的《殡葬管理条例》已不太适应现代殡葬事业的健康发展。同时，2012 年我国行政强制法颁布实施后，取消了民政部门对非法土葬、乱埋乱葬行为可以强制执行的条款，民政部门对墓地治理失去了法律依据，新的执法机制又尚未建立，殡葬执法依据严重不足①。目前行政执法与司法强制执行衔接不畅通，司法系统对乱建坟墓还未强制执行过，民政部门对于迁坟、改造坟墓对象一般只能采取宣传教育引导的方式。

（三）治理与民意缺乏契合点

墓地生态治理乃至殡葬改革是利国利民的，各级政府部门一直不断宣传，可为什么“好事”却遭遇民意的强大阻力。笔者认为，主要是治理与民意缺乏契合点，两者关系甚至是对立且博弈的。从意识领域来看，墓地治理行为（迁坟、改造）伤害了墓主后代的心灵寄托和精神信仰（且不论这种寄托与信

---

① 民政部一零一研究所：《中国殡葬事业发展报告（2014-2015）》，社会科学文献出版社，第 18 页。

仰理智与否）。目前来讲，大多数地方政府治理行为比较强势，治理方式方法超越了老百姓接受的心理基础，导致陷入“治理—回潮—再治理”的怪圈。如何平衡治理与民意，这需要相关政府部门探索合适的度。

（四）部门分工不明降低综合治理能力

从福建省实际来看，乱建坟墓主要占用林地、耕地，林业部门、国土部门认为墓地管理是民政部门的事，而有些民政部门认为建在林地、耕地上的散墓主要由林业部门、国土部门管理。各个部门分工不明导致墓地治理推进工作迟缓且效果较差。在依法治国的大背景下，殡葬治理工作必须逐步由传统的民政部门单一管理向依法治理、源头治理、系统根治、多元参与、综合治理相结合的跨部门综合治理转变①，这种综合治理能力是目前所欠缺且急需的。

二、宁德乱建坟墓生态治理的主要做法

（一）强化领导力量，提高责任意识

宁德市委、市政府高度重视乱建坟墓的生态治理工作，将其作为一个重要任务列入议事日程，市领导多次参与专题研究部署工作，听取汇报并提出要求。市委、市政府成立由时任市委副书记李转生任组长的生态治理工作领导小组。市委、市政府召开全市生态治理工作推进会，对治理工作进行全面部署，并向各县（市、区）颁发了责任状。此后，市委、市政府通过召开专题会议，对多年来乱建坟墓治理的工作经验进行回顾总结，研究推进治理工作的具体措施。会议决定每月召开一次治理工作推进会，先后在宁德和蕉城、霞浦、古田、福鼎等县（市、区）召开5场生态治理推进会，对各县（市、区）治理工作情况进行通报，鼓励先进，鞭策后进。各县（市、区）相应成立领导小组和工作机构，并向各乡镇（街道）颁发责任状。各乡镇（街道）也都成立专项工作小组。形成了市、县两级抓督察、乡镇抓落实的工作机制。古田县实行副处级领导分片负责制度，由领导带队深入片区一座一座坟墓检

---

① 民政部一零一研究所：《中国殡葬事业发展报告（2014-2015）》，社会科学文献出版社，第7页。

查并制订治理方案，督促乡镇逐一落实。屏南县将治理工作纳入年度乡镇量化考评和县直单位考评体系，并将殡葬改革工作作为县级文明单位考评指标的一项内容。各县（市、区）对照目标任务，明确时间节点，主要领导挂帅，落实乡镇属地管理责任，形成一级抓一级、层层抓落实的工作格局。

（二）加强宣传教育，营造浓厚氛围

生态治理工作开展后，全市各地通过报刊、网络、新闻媒体等宣传媒介，刊播《通告》、宣传治理工作的目标任务、方法步骤和工作要求，并依托政府门户网站与网民进行互动沟通，在广大人民群众中形成积极自觉支持治理工作的舆论导向。如霞浦县连续半年在县电视台播放《禁止乱建坟墓的通告》、全天候滚动播出生态治理工作宣传标语。各地还将生态治理工作与党的十八届四中全会精神、开展群众路线教育实践活动相结合，通过各种合理有效的形式和手段，加大政策法规、执法治理的宣传力度，做到电视见影像，广播有声音，报道有文章，村村有禁坟通告，随处可见禁坟宣传牌和宣传标语，宣传工作真正做到进村入户，人人皆知，现在，不能乱建坟墓已经成为广大干部群众的共识。

（三）突出成效主导，实施分类治理

各县（市、区）加大投入力度，深入细致地做好调查摸底工作，按照“一墓一册”要求，以乡镇为单位，对每一座坟墓建档立卡，采集完善翔实的坟墓信息，为推进坟墓治理提供信息支持。之后根据建造坟墓时间节点进行分类治理。对2013年2月26日之后新建或翻新坟墓，通过疏导，予以迁坟或改造。对2013年2月26日前的旧坟墓，采取植树披绿的方式进行墓地生态建设。采取“因地制宜、一墓一策”的方法，根据墓地所处山头地块、土地条件不同，分别选择适宜的速生乡土常绿树种和科学的种植方法进行植树。在墓地较多、植树披绿难以达到遮掩效果的特殊地段，采取一些非常规的措施，在道路两边或能起到遮挡效果的地方，种植多排的速生树种（如桉树）或高大乔木，并加大种植量，形成绿化带，加快成荫，有效遮挡。对一些较为高大的坟墓，采取墓地四周种植多排高大的苗木绿化与每座坟墓周边种植爬山虎等藤类植物遮掩相结合的方式进行治理。按照“见不到坟墓”标准要求，在植树绿化未能起到有效遮蔽效果前，采取树枝杂草遮盖等辅助治理方式。

（四）完善基础设施，健全工作机制

为做好乱建坟墓治理工作，市、县民政部门领导亲自带队多次深入实地做好调研工作，掌握了翔实的第一手资料，向市委、市政府提交了切实可行的治理方案和工作机制，推动出台各项政策措施，努力做好领导的参谋。软件方面健全机制实行常态化管理，推动出台骨灰有序流动管理办法、完善乡镇属地管理和部门协作的工作机制，推动建立健全明察暗访制度、定期督察制度、效能问责制度、情况通报制度等多项配套工作制度。一系列制度性和规范化的文件相继出台，对乱建坟墓生态治理所涉及的行政与执法、部门职能与职责、管理与服务、内容和时限等作出了详细的规定。既保证了程序合法、决策科学，又确保高质高效高标准地推动生态治理工作。硬件方面完善殡葬基础设施建设。重视“堵疏结合”做好坟墓治理。要求各县（市、区）出台《骨灰有序流动管理办法》，实行骨灰集中安放，严禁非法买卖土地用于建造坟墓，杜绝新建或翻新坟墓；加快公益性骨灰楼堂（公墓）建设，从源头上解决乱建坟墓问题。通过近几年的努力，福安市以乡镇为单位和古田县以村为单位建设骨灰楼堂经验得到全面推广，骨灰存放设施覆盖面逐步扩大，很多地方已经实现辖区全覆盖。

（五）健全问责机制，狠抓工作落实

乱建坟墓治理工作开始之初，宁德市就非常重视狠抓各项政策措施的落实工作。市民政局牵头组织明察暗访组，深入各县（市、区）进行检查，每个月都要走一遍全市 120 多个乡镇的交通主干道，发现问题并在每月的推进会上予以通报。成立了 9 个检查验收工作组，对各地的落实情况展开交叉检查。按照市委、市政府要求，各县（市、区）出台相关制度，明确工作职责，出台问责办法，把责任落实到人。对乱建坟墓严重的村（社区）干部严肃问责，同时追究乡镇（街道）相关领导责任，使专项治理责任落实到人。福安市将专项治理情况列入年底绩效考评和责任状考核的扣分依据，通过研究出台了《关于强化福安市乱建坟墓生态治理工作督查问责通知》。其他各县（市、区）都相应出台了治理问责办法。

三、宁德墓地治理的几点体会

2008 年以来，宁德市政府连续 8 年和各县、市、区签订殡葬改革工作责任状。各地按照责任状要求把推行全境火葬、治理乱建坟墓作为党政“一把手”工程来抓，采取强有力措施，出台政策，落实责任，其间，治理乱建坟墓一直作为当地政府的一场硬仗，几经周折，殡葬改革工作取得一定成效。

（一）领导重视是根本

乱建坟墓生态治理工作，政治性、政策性、敏感性很强，造成部分干部认为动真格会惹麻烦、影响中心工作、诱发不安定因素，很多干部存在畏难情绪。同时，由于相关法律法规的缺失，造成治理工作开展依据不足。这种情况下开展墓地治理必须得到领导重视。宁德市委、市政府对于墓地治理给予充分的重视，市、县、乡三级政府部门都成立工作小组，真抓实干，保障了乱建坟墓治理的有效开展。

（二）部门合力是保障

上文提到，殡葬改革工作必须逐步由传统的民政部门单一管理向依法治理、源头治理、系统根治、多元参与、综合治理相结合的跨部门综合治理转变。宁德市各级政府部门就是在市委、市政府的统一领导下，统筹协调、认真履职，分解工作任务，层层落实目标责任，细化责任问责办法，形成党委、政府牵头、部门协作，条块结合、上下联动，各负其责、齐抓共管的工作机制，及时组织执法力量开展调查取证，加大对毁林占地违法行为的打击力度，形成合力。

（三）舆论宣传是基础

“入土为安”的殡葬习俗源远流长，作为意识形态的产物，我们无法“一刀切”地让它与现代殡葬决裂，唯有进行大力宣传。舆论宣传是集中治理攻坚的重要基础，充分发挥舆论宣传的导向作用、引导工作、教育工作，确保攻坚突破稳步推进。坚持群众路线，把相关法规宣传透、把乱建坟墓危害说明白、把治理目标讲清楚，让群众知晓政策、算清大账，最大限度地争取群众的理解和支持；利用媒体报道先进典型，曝光负面案例，营造了更加有利于集中治理的社会环境。

（四）责任落实是关键

建立治理乱建坟墓工作网格化管理模式，实施分块管理、网格到人、责任到人的管理方式，建立标准明确、责任细化、考核公平、奖罚分明的网格化管理体系。各乡镇（街道）相应成立了工作小组和巡查组及工作机构。对照目标任务，明确时间节点，主要领导挂帅，落实属地责任，形成一级抓一级、层层抓落实的工作格局。对治理工作弄虚作假的行为予以通报，对妨碍治理工作的相关人员，特别是党员干部，严格按照有关规定予以责任追究。对领导不重视、责任不落实、措施不到位、治理不得力的地方予以通报，确保了生态治理工作的进一步推进。

（五）分类治理是创新

在治理过程中注重做到“四个结合”，即与“两违”综合治理、生态文明建设、殡葬改革、美丽乡村建设相结合。在调查摸底的基础上，对掌握的详细情况进行认真分析、甄别，区别对待，分类治理。对2013年2月26日前建成的旧坟墓，采取覆土深埋或种植多排常绿、阔叶、高1.5米以上的树种进行绿化；对此后新建或翻新的坟墓，责令限期自行迁移；对查找不到户主的坟墓，按照无主坟墓予以处置。分类治理使政府部门与老百姓有了更多的契合点，覆土深埋和绿化的方式更容易得到认可，很多老百姓在绿化时，选择种植高档树种，既绿化遮蔽了坟墓，又增加了创收的可能。

（六）殡葬法治建设势在必行

墓地治理乃至殡葬改革是一个攻坚克难的工作，由于殡葬法治建设工作长期滞后，殡葬工作是雪上加霜。一方面，殡葬立法的缺失，使殡葬执法无法可依；行政性法规修订的滞后，使依法行政效能弱化；作为法律法规补充效力的国家强制性、指导性殡葬标准体系建设不完善，造成执行效力低下。另一方面，2012年我国行政强制法颁布实施后，取消了民政部门对非法土葬、乱埋乱葬行为可以强制执行的条款，新的执法机制又尚未建立，殡葬执法依据严重不足。同时，因殡葬执法涉及多个部门，行政执法与司法强制执行衔接不畅，违规土葬、乱埋乱葬、滥占耕地林地现象出现回潮趋势。因此，殡葬立法是当务之急，不容拖延。

参考文献：

李伯森. 中国殡葬事业发展报告（2014—2015）. 民政部一零一研究所，社会科学文献出版社.

如何让节地生态葬深入人心

上海殡葬文化研究所 郑 翔

摘 要：要打破长期以来节地生态葬“叫好不叫座”的局面，殡葬行业应多在提高墓地文化含量方面下功夫，公众只有认同这是一种既经济又体面的葬式，才会乐于选择。

关键词：节地生态葬 葬式选择 价值取向

一、当前葬式选择的普遍状况

1949年1月30日，苏共中央政治局委员阿纳斯塔斯·米高扬秘密飞抵中国，与中共领导人进行了会谈。从后来的报告看，他从机场前往中共中央所在地西柏坡的途中，最先观察到的并非什么军政大事，而是当时到处都在举行的新年活动，除此之外，“令我吃惊的是，到处都是私家坟墓，被栽上了针叶常青树。在缺少土地的中国竟然还有这种情况。缺乏公墓以及家族墓地的存在，给农民造成了重大损失。这是显而易见的事实。”①

可在当年这位苏联领导人看来显而易见的事实，似乎却与许多中国人的认识相异。在近70年后的2016年2月19日，民政部、发展改革委等九部门联合印发的《关于推行节地生态安葬的指导意见》中提出了“鼓励家庭成员采用合葬方式提高单个墓位使用率”。对此，2月25日《新京报》第2版的社论《推行“家人合葬”，多考虑民众情绪》，恐怕说出了不少人的想法：

“举凡文化习俗、传统惯例，往往应该自上而下地影响、濡染。如果现实

① 沈志华、崔龙海：《毛泽东与苏共领导人第一次正面接触——关于米高扬访问西柏坡的俄国解密档案》，载《冷战国际史研究》，第18期，第411页。

中民众看到的多是有些人群生前多吃、死后多占，又怎么可能先把自己的家人父子委委屈屈地合葬到‘单个墓位’？”

可见，对于何为“重大损失”，该社论的作者有着和米高扬截然不同的看法，即将选择人均占地少的节地型葬式看成是吃亏，反之，造大墓才是得便宜。应该说，这样的价值取向既是传统的延续，又反映了当前我国相当部分的人群墓葬选择心理。在他们看来，将逝者葬入豪华大墓不仅体现了殷殷孝心，而且显示了自己财力雄厚“不差钱”，可谓是“倍有面子”的事情。

问题是，风风光光落葬之后，在感到尽了孝心、赢得了脸面的同时，对于这一选择的不菲花费，普通工薪阶层还是颇感肉痛的。因此，一边常规骨灰墓葬乃至豪华大墓成为普遍选择，一边对几万十几万元以至更高墓价的声讨不绝于耳，也就不足为奇了。

二、葬式选择应提倡什么样的价值取向

上述现象的产生，关键在于人们精神价值取向的面子和经济价值取向的里子相背离，以致产生了矛盾对立。因此，只有当这两套价值取向相趋近、相统一，它们间的冲突才可能平息。而在土地资源日益稀缺的今天，对广大民众而言，少花钱享受大墓的可能性显然微乎其微，通过节地生态葬获得高质量的精神满足才是现实可行的途径。

可对于如此明摆着的情况，为何现实反馈是不仅长期以来节地生态葬推广进度缓慢，就连火化工作都时有回潮，装棺二次葬现象亦屡禁不止？2 月 25 日《燕赵晚报》郭元鹏的《别让“家庭成员合葬”沦为穷人专用》举例虽然偏颇了些，不过也道出了几分缘由。

“不过，我们需要防止的是，家庭成员合葬的方式，最终沦为穷人专用，成为新的贫富差距。去年，有媒体报道说，在选择树葬、海葬等生态安葬的群体中，普通老百姓占据了很高的比例。这是因为参与生态安葬是有经济补助的，有的地方的经济补助是四五千元。有着‘墓地比房价还贵’的现实，有着囊中羞涩的无奈，有着生态安葬的经济补助，老百姓的选择可以说既是理智的也是无奈的。在这种情况下，所谓的生态葬其实就是‘穷人葬’。”

当然，选择海葬等节地生态葬的逝者、丧家，并非都是为经济所迫的穷人。以这种选择利国利民利己、从而获得精神满足的固然不乏其人，但毕竟只占总体中的少数；主要从经济因素考虑，选择生态葬的困难群体，也是全

体中的少数。而对占绝大多数的普通民众来说，既不具备为了社会、大众利益而牺牲自身需求的高境界，又不是难以购买常规墓葬的低收入者，如此一来，节地生态葬自然便成了小众选择。如上海自 1991 年开展骨灰撒海以来，历经 20 多年的宣传倡导，前后已有 3 万多人选择这一葬式，增长幅度固然很大，但直到 2015 年选择这一葬式的人数，仍只占当年死亡人口的 2%左右，从比例上说还是绝对少数。

因此只有让多数人真心认同生态葬非但不是一种牺牲，相反还是一桩对人对己都有利可图的大好事，大众才会去选择它。而这里所说的利，范围远不仅是个人经济上的减少开支、获得补助，更重要的是，作出这一选择者，会获得社会、亲友、邻居等的普遍正面评价，而不会受到不孝、穷酸一类讥讽之忧，达到面子、里子双收。

显然，要达到这样的认同，靠“节地生态葬就是好就是好”之类空喊或下几个行政命令，肯定是说服不了人的，必须通过环境、经济、情感多方面诠释，建立起一种新的判断标准：是否对逝者尽孝，不在于墓地多大、墓碑多豪华，而是看其蕴含了多少文化含量，从而达成拥有一篇隽永的哀悼文字，远胜过形式精美却文化苍白的大面积墓地的共识，营造以文化资源丰厚为荣，以过度消耗物质资源为耻的社会氛围。

三、让新的葬式选择价值取向成为共识

要建立这样的标准，首先得破除建大墓是尽孝的认识。正如前文所言，许多人之所以消耗大量土地、石材资源，做工精美建造大墓豪碑，是以此体现自己所尽的孝心。可这样做真的对逝者、对其亲友有利吗？正如臧克家先生的名作《有的人》所言：

有的人
把名字刻入石头，想“不朽”；
有的人
情愿作野草，等着地下的火烧。
……
把名字刻入石头的，
名字比尸首烂得更早；

只要春风吹到的地方，
到处是青青的野草。

可见，永垂不朽的墓地其实并不存在于地面上，而只会建在人们的心中。周总理、巴金的骨灰撒入大海，钱锺书的骨灰被深埋于茫茫郊野，他们都没有留下自己的墓地，可又有几个人会认为他们的做法太寒酸？

或许有人认为，这些都是各自领域的伟人，普通人又没什么世人皆知的丰功伟绩，就算效仿也根本达不到他们的效果，因此这样的骨灰处理方式只能是阳春白雪，无法普及。可细究起来，不要说按相关殡葬规定，墓地有使用时间的限制，到时候会被收回重新利用，就算墓穴能够保留，水泥石材建构的坚固程度也保证其百年后仍维持原貌，可如果因为年代太久，隔的代数太多，后裔对墓主的感情已经淡漠，其墓地也成了无人光顾的孤坟，这样的存在又有多少意义呢？因此，从这一点说，家庭成员合葬不失为一条简便易行地延续后代对墓主记忆时间的方法。再者，亲友对逝者的感情，是基于墓穴、墓碑的存在，还是与其共同生活过程留下的回忆呢？认识这一点，就不难明白，人生文化和墓地孰轻孰重，与这个人是否有惊天动地的事迹并无直接关联。

为让墓地拥有更高的文化含量，建议采取如下措施。

（一）让碑文不再空缺，墓地不再苍白

鼓励丧家创作有文化含量的墓碑碑文是主要解决之道。然而，这是一项长期、复杂的文化系统工程，既不能一蹴而就，也不是少数几个碑文专业创作者就能完成的。所以，殡葬业要与文化工作者、丧家密切合作，做出持续的努力。当前全社会倡导好家风、好家训活动，便可考虑将其作为碑文的有益补充，传承久远。

此外，人既是个体，又是社会群体中的一员，因此人生文化也是群体文化和个人意识的集合体。民政部等九部门提倡的家庭成员合葬，便是一个保存传承人生文化的新课题，如何在共有的墓碑上体现该家庭各位逝者的共性和个性，既避免以往单穴、双穴墓近于文化沙漠的前车之鉴，又使入葬者的人生文化相互交融而非各行其是，做到入葬人数做加法，而文化积累做乘法乃至乘方，是很考验丧家和墓园建设者的课题。

（二）以内涵丰富的文化祭扫作为需求导向

骨灰（遗体）的下葬绝非对逝者的缅怀的终结。2013 年，中共中央办公厅、国务院办公厅印发《关于党员干部带头推动殡葬改革的意见》就要求：

“党员、干部应当带头文明祭奠、低碳祭扫，主动采用敬献鲜花、植树绿化、踏青遥祭、经典诵读等方式缅怀故人，弘扬慎终追远等优秀传统文化……带领群众逐步从注重实地实物祭扫转移到以精神传承为主上来。”

文化祭扫是一个既传统又时新的话题，我们的追求是既符合社会主流价值观，又不千人一面，体现家庭、个人特点，如家庭成员在祭扫时，诉说各自了解的逝者正能量的人生故事，通过交流更深切缅怀先人，激励后人奋进。

（三）节地生态奖补向文化补助倾斜

近年来，不少地方大幅度提高了海葬等节地生态葬的奖补标准。这些奖补给普通丧家的感觉，除了奖励先进，是否还有补偿不保留骨灰的情感损失？因此可考虑更丰富的奖补方式，所拨资金不仅用于举办骨灰撒海等基本仪式和直接补助丧家，还可以用于公祭、追思会等文化怀念活动，让逝者亲友感觉物超所值。

参考文献：

[1] 民政部 发展改革委 科技部 财政部 国土资源部 环境保护部 住房城乡建设部 农业部 国家林业局．关于推行节地生态安葬的指导意见．

[2] 中共中央办公厅、国务院办公厅．关于党员干部带头推动殡葬改革的意见．

[3] 乔宽元．海葬奖补：应多多激励文化创新．殡葬文化研究，2014 年第 1 期．

上海滨海古园对“互联网+”在管理、服务中的应用和思考

上海滨海古园　胡全钢

摘　要： 本文通过分析互联网对殡葬行业的影响，深入阐述了滨海古园结合“互联网+”所做的相关思考如思维如何达成共识和贯彻、标准体系如何贯穿资源链等，操作上必须关注易上手、易成功、易扩展等特点，做了一些有益的实践，产生了较好的效果，如对客户、对营销、对锻炼团队等方面，并对今后“互联网+”在古园发展有相关的设想。

关键词： 互联网+ 殡葬　痛点　百年古园　标准

一、上海滨海古园对“互联网+”的思考

（一）“互联网+”的思维

近几年，我们看到新闻更新频率从天变成了秒，我们看到租车抢单从视线的抢断到手机软件毫秒级的响应，我们看到上万部手机在几秒内被一扫而光，我们看到“双十一”当天 24 小时内的成交金额达到近千亿。各种环节上的信息交流都在加速，互联网特别是移动互联网改变了信息传输的效能。

企业作为社会的个体，想借互联网的东风达到自身的进步，必须以互联网思维来与时俱进地重新思考客户与行业、企业等接触场景，解析最基本的运营模式，解决客户、行业、企业各方面的痛点，以达到多方共赢、全面受益的目的。

（二）殡葬行业的特殊性和“互联网+”思维对殡葬行业的颠覆性

殡葬行业作为一个历史最长的特殊性行业，在国内属于较封闭、传统的行业，平常为人们所避讳，在宣传渠道和过程中有不少难度，造成人们对殡葬信息的认知不对称。从业人员文化水平普遍较低，工作地点相对较偏远。社会上其他行业各种互联网创新如火如荼，然而其在殡葬行业中的发展近年来显现出的还只是凤毛麟角，但滨海古园作为行业的排头兵，通过各种形式的资料收集，已经深刻地感受到它的广阔前景。

互联网发展水平总体是殡葬代理快于公墓，公墓快于殡仪馆，这也是殡葬代理门槛低、相对透明、客户痛点相对较多所致。

其中我们特别关注的运营模式具有极大潜在价值、将对原有殡葬行业格局造成巨大冲击的有两家互联网企业：爱佑汇和一空网。泰康人寿保险公司投资养老产业的全流程，“中国快递之父”宅急送创始人陈平创立的爱佑汇借助母公司的品牌和资源强势介入殡葬行业，建立了成熟的生前契约模式、终极关怀模式和互联网“一站式”殡葬服务模式，经过在北京等城市的一年运作，今年在上海开始高调宣传。爱佑汇通过搭建互联网服务平台，通过O2O模式，在全国主要城市迅速形成高品质的线下实体服务网络，提供全天候、专业、规范的殡、葬、祭、终极关怀及老年产业延伸服务，覆盖了从临终关怀、殡葬用品在线选购、白事策划、墓地选定到祭扫筹办等全过程。与此同时，还拥有生命赞礼、殡葬保险、愿望清单、私家博物馆、堪舆等特色服务。

一空网关注殡葬流程中的文化与服务，引入临终关怀、家属心理辅导等公益服务。线上有网上族谱库、捐献器官、网上祭扫、殡葬用品销售、全国墓地在线销售、资源搜索，线下则有入殓师服务、临终关怀与人才培训，目标是给行业建立起一个标准，建立一套透明规范的机制，成为一个透明的平台。

此外，主营是公墓的企业中，香港上市的福寿园电商平台已上线，天津永安公墓也已实现网上订购。

互联网在殡葬行业中的应用总体来说是在试水，整体处于殡葬行业外围资源链整合、运营模式的探索阶段，还未触摸到殡葬行业“互联网+”真正的深水区。这段时间给了殡葬行业自身积极拥抱互联网的难得的窗口期，需要互联网思维和互联网应用人才的配合，否则错过了就是错过了。

（三）上海滨海古园对“互联网+”的思考

上海滨海古园是上海最大的国有公墓，“互联网+”如何与古园发展相结合，是古园人一直在探索的问题。

2012 年，古园开始试水最基本的网络营销，如网上搜索引擎关键字，注册管理博客、微博、百科、网店、地图等上百个信息平台，进行宣传古园形象、联络客户、扩大与客户接触面的工作，积累了很多经验。目前主要集中在管理维护微信公众号和服务号方面，也举办过与客户互动的活动，效果良好。

经过多年的反馈和实践，古园对“互联网+”主要有以下几个思考：

1. 古园的互联网思维如何在古园内部形成共识并贯彻到日常工作中。这里应该感谢互联网在上海地区发展的成果，大大影响了员工的固有思维定式。古园里 90%以上员工开通了微信、支付宝，50%以上经常网上自助消费，为古园发展互联网电商平台奠定了坚实的基础。古园还开通了内部微信办公管理平台和企业 QQ 号，使最新、最广泛的互联网沟通工具充分融合到古园日常工作中，为古园服务。

2. 古园的标准管理体系急切需要不仅建立在企业内部，还需要延伸到外部。通过标准体系进行不断的整合、淬炼资源供应链条和运营模式，包含供应商、相关方、客户的资源。

3. 通过电商平台固化古园的管理标准到日常服务管理过程，更有效率、更透明地进行资源整合。

4. 古园最核心的市场竞争力就是资源和服务，经过 30 年的发展，古园积累了庞大的客户资源和多方面、多层次的服务能力。经过电商平台的整合，充分发掘可利用的资源，打造更强、更深的服务能力，透明、公开、标准化地向更广的范围延伸开去，服务更多的关联方特别是客户。

5. 将客户囊括在古园网络机制中形成内部创新机制，加快整个电商平台的更新、进化。原有运行方式下服务流程虽然也较简单，但是单个点的覆盖范围小，影响力较弱，客户体验反馈分散容易虚假，服务链条不透明造成客户反感。互联网平台消除了地域的限制，将单个网点变成了一张网，服务信息简要完整、公开透明，客户体验一致又有多个渠道允许提出建议意见，专人处理反应迅速、一事一结。良性的闭环过程使多方受益。

6. 塑造、强化古园创新、服务的人格化品牌形象。品牌塑造是百年古园长期的任务，而创新、服务品牌形象的建立、维护是古园人一点一滴、不懈努力的过程。互联网是品牌塑造优良的平台和很重要的组成部分。

7. 信息渠道更加多样、与时俱进地适应社会的多向性发展，人群沟通渠道多样，增加了覆盖群体的范围，照顾到客户单体的多样性、个性化。售后、物流服务则要压缩环节、快捷有效，借助第三方成熟平台可以大幅提升我们适应客户变化的效率。

8. 从殡葬行业服务产品线角度考察，需要照顾客户多层次群体，相应多层次定价，从简单、初级、基础的传统服务转向复杂、中高级的附加增值服务，快速计划、上线、推广，适应互联网的效率。

（四）古园结合“互联网+”在实践操作上的思考

1. 易上手

古园逐层分析了客户与古园人员接触的场景，结果发现乘坐市区班车的客户与古园接触场景最多，出问题也最多，而且这批客户是古园最忠实的客户，每年都有乘车祭扫和消费的需求。经过数十年的手工管理，工作人员对原有班车问题见怪不怪，开始麻痹大意。他们也非常希望对原有模式进行改变。于是古园将平台设计得非常容易上手，吸收了其他行业成熟的交互界面，必须输入的信息基本使用选择功能即可完成，电商平台用户基本没有熟悉电商平台页面的烦琐过程，最快 30 秒可以完成一笔交易。这样大大减轻了平台上线的人为阻力，使平台转换完成了一次理想的软着陆。

2. 易成功

古园将平台的建设目标通过严格的可行性分析，分析出了重要性和紧迫性，建立多级次、多阶段实现的分目标规划实现方案，每年不断地根据环境的变化、现实的需求进行方案的更新、演变，使之不断与时俱进。

由于对每个分目标规划较为容易实现，所以团队可以看到分目标的成功慢慢积累到大目标的完成、大方向的推进，加强了古园相关各方对电商平台必将成功的信心。

3. 易扩展

对平台的整体规划经过几年的不断思考改进，古园的规划是一次基本成型、多年分步实施，主要关键节点完成后再完成细节的扩展完善，由于先有整体性约束，各细节只须做简要变通的接口即可。这样更容易与新模块相互链接，拓展新的功能，同时保证了发展方向。

二、上海滨海古园对“互联网+”两年多的实践

2013 年 9 月 1 日，古园整合了票务供应链，上线了票务模块。2014 年，整合完善了网络和电话服务体系。2015 年 12 月 1 日，又整合了商品供应链，完成了网上与实体店管理同步。

在此过程中，古园拥抱互联网的实践产生了以下良好的影响。

（一）培养客户习惯

吸收其他行业的成熟运行模式，采取多种引导措施吸引客户在古园电商平台上进行资料注册、消费、参与互动。目前平台注册用户已超过 1.6 万户，已经做好计划通过外部统一用户接口如 QQ、微信用户直接登录扩大用户规模，下单次数超过 3 次的超过 10%。计划通过积分制、各类互动活动提高用户下单率和关联下单率，其中车票模块上线 30 个月，有效订单已超过 10 万单；商品模块上线 3 个月，有效订单超过 3000 单，其中客户自助下单已突破 2.5 万单，占比四分之一。目前，古园正筹划通过有奖调研的方式加强与各种类型客户的宣传互动。

对客户使用体验进行深度分析，对客户在电商平台上的浏览路径、行为、关注点等内容进行重点收集、分类分析，有针对性地提升客户体验。

（二）改进供应链

通过电商平台进行数字规范化管理，强化完善了整个古园相关流程的供应链环节，关键环节对于内部各级有权限人员是分级透明和安全可控的，尽可能地杜绝浪费、不作为、不可控等不规范现象。

（三）完善销售规则

近期，各级政府对互联网的重视不断加强，出台的互联网管理规则日益增多。古园不断地根据政策法规和现实条件调整电商平台销售规则，防范古园电商平台日常运营风险，保障相关各方的合法利益。

（四）良好营销效果

作为与10%上海人有紧密相关的殡葬企业，古园一直以不断的创新举措默默影响着社会对殡葬行业的印象，在客户心目中古园也成为行业服务标杆。推出电商平台后，客户亲身感到古园的诚意，全国各地甚至国外的亲属特别支持，对平台的进一步发展提出了很多宝贵意见，例如网上预约咨询、网上缴纳管理费的需求等。古园根据电商平台规划、客户反馈、员工反馈等渠道正在逐步完善、优化、扩展古园电商平台。

（五）优化数据分析

古园在电商平台运营之初就有了建设数据分析平台的设想，在运营两年半有一定量级的有效数据后，组织人员进行了数据分析的基础研究，现在已经建立了基本工作框架体系，在此基础上定期对票务、商品等业务进行专题数据分析和营销建议，分析结果为下一步工作提供了坚实的数据基础。

（六）积累团队经验

在体系管理上，古园内部专门成立了电销中心，抽调工作五年以上、熟悉业务、营销的年轻人组建专业的电商管理团队，分管电商平台。并且结合电商平台模块负责人形成电商运营团队，注重沟通交流。运营流程上实现了计划、评估、建立、评价、反馈的闭环，初步总结形成了一系列具有古园特色的管理运营模式。

三、上海滨海古园对“互联网+”的畅想

（一）夯实基础

继续完善电商平台的四大基本模块：票务、商品、服务、墓地。通过营销、消息模块串联四个基本模块，使沟通、执行变得顺畅。迅速扩大服务客户群体，加强客户互动沟通。

（二）资源整合

通过电商平台基础模块，梳理古园流程，简化工作步骤，加速流通，减

轻管理难度，管理层级透明化。

（三）开拓创新

开拓与殡葬行业关联的新产品、新服务、新市场，特别是在殡葬行业创新性地应用，产生新的对殡葬行业未来良性发展有影响的新产品、服务、新市场，满足客户日益丰富的个性化需求。

（四）业态联合

积极考察、分析殡葬行业新业态的发展趋势，寻找有助于古园发展的第三方互联网服务商并洽谈合作，借助外部资源渗透各层次日益碎片化的客户群体，互利共赢，相互扶持和成长。

四、总结

“互联网+”已经给社会带来剧烈的变化和巨大的进步，但今后会更加颠覆我们的认知，未来会发展到什么程度我们不可预知。古园短期内进行了一些基础的实践和总结，今后会坚定地继续走下去，立足古园自身条件，将互联网作为打造“百年古园”企业目标的一个抓手，更好地为客户、行业乃至社会贡献出古园自己的一份力量！

上海公墓产业持续发展探讨

上海辰宇工艺品有限公司　史海辉

摘　要：上海公墓用地已经越来越少，预计再过7年时间，有80%的公墓将面临无土地可用的危机。上海作为土地紧缺城市，继续在本市以征用土地求得发展是不现实的。公墓业要持续发展下去，一方面，要紧缩用地，节约资源，探索不消耗硬资源的软性服务；另一方面要考虑到，在未来的若干年后，随着本市逝者骨灰累积数量的增加，骨灰安葬仍需要解决一个出路问题。因此，要解决若干年后的骨灰安葬问题，公墓的发展就要借鉴1984年前上海没有经营性公墓的经验，紧紧抓住长江三角洲网络状高速交通体系建设机遇，充分利用上海公墓经营管理经验和文化品牌优势，在环上海1小时或2小时交通网内，投资合作经营性公墓，为上海逝者骨灰安葬寻找新的出路，为上海公墓业持续发展注入新的活力。

关键词：公墓产业　投资经营　发展研究

面对上海土地资源稀缺和死亡人口不断增长带来的“死墓”危机，公墓将如何持续发展？近年来已有不少专家和业内人士进行了深入的探讨，提出了一些行之有效的发展方略。如以节约土地为目标的小型墓、微型墓开发，已得到了上海公墓界的普遍响应；以文化服务为方向的追思仪式、落葬仪式、代理祭扫、网上公墓等，也正在形成公墓延伸服务产业链。这些，延缓了“死墓”危机，激发了新的经济“造血功能”。但是，上海公墓产业要真的不“死”，“活”得自在，必须有更高的定位——跨区域发展战略。

一、上海年死亡人口及其葬式概况

公墓是安葬死亡人口骨灰的重要场所，公墓一方面通过为逝者提供服务获得效益，同时逝者也占用了公墓不可再生的土地资源。公墓与人口死亡累积数量成反比关系。也就是说，随着逐年人口死亡数量的增加，公墓承接的入墓数就会同比上升，空余土地将越来越少，直至土地耗尽。因此，一定土地面积的公墓，是无法解决无限累积的死亡人口归宿的。

（一）上海年死亡人口数量

中国的人口老龄化自20世纪60年代中期起步，而上海市作为中国经济发展的龙头，人口老龄化程度居全国之冠，接近国际一些发达国家水平。根据有关部门数据统计，截至2015年底，上海市户籍总人口为2415.27万，比上年减少10.41万人，其中60岁及以上老年人口413.98万，占总人口的28.8%。按照上海市人口死亡率6‰的经验数据统计，预测至2020年全市死亡人口将达到15万/年，落葬难的矛盾凸显，这对公墓行业提出了巨大的挑战；按照全市预期平均寿命80.97岁预测，上海市现有的2400万户籍人口中，有五分之一（约480万人），平均将在今后的20年内先后转入“地下”。

2011—2015年上海火化数量统计表

年份	2011	2012	2013	2014	2015	合计
死亡人员数量（万人）	11.11	11.74	11.65	11.8	12.75	59.05

（二）骨灰葬式及分配比例

上海目前的葬式主要有墓葬、壁葬、寄存和海葬。据有关部门统计，上海现有108万份骨灰，其出处基本上是“80191”分配模式。即80%墓葬，19%是寄存、壁葬，1%撒海。按这个比例估算，上海现有墓葬已达86.4万穴。

二、上海公墓业的土地资源状况

2004年，曾有专家作过计算并指出：“80%的经营性公墓在7年内将陆续进入‘死墓’区（无土地可用）。通过对现存土地及死亡人口的粗略计算（忽略死亡人口的增长，忽略城市化入墓率的提高，按现有模式入墓），上海经营性公墓的平均存活年限不足7年。”

（一）上海公墓土地资源总量和布局

截至2015年年底，上海经营性公墓共有44家，占地7000亩左右。上海市经营性公墓早年的布局，由于地处当时的郊区，基本上满足了中心城区逝者墓葬的需要。上海市近年来的城市开发在中心城区形成了三环格局，“中心”加“副中心”的形态已现。上海市的东部和东北部作为新兴的经济开发区域和人口导入区，公墓布局也基本上饱和。上海公墓主要布局在青浦、嘉定、宝山、奉贤、南汇等地区。

（二）公墓土地利用率概算

1. 公墓基本设施和墓区规划面积。若一个公墓的土地30%用于基本设施建设，70%作为墓区用地，那么，上海44家公墓的基本设施占地面积和墓区规划建设面积分别为：

基本设施占地面积：7000×30%＝2100（亩）

墓区规划建设面积：7000－2100＝4900（亩）

2. 墓穴实际占地面积。这里选取某公墓青松2区墓区为例，计算单穴实际消耗土地面积。

青松2区总面积：43.95×20.55＝903（m^2）

小墓（195穴）占地面积：1.2×0.9×15×12+1.9×0.9×15＝220（m^2）

中墓（120穴）占地面积：1.3×1×10×11+2.06×1×10＝164（m^2）

该区墓穴实际占地比例为：（220+164）÷903＝42.5%

若按此利用率计算，全市公墓土地能用于建墓面积为：

4900×42.5%＝2082.5（亩）

取小、中两种墓型的平均值：（220÷195+164÷120）/2≈1.25（㎡/穴）

3. 现有墓穴占用土地：1.25×864000÷666.67≈1200（亩）

4. 剩余建墓土地：2082.5－1200＝882.5（亩）

从以上计算得出，上海公墓用地已不足1000亩，而死亡人口又按每年10万左右累积。可见，公墓现有土地确已步入“危机”。而上海土地资源又高度紧张，域内扩征实在太难。因此，走出去发展是上海公墓业的有效途径。

三、跨区域发展的内部条件

上海公墓业要实施跨区域发展，必须具备上海市民需求量和公墓对外拓展的实力两个必要条件。

（一）市民需求评估

1984 年上海还未曾开发经营性公墓以前，已有大量骨灰安葬于靠近上海边缘地区的江、浙一带。这说明，就近于上海边缘地区，可以构成市民对公墓的需求。随着上海公墓土地的耗尽，长江三角洲经济带交通网络的建成，将极可能形成上海市民在周边地区的第二次购墓高峰。

（二）公墓对外拓展实力

上海自 1984 年开发经营性公墓以来，在 30 多年的时间里，凭借上海的经济优势和业内人士的努力，公墓的规划管理、经营服务、文化建设都走在了全国的前列。走出去经营，有品牌和经济实力。了解上海民情，能更好地为上海市民提供葬俗文化服务。

四、跨区域发展的外部环境因素

以上海为中心的长江三角洲地区的经济发展战略，为这个区域各产业的发展规划出了广阔的发展空间，也为上海的公墓业跨区域发展带来了机遇。

（一）交通快捷为人们出行带来极大的便利

“网络化”的高速公路圈 。长江三角洲的高速公路曾是“一条道走到头”，如今却出现了一个个“高速循环圈”——乍嘉苏高速公路在上海、苏州、嘉兴三地形成“回路”；宁杭高速公路将在沪宁杭三地之间形成“大循环”；在建的申苏浙皖高速公路将穿过乍嘉苏高速和宁杭高速，形成“网络化”的高速公路圈。

在咽喉之地飞架大桥，则使长江三角洲交通建设“动一子而活全盘”——润扬大桥、在建的苏通大桥、筹建中的崇海大桥，将“勾连”苏南和苏中的沿江高速公路，形成南北并行互通的高速通道；杭州湾跨海大桥的建设，将沟通沪杭和沪甬高速公路，并连接乍嘉苏和甬台温高速公路，使整个长江三角洲形成一个交叉往复的交通网络。

据了解，2002年上海新建成3条通往苏浙两地的高速公路，全市高速公路通车总里程达到238公里；浙江新增高速公路里程533公里，占全国新增高速公路的20%；江苏全省高速公路通车总里程达1648公里，密度居全国第一。如今，从上海出发，一小时到达苏州、嘉兴，两小时到达杭州、无锡，四小时内可以抵达长江三角洲任何一个城市。

多年的心愿——长江三角洲内部任何两个城市之间的交通不超过四小时，正在成为现实！

湖州、嘉兴、扬州等地市领导深刻认识到——在区域经济发展中，谁融入得快，谁融入得深，谁就能在21世纪初期抢得先机。

据《解放日报》报道：随着连接苏州与杭州的乍嘉苏高速公路全线贯通，古时“夜宿苏州、朝至杭州”的天堂之路，如今只需一个多小时。

（二）“经济谷地”面临大机遇

综观长三角，沪宁和沪杭甬形成的“Z”字形地带乃经济高地，相较而言，苏中地区和浙北地区则是经济谷地。据统计，在长江三角洲，扬泰通三地的面积、人口都是“五分天下有其一”，但前年三市GDP总量只占长三角的10%，财政总收入只占5%，固定资产总投入只占9%，人均GDP不足长江三角洲平均值的一半。

而今，随着长江三角洲网络状高速交通体系的形成，两大“经济谷地”正共同面临历史性的发展机遇。在苏中，宁通高速公路早已贯通，继江阴长江大桥之后，润扬大桥、苏通大桥和崇海大桥，都已通车、建设或在筹建中，将使苏中地区完全突破长江天堑，融入苏南板块。在浙北，宁杭高速公路将和申苏浙皖高速公路在湖州交接，湖州将成为长江三角洲“南来北往、承东启西”的交通枢纽，并借着交通建设的新发展而重获良机。

交通的大联动有力地推动着区域联动发展。“区域分工”“接轨合作”“产业融合”……类似的名词代替了当年的“苏南模式”“温州模式”，成为媒体的最新概念。加快联动，共赢共荣。长江三角洲历史性的发展机遇，正悄然临近。

五、上海公墓业跨区域发展是市民需求和自身发展的双刃剑

综上分析，面对上海公墓土地资源即将耗尽的现状，我们从服务上理应为逝者骨灰提供一条出路，满足市民需求；长江三角洲交通网络的构成，将为市民出行带来极大的方便。在周边一小时或者两小时交通圈内的江、浙一带投资建设公墓，将会得到上海市民的青睐，再次迎来上海市民在外地的购墓高峰。公墓业的发展应该和其他各产业一样，实施“接轨合作”“产业联动”，“实现共赢”。因此，在长江三角洲经济带投资合作公墓项目，是上海公墓业持续发展的方向。

参考文献：

[1] 数据来源：上海市统计局网站.

[2] 樊一阳. 上海公墓布局规划的可持续发展对策研究. 上海第二届国际殡葬论坛论文集，2004 年，第 126 页.

[3] 信息来源：杭州网站.

[4] 上海某公墓墓区建设数据.

生命文化如何应用于殡仪服务

上海市宝兴殡仪馆　罗　霞

摘　要：生命文化是关于人的生命的价值、意义的文化，也是对生命尊重、敬畏的文化。本文通过对生命文化重要性的诠释，阐明生命文化与殡仪服务的关系，并从生命文化价值目标设定的四个方面展开，阐述如何在殡仪服务中应用发扬生命文化。

关键词：生命文化　殡仪服务　价值

一、何谓生命文化

生命文化，顾名思义，是关于人的生命的文化，是指以现实的个人的生命价值和生活意义为研究对象、以如何实现和自我确证自己的生命价值和生活意义为宗旨的文化，或者说，让生命以文化的形式存在。从生活实践的角度来看，生命文化就是对生命的看法和对待生命的态度。

二、生命文化的重要性

与生命科学不同，生命文化主要是从文化角度来解读生命的意义，揭示生命的宝贵，规范对生命的态度。生命价值和生活意义源自如何处理自身的需要和满足这种需要的方式之间的矛盾，因此，生命价值和生活意义实际上也就包含三个层面的规定性，即自然性、社会性和精神性的生命价值和生活意义。从人的生命轨迹，自然生长规律来分，共有“生长老病死”五大时间维度，生命文化贯穿于人类生命的这五大维度，自然性和精神性的生命价值和生命意义得以彰显。时间轴之外，横向来看，生命文化浸染于生命个体与其他生命体之间的活动，在生命个体互动间产生、碰撞出有关人类精神、生命价值的意义，即社会性生命价值和生活意义。

不同时代，人类的生命文化有着不同的意义和需求。原始社会时期，人类创造了象形文字，产生了原始宗教和图腾崇拜，文化也在这一时期产生。如何获得温饱，适应自然生活，是这一时期生命价值的体现；随着历史车轮前进，对工具的需求，对领地的捍卫，对不同种群的认知成为生命意义的一部分。在后危机时代，即竞争日趋激烈、价值失落和环境污染日益严重的今天，人类乃至整个地球生命之网都受到人类这个极度扩张的智能社会的威胁。赋予生命价值和生活意义不同的内涵，生命文化最终的主题和宗旨，就是为每一个活生生的、现实的个人激活生命的信仰，从而使其能够过上一种有意义、有追求的生活。

三、生命文化与殡仪服务的关系

生长老病死，是生命自然的发展规律。在生命时间轴轨迹中，死亡给个体生命画上句号，那生命文化是否就此画上句号呢？秦始皇殁于公元前 210 年，但是历史上关于他的记载，秦始皇兵马俑的现世，让世人对他的事迹仍是津津乐道，他的生命以文化的形式存在和延续；李白、杜甫、文天祥……他们的肉身生命早已消失，但是后世人牢记他们，他们的生平、诗作和精神流传千古，这就是人的精神生命价值和生活意义的体现。

当人的自然生命终结时，其所赖以骄傲的、与其自然属性互为表里的社会属性必然要获得充分的表现。虽然这种表现不是由失去自然生命的人，而是由与其有着特定历史关系的同类来完成，但其本质意义是相同的。所以，生命文化并不随着生命体征的消亡而结束，相反，个体的生命终结及终结后回归自然时举行的系列活动所体现的文化品位都真切、完整地传递保留了下来。

打开历史的卷轴，不难发现，当自然现象的生命终结，对人的自然生命终结后尚存留的躯体的处理活动，充分地体现着殡葬的本体意义，并且由个别上升到一般，促成对人类的认识从而进入哲学境界，体现了人的自我意识的觉醒和对存在价值的肯定，这事实上构成了殡葬文化的核心。这个核心的重要意义，在于它决定了整个殡葬活动凝重、压抑的气氛和与该活动相关的形式的单调、呆滞及所用物品色彩的阴冷基调，从而成为殡葬文化的重要组成部分。殡葬文化是一种丰富而多样的具体存在，特别明显地表现在与丧事活动相关的礼仪规范上。对死亡后遗体的安葬和处理的严谨程序，甚至形成独特的殡葬礼仪和殡葬文化，更体现一种生命文化形式。这源于殡葬业本身就是生命传承的事业：是下一代人传承上一代人的血缘生命、人际社会生命、道德生命及精神生命的特殊过程，如此这般，生命文化通过这种形式而彰显，也通过多种仪式而传承。

死亡作为生命的终止，首先显现为病理或生理的现象；但作为人的死亡而言，突出的则是其文化意蕴。传统中国人往往从伦理的角度去思考、规定、显扬死亡的意义与价值，从而使中国人的生死期盼散发着浓厚的伦理气息，弥漫着厚重的生命文化。

《孝经》中子曰："夫孝，德之本也，教之所由生也。"

《朱子语类》中子曰："志士仁人，无求生以害仁，有杀身以成仁。"

《孝经》借孔夫子之口，把"孝"上升到道德的高度，指出"孝"是道德之本、政教之基；而《朱子语类》从生命本源的角度，把人之死亡与伦理道德进行对比，明确死亡或重于泰山，或轻于鸿毛的意识形态死亡价值论。这就表明了个人生命的非自我化，呈现出个人生死的家庭家族化。为此，家人如何对待家庭成员中的个体死亡，成了人生命价值和生活意义的一种表现形式，进而演化出庄重的丧葬礼仪，《仪礼》的《士丧礼》《既夕礼》就记载了一整套丧葬礼仪程序。如属纩、啼哭、复、楔齿等，通过一系列繁复的丧仪程序，体现对生命的尊重与敬畏。由此可见，生命文化与殡葬渊源颇深，存在着千丝万缕的紧密联系。

四、如何让生命文化应用于殡仪服务

时至今日，随着改革的深入，殡葬礼仪早已不复以往的迷信烦琐。在分工细化的当下，殡葬诸多事宜，已经简化并集中到某一场所办理，诸如殡仪馆、墓地等，这就引发了在现代殡仪服务中如何体现生命文化，更需要搞明白生命文化的价值设定。生命文化的原始价值目的设定就是：尊重生命，关爱生命，珍惜生命，敬畏生命，而中国殡葬文化的核心是"葬之以礼，祭之以礼"，通过"礼"的实施来达到"慎终追远，民德归厚"的目的。殡仪服务应着眼于对逝者的礼敬，通过尊重生命、关爱生命、珍惜生命、敬畏生命，将独特及隆重的殡仪文化凝聚成“礼待生命、敬畏生命，让人生庄严地谢幕”的礼敬文化，在殡仪服务中传承“事死如事生”的殡葬文化。“招魂、沐浴饭含、大小殓、哭声停尸、祭奠、送葬……”这是烦琐的传统丧葬礼仪。与此同时，殡仪馆追悼仪式应始终坚持传承中华民族殡葬文化的优良传统，顺应新时代殡葬改革的新风，应对市场日新月异的变革和不断满足客户文化殡仪的更高层次需求，注入浓厚的文化气息，从客户感受出发，在实践中把“礼敬文化”融入现代殡仪追悼仪式的各环节中，充分体现殡仪文化特色。

（一）悉心尊重

尊重生命，不仅是对他人的、群体的和人类的生命的尊重，而且是对与自己的内心世界相对相关和相互作用着的外部世界，即外部自然和自身自然生命的尊重。对生命的尊重，是人作为自然的存在物、社会的存在物和有意识的自然社会存在物而存在的本质规定性，从而也就是人之所以为人的根本要求。生命文化，就是通过关于人以文化的方式存在也就是以对象性的方式存在的生活方式的研究，将人的存在的本质规定性和人的本质的根本要求揭示出来，从而启迪和引导每一个现实的个人在尊重自己的生命的同时，也尊重自己的外部世界的所有生命。

在殡仪服务中，首先要树立工作人员尊重生命、尊重他人的思想意识，通过提供细节服务、亲情化贴心服务让逝者及亲人感受到温暖和心理抚慰。如笔者所在的殡仪馆就专注于对逝者的尊重，在殡仪过程中充分体现“尊重”这一传统文化理念。接运遗体车队推出“三轻两先一准时”（“接运员上门接运要轻声敲门、与家属交谈要轻声细语、搬运遗体要轻抬轻放，进门前先穿鞋套、进门后先向逝者鞠躬致礼，接运出车要准时到达”）工作法，让服务的每一个环节体现尊重；化妆间推出“火凤凰”女子入殓师团队为女性逝者提供专属服务，既体现对女性逝者隐私的尊重，也满足家属“男女有别”的传统观念需求。

（二）倾注关爱

生命文化，就是要通过关于生命现象尤其是以文化的方式存在着的生命现象的依赖性、对象性和目的性等本质规定性的阐释，唤起和培养每一个现实的个人在关爱自己的生命的同时，也关爱他人的、群体的和人类的生命，尤其是弱者的生命，关爱与自己的生命相对相关和相互作用着的自然界的生命，特别是那些濒临灭绝或极其脆弱的生命。这是一个大概念，在殡仪服务中体现为对客户的关爱，如设立心理辅导室，通过系列生命殡葬引导，疏导客户悲伤的情绪；关爱孤寡老人，特设生前契约，通过身后事生前委托的形式，解决孤寡老人对百年之后自己身后事无人料理的担忧；设立签约办丧事、套餐服务或者陪同服务等多种形式，方便客户，给予客户另一种方式的关爱。

（三）诠释珍惜

生命文化，就是通过关于人的生命的权利与责任、生与死、事实与价值等个体生命过程的本质规定及其社会的、文化的和历史的价值评判根据的揭示，以激活和启动个体生命的价值意识和实践理性，从而使得有限的个体生命更有价值、平凡的个人生活更有意义、有个性的人生更加自由。

“人固有一死，或重于泰山，或轻于鸿毛。”（司马迁语）这就是关于个体的人的生命现象的价值评估机制的准确概括。殡仪服务承担着生命教育的功能，在对亡者进行追悼的仪式中，有对活着的社会人的警示和弘扬社会正能量的功能。诸如根据逝者生前职业或者爱好，开设主题追悼会，有对职业的敬重和赞扬，更有人文精神教育的内涵。或者在传统礼厅哀乐中植入雅韵，传统礼厅哀乐，多是戚戚之声，哀悼氛围多在“俗”和“闹”之间，殡仪服务应开创殡葬雅韵新风，在哀乐中引入弦乐，把雅韵植入殡葬，促进悼念氛围从“俗”和“闹”向“雅”和“静”转变。又如专注花语传情、花语寄思，寄托生者对逝者的深深哀思，升华以人为本的人文精神，丰富殡葬文化内涵，促进殡葬文明的进步。

（四）怀存敬畏

生命生生不息，因其珍贵而显得神圣。人的生命，仅有一次，所以对待生命我们应常怀敬畏之心。为彰显生命的神圣和对生命的敬畏，由古以来演化出多种隆重的仪式。如人的一生中有两次沐浴仪式尤为重要：其一，为生命之初，象征着希望的诞生；其二，为人生之末，意味着一段崭新旅程的开始。为此，笔者所在的宝兴殡仪馆继承传统殡仪礼制中的“沐浴”仪式，精心培育并推出了“净离别”故人沐浴服务，赋予生命最后的爱和永恒的美丽。故人沐浴传达的是一种人性关怀的理念，传承了中华民族传统的殡葬习俗，又契合了普罗大众的情感寄托，让爱在那一刻永恒地升华。此项目自推出之日起就受到市民的广泛赞誉和媒体的高度关注，上海新闻频道、各主流网站，如新浪网、腾讯网等，都进行了集中的报道和转载，客户满意率极高。

“不忘本来才能开辟未来，善于继承才能更好创新。”将生命哲学所表达的关于生命现象的终极关怀落实到现实的个人实践活动，应用于殡仪服务中，构建以人文关怀为主导，以生命价值为中心，生活高于活着的价值观，这才是生命文化的意义所在，更是市场竞争激烈环境下殡仪场所赢得客户口碑的不二法宝。

参考文献：

陶清．生命文化论纲．江淮论坛，2009（3）．

节地生态安葬的现实困境与发展路径

——兼叙福建省殡葬改革

福建省民政厅社会事务处　葛铁强　连　峰①

摘　要：节地生态安葬是殡葬事业发展的方向，是殡葬改革不可逾越的阶段。以民政部等九部门联合出台的《关于推行节地生态安葬的指导意见》（以下正文称《指导意见》）为标志，我国殡葬改革进入一个新的历史时期，在社会生活、风俗礼仪、社会关系、自然社会环境等方面将产生全面而深远的影响。这是殡葬改革自身内在逻辑和我国经济社会发展客观规律相互作用的必然结果。但当下，节地生态安葬的推广还面临着世俗观念、社会礼制、设施保障、法理支撑等方面的现实困境，它的前行突破需要有循序渐进、上下联动、四方协力、标本兼顾的“精准操作”。

关键词：节地生态安葬　历史逻辑　现实困境　发展路径

节地生态安葬不是一个形而上学的理论命题，而是人们社会生活中如影相随的现实问题。何谓节地生态安葬？根据《指导意见》，“节地生态安葬，是以节约资源、保护环境为价值导向，鼓励和引导人们采用树葬、海葬、深埋、格位存放等不占或少占土地、少耗资源、少使用不可降解材料的方式安葬骨灰或遗体，使安葬活动更好地促进人与自然和谐发展”。它包含两个基本特征：一是在土地使用上，不占地或少占地；二是在资源利用上，少耗资源、少使用不可降解材料。追求两个价值目标：节约资源和保护环境。正确处理两方面关系：逝者和生者的关系、逝者安葬和资源环境节约保护的关系。

---

① 葛铁强，福建省民政厅社会事务处处长。
连峰，福建省民政厅社会事务处主任科员。

根据这些命题，本文旨在对节地生态安葬的殡葬改革历史脉络进行简要的梳理，探讨分析推广节地生态安葬的当下现实困境，以及推广发展路径。

一、节地生态安葬的殡葬改革历史脉络

节地生态安葬的提出、推广体现了人们对殡葬工作的社会认知提升过程，反映了殡葬改革的内在规律，是经济社会发展的必然要求。

1956 年，毛泽东等老一辈无产阶级革命家签名倡导火葬，掀开了新中国推行火葬、改革土葬、节约殡葬用地、革除丧葬陋俗，提倡文明节俭办丧事的殡葬改革篇章。

1997 年 7 月，国务院颁布实施《殡葬管理条例》，提出“推进殡葬改革”价值目标是“促进社会主义精神文明建设”，方式方法是“积极地、有步骤地实行火葬，改革土葬，节约殡葬用地，革除丧葬陋俗，提倡文明节俭办丧事”，“在实行火葬的地区，国家提倡以骨灰寄存的方式以及其他不占或者少占土地的方式处理骨灰”，同时，禁止任何单位和个人未经批准擅自兴建殡葬设施，禁止建立或者恢复宗族墓地，禁止在“三沿五区”（耕地、林地，城市公园、风景名胜区和文物保护区，水库及河流堤坝附近和水源保护区，铁路、公路主干线两侧）建造坟墓。对公墓墓穴占地面积和使用年限，以及经规划允许土葬或者允许埋葬骨灰的墓穴占地面积和使用年限，由各省、自治区、直辖市人民政府按照节约土地、不占耕地的原则进行严格限制。

2009 年 12 月，民政部出台《关于进一步深化殡葬改革促进殡葬事业科学发展的指导意见》（民发〔2009〕170 号），提出殡葬改革的宗旨是“节约土地、保护环境、移风易俗、减轻群众负担”，适应我国人多地少、资源紧缺国情，建设资源节约型、环境友好型社会，实现人与自然和谐相处，着力保障和改善民生，树立文明节俭新风尚。在火葬区，逐步扩大范围，巩固提高火化率，着力治理“装棺二次葬”，倡导不保留骨灰，推广树葬、花葬、草坪葬等节地葬法，鼓励倡导深埋、撒散、海葬等不保留骨灰方式，实现骨灰安葬多样化，降低占地安葬比例，推动绿色殡葬。在土葬区，要引导群众转变观念，移风易俗，积极参与土葬改革，治理乱埋乱葬，逐步缩小区域，严格限制墓葬用地，尽可能实行遗体相对集中安葬，推广不留坟头的遗体安葬方式。

2016 年 2 月，民政部等九部门联合出台了《关于推行节地生态安葬的指导意见》，这是我国首个推行绿色殡葬的专门文件。《指导意见》的出台顺应

了殡葬改革面临的如下社会问题：（1）人口老龄化进程日趋加剧，年死亡人口数量庞大，安葬问题日益成为重要的民生问题。（2）持续推进的经济社会协调发展面临着资源约束趋紧、环境污染严重、生态系统退化等方面的严峻形势。（3）经济发展之后，一些地方重殓厚葬迷信活动死灰复燃，占用耕地林地建坟、过度使用不可降解材料、骨灰装棺再葬等问题突出，破坏了生态环境，浪费了资源。《指导意见》明确了节地生态安葬的基本内涵、基本原则、主要目标、主要任务和保障措施，体现了"绿色发展"理念，是殡葬工作贯彻落实生态文明建设的具体举措。从历史发展的逻辑脉络来说，《指导意见》也是全面深化改革宏观叙事下的必由之举，是殡葬改革不可逾越的阶段。

二、节地生态安葬的现实困境

无疑，不论是从当下现实来看，还是从未来发展而言，节地生态安葬都是殡葬改革的方向。但受迫于殡葬法规、世俗观念、社会礼制、基础设施等方面的影响，节地生态的安葬还面临着许多现实困境。

（一）受制于世俗观念影响

"入土为安"和"封荫子孙"是两大最主要的殡葬世俗观念。一是"入土为安"，造成了初始的墓葬形式。由于生存环境、历史文化等方面的差异，不同民族有着各自的安葬风俗仪式，汉族奉行"入土为安。"明代冯惟敏《耍孩儿·骷髅诉冤》曲："自古道盖棺事定，入土为安。"意即人死后埋入土中，死者方得其所，家属方觉心安。我国长期以来被认定为是个大陆国家，以农业和畜牧为主要的生产方式，土地是赖以生存的安身立命的物质基础，"入土为安"的安葬方式有着强大的社会心理基础，既是逝者对生者的身后要求，也是生者对逝者的终极安慰。二是"封荫子孙"形成了绵延不绝的翻修墓地社会动力。生者希望借此对逝者做出"阴德"，来取得现实的回报。近年来，由于经济的不景气，福建沿海翻修豪华墓、大墓之风屡禁不止①。

（二）受制于殡葬礼制规约

殡葬是人类基本的社会活动。"丧礼者，以生者饰死者也，大象其生以送

① 《大建豪华墓活人墓陋习难改——福建墓葬乱象调查》，新华网福建频道，2016年3月31日。

其死也。故如死如生，如亡如存，终始一也。”（《荀子·礼论篇》）“死者为大”，以“死”和“死者”为核心，形成了十分繁杂的社会礼制和社会关系链条，在“已”（yi，已经）死者与尚生者、“己”（ji，自己）死者与他死者、“己”（ji，自己）生者和他生者之间的情感维持、社会风俗、关系对照、利益转换、角色较力等纵横交错，对安葬之礼稍一变更，便鞭及其他，让人忌惮而不敢越雷池一步。

（三）受制于安葬公用设施稀缺

活人的房地产市场忙着去库存，死者的安葬设施已然不足。城市人多地少，经营性公墓受严格限制，公益性公墓难以批建。农村地广人稀，公益性公墓建设缺少公共财力和社会动力。节地生态安葬缺乏公用设施供给，凭社会个体自觉而成，仍然是一个相当遥远的预期。

（四）受制于殡葬法规弱势

生、老、病、死之法中，生、老、病的法已集大成，唯死之法甚怯甚弱。即便在2012年国务院对现行行政法规的清理中，对《殡葬管理条例》有些条款进行了修改，但总体上仍然难以适应殡葬的现在形势以及未来趋势。民政部寻求突破，2009年12月民政部出台《关于进一步深化殡葬改革促进殡葬事业科学发展的指导意见》，2016年2月与发改、国土、环保等9部门联合出台《关于推行节地生态安葬的指导意见》。但该意见仅是倡导之举，不是法理规制，且对生态安葬尚存矛盾之处。节地生态安葬包括节地安葬和生态安葬，而节地安葬有骨灰撒海、骨灰撒散、花葬、草坪葬、树葬等不占地，和骨灰楼（堂、塔、墙等）安放、按有关殡葬法规政策规定的墓穴安葬少占地两种形式。生态安葬主要指骨灰撒海、骨灰撒散、花葬、草坪葬、树葬等形式，以及在安葬过程中使用环保材料行为。生态安葬必定是节地的，但节地安葬不一定是生态安葬。《殡葬管理条例》对节地安葬是有强制性的，但两个《指导意见》却示意为“鼓励引导”“非硬性要求”①。

① 九部门负责人解读《关于推行节地生态安葬的指导意见》，“节地生态安葬非硬性要求 要鼓励引导”，新华网，2016. 2. 29。

三、节地生态安葬的发展路径

节地生态安葬是殡葬事业发展的方向，是殡葬改革不可逾越的阶段，是符合国情民意、利国利民的前瞻之举，其前行突破需要社会个体、社会整体自觉而为，更需要国家和政府层面标本兼顾、精准操作。

（一）确立法律地位

现行《殡葬管理条例》曾经的历史作用、当下的重重矛盾以及对出台“殡葬法”的社会呼声、专家建议、社会践行早已洋洋大观、尺牍繁叠。从技术角度而言，国家立法是聚政府部门之策上位为国家意志，当须借民政部等九部门联合出台的《指导意见》契机，进一步凝聚政府部门和社会共识，进行修改完善，上位为国家法律条文。

（二）促进政府治理

《指导意见》在“保障措施”中，提出要“加强组织领导”“积极争取党委、政府重视”，明确民政、发展改革、科技、财政、国土资源、环境保护、住房和城乡建设、农业、林业等部门要各司其职。在全国推进节地生态安葬暨 2016 年清明节工作视频会议上，有关部门也进行了表态发言。但在“法无授权不可为，法定职责必须为”的新常态政府作为情景中和部门绩效考核传统习性下，仅依靠《指导意见》精神和部门上层的表态，节地生态安葬政策要真正落地实施还不容易。应当借鉴中共中央办公厅、国务院办公厅关于《党政领导干部生态环境损害责任追究办法（试行）》和精神文明建设考核办法，加强政府治理，推进节地生态安葬，深化殡葬改革。

（三）提升社会自觉

归根结底，社会自觉才是节地生态安葬生根发芽的土壤。这种社会自觉正在加大形成，应加大宣传，积极培育，促其壮大发展。从社会结构层次分析：一是对党员干部，中央有“八项规定”和党员干部带头推动殡葬改革的要求，各省、市也出台了有关党员干部带头推动殡葬改革的实施办法，各级党组织要加强监督和管理；二是由于计划生育政策的深远影响，家庭结构扁平化特征明显，家庭平均代际数目迅速减少，围绕殡葬活动展开的家庭关系、家族关系结构变得简单，这与节地生态安葬的特质相符合；三是人口迁移的社会流动性在加快，便利的社会祭扫需求希望逝者的安葬方式能够与之相适应。[①]

（四）加大设施建设

城乡公益性公墓和骨灰楼堂使节地生态安葬有所依、有所靠。2014 年，福建省人民政府出台了《关于推进城乡公益性骨灰楼堂和公墓建设的意见》。根据该意见，一年多来，各设区市政府结合当地实际，以实施意见、通知等形式制订了规划。到 2016 年年底，全省将新建或改造升级 30 座城市公益性公墓、新建 286 座乡镇公益性公墓、新建 2375 个城乡公益性骨灰楼堂。目前，全省共有城市公益性公墓 30 座、公益性骨灰楼堂 54 座，乡镇（村）公益性公墓 1777 座、公益性骨灰楼堂 3785 个（其中乡镇 156 个，村级 3629 个）。到“十三五”前期，全省骨墓位、格位可以基本满足群众节地生态安葬需求。此外，福建还将加大力度，提高城乡公益性骨灰楼堂安放率，支持和培育公益生态安葬试点，落实节地生态安葬公祭设施建设。

（五）加强经费保障

节地生态安葬是殡葬习俗改革，需踏实前行、循序渐进，强化社会激励。自 2013 年 1 月 1 日起，福建免除城乡困难群众基本殡葬服务费，减轻了群众负担，2015 年全省年均火化率达到 99.5%，使丧属对节地生态安葬有了更高的社会顺应和社会关注。目前，厦门市和晋江、龙海市等 13 个县（市、区）向辖区所有居民免除基本殡葬服务费。2015 年，全省惠民殡葬政策受益总人数 75287 人，免补总金额 7046.57 万元。“十三五”期间，福建省将加大力度，推动各地政府将节地生态安葬费用列入当地财政预算。

---

① 近年来，福建省积极倡导推广节地生态安葬工作产生了积极的社会成效。（1）2016 年 3 月 30 日，福州市由市民政局、市委宣传部、市委文明办举办生态安葬公祭暨骨灰撒海活动，省民政厅、省殡葬协会和市发展改革委、科技局、财政局、国土局、环保局、城建委、农业局、林业局等单位积极参与，部分人大代表、政协委员、新闻媒体及其他社会各界人士也积极参加，共有 84 位先人骨灰撒海。从 20 世纪 90 年代至今，福州市举行了 12 次骨灰撒海活动，已经有近 1000 名逝者魂归大海，直接参与家属 1 万余人。骨灰撒海活动费用由政府和承办企业共同承担。（2）2016 年，厦门市举办骨灰撒海活动，共有 167 位先人骨灰撒海，较 2015 年增加 31 位。参加骨灰撒海的不仅有沿海地区的，还有来自地处腹地山区的龙岩市、三明市、南平市等地，专门从内蒙古、云南、甘肃、江西等地的百姓，以及归国华侨。（3）2006 年 3 月，泉州市举办第七届绿色殡葬活动，大力推广花葬、树葬、草葬，社会各界积极响应。

（六）生态整治违规建墓

培育扶持节地生态安葬正能量，需要整治毁林占地违规建墓负面社会效应。福建有着“八山一水一分田”的地理环境，有着天然的建墓条件。近年来，福建加大生态文明建设，落实生态省发展战略，持续开展了墓地生态建设整治工作。2013 年，由省政府部署，省民政厅牵头，林业、国土等部门配合，主要对高速公路、铁路沿线裸露地表的坟墓进行生态建设整治。2014 年，对豪华墓、大墓、“活人墓”进行专项整治。2015 年，各地继续开展了毁林占地建墓专项整治工作，全省共整治违规坟墓 33814 台。三年来，共整治了 73241 台违建坟墓，推进了生态福建建设。其中，针对原殡葬改革落后地区宁德市，近年来，宁德市委、市政府高度重视“两乱”（乱建坟墓和乱建寺庙教堂民间信仰场所）专项整治工作，成立了由市委副书记任组长的领导小组。2014 年以来，先后召开五场专项整治推进会。各县（市、区）相应成立领导小组和工作机构，并向各乡镇（街道）颁发责任状。各乡镇（街道）也都成立专项工作小组、“两乱”巡查组。通过以上措施，形成了主要领导挂帅、市县两级抓督察、乡镇落实属地管理责任，一级抓一级、层层抓落实的工作格局。同时，在实际工作中，注重宣传教育、增进社会共识，突出成效主导，按照“一墓一册”“一墓一策”方法实施分类整治，取得了显著的社会效益，使宁德市殡葬改革由落后地区步入先进地区。

总体而言，《指导意见》生逢其时，节地生态安葬是时代所驱。节地生态安葬不仅是殡葬改革领域的工作，更是社会主义精神文明建设的基本内容，是一项基本民生工作，并调节社会与家庭、人与自然环境、社会伦理与经济发展等方面的重要关系，需要国家指导、政府治理、部门协调、社会自觉等各方面的聚心聚力。无疑它的成功推广也必将对我们的社会整体和个人产生长远而深刻的影响。

生态文明视域下殡葬行业绿色消费模式研究①

北京社会管理职业学院　亓　娜

摘　要：本文在生态文明视域下，对生态文明和绿色消费有关研究文献进行了梳理，在对殡葬行业绿色消费现状观察、分析的基础上，就殡葬行业绿色消费模式面临的困局进行了初步探究，并以推动殡葬行业可持续发展为目标提出相应的政策建议。

关键词：生态文明　绿色殡葬　绿色消费

前　言

生态文明是人类社会的新型文明，是人类文明发展的崭新阶段。人与自然环境、经济社会协调发展，是人类社会可持续发展的前提，同时也保证了人类文明的延续。因此生态资源的可持续利用与良性循环是经济发展的前提，绝不能浪费自然资源和破坏生态环境，而应大力改变消费方式，即把不可持续的消费方式转变为可持续的绿色消费方式。

根据民政部发布的《2014 年社会服务发展统计公报》，截至 2014 年年底，全国共有殡葬服务机构 4559 个，其中殡仪馆 1801 个，殡葬管理机构 1141 个，民政部门管理的公墓 1598 个。殡葬服务机构职工共有 8.3 万人，其中殡仪馆职工 4.6 万人。火化炉 5908 台，火化遗体 459.3 万具，火化率 47%。殡葬消

① 本文为北京市社会科学基金青年项目“生态文明视角下北京市殡葬行业绿色消费模式政策研究”阶段性成果之一，项目编号：14ZHC017。课题负责人：亓娜。

北京社会管理职业学院一般项目“绿色经济转型中殡葬业绿色市场培育与管理创新研究”阶段性成果之一，项目编号：SGYYB2015-15。课题负责人：亓娜。

费作为社会生活不可或缺的一部分，是无节制、奢侈的殡葬消费方式，会使自然环境遭受严重破坏，资源被大量浪费，环境被严重污染。党的十八大报告中提出："建设生态文明，是关系人民福祉、关乎民族未来的长远大计。"随着人口增长、社会发展和生态环境的恶化，引发了以殡葬行业遗体处理方式与人类社会可持续发展为核心内容的思索，倡导"生态安葬""低碳祭扫"等绿色消费成为殡葬消费引导的新趋势。

一、生态文明与绿色消费相关理论概述

（一）生态文明的内涵

美国经济学家尼斯·鲍尔丁在20世纪60年代第一次提出了"生态经济学"的概念。生态经济学家Robert Costanza给出了较权威的定义，认为生态经济学是从最广泛的意义上阐述生态系统和经济系统之间的关系的学科。[①] 我国著名生态学家叶谦吉先生1987年首次提出了"生态文明"建设的新观点，认为：所谓生态文明就是人类既获利于自然，又还利于自然，在改造自然的同时又保护自然，人与自然之间保持着和谐统一的关系。[②] 目前被广泛接受的概念是潘岳对生态文明概念的表述，指出："生态文明，是指以人类遵循人、自然、社会和谐发展这一客观规律而取得的物质与精神成果的总和；是指人与自然、人与人、人与社会和谐共生、良性循环、全面发展、持续繁荣为基本宗旨的文化伦理形态。"[③] 学者们对生态文明内涵的解释虽然各有差异，但生态文明的实质是为实现人和自然和谐共生、人和社会良性互动的可持续发展，正确认识和处理人与自然之间的关系。生态经济是以可持续发展观为理念实现人与自然和谐共存的观念，是构建和谐社会的必然要求，要求人类必须发展生态文明和绿色消费。

（二）绿色消费的内涵

绿色消费的思想发源于欧洲，1944年Karl Polanyi在《大转型》提出的

---

① 周立华：《生态经济与生态经济学》，载《自然杂志》，2004年第5期。

② 刘思华：《对建设社会主义生态文明论的若干回忆——兼述我的"马克思主义生态文明观"》，载《中国地质大学学报》，2008年版。

③ 潘岳：《社会主义生态文明》，载《学习时报》，2006年第9期。

"生态消费观"，认为消费异化是现代西方社会生态危机出现的主要根源。1987年由英国出版的《绿色消费指南》给出的"绿色消费"的定义，第一次将"绿色消费"作为一个明确的概念提出。1994年，在联合国环境规划署的报告《可持续消费的政策因素》中，对绿色消费概念作了进一步的阐释。国内学者对绿色消费也进行了较为深入的研究。柳彦君（2005）认为，绿色消费是以绿色、自然、和谐、健康为宗旨，有利于人类健康和环境保护的消费内容和方式。[①] 李实（2009）通过比较绿色消费与传统消费主义的异同，分析了绿色消费的生态特征，指出绿色消费观体现了适度消费、生态消费和公平消费三大理念。[②] 绿色消费的目标是保护、培育一个优美的生态环境，协调人与自然的关系，是一种渗透着环境意识、健康意识的、超越自我的理性消费，它反映了生态文明背景下一种崭新的道德观、价值观和人生观。

（三）生态文明视域下殡葬行业绿色消费的内涵

对于"殡葬消费"的内涵，目前学者们尚未形成一致的意见。鲁虹对殡葬消费的概念进行了界定，认为是在一定的社会经济条件下，人们在殡葬活动过程中消费各种不同类型的殡葬消费资料（包括劳务），满足公众追忆逝者、告慰亲属等需求的一种经济行为。[③] 民政部从殡葬服务行业能提供的消费的角度来对殡葬消费的含义进行了说明，认为其应包括基本殡葬服务消费，包括遗体接运、火化、骨灰寄存等；选择性殡葬服务消费，包括遗体整容、防腐、悼念等；个性化、特殊化服务消费，包括特色骨灰盒、特色寿衣、花圈等。[④]

综上，在生态文明视域下，殡葬行业绿色消费是指在保护生态环境，维护人与人、人与社会、人与自然和谐发展的前提下，人们在殡葬活动过程中消费各种不同类型的殡葬消费资料（包括劳务），满足丧属对已故亲人的追思、哀悼等活动而产生的消费行为。

---

① 柳彦君：《浅析我国绿色消费存在的问题及发展绿色消费的对策》载《商业研究》，2005年第2期。

② 李实：《低碳经济时代绿色消费观的构建》，载《价格理论与实践》，2010年第4期。

③ 鲁虹：《低碳经济时代绿色消费观的构建基于文化创新的上海居民殡葬消费结构优化研究》，载《消费经济》，2012年第8期。

④ 潘跃：《殡葬不该成为高消费》，载《人民日报》，2012年3月27日（003）。

二、生态文明视域下殡葬消费存在的问题及影响因素

（一）生态文明视域下殡葬消费存在的问题

1. 安葬消费总体过高

根据表1所示，通过对民众的具体殡葬消费行为的调查发现，仅以物理空间划分，民众在殡仪馆外的消费占整个殡葬消费的大部分，即为安葬逝者而一次性购买经营性墓地的费用的数额最高。殡葬市场化不仅无法平抑安葬价格，且经营性墓穴价格正在逐年飙升与高企，年涨幅比例较高。土地资源稀缺，土地价格过高，而民众“入土为安”的传统思想短时期内很难改变，巨大的供需矛盾必然刺激墓穴价格的高涨，从而推高了安葬消费。

表1　尸位消费表（部分）①

单位	有效调查起数	合计（元）	殡仪馆内		殡仪馆外	
			消费额（元）	%	消费额（元）	%
石家庄市	11	7587	1631	21.5	5956	78.5
秦皇岛市	15	12982	2140	16.5	10842	83.5
邢台市	5	6224	1742	28	4482	72
张家口市	10	19682	3501	17.8	16182	82.2
武安市	9	2649	430	16.2	2219	83.8

2. 传统葬式仍是主要消费选择

殡葬活动受中国传统文化影响，是特点鲜明、极具社会价值的行为模式，是自古以来民众比较重视的社会活动之一。在传统文化因素的影响下，以“入土为安”为代表的传统丧葬模式仍是民众的主要选择，但这已经明显与当下的资源状况、社会潮流格格不入。以海葬为例，该葬式具有“不保留骨灰”“零占用土地”的特点，是政府大力推广的生态葬式。近年来，尽管政府从资金及舆论宣传的角度不断加大对海葬的扶持力度，但更多的民众还是对海葬采取冷漠的态度，而宁愿选择价格昂贵的传统墓穴葬。以北京市为例，近三

① 张铁军、滑磊：《殡葬服务消费的现状及对策分析——河北省殡葬消费抽样调查》，载朱勇：《中国殡葬事业发展报告（2011）》，社会科学文献出版社，2011年版。

年小型节地葬、花坛葬、草坪葬等生态葬法在市属墓园合计数量分别为 592 例、481 例、367 例，占当年节地生态安葬的比例分别为 6.0%、5.2%、3.5%。不仅绝对数量有所下降，从所占比例看总体偏低且也有下降趋势①。

3. 民办殡仪服务机构消费多于公办

在民营资本大量进入殡葬市场的背景下，由于民办殡仪服务机构始终追求“利润最大化”，往往违背社会利益，出现了额外加价、恶性竞争、垄断经营等现象。尤其一些殡葬黑中介缺乏严格的统一管理，把利益放在首位，大搞封建迷信，严重损害消费者的物质和精神利益。而根据目前对殡葬消费情况的调查，除遗体火化基本由公办的殡仪馆提供，其他殡葬服务项目和产品在民办殡仪服务机构都能提供。根据研究者对北京市殡仪消费机构内外②的消费情况的调查，如图 1 所示，民办殡葬服务机构殡葬消费比例明显高于公办。

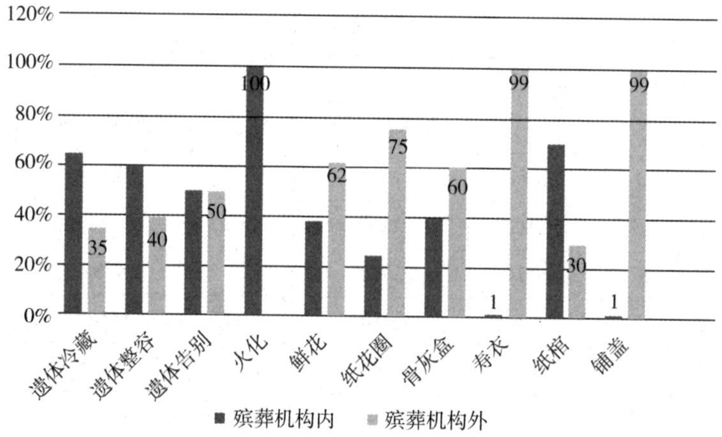

图 1　机构内、外殡葬消费比例对比③

① 裴春悦，尹胜：《北京市节地生态葬现状调查与分析》，载《中国殡葬事业发展报告（2014—2015）》，社会科学文献出版社，2015 年版。

② 殡葬机构内指殡仪馆、公墓；殡葬机构外指太平间、中介、殡葬用品店等。

③ 殡葬事业发展相关问题研究课题组：《北京市节地生态葬现状调查与分析》，《中国殡葬事业发展报告（2014—2015）》，社会科学文献出版社，2015 年版。

（二）绿色殡葬消费制约因素分析

1. 政府方面的制约因素

（1）绿色生命文化建设滞后

生命文化是以生命价值为研究对象的一个新概念，指人们在殡葬活动中所表现出来的一整套价值认知系统，具有自然性、社会性、精神性三个层面的规定性。生命文化是多种文化的复合体，包括习俗、心理、实物、道德、信仰、艺术等，是一切殡葬活动的思想源泉。目前，绿色生命文化建设滞后和生命教育的缺失，是绿色殡葬消费模式难以持续发展的重要原因。以唯心主义的“灵魂不死”为哲学基础和思想基础的传统殡葬文化有深厚基础，给殡葬活动带来浓厚的迷信色彩和相当程度的守旧意识。这种旧的殡葬文化是同绿色生命文化相悖的，不利于殡葬改革和殡葬业的可持续发展，阻碍绿色殡葬消费模式的发展。同时，生命教育的缺失让人们面对死亡不知所措，无法以正确的态度面对亲人的死亡。西方社会很早就开始关注生命教育，海格尔的“未知死，焉知生”，代表了西方社会面对死亡的态度。而我国受传统观念影响，平时是排斥和忌讳谈及“死亡”的，而在面对亲人离世时显得迷茫，试图通过复杂昂贵的传统殡葬仪式来表达对“死亡”的重视。

（2）绿色殡葬标准的缺失

近年来，国家陆续出台了《关于进一步深化殡葬改革促进殡葬事业科学发展的指导意见》（民发〔2009〕170号）、《关于加快推进生态文明建设的意见》（中发〔2015〕12号）等一系列文件，对深化殡葬改革、推行生态安葬，保障基本殡葬需求起到了指导作用。但这些文件主要从宏观出发，对“绿色殡葬”缺乏微观详细的解读，绿色殡葬评价标准更是缺位。民政部虽然提出了“无害化”“减量化”“资源化”的基本要求，但没有可以依据执行的具体绿色殡葬服务标准，殡葬行业的“绿色”发展缺乏强制执行的依据，执行的效率很低。

（3）政府对绿色殡葬服务项目投入过少

目前，殡葬行业总体上服务内容和服务手段都相对滞后，政府对绿色服务项目开发的投入过少。大部分殡仪服务机构，提供的殡仪服务内容只是一些传统的项目，在绿色的个性化殡仪服务、丧事策划、丧事指导等方面涉及较少。典型的例子，就是目前大部分的遗体告别仪式都是“三一三”模式（默哀三分钟，绕灵一周，三鞠躬），仪式相对简单，无法真正表达亲属对逝者的追忆之情。同时，由于“乐生畏死”的普遍心理，殡葬服务往往被隔绝于正常的社会服务之外。政府在提出绿色建设目标，加大绿色项目投入时，往往将殡葬行业的科技改进和服务升级排除在外，使其“边缘化”。

2. 殡葬服务机构方面的制约因素

（1）追求利益最大化是殡葬服务机构的根本目标

追求利益最大化是多数殡葬服务机构的根本目标，因此经营目标还停留在仅是刺激殡葬消费者消费更多的殡葬产品和服务，整体观念局限于追求近期利益、微观利益，忽视了长期利益和社会利益。同时，由于大多数殡仪服务机构为自收自支的单位，加上殡葬服务（产品）的属性界定较为模糊，“市场失灵”问题较为突出。殡葬服务机构为了利润，通过各种途径提高殡葬消费水平，例如抬高丧葬用品和服务价格牟取暴利、提成给职工等方法。

（2）科技资金短缺是绿色技术推广的障碍

殡葬服务机构由于提供火化和安葬服务，成为自然资源的消耗者和“三废”的排放者。殡葬服务机构，根据“谁污染、谁治理、谁付费”的原则，需要治理污染并负担治理成本，但资金短缺是污染治理的重要障碍。同时，殡葬行业是传统行业，科技先进性和创新性较低，绿色殡葬产品研制开发技术落后，专业人才缺乏，高科技的绿色殡葬产品和服务模式较少。由于殡葬科技具有公共物品属性，自我研发周期长、风险大，市场转让费用高，因此科技资金短缺既限制了殡葬服务机构进行生态经营活动，又制约了绿色技术的转让与推广。

3. 殡葬消费者方面的制约因素

（1）绿色殡葬消费意识的缺失

殡葬消费意识是指一定时期人们在殡葬活动中所表现出来的消费心理、消费方式，主导殡葬活动中的消费行为、消费偏好和消费选择，是推动“绿色殡葬”消费模式发展的内在动力。由于非绿色殡葬产品对社会的危害有一定的滞后期，消费者对推行生态经济和“绿色殡葬”的意义知之甚少。由于环境知识的匮乏在消费过程中就不会将生态因素考虑在内。同时，殡葬风俗具有极强的持续性，许多殡葬消费活动植根于久远的风俗习惯，与“绿色殡葬”背道而驰的殡葬迷信思想在很多地区根深蒂固，过度的、奢华的、攀比性的殡葬消费刺激了殡葬业的快速增长，但是以资源的高消耗、污染的高排放为代价的。当前，绿色消费已成为潮流，更得到了越来越多的实践认同，但相较植根于公众脑海的传统殡葬理念而言，选择“绿色殡葬”服务项目的消费者还是寥寥无几。

（2）根深蒂固的“厚葬”观念的影响

根深蒂固的“厚葬”观念是推进“绿色殡葬”的最大思想障碍。对于传统观念较深的市民来说，厚葬思想一时难以扭转，相互攀比、炫耀门庭之风盛行。“厚葬就是孝心的体现”是深入人心的道德准则，这种深入人心的道德评判标准使得子女们在葬礼的消费上缺乏理性，尤其在广大农村更是如此，一些民风民俗等非正式制度绑架了殡葬消费者的思想观念。殡葬活动，应该分为告别阶段和安葬阶段。目前，对于绿色殡葬消费模式，公众的认识仅仅停留在安葬阶段，即把骨灰送入绿色陵园让逝者“入土为安”上，却完全忽视了绿色殡葬活动的告别阶段。而对于绿色安葬模式的选择，也基本都是根据老人生前的遗愿，子女很少会主动选择。而对于告别阶段，更多的人仍然认为应该“风风光光”地大操大办，而不愿意选择节约的生态告别形式。这种厚葬观念和“入土为安”的传统文化，使得高碳高耗的浪费型葬礼、占用土地资源的传统安葬方式一直是殡葬消费者的主要选择。绿色殡葬观念上的认识不到位，必然影响绿色殡葬的全面实现和可持续发展。

三、生态文明视域下绿色殡葬消费模式的构建

（一）政府要支持与引导绿色殡葬消费方向

1. 出台绿色殡葬政策，大力扶持绿色殡葬

当前，政府应出台“绿色殡葬”政策，将殡葬行业节能减排纳入地方政府的“绿色经济”总体规划。对殡葬服务机构提出“绿色”要求，并以一定的行政执法为手段，配套相应的奖惩措施，保护、扶持、倡导殡葬服务机构的“绿色”行为。政府部门在引导“绿色殡葬”消费模式发展方向上发挥着重要作用，诸多的财政政策、税收政策和法制等方面激励着消费者选择绿色殡葬消费方式，引导殡葬服务的“绿色”消费和生产，鼓励可再生能源的使用。政府应组织制定“绿色殡葬”服务标准，标准制定的范围应涵盖殡葬服务行业及相关行业中的全部服务和管理活动，将量化标准作为服务施受双方检验服务水平的标尺，殡葬“绿色”服务就有了操作性诠释和数据化指引，可执行到评价和准入等多方面。近年来，北京、上海、重庆、浙江等地已经开始强化“绿色殡葬”方面的行政管理，山西太原率先实施了《绿色殡

葬标准》。

2. 开展绿色殡葬教育，增强绿色殡葬消费意识

运用多种手段，从观念和文化层面进行突围，让公众认可多元殡葬服务新理念，意识到生态殡葬同样肩负情感传承的作用，甚至比传统土葬更能表达对亲人的追思。一是借助多种载体、多种形式广泛开展宣传教育，引导公众更新殡葬消费观念。通过加强绿色殡葬市场的创建，进一步普及消费者绿色消费意识；利用网络、电视、报纸等大众媒介大力倡导“绿色殡葬”；结合清明、冬至等，广泛宣传发展绿色殡葬消费、建立节约型社会的重要意义。二是针对不同群体开展有针对性的宣传教育，使绿色殡葬教育深入社区。三是充分发挥社会团体的宣传引导功能。充分发挥殡葬协会、消费者协会、环境保护协会等民间组织的作用，通过公众民主参与等方式，表达自身对于发展绿色殡葬消费模式的建议和看法，引导公众的绿色殡葬消费。

3. 提供资金支持，鼓励绿色技术创新

政府提供必要的政策和资金，鼓励和支持研究机构和殡葬服务单位进行技术创新，在一些有代表性的城市选择代表性单位进行绿色殡葬科技的探索与运作。鼓励以生态环保为目标，通过对火化设备实施现代高效燃烧技术、全自动控制技术等绿色改造，实现火化设备无害化、自动化、节能化、绿色化发展。积极推动“绿色殡葬”发展，大力推行环保理念，保护、倡导、扶持殡葬服务机构的“绿色”行为，倡导新型遗体处理模式。例如，2010 年开始北京市殡葬实行免费骨灰撒海服务，政府通过购买服务的方式鼓励骨灰撒海，每份骨灰可以免费随行两名家属，零付费完成骨灰撒海过程，彻底实现骨灰安置方式的生态化。

（二）企业要承担绿色殡葬消费责任

1. 创新绿色殡葬技术，丰富殡葬服务项目

通过殡葬行业技术的升级与创新，最大限度地减少对能源、资源的消耗，减少二氧化碳等温室气体的排放。殡葬服务包括丰富的项目，殡葬消费需求也多种多样，因此殡葬服务不能仅仅满足于应付消费者，而要适应多元的殡葬需求，适时地进行创新。在殡葬服务过程的每个节点进行能源消耗控制，不断进行技术改革和产品升级，努力将遗体处理所带来的资源消耗、大气污染等不利因素降到最低，甚至可以探索多种比火化更环保的遗体处理方式；

增加草坪葬、花坛葬、树葬、海葬等节约资源产品的供应和宣传，尽量减少钢筋水泥等建材和耗材的使用；加大殡葬科研经费的投入，通过自主研发或技术引进，实现殡葬服务方式和产品的生态化；殡葬服务项目，由传统的以逝者为中心逐步向以丧属为中心转变，着力满足丧属的心理需求。

2. 进行绿色殡葬转型，增强生命文化建设

殡葬改革应该从思想源头着手，转变守旧的殡葬观念，摒弃落后的殡葬文化，用先进的、符合时代要求的绿色生命文化取代旧的、带有迷信色彩的殡葬风俗文化，树立推动生态文明发展的绿色殡葬观，使殡葬活动在绿色殡葬理念的指导下，沿着可持续发展的方向发展。转变殡葬行业传统的高能耗、高排放模式，增强生命文化内涵，大力开发绿色殡葬文化产品和服务，使其成为一个充满创意与热情的行业。例如，可以通过一段影像、一段文字、抑或是一篇事迹来追忆逝者，将这些生命印记用“生命相册”“生命故事”等生命档案的形式来体现，既凝聚了逝者的生命历程和生活意义，又提升了殡葬活动的文化内涵。尊重每个生命，通过对无形生命财富的发掘、整理和保存，制作成有形的殡葬文化产品，可以超越时空的界限和障碍缅怀和追思先人，其对灵魂的净化作用远远超越机械地参加殡葬活动。拓展生命文化传承和情感慰藉的延伸和增值服务，在殡葬领域开创生命教育基地、文化教育基地。例如，四川省眉山市殡仪馆顺应时代发展大势和人民群众日益多样化的治丧需求，创建多个平台多层次构建生命教育文化，开展生命教育，将殡仪馆打造成具有“珍爱生命”“孝亲敬老”“廉洁清明”教育功能的生命教育基地。

3. 承担社会责任，建设和谐殡葬

民政部《关于进一步深化殡葬改革促进殡葬事业科学发展的指导意见》指出，我国的殡葬改革在从传统殡葬走向现代殡葬的转型和跃进中，政府对殡葬业担负起社会责任提出了更高的要求。作为社会形态和经济结构中不可或缺的一个重要“板块”，殡葬服务机构必须履行其社会责任。在循环经济、低碳经济背景下，已从满足公众的基本殡葬需求延伸到节约资源、保护生态环境的责任。殡葬业应承担的社会责任是：体现“绿色殡葬”“和谐殡葬”理念，在满足公众殡葬需求的同时，积极主动承担起推动社会进步、节约土地资源、保护生态环境、构筑殡葬活动的和谐环境与氛围，推动殡葬行业可持续发展，建设“和谐社会”的责任。

（三）殡葬消费者要积极参与绿色殡葬消费

绿色殡葬消费并不仅仅是政府或殡葬服务机构的事情，而且是与我们每个人息息相关的。面对如此严重的环境问题，人们应该树立绿色消费理念，形成绿色消费观念，自觉购买绿色殡葬产品和服务，将绿色消费理念贯彻到“最后人生”的消费活动。消费者在殡葬消费过程中一定要树立正确的消费价值观，选择对生态环境有益的产品。人们应该积极行动起来，将这种绿色消费方式内化为绿色消费意识与理念，摒弃不良的传统消费习惯，如“面子消费”“过度消费”“奢侈消费”等。这些错误的殡葬消费观念给生态环境造成了严重的破坏，同时也不利于人民生活质量的提高。只有公众从内心深处真正接受“绿色”理念，破除封建迷信和传统思想的禁锢，彻底摒弃陈旧的观念和习俗，绿色殡葬消费模式才有可能成为主流趋势。

结　论

对殡葬行业绿色消费现状的成因进行分析后，我们发现，当下殡葬行业绿色消费模式发展的困境绝不是单方面因素所造成的，任何期望仅通过政府的行政措施、市场自我调节来单独解决人们所面临的问题的做法，最终都很难如愿的。在生态文明背景下，政府、殡葬服务机构、消费者三个主体共同改革，或是突破当下殡葬绿色消费模式所面临的困局的一个路径。本文对政府、殡葬服务机构、消费者的绿色消费联动模式进行了初步探讨，对殡葬行业的可持续发展提出一些看法，但部分理念及对策性政策建议还较为简单粗陋，还需进一步地研究、观察和思考。

参考文献：

[1] 李伯森，肖成龙．中国殡葬事业发展报告（2014—2015）［C］．北京：社会科学文献出版社，2013.

[2] 仇立．绿色消费行为研究［M］．天津：南开大学出版社，2013.

[3] 刘敏，牟俊山．绿色消费与绿色营销［M］．北京：清华大学出版社，2012.

[4] 杨朝飞，［瑞典］里杰兰德．中国绿色经济发展机制和政策创新研究综合报告［M］．北京：中国环境科学出版社，2012.

[5] 鲁虹．基于文化创新的上海居民殡葬消费结构优化研究［J］．消费经济，2012（4）．

[6] 李燕华，丁向育．低碳视域下的不良丧葬消费剖析［J］．郑州轻工业学院学报（社会科学版），2012（3）．

[7] 朱勇，李伯森．中国殡葬事业发展报告（2011）［C］．北京：社会科学文献出版社，2011.

[8] 马瑞婧．中国城市消费者绿色消费行为的影响因素研究［M］．北京：中国社会科学出版社，2011.

[9] 丁元浩．试论绿色消费文化的形态体系［J］．商业营销，2010（3）：172.

[10] Sutton D S. Ritual，Cultural Standardization and Orthopraxy in China：Reconsidering James L. Watson' s Ideas［J］. Modern China，2007.

[11] Rawski E S. A Historian' s Approach to Chinese Death Ritual［J］. Journal of History and Anthropogy，2004.

[12] World Commission for Environment and Development. Our common future［M］. Oxford：Oxford University Press，2002.

[13] Andrew Crane. Marketing，Morality and the Natural Environment［M］. Routledge，2001.

[14] Douglas J. Dalrymple，Leonard J. Parsons. Basic Marketing Management，Second Edition［M］. Wiley；2，2000.

死亡哲学观的几点浅见

石家庄市殡葬管理处　张义珍

摘　要：生命的最终归宿，让人对生死产生敬畏，面对死亡，中国古人的观念与智慧影响着整个华夏大地。其丰富的思想内涵，超凡脱俗的见解，为后世带来了深远的意义与影响。不论是道家自然，还是儒家慎谈生死，以及释家往生，死亡都是一个必须面对的课题。面对死亡，正确的死亡教育观与正面的社会舆论对社会健康发展具有深刻的意义。

关键词：生死观　影响　社会

一、死亡的定义

“死亡”按照联合国人口统计部的定义是指生命的一切征兆永久消失。还有更为专业的“生物性死亡”（biological death），即除了心跳、呼吸停止，再加上脑部的死亡。不论是哪种定义，死亡对于活生生的人来讲，都意味着逝去。

如何看待这种逝去，道家、儒家、释家都从自身的理论上找到答案，来平衡对死亡的恐惧与对逝去的抚慰。三家虽然在死亡的观念上有不同的地方，但人生的意义就蕴含在其中。这种睿智的行为，对人类起到了心理疏导引导作用，甚至达到了治疗和预防心理疾病的效果。

二、道家、儒家、释家死亡哲学观

（一）道家的影响

先秦道家的生死观充满着理性主义的光芒，对后世产生了极其深远的影响，超越了一时一事、一得一失，确立了极具特色的超越死亡的哲学观。道家思想起源很早，在轩辕黄帝时就有“天人合一”的思想，在春秋时期由老子著《道德经》正式成为一种学派。而道教是一种宗教信仰，它们之间不能混为一谈。道教追求“长生不老”，这与道家思想相悖而行。道家认为，人生在世，受到无数外在的束缚，如肌体之累、声色之乐、利禄之欲、死亡之惧和仁义礼乐之羁。只有超然于这一切之上，才能领悟到人生的真谛——道。

1. 死亡是返璞归真

“人法地，地法天，天法道，道法自然”，道是世界万物的本源，道生万物，回归自然和归本返真。人的生与死是自然现象，人死后，肉体就开始腐烂，人的灵魂与肉体分离，就没有独立的精神，各自回归自然。

由于道家持顺应天道、崇尚自然无为的世界观和人生观，所以在死亡观上表现出一种超然于世俗的乐死观。将人死看成是归本返真，复归自然，是一种大道的自然运行。

2. 死亡是必然规律

“生之来不能却，其去不能止”，生存死亡是一种必然，无法阻止，那么就接受它的到来，不必过于执着，即使死亡也要欣然接受。最为大家熟知的便是庄子的妻子死后，他却“箕踞鼓盆而歌”。看似不合常理，却是真的看透生死，大彻大悟。不被死亡所压抑，甚至去赞扬死亡，将其转化成一种领悟、一种情感的宣泄。

3. 道家乐死

庄子讲过一个故事，说他途中遇见一个骷髅，对他描述了死去的快乐，“死无君于上，无臣于下，亦无四时之事，纵然以天地为春秋，虽南面王，乐不能过也。”庄子不相信，想请主宰生命的神灵恢复他的原形，遭到这具骷髅断然拒绝。在道家人的眼里，死亡是多么快乐的一件事情，没有烦恼、没有苦痛，连四季都没有，自由自在。故此，人死是不用悲哀的，应当是一件快乐而且值得庆贺的事。

道家的“归本返真”观念在我国的丧葬文化中占有独特的地位。对于道家先哲的这种洒脱，是我后辈可望而不可即的。春秋战国，战乱四起，人们面对战争、面对死亡都极度恐惧，道家用他们的智慧解放了人的精神，舒缓了心理压力，净化了心灵。

现代社会，由于人们对财富和权力的追求，以及对物质的享受，身心得不到平静与沉淀，更谈不上对死亡意义的探求，最多的是对弱小生命的漠视与冷酷。精神的空虚与人文精神的丢失，使人们产生了对生命的轻视。对待死亡，要正确培养现代人超越死亡的意识，正确对待死亡，不一定要像庄子一样鼓盆而歌，至少能坦然地接受它。

（二）儒家的影响

儒家创始人孔子不仅是先德圣人，也是后世历朝帝王的先师，更是学子们的祖师，还是殡葬礼节的传承人、发扬人，甚至有些研究表明，孔子开设的学校是一家殡葬专业学院。儒家是几千年来学派之争的胜利者，对社会的发展起到过积极的作用，但也有消极的一面。

1. 慎谈生死到忌惮死亡

季路问事鬼神。子曰："未能事人，焉能事鬼？""敢问死。"曰："未知生，焉知死？""敬鬼神而远之"，慎谈生死，一直是儒家提倡的，一方面说明对生命的尊重，不要妄加评议；另一方面说明对未知世界的恐惧。

这种恐惧，造成人从心理上的逃避，避谈死亡。鲁迅先生曾说过一个小故事：小孩子过满月，人人都在讲这孩子以后会发财、会当官的吉祥话，明知道是假话，因为好听而被人接受；而有人说这孩子将来会死，虽然说的是实话，必然遭人厌弃，因为死是中国人最忌讳的事。从汉朝"独尊儒术"开始，这种忌讳愈演愈烈，从观念的忌讳，发展到对从事殡葬行业人的忌讳。这种病态的心理阻碍了殡葬文化的发展，也让殡葬文明成了一种暗文明，只有在人死亡的时候才能览阅一二。

人们不能接受这个死，偏安一隅的欺骗自己不想不看。直到死亡来临，才被动接受死亡的残酷，结果给身心带来极大的痛苦与深刻的伤痕，影响了正常的工作与生活，甚至心理扭曲、变态。在殡仪馆，前来办理丧事的家属会因为一件微不足道的小事，无限放大，将无从发泄的感情释放在殡仪馆，甚至歇斯底里地打、砸，充斥着暴力的嚣张，这种嚣张的情绪里面包含着对死亡的怨恨、对从事殡葬行业人员的蔑视与宣泄鬼神的恐惧。他们力图以这种暴烈的方式找到宣泄点，才能达到心理的平衡与安全。

2. 以周礼制丧，死亡成负担

孔子一生推崇周礼，讲究"事死如事生"，一直强调"克己复礼"。葬礼的礼节繁杂，只单单看棺材的礼制，就可窥一斑而见全豹。《礼记·檀弓上》记载"天子之棺四重"，郑玄注："诸公三重，诸侯两重，大夫一重，士不重。"《庄子·杂篇·天子》有言："天子棺椁七重，诸侯五重，大夫三重，士再重。"周王朝继承了商的礼仪典制，并逐渐完善了各种礼制，对葬式的等级要求也是甚严。只是一个棺材就有这么多的讲究，葬礼的规格与铺张用度更是可想而知。

齐国的晏婴正是因为反对铺张浪费而拒绝孔子在齐国做官。孔子推崇周礼，主张活物祭奠，甚至不惜破产办丧。"夫儒者滑稽而不可轨法；倨傲自顺，不可以为下；崇丧遂哀，破产厚葬，不可以为俗。"这就是齐国赶走孔夫子的真正原因。

3. 儒家悲死，不惧死

"杀身成仁，舍生取义。"儒家认为死是一件非常可悲的事情，但同时不惧死。为了心中的理想，到处奔波，尽管要遭遇困厄，也从不放弃，为了所谓的仁与义牺牲生命，也在所不惜。为道义、为仁义、为真理、为民族大义牺牲小我，奉献一切，这种观念有助于人们树立正确的人生观、世界观，对社会的进步与人类思想的进步有着重要的意义。

4. 厚养薄葬

因为"破产举丧"的殡葬理念而被齐婴赶出齐国的孔子，又讲出重孝轻葬的一番话："啜菽饮水，尽其欢，斯之谓孝。敛手足形，还葬而无椁，称其财，斯之为礼。"所以孔子也是一个自相矛盾的人。取其精华去其糟粕，"厚养薄葬"的理念才是我们需要继承的，而不是繁杂的礼祭仪式。

（三）释家的影响

佛教在东汉初年后传入中原，在南北朝时期得以飞速发展，几乎以后所有皇帝都信奉佛教，属梁武帝更甚，几次出家，被大臣赎回，可见佛教的魅力。

1. 释家讲脱离苦海

在藏传佛教中，贱民水葬，中民土葬，贵族火葬。从宋朝开始火葬为人们所接受，逐渐打破"入木为贵""入土为安"的观念。佛教主张薄葬，并且主张火葬，即"戒火自焚"，佛门子弟死后一般都实行火葬。人死亡后往生极乐，由阿弥陀佛接引去西方极乐世界，不再受苦、集、灭、道之苦，无有恐怖，"远离颠倒梦想，究竟涅槃"。

2. 释家讲因果报应

"今生行善，来生受报；今生作恶，来生必受殃"的观念，改变了人们对传统生死的看法。人死亡后不只是在人道投胎成人，而是在六道轮回。佛教所宣扬的“轮回转世”观，提倡人死是必然，但神魂是不灭的。六道包括天人、阿修罗、人、畜生、恶鬼、地狱。至于人死后到底是升入天道还是继续投胎做人，或者堕落地狱、恶鬼、畜生，这主要依靠自己累世所积累的各种善恶业力以及根据修持能力等的综合影响进行确定。而轮回皆苦，如果要跳出六道轮回、超越生死流转，就要根据佛法的教导修行，最终得到大自在解脱，这就是佛法诞生的重要意义。这也推动了某些丧葬观念和丧葬方法的形成。

在这个纷扰的人世间，亲人的死亡带给家庭的是无尽的痛苦与悲伤，对亲人的无限思念，无处倾诉的衷肠。每个人都不知道如何摆脱无尽的烦恼痛苦和死亡的冷酷无情，而轮回与因果业力，这个概念无疑是一个安慰剂，念佛经可以渡劫避灾，甚至让逝去的亲人在另一个世界安好生活。这个心理暗示，不仅让失去亲人的家属念经平复心情，同时自我意识加强：他在做一件好事，一件让逝去亲人受益的事，好像能感受到逝去的亲人在另一个世界由于他的念力而变得幸福快乐起来。正是这种佛家的观念，在人最痛苦的时候起到了安抚作用，帮助他走出阴影。

不论是道家、儒家还是释家，在生与死的思考中，都有着超凡脱俗的见解与意识，它们的哲学理念给我们的生活带来了深远的意义与影响，引导我们直面死亡，消除对死亡的恐惧。

三、现代死亡观念的培养

不论是道家、儒家还是释家，我们应将其理论中的精华传承下去，博采众长，用可用之观点、理念来丰富人生观、价值观、世界观。将死亡当作人生观念中的一小部分，届时少了惊慌失措，多了一份坦然与从容。因地制宜地通过开设“死亡课”“开放日”“教育基地”等有效的宣传方式与措施，将死亡只是人生的一部分的概念，植入人们的思想理念之中，形成正面阳光的死亡哲学观。

1. 我们可以借鉴国外的“死亡课”的经验，从小将死亡的概念教给孩子，让他们知道这是一件自然发生的事。在美国，一些学校里开设“死亡课”，接受过专门训练的殡葬行业从业人员或护士走进课堂当教师，跟孩子们认真地讨论人死时会发生什么事，并且让他们轮流通过演剧的方式，模拟一旦遇到亲人因车祸死亡等情形时的应对方式，体验一下突然成为孤儿的凄凉感觉。在这种“死亡课”的启示下，孩子们增强了内心的韧性，能够在突如其来的事件中接受打击，顽强地生活下去。

2. 设立殡仪馆“开放日”，邀请市民、行风监督员等前往参观，向公众零距离地展示殡葬职工殡仪服务全过程，宣传殡葬的益民、为民政策，消除公众对殡葬行业的误解，打消殡葬行业的神秘感，使其从阴森的角落走到阳光之下，为殡葬职工营造一个良好的工作、生活和舆论环境。

3. 建立“生命教育基地”，联系当地的学校、工厂、企事业单位，进行生命、死亡专题的学习与教育活动，通过参观殡仪工作流程与火化全过程，设计或参加一台模拟的“向亲人遗体告别”仪式等，身临其境地体会死亡，体会殡葬的价值、生命的价值、死亡的意义。

以上做法只是让死亡观与殡葬走出人们误解、恐惧和偏见的第一步。

殡葬业自古以来，社会地位就很低，基本上以“父带子、子承父”的模式发展，有文化、有素质的人不愿从事这种低下、令人恐怖的行业，导致从事殡葬行业的人员素质偏低、文化内涵含量少。真正懂殡葬与礼的阶层（古时为朝廷的礼部）又不屑与下层从事殡葬行业的人为伍，故此一直以来，老百姓都是依照统治阶层的等级规定或是风俗对待殡葬，对其内在意义了解得很少，死亡的观念仅仅停留在办理丧事的层面上，使得现在的殡葬活动中封建糟粕不能被有意识、有效地剔除，殡葬文化发展与创新严重滞后，优良殡葬文化得不到有效传承，极大地阻碍了殡葬文化与事业的健康发展。因此，让人们改变对死亡与殡葬的偏见与忌讳，任重而道远，艰难而漫长。

四、结论

“失道而后德，失德而后仁，失仁而后义，失义而后礼。夫礼者，忠信之薄，而乱之首。”实在做不到“道”，那就做到“德”；“德”做不到，就做到“仁”；“仁”做不到，就做到“义”；“义”做不到，那就做到“礼”。如果用礼约束不了，那么就用法来治理。“殡葬法”的出台是对死亡观本身的一次超越，使死亡的概念跃然纸上，是对传统殡葬的一次冲击，更是一次洗礼。迫切地希望“殡葬法”正式出现在历史的舞台。

“上好是物，下必有甚者矣。”上位者好什么，老百姓便好什么；统治者经营什么，老百姓便接受什么。现代殡仪没有一个真正意义上的标准，在

“殡葬法”未出台前，只能是政府倡导，积极号召。

上行下效，意义深远。政府应正确地引导，给出明确的方向，因地制宜地把殡葬文明发扬光大。“其身正，不令则行。”上位者能够以身作则，即使不去命令下位者，下位者也会按照他的意思去行动。领导带头，率先垂范，带头落实中共中央办公厅、国务院办公厅《关于党员干部带头推动殡葬改革的意见》，是搞好殡葬工作的重要先决条件。只有上面的人做好了，下面的群众才会心甘情愿地跟着做好。上行下效的作用，不在于领导干部说了什么，而在于做了什么。

再次强调，我们要传承的不是繁杂的礼节与所谓的供品，而是死亡的观念，不是倒退回古代做无休无尽的法事、大礼，而是接受死亡，积极地活下去。让殡葬观念与殡葬人走出阴暗，走向光明。总之，树立正确的死亡教育观与正面社会舆论的导向，将对社会健康发展具有深刻久远的意义。

参考文献：

[1] 礼记·缁衣.

[2] 史记·孔子世家.

[3] 道德经.

[4] 庄子.

[5] 论语.

[6] 观音心经.

[7] 朱继英. 儒家、道家生死观之比较.

[8] 李海涛. 浅谈儒家文化对殡葬活动的影响.

[9] 王玲玲. 超越死亡的道家生死哲学观.

[10] 宋潇. 死亡教育应成为人生必修课.

[11] 王永会. 简论道教与佛教生死观的差异.

天堂花园

——中国与澳大利亚、日本优秀墓园景观比较赏析

福寿园国际集团　沈卓彦

摘　要：本文通过走访与记录，对中国以及澳大利亚、日本部分墓园景观环境进行比较赏析。这些各具特色的墓园，有着各不相同的地理条件、人文背景以及基础国情。它们都很好地将墓园与这些环境因素融合，运用创新的设计手法以及细致、标准的施工建设，呈现出异彩纷呈的墓园景观。这种结合环境因素的设计方式可供国内众多墓园作为现代墓园文化建设中的参考。

关键词：墓园　景观　中国　澳大利亚　日本

一、引言

2015年一年中，笔者走访了位于澳大利亚墨尔本、日本东京及中国上海的一些墓园。这些墓园的景观或大气或精致，与我们印象中墓园阴晦的固有形象迥然不同。值得一提的是，它们并不是如同巴黎的拉雪兹神父公墓、维也纳的中央陵园、俄罗斯的新圣女公墓等有众多名人安葬的墓园，而是国内外一些有着先进设计理念因而具有独特绿化景观的普通墓园。它们的成功及经验告诉我们，只要根据其不同的地理条件及环境因素，结合当地的人文底蕴，并在设计及建设的过程中投入足够的精力及重视，每一个公墓都能创建出与众不同的独特墓园景观。公墓这个人生最后的归宿地，其实可以像花园一样，甚至比花园更美丽。

二、澳大利亚墓园

史宾威植物墓园

澳大利亚是一个地广人稀、以壮阔自然景观闻名于世的国家，其公墓景观似乎也延续了这一特点。在众多澳大利亚公墓中，最值得一提的是“Springvale Botanical Cemetery”（史宾威植物墓园，音译）。这座距离墨尔本 19 英里的墓园地势平坦，2013 年被评为世界卓越墓园，有着 112 年的历史，目前占地面积 422 英亩（约合 2562 亩）。这里的人们过世后可以选择火化安葬或遗体安葬，其比例约为 3∶1。因此，在同一个墓园中会有多种安葬形式。早先安葬于此的人多选择占地面积较大的遗体葬，周围基本没有绿化，完全以大理石覆盖住整个区域并立碑刻字。近年来，随着大众观念的转变，墓园经营者也随之作出调整，在墓园中划分出各具特色的小园区。

1. 史宾威植物墓园：骨灰节地葬

其中“近在咫尺的花园”（The Garden of No Distant Place）是骨灰安葬的区域。入口处的小瀑布在偃柏的掩映下若隐若现，来访者可顺着池塘边栽着鸢尾竹的小径步入园中。主干道为流畅的弧形，可到达园区的大部分区域。其两侧区域多为开阔草坪，草坪上散布着不规则的弧形花坛。距离主干道稍远的区域种植雪松等大乔木，形成背景并勾勒出起伏的天际线。金蜀桧、金线柏、火焰南天竹等色叶植物以及竖线条的铅笔柏等造型植物，丰富了花园的色彩及层次，加强了景深。贯穿园内的溪流蜿蜒曲折，偶尔与主干道交会处架起的木桥成为这自然环境中的视觉焦点。虽然溪流的底部经过硬化处理，但其驳岸边自然石的形状搭配、摆放的位置以及与铺地柏、迷迭香等匍匐植物的结合显得十分自然。这个花园里除了木桥，似乎没有半点人工痕迹，更不要说墓碑了。如此景色在墨尔本的皇家植物园实属平常，但在一个墓园中能如此集中呈现，不免令人惊叹。继续前行了片刻，便看到两栋隐藏在乔木之后，以长廊连接、八边形玻璃幕墙结构的单层建筑。

进入屋内，从落地玻璃墙中看到的是近乎 360 度的园内景色。除此之外，半人高的木架上，有三本精美书籍放置在木盒内，书本上记录的，是安葬在这个园区内近千名逝者的个人信息。是的，这个公园般的园区已安葬了近千位逝者！那些分布在草坪上的宿根植物花坛，便是安放骨灰的区域。而在花坛外围的自然石块边，手掌大的纪念铜牌取代了传统的石材墓碑，逝者的详细信息则保存在那些精美的书册里。这种将更多的空间留给生者，留给自然景观的设计理念能最大限度地保护生态环境，减少硬质石材带来的各项污染。笔者认为，在墓葬用地紧缺的我国，这种理念及其形式值得借鉴。

2. 史宾威植物墓园：遗体安葬

"遗体安葬"对于国人来说是个很陌生的概念，总会产生晦涩的联想。但史宾威植物墓园内的一处遗体安葬区让笔者对此有了新的认识。如果说之前的园区体现了自然之美，那么这里，便是重复与韵律的完美体现。园区中轴左右两侧平整的草地上，连绵数十排，每排近 50 个造型相同的白色墓碑整齐地排列着。墓碑前后有规律地种植石竹、南天竹、金叶佛甲草等。平整的草坪、有规律的地被植物、整齐的切边、相同颜色与造型的墓碑，大体量的背景植物，造成了一种开阔大气的环境。进入这个区域的人们不由自主地感到宁静与安逸。不过，在这种似乎简单重复的美感背后，其实对空间及密度都有特定的要求。在澳大利亚等国家，由于安放棺材的需要，各排墓碑之间的间距约为 3 米，因此才能有如此大块的草坪与墓碑的体量相协调。一旦缩小每排墓碑之间的距离，破坏了植物与石材间的视觉平衡，恐怕墓园之美便会逊色不少。

澳大利亚墓园这种更注重整体环境，而非突出单个墓碑的墓园营造方式，或许能给国内的墓园规划带来一些新思路。

三、日本墓园

玫瑰花园

与澳大利亚地广人稀的情况相反，日本作为一个高密度人口的岛国，其墓园景观也截然不同。伊势家株式会社是一家有 80 多年历史的企业，它在日本各地建造并经营着众多墓园。玫瑰花园，这个面积不到 10 亩的小墓园，它的经营经验是其中最值得与读者分享的。

日本的墓碑几乎都是以墓室的形式出现，因而石材用量很大，且墓室紧邻墓室，几乎没有间隙。玫瑰花园恰恰打破了这一传统。从月季盛开的长廊中入园，眼前豁然开朗，主轴线上多个对角相连的正方形水景形成了连贯的景观轴线。虽然这条主道路并不宽，但经过长廊这一幽闭空间的对比，无形中扩大了有限的空间。

1. 玫瑰花园：南北朝向排列方式

玫瑰花园保留了日本墓园传统的“背对背”排列方式，即相对的两排墓碑间共用一条道路。但在相背的两排墓间，额外设置了绿化空间，种植月季及金蜀桧等植物。近年来，工作人员逐渐说服客户用草本及藤本植物代替厚重的大理石底座，让每一座墓碑都有植物环绕。这样的设计可以节省近一半的道路面积，增加墓园的容积率。由于墓园建在居民区附近，墓园与外界的隔离采用绿篱墙与防腐木花架间隔排列的形式，并使两者前后错落有致，避免单调。这样的设计既维护了园内祭扫客户的隐私，又不完全隔断视线，使园内园外保持适度通透。

2. 玫瑰花园：绿化、景观

如同日式园林一样，玫瑰花园给人最强烈的感觉是其对细节的注重，墓园里的每一株植物都得到了精心的养护及修剪，每一个月季品种边都有相应的介绍牌。工作人员会在每天修剪下的花瓣中挑选最好的放入水景。蜀桧在种植初期用竹条排列固定，以便成型后可修剪成整齐美观且仅 20 厘米宽的绿篱。修剪绿篱时会将塑料膜铺在地上，方便修剪后枯枝的收集。距离道路较远的碑后绿化区内，安装了滴灌系统，科学合理地控制水量。甚至连墓区内取水用的水龙头也是可爱的小鸟造型。

3. 玫瑰花园：建园理念

在玫瑰花园建造之前，几乎所有日本陵园都是以墓室为主，仅在中间留一小条通路。但玫瑰花园为了让客户有更好的祭扫体验，在有限的空间内还建设了一座两层高的建筑。二楼是开放式的阳台，并提供各种茶饮，以便让人们休息时看到玫瑰园的全景。可见经营者对整个墓园景观效果的自信及重视。因为这一举动，在墓园建设初期受到了很多同行的批评和嘲笑，说在寸土寸金的东京，用那么多土地建造了没用的东西。但事实证明会社社长“我们不是造墓地，我们是造公园”的建园理念是多么超前，堪称翻开了日本墓园布局的新篇章。

四、中国墓园

与国外人们喜爱与墓园比邻而居的情况不同，国内的墓园一直被认为是隐晦、肃穆的所在。然而在深秋时节走入福寿园，视线瞬间被绿色大背景中丰富的色彩所吸引。高大乔木上或斑斓彩叶，或累累果实，将秋季的萧瑟一扫而光。综观整个墓园，统一整齐的香樟村林立于主干道两侧，而各个主题、风格不同的园中园穿插其中。其中以松柏园、童稚园最为典型。

1. 福寿园：松柏园

来到松柏园，矗立于园区中心位置的两棵高大雪松和有序排列的柏科植物，醒目地点出了园区主题——对松柏象征的坚贞不屈品格的赞美。这一园区的墓碑间植物与其他区域的不同之处在于，除了龙柏之外，更加入了叶色金黄、灿烂夺目的金蜀桧，打破了大量龙柏带来的阴沉压抑感。而地被植物也不再满足于“常绿”这一基本标准，取而代之的是整体布局种植的色叶植物，或鲜红或金黄的嫩叶为园区引入了明快温暖的色彩。点缀于墓间的观果植物在秋季结出了饱满的果实。开始落叶的红瑞木则露出了艳如珊瑚的枝丫，展现出秋冬独有的风景。置身于这样一个四季有景的环境中，更易让人走出悲伤的阴影而拥抱新的生活。

除此之外，在园区北侧景观绿化带还模仿自然界中起伏变化的地势而营造了微缩地形，形成了一个常绿落叶结合、层次结构复杂、种类丰富多样的植物群落。既可作为整个园区的天然背景，也在一定程度上隔离了园外人群直视墓碑的视线，让人产生了置身于公园而非墓园的感受。人们经过这样一条可以领略四季美景的长廊走入松柏园，在这样一个优美明亮的环境中追思先人，自然也会得到慰藉，在一定程度上缓解内心的悲伤。

2. 福寿园：童稚园

沿着园区周围低矮的白色围栏，能看到大小不一的彩色蘑菇、栩栩如生的字母梅花鹿装饰以及或站立或平躺的小精灵们。围栏的尽头，在白色石块上，有模拟儿童笔迹书写的“童稚园”三个卡通彩色文字。童稚园是一个特殊的存在，这其中沉睡的都是不幸早逝的孩子。

这里不同于其他整齐划一的园区，充满着高低错落、色彩鲜艳的花草植物。既能看到常绿的桂花、茶花，也能看到随季节哀荣的樱花、海棠；能看到修剪整齐的大叶黄杨球，也能看到开花正盛的矮牵牛；甚至还有沿着石碑攀缘而上的常春藤……这里的绿化没有固定的品种，没有统一的规格，只是因家长们的心愿，在层出不穷的想法与希望中呈现。这个园区并未显得杂乱无章，相反，在园区工作人员的努力协调下，乔灌草等各种属性、高度、规格植物的合理分布，让这个花园日渐丰富多彩。园方在绿化设计这一过程中更多地鼓励家长参与其中，投入感情，不但能在一定程度上缓解对孩子的思念，对他们而言，让孩子们安睡在这个有自己参与设计的花园中，内心也更多一些安慰。

五、尾声

在走访了众多如此优秀的国内外公墓后，“墓园”这个概念已不再是原来印象中那个隐晦、阴森的形象。国内的墓园经营者们虽然起步较晚，但通过不断学习、借鉴，注重理念创新，发展进步迅速，甚至在某些方面超越国外墓园。相信在不久的将来，如同“史宾威”“玫瑰园”及“福寿园”这样秉持先进理念、环境优美的，为普通人青睐的公墓会让更多国内的百姓能够在优美安详的环境中纪念先人。

参考文献：

[1] 邵锋，宁惠娟，包志毅，苏雪痕．城市墓园景观规划设计研究．西北林学院学报，2010，25（6）：186-189.

[2] 章俊华．日本城市绿地空间（上）．中国园林，2001.

[3] 胡兆量．公墓园林化．规划师，2003.

为什么玫瑰园不叫玫瑰园

泰康之家　安剑星①

摘　要： 日本东京有个玫瑰花盛开的陵园，中国同行称之为玫瑰园，每年都会有一些世界各国和地区的同行慕名前去访问。受其影响和启发，中国也有好几个陵园建起了自己的玫瑰园。可以肯定的是，今后还会有更多的玫瑰园出现。然而，大家说的玫瑰园其实并不叫玫瑰园。那么其真实的名字又叫什么呢？为什么不叫玫瑰园呢？本文试图通过解剖玫瑰园来探讨陵园的深层意义。

关键词： 陵园　玫瑰园　交流园

一、玫瑰园不叫玫瑰园

其实，大家说的玫瑰园并不叫玫瑰园。那么，又叫什么呢？日语用平假名写作ふれあいパーク（发音是 FUREAIPARK），后半截是英语“园、公园”，前半截如果用汉字写就是“触合”，接触的触，融合的合。《日中辞典》上是这么解释的：接触、交流。辞典上还特意举例“要珍惜人与人之间的交流”。那么该陵园名如果直译，就是“交流园”。这样的名字似乎听起来有点生硬？是的，因为我们还不太习惯。具体地说就是我们对“交流”这一概念理解得还不够充分。更透彻地说，就是我们这个社会还处在一个对“交流”不够重视的历史阶段。在日本，这样的陵园名字已经用了几十年，日本人对这样的名字一点也不觉得奇怪，读起来也朗朗上口。这不仅是习惯成自然，

① 安剑星，日本著名墓碑设计家，现为泰康之家纪念园事业部高管，著有《陵园艺术》，中国建工出版社出版。

更重要的是两个国家发展的历史阶段不一样。可能日本人对“交流”的意义理解得更为透彻。我们称之为“玫瑰园”是因为我们看到的只是表象，伊势家的中本社长和高田常务（现为顾问）在演讲和著述中从未这样称呼过，甚至他们的客户以及周边的居民也都从未这样称呼过，他们都自然而然地称呼着她本来的名字——交流园。

为什么人家叫交流园到了我们这里就成了玫瑰园？为什么玫瑰园（我们姑且这么称呼吧）不是诞生在中国而是诞生在日本？为什么我们的好几个玫瑰园都不如人家正宗的玫瑰园精致漂亮而有神韵？伊势家玫瑰园的面积以及各项经济指标如何？他们的设计理念、规划、建造、管理、服务又有什么过人之处呢？我们通过解剖玫瑰园来探讨一下陵园的深层意义。

二、陵园的背景是工业化和城市化

陵园是舶来品，是西方人发明的，是工业化、城市化的产物。中国与日本在鸦片战争之后，几乎同时被打开了国门。但不同的是，中国的“开放”是建立在割地赔款和民族受压迫的背景下，殡葬礼制文化难以得到很好的传承。虽然早在百年前的1914年就有了上海万国公墓，但真正开始普及陵园文化还是新中国成立后。历经改革开放的浪潮，国民经济高速发展、人民生活水平大幅提高的现代社会，是最近这二十来年的事。日本的开放有所不同。他们是在看到鸦片战争的结果之后，在还没有和西方发生正面冲突之前，比较主动地开放了国门。对于代表西方文明的陵园公墓，日本早在1872年就建造了东京青山灵园（日本管陵园叫灵园，用殡葬学者长江曜子教授的解读就是“灵魂安息之园”）。最初是民营，1926年归东京市政府公营。后来日本发动了侵略战争，使他们的现代化进程走了弯路，但在文化上所受的负面影响相对来说比较小。第二次世界大战后随着日本经济的复兴和崛起，殡葬事业也发展得快速稳健。从电影《入殓师》荣获奥斯卡最佳外语片奖也可以看出日本的殡葬理念和服务是全世界都认可的。可以说，在包括陵园在内的现代殡葬发展方面，日本比中国走在了前面。

然而，如果将殡和葬拆开来具体地细看，我们就会发现日本的殡（火化和殡仪）很发达，甚至超越欧美，而葬（陵园公墓）却落后于欧美。笔者在日本生活了25年，做殡葬工作22年，对日本各地的陵园公墓比较熟悉。可以说，在笔者1998年第一次参观伊势家玫瑰园之前，我还没有看到过真正能使自己感动的陵园。

图1　多磨灵园骨灰存放厅“御灵堂”内的纪念碑

日本将西方现代陵园理念（把陵园当作公园来建）引入日本可以追溯到1924年建成的东京多磨灵园。之前几年，东京市（当时叫市，现在叫东京都）公园课课长井上清到欧美各国考察了西方陵园，秉承现代西方陵园建设的理念设计建造了东京最具有代表性的陵园。之后的60多年间，日本也没有出现过能够超越多磨灵园的，直到1997年伊势家玫瑰园的出现。

图2　株式会社伊势家的中本隆久社长

三、天上掉下来一个玫瑰园

中本隆久，株式会社伊势家的社长。伊势家是他的家族企业。他的老家在志摩半岛的三重县伊势市，那里有日本妇孺皆知的伊势神宫。当年他的父亲从伊势市来到东京，开了个墓碑店，为了纪念家乡，就取了这样一个店名。中本社长毕业于日本的名牌大学青山学院大学经营学部。在学生时代，他父亲突然去世，家里失去了顶梁柱，他就一边上学一边参与家族企业的经营。锻炼了几年后，30多岁时开始担任社长直到2015年才退休。1985年，也就是中本社长35岁那年，首次参加了日本青年会议所石材部组织的欧洲陵园研修之旅。这次特别的考察之旅第一站是意大利，罗马和米兰的公墓里的雕刻，使中本社长受到了极大的文化冲击。（笔者也曾去过罗马和米兰的公墓，可以说，那简直就是没有屋顶的美术馆！其精美豪华是无法复制的，日本古旧阴暗的寺庙墓地和它们不可同日而语。）中本社长情绪极其低落，打算回到日本就改行。“和西方的陵园相比，日本实在是太差了，而且永远也赶不上。”——中本社长如是说。之后研修团又到了瑞士，那里的陵园截然不同于在意大利和西班牙看到的人文色彩压倒一切的陵园，而是崇尚自然、天人合一的非凡景象：陵园为树木所环抱，墓碑为花草所掩映。特别是那墓碑后面的绿篱，形成了墓碑的绿色屏障，使白石更白黑石更黑，使得原本坚硬的石材与柔和的植物交相辉映，相得益彰。

漫步在洛桑市立陵园优美的通道，看着香奈儿墓前洁白的小花，中本社长感到一种从未有过的愉悦。突然，他产生了一种想法：这样的陵园我也可以做！这样的陵园日本人也可以接受！而且，他的脑子里突然出现灵感：如果用玫瑰花来代替绿篱，陵园的色彩就会更加明媚，格调就会更加高雅！已经在日本做了十几年墓碑生意、苦苦求索却又始终找不到突破口的中本社长，在瑞士的洛桑陵园，在异国他乡，突然得到了启示，找到了通往成功道路的入口。

图3　东京秋津交流园入口处的玫瑰门

回到日本之后中本社长开始了具体周密的策划。不过他的想法并未能得到同行伙伴们的理解和支持。大家虽然也都承认瑞士的陵园很好，但始终顾忌不同国度的文化理念而放弃支持中本社长。“日本有日本的国情，日本的父老乡亲们不会接受那些西洋人的殡葬文化。”——周围的人都这么说。中本社长碰了几次钉子后，决定不与人合作，按照自己的想法坚持改革。可是，建设陵园需要不少资金，伊势家虽然也算是家老铺，但一直是小本经营，并无多余的资金。中本社长决定贷款购买土地。20 世纪 80 年代末期正值日本经济如日中天之时，银行也积极地寻找新的成长点。中本社长很容易就贷到了所需资金，经过十余年的精心筹备，于 1997 年第一个交流园——佐仓交流园——开园！真是十年磨一剑！记得当时笔者是从行业杂志《石材》月刊上看到开园介绍的，至今我还清楚地记得报道中有这么一句话：“玫瑰盛开的陵园——佐仓交流园，开启了日本陵园公墓的一个新时代!”

佐仓交流园的成功给中本社长带来了利益、荣誉和自信。之后不久，中本社长在东京西部的小平市，相距不到一两公里的地方，又一口气修建了两个交流园：花小金井交流园和小平交流园。这两个陵园以及后来又连续建造的几个陵园都获得了极大的成功。

四、解剖玫瑰园

玫瑰园里究竟都有些什么呢？在这里详细剖析一下伊势家在东京以及千叶县的七个交流园里笔者认为完成度最高的一个——花小金井交流园。

“花小金井”是地名，东京都小平市的一个区。从新宿乘电车行驶 20 分钟，在小平站下车步行 15 分钟，或者在花小金井站下车步行 20 分钟即到。有人做过调查，日本人买墓地的诸条件（地理位置、交通、价格、环境、墓地大小、墓碑质量、墓地管理等）中，最重视的条件就是离家近、祭祀方便。伊势家开发陵园将位置作为首选，通常都在从车站步行不超过 30 分钟的地方。这在寸土寸金的东京地区，在老龄化社会尤其重要。日本人扫墓集中于春秋彼岸（春分和秋分）及忌日，但届时也能够自觉地协调时间，稍稍提前或拖后一点扫墓，很少有像我国的清明节那样拥挤。伊势家的交流园因为环境很好，平时来祭祀的人也络绎不断，特别是周末。

除了看上去就像咖啡馆的办公楼，玫瑰园还有一个多功能厅，可以举办告别式、葬礼，也可以举办音乐会、讲座，甚至可以举办婚礼。入口处有“常备

图 4　东京花小金井交流园的入口

轮椅”，还有“代喊出租”的服务，这些都是老龄化社会所必备的服务。接待处销售香和鲜花，既是陵园所必需的服务，也是一笔附加收入。为了拓展业务范围，两三年前，伊势家开始承办殡礼，依然是与众不同，品位极高。

玫瑰园的主流产品从样式来看属于小型艺术墓，从墓穴单位来看属于家族墓（日本以家族墓为主），但“花小金井交流园”的主流商品家族墓早已于七八年前售罄。而客户喜欢这里的环境，依然来购墓。伊势家也不愿轻易地放弃商机，于是就绞尽脑汁开发出了不怎么占地的树木葬和集体墓。

伊势家的树木葬不修地宫（安放骨灰的空间），而是在树下土里深埋入直径 10 厘米、高 40 厘米的不锈钢制骨灰筒，里面只放一部分骨灰（一定要有头骨和喉骨），其余的在另外的深坑里合葬。逝者的名字铸在小铜牌上，再将铜牌粘在路沿石上。如果不留心你可能根本就注意不到它的存在，但作为坟墓，一切必要的因素它全都具备了。这种埋葬方法非常节省土地，大大地拓宽了伊势家的营利空间。树木葬的价格是 59 万—71.5 万日元，如果按 2016 年 3 月的汇率换算，约合人民币 3.4 万—4.12 万元。请别忘了它实际占地才 0.01 平方米，即使算上公摊面积也不超过 0.1 平方米！而中国的大部分陵园还在以卖墓地面积为主要盈利点。笔者考察过很多二、三线城市的陵园，粗略计算，卖同样价格的墓地至少在 2—3 平方米，是伊势家玫瑰园树木葬所占土地的 200—300 倍！如果只算面积单价，这可能是全世界最贵的墓地！如果从投入产出比来计算，这可能是全世界利润率最高的墓地！但是消费者都很愉快地接受了。

如果按照传统墓葬的方法，这个陵园已经售罄，将不再产生新的利润。仅仅是观念的改变，就可以再创造出和原来已经售罄的部分同样的价值来！这才是真正的节地葬！这种做法已经开始悄悄地对中国同行产生影响。

图5　树木葬的铜牌（这可能是世上最节地的墓葬了吧！）

伊势家交流园还有一种形态独特的墓叫集合墓（集体墓），是将并非同一家族的人甚至彼此不认识的人的骨灰都葬入同一个相对独立的分区。但每个安放骨灰的空间又是相对独立的。这 30cm×80cm 的空间，地下有两到三层，可以安放 4~6 个骨灰壶。这可以是一家人也可以是亲戚朋友。顺便说一句，日式骨灰壶多用陶瓷，所占空间较小，非降解，几乎可以永久保存。为了节省空间同时又保持足够的尊严，伊势家别出心裁地将墓碑和墓志分开，一个小分区共用一个墓碑——更像是大家共同的纪念碑，然后在另一块卧碑上刻逝者的名字。因为设计得很精美，用的石材也很特别（基本上都使用印度的橄榄绿、巴哈马蓝和奥罗拉等看似大理石却是花岗岩的石材——既有大理石的外观的柔和，又具有花岗岩材质的坚硬耐风化。尤其是因为日本人从来没有用过这种石材做墓碑，就会感到清新别致，而且还可以在某种程度上避免价格的竞争）。这种节地的葬法并不感觉简单廉价，相反具有一种充满西洋风格的、罗曼蒂克的高贵品格。

花小金井交流园的集体墓早已于六七年前售罄，当时的价格是每个墓位（约 30cm×80cm）卖价 50 万日元（按现在的汇率约合人民币 2. 88 万元）。

墓葬，是门产业，也是种文化。陵园，还有墓碑，是种商品，同时也是门特殊的艺术。作为商品它暗含了很多附加价值，可以无尽止地开发；作为艺术，它综合了历史、宗教、伦理、社会、民俗、园林、造型、雕刻等很多

图 6　集体墓，一个小分区共用一个墓碑

因素，你的见识越广、知识越多，越是能够提高附加价值，打造出精品，也能卖个好价钱。每到清明节，中国媒体就热议“死人与活人争地”“死不起”，一方面是社会对这个特殊行业的认知度还远远不够，另一方面则是我们还没有足够的合理使用宝贵的土地。在寸土寸金的东京，伊势家玫瑰园的这种追求小而精的做法是不是很值得我们学习和借鉴呢？

结　语

最后，让我们回到文章的主题：为什么不是玫瑰园而是交流园。其实，玫瑰也罢，绿篱也罢，草坪也罢，雕刻也罢，都只是形式，是因地制宜的表象。而墓地的灵魂或曰终极目标乃是搭建和创造一个生者与逝者的交流平台，一个逝者亲友间的交流平台，一个人与造物主之间交流的平台（所以叫交流园）。而关键在于这个交流的平台是美好的，充满了爱、美、盼望与关怀的。另外，也创造了一个生与死的对话场景，让生者可以直面死亡、思考死亡，从而活得更有意义。殡葬实际上是一个很哲学的命题。

一个成功的陵园，不只是设施或绿化，甚至也不只是优质服务，而是要透过设施与服务，可以让每天在金钱欲望中打拼的人，得到片刻安息，得以聆听自己内心的声音、造物主的声音并正视死亡，从而可以重新调整自己的人生目标，以活得更有意义。

生如春花灿烂，死如秋叶静美。一年四季好花常开的玫瑰，有时灿烂有时静美，生命中总有馨香之气，悦目宜人沁人心脾，经久不息。

县（区）推行节地生态安葬区域保护问题研究

——以杭州市萧山区实践为例

浙江省民政厅　葛校登　章广园　张新华

摘　要：近年来，县（区）民政部门相继制定了节地生态安葬的政策，使各地的殡葬生态环境得到有效改善。杭州市萧山区积极倡导和推行节地生态安葬，初步建成一批节地生态安葬区域，出台了一系列节地安葬区域保护的政策，通过整治乱埋乱葬，在节省殡葬用地、保护资源环境上取得了一定成效。但总体上看，推行节地生态安葬区域保护的力度不够、措施不新、政策不全；特别是在节约土地、保护环境、激励引导、规范监管的机制、体制上还不完善，导致节地生态安葬区域设施供给不足，节地生态安葬率不高，骨灰装棺再葬、墓位面积超标、过度使用不可降解材料等问题突出，迫切需要加以解决，需要进一步加快改革步伐，完善政策法规，走出一条新型的节地生态安葬区域保护绿色环境之路。

关键词：节地生态　安葬　区域保护　萧山区　实践

近年来，浙江省杭州市萧山区根据绿色殡葬改革的要求，制定了萧山区节地生态安葬区域红线，进一步加强全区殡葬基础设施建设，创新全区殡葬服务管理制度，不断推进节地生态安葬，革除丧葬陋习，推行绿色殡葬，逐步实现文明、科学、生态的丧葬新风尚。使全区的殡葬生态环境得到有效改善，走出了一条新型的节地生态安葬与保护环境之路。不仅收获了弥足珍贵的实践经验，也给其他县（区）提供了有益的启示。

一、杭州市萧山区节地生态安葬区域保护实践成果

（一）及时规划萧山区节地生态安葬保护区

显然，节地生态安葬区域规划是生态安葬区域保护工作由经验型殡葬管理向科学型殡葬管理转变、由传统型殡葬管理向现代型殡葬管理转变的一项重大的基础性工作，是科学开展节地生态安葬区域保护工作的重要手段。为此，萧山区从2003年起就启动节地生态安葬区域保护的科学规划工作。一是及时制定了节地生态安葬区域规划工作政策。全区在认真分析节地生态安葬区域保护的特征、墓穴生态系统服务功能与墓穴生态敏感性空间分异规划规律的基础上，提出了萧山区节地生态安葬区域规划名录、范围及保护措施；出台了《关于在全区农村推行生态墓区建设的通知》（萧政发〔2003〕148号）、《关于规范生态墓地建设的通知》（萧民〔2006〕100号）、《关于进一步深化殡葬改革工作的实施意见》（萧委办〔2007〕7号）等节地生态安葬区域保护规划工作政策文件。把节地生态安葬区域规划作为可持续发展的重要战略。从萧山区的实际出发，节地生态安葬区域规划的定位准，立足公益性、生态性；着重合理规划节地生态安葬区域的布局，以节约土地资源、保护生态环境为价值导向，明确了节地生态安葬区域规划选址必须符合萧山区土地利用总体规划和城乡建设规划，不但及时规划了绕城线以内和生态公益林范围，还出台了对绕城线以内不再新批任何形式墓地的规定，既考虑了全区绿色生态的承受能力，又考虑人民群众实际的殡葬需要，最大限度地做到两者相得益彰。二是统一核定规划标准。全区节地生态安葬区域规划按照人口总数的6‰死亡率标准执行，20年为一个周期确定用地面积，一次规划，分期实施；并要求在进行节地生态安葬区域规划时，必须选择在适宜种植花草、树木的坡地上，且植树、种草、种花，绿化覆盖率达到80%以上；有效缓解了公益性公墓、经营性公墓与节地生态安葬区域用地的矛盾。三是严格规定节地生态安葬区域规划建设审批流程。全区统一按照浙民事〔2005〕201号文件内容要求申报审批，在征得城建、林业、国土等部门同意后，由区发改局、区民政局统一审批；并从严控制各乡镇（街道）公益性墓地的规模，原则上对没有经过整体规划的墓地不新建，不扩建。四是拓展节地生态安葬区域规划的视野。对原符合规划要求的公益性墓地经过改造，也可转化为节地

生态安葬墓地，审批要求同节地生态安葬墓地申报程序一样，从而有利于加大节地生态安葬区域规划面积。高起点的规划有效维护了萧山区殡葬生态系统的完整性和连续性，有利于全面推进节地生态安葬保护区建设，有利于贯彻萧山区委、区政府的“三生融合”的推进，走出了一条由节地生态安葬区域保护换取山清水秀环境优美和谐的科学发展之路，为萧山经济社会和环境保护协调发展奠定了基础，更为促进萧山区人与自然和谐发展作出了贡献。

（二）大幅度提升萧山区节地生态安葬区域保护的力度，以更加严格的环保要求倒逼全区公墓转型，腾出生态发展空间

萧山区人多地少，土地后备资源缺乏，生态系统脆弱。近年来，萧山区在着力推进殡葬改革的同时，通过学习借鉴国外生态安葬区域的先进经验，积极探索推广符合实际、群众认可的节地生态安葬区域保护方式。自1984年城厢、瓜沥、临浦推行火葬至1998年全面实行，全区火化率一直保持在100%；萧山区在1999年、2000年又进行了大规模迁坟平坟工作，取得了一定的效果。以后几年由于缺乏对节地生态安葬区域保护管理长期性、艰巨性的认识，没有形成长效的节地生态安葬区域保护管理机制，缺乏顶层设计，导致了不少乡镇（街道）出现厚葬、豪华墓葬、把骨灰进棺，然后偷偷摸摸上山乱葬乱埋现象的发生，特别是在“三沿五区”“六座山”视线范围内“青山白化”现象一个时期内比较普遍。为此，萧山区政府开始痛定思痛，重点整治全区殡葬乱埋乱葬现象，加大对全区节地生态安葬区域保护力度，从2007年3月起开始实行全区节地生态安葬区域保护，在保护区内禁止建造建筑性坟墓，全面启动节地生态安葬区域保护的三年攻坚战。开展全区节地生态安葬区域的坟墓治理，重点治理全区范围内的所有空坟、“一空一实”坟墓（包括多空多实坟墓）和“三沿五区”视线范围内的坟墓，基本消灭“青山白化”现象，使节地生态安葬区域保护工作驶入快车道。截至2015年12月底，全区共规划建设生态墓地57处，征（租）用山坡杂地993.4亩，全区节地生态安葬区域保护基本实现全覆盖，有力地促进了生态文明建设，推动了全区经济社会可持续发展。主要做法：一是抓好萧山区节地生态安葬区域修复工程。从实行节地生态安葬以来，区民政局和乡镇（街道）对做好节地生态安葬区域保护工作十分重视，实行区、乡镇（街道）专人负责制，着重治理“三沿五区青山白化”现象，拆除了一大批违反规定建设的坟墓；重点对全区节地生态安葬区域内的配套设施进行全面升级，统一建立节地生态安葬区域内的祭扫区、厕所、停车场、休息区等场所设施。从2008年至2015年，全区下拨以奖代补资金5437万元，为做好节地生态安葬区域修复工程提供了财力保障，更为全区节地生态安葬区域释放修复空间。二是严格制定萧山区节地生态安葬保护区域的价格标准。按照“立足公益性、生态性”的原则，在执行节地生态安葬区域价格和日常管理维护费用上实行政府定价或政府指导价，具体价格由物价部门根据土地费用、建设费用、日常管理费用等核定，实行上墙张榜公布，减轻了广大人民群众殡葬负担。三是严格执行节地生态安葬保护区的分级管控。对全区划定的节地生态安葬区域保护的一级、二级管控区实行刚性约束，从而严格控制生态公墓开发环保准入门槛，认真执行节地生态安葬保护区的环境影响评价，一律禁止在节地生态安葬规划区范围外进行经营性公墓开发建设，保障其主导生态功能得到永续发挥，对防止乱建殡葬坟墓的无序扩张起到至关重要的作用。四是加大节地生态安葬保护区生态投资力度，以实现可持续发展为出发点，不惜一切代价做好节地生态安葬保护区文章，出台节地生态安葬保护区域奖励条例，截至2015年12月底，区财政共投入6000万元进行大规模节地生态安葬保护区域建设；全区节地生态安葬保护区绿化覆盖率达85%，超过浙江省平均水平的55个百分点，形成良好的殡葬生态环境，大幅度提升了萧山区节地生态安葬区域保护的美誉度。

（三）大力提高萧山区广大群众参与节地生态安葬区域保护意识

党的十八届三中全会指出：“生态文明建设，关系人民福祉，关乎民族未来。”为此，萧山区推行节地生态安葬一直以绿色环保、生态文明为发展理念；严格遵循“资源节约、环境友好、循环可利用和人与自然和谐相处”的原则，基本形成遗体处置无害化、骨灰安葬生态化、服务环境园林化、祭扫行为文明化、殡葬用品环保化的现代殡葬新型发展模式。主要做法：一是在大力度提高公众参与节地生态安葬保护区的意识上下功夫。具体在推进广大群众参与节地生态安葬区域保护意识上实行两手抓，一手注重抓好治理节地生态安葬区域环境硬件建设，注重快投入、求实效；另一手注重抓好治理节地生态安葬区域保护的环境软件建设，注重节地生态安葬区域环境保护，推行节地生态安葬区域生态道德文化建设，倡导生态伦理、生态正义和生态义务，开展“鲜花换鞭炮、绿色清明、文明祭扫活动”，消除节地生态安葬区域内的火灾隐患。努力把节地生态安葬区域的保护意识上升为全民意识，把节地生态安葬区域文化上升为殡葬主流文化，积极构建绿色低碳的节地生态安葬区域文化体系。二是在深入宣传教育上下大力气，营造氛围。充分利用萧山区政务网站、政府微博、电视、电台、报纸等平台载体，大力宣传节地生态安葬区域保护知识、法律、政策的重要性，提出了许多响亮的符合萧山实际的节地生态安葬区域保护口号，把节地生态安葬区域保护意识自然引入殡葬体系，通过宣传发动，进一步引导广大群众参与节地生态安葬区域保护行动，使节地生态安葬区域保护理念逐步深入人心。三是调动全区广大群众以及殡葬服务单位积极参与节地生态安葬区域保护行动。创新殡葬“生态化”的服务方式，所有殡葬服务单位做到：服务源头坚持“生态化”，服务过程强化“生态化”，服务末端实现“生态化”。以此来引导广大人民群众自觉践行节地生态安葬，推动移风易俗，树立环保、绿色、文明的祭扫新风。使全区广大人民群众充分认识到全面推进节地生态安葬区域保护对于推进绿色生态殡葬建设的重要性和紧迫性，切实增强责任感和使命感，促使全社会积极行动，深入持久地推进绿色生态殡葬建设，加快形成节地生态安葬区域保护科学发展的新格局。

二、杭州市萧山区节地生态安葬区域保护存在的问题

当前，县（区）节地生态安葬区域保护工作主要是依靠政府的力量在推进，政府采取的是一种行政化高度契合的管理模式。在这种模式下，主要存在以下几方面的问题。

（一）未处理好节地生态安葬区域规划的有限性与经营性公墓开发的无限性之间的关系

在现有政策环境下，节地生态安葬区域保护优先的理念在实践与规划编制中存在一定不足。现在萧山区虽然也建立了许多不同名目的节地生态安葬保护区域，初步实现了由“乱葬乱埋”到“节地生态安葬”的转变，但是由于近些年来，无论是国有还是私营公墓，都面临着土地资源短缺的客观实际，忽视节地生态安葬区域的保护现象还是一定程度上存在。特别是在偏远的乡镇（街道）的节地生态安葬区域很难达到理想的保护目标，不能从根本上大面积推广节地生态安葬保护区，这种片面追逐开发经营性公墓经济利益的背后总是以牺牲生态环境为代价。即使是目前已规划的节地生态安葬区域，也面临被经营性公墓开发蚕食、分割和过度造豪华型公墓带来的生态退化威胁。

如果任其发展，那么节地生态安葬区域保护面积不是越来越大而是越来越小，开发经营性公墓与生态安葬区域争利现象将会越陷越深。

（二）未处理好节地生态安葬区域承受有限性与骨灰安葬的需求无限性关系

萧山是一个比较传统的农业县（区），近年来由于经济腾飞导致人们对殡葬消费也呈现多样性的特征，特别是目前还基本保留遗体火化、骨灰上山请风水师定时间、骨灰装棺再葬以及墓穴讲豪华型的殡葬礼俗，这成为推进节地生态安葬区域保护的一大阻力。如何保护好这些已建立节地生态安葬区域的生态环境，对将来发展空间的拓展尤为重要。但由于骨灰安葬需求的无限扩张，再加上对节地生态安葬区域保护认知的偏差，导致人们过度破坏殡葬生态环境，习惯于把骨灰盒装棺后再葬入豪华型坟墓中，结果导致节地生态安葬区域的大量消失和破碎化，节地生态安葬区域保护趋于弱化。活人的这些不文明行为对节地生态安葬区域造成的损害已超出其本身的自然承受力，一旦这些节地生态安葬区域遭到破坏便很难恢复，甚至不可逆转。

（三）未处理好节地生态安葬区域保护的有限性与公众参与的无限性之间的关系

目前，县（区）节地生态安葬区域保护与节地生态安葬区域保护建设主要依靠政府的持续推进。政府的殡葬管理职权和能力的有限性，导致节地生态安葬区域保护推进显得力不从心，特别是在推行乡镇（街道）节地生态安葬生态保护领域上，一方面多数乡镇（街道）在生态墓区的规划上措施不力、在财政资金的投入上力度不够大；另一方面是推行节地生态安葬区域保护广大群众参与上尤其欠缺。由于乡镇多数村民封建迷信思想意识较浓，参与节地生态安葬区域保护面比较狭窄，主城区除少数绿色殡葬环保志愿者，很少有人主动融入节地生态安葬区域保护过程之中，导致人民群众主动关心和参与节地生态安葬生态保护行动的人数不到当地总人口的1%，造成了节地生态安葬区域保护心有余而力不足的局面。

三、县（区）节地生态安葬区域保护与建设的相关举措

毋庸置疑，在改革转型大背景下，殡葬业自身正在进行着从管制向服务、

从封闭向开放、从传统向现代的转变。由于节地生态安葬区域保护建设工作是一项复杂的系统工程，既需要有相关部门设计精心的制度安排，又需要有长远的配套改革措施，离不开宏观统筹全社会力量的参与，更离不开微观研究政策法规的出台。只有站在全局的高度来协同推进，县（区）节地生态安葬区域保护建设工作才能取得新成效。

（一）搭建平台，构建县（区）节地生态安葬区域保护大联防体系

节地生态安葬区域保护极其敏感，也是殡葬改革的核心环节，因此，必须整合社会优质资源和力量参与到节地生态安葬区域保护进程中来。一是要成立县（区）节地生态安葬区域保护专业队伍。民政执法大队对节地生态安葬区域保护状况良好的区域，进行重点督导，对已建立的专业队伍要进行严格保护，使其继续维持节地生态安葬区域的自然绿色状况，防止造成节地生态安葬区域的人为浪费。二是要构建县（区）节地生态安葬区域合作共管联防体系。县（区）节地生态安葬区域保护没有乡镇之分，应当摒弃乡镇（街道）与乡镇（街道）地域之分的观念，打破目前乡镇（街道）节地生态安葬条块分割、各自为政的分散局面，通过不同乡镇（街道）之间多个节地生态安葬区域的合作，共同改善节地生态安葬区域环境，保护当地的自然资源，造福子孙后代。三是要健全部门协调联动机制。县（区）节地生态安葬区域的保护涉及农、林、水、土等生态系统管理多个部门，民政部门需要进一步加强与这些各部门之间的沟通协作，打破节地生态安葬区域保护只是民政部门管理的错误思维，从而形成不同部门共同开展节地生态安葬区域保护管理的良好局面。四是要做好县（区）节地生态安葬区域保护的信息化建设。县（区）相关部门必须加快建立节地生态安葬区域信息管理平台，利用信息化服务平台，实时掌握全区节地生态安葬区域保护动态信息，初步形成覆盖城乡的节地生态安葬区域保护公共服务网络，以提高县（区）节地生态安葬区域保护工作的效率和应变处置力度。

（二）建章立制，完善县（区）节地生态安葬区域保护政策法规

2010 年 12 月，民政部召开的全国殡葬改革推进会指出："着力推进以惠民殡葬、公益殡葬、绿色殡葬、科技殡葬、阳光殡葬、人文殡葬为主要内容的现代殡葬。"各级地方政府要从建设生态文明的战略高度，深刻认识并统筹协调好节地生态安葬区域保护和经济社会发展的关系，坚定不移地走绿色殡

葬发展之路。首先，县（区）地方政府应建立统一管理和公众参与的节地生态安葬法律调控机制，用法律的手段来进行保护。在充分调研论证的基础上，建成一批具有示范效应的节地生态安葬保护区，较大幅度地提高节地生态安葬比例，全面实行节地生态安葬以奖代补激励政策，使节地生态、移风易俗新风尚成为各地殡葬活动主流。其次，要完善节地生态安葬考核评价体系，构建节地生态安葬区域保护的生态补偿机制。突出对乡镇（街道）节地生态安葬区域保护的奖励资金，实行“谁保护、谁受益”“谁贡献大、谁得益多”导向。通过转移支付对重点节地生态安葬保护区给予适当政策倾斜，增强县（区）节地生态安葬基本公共服务的能力，有效调动各乡镇（街道）节地生态安葬区域保护的积极性。把节地生态安葬区域保护工作真正纳入所在乡镇（街道）绩效考核评价范围，将节地生态安葬区域保护治理代价计入镇（街道）绩效考核发展成本之中。

（三）调整布局，着力推行县（区）节地生态安葬区域保护改革

县（区）地方政府要按照民政部等九部门印发的《关于推行节地生态安葬的指导意见》文件要求，大力推行节地生态葬式葬法改革，着力提高节地生态安葬区域的管理服务水平，优化服务流程，拓展节地安葬区域服务项目，强化殡葬人文关怀，积极提供节地安葬区域便民高效服务；加强绿色生态墓地的宣传，让公众积极参与到生态墓地的建设之中，把推行节地生态安葬区域保护作为深化殡葬改革的重要内容，摆上议事日程，健全工作机制，落实相关部门责任，形成工作合力，共同做好节地生态安葬区域保护改进等各项工作，提高节地生态安葬区域的比重；坚持以节地生态安葬区域保护规划为工作导向，处理好生态承受有限性与骨灰公墓安葬无限性之间的关系，引导人民群众的骨灰安葬方式转向节地生态安葬区域，避免出现“青山白化”生态退化现象。要切实加大节地生态安葬区域的保护力度，抓紧制订节地生态安葬具体实施方案，科学规划好节地生态安葬区域建设，通过按比例配建乡镇（街道）节地生态安葬区域等方式，强化乡镇（街道）节地生态安葬区域保护意识。树立厚植符合节地生态、绿色环保要求的安葬理念，着力培育具有时代特征、民族特点、群众基础的节地生态安葬区域保护规范。建立优秀、健康的殡葬文化，其意义在于灌输孝道、提升人性、淳化风俗。倡导服从意识，以促进社会风俗之良性循环。争取给县（区）节地生态安葬文明建设留足最大空间，释放最大能量。

（四）探索建立县（区）节地生态安葬区域保护合作治理模式

民政部门应该从公共管理的视角对节地生态安葬区域保护进行理性思考，逐步探索县（区）节地生态安葬区域保护合作化管理道路，充分发挥基层社会组织的作用。深入落实中央“八项规定”和党员干部带头推动殡葬改革的要求，明确提出党员干部在节地生态安葬中要发挥带头作用，主动做好节地生态安葬区域保护改革的践行者、绿色殡葬的推动者、生态文明风尚的引领者，依法纠正和查处党员干部尤其是领导干部去世后遗体违规土葬、乱埋乱葬、超标准建墓立碑等行为。通过机制体制创新，鼓励、支持和引导当地行政村（社区）、社会组织、企业和环保志愿者等各类社会主体广泛参与到节地生态安葬区域保护中来，激发全社会保护节地生态安葬区域的自觉性和主动性，承担起保护节地生态安葬区域环境的无限责任，积极营造全社会齐抓共管的良好格局，拓展生态殡葬、绿色殡葬的实现途径，可以开展海葬、空葬等绿色葬法，从而减少墓地面积，节约耕地；探索和创新骨灰节地生态葬式，以推进保护节地生态安葬区域的可持续发展，促进人与自然的和谐共融，为推进生态文明、建设美丽中国作出新的更大的贡献。

参考文献：

[1] 党的十八届三中全会报告．中共中央关于全面深化改革若干重大问题的决定，2013.

[2] 朱勇编．中国殡葬事业发展报告（2011）．社会科学文献出版社，2011：2.

[3] 李本谦．生态公益性墓地模式浅析．中国民政，2006（3）：21.

[4] 王治国．殡葬文化与精神文明建设．长沙民政职业技术学院学报，2002.

[5] 朱胜进，陈维国，陈利．中国殡葬行业现状——来自浙江省的调查．浙江社会科学，2012（7）：83.

现代殡葬服务生态化研究

长沙民政职业技术学院殡仪学院　卢　军　郭灿辉　沈宏格

摘　要：本文从生态殡葬视角出发，诠释了现代殡葬服务生态化的理念及实施意义，分析了当前国内外殡葬界对殡葬服务生态化研究情况，得出当前我国现代殡葬服务生态化水平体现为“三无”：无标准可评、无机制推进和无常态对待。提出了实现现代殡葬服务生态化发展的三个对策：思想、方式及内容。

关键词：生态殡葬　绿色殡葬　殡葬服务

在我国市场经济快速发展的同时，社会进步也正在慢慢改变人们的生活空间、生活方式，以及个人与群体的价值观念。随着人们殡葬观的不断改变，与传统殡葬服务相比，老百姓对现代殡葬服务的模式、内容、要求与服务水平都有了更高的要求。随着社会进步，法治殡葬、生态殡葬、惠民殡葬、绿色殡葬、科技殡葬逐渐被大家所接受，并逐渐成为当前殡葬行业发展与改革的核心，其中殡葬服务的“生态化”已经成为这种改变中最为显著的时代新潮。殡葬服务生态化是殡葬服务发展到一定阶段后对学界和业界提出的一个新课题。党和政府对此高度重视，民政部相关负责人在第四次全国殡葬会议上提出工作目标：“必须以邓小平理论、‘三个代表’重要思想、科学发展观为指导，深入贯彻落实党的十八大、十八届三中全会和两办《意见》精神，服从和服务于国家经济社会发展大局，坚持实行火葬、改革土葬、节约殡葬用地、革除丧葬陋俗、倡导文明节俭办丧事的殡葬改革方针，以满足人民群众殡葬服务需求为出发点和落脚点，解放思想，更新观念，破除与时代要求不相适应的体制机制弊端，实现殡葬管理、殡葬服务与殡葬改革协同共进。”2013

年，在谈及如何深入学习贯彻中办国办《关于党员干部带头推动殡葬改革的意见》精神时，民政部领导明确提出：两办《意见》的出台，为促进以法治殡葬、生态殡葬、惠民殡葬、绿色殡葬、科技殡葬为核心的现代殡葬建设发展，提供了强大动力；对推动殡葬改革、加强精神文明、生态文明建设以及促进党风政风乃至民风建设，都具有十分重要的意义。本文试图从生态殡葬视角出发，探索实现现代殡葬服务生态化的模式与措施，为推进生态殡葬提供依据。

一、何谓殡葬服务生态化

在我国独特的文化背景下，殡葬是一个传统因素沉积深厚、改变起来较为艰难的特殊领域，但在殡葬改革实践过程中，对过去的殡葬服务模式、手段、方式等的改变成为一个不可逆转的潮流。殡葬服务生态化应运而生，以迥异于传统的全新姿态，摆在了社会大众和各级政府面前。其含义可归结为：在可持续发展理念指导下，在殡葬服务领域，通过能源创新、技术创新、葬法创新、礼仪创新、制度创新等多种手段，尽可能地减少高碳能源消耗，减少温室气体排放和环境污染，同时相应地减少殡葬服务的超额浪费，以一种节省、环保、不损害当前人类生存环境的可持续发展姿态，达到殡葬事业和生态环境保护双赢的效果。殡葬服务“生态化”的外延和内涵都很丰富，除涵盖多年来提倡的“绿色殡葬”“生态殡葬”等技术方面的要素外，还延展到与殡葬服务紧密相连的“人文生态”“制度生态”等思想价值领域，以及由此产生的殡葬服务模式生态化的变革。

二、我国殡葬服务“生态化”现状

要取得殡葬服务改革的成功，首先必须正视我们的服务现状。在中国，因为现代殡葬服务业起步较晚，殡葬业多因袭传统，因此不可避免带着“非生态”的特征。

首先是遗体的处理方面，非生态包括“污染”和“耗费”两方面：遗体处理如采用土葬，遗体本身作为一个超级污染源，滋生的病菌和传染病遗体携带的病毒将对土地、地下水、空气等产生危害，直接影响到人们的健康；遗体处理如采用火葬，其保存与火化需要消耗大量的能源，包括化学药剂与燃料；遗体土葬和“二次葬”还会浪费土地、木材等资源，给我国有限的资源带来空前的压力。有关数据显示，我国每年火化量大概在500万具，将消耗70万吨柴油，产生3000多吨一氧化碳、1000多吨氯化氢、600多吨二氧化硫、2000多吨氮氧化物和500多吨烟尘，还将产生剧毒致癌物二噁英和硫化氢、氨气、汞等其他有害物质。如果这些得不到有效的预防，那么对于每年参加殡葬仪式和祭扫活动的人来说，是多大的危害，更不用说在遗体装殓、礼厅布置、车辆出行和祭品焚烧中产生的相当惊人的浪费与碳排放。

当然，上述事实的存在，已经在慢慢改变我们对于殡葬的认知，呈现出一种可喜的发展态势。在日常生活中，“生态化”概念越来越受到人们的关注，人们都在追求一种“生态”的新生活，包括我们每个人都会面临的“死生大事”。“十二五”规划强调：必须增强危机意识，树立绿色、生态发展理念，以节能减排为重点，健全激励和约束机制，加快构建资源节约、环境友好的生产方式和消费模式，增强可持续发展能力——这意味着殡葬行业在这一改革进程中，必须在服务中自觉地强化“生态化”概念，从而支持、配合当地生态社会和经济的发展，顺应时代发展的要求。但是，目前学界的研究成果和业界的服务，实际上都还主要集中在人们的思想观念及葬式葬法方面，主张正确看待我们的传统文化，尤其是积淀深厚的丧葬文化，希望服务过程中，在汲取精华的基础上，抛弃传统殡葬中的恶俗和陋俗，树立现代殡葬服务的意识。这主要体现在如下几个方面。

第一，以珍惜土地资源为号召，改变“入土为安”的观念。在新时期，对中国传统观念的“安土重迁”“落叶归根”“入土为安”思想在新时期应该正确看待，必须意识到土葬和火化后骨灰土葬占用耕地、破坏环境的严重后果，倡导换一种方式，以壁葬、塔葬、草地葬等方式来节约土地资源。

第二，以美化生活环境为号召，以生态方式来取代坟山林立。认识到传统墓葬采用砖石、水泥等对环境的破坏，提出殡葬建筑与设施在外部环境方面实现生态化设计的理念、原则和设计方法，对殡葬建筑外部环境和内部环境进行生态化设计，从而提升殡葬建筑环境的生态化品质。

第三，理性看待我们对先人的纪念方式，例如倡导以骨灰培树、以树代碑的与绿化相结合的骨灰处理方式，将树木的生长看作是生命的延续，这既体现了我们慎终追远的传统丧葬观，又能解决当下生活环境所面临的严重问题。倡导文明治丧，丧事从简，以一种情感化而非形式排场化的仪式来取代烦冗、充满封建迷信的送葬仪式。

但是，在看到良好发展态势的同时，我们也应理性地看到，我国殡葬服务“生态化”进程目前仍处于起步阶段，也是行业发展的低级阶段。在这一阶段，我国殡葬服务“生态化”的水平具体体现为“三无”：

（一）“无标准”评价

生态殡葬日益受到关注，但什么是殡葬服务“生态化”仍是一个模糊的概念，重表层概念表述而轻深层内涵挖掘，重技术属性而轻人文属性，仍是当前的普遍认识，评价标准更是缺位，对它的理解和规划一直是学界纠结和业界难行的“沼泽地”。无标准导致服务单位各行其是。殡葬服务单位在推行生态殡葬服务过程中，多关注本单位的经济利益，而忽略了自己应该承担的社会责任，所以对待生态殡葬多存在应付敷衍的态度。目前，中国的殡葬服务单位，分为民营和国有两种，它们理应成为生态殡葬的具体实施者，但从殡葬实践来看，还是存在很大的差距。民营企业追求利润最大化，这是其天性使然，如何使生态殡葬贯穿于民营殡葬企业的运营实践而又不损害其追求利润的本性，是摆在我们面前的课题。国有的殡葬服务单位现在大多实行自收自支的模式，推行生态殡葬服务，也必然会削弱其既得利益，所以作为主管单位，各级民政部门必须首先保证服务单位的权益不受损害，以切实的行动调动其推行“生态化”服务的积极性。

（二）“无机制”推进

一方面，政府对“生态化”的引导和控制力度仍不够，没有建立起完备而有执行力的考核评价机制，使得在如何进行“殡葬服务生态化”上较少行政与执法介入。在殡葬服务行业，日益庞大而混乱的殡葬市场，需要法制执行力度及时跟进。比如，按照规定，墓穴占地面积超过省、自治区、直辖市人民政府规定的标准的，由民政部门责令限期改正，没收违法所得，可以并处违法所得1倍以上3倍以下的罚款。对于此条例，绝大多数地方政府制定的标准都是骨灰安葬的墓穴“不超过1平方米”，但现实状况是殡葬单位所建设的墓穴（尤其是一些所谓“艺术墓园”、家族墓园）遵守此条例的不多，更没听说哪一家单位因为违反本条而受到惩罚。另一方面，由于传统文化中一些与“生态化”背道而驰的殡葬迷信和旧观念仍在我国较大范围内深度存在，殡葬的消费者在选择“生态化”服务商方面仍然存在模糊认识，加之一些殡葬单位为追求利润而过度开发的服务项目，与“生态化”形成一种“离心力”，使殡葬服务“生态化”很难落到实处。

（三）“无常态”对待

首先，行政部门推行生态殡葬的努力多停留在宣传上，且社会舆论对于生态化殡葬的宣传也没有坚持长效机制，往往是“一阵风”。例如在清明等传统节日前后，过了这段时间后就烟消云散，生态殡葬宣传成为“应景之作”，很难使社会殡葬活动生态化成为自觉行动。

其次，各种宣传与舆论引导并没有拿出切实推进的办法，是以生态殡葬的效果并不是很明显。生态殡葬包括技术生态化和人文生态化两个方面：技术层面上，作为主管殡葬的民政部门，应该整合内部资源和技术力量，进行殡葬设施设备的技术改造和更新，使殡葬服务生态化有技术保障和发展支撑。从近几年民政部门举办的殡葬设备博览会的实际情况来看，虽然殡葬技术创新令人眼花缭乱，但缺少了生态的主题，没有凝聚殡葬服务前端产业对殡葬生态化的共识。人文服务层面上，各级殡葬行政部门并没有因应形势发展，没有从丧葬服务项目和服务礼仪上作出明确的规范，没有建立殡葬服务的标准和规范体系，致使人们对生态殡葬的认识大多停留在口号上，而没有实质性的感受与跟进。

殡葬服务是社会服务链条中不可或缺的一环，理性看待殡葬服务应该成为全社会的共识，但殡葬的神秘与“公避”心理让殡葬服务常常被排除于正常的社会服务之外，殡葬服务受到偏视甚至贱视。例如，当前不少地方政府在城市建设中提出“生态化”目标，却未考虑殡葬行业，未将殡葬科技改进和项目参与纳入施政视野；不少行业联合推出“生态化”计划，亦是有意无意地忽视殡葬行业的共同参与和合作。在“生态化”服务建立社会联动体系的过程中，我们看到，殡葬服务“被边缘化”的倾向十分明显，这不能不说是一个很大的社会认识误区。

三、殡葬服务“生态化”的发展对策

（一）树立殡葬服务“生态化”思想

1. 对于政府而言，应大力扶持“生态化”殡葬

政府在施政时，应该在社会化服务方面，对殡葬服务明确提出“生态化”要求，出台“生态化”殡葬的具体政策和措施，并以有保障的行政执法为手

段，在财政、税收和法制等方面引导殡葬服务的“生态化”消费和生产，鼓励可再生能源的使用，鼓励埋葬节地、葬礼节省，遏制奢侈消费。配套相应的“奖惩并举”激励措施，倡导、保护、扶持殡葬服务的“生态化”行为。

在支持殡葬服务“生态化”上，政府的首要工作就是组织制定殡葬服务“生态化”标准。以2009年民政部《全国民政科技中长期发展规划纲要》为契机，导入“生态殡葬”概念，在全国的殡葬标准化工作开展中，明确提出殡葬服务“生态化”概念，制定以碳生产率为依据的服务标准，范围涵盖殡葬服务行业及相关行业中的全部服务和管理活动，其内容包括殡仪馆、公墓、殡葬服务公司等单位的各项业务、每个流程、每个岗位。地方政府对殡葬单位的节能减排设备技术的投入进行规划设定、目标考核与效果奖惩，真正使“生态殡葬”有标准可依。

2. 对于殡葬单位而言，应该把“生态化”作为自己的第一目标，尤其是代表着行业标杆的国有殡葬单位，更应该率先树立榜样，起到引导作用。殡葬服务单位应清晰认识“生态化”的重要性和必要性，每个殡葬单位都要建立“碳约束”观念，增强为碳排放埋单的主人翁自觉性。主动作为而非被动接受，甚至是消极对待，积极贯彻“生态化”标准，使殡葬服务成为一个可持续发展的企业行为。同时，作为企业主体，应加大殡葬设施改造的力度，在节能减排、除烟去味、减少石材的使用、绿化环境、情感殡葬、科技殡葬等方面努力，并将传统的殡葬“一条龙”服务全面转化为“生态”一条龙、“惠民化”一条龙，不断改进殡殓、告别、安葬、祭扫等服务方式，改变过去“头痛医头脚痛医脚”的随意性。

3. 对于殡葬消费者而言，应改变观念，走“生态殡葬之路”。这主要体现在两方面：舆论的有意引导和消费者的自觉行为。通过社会舆论，引导人们理性看待殡葬，看到生态殡葬给整个社会带来的巨大变革；通过“崇尚科技、反对愚昧”“崇尚生态、反对浪费”“崇尚情感、反对形式”等的宣传活动，提高消费者的公共科学素养，形成生态消费观念，自觉购买生态殡葬服务，将生态理念贯彻到殡葬全历程。

（二）实施殡葬“生态化”的服务方式

1. 服务源头坚持“生态化”。服务源头包括服务原材料使用、服务前项目推介、服务用产品设计与开发等方面。首先，殡葬服务的所有原材料选购坚持“生态化”。丧葬祭全过程所采用的材料都应该坚持“生态化”导向：

丧殓用品，尽量选用环保、易降解、最少产生污染的耗材；墓型墓碑建材的选择，尽量减少钢筋、水泥坟头，引导使用绿色植被；祭扫时所用物品，尽量以鲜花、网络等表达感恩与纪念。其次，设计、开发、推介殡葬服务时坚持“生态化”，以最有利于生态环保为基准，美化和改进“草坪葬、树葬、花坛葬、海葬”等节约资源的下葬和祭扫方式。引导丧葬用品生产厂商钻研“生态化”科技，开发、生产更多符合标准的殡葬产品。

2. 服务过程强化“生态化”。现代殡葬服务有别于传统的殡葬服务，它通常包括接运、殡殓、防腐、整容、告别、火化、下葬和祭扫等，是一整套完整过程，可以视为一个完整的服务流程。在这个服务产业生产过程中，应该秉持“生态化”标准进行过程控制：

第一，在服务当中的每个节点进行节能减排控制。通过控制每一个服务细节，合理调整殡葬服务产业结构，从而实现全面“生态化”管理。这其中除了企业内部的自律，关键是要加大殡葬服务的行政执法，做到“有法可依，有法必依”。

第二，殡葬服务过程控制要求每一个服务细节都低能耗、低污染、低排放，还应意识到必须加大科技含量。这就需要社会投入更多的科研力量，加强科技研究。加大殡葬科研经费投入，加速促进环保技术的提升，提高碳生产率（单位碳排放所产生的 GDP），以投入换取生态效益的最大化。

3. 服务末端实现“生态化”。服务末端指的是项目服务完成之后，对于服务用产品的处理，其一是无害化处理，达到生态环保的目标；其二是再利用，减少一次性产品使用，降低能源消耗，以减免浪费，推动循环经济。这两方面做的目的是强调最大限度地保护环境和利用资源。如殡殓服务中，对遗体处理产生的废水和逝者留下的遗物等，一定要经净化、处理，达到环保标准；墓地业务，通过限定墓地最大面积、建墓材质、墓地最长使用期限来控制墓葬，并科学规划，力求使得墓区循环使用；礼厅布置业务，包括鲜花、蜡烛、布幔等，采用出租、销售两种不同的方式，并以合理低廉的价格，引导低资源消费，加强服务产品的循环利用。

（三）丰富殡葬服务“生态化”的内容

1. 以文化提升“生态化”品质。大力开发饱含文化内涵的生态业务，根据殡葬传统和城市化进程中出现的现代葬礼的特点，设计个性化告别、下葬和祭扫礼仪，增加情感化的体验和个性化自由操作空间，加大墓园、殡仪馆、骨灰存放场所的文化含量，创设出人民大众能够接受的“人文、情感、生态殡葬”。例如，大力开发体现情感价值的业务，制作逝者人文纪念册、温馨追思 CD，以生命历程的形式来提升殡葬的文化品位，打造记录生命、见证生命和延续生命的历史空间。在殡葬领域开创生命教育基地、文化教育基地和情感陶冶基地。

2. 以创意丧葬用品促进“生态化”内涵。传统丧葬用品是阻碍殡葬服务“生态化”的一个重要因素，因此有必要以创意丧葬用品来改良或取代传统用品。微博微信悼念、网上代服务，骨灰钻石、戒指，例如太空葬、海底骨灰寄存等，努力将能源再生利用技术、新材料技术等现代高科技应用到殡葬服务中，不断减少资源浪费。

3. 以回归人性来引导“生态化”消费。中国传统的丧葬服务，在很多方面存在着“隆丧厚葬”的封建迷信思想，并且过分强化教化，强化“尊尊亲亲”等级制度，过分强调鬼神灵魂观念，带有明显的阶级印记与浓厚的迷信色彩，“薄葬”“节俭”“生态化”流于口号，与“情感殡葬”“人文殡葬”“生态殡葬”背道而驰。所以在亲人去世后，以炫富张扬为主要目的而举办的奢华葬礼形式不时涌现，体现为场面排场化、程序形式化、感情淡漠化的“三化”态势。对于学界和业界而言，改变过去的葬礼模式，引导葬礼服务走“人性化”“情感化”道路，例如温情的引导服务、情感化程序的设计，以及葬礼音乐、纪念册与纪念视频的个性化设计等，重视生者和逝者的感情联系，推行人文化的现代殡葬服务模式显得尤为重要和迫切。

四、结语

目前，中国殡葬服务“生态化”还处于较低水平，这一方面使我们看到了殡葬服务与当下社会发展不和谐的矛盾，感受到空前的压力，增加了改革的紧迫性；从另一方面来看也是一种动力，如果规划得当，运作到位，将对关乎民生的殡葬事业带来巨大的改变。为了实现中国向国际社会承诺的减少二氧化碳排放量的远期目标，中国殡葬业具有不可推卸的社会责任和历史责任。对殡葬服务“生态化”发展而言，全社会的观念更新是基础，各级政府是核心，科技创新、制度创新是保障，从业者和消费者的文化价值观念、服务操作理念转变是关键。殡葬服务“生态化”，说到底是服务者为社会提供的“生态化”服务，所以对于作为服务主体的殡葬企业而言，必须通过转变服务思想、改善服务方式和创新服务内容，使其成为殡葬业的行业标准，才能让殡葬服务“生态化”真正深入人心，成为和谐社会建设有机的一部分。

参考文献：

[1] 民政部时任领导．贯彻两办意见、推进殡葬改革暨第四次全国殡葬工作会议上的工作报告，2013-03-27.

[2] 民政部时任领导．谈如何深入学习贯彻中办国办关于党员干部带头推动殡葬改革的意见精神．http：//news.163.com/14/0102/15/9HJJKNQ000014JB5.html 2014-01-02.

[3] 殡葬管理条例第十九条．

[4] 郭灿辉．关于当代丧葬领域封建迷信定性问题的讨论．长沙民政职业技术学院学报，2014（1）．

现代陵园的文化理念与实践

福寿园国际集团　徐晓旭

摘　要： 陵园文化是中华传统文化的一个重要组成部分。现代陵园的建设更应成为社会文明建设的重要标志，成为传承文化、感悟人生的社会平台，成为现代城市的一张特殊名片。

关键词： 陵园建设　文化传承　栖凤山

一、陵园文化的社会形态表象

生与死对于每个人来说都是无法回避的一个现实问题。而陵园则是生命最终的归属地，同时也是生者寄托哀思，达到安息逝者、抚慰生者之目的的文化载体。对于陵园文化，各地因社会、经济、文化、风俗、地理的不同而理念各有差异。但随着社会的变化和经济的发展，陵园文化也越来越人性化和社会化，越来越体现了陵园文化的丰富内涵。

文化是一种社会形态，陵园文化从来就不曾脱离过社会。中国自古以来对陵园文化就非常重视，从帝王将相到平民百姓的墓葬制度来看，陵园文化已经成为中华传统文化的一个重要组成部分。中国历史文化变革的许多重要符号都遗留在一个个古代陵园墓葬的遗址中，并保留至今，给我们留下了中国历史文化中可供研究和探讨的依据。

中国古代文字中“墓”与“慕”相通，故墓也成为“孝子所思慕之处”。换句话说，墓是后人“思慕”先人的一种表现形式，本质上与儒家大力宣扬的“孝”相关。《礼记》有言：“事死如事生”。《汉书》有言：“事亡如事存”。因此陵园墓葬文化也是我们社会不可缺少的一种文化，陵园作为一种社会文化平台，对实现传统文化的传承也具有现实的意义。

在当代，陵园文化建设已经成为社会文明建设的一个重要标志。我国应从吸收民族传统、满足社会精神需求以及创建和谐社会的高度来加强陵园文化的研究和建设。为此，陵园文化建设不仅需要深入研究传统民俗文化，还必须引入诸如心理学、宗教学，尤其是生死哲学的研究成果，从而让人们更热爱生命，更懂得珍惜生活。

二、国外陵园文化的启示

欧美国家传统上将殡葬看作为精神生活的一部分，以城市园林为蓝本修建陵园，使陵园成为人们参观游览和亲近自然的地方，成为探索地方历史和文明发展的一个场所。许多历史性陵园已成为珍贵的文化遗产，生与死的界限在这里被淡化，这种现象一方面是来源于不同文化的传统，更重要的是在于尊重人性的道德理念。

一百多年前，美国人休伯特·伊顿提出了将公墓改建为“人文纪念公园”的全新理念，即改变公墓墓碑林立的阴森格局，改用绿树成荫、翠绿草坪、淙淙喷泉、优美雕像和宏伟的纪念性标志来装点陵园，使陵园公园化，在浓厚的人文文化气息中，忧伤和悲哀将得到抚慰。现代文化陵园的优美风景和浓厚人文气息，在欧美发达国家已经十分普遍，公园化的陵园风格由此逐步形成。

如巴黎的拉雪兹神父陵园就是一座杰出的露天陵园艺术博物馆，是巴黎最大的公墓，目前已经安葬了上百万人，许多著名人士长眠于此，成为名人的栖息地和崇拜者怀念的天堂，成为巴黎的一大旅游景点，吸引了不少游客来此一睹欧洲陵园风情。

莫斯科郊外的新圣女公墓，有蓊郁的树木、鲜艳的花朵、绿色的草地，有造型独特、风格迥然的石雕、铜雕、木雕。这是一处灵魂不朽之地，更像是一座公园，每天许多来自世界各地的人都在此参观。公墓迄今已安息了7000多名俄罗斯政治、军事、科学、文化、艺术等各界名人。从另一个角度来看，这里也可以说是俄罗斯的露天名人纪念馆。虽然寂然无声，却强烈地撞击着人们的心灵。在这样的陵园里没有感伤，只有感悟，在这里可以淡化欲望、可以净化心灵、可以思考人生，在荡涤心灵的冲击中，可以更深刻地领悟生命的意义。

三、国内陵园文化的理念

陵园是历史文化的一种载体，是中国传统文化的重要组成部分，印证了一个历史时期的变化和兴衰。葬礼在中国传统社会也是国家制度的组成部分，丧葬文化的起源可以追溯到旧石器时代晚期，葬礼仪式大体确定于周代。在“三礼”（《周礼》《仪礼》《礼记》）直至后来的《唐开元礼》《宋政和礼》《大明会典》《清通礼》中，均对丧葬礼的规格、等级、程序等有详细而严格的规定。中国古代殡葬文化是在社会发展过程中形成并沉淀下来的，受制于以儒家文化为主流的中国传统文化，体现了儒家所倡导的“慎终追远、民德归厚”价值理念。

由于中国几千年来农耕社会的影响和对大自然的依附，古人很早就认识到衣食住行、生老病死都必须与自然和谐相处。在长达几千年的殡葬过程中逐渐形成的中国传统的陵园风水理念，造就了中国陵园与自然山水相依的文化。中国陵园文化去除唯心迷信的色彩，说到底也是一种人与自然和谐相处的理念。从古代皇家陵园到达官贵人、历史名人、家族陵园，无疑都非常重视陵园文化的建设与自然环境的协调。这样的例子不胜枚举，如北京明十三陵、河北的清东陵和西陵、南京的中山陵等。

中国陵园文化资源十分丰富，许多地方的陵园已成为一种文化景观。特别是名人墓地，无数活着的人为他们的城市曾拥有的名人而骄傲，人们怀着虔诚的心情前去瞻仰，在怀念故人的同时，也了解社会、了解历史和文化。每一个陵园就像是一座巨大的宝库，陵园文化、风水文化，与历史文化、宗教文化、民俗文化一样得到人们的关注，成为热门的旅游景点，供后人参观游览。

现代的陵园文化理念，已经开始融入城市的文化开发建设中，随着我国城市建设和园林绿化事业的快速发展，陵园文化建设也受到广泛的重视。运用现代的设计手法营造园林化、艺术化、人文化的新型现代陵园，作为城市不可分割的一个部分，已经成为城市文明程度的象征。以生者为重和人文关怀的思想营造出祥和安逸、风景优美、如诗如画的陵园环境，逐渐与爱国主义教育、传统教育、社会公德教育、家庭美德教育、科普教育结合起来，注入更多的文化内涵，将陵园文化建设与生态环境同等对待，将传统文化与现代民族文化心理结构相结合，将园林小品、雕塑艺术等景观元素融入陵园中，使后人在追思和缅怀故人的同时领悟文化精髓，感悟对死亡的认识，对生存的价值和人性亲情等有关人类本源性的问题进行积极的思考。

四、陵园文化将成为一座城市的特殊名片

文化泛指某种文明程度的总和，存在于社会形态，涵盖了地域的、历史的、政治的、经济的、科技的、教育的、哲学的、艺术的、生活方式的、社会意识形态的、道德伦理的、社会制度的等诸多领域。一座现代城市的陵园，就像一部城市的发展史，记录着这座城市特定时期的历史发展痕迹。由曾经存在过的生命组合起来的民族文化和历史，成为一本承载历史文化的史册。一座陵园包含的无数故事，融汇着一座城市特殊的文化情感。在这里可以读到无数蕴藏在生命里的故事，感悟到人文精神散发出来的无尽芬芳。所以城市陵园可以被打造成城市深厚历史人文的直观景点，成为一座城市的特殊名片。

五、栖凤山人文陵园建设的实践感悟

常州是国家历史文化名城。在常州的西北有诞生过 15 位皇帝的齐梁故里——常州孟河镇。这是一处历史文化底蕴十分深厚的、田园诗史般美丽而宁静的地方，是国家级历史文化名镇。栖凤山人文陵园的建设，为孟河古镇增加了新的文化元素，它把一座城市郊外不宜耕作开发的小山丘，建成一处园林化、艺术化、人文化的新型现代陵园，作为城市不可分割的一个部分，成为城市文明程度的象征。具有 2500 多年历史的常州，自古人文荟萃，无数先贤的卓越成就，树起常州人文历史的丰碑。一项旨在“让名人魂归故里，为城市追忆历史”的名人回家行动，由民间与政府部门联合发起，并将在栖凤山人文陵园建设一座集聚常州历史文化名人的纪念园，供人们了解历史文化，瞻仰古今名人。这里将从古到今，按常州历史文化发展的脉络，再现常州的历史名人、文化名人、民族英雄、革命先烈等图像，成为传承常州优秀历史文化的基地。

栖凤山人文陵园在创建陵园文化的过程中，从来就不曾脱离过社会，始终把为社会承担义务和责任放在首要位置。不仅无偿为许多现代的文化名人，如著名的史学家吕思勉，著名的画家、美术教育家刘海粟，清末史学家、教

育家、社会学家，辛亥革命元老屠寄、屠宽父子，中国大百科全书奠基人姜椿芳、抗日名将冯仲云等历史人物塑像纪念；更在园区为捐献遗体和器官的普通百姓树碑立传，镌名流芳。同时还开展无偿推行树葬、草坪葬的公益文化活动，采用生态学原理和现代科技手段，使用可降解骨灰盒，使人和自然环境融为一体，真正做到“叶落归根”“入土为安”，用绿化来留作纪念。这样既提高了人类对城市生态环境的调节修复和发展的能力，也符合我国古代周朝实行的不垒坟头，“墓者地表平平”（引自360百科“墓”编辑词条）简朴的丧葬理念。从城市可持续发展的角度来看，这对解决人地之间的矛盾、构建和谐社会具有重大的意义。要达到这样的境界，现虽已具备了一定的理论依据和操作实践，但是在旧传统丧葬文化的影响下，要把城市陵园景观建设与自然生态环境修复融为一体，还有许多艰巨的工作要做。这不是一个简单企业行为，而是一项社会风俗的改造，需要整个社会共同努力。随着我国社会政治、经济、文化的发展和文明程度的提高，这项陵园园林化，既能缅怀先人，又能保护城市生态环境，还能促进城市旅游业发展，必将使我国社会效益、经济效益和环境效益多赢的陵园文化建设的康庄大道，越来越宽广。

优质　高效　便捷

——“互联网+”助力优质殡葬服务的思考

上海辰昕礼仪用品服务中心　陈金霞

摘　要：随着互联网的发展，人们的生活方式、工作方式、价值观念、思维方式都发生了深刻变化。互联网为殡葬企业提供专业化、个性化、精细化的治丧服务搭建了全天候平台，使得治丧客户的网上预约服务、网上选购商品、网上定制个性化服务成为现实。网络不仅为殡葬企业了解客户需求提供了最便捷的载体和平台，还为殡葬企业收集客户需求，建立客户信息数据库，利用大数据来精准地分析客户需求趋势，结合自身专业知识来为客户提供更加优质、高效、便捷的殡葬服务，重塑企业社会形象提供了绝好的契机。互联网更为殡葬企业整合利用社会上各种资源、加强与业内外企业的合作提供了更加广阔的空间，为殡葬企业的创新发展开辟了巨大的蓝海市场。

关键词：“互联网+”　优质　高效　便捷

一、互联网对现代人生活的影响

互联网为人们提供了相互交流、相互沟通、相互参与的互动平台，成为人们生活中不可或缺的一部分。它以便捷迅速、多维化、海量性、全球性、虚拟性、交互性、自由平等性、动态性等品质改变了人类的生产、工作、生活和思维方式。人们不仅可以在互联网上聊天、玩游戏、查阅自己需要的资料，还可以在互联网上进行广告宣传和购物。可以说网络已渗入人类生活的方方面面，对人们的社会生活、价值观念乃至思维方式造成了强烈冲击。互联网带动了社会的整体变迁，将人类推进到一个高度信息化的社会或网络社会。李克强总理在2016年政府工作报告中12次提到“互联网+”，可见互联网对中国经济的影响。

二、现代人的治丧需求

死是中国人最忌讳谈论的话题，因此作为特殊行业的殡葬业，也是人们平时生活中最忌讳谈论的话题和最不愿意关注的方面，殡葬从业人员至今仍在一定程度上受到社会的歧视。但随着互联网成为人们获取信息的重要渠道，人们对传统殡葬行业的了解也比以往任何时候都要多，加上殡葬企业近年来宣传和倡导的绿色殡葬、文化殡葬、文明殡葬、便民殡葬，使现代人对殡葬有了更加理性和深入的了解与认识，人们的治丧需求也发生了很大变化。人们更愿意按照亲人或朋友生前的喜好、兴趣和特点等，来送他们最后一程。现代人的治丧需求越来越注重以下三方面内容。

（一）治丧服务的专业化

随着人们对殡葬企业、殡葬活动和殡葬服务的了解，大家不再满足于以前单一的、千篇一律的“一三一”告别亲人的方式，而是希望殡葬从业人员能从专业的高度来策划、组织自己亲人、朋友的送别仪式。在上海市殡葬服务中心近年来开展的提升公众满意度建设中，广大职工聚焦客户需求积极宣传“爱与怀念”的文明殡葬、绿色殡葬、便民殡葬。先后推出了“文化礼厅”“人生小电影”“鲜花祭坛”“千元丧事”“白事一线通”“故人沐浴”等服务项目，公墓推出了“六大节日”的错时祭扫、鲜花换鞭炮、追思会及各种节地葬式，策划海葬仪式、开发绿色环保的殡葬用品、提供便捷优质的配送服务等，从专业的角度为上海市民治丧提供了多种选择，也因此获得了治丧市民的广泛认同。随着互联网的发展，现代人对治丧的专业性要求必将越来越高。

（二）治丧服务的个性化

随着时代的发展和进步，现代人越来越重视自己的个性展示，这也促使人们对治丧服务提出了更多的个性化需求。大到送别亲人整个仪式的风格、特点、礼厅布置，小到选用什么字体的挽联等，都希望能按照自己的意愿来进行。比如，有人选择用播放逝者生前最喜欢听的音乐代替悲伤的哀乐，有人选择播放逝者不同年龄段的照片来重温与逝者生前的美好时光，有人选择宗教仪式，有人选择在鲜花丛中送别亲人，有人选择逝者生前最喜欢的照片、物品等。送别亲人的个性化仪式和需求获得了治丧市民越来越多的关注，这也是“鲜花祭坛”“人生小电影”“文化礼厅”“故人沐浴”等服务项目获得客户认可的最重要原因之一。

（三）治丧服务的精细化

随着时代的进步，人们对治丧服务的精细化要求也越来越高。现代人希望在送别亲朋的时候，不留任何遗憾。人们不希望送别亲朋时匆匆忙忙，潦草完事，而是希望能把对亲朋的关爱、珍惜很好地展示出来。因此，对送别亲人的仪式要求也更高，不仅要把亲朋的特点展示出来，还要把最后送别亲朋的每一件事都尽量做到完美。这对殡葬从业者也提出了前所未有的挑战。作为专业人士，殡葬职工必须能够提供足够专业的知识和技能帮助逝者的亲朋达成心愿。追悼仪式的整体风格、程序，需要哪些必备的设施和物品，每位仪式参与人员的安排、礼厅的布置等，都需要职工用自己平常积累的专业知识对每一细节进行认真的策划、组织和安排，这样才能满足客户对精细化治丧的需求。

三、“互联网+”助力优质殡葬服务

无孔不入的互联网不仅为现代人提供了海量的信息，也为人们不愿了解的传统殡葬企业搭建了一个展示和宣传自己的极好载体和平台，为殡葬企业的发展带来了无限可能。殡葬企业不仅可以借助互联网来进行网上营销、网上预约服务、网上发布产品信息，由此来不断扩大自身的品牌影响力、提升企业形象，更好地满足客户的个性化需求，还能借助互联网实现业内的强强联手及与业外企业的跨界合作。

（一）互联网搭建了殡葬企业与客户间信息交流、互动的平台

由于传统观念的影响，客户平时不会留意和关注殡葬信息，更不会去主动了解殡葬知识，造成有治丧需求时客户与殡葬企业之间的信息极端不对称。殡葬企业，尤其是具有政府背景的国企，虽然大力推进殡葬改革，在宣传和倡导绿色殡葬、文明殡葬和便民殡葬方面做了大量的工作，提供了多项便民利民的殡葬服务，承担了政府的托底职能，上海殡葬还推出了托底的千元殡仪服务仪式及千元葬式，但由于客户平时根本不关注殡葬信息，导致办丧事

时手足无措，对殡葬信息所知甚少者仍占大多数。

1. 互联网为殡葬企业搭建了宣传自我的平台。殡葬企业可以建立自己的网站大力宣传企业的服务理念、核心价值观、企业文化、提供的服务及产品信息，让客户能够比较全面地了解企业的经营。因此殡葬企业可以通过网络把以前由于人们传统观念限制而没法进行宣传的内容以最便捷的方式向社会及客户进行宣传、展示。通过网络介绍相关的殡葬知识、殡葬政策、殡葬服务、治丧流程、服务项目及产品收费信息、企业倡导的殡葬方式、企业开展的一些活动等，以有效解决客户对殡葬信息了解的极端不对称问题。

2. 互联网为客户了解治丧信息提供了全天候便利。客户可以从网上获得更加快捷的治丧服务指导和治丧相关流程及知识。这一平台的搭建，不仅让客户和殡葬服务企业之间的沟通和互动更加便捷、及时，还更有利于殡葬企业在第一时间了解客户的治丧需求，以更好地利用自身的专业知识，为客户提供更加专业化、个性化、精细化的治丧服务。这为传统殡葬业的转型发展搭建了非常好的平台，对殡葬业的发展必将产生极大的影响。

（二）互联网为殡葬服务拓展了巨大空间

传统的殡葬企业在为客户服务时，用得最多的方式是当面洽谈，这种服务方式给治丧客户带来诸多不便，在一定程度上也限制了客户自主选择的权利。互联网搭建了企业和客户随时沟通的平台，使得殡葬服务各个环节的选择都可以在网上进行，让殡葬企业为客户提供优质、高效、便捷的治丧服务拥有了足够的空间和时间。

1. 互联网提供了殡葬企业展示服务和商品信息的窗口。客户不仅能通过殡葬企业网站来了解企业，了解治丧过程中的殡葬服务流程，选择适合自己需要的殡葬服务、殡葬产品、祭扫仪式，还能根据自己亲朋好友的兴趣爱好、性格特征及家庭实际消费水平来定制个性化的丧事服务。网络可以实现殡葬企业与客户之间的零距离接触和互动。一方面客户可以通过全面地了解殡葬企业的服务、流程、价格等治丧必要因素，真正实现按照自己的意愿来选择和定制需要的治丧服务；另一方面，殡葬企业可以借助网络来展示企业文化、企业品牌、企业形象，通过与客户零距离沟通和接触，为客户定制适合和满足客户需求的丧事服务（包括产品）。互联网把网上办理殡葬服务变为现实，治丧客户不仅可以实现网上洽谈业务、网上预订礼厅、网上选购商品、网上送别亲朋、网上祭扫亲人，还能在网上定制符合自己需求的个性化丧事服务，并看到实际效果。

2. 互联网开启了殡葬企业了解客户治丧需求的新路径。企业不仅可以通过网络全方位、全时段地向社会和客户展示自己，还能通过网络直接了解、收集、综合分析客户的治丧需求，充分利用殡葬专业知识为客户设计和提供更能满足客户治丧需求的服务和产品。网络使得殡葬企业能够及时、便捷地建立客户治丧需求的数据库，并利用大数据来精准地分析客户的治丧需求，进而能够利用自身的殡葬专业知识来满足客户的治丧需求，为客户提供更加优质、便捷和高效的殡葬服务，重塑殡葬行业“大爱、奉献、阳光”的新形象。

3. 互联网开辟了殡葬用品创新的新模式。过去，由于人们传统观念中对“死”的禁忌，人们对殡葬用品的关注几乎为零。很多治丧客户并不清楚自己对殡葬用品的需求。网络为生产殡葬用品的企业提供了更多、更大的拓展空间。随着互联网的发展，人们的治丧理念也随之发生了变化。治丧用品除了逝者需要使用的火化棺、骨灰盒等必需用品，答谢亲友需要使用的寿衣、寿碗、毛巾等传统用品，必将出现更多拥有现代元素的新产品。而且不仅逝者使用的火化棺、骨灰盒、灰袋等殡葬产品，可以根据逝者生前爱好、环保要求等为客户进行度身定做；治丧客户用来答谢亲朋的答谢礼，也同样能根据逝者生前的兴趣、爱好、性格、特点，并结合殡葬文化特点进行个性化设计。很多日常生活用品和礼品都可以运用到答谢礼中，来更好地满足治丧客户的个性化需求。这使得传统殡葬用品生产企业的产品开发有了更多的方向与可能，殡葬用品的品种必将更加丰富、更具个性化。

4. 互联网促进了殡葬企业与其他行业的跨界合作。在互联网成为人们生活的重要方式和组成部分后，也给企业发展提供了更为广阔的发展空间。互联网为传统的殡葬企业发展开辟了巨大的市场，提供了广阔的资源整合空间。殡葬企业不仅可以通过互联网来寻找符合自己需求的业内专业合作伙伴，把客户治丧需求用更加专业、精细的方式体现出来，还能与业外的企业合作，不断优化和设计更多的个性化服务项目、精细化的服务过程，实现殡葬服务超出客户预期需求，实现客户忠诚于企业，自觉为企业进行宣传的目标。这使得殡葬企业之间、殡葬企业与其他行业之间的合作越来越多，合作的范围和内容也越来越广，为殡葬业的发展带来了前所未有的机遇。

5. 互联网建立了殡葬文化传承的新桥梁。自古以来，人类的各种祭扫活动，无论活动主体的规模、层面、职业、民族、信仰、习俗等有何差异，无论事涉亲人、友人、爱人，亲情、友情、爱情，或者是民族英烈等，这些活动本身所表达的本质内涵，都是大家对逝者的“爱与怀念”，是人们由此出发，在爱与怀念的驱动下，以各种方式方法，去追忆、追寻、传承一些后人所认可接受，并努力发扬光大的精神。这也是我们殡葬企业要向社会和治丧客户传递的殡葬文化。网络使得我们要传递的“爱与关怀”的殡葬文化能够不受时空限制地在社会和人们之间进行，使得“死亡”不再那么让人惧怕和忌讳；相反，会提醒生者更加珍惜生命和生活，更加珍惜家人、亲人和朋友之间的爱与关怀，以更加积极的心态去面对生活、关爱亲友、珍惜健康。

6. 互联网加快了殡葬企业的品牌塑造和推广进程。随着互联网对人们生活的不断渗透，殡葬企业必须加快品牌的塑造和推广。因为殡葬企业若再延续以前落后的服务理念和模式，必然会被治丧客户所抛弃，丧失以前的优势，而面临被社会所淘汰的风险。因此，依托互联网，利用自身优势塑造企业独有的品牌，不断提升品牌的影响力和知名度，成为殡葬企业首要的、必需的工作。想在互联网时代实现转型发展的传统殡葬企业，只有找准自己的定位，发扬自身独特的优势，打造属于自己的特有品牌，不断充实品牌的内涵来展示品牌特色，最大限度地利用网络来宣传、提升品牌的影响力和知名度，才能够在竞争日益激烈的殡葬市场保持和发挥优势，进而保持和扩大企业的客户群，实现企业的可持续发展。

四、结束语

综上所述，互联网为传统殡葬业的发展插上了腾飞的翅膀，为殡葬企业满足客户治丧需求开辟了巨大的蓝海市场。互联网的使用把传统殡葬行业无法做到的信息时时沟通，品牌宣传，个性化、专业化、精细化服务定制等，皆变为现实，为殡葬企业的发展和创新提供了无限空间和可能。“优质、高效、便捷”的殡葬服务必将成为人们治丧的新常态，成为殡葬企业发展的必然趋势，殡葬企业必将在这个过程提升自身，获得长足的发展与进步。

参考文献：

[1] 2016 年政府工作报告 .

[2] “互联网+” 热词背后的问题（2016 年 1 月 第五期《创客潮》）.

[3] 上海市殡葬服务中心 2012—2015 年殡葬年鉴 .

[4] 上海殡葬业转型中的科技战略研究 .

优质服务是立园之本

河北省双凤山陵园　吴　捷

摘　要：本文从环境、设施、文化服务等方面论证了公墓应以环境为体，打造美丽的人生后花园；以设施为骨，建设城市建筑新亮点；以文化为魂，努力续写殡葬历史新篇章；以服务为脉，努力完善殡葬行业的服务体系，强调了优质服务是立国之本。

关键词：美丽后花园　城市新亮点　优质服务　立国之本

一个陵园的服务好坏拿什么作为衡量标准呢？一个优秀的殡葬事业单位应该有优美的环境，现代化设施，高雅的文化，优质的服务。目前，一些陵园虽然在环境设施、文化、服务方面达到一定水平，但仍有许多单位环境条件差，建园多年仍然是荒山依旧，白色污染严重，没有新气象；有的设施特点不鲜明，流程混乱，形不成建筑亮点；有的单位对传统的东西不分精华与糟粕，一概继承，缺少时代特点，文化品位低；有的单位人员素质低，服务质量差，得不到群众认可。为解决上述问题，笔者认为应从以下几个方面努力。

一、以环境为体，打造美丽的人生后花园

环境，是一个地方在人们脑海里留下的第一印象。如果一个生人来到陵园，远看陵园绿树成荫，近看地上百花争艳，抬头望到树上百鸟争鸣，低头闻到草坪芳香扑鼻，人在其中，神清气爽，他就会认为这里好似人间仙境，是风水宝地，不仅是存放骨灰的好地方，还是游玩休闲的好景点。谁不愿意

将亲人的骨灰存放在这里呢？谁不想百年之后将这里作为安息之地的首选呢？相反，如果园区沙石裸露，烟雾缭绕，纸灰乱飞，杂草丛生，谁又会将亲人的骨灰或百年之后自己的安息之地选择在这样的地方呢？所以，我们要建设好人生后花园，就必须把环境建设放在非常重要的位置，把陵园打扮得像人体一样美丽。

陵园要美丽，就要实现绿色殡葬。首先，葬法要文明。陵园要具备多样化文明葬法，如树葬、草坪葬、卧碑葬、堂葬、壁葬等文明、环保的葬法，能满足丧属不同层次需求。其次，祭扫要低碳。要具体引导群众开展追思会、鲜花祭扫、集体公祭、网上祭扫、信卡祭扫、代客祭扫等现代、文明、环保的祭祀形式。再次，葬具要具有环保属性，采用在较短时间内能实现降解的骨灰盒等。最后，环境要优美，给人以清新爽快的感觉，尽量缓解丧属的精神压力。

二、以设施为骨，建设城市建筑新亮点

一个陵园的设施，构成了陵园的建筑风格。或者现代，或者仿古，或者欧式，或者中式。体现这些风格的建筑有门楼、道路、停车场、业务办公楼、骨灰存放设施、焚化场所建筑及相关设备，在这些设施建筑中，最高最大的建筑物是这个单位象征性的代表，它不仅是这个单位的象征性建筑，也应该是这个城市建筑的新亮点。如河北省双凤山革命陵园宽大的门楼、国歌广场耸立的旗杆以及北凤塔，就是陵园的象征性建筑。石家庄人一见到这个建筑物，就知道是什么单位。所以建筑设施要形成城市的新亮点。

那么，建筑亮点如何建设呢？首先，建筑设施要满足群众骨灰处理多样化和文明祭扫的需要。有的要求骨灰堂寄存，有的要购墓埋葬，有的愿意树葬，有的愿意播撒，还有的要求个性化墓葬，需要在祭扫之余与亲朋团聚等，这些都需要陵园的设施设备齐全。祭扫形式也逐渐向文明、节俭、环保方向发展。这些多样化的骨灰处理形式和祭扫需求，都要有必要的设备设施，才能满足群众合理的丧葬需求。其次，要有畅通的道路和停车场。2008 年起，清明成为国家的法定假日，所以国人的祭扫时间较集中，而且多以车代步，集中祭祀经常会出现人车拥堵现象。为解决道路不畅和停车困难问题，双凤山陵园斥巨资修通了惠民路和园区内外停车场，大大缓解了行路堵、停车难的问题。最后，园区所有建筑、道路要合理布局，形成整体效应，给人以完

美之感，进出路畅，祭扫有场，实现祭扫人群和车辆流向合理、科学，避免人车流向交叉，造成事故。

三、以文化为魂，努力续写殡葬历史新篇章

殡葬是文化的一部分，殡葬文化是殡葬历史的反映。当代殡仪工，如何续写当代殡葬史，也就是如何弘扬当代殡葬文化，是摆在我们面前的一项光荣而艰巨的任务。要续写当代殡葬新篇章，就要挖掘殡葬的文化内涵，使其发扬光大。

第一，葬法要多样化。我国是一个历史悠久、人口众多、民族习俗各异的国家，对葬法要求会有所不同。对信仰伊斯兰教的回民等少数民族来说，国家允许土葬。其他民族只要具备火化条件就应实行火葬。火葬后的骨灰应如何处理？殡葬工作者应适应群众丧葬多样化的需求，有的采用播撒办法，实行海葬，使骨灰回归自然，这是文明、科学、节俭的葬法；有的实行树葬、草坪葬、花坛葬，使骨灰回归大地，这也是文明、科学、绿色的葬法；有的实行骨灰堂、墙、廊、塔、殿等形式保留一段时间骨灰的葬法，也是一种节地的葬法；有的实行墓葬，这是目前国家允许的葬法，但毕竟占去了耕地，应予以有效限制。

第二，墓碑要向小型化、艺术化的方向发展。墓碑是传承文化的载体，是续写殡葬历史的档案资料。它反映了当代科技、文化、思想的发展水平。小型化是节约资源，为子孙后代保留财富的有效办法。艺术化是为历史保留精品的必然要求。一个艺术性高的墓碑，其材质的选择、墓碑的造型、加工的精度、碑文的内容、文字的书写、墓碑的位置、施工的质量等都能反映殡葬文化的内涵，代表当代文化、科技的水平。殡葬工作者既要满足绝大多数群众的丧葬要求，实行文明节俭的葬法，也要满足特殊群众的丧葬需求，塑造当代殡葬精品。

第三，创新祭扫形式，实现文明低碳祭扫新风尚。过去，群众祭扫多以烧纸摆供形式进行。近些年，随着“文明祭扫，平安清明”活动的开展，在陵园工作人员的引导下，群众创造出许多文明祭扫新形式：

鲜花祭祀。人们向先人敬献鲜花，表达哀悼的一种祭扫形式。它变墓地烧纸为鲜花祭扫，既美化环境，又减少了火灾和环境污染的发生，是一种现代的祭扫方式。

信卡祭扫。丧属将对亲人的感恩与怀念之情写成信或书于卡片上，然后用别针别到鲜花上，插到鲜花祭坛中，以示祭扫。这种祭扫方式既真诚地表达了祭扫者的感情，又防止了空气污染、净化了城市环境，还提升了祭扫活动的文化氛围。

网上祭扫。是人们通过虚拟网络实现对先人的祭奠、哀悼活动。它可以解决道路拥堵的问题，免去舟车劳顿之苦；可以减少火灾的发生，保护环境，是一种不受时空和地域限制的文明、环保祭扫方式。

追思会祭扫。是逝者亲人、同事、朋友等人，聚集在逝者家里、墓地周围或会议场所等地，以歌颂先人的高尚品德和丰功伟业为主要内容的悼念祭祀活动。这是一种参与人数众多、影响深远的悼念形式，可以教育、启迪后人继承先人遗志，争取更大成绩，有利于革除丧葬陋习，促进社会主义精神文明建设。

宣读祭文。是逝者的亲人、朋友、同事将逝者的丰功伟绩和高尚品德撰写成诗歌、散文等，在逝者纪念日，主持者在悼念者面前宣读。这种悼念形式比较全面地概括了逝者的生平业绩和思想品德，对弘扬先人的优良传统和思想美德具有重要意义。它可以促进社会进步，加强精神文明建设，提升殡葬文化氛围。

集体公祭，是公共团体或社会人士对人文始祖、烈士英贤、历史名人等举行祭祀，表达哀悼的一种社会仪式。它是一种大规模、群众性的爱国主义和集体主义的教育活动。

代客祭扫。重大祭扫节日，陵园安排专人对园区内重点英烈纪念塑像（墓）或特约墓碑进行摆放鲜花和代替亲人擦拭墓碑活动，再以现场照片和视频的形式通过互联网与英烈家属或要求代祭者及时沟通。这一举措既避免了丧属的旅途之苦，又能表达丧主的怀念之情，深受群众赞扬。

第四，充分利用人文资源，挖掘陵园的教育功能。历史上，我国许多历史名人是通过殡葬形式反映其丰功伟绩、高尚品德的。当今，一些英模人物先进事迹和高尚思想品德，也应通过殡葬形式挖掘其精辟的文化内涵。近些年，河北省双凤山陵园为挖掘教育功能做了大量工作，建立了中国革命摄影第一人沙飞摄影艺术馆和雕像，为国歌作者田汉安娥夫妇、石家庄第一位女共产党员朱琏、省劳模耿长锁和吕玉兰等建立了雕像，起到了教育后人的作用。

四、以服务为脉，努力完善殡葬行业的服务体系

首先，在服务的外延上，做到规范服务、完善服务、全方位服务。规范服务，即每一个岗位、每一个人员、每一项工作都要做到任务目标明确，职责、人员落实，不能缺人断岗，工作要求具体清楚。这种规范的管理模式是提高办事效率的需要，是以人为本理念的需要。完善服务，就是只要群众提出的要求是合理的，就要千方百计地予以满足，切忌说我不能服务。要满足不同丧户的不同需求，大款丧户愿意花钱也能花出，穷人送葬也能满足。因此，多准备一些服务项目或临时开展一些服务项目是非常必要的。所谓全方位服务就是根据丧葬群众需求，增加服务网点，完善配套设施，形成单位服务、社区服务、电话服务、网上服务和上门服务的五位一体服务体系。

其次，在服务的内涵上，做到周到服务、诚信服务、文明服务。一是周到服务。丧属在悲痛、紧急情况下，往往会遗漏、疏忽一些环节。殡仪工作者要想丧属之所想，急丧属之所急，帮丧属之所需，用周到的服务缓解丧属的悲痛心情，用细致热情的服务体现民政窗口单位的价值。二是诚信服务。与丧属的约定，要千方百计保证，这就需要服务设备要好，满足需求。服务技术要高，能按要求服务。服务质量要优，不刁难丧属，努力做到“丧主至上、服务第一”。三是文明服务。满足群众健康的消费需求，倡导文明、节俭、低碳祭扫的方式，寓改革于服务之中。对在丧事中使用封建迷信用品、搞封建迷信活动的行为要加以制止。通过服务，促进文明建设。

最后，在服务程序上，做到明码标价，监督服务。明码标价服务，即严格执行价格政策，收费项目、收费标准、收费环节公开、公平、合理，明码标价；消费项目由丧主自选，消费金额由丧主自填。所谓监督服务，就是建立服务承诺、服务程序明白卡；聘请社会行风评议员，接受群众、新闻单位和行政主管部门的监督。

我们相信，只要增加殡葬服务的外延，提升殡仪服务内涵，加强服务监督，一定会完善殡仪服务体系，满足群众合理的丧葬需求。

中西方传统文化与殡葬改革方式创新研究

济南殡仪馆　李　健

摘　要：2014年4月6日，中共山东省委机关报《大众日报》刊发题为《殡葬并重，改革能否破除陈规》的文章，指出“山东省近年来火化率一直保持在95%以上，但火化后二次装棺下葬等问题依然存在”。据山东省民政厅的统计数据显示，山东省平均骨灰二次装棺葬约占骨灰埋葬总数的1/3。本文旨在通过分析中西方传统文化对殡葬改革方式的影响，对当前遗体火化率下降、骨灰二次装棺葬等丧葬陋俗产生的原因进行分析并提出解决建议，以实现殡葬改革方式的持续创新。

关键字：中西方　传统文化　殡葬改革　方式创新

2007年，国务院法制办公室就《殡葬管理条例（修订草案征求意见稿）》向社会公开征求意见，但因争议过大，最终未能通过。争议之一就是殡葬改革是继续坚持火葬导向，还是允许民众自由选择火葬或者土葬方式。政府希望有步骤地推行火葬，以实现对土地利用进行调控，从而减少对耕地的占用。民间则有相当一部分人支持土葬，认为土葬是中国几千年来的风俗习惯，不应彻底革除。2012年新修订颁布的《殡葬管理条例》对第二十条进行了修改，取消了民政部门对违法殡葬行为强制执行的规定。民政部门申请法院强制执行，法院不予受理，导致对殡葬违规行为难以实施有效监督，进而对殡葬改革成果造成巨大冲击。《中国殡葬事业发展报告（2014—2015）》绿皮书指出：“全国遗体火化率已经由前几年的51%下降到了2014年的45.6%。”殡葬改革方式创新已经迫在眉睫。

2013年12月，中共中央办公厅、国务院办公厅印发的《关于党员干部带头推动殡葬改革的意见》中规定：“在人口稠密、耕地较少、交通方便的火葬区，党员、干部去世后必须实行火葬，不得将骨灰装棺再葬，不得超标准建墓立碑。”重新申明了中央对殡葬改革继续坚持火葬导向的基本态度，也为持续探索殡葬改革新路径指明了方向。

一、中西方殡葬改革的基本情况

（一）政府主导的中国殡葬改革

1944 年 9 月 8 日，毛泽东主席在张思德同志追悼会上所作的《为人民服务》演讲中说：“村里死了人，开一个追悼会，寄托我们的哀思，使全体人民团结起来。”十分明确地指出殡葬对社会整合的巨大作用，追悼会成为一种新的葬礼形式，开启了党领导下的殡葬改革先河。1956 年，毛泽东等党和国家领导人曾在一份实行火葬的倡议书上签名倡议：“现行的土葬占用耕地，浪费木材，实行火葬不占用耕地，不需要棺木可以节省装殓和埋葬费用，也无碍于对死者的纪念，应该大为提倡。”1959 年至 1961 年间，我国发生严重饥荒，需要平坟扩耕，增加粮食产量，于是，1965 年内务部发布《关于殡葬改革工作的意见》要求“大力推行火葬，改革土葬”。目前，我国还没有专门的殡葬法，政府主导的行政管理模式在我国的殡葬改革进程中一直延续下来。由于《殡葬管理条例》的约束力不够，殡葬改革在各地的执行情况参差不齐，随意性较大，殡葬主管部门时常面临无法可依、无处罚权限等问题，加剧了火葬区遗体私自土葬、骨灰二次装棺葬等问题的发生。

（二）教会主导的西方殡葬改革

18 世纪后期，随着城市化和工业化进程的加速，城市人口激增，导致死亡人数绝对量不断增加，传统的遗体土葬处理方式已经不再适用，“埋葬危机”成为西方国家严重的社会问题。为此，西方国家充分发挥教会等社会组织在殡葬改革中的作用，注重借助宗教文化的力量对原有的丧葬形式进行改革，取得了一定成效。

由于受宗教文化的影响，早期的西方基督教社会普遍反对火葬。而随着城市化的快速推进，城市人口激增，公墓用地紧张，西方国家政府通过教会宣传并号召人们选择火葬。新教国家最早的火葬场建于 19 世纪 70 年代，虽然教会内部赞成火葬的意见并不一致，但多数新教宗教团体准许火葬，很多教会有自己的“纪念花园”，将教徒骨灰安葬在修道院周围的土地。1963 年，天主教皇保禄六世对火葬解禁，并于 1966 年获准天主教神父主持火葬仪式。1997 年，天主教礼仪规章要求追思弥撒后可以火葬。通过教会利用宗教文化进行引导，英国火葬比例达到 70%，美国火葬比例达到 26%。由此可见，西方国家民众逐步接受火葬本身就是西方传统宗教文化潜移默化作用的结果。

二、中国殡葬改革热点问题原因探析

近年来我国有些省份出现火化率下降、丧葬陋俗抬头的现象，遗体火化后骨灰二次装棺葬的现象尤为突出。以上在殡葬改革中出现的热点问题与民众的旧有观念和土葬习俗有关，但若从深层次追究其产生的原因，主要有以下三个方面。

（一）火化率下降和丧葬陋俗抬头源自“小农意识”

“入土为安”的殡葬文化是中国作为农业大国人们对土地情感的积淀，是小农经济的产物。《周礼》中说：“众生必死，死必归土”。《韩诗外传》说：“人死曰鬼，鬼者归也。精气归于天，肉归于地。”《礼运》也说：“魂气归于天，形魄归于地。”所以华夏民族认为人死后形体埋入地下，脱离形体的灵魂才可以归于天。因此，对华夏民族而言，人生最后归宿的选择是通过土葬，让人与土地融为一体，火葬在感情上是“难以接受”的。唯有将遗体土葬或遗体火化后将骨灰装入棺材土葬，才能使民众得到心理上的些许慰藉。这正是近年来火化率下降和骨灰二次装棺葬产生的深层次文化原因。据山东省民政厅统计，2014 年山东省平均实行骨灰存放、树葬、海葬等节地生态安葬比例仅为 10.4%，与第四次全国殡葬工作会议提出的到 2020 年生态安葬比例达到 40%的目标有很大差距。因此，在殡葬改革过程中，国家虽然依靠行政手段表面上革除了土葬形式，但不能完全革除民众骨子里“入土为安”的风俗习惯与价值取向。正如孔子所说：“君子欲化民成俗，其必由学。”移风易俗，主要是靠思想教育，行政和法制手段只是辅助。反之，如果本末倒置，可能救弊于一时，但难见长治久安之功效。因此，进行殡葬改革不能片面地理解为对中国传统文化的全盘否定，在客观看待殡葬存在问题的同时，也要利用传统文化的精华使之服务于殡葬改革。

（二）火化率下降和丧葬陋俗抬头源自“道德消费”

2014 年，山东省民政厅调查了枣庄、菏泽等地群众的丧葬消费情况：购买棺材 1500 元至 1700 元，摆丧事筵席 4000 元至 24000 元，购买丧葬用品 3000 元至 10000 元，购置墓地墓穴 1 万元至 7 万元，导致民间有“死不起人”的说法。有学者认为从众心理、炫耀心理、敛财心理与经济利益挂钩，是造成土葬回潮和骨灰二次装棺葬盛行的主因，但从社会心理层面看还与受儒家“孝悌之义”思想的“道德消费”的影响有关。在《论语·孟懿子问孝》中，孔子对儒家“孝”的内涵进行了具体阐述，即：“生，事之以礼；死，葬之以礼，祭之以礼。”意思是说，父母在世的时候，依照礼法的要求侍奉；过世之后，依照礼法的要求埋葬，依照礼法的要求祭奠。当今部分人受儒家思想影响，为了赢得“孝子贤孙”的名声，把按照“隆丧厚葬”的老规矩办理丧事当作一种理所当然的“道德消费”，希望通过土葬和骨灰二次装棺葬这种“昂贵”的丧葬形式，赢得公众的舆论支持和道德评价，从而抬高自己的经济身份、社会身份、道德身份。“道德消费”以赢得公众的道德评价为目的，没有浪费或者节省的概念，因此不以追求物质利益最大化为目标的土葬回潮和骨灰二次装棺葬盛行必然加重群众治丧负担，最终引发“死不起人”等一系列社会问题。

（三）火化率下降和丧葬陋俗抬头源自“土葬积习”

历史上火葬曾是汉族传统丧葬风俗之一，是东汉时佛教传入为华夏民族带来的一种新的丧葬习俗。中国火葬流行于南北朝，两宋时期曾经普遍实行。有些地方在城郊或寺院建立了焚化院、化人亭之类的专门火化场所。由于火葬与儒家殡葬伦理相悖，宋、元、明、清历代统治者皆曾下诏或颁布法律禁止火葬，违者治罪，其中明清时期最重。《大明律·礼律·丧葬条》及《大清律·仪律》规定了对违反规定实行火葬者，实行“杖一百、流三千里”甚至“斩首”的刑罚。宋、明统治者还设立露泽园、义冢，以解决贫困者无力购置墓地土葬的问题。从上述资料来看，在古代，土葬习俗原本在中国民间并不根深蒂固。明清时期，在严刑峻法和官方扶持下，火葬才逐渐减少，华夏民族逐渐转变为实行土葬的民族，对火葬的排斥固化成为特有的民族心理。由此可见，古代殡葬习俗并不是永恒不变的，民间丧葬习俗随着政治环境和意识形态的变化而发生改变。因此，在推进殡葬改革的过程中，应该充分考虑国情民俗，在理解、尊重和包容传统文化的基础上渐进地引导和推动，而不是不加区别地强制执行。也应清醒认识到由于受传统殡葬文化的影响和现阶段条件的限制，开展殡葬改革是一个长期复杂的历史性工程，需要几代人的不懈努力。

三、中国殡葬改革热点问题对策探讨

（一）实施惠民殡葬，加大国家对殡葬公共产品的投入

一些西方国家的殡葬服务往往采取国家经营的方式由政府提供，并非完全市场化。德国规定市政当局必须负责建立葬礼的运作体系，遗体只能埋葬在公共墓地。意大利则是由政府将公民的遗体从太平间一直运送到政府管理的公共墓地。

与西欧国家相比，我国的社会主义国家性质决定了国家应当更多地为民众提供社会福利，对于丧葬这类关系民生的基本事项由政府提供服务十分必要。由于殡葬改革是在政府的推行下进行的，公民为服从政府的宏观土地管理政策，放弃了殡葬方式的自主选择权，由“土葬”改“火葬”所需额外增加的火化费用，由政府来承担是合情合理的。因此，政府在提供基本殡葬公共服务、兴建公益性骨灰安放设施、加强对殡葬服务运营主体管控的同时，甚至可以通过发放丧葬补助费的形式推动殡葬改革，以物质激励手段遏制土葬、骨灰二次装棺葬现象，这也可以视为政府推行殡葬改革增加的成本。北京市就率先实现丧葬补助待遇城乡同标准全覆盖。2009 年 1 月 1 日起，具有北京市户口且未享受北京市丧葬补助费待遇的城乡居民，去世可享受每人 5000 元标准的一次性定额丧葬补贴。

（二）探索宗祠殡葬，加快农村对骨灰安放设施的建设

在中国农村，缅怀、悼念先人和进行祭扫的重要场所，除了家族公墓外首推宗祠。立陶宛设计师卢卡斯·帕潘托尼乌也提出了“家族树”的创意，就是把家谱与骨灰盒合二为一，将骨灰盒设计为“蜂窝型”，通过配套的支架可以固定在墙上，变成一个纪念墙，同时展示出逝者之间的关系，这与中国传统祠堂中的牌位有异曲同工之妙。所以，在农村骨灰安放设施的建设过程中可以重新借鉴宗祠这一形式，用以安放骨灰盒并进行祭扫，以减少农村公

益性公墓的占地问题，这不失为规范土葬和骨灰二次装棺葬现象的好形式，也是一条搞好农村殡葬改革的新办法。

实行“宗祠殡葬”，应该按照骨灰寄存设施的标准对现有的农村宗祠进行必要的整理、设计和修复，根据需要划分为骨灰安放区、祭扫区、人物生平展示区等功能分区。“宗祠殡葬”有以下好处：一是将死者骨灰盒安放在宗祠，进宗祠祭扫，能引起亲近感，容易表达对逝者的哀思；二是可以倡导绿色祭扫方式，只烧香、献鲜花，不烧纸钱、不燃放鞭炮，减少环境污染；三是将骨灰盒大规模集中安放在宗祠里，论资排辈，有序安放，顺应了“长幼有序”的传统家族文化，容易为农村居民所接受；四是能借助红白理事会和“乡约族规”的作用有效抑制“隆丧厚葬”陋习。在农村地区推广宗祠殡葬，就像费孝通先生所说：“如果能利用传统的渠道，再用政府的力量将其改进，似乎成功的机会会大一些。”

（三）倡导绿色殡葬，加速城市对生态安葬方式的普及

对于城市来说，人口稠密、用地紧张，进行火葬已经是不得已而为之，为节约有限的空间还应进一步选择生态环保型的殡葬方式。“生态葬”因其环保、节能和成本低廉，已经成为当今世界最先进的殡葬理念和方式。简单地说，“生态葬”就是人死后遗体或者骨灰实行不占地或少占土地处理遗体或骨灰的葬法。可供选择的生态葬法主要包括树葬、海葬、壁葬、亭葬、塔葬、草坪葬、花坛葬、可降解骨灰盒环保葬等。

以树葬、花坛葬、草坪葬为例，其优点在于与中国传统文化中的“天地与我并生、万物与我合一”观念相吻合，符合广大中国人的殡葬习俗和社会心理。骨灰复归泥土，成为生态系统中生物地球化学循环的网点之一，它既符合生态循环再生的基本原理，又符合中国传统文化的“阴阳循环”和“世代轮回”观念，也与《礼纬·含文嘉》“庶人无坟，树以杨柳”的传统礼制相符。因此，“生态葬”这一文明、环保的殡葬新方式通过传统文化进行合理化阐释，符合广大中国民众的习俗和心理，必然也为越来越多的城市居民所接受。为此，应努力建成集安葬、游览、休闲、生态保护等多功能于一体的城市公园化、园林式城市殡葬设施，为市民树葬、花坛葬、草坪葬提供必要场所，既为死者提供一个环境幽雅的安息之地，又为生者悼念亲人、寄托哀思提供一个清静之所。

小　结

当前中国推行以葬法改革和葬礼改革为代表的殡葬改革，不仅是举行了遗体告别仪式、火化了遗体就算完事，而是要充分发挥传统文化在殡葬改革中的作用，把生态、环保、节地的骨灰安置方式纳入殡葬改革之中。还要通过政府完善殡葬政策法规、提供基本殡葬公共服务、兴建殡葬公共服务设施、发放丧葬补贴等形式为殡葬改革提供制度性保障，剩下的就是民众对新的殡葬习俗的逐步适应了。只有这样，人们才会在精神上逐渐接受火葬的形式，伴随着国家力量推行殡葬改革，原来的旧的殡葬习俗就会发生变迁，火葬也就成了新的丧葬习俗。

参考文献：

[1] 赵庆伟．农村丧葬形式变迁的社会学分析［J］．金卡工程 经济与法，2010（4）．

[2] 郑翔．谈谈“宗祠殡葬”——对搞好农村殡葬改革的思考［J］．经济技术协作信息，2007（14）．

[3] 宋悦华，刘秀伟．我国殡葬政策执行中存在的问题及对策探析[J]．法制与社会，2008（2）．

[4] 赵挺．西方殡葬改革：背景、模式和启示［J］．山东行政学院学报，2010（10）．

[5] 武峥，刘宾．新农村殡葬改革问题探讨［J］．山西农业大学学报(社会科学版)，2012（7）．

[6] 李煜，郭泽保．寻求公益与效益的平衡——透视当前殡葬改革[J]．泉州师范学院学报，2011（5）．

[7] 葛玉红．中国殡葬改革存在的问题与发展对策的研究［J］．长沙民政职业技术学院学报，2005（9）．

[8] 李德珠．中国农村殡葬改革实践［J］．南通大学学报（社会科学版)，2010（7）．

[9] 崔家田．当前殡葬改革研究之反思［J］．重庆城市管理职业学院学报，2006（12）．

[10] 唐飞．殡葬制度改革争议及立法构建探讨——以殡葬管理条例修改为背景［J］．中州学刊，2013（12）．

第七届清明论坛优秀论文集

DIQIJIE QINGMING LUNTAN
YOUXIU LUNWENJI

上卷

李建华 主编

中国社会出版社
国家一级出版社·全国百佳图书出版单位

图书在版编目（CIP）数据

第七届清明论坛优秀论文集 / 李建华主编 . —北京：中国社会出版社，2019. 2

ISBN 978-7-5087-5810-7

Ⅰ. ①第… Ⅱ. ①李… Ⅲ. ①葬礼—服务业—中国—文集 Ⅳ. ①D632. 9-53

中国版本图书馆 CIP 数据核字（2019）第 030170 号

书　　名： 第七届清明论坛优秀论文集（上、下卷）
主　　编： 李建华

出 版 人： 浦善新
终 审 人： 李　浩
策划编辑： 金　伟
责任编辑： 陈　琛

出版发行： 中国社会出版社　**邮政编码：** 100032
通联方式： 北京市西城区二龙路甲 33 号
电　　话： 编辑室：（010） 58124836
销售部：（010） 58124836
网　　址： www. shcbs. com. cn
shcbs. mca. gov. cn
经　　销： 各地新华书店

中国社会出版社天猫旗舰店

印刷装订： 中国电影出版社印刷厂
开　　本： 170mm×240mm　1/16
印　　张： 50. 5
字　　数： 870 千字
版　　次： 2019 年 7 月第 1 版
印　　次： 2019 年 7 月第 1 次印刷
定　　价： 150. 00 元（上、下卷）

中国社会出版社微信公众号

第七届清明论坛优秀论文集
编辑委员会

序

自第一届清明论坛以来，至今已经举办了六届。这项活动对于调动全国殡葬业内学者和从业人员学习殡葬、研究殡葬、探究殡葬事业科学发展的内在规律，丰富殡葬理论发挥了重要的作用。2014 年，中国殡葬协会承接了这项工作，为了更好地调动殡葬业内以及全社会从事殡葬理论研究的积极性，积极探讨更加丰富多彩的殡葬学术交流形式，在第五届清明论坛上，请到了国内高校和科研院所的专家学者发表学术演讲，举行了“高层专家论坛”。第六届清明论坛采取了“互联网+”的技术手段，利用网络平台视频面对面的形式，在各大网站开展了清明论坛。以上丰富多彩的论坛形式的探索是积极的，效果也是显著的，极大地提高了人们对殡葬理论研究的热忱，在殡葬行业产生了积极的影响。

2016 年，是毛主席等老一辈无产阶级革命家联合签名倡议火葬 60 周年，在清明前夕，国家九部委联合下发《关于推行节地生态安葬的指导意见》。为了纪念老一辈革命家倡议火葬这一殡葬改革的伟大创举，同时也为了总结 60 年来殡葬改革的经验，推进九部委文件的学习宣传和贯彻实施，中国殡葬协会责成专家委员会组织了第七届全国清明殡葬理论学术论文征文活动。

本次征文活动通知下发后，得到了各级殡葬协会和各个会员单位以及高等院校、科研院所的积极响应。其中，上海市殡葬服务中心、河北省殡葬协会、福寿园国际集团等单位精心组织广泛发动，组织各种学术研讨，撰写出一批优秀的文章参加本次征文活动，他们以及其他七个单位被评为第七届清明论坛征文优秀组织单位。通过各级殡葬协会和大家的共同努力，本次征文共收到 220 篇文章。这些文章具有以下特点：一是立意高远，不少文章着眼于国家的经济建设、政治建设、文化建设、社会建设、生态文明建设的中国特色社会主义事业“五位一体”总体布局，思考中国的殡葬改革、殡葬管理与殡葬服务，提出了富有战略性的新思想、新观点；二是学术性强，多数文章都能够进行充分的调研和实证研究，数据翔实，论证精辟；三是文章视角多元，既有政策研究的文章，也有基础理论的研究文章，更多的是基础应用性的文章，更不乏独辟蹊径的好文章，令人耳目一新。

为了做好本届优秀论文的评审工作，中国殡葬协会专家委员会成立的评审委员会制定了科学严格的评审办法与流程。本次评审坚持公开、公平和公正的原则，坚持回避、保密和规范的原则，坚持集体评审和匿名评审的原则，坚持专家与行业共同评议的原则。论文评审分为初审、复审、查重和终审四个阶段进行。通过评委匿名评审，依据分值，共评出一等奖 9 篇，二等奖 19 篇，三等奖 28 篇，优秀奖 38 篇。

这些研究成果是一份沉甸甸的殡葬理论学术果实，它凝结着全国殡葬工作者和关心支持殡葬事业科学发展专家学者长年累月、笔耕不辍的心血。它又是一份献给老一辈无产阶级革命家倡导火葬 60 周年的丰厚礼物。它将在殡葬行业的科学发展过程中，对于我们解决殡葬领域重大理论和实践问题提供理论支持，将在传统殡葬向现代殡葬转型中发挥着不可估量的作用。本书的出版，记录大家的智慧，更使得每年一届的清明论坛成为殡葬工作者研讨交流的平台和研究成果的展示。我希望该书的出版，能有利于殡葬理论学术研究成果得到广泛的推广与应用，能够充分发挥这部分研究成果的辐射带动作用，促进殡葬事业实践与理论的科学发展。

本论文集汇集整理了这次征文中获得一等奖、二等奖、三等奖和优秀奖的部分获奖论文，分上、下两卷，由中国社会出版社出版。在此向作者与编审人员一并表示衷心的感谢！

中国殡葬协会会长　李建华

目　录

一等奖（9名）

二等奖（19名）

三等奖（28 名）

浅谈“互联网+”在现代殡葬体系建设中的应用

广西壮族自治区南宁市殡葬服务管理处　张宁波

摘　要：随着信息通信技术的快速发展，“互联网+”已经成为创新2.0时代智慧城市建设的基本特征和重要组成部分，是信息化建设与新型城镇化建设的国家级战略，必将推动社会传统行业的转型与变革。在此背景下，如何充分认识、理解并消化吸收“互联网+”的内涵与精髓，借助信息技术打造“互联网+现代殡葬体系”，是“十三五”期间我国现代殡葬建设的重要课题。本文主要从实务层面研究“互联网+”在现代殡葬体系建设中的应用，提出以“人本理念”、公众参与和技术创新作为“互联网+”与现代殡葬体系建设的结合点，运用互联网、云计算、大数据和软件技术建设现代殡葬的文化推广体系、政策研究体系、智能服务体系、市场监管体系和公众评价体系，希望为新时期殡葬事业的科学发展与创新提供有益借鉴。

关键词：“互联网+”　现代殡葬体系　技术创新　智能服务

一、研究“互联网+”与现代殡葬体系的必要性

（一）“互联网+”是国家级战略，必然对殡葬等传统服务业的发展产生深远影响

李克强总理在《2015年政府工作报告》中提出“互联网+”行动计划：“推动移动互联网、云计算、大数据、物联网等与现代制造业结合，促进电子

商务、工业互联网和互联网金融健康发展。"① 在信息化时代，服务业与"互联网+"已经密不可分，殡葬等传统服务业的发展则相对滞后，尤其缺乏理念创新与技术创新。借助国家互联网发展战略，利用日趋完善的信息通信设备，在现代殡葬体系建设过程中引入"互联网+"的概念与技术，实现殡葬体系的改造和升级，这是我国现代殡葬建设与发展的方向和必然趋势。

（二）"互联网+"与现行殡葬政策相适应，必然引领现代殡葬体系建设的理念与技术创新

近几年，国家高度重视殡葬改革，出台了一系列殡葬政策，如中办、国办《关于党员干部带头推动殡葬改革的意见》、九部门《关于推行节地生态安葬的指导意见》等。民政部时隔 17 年再度召开了全国殡葬工作会议，为新时期的殡葬改革明确了政策方向。"互联网+"所代表的信息技术与上述殡葬政策相适应，为新时期的殡葬改革提供了强有力的技术支持，它将在科技人文殡葬、节地生态安葬、殡葬改革宣传、殡葬管理服务等多个领域发挥巨大作用，引领现代殡葬体系建设的理念与技术创新。

二、"互联网+"与现代殡葬体系的内涵及结合点

（一）"互联网+"的内涵

"'互联网+'是指利用互联网的平台、信息通信技术把互联网和包括传统行业在内的各行各业结合起来，从而在新领域创造一种新生态。"②

通俗来说，"互联网+"就是"互联网+各个传统行业"，但这并不是简单的数量相加，而是利用信息通信技术、互联网、大数据、云计算、物联网等平台，让互联网与传统行业深度融合，进而强化传统行业的技术含量、信息化水平、客户体验、发展生态和社会效益。

（二）现代殡葬体系的内涵

现代殡葬是一个完整的体系，它包括现代殡葬文化体系、殡葬政策体系、

---

① 李克强：《2015 年政府工作报告》，中国政府网，2015 年。

② 马化腾：《关于以"互联网+"为驱动，推进我国经济社会创新发展的建议》，中国青年网，2015 年。

殡葬服务体系、殡葬监管体系和殡葬评价体系，集人文殡葬、科技殡葬、生态殡葬和惠民殡葬于一体，具有显著的创新型特征，是新时期殡葬建设的主要目标，对于提升我国殡葬事业发展的科学化水平具有重要意义。

（三）“互联网+”与现代殡葬体系建设的结合点

1. “技术创新、理念求变”是首要切入点。“互联网+”既代表技术创新，又代表理念和模式上的创新，这与现代殡葬体系建设“不谋而合”。在构建现代殡葬体系的进程中，引入信息技术与创新理念，会改变殡葬行业固有的发展模式与服务模式，将有效解决传统行业创新不足、技术不够的问题，推动现代殡葬适应信息时代的发展节奏，实现自我变革和转型升级，从而焕发新的生机。

2. “以人为本、公众参与”是主要结合点。“互联网+”的快速发展得益于信息通信技术，但更为重要的是对人的尊重。比如，“互联网+金融”成就了支付宝和 P2P，让普通人学会理财；“互联网+交通”推出了滴滴和快的打车，使人们出行更为便利。它们的成功都源于对人的尊重和公众的广泛参与。现代殡葬体系建设同样需要坚持“以人为本”，围绕服务对象构建服务体系，强化服务信息反馈，提升殡葬服务品质与客户体验。通过引入“互联网+”，引导公众广泛参与殡葬政策制定、殡葬改革宣传、殡葬服务反馈、殡葬市场监督等，有助于增强殡葬工作的社会透明度和公信力，构建和谐的公共关系。

三、“互联网+”在现代殡葬体系建设中的应用

（一）运用“电子政务云”建设现代殡葬文化的推广体系

“‘电子政务云’是运用计算机网络技术，对政府管理和服务进行精简、优化、整合，并通过信息化手段在政务上实现各种业务流程办理和职能服务，为政府各部门提供可靠的基础 IT 服务平台。”[①] 民政部门应利用电子政务云便捷、高效、覆盖面广和直观的宣传优势，建设殡葬文化“云传播中心”，使殡葬改革和殡葬文化宣传贴近百姓的生活。比如，运用“云视频”技术开展国家公祭网络直播、骨灰撒海视频直播、优秀传统殡葬文化宣讲、科技人文殡

① 360 百科：“电子政务云释义”，2015 年。

葬推广、殡葬政策法规视频培训等。条件不具备的地区，可以利用“微信公众号”等社交软件向公众推送殡葬政策与殡葬文化。运用云计算和云视频服务，让殡葬改革宣传和殡葬文化教育更加直观和开放，逐步建立起公众普遍参与的优秀殡葬文化传承体系和推广体系，进而引领现代、文明、生态殡葬的新风尚。

（二）运用“云计算、大数据”建设现代殡葬政策的研究体系

云计算和大数据是“互联网+”的主要特征。通过计算机云处理，使大数据成为具有决策力、洞察力和多样化的信息资产，推动科学决策机制的变革。现代殡葬政策在研究制定的过程中，需要广泛收集、甄别、吸收各类信息为决策者提供依据，云计算和大数据成为理想选择。

1. 建设殡葬信息和数据中心。利用电子政务云收集和整合民生大数据，通过数据接口与政府各级职能部门实现数据“互联互通”，广泛收集养老、医疗、低保、救助、扶贫、公安、工商、物价、土地、环保等民生信息，通过数据模型和云计算，筛选出与殡葬政策研究相关的数据，通过系统数据分析得出殡葬政策研究的方向。比如，低保、救助和扶贫数据为制定惠民殡葬政策提供依据，公安和医疗数据有助于解决无人认领遗体和疑难遗体问题，工商和物价数据为殡葬市场监管服务，土地和环保数据为实现生态殡葬创造条件。总之，现代社会谁掌握信息和大数据，谁就掌握了行业发展的主动权。

2. 建设殡葬政策“云”研究模型。传统政策研究模型是公共政策分析的理论工具，为决策者提供集假设、定义、描述、解释和对策于一体的概念模型。传统政策研究模型（如传统理性模型、有限理性模型、博弈理论等）是以“经济人”假设为基础的，在理论界有一些争议，因为传统模型基于“假设”所提供的决策信息不够准确。本文提出的殡葬政策“云”研究模型，是建立在云计算、大数据和软件技术的基础上，通过互联网在线发布政策调查研究模型和测试模型。根据政策研究的需要设定数据段，真实、广泛地收集公众对于殡葬政策的意见和建议，掌握殡葬政策研究的第一手信息。具体来说，殡葬政策“云”研究模型包括三部分内容：

（1）殡葬政策“感知”模型。感知模型是一种“常态化”数据模型，主要根据不同社会阶层、民族、年龄、殡葬关注热点、殡葬服务需求等设定数据段，利用网络技术和搜索引擎技术收集数据。公众通过互联网平台发表自己对殡葬工作的看法时，民政部门运用搜索引擎和数据模型可以实时查看公

众关注的热点问题，运用大数据“感知”多数公众对殡葬政策的期望和需求，从而明确殡葬政策的研究方向。

（2）殡葬政策“测试”模型。一般来说，殡葬政策在正式出台以前要向社会征求意见，原有征求意见的范围主要集中在行业内部和相关职能部门，对于公众意见的重视不够。测试模型是把政策制定过程面向互联网公开，同时针对重点领域、重点部门和重点受众开展政策实践性测试。通过在线问答、在线座谈、网络视频问卷和政策场景模拟等形式，向公众解释政策的目标和内容，测试重点对象对于政策的直观反映，及时预见政策在执行过程中面临的困难和问题。

（3）殡葬政策“修正”模型。殡葬政策在正式实施以后，利用“感知”模型继续收集与政策相关的公众数据，政府部门要联合学术机构开展线上和线下调查，运用云计算统计殡葬政策的公众评价。当某项政策公众关注度或负面评价达到一定程度时，政府部门应根据公众评价等级相应采取关注、调研和修正的三级响应机制，让殡葬政策修订工作更具有针对性、时效性和准确性。

（三）运用“移动互联网、App”建设现代殡葬服务体系

随着移动互联网和手机 App 的技术成熟，“互联网+”真正融入到普通百姓的日常生活之中，并迎来了高速发展时期。我们应充分借鉴其他行业的先进经验，从便民和惠民服务的角度出发，牢牢把握“互联网+”的技术发展趋势，紧密结合殡葬服务实际，与专业公司合作研发殡葬服务 App，在构建创新和高效现代殡葬服务体系的基础上，全面提升殡葬服务的品质和公众满意度。

1. 建设网络培训体系。各级殡葬协会应在现有殡葬职业技能等级鉴定的基础上，继续开展殡葬服务的后续教育，利用互联网开发殡葬服务网络培训 App，把殡葬政策法规、殡葬文化、职业道德、职业技能等作为网络培训与考核的内容。各级殡葬单位和殡葬职工可自行下载 App 进行培训，每年考核一次。通过云计算和大数据自动登记考核结果，并作为殡葬职业资格取消、降低等级和后续评定的重要依据。通过这种方式，打破现行殡葬职业技能等级鉴定“终身制”的模式，促使殡葬职工知识与能力的持续更新与提升。

2. 建设智能服务体系。殡葬服务单位要在继续建设和完善现有殡葬管理服务信息系统的基础上，融入“互联网+”的相关技术，尤其要研发一批自主

创新、便民惠民、高效服务的软件和手机 App，以适应移动互联网的快速发展，逐步提升殡葬管理服务的智能化水平：

（1）优化殡葬管理服务信息系统。将现有殡葬管理服务信息系统与互联网（移动互联网）融合，提供网上预约遗体接运、遗体告别、遗体火化、骨灰寄存、公墓选购、丧葬用品选购等殡葬服务。有条件的地区，还可以开展网上预约礼仪师、化妆师的服务，让殡葬服务更加贴近百姓生活，更加便利和高效。

（2）建设互联网视频服务系统。应用互联网、视频监控和数据回传等技术，在清明节期间开展网络实景祭拜服务。实景祭拜包括骨灰实景祭拜和公墓实景祭拜，殡葬服务单位应家属要求开放专属的视频数据接口，家属可以通过移动互联网观看骨灰或公墓的实景，在家里或外地开展祭拜活动，这比其他形式的网络祭拜更形象、更具人性化。在实景祭拜技术成熟以后，还可以将网络视频服务延伸到生态安葬、骨灰撒海、集中公祭等服务领域。

（3）建设互联网便民服务系统：

①研发网络服务智能机器人。参照百度、360 搜索引擎和智能手机的有关功能，研发网络服务智能机器人。运用大数据统计群众最关心、最常见的殡葬服务问题，结合殡葬服务的基本流程和注意事项，集中写入网络机器人的程序，让网络智能机器人“全天候”自动解答群众在互联网上提出的各类问题，以减轻殡葬单位咨询服务的压力，提高殡葬咨询服务的效率。

②建设电子签名和指纹签名系统。为保障工作安全，防范纠纷风险，殡葬服务单位普遍要求家属多次签字确认服务内容，这容易引起部分群众的不满，影响服务效率。通过使用电子签名和指纹签名系统，家属通过平板电脑或者智能手机，借助互联网和指纹识别系统，一次性录入电子签名和指纹，通过双方电子协议约定，运用电子指纹签名自动匹配相应的殡葬服务内容，在保障殡葬服务安全的同时简化了各类服务手续。

③建设网络智能短信平台。网络智能短信是移动互联网的重要应用，技术已经成熟，殡葬单位电话接听人员在殡葬系统录入家属联系方式以后，利用智能网络短信平台自动向家属发送服务短信，短信内容是抚慰家属悲伤情绪、介绍主要服务流程，提示有关注意事项等，从而实现“提前介入服务”。当所有治丧手续办理完毕以后，可再向家属发送慰问短信，以体现殡葬单位的人文关怀。

④建设网络快捷支付平台。在互联网时代，网络支付日趋成为主流，为

服务对象提供了极大的便利。殡葬服务可以充分利用微信支付、支付宝、财付通、Apple Pay、电子银行、二维码支付等成熟技术，简化殡葬服务收费和支付手续，在殡仪服务收费、骨灰寄存收费、公墓管理收费等领域发挥作用。

⑤建设殡葬云盘存储平台。利用电子政务云建设云盘存储系统，或者利用百度云盘、360 云盘等成熟技术，将逝者告别会视频、公墓下葬视频、逝者生前影像及图片资料等，存储于网络云盘永久保存，并为家属开放专属权限，提供网络下载和在线浏览服务，为家属追忆先人和网络祭拜创造条件。

（4）建设互联网惠民服务平台。“互联网+”带来了 P2P 理财的空前繁荣，P2P 风控体系的核心是大数据信用体系，比如阿里巴巴集团开发的“芝麻信用”。殡葬单位可以借用“芝麻信用”的数据，评定客户的信用级别。在殡葬服务和出售公墓时，为一些信用好但临时出现资金周转困难的群众提供分期付款服务。另外，运用社保、低保、救助等民生大数据和信用数据设计系统模型，由殡葬服务信息系统自动评估客户的困难等级，自动匹配相关惠民政策和丧葬费用减免措施。

（5）建设丧礼策划服务平台。随着社会经济的快速发展，“个性化”殡葬服务成为发展趋势。个性化服务的关键在于结合实际、传承文化、突出特色，这就需要培养大量的策划人才。但在现阶段，丧礼策划人才相对匮乏，大陆与台湾的殡葬业者差距明显。笔者建议在培养人才的同时，走“互联网+技术”的捷径。2016 年，习近平总书记考察重庆时，随行的云南、江苏、湖南等地省委书记专门参观了“猪八戒网”。“猪八戒网”是中国一流的网络策划招标平台，殡葬单位可以结合客户需求、服务特色、传统文化、完成时限等，在电子政务云或者“猪八戒”等网络平台发布丧礼策划招标方案，创新殡葬服务模式与服务内容，集思广益，为我所用。

3. 建设服务安全控制体系。殡葬行业社会关注度高，具有一定风险，需要强化风险防控机制。笔者建议殡葬单位逐步建设服务安全控制体系，即殡葬服务综合指挥中心。具体来说，以殡葬管理服务信息系统为中心，优化各类数据接口，全面实行遗体条码管理、各服务环节的门禁管理、服务场所的视频监控管理、遗体接运车辆的 GIS 地理信息系统管理、遗体冷藏及火化设施的智能温控管理等，运用互联网实现各服务环节的数据回传、数据存储和集群控制，最大限度地加强殡葬服务监督与现场调度，降低行业风险。

（四）运用“互联网+”建设现代殡葬监管体系与评价体系

1. 运用“互联网+”强化政府职能部门之间的沟通与协调。当前，民政、物价、工商、卫生、公安等职能部门在进行行业审批与监管过程中沟通协调相对不足，往往存在“各自为政”的问题，不利于整个殡葬行业的监管。笔者建议上述职能部门有效利用电子政务云，建立部门之间的信息交流与数据共享平台，在政策法规、征求意见、行业审批、联合执法等方面强化信息交流，避免因部门权责不明，造成行业监管形同虚设。

2. 运用“互联网+”完善殡葬服务市场的价格监管。一是继续利用互联网落实“六公开”制度，主动向社会公开服务项目、收费标准、服务内容、服务程序、服务承诺、服务监督，增强殡葬服务市场的“透明度”。二是通过分析和利用经济、物价等民生大数据，客观评估殡葬服务成本，合理限定各类服务项目的利润区间，宏观调控市场价格，引导市场良性竞争，维护群众合法权益。三是建立健全互联网通报机制，开辟网上通报专版，定期通报各类殡葬服务主体的价格违规行为，自觉接受公众监督。

3. 运用“互联网+”建设现代殡葬的公众评价体系。一是开发 O2O 殡葬服务评价系统，将线下评价与线上评价有机结合起来。家属可以在服务现场通过服务终端评价殡葬服务，也可以在回家以后运用移动终端和互联网评价工作人员及服务水平，利用软件技术和互联网转变固有的服务评价模式，消除群众的各种疑虑，保障公众客观评价殡葬服务的权利。二是把殡葬服务评价系统与殡葬信息数据中心有机整合，实现数据共享。面向公众开展殡葬满意度网络测评，充分重视网络测评结果，督促满意度偏低的服务机构限期整改，并将公众满意度作为殡葬机构服务评级、撤销或维持服务资质的重要依据。三是建设和完善公众评价的反馈机制。通过互联网新媒体和自媒体，以视频发布会、微信公众号、微博等方式，及时向公众通报殡葬满意度测评结果和整改落实情况，确保群众意见不落空、有回音，整改措施不拖延、有成效，最终达到消除误解、建立互信、塑造形象、促进发展的目的。

综上所述，“互联网+”是国家级的发展战略，具有巨大的应用前景，必将引领传统行业的变革。我们应该积极推动现代殡葬体系建设与“互联网+”的有机结合，通过理念创新、政策创新和技术创新，转变固有的殡葬管理与服务模式，提升殡葬管理服务的科技水平，让现代殡葬更加高效和人性化，让“互联网+现代殡葬体系”成为推动我国殡葬事业科学发展的重要力量。

参考文献：

［1］李克强 .2015 年政府工作报告 . 中国政府网，2015.

［2］马化腾 . 关于以"互联网+"为驱动，推进我国经济社会创新发展的建议 . 中国青年网，2015.

［3］国务院关于积极推进"互联网+"行动的指导意见 . 中国物联网，2015.

［4］凌源 . 从文化角度研究法国殡葬业的发展 . 广西大学公共管理硕士学位论文，2013.

3D打印辅助遗体修复技术的研究

上海市殡葬服务中心　刘凤鸣　许仁祥　王　刚　徐　军

摘　要：本文从遗体修复的现实需求出发，概述了3D打印的技术特点，分析了常规遗体修复技术的制约因素，指出了3D打印技术在遗体修复中应用的优点及主要的研究内容，并对3D打印技术在遗体修复和整个殡葬行业的应用前景进行了探索。

关键词：3D打印　遗体修复　数据模型　探索

一、前言

天津港“8·12”特别重大火灾爆炸事故，造成上百名消防及武警官兵壮烈牺牲。由于强烈的爆炸，烈士的遗体特别是面部受到了严重损毁。在事故善后工作中，虽然集中了全国殡葬行业的众多精兵强将，但由于受到常规遗体修复技术的时间、技术、材料及操作工艺的限制，相当一部分遗体没有得到满意的修复，给烈士家属和部队战士的心理留下了永远无法抹去的伤痛，也给我们殡葬工作者留下深深的遗憾。

面对诸如天津港这样的大型事故，迫切需要一种新型的遗体修复技术，弥补现有技术中依赖手工操作、修复时间长、无法大批量修复的技术缺憾，完善并进一步提升遗体修复技术的科技水平，充分利用当代的技术成果，更完美地呈现遗体遗容，上海市殡葬服务中心就此展开了相关的探索和研究工作。

二、3D 打印技术概述

3D 打印技术是当下被各界关注的新一代制造技术，也是工业 4.0 和我国政府正式颁布的《中国制造 2025》中的具有代表性的一项新兴技术。

与传统工业制造中注重分工和批量生产不同，3D 打印技术以低成本的个性化制造见长。传统工业中的一次设计，可以为批量制造中的成千上万件产品所用，而 3D 打印却是一次设计对应一件或几件产品。因此，在个性化需求非常鲜明的领域，3D 打印技术首先受到了青睐，比如医疗行业、航空制造行业、设计行业、殡葬行业等。

3D 打印技术涉及 3D 模型、打印方式、打印材料三个主要方面。

3D 数据模型是 3D 打印的基础。只有具有了“可实用”的数据模型，才谈得上 3D 打印。这里的“可实用”是指模型的质量，包括模型的精度和色彩等要素。模型质量的好坏，直接决定了 3D 打印产品的质量。3D 模型的获取主要有两种途径：一是对已有产品的扫描（抄数），即使用 3D 扫描仪或多维照相取得已有实物产品的 3D 模型。二是在没有实物产品的情况下，通过人工设计获得 3D 模型。人们通过 3D 软件把头脑中构思的 3D 产品首先在电脑里绘制出来，然后再打印出来成为产品。

经过 30 年的发展，3D 打印材料已经有了长足的进步，其应用领域也在逐步扩大。现在的 3D 打印材料，可以是金属的，也可以是非金属的；可以是硬质的，也可以是软性的；可以是无机的，也可以是有活性的。在色彩上，从单色到百万级真彩都能实现。虽然如此，3D 打印的材料仍然有很大的局限，这种局限主要表现在功能上。比如金属打印的产品，其 Z 向强度至今不能完全达到传统铸（锻）造产品的强度。再如 3D 打印的血管，要么完全只是个模型，要么其活性与真实的生物组织还有一些距离。

3D 打印的方式虽然多种多样，但其本质上都是一种增材制造技术。增材制造技术是指通过将打印材料的层层叠加进而形成最终产品的制造技术。这种技术的具体实现方式取决于 3D 打印模型和材料的特性。模型决定了 3D 打印产品的几何形状和色彩，材料决定了产品的性质和功能。现有最普遍，也是应用最广、市场占有率最大的 3D 打印方式是熔融堆积（Fused Deposition Modeling，简称 FDM）。其主要打印材料是 ABS 或 PLA 塑料。由于其材料的功能相对简单，目前这种打印方式主要应用于模型设计领域，是快速成型技术（仅仅完成几何造型的3D打印技术）的主要实现方式。其优点是成本低，缺点是色彩还原差以及打印速度慢。CJP彩喷打印是目前在3D人像领域应用较广的一种彩色打印技术，其优点是色彩还原好，打印速度快，缺点是成本较高。除此之外，应用较广的还有光固化（photocuring）、纸层叠、激光烧结等打印技术。这些不同的打印技术分别对应不同的打印材料，应用于不同的专业领域。

三、常规遗体修复技术及其制约因素

遗体修复是指运用美学原理和人体结构知识，采用特殊的技术手段，对遗体不良体态进行纠正和恢复，对遗体的缺陷进行修补，对皮肤的损伤进行修复，对遗体残缺的部位进行重建，使其恢复自然状态的一项直接针对逝者形象的服务。

遗体修复是殡葬工作中一项十分重要的内容。它对于维护逝者尊严、抚慰家属哀伤心理都有着非常重要的作用。

从技术层面来看，常规的遗体修复可分为形体重整及美化容颜两个层面。

（一）形体重整：是指将损伤性遗体重建为生前自然轮廓或体态。主要包括骨骼、血管、肌肉及皮下组织、皮肤、毛发和局部器官等的重新整理以及对先天性或后天性组织或器官的缺损、缺陷、畸形以及因医疗、机械损伤、意外事故等在肌体上留下的各类创伤的修复。重整过程中可通过手术等方法进行自体的各种组织移植，也可采用异体组织或替代品来修复各种原因所造成的组织缺损或畸形。在遗体受外力撞击或因疾病等原因而产生了形体扭曲变形时，形体重整显得尤为重要。根据遗体的状况，形体重整又可分为固定、填充、移植、缝合、重塑五个方面的内容。

（二）美化容颜：指运用化妆技术给予遗体合理自然的肤色，营造遗体肃穆安详的容颜以符合家属的记忆。美化容颜包括头发修整、脸部彩妆、服装搭配、配饰选用以及对遗体的病理和生理信息的判断和了解等内容。

一般情况下，常规的遗体修复技术包括如下内容：

类别	技术名称
固定	颅骨复合技术/骨置换技术/长骨固定技术/肌组织定型技术
填充	固体填充技术/塑形填充技术/液体注射填充技术
移植	皮肤移植技术/表皮破损修补技术/毛发移植技术/毛发植入技术
缝合	封闭式缝合/美容缝合/固定缝合/软组织缝合技术
塑形	模型雕塑/磨具制作/倒模工艺
测量	人体测量数据换算

除了上述这些技术，还有许多的修复技术也在这个领域中发挥着重要的作用，这里不一一列举。

在以上这些常规遗体修复技术中，最关键的是塑形技术，这是由遗体修复的目的所决定的。技术的掌握是关键，但是效果的呈现更是重点。

在实际工作中，经常存在一些制约常规遗体修复技术发挥作用的因素，这包括：

一方面，时间的限制。在通常情况下，遗体的自然变化，以及家属的治丧需求，都很难给遗体修复留有太多的操作时间。在短时间内要完成一具支离破碎的遗体修复工作，对于整容师的个人技能是一个挑战，也是一个束缚。很多时候，我们往往会因为各种原因而放弃既定的目标，使得结果不尽如人意。

另一方面，信息的缺失。对于来到殡仪馆的遗体，其病理信息、生理信息往往是不完全的，这对于遗体的保护和修复很不利。尤其是对于因火灾或意外事故而损坏的遗体，其生前形体的信息已经丧失，整容师往往只能通过一张相片进行推测和估计，依赖自己的直觉和经验复原。

常规的遗体修复技术在很大程度上是纯手工作业，整容师为了能够尽可能地恢复还原创伤面，需要经历相当长时间的操作历练。在对遗体修复的逼真度上则是完全取决于个人技能的掌握和展现，这显然不利于技术的传承、推广和大规模应用。

四、3D 打印辅助遗体修复技术及研究内容

3D 打印辅助遗体修复技术是指通过计算机建立 3D 模型，再通过 3D 打印得

到需要修复的缺损遗体的整体或部分的替代物，进而实现遗体外观复原的技术。

与常规遗体修复技术比较，3D 打印辅助遗体修复技术有以下几个优点：

（一）3D 打印的工业化技术相比手工制作具有效果稳定、易推广和可以大规模应用的优点；

（二）3D 打印技术更易于满足治丧的时间要求；

（三）3D 打印将常规遗体修复的整形和化妆两个环节合二为一，大大减少了整容师与遗体接触的时间，安全性高于常规修复技术；

（四）3D 打印采用模型库及特征点比对的方法，尽量弥补遗体损伤造成的三维信息的遗失，更科学地恢复遗体的形体特征，使得塑形更加完美；

（五）3D 打印的真彩运用可以更好地还原遗体的肤色。

从已经进行的试验、研究，我们归纳 3D 打印辅助遗体修复技术包括以下几个方面的内容：

（一）数据模型的获取。我们知道，要通过 3D 打印技术实现损毁遗体的复原，首先就必须获得损毁遗体的精确的三维数据模型，这里分两种情况：

在信息缺失不严重或精度要求不高的情况下，比如局部脸面缺损或表面组织以下的骨骼缺损，这些都可以通过三维扫描取得缺损部分的三维模型。

在遗体受到严重损毁的情况下，我们无法通过扫描获得这个模型，只能通过逝者生前的照片创建三维模型。这也是 3D 打印辅助遗体修复技术的真正难点所在。

和人工重塑的创作过程一样，要得到损毁遗体的三维模型，我们需要研究照片和三维模型之间的转换关系。我们知道，使用 CG（Computer Graphics，计算机图形学）实现从照片到人脸三维模型的转换，基础的工作是建立“标准人”模型库。只有拥有了足够数量的人脸模型库和与之对应的照片，才能通过模型算法来找出它们之间的转换关系。那么，这样的模型库需要多少模型呢？

按照不同的划分标准，汉族人脸型可以分为 5—10 种，如瓜子脸、国字脸等。在 Z 向上，鼻子是 Z 向的最高点，而鼻子也可以分为 6—8 种不同类型。我们以平均数 7 计算，考虑脸型、鼻子、口、眼、眉及表情以及老中青少童 6 种因素，则需要获得标准人模型的数量为 $7^5 \times 5 = 84035$ 个，这里还没有考虑人脸皱纹等其他要素。因此需要至少采集 84035 个中国人标准人模型，才能确保较高的相似度。

在目前模型库未能建立的情况下，我们采用国外软件加人工修饰的办法建模，虽然也能达到较好的效果，但建模时间显然过长。

（二）打印输出及材料的选择。这项工作我们主要考虑打印的时间消耗及所使用的材料还原肤色的效果。目前三种主要打印方式的比较如下：

打印方式	时间	肤色	材质	成本
FDM	10—15	单色	硬	低
CJP	4—8	彩色	硬	中
PHOTOCURING	15—25	彩色、单色	硬、软	高

注：所需时间是以打印前脸 1∶1 模型计算的，单位为小时。

就目前的技术装备和性价比来看，CJP 彩色 3D 打印是最佳选择。

（三）后期处理与对接。模型的后期处理包括毛发处理、妆色调整和与遗体的对接等。这些工作与常规修复基本相同。

面部毛发分为：头发、眉毛、睫毛、胡须等，数量非常庞大。在时间允许的情况下，可以通过手工或机械辅助植入，在时间紧急的情况下，只能通过笔绘简单处理。

通过实验，现阶段 3D 打印关于色彩方面的表现已能达到专业预期的要求。

在与遗体的对接上，可以使用缝合或特殊胶水与遗体实现对接，与常规处理方法完全一致。

五、3D 打印辅助遗体修复技术的应用前景探索

从殡葬行业来看，遗体修复技术是必不可少的技术，也是殡仪馆的核心技术之一，3D 打印辅助遗体修复技术更是一个升级换代的全新的技术项目。前文所述表明，这项新技术的研究与成型需要耗费大量的人力物力。事实上，天津港“8·12”特别重大火灾爆炸事故后，上海即以此为契机，将 3D 打印辅助遗体修复技术列入市民政局“十三五”规划，并组织力量进行攻关。以目前的研究成果，已能应对天津港爆炸事故及后来深圳塌方事故的遗体修复工作。

据公安部披露的资料，中国每年非正常死亡人数超过 320 万，2015 年仅上海市因各类交通意外死亡的遗体就达到 615 具。可见，遗体修复的服务需求量非常之大。

然而，殡葬服务具有的区域特性，使这项技术的广泛应用受到了制约。3D打印辅助遗体修复技术是一项应用型技术，缺少良好的应用就会失去存在的价值，也不可能持续地发展。因此，一方面，我们倡导如天津那样以开放的胸怀共享的发展理念，为故人着想，将3D打印辅助遗体修复技术纳入全国性的应对特大灾害处置机制；另一方面，要探索该技术的市场化，造福于民。这也是提升与小康社会相适应的殡葬服务科技水平的需要。

根据3D打印辅助遗体修复技术的特性，我们认为至少可以在以下方面为市民提供服务：

（一）因病或其他原因而变形变色遗体的修复。这些遗体虽然没有损伤，但是其形象对于告别现场的氛围会产生不良的影响。对此，我们可以使用3D打印技术恢复其安详的遗容。

（二）修复历史创伤。一个人一生中可能碰到很多次意外，难免会在脸上留下疤痕或缺损，为让故人留下最后一张无缺陷的面容，我们可以利用该技术为其进行“整容”。

（三）国际国内运尸。遗体的腐败是不可逆的，所有的防腐技术只是延缓腐败速度。据了解，外运遗体经常有血水从七孔外溢的情况发生。我们可以利用该技术打印一张脸罩，用技术手段封闭七孔。

（四）以一生中最美的面容与亲人进行最后的告别。如果有市民的另一半先他（她）而去，他（她）希望以结婚时的面容告别，我们可以利用该技术造一个“新郎（娘）”。

（五）3D打印与3D全息影像结合。在未来的追思会上，可以用打印的3D人像举办告别仪式，之后将3D人像移植至墓碑上。甚至可以结合虚拟现实技术（VR）制作出逝者的3D全息影像，让其在追思告别仪式上亲自宣读遗嘱。或者在无数年之后，让墓碑上的祖先嘱咐他（她）的孙子的孙子好好学习，做一个对社会有用的善良的人，等等。

总之，随着3D打印辅助遗体修复技术的不断完善和发展，必将有效提高应对大型事故的善后处置能力，同时也将大大提高为市民服务的水平。

现代殡葬的探索性研究

北京市民政局　吴亚军

摘　要：随着经济的发展、社会的进步、人民生活水平的提高和人口老龄化的迫近，人民群众对殡葬服务的需求越来越多、标准越来越高、意识越来越强，我们必须坚持高起点、树立新观念，观大势、谋新局、行大道，全面梳理和查找现代殡葬科学发展中的重点与难点问题。通过问题的梳理和查找，深入分析现代殡葬的内涵，以新理念引领新发展、以新智慧开辟新路径、以新思路寻找新超越，示范先行、点面结合、阶段推进，用现代殡葬的理论回答殡葬问题，用现代殡葬的话语解读殡葬道路，用现代殡葬的方式描绘殡葬蓝图。

关键词：现代殡葬　探索性　研究

一、研究背景

从宏观环境看：我国改革开放进入新的历史发展阶段，全面建成小康社会决胜阶段的历史课题给我们提出了新要求、新任务；“中国梦”“民政梦”成为我们的新追求、新期盼；生态文明建设放在了更加突出的战略位置，是转变经济发展方式的新途径、新道路；国家治理体系和治理能力的现代化成为推动事业发展的新体制、新机制；“创新、协调、绿色、开放、共享”五大发展理念更是我们开展工作的新指南、新方法。作为民生重要组成部分的殡葬行业，理应在民政事业改革大潮中，构建制度更加完备、体系更加健全、覆盖更加广泛、功能更加强大，与经济社会发展水平相适应的现代殡葬发展体系。

从行业环境看：丧俗改革稳步推进，文明新颖的丧葬礼仪和祭奠方式异彩纷呈，少占或不占土地的骨灰处理方式和绿色生态葬法得以推广，便民利民惠民的殡葬举措积极回应社会关切，殡葬工作在方向上努力保障公平正义、在方式上力争达到适度普惠、在方法上尽量实现多措并举、在程度上勇于凸显与时俱进，殡葬事业逐步走上规范化、法制化轨道，取得了较为明显的社会效果。

站在历史发展的新起点上，殡葬行业能否坚持推进殡葬改革不动摇、加快殡葬事业发展不停步、提高殡葬服务水平不松劲，拿出现代殡葬改革的路线图和时间表，以“边角改革”推动“核心改革”，破解殡葬民生大考题，则是我们亟须考虑的时代课题。

二、当今殡葬行业存在的问题

细细研究当前的殡葬工作，那是不是就没有需要解决的问题呢？显而易见，我们殡葬行业仍然存在着这样或者那样的问题。在创新服务方面，惠民政策力度不够大、绿色生态范围不够广、科技手段应用不够多、文化提升含量不够高；在行业管理方面，政策法规体系不够健全、市场运作手段不够完善、殡葬管理活动不够规范、业务服务体系不够配套；在统筹发展方面，规划设计布局力度不足、基础设施建设投入不足、部门联动履行职责不足、配套措施发展动力不足等。也可以形象地描述为：“结构失衡、供需错配”的历史现状，“治丧难、治丧贵”的舆论压力，“殡葬暴利、殡葬乱象”的行业偏见，“弊端难革、久推不转”的体制症结。

有鉴于此，我们有必要通过现代殡葬四化的目标引领，努力拿出顶层设计，完成“赶”和“转”的双重任务，走出“危机—解决—再危机”的华山小道，探索“追赶型、调整型、跨越式、持续式”的弯道超车，进入“发展—挑战—再发展”的高速公路。

三、现代殡葬的内涵分析

（一）现代殡葬事业社会化

现代殡葬事业社会化是通过借助市场经济学的理论范式来科学界定政府与社会在殡葬事务中的角色扮演与合理分工，从而进一步提高殡葬事业的整体工作效能。这是殡葬事业的发展方向和主要途径。它的实质是打破政府行政垄断、转变殡葬管理职能。社会化突出强调的是广泛的社会参与，大大扩充了殡葬事业的发展主体，明确了“谁来干殡葬”的实务主体。

现代殡葬事业社会化不是绝对参与主体全部市场化，而是打破封闭式行政性管理模式后的建设投资多元化、经营管理企业化的过程，形成政府与社会的多重连体互动效应，重在优化资源配置、动员多方力量增强其内生动力与发展活力；同时也不是甩包袱、减负担，而是借水养鱼、借鸡下蛋，在必要时政府还得对其扶上马、送一程。

现代殡葬事业社会化要解决的是资源配置主体单一、资金来源单一、服务方式单一的工作模式，要杜绝的是婆婆式、保姆式、全能式的工作状态，要改变的是封闭的自我管理体制、传统的行政运行机制、滞后的垄断市场发展态势。

（二）现代殡葬服务产业化

现代殡葬服务产业化是指通过优化组合相关要素，完成从量的集合到质的激变，聚集成社会承认的规模程度，从而更有效供给殡葬服务的一种现代化经营方式和产业组织形式。这是殡葬服务发展的有效抓手和重要推力。它的实质是对传统殡葬进行系统改造，从整体上推进殡葬从传统向现代转变的过程。产业化突出强调转变发展方式，运用市场机制把殡葬服务做大、做强、做精，打造知名品牌和产业集群，勾勒出了今后殡葬干什么的领域范畴。

现代殡葬服务产业化不是削弱政府提供殡葬服务职责和功能，完全走市场化与商业化之路，而是有效地提升殡葬服务的规模效力和竞争实力，形成多元主体和适度竞争格局，重在提高殡葬的产业集中度和知名度；同时也不是否认其天然公益性的本质属性来有损公平，而是实现殡葬服务的良性联动发展、辐射协同发展和层级均衡发展。

现代殡葬服务产业化要解决的是殡葬服务行政性经营过多而市场化经营不足、事业化管理过多而企业化管理不足、分散经营过多而集约经营不足的功能现状；要杜绝的是起步迟、发展缓，数量少、规模小，带动弱、效益差的行业发展困境；要克服的是机制创新动力不足、经营主体发展动力不足、科技创新动力不足的滞后局面。

（三）现代殡葬工作信息化

现代殡葬工作信息化是指在现有产业基础上，借助网络体系与运行环境，培育发展以智能化工具为代表的殡葬效用积累的历史过程。这是殡葬工作升级的关键点与破题点。它的实质是管理理念与方法的革新。信息化突出强调了改进发展手段，运用信息技术推进工作机制、模式、方式创新，提升殡葬工作的效能，给出了怎么干殡葬的技术方法。

现代殡葬工作信息化不是否认传统物质载体的存在形式，而是注重运用现代科技手段建立信息资源库、形成统一的数据链条和管理平台，重在提升殡葬工作的快捷性与方便性；同时也不是否认殡葬信息系统软硬件的建设升级，而是实现殡葬思维方式、管理手段与服务模式的无缝对接。

现代殡葬工作信息化要解决的是殡葬服务领域、服务项目、服务手段、服务流程传统落后的服务模式；要杜绝的是等客上门的被动服务方式；要改变的是封闭落后的信息采集、信息处理、信息交流、信息整合模式。

（四）现代殡葬业务体系化

现代殡葬业务体系化是将相关规则有机组合后形成一定的逻辑体系，从而在该体系的支撑下建立起具有逻辑性与系统性的殡葬发展方略。这是殡葬业务提升的联手戏与重头戏。它的实质是综合集成与复合渗透的统一。体系化突出强调了改革发展的整体性与协调性，描绘出殡葬业务干成什么样的美好愿景。

现代殡葬业务体系化不是组织机构中心化，而是行政权力稀释后的层次性中心体系，形成良好运转的体系框架与功能定位，重在提高殡葬业务的完整性和衔接性；同时也不是否认顶层设计与局部探索，而是深入分析其共同属性和内在关联，实现殡葬业务的全面发展、协调发展、持续发展。

现代殡葬业务体系化要解决的是殡葬业务存在的“单点突破、单线突围和单打独斗”自拉自唱的工作模式，要消除的是“在民政、靠民政、推民政”的工作思维，要改变的是“碎片化、散片化、切片化”的工作局面。

四、现代殡葬的实施策略与政策选择

（一）总体框架

现代殡葬涉及多环节、多要素、多领域，是一个分层次、有步骤、多渠道的政策决策创新过程，更是一个包含理念、制度、技术、结构和文化等方面因素的、全方位的系统改造过程。可以按照理念先行、顶层设计、统筹考虑的思路，建立一个理念文化、技术范式与发展模式相统一的体系，打造一个集保障、管理与服务于一体的格局，谋划一个宏观入手、微观发力、效果明显的框架来实现。

（二）具体方案设计与技术切口

1. 坚持政府主导、市场运作、社会承办，创造现代殡葬事业社会化的发展环境。

首先，采取“放心放开、放宽放活、放手放胆”的战略，对基本殡葬服务实行政府定价，通过购买服务的方式委托给殡葬服务机构；对选择性殡葬服务和特需性殡葬服务实行政府指导价与市场调节价相结合；借助“政府购买服务、引导市场服务、激活社会服务”的手段，力促现代殡葬事业“合作联营、特许独营、集约经营”良好状态的形成。

其次，采用“存量引增量、增量调结构、结构促升级”的策略，整合可以社会化的殡葬资源，进行资产的战略性重组，延长产业链、服务链、资金链，用市场倒逼机制找到殡葬改革的新引擎，释放有效需求、催生发展动力；鼓励有条件的地方上下联动，采取资本运作，从传统部门利益型向现代公共服务型转变，从而打造现代殡葬事业的升级版。

再次，按照“分类管理、项目支持、合同运作”的方法，设立专项基金，扩展资金投入形式，对殡葬项目试行打包合同制转移给专业服务组织；采取PPP模式，“微刺激、小动态、全过程”，形成政府推动、部门联动、全民参与、三方评估的新局面。

最后，实现殡葬事业管理理念的社会化、服务主体的社会化、事务资金的社会化、行业布局的社会化；实现有机结合、持续融合、相互统合的社会化；使殡葬事业由“部门行为”上升为“社会行为”，形成市场提供服务、家属自主选择、国家宏观调控、行业自律管理、有关各方监督的殡葬发展状态。

2. 遵循经济规律、产业规律、价值规律，建立现代殡葬服务产业化的发展模式。

首先，以“基本有保障、中端有供给、高端有市场”为原则，使殡葬基础设施既有服务功能又有文化功能、教育功能、休闲功能，既有经济效益定位又有社会效益定位，形成文化传承的纽带、生命教育的基地和城市风景区，增速换挡、优化升级，建立起多元的殡葬产业集群选择空间。

其次，以“补偿成本、合理收益、社会承受”为标准，合理区分，公益性项目与经营性项目，拟定合理的最低殡葬消费标准，确保人们享有基本丧葬权益；同时围绕“优势品牌—优势产业—优势经济”，推出不同档次的殡葬消费标准包干制，适时组建殡葬服务集团公司，走产业化运作，探索连锁经营的跨区域发展“地方版”，打造殡葬产业集群价值空间。

再次，以“公益惠民、文化继承、生态良好”为引导，加大公益殡葬的实施力度，探索惠民举措的常态化机制；同时启动殡葬文化研究活动，注重文化继承、优化生态环境，互联、互动、互补，采用政府奖励、补贴方式对绿色生态殡葬予以引导，形成殡葬产业集群的奖励空间。

最后，实现殡葬服务开放有原则、宏观能调控、竞争守秩序、从业有资质的产业化；实现殡葬服务公益责任有保障、经营行为有市场、文化内涵能继承、品牌优势可发挥的产业化；使殡葬事务由“散兵游勇”上升为“集团作战”，形成发展水平提升、服务领域拓宽、区域结构合理、动力机制完善、带动能力提高、规模效益增强的殡葬发展状态。

3. 力争信息共享、注重应用、服务公众，拓宽现代殡葬工作信息化的发展领域。

首先，通过“由散到聚、由小到大、由弱到强”的途径，创新服务模式，由传统变现代，引入多媒体记录和电子化吊唁平台；转变服务时段，由串联变并联，整合虚拟和实体，构建网络墓园，开拓“情景物数字安葬”变“跑马路”为“走网络”；推行手机扫二维码祭扫服务、“一线通”白事服务、“实景网络家庭式追思”守灵服务、“生前契约、身后关怀”保险服务；借助大数据、云计算，打造“互联网+”殡葬，开通微信公众号和订阅号；开发非接触式为主、线上为主、远程为主、集约为主的后续祭奠模式，提升信息化服务的吸引力。

其次，通过“横纵结合、内外结合、前后结合”的手段，以人文的设计理念、实用的功能支持、简便的操作形式，推进数字化礼仪厅设置、人生微电影制作；通过科技手段创设定制骨灰雕塑、特殊纪念品和芯片植入等个性服务；探索殡葬 O2O 模式、P2P 模式，发挥信息乘数效应，从殡葬信息的“追赶者”“同行者”，疾步超越成为“领跑者”，形成质优价廉信息高的殡葬发展态势。

再次，通过“统筹机制、联动机制、整合机制”，联合采集、动态交换，通过数据归集和全景展示，变“数据孤岛”为“信息热岛”；构建以数据网络为载体，应用系统为核心，覆盖全部殡仪业务的精准智能的数据存储处理中心；开展“同城通办”，达到业务查询“一键通”、业务办理“一卡通”、业务监控“一眼通”，使得殡葬行业整体跃升，构建完整协调的殡葬业务信息资源共享通道；形成殡葬业务流程网络化、数据传输电子化、信息处理智能化的发展态势。

最后，实现殡葬工作全覆盖、宽口径、多终端的信息化；实现殡葬工作环节少、处理快、好监督的信息化；使殡葬事务由“平面纸质版”上升为“实景网络版”，形成单击一次万千景致、业务流程方便快捷、信息资源互通共享的殡葬发展态势。

4. 确保通盘规划、提纲挈领、上下贯通，打造现代殡葬业务体系化的发展愿景。

首先，通过“理出路、看门路、堵后路”，突出“实”，对现有殡葬的政策法规、规章制度进行“立、改、废”，深挖政策内涵，法规驱动、政策激励，构建“调控有力、分工制衡、动态调整”的政策管理体系。

其次，通过“扩充面、增大项、提高标”，突出“好”，从殡葬控制型向殡葬引导型转变，走资源消耗型向服务延伸型道路，用丧葬需求牵引、划分利民等级，构建“免费项目多、覆盖范围广、群众负担轻”的惠民利民体系。

再次，通过“抓支撑、抓流程、抓成效”，突出“全”，在“缘、殓、殡、葬、续”的五个环节中，完善服务设施，强化服务职能，以供给侧结构性改革提高供给体系的质量和效率，进一步激发殡葬服务的市场活力，构建“精益求精、展示形象、辐射带动”的服务运营体系。

最后，实现殡葬业务良性互动、管理规范、统一协调的体系化；实现殡葬业务适度普惠、共同推动、相互借力的体系化；使殡葬业务由“单兵突进”

上升为“旗舰兵团”，形成规模集成、各方协调、动态互补的殡葬业务发展态势。

结束语

殡葬事业的发展有成绩，也有缺点；有遗憾，也有梦想；有历史沉淀，更有后发优势。现代殡葬面临着理想终极蓝图与现实实施可能的尖锐矛盾，不可“毕其功于一役”。面对未来现代殡葬的变革与转型，需要我们用好政府的“有形之手”绘蓝图、定方向，放活市场的“无形之手”做服务、提内涵，完善社会的“自治之手”增效益、添动力，做好现代殡葬的总量改革、增量改革和存量改革；需要我们综合考量发展所需、精准对接民生所盼、协调推进事业所向，坚持变中求新、新中求进、进中突破，保持锐意创新的勇气、敢为人先的锐气、蓬勃向上的朝气；方可走出一条更高质量、更有效率、更加公平、更可持续的现代殡葬发展新路，方可使得现代殡葬改革措施直透基层、改革成果直达百姓、改革步伐行之久远。

参考文献：

[1] 朱金龙，吴满琳．殡葬经济学．北京：中国社会出版社，2004.

[2] 左永仁．殡葬系统论．北京：中国社会出版社，2004.

[3] 民政部．关于进一步深化殡葬改革，促进殡葬事业科学发展的指导意见．2009.

[4] 杨根来．殡葬新概念．北京：中国社会出版社，2009.

[5] 杨根来．殡葬管理．北京：中国社会出版社，2009.

[6] 朱勇．中国殡葬事业发展报告（2010）．北京：社会科学文献出版社，2010.

[7] 张明亮．清明论坛优秀论文集．北京：中国社会出版社，2011.

[8] 俞建良．清明论坛优秀论文集．北京：中国社会出版社，2012.

[9] 民政部．关于全面推行惠民殡葬政策的指导意见．2012.

[10] 国家发展改革委．关于进一步加强殡葬服务收费管理有关问题的指导意见．2012.

[11] 国务院．殡葬管理条例（2012 年修订本）．2012.

[12] 杨宝祥．现代殡葬生态文明建设研究．北京：中国社会出版

社，2013.

［13］中共中央办公厅、国务院办公厅．关于党员干部带头推动殡葬改革的意见．2013.

［14］李伯森．中国殡葬事业发展报告（2014—2015）．北京：社会科学文献出版社，2015.

殡葬管理须加强德治

重庆城市管理职业学院　任俊圣　周良才①

摘　要：现代殡葬管理需要加快融入社会治理进程中，德治与法治问题是殡葬管理转型的重要议题。当代殡葬管理不仅要继续坚持法治殡葬管理，也需要兼顾殡葬管理的德治。我国近代殡葬管理选择了利用老一辈革命家的高尚品德和科学的殡葬改革理念引导民众殡葬行为和道德判断的策略，该策略须筑基德治。对殡葬活动进行理性的分析和辨析、统一殡葬活动的道德理念和规范、联动养老服务、拓展殡葬社会治理的路径、推进殡葬法治工作是加强殡葬管理德治的基本方略。

关键词：社会治理　殡葬管理　德治　法治　火化

近现代殡葬管理中出现了火化强制性、殡葬服务市场化等难解问题，倒逼了殡葬改革的反思，催促着殡葬管理加快融入社会治理的潮流中。法治主导模式是近现代殡葬管理的基本策略，然而，该策略的不足日益被现实放大。因此，当务之急是殡葬管理必须加强德治，以避免殡葬管理的“跛行”。

一、社会治理进程中的殡葬管理

社会治理是对社会管理的创新，指政党、政府、社会组织、企业和公民

---

① 基金项目：2016年度民政政策理论研究委托课题“殡葬管理的德治理论建设与实施路径研究”（项目编号：2016MZRL010811），项目主持人：周良才；2015年重庆市教委高校人文社会科学研究项目“临终关怀与现代殡葬服务的理念互鉴及对接工作研究”（项目编号：15SKG257），项目主持人：任俊圣。

等各类主体遵循社会发展规律，为增进公共利益、促进社会系统协调运转和人际和谐，齐心协力对社会系统的组成部分、社会生活的不同领域以及社会发展的各个环节进行组织、协调、服务、监督和控制的过程。社会治理是对社会建设和社会管理理论的重大创新，是我国政府职能从传统社会管理迈向现代社会治理的重要标志。

殡葬管理是民政部门对殡葬活动进行组织、协调、指导、规范、监督和纠正社会失灵的过程，目的在于推进殡葬改革，促进社会主义精神文明建设。殡葬管理是社会管理在殡葬事务中政府职能的具体体现，发挥了重要的历史作用。然而，随着社会治理理念的提出及其在多领域、多层次的践行，部分殡葬管理理念和方法受到质疑，殡葬管理的法治与德治关系问题成为这种质疑的内核。其间，既有对殡葬管理工作产生了不良社会影响的问题，也有对殡葬管理提出新的要求的问题。例如，河南周口“平坟事件”是殡葬管理法治模式的典型案例，产生了不良影响，“国务院关于修改和废止部分行政法规的决定（第628号）”对《殡葬管理条例》第二十条进行了修订，在一定程度上则是对该事件的间接回应。某殡葬服务平台在北京、上海、成都等地推广“生前契约”，产生了殡葬业内外的良好评价，在“互联网+”的背景下为殡葬管理的与时俱进提出了要求。传统社会统治、管理常常依靠德治的柔性作用渗透性地保障社会正常运转和发展，现代社会的快速发展和人际结构的变化使得德治功效日渐式微。基于推进殡葬改革需要，现代殡葬管理需要加快融入社会治理进程，这之中，德治与法治问题是殡葬管理转型的重要议题。

二、殡葬管理中的德治与法治

殡葬管理的治理化进程是在社会治理宏观背景下影响殡葬事务的中观模式，该模式的创生和发展需要以殡葬活动的微观情境为基础。“深入研究先进殡葬的内涵和价值，充分发挥其引导社会、教育人民、推动发展的功能”，成为殡葬管理理念革新和实践取向的必然选择，这种变化与我国传统的“德治”思想相映照，即殡葬管理不仅需要强制性法规的介入，更需要道德感化和道德教化。综观近现代殡葬管理的实践情况，德治努力显然存在着不足甚至是缺失，社会治理进程中迫切地需要殡葬管理的德治力量。

根据笔者对我国近5年来殡葬管理的观察和调研，可以确认：当下殡葬管理为法治主导模式，主要依据为《殡葬管理条例》。相关研究成果是这种模式的反映：殡葬管理的法治问题研究成为殡葬管理相关问题的显学，殡葬管理的德治研究以附属、旁及的形式偶发性地出现于法治研究中。对殡葬管理的法治主题的研究较为丰富，而鲜见德治问题的相关表述，没有发现以德治为主题的研究成果。殡葬管理的德治研究没有以自觉的形式出现，也没有形成自身的独立体系。虽然我国现当代殡葬管理的法治主导模式收到了一定成效，但在缺少德治理论和方法的背景下法治路径则难以可持续发展。为解答殡葬管理中的实践难题，为落实《关于党员干部带头推动殡葬改革的意见》（中办发〔2013〕23号）、《中共中央关于全面推进依法治国若干重大问题的决定》（2014年10月）、《关于推行节地生态安葬的指导意见》（民发〔2016〕21号）等文件精神，不仅要继续坚持殡葬管理的法治途径，还需要兼顾殡葬管理的德治问题。

殡葬管理法治路径的实践取得了一定成果，为促进殡葬管理的科学发展，有必要进行殡葬管理德治问题研究和实践。“‘德治’与‘法治’的内在价值关系应当是相互配应和相互支持的价值资源互补关系，而不应是孰先孰后或者孰重孰轻的价值排序关系”，殡葬管理德治思路并非是对法治模式的否定，也更非其补充，而是殡葬管理德法兼治必然性的表达方式。殡葬管理的德治理论建设必须以殡葬活动的本质和现状为依据，殡葬管理的德治实施路径建议必须以国人生死观和我国行政法为基础。德治模式的介入不仅是对法治模式欠缺的补课，而且是殡葬管理全面发展的要求使然，“依靠法律实施社会治理一定离不开道德”。对待火化的民众反映与殡葬服务市场化是现代殡葬管理的重点和难点，所面临的阻碍主要源于国家权力与民俗之间的对立统一，现行的德治模式为这种对立确立了基本方向，但其间的心理差异和历时落差难以弥合，“即使国家动用其强大的强制力去移风易俗，最多也只是收效于一时，急风暴雨过后又会死灰复燃”。殡葬管理的德治取向是克服法治主导模式不足的必要准备，是缓和殡葬管理实践中的人民内部矛盾并寻求长远解答方略的唯一路径。

三、殡葬管理的道德教化功能

毛泽东等老一辈无产阶级革命家的火化倡议是历史人物引导民众开展殡葬改革的示范，其本质是通过以身作则发挥道德感化作用而产生道德教化功能的社会事件。综观近现代殡葬管理的重大事件和社会舆情可以有如下基本判断：重“管”轻“理”，即强调国家意志的法治约束而轻视民众感知的道德认同。该现象是德法关系认识论在社会实践中的选择，就包括火化倡议演变为火化制度等多方面殡葬改革实践而言，有两种客观选择以备历史检验：其一，用火化法规引导殡葬行为和道德判断，该途径可以称之为“自上而下”的改革；其二，由殡葬道德的演化逐渐上升为法规，该途径可以称之为“自下而上”的渐变。前者收效快但风险高，后者收效慢但阻力小。我国现代殡葬管理的选择为前者，有伦理学依据和社会实践根据。故而，“群众又乐意接受且易于推广的殡葬方式最为科学”的观点，有待商榷。利用老一辈无产阶级革命家的高尚品德和科学的殡葬改革思想引导民众的殡葬行为和道德判断，在这种引导的过程中采取的“自上而下”的法治模式，也值得提升。

上述两种模式各有优劣，如何协同两种模式暨殡葬管理的德法关系问题成为亟须解答的课题。从目的论视角进行考察，需要进一步考量的是：如何在法制化的殡葬管理活动中发挥德治的作用以充分发挥社会治理效应？从功能论的视角进行分析，需要进一步考量的是：怎样增强殡葬管理的行为导向功能以及如何增强其道德教化功能？基于我国现行殡葬管理的现状，这些问题的实质可以归纳为：如何强化殡葬管理的道德教化功能？实施殡葬管理的法治模式，必须辅以德治。强化殡葬管理的德治效能并非是要以德治来代替法治，而是要真正地强化和实现殡葬管理的法治。在殡葬管理向“殡葬治理”的进程中，不仅须加快《殡葬管理条例》向《殡葬法》的升级，而且同时要实行德治：以殡葬管理中的道德教育、道德自律和道德建设作为法治的后盾，提高全民殡葬活动的道德素质，这样殡葬管理的法制化才能形成主动参与、积极反馈的良好氛围，形成有利于社会健康发展的殡葬民俗。

四、强化殡葬管理德治的实施方略

基于前文的简析，得出如下结论：殡葬管理须加强德治。关于加强殡葬管理法治的建议，前辈、同人已经提出了许多翔实、有效的方略。再者，缘于殡葬管理的德法互生关系，笔者不再单在殡葬管理的法治视域提出建议，相应地，选取了在社会治理进程中殡葬管理的德治视域下提出相关建议，抛砖引玉以讨论交流。

（一）对殡葬活动进行心理分析和哲学辨析以夯实殡葬社会治理的理论基础

殡葬活动涉及政治、经济、哲学、宗教、民俗等多方面的社会治理问题，通常的理论视角仅从国家政治与民俗的冲突视角下阐释殡葬社会治理问题。这种思路是重点取向的管理策略，有忽视、误读殡葬社会治理纵深性、周边性因素的危险。考虑到殡葬活动涉及生死过渡和情感抚慰的特殊功能，对殡葬活动进行心理分析和哲学辨析是当下殡葬活动的社会治理的当务之急。殡葬活动的心理分析是为了明确殡葬活动对民众的客观效应，殡葬活动的哲学辨析是为了强化殡葬活动行为主体的社会责任，两者共同构筑起殡葬管理德法兼治的理论基础。厘清殡葬服务的对象——生者，非“死者”（遗体）；“用于克服落后的社会影响而生发的‘死后世界’被扬弃，宗教和迷信已经被社会现实所‘解雇’”，确认“死后世界”的历史意义与扬弃途径等内容是殡葬活动社会治理的基础。在夯实殡葬活动理论基础的前提下方能避免偏差和错误，促使民众摒弃腐朽和落后的道德理念，使德治真正成为法治的基础；方能推行具有中国特色的道德观，形成中国特色的道德理论体系，保障殡葬社会治理的顺利开展。

（二）统一殡葬活动的道德理念和规范以消除纷争

道德文明建设存在着历史继承性，我们肩负着发扬传统道德中精华的任务，但更重要的任务是建设符合时代精神的现代道德。受民族、地域、历史等因素的影响，殡葬活动的道德理念和规范具有历史惰性且取向多样性。加强殡葬活动的社会治理，需要承认道德的惰性和多样性，不断发展现代殡葬文化及现代殡葬道德理念、规范，逐渐消除殡葬道德差异，形成较为统一的现代殡葬道德理念和规范更加迫切。当务之急包括：逐渐将遗体火化作为遗体处理的最佳方式、推行骨灰的生态处理方式作为现代殡葬行为的道德模式，以“厚养薄葬”作为孝行的主要标准而非身后隆丧厚葬式的浮夸，创新民众生死观教育的途径，匡正殡葬服务基本价值取向等。

（三）联动养老服务以推进生命关怀的人性化和死亡尊严的理性化

基于社会治理的系统性，受殡葬活动关涉内容复杂性的影响，殡葬社会治理必须联动其他相关社会治理领域开展工作。养老服务是当下社会治理的又一重大民生议题，在生命关怀和死亡尊严的视角下可以确认养老服务与殡葬服务相互衔接的必要性，民众长期以来在家庭中以非言语的方式进行了民俗化处理。这种处理没有自觉化和专业化，带来了代际沟通障碍、过度医疗、逆“厚养薄葬”等不良社会现象，殡葬社会治理有必要联动养老服务。当前，亟须开展的工作有：将临终关怀、舒缓医疗纳入养老服务体系，殡葬工作者在该体系内担当心理咨询和业务顾问的角色；在养老服务中推广“生前预嘱”[①]“预立医疗代理人”[②]等预先指示模式，推动此类模式的法规化进程，殡葬工作者协同医务、法律工作者进行宣传；延伸殡葬服务的市场前端，在养老服务体系中推广“生前契约[③]”，由殡葬工作者保障该产品的实现。

（四）拓展殡葬社会治理的路径以促进道德教化

殡葬社会治理需要司法、卫生、教育等社会治理的主体协同，更需要多路径、立体化发展以强化道德教化效用。第一，参考“德治”的古典意义，在殡葬社会治理的工作中各级领导干部以身作则必不可少，《关于党员干部带头推动殡葬改革的意见》（中办发〔2013〕23号）已指明了方向和做法。第二，孝文化的伦理属性发端于封建社会，蕴含着血缘亲情的人文精神，于当今殡葬社会治理仍具有积极意义。对于孝文化，须“去其糟粕”代之以新时代符合现代亲子关系的内涵和行为方式，就是说，殡葬社会治理须凭借孝文化的更新对民众进行道德教化。第三，基于礼仪的文化传承功用和社会心理效用，殡葬社会治理须在礼仪传承和改制中发挥其道德教化功用。现代殡葬礼仪的简化处理利弊兼存，其弊在于压缩了生死过渡的心理空间，同时，弱化了殡葬礼仪的道德教化功用，须筹建兼具规范性和变化性的现代殡葬礼仪。第四，各类节日是殡葬服务客体在殡葬服务场域齐聚之日，是开展殡葬道德教化的良机，可资殡葬社会治理之用。只是该机遇尚未被自觉利用，多成为一种应付。对于清明、年关等传统殡葬服务日应该扬弃“不出事”的消极责任观，继续开创“烈士纪念日”、南京大屠杀国家公祭等形式的道德教化路径。第五，在殡葬服务领域加快发展专业社会组织和群众组织。加强专业社

---

① “生前预嘱”是“Living Will”多种译称中通行的一个，指临终者在健康或意识清楚时签署的关于不可治愈的伤病末期或临终时医疗护理决定的指示文件。

② “预立医疗代理人”是患者在不能或是客观放弃医疗事宜自主权的情况发生前，预先对医疗事宜的决定权进行确认代理人的权利转移过程。

③ “生前契约”是本人生前预购死后其遗体处理及其他相关殡葬服务的契约。

会工作者队伍和志愿者队伍在殡葬服务单位的发展以作为社会治理主体的有效补充，因为专业社会组织能起到促进社会融合的作用，最大限度地吸引社会各方力量自觉参与到殡葬社会治理中来。

（五）推进殡葬法治工作以保障德治的稳步前进

殡葬社会治理是一个复杂的系统工程，既需要“德治”的潜移默化，也需要“法治”的警戒约束，推进殡葬法治可以深化德治功效。受坚持火化、殡葬服务市场化等难解问题和民众生死观的影响，在暂不具备制定“殡葬法”的条件下，《关于推行节地生态安葬的指导意见》（民发〔2016〕21号）成为殡葬法治工作的理想选择。该文件是先进殡葬社会治理理念的表现，作为“指导意见”无法规的强制性。殡葬社会治理的法规化进程需要克服各种困难。当前，我们应将“道德引导与民众利益”“精神鼓励与物质奖励”有机结合，促进各种行政规章和文件在殡葬社会治理中自觉落实，以保障德治工作的底线。

参考文献：

［1］朱勇．中国殡葬事业发展报告（2011）［M］．北京：社会科学文献出版社，2011：7.

［2］万俊人．“德治”的政治伦理视角［J］．学术研究，2001（04）：17.

［3］王伟．法德并济：社会治理的最优选择［J］．齐鲁学刊，2015（6）：76.

［4］江华锋等．当前农村殡葬改革困境的法社会学分析［J］．甘肃农业，2013（13）：33.

［5］李伯森．中国殡葬事业发展报告（2014—2015）［M］．北京：社会科学文献出版社，2015：81.

［6］陈玉婷等．解蔽死亡的必要性、可行性与教育实践主体［J］．医学与哲学，2014（5A）：19.

殡葬事业单位管理体制与服务机制的改革创新研究

北京市联营公墓管理所　靳铁丽

摘　要：在我国各地区，事业单位性质的殡葬单位无论是规模数量还是所发挥的作用，都是首屈一指的。然而，随着我国社会发展的深入，它们所面临的改革压力也日趋增大。近几年，经过走访北京市、上海市、浙江省、福建省、河北省、吉林省、贵州省等全国多个省市的殡葬单位行业，对于全国各地事业单位殡葬单位的面貌和发展状况进行认真观察和思考，我们看到，各地区无一不在摸索和探讨事业单位殡葬行业的改革，改革的方向和步骤值得深入思考。我们将在这一问题上抛砖引玉，提出改革建议。

关键词：殡葬事业单位　改革　发展方向

一、理想与现实

（一）理想中的殡葬事业单位

既有悦目美景和旖旎风光的环境价值，又具有深刻人文内涵与思想启迪的精神价值。集公园化优美环境、历史性人文纪念、精神性礼赞、文明性传承的铭记述说于一体。实现老有所依、死有所葬、公平惠民，社会认可，成为社会成员的精神家园。

（二）现实中的殡葬事业单位

成就是显著的，但不同的声音也时有发生，且矛盾重重。

有人说“价格高”，有人说“有钱花不出去，没有市场化”；

有人说“黑心暴利”，有人说“赔钱没法干”；

有人说“政府管得太多，限制重重，制约发展”，有人说“市场混乱，消费者受骗，政府管理不到位”；

有人说“过于重视，死人在抢地”，有人说“过于轻视，发展太落后”；

有人说“我们不怕脏不怕累肯吃苦讲奉献，社会地位低”，有人说“好像成果还不如有的体制外殡葬单位”。

上述说法初看可谓众说纷纭、相互矛盾，调查后会发现虽然有片面性，但每种说法都有一定的现实依据。

二、透过现象看原因

探究出现多重相对立的现实情况原因，要结合我国社会发展的大环境。如今中国社会正处于快速发展的时期，传统与革新交会、观念和需求各异，致使中国现阶段的殡葬发展在顶层设计上还处在摸索阶段，必然要经过改革阵痛。对于发展，方向比努力更重要，明确的方向需要有明确的选择。事业单位殡葬单位优化发展成果也要尽快在以下方面作好明确选择。

（一）市场和行政，哪个是管理的主要特色

市场和行政两者谁是主导谁是配置资源的指挥棒，区别在于着眼点不同，工作重心也不同了。对于殡葬单位这个传统而关系民生的行业，这个选择是最重要的选择，是其他一切选择的基础。选择不同会面临分配机制不同、单位的结构设置不同、权力来源不同、考核机制不同等众多差异。

（二）“发展”和“维稳”，谁是第一要务

殡葬事业要发展是真理，安全稳定也是重如泰山的。两者是相互促进的。但也存在着与生俱来的紧张关系：发展必然要改革和创新，创新必然有风险、必然有失败的可能。固守“稳定压倒一切”的观念很安全，但有时也会抑制发展的活力。

（三）墓地消费是“物质消费”还是“精神消费”

殡葬消费是物质和精神消费的结合体。例如公墓行业，物质方面包括有

形物，比如墓碑、墓穴等实物载体，精神消费包括园区环境的优美度、文化的渗透度、精神传承、心灵抚慰等方式方法。两者的侧重程度也反映了一个地区人文素养的高低。

（四）引导观念为“深切缅怀”还是“丧事从简”

“丧事从简”在中华人民共和国成立初期提出很有意义，“从简和节约”在任何时代都是对的。随着时代的发展，丧事之中需要越来越充满人文气息、越来越充满情感、越来越体现对生命的尊重和启迪。在观念上，当“深切缅怀”遇到“丧事从简”，哪个更能够体现民意？

（五）对待需求，应该“去满足”还是“去引导”

前者指客户有了需求服务单位使客户达到了满意，后者指客户对一项研发出来的服务不了解不知道的情况下服务单位推荐给客户使其达到满意。在现代市场经济中，相比后者，前者消极被动很多，单纯等待用客户的需求来指引服务的进步和提升很难生存。各大行业早已形成了业内商家相互比拼竞相提供吸引客户、感动客户、努力超出客户预期的服务的态势。事业单位殡葬行业是该安于传统还是鼓励革新？

（六）“惠民举措”与“经营创新”哪个是前提

对于殡葬事业单位，“惠民”和“经营”在本质上是没有任何冲突的。然而在惠民的背景下，如何“谈经营”、如何“搞经营”，实现行业的核心价值，是需要明智地选择和决策的。

（七）“殡葬单位的投入”和“殡葬单位的产出”哪个是侧重

产出是灿烂的果实，投入是艰辛的汗水。给予还是索取，哪个需要首先去考虑？一个殡葬单位发展的前期会有一个时期需要“耐得住寂寞”“扛得住压力”，在初期客源稀少的情况下，大笔的人工投入、环境投入、硬件投入、设计投入、服务研发投入、文化打造投入是考验管理者是否有耐心、有决心、有能力去培养一个公园化陵园成长的时刻。如果在投入不足的情况下追求事业单位殡葬单位对于地方财政的贡献，自然在不远的将来会面临“某块土地成了城市美景疮疤”的压力和责难。

三、透过原因看解决

原因在于选择，选择决定命运。把握方向是政府的职责。事业单位殡葬单位面貌的改变，必须建立在正确的选择上，走一条解放思想、深化改革的道路。

（一）方向上，解决好市场与行政的关系问题

1. 市场与行政主导地位的选择

市场化的管理特色与行政管理风格有所不同，前者讲效率和创造，后者重纪律和规矩。针对事业的发展，不同的管理方式收到的效果和取得的成就也会不同。自从全国实行殡葬改革以来，各地根据中央要求结合自己的实际情况和发展理念进行发展实践，开始形成了很多种不同的殡葬单位发展方式。比如，上海的引进外资方式、广州的成立国有企业方式、贵州的私营企业方式、长春的员工集体入股方式、杭州的财政拨款事业单位方式、北京的自收自支事业单位方式等。针对各种方式，十几年的发展成果，国家民政部树立了一些典型的全国先进示范园。这些墓园的特色虽然有很多，比如环境优美、注重文化、服务周到，但是有一个共同点：单位管理机制是市场化的。

部分省市的事业单位殡葬单位自政企分开以后，工作的重心大多从行政管理转到市场化管理上。从现有情况来看，变革在思想上是成功的，但在实际行动上还没有彻底转换，依旧保持着行政职能划分、上下级对口管理的工作格局。这与全国先进示范殡葬事业单位相比，有多方面差距：

（1）在权力运用上，参与市场竞争自主性低，对于市场判断的自主决定权、自由经营权灵活度低；单位资产的增值保值、高级人才引进、机构设置、投资建设等均需要审批。

（2）分配机制上，与市场挂钩不紧密，单位的整体收益与干部职工收入不挂钩，全员干部职工的个人利益与单位的整体利益没能息息相关，缺乏发展动力。

（3）干部配置上，领导对单位没有终身责任制，投资规划的长远性和审美风格的确定性不够稳定，不利于长期可持续发展。

（4）权责配置上，没有将职权的大小与开拓精神和风险宽容度的大小挂起钩来，“没出乱子就是成绩”的诱惑很大，改革创新标新立异的难度和风险

很大，使很多发展的机遇在与保守稳定的比较斟酌中失去。但是时代在发展、行业在进步，参与者如逆水行舟，不进则退。

（5）机构设置上，单位发展和服务对象的需求决定机构设置和人员分工。内部机构和人事职能只有根据市场发展和客户需求来设置，才能发挥效用。一个真正进行市场化经营管理的单位，工作的开展应是主要围绕着市场战略的，每一个员工的职责都应是围绕着市场的。窗口单位是一线，后方研发大力支持，至少要包括这样一些专业队伍：活动策划队伍、服务研发队伍、产品设计队伍。在这方面，很多殡葬事业单位做得还很不够。

（6）单位关注点上，市场经济中的主体关注和应用应是现代管理的理念和工具，例如战略、品牌、服务质量、市场研究、新服务开发、成本控制、风险管理、人才需求、宣传策略、企业文化，而这些观念和工具在事业单位殡葬单位涉及得很少。

发展是解决一切问题的关键。目前进行的“去行政化”改革，全国的事业单位殡葬单位要尽快在行动上深入地研究市场，全心全意地以市场满意和社会认可来谈发展。政府一方面要鼓励市场主体放开手脚，让市场本身健康发展；另一方面要做好殡葬事业单位行业发展理念的引导工作，因为市场参与者各有各的利益考虑，客观准确地把握方向是政府的责任。

2. 责任上，落实低收费保障性安葬服务的实行

做好保障性安葬公共服务是国家以人为本理念的深入落实，是全国殡葬事业单位行业义不容辞的责任。然而如何把“好事做好”，需要在以下几个方面规范管理。

（1）要独立部门专职来做。可以是单位内部也可以是一个独立的单位。目前我国各地殡葬服务行业纷纷进行政企分开、管办分离的改革，实践证明，全国范围内没有任何一家殡葬服务单位同时把保障性服务和市场性服务两方面真正意义上做得很完美。但是，有很多家单位在其中一个方面做得很出色，还有些在两方面都努力但两方面都成绩平平。这就说明，保障性和市场性的责任主体或者单位的内部分工要明确，否则眉毛胡子一把抓，两样都干不好。

（2）需要政府拨款支持。以北京为例，现在的状态是政府埋单，但是由于5000元是划拨到个人账户，个人拿出钱来办理殡葬，有些群众就产生了误解。如果在更大范围内推广基本殡葬服务的惠民方式，可吸收国外经验实行个人账户机制。将保障性殡葬服务收费纳入个人账户，建立跟全国医保体系直接挂钩的“殡葬保险”，让群众不需要了解过多的殡葬宣传也可直接享受。

（3）政府要适度施放惠民力度，防止“逝者抢地”。政府部门的惠民力度即使有资金支持也要建立在国家资源的可承受力上，要有长期的眼光，进行可持续发展的保障性殡葬服务战略，不能为了树口碑追求短期高满意度，盲目开展大规模的公益性墓地安葬。

（4）政府要做好安葬方式宣传引导工作。以北京为例，海葬是免费的，北京市民有5000元的丧葬补贴，正常情况即使不选择海葬，5000元也完全能够购买生态安葬的墓地。可以这样说，北京已实现了基本安葬的全免费，根本不存在“死不起”的问题，这种呼声的来源在于不是死不起，而是“比不起”。这就需要政府进一步引导，树立正确的舆论导向。

3. 政策上，如何保驾护航殡葬事业单位的健康发展

政府不要具体管经营服务，但需要一方面管理规范好大的市场秩序，为市场的健康有序发展做好支持和服务；另一方面管理好经营性殡葬单位的涉及公众利益的运营行为和运营机制。

（1）运用行政手段管控殡葬单位市场的健康发展

青山“白化”现象、乱坟岗现象严重、村集体公益性殡葬单位对外经营、“黑中介墓地”高额介绍费等现象解决的好坏，很大程度上需要政府部门通过行政法规和地方立法制定相关的市场规则来规范解决，并加大执法力度。政府依法行政和专业化管理需要通过规范性文件的支撑来推动工作，营造公平竞争的殡葬行业发展环境。例如，针对以下方面要给予明确细化的规定：一是殡葬单位环境的维护和美化；二是土地资源的合理使用，限制墓地用地的大量开发使用，引导安葬少占地不占地；三是安葬用地的循环利用；四是杜绝封建迷信、邪教仪式；五是做好打击社会殡葬欺诈现象的曝光；六是加大事业殡葬单位惠民服务的正面宣传引导力度，让殡葬行业的服务不再被不法分子利用。

（2）启动殡葬事业单位科学分配机制，推动发展动力

评价机制是一个单位内部管理的重要方面，因为一个单位的发展成绩是干部职工共同努力的结果，员工有干劲是事业发展的根本保障；如何激发员工积极性，把员工团结在企业的发展战略中具有举足轻重的作用。市场是残酷的，但也是公平的。政府应引导市属殡葬事业单位遵循以下原则：第一，允许可支配收益。规定给殡葬单位不占资源的服务收益以可分配收益的合适比例，调动积极性。第二，按岗定薪。即打破薪酬大锅饭，风险、责任、贡献和收益应挂钩，改变“干好干坏、干多干少一个样”的模式。第三，崇尚

创新。包括鼓励创新的奖励机制和对创新失败的宽容制度。第四，防止国有资产流失。划分好单位收益中国家资源基金、单位发展基金、单位可分配资金的比重，科学合理，公开合法。

（3）建立经营殡葬事业单位的“墓地破产基金”。建立这一资源性储备基金的目的是保护社会群众利益。由于墓地的特殊性质，针对经营性殡葬单位建立“墓地破产基金”，杜绝国有财产变相流失，保护墓地租赁者及相关权益人的利益，很必要。经营性殡葬单位有义务在消费者购买商业性墓地时就被告知这一情况，防止部分殡葬单位经营人卖地圈钱后把后续环境压力和管理包袱扔给政府。

（二）发展上，解决好“深化服务”的思想和方法问题

1. 解放思想，明确“殡葬单位是在做什么”

如果关于“殡葬单位是在做什么”这个问题的答案仅仅是“埋死人”，那殡葬单位就没有必要发展也不需要发展了，因为这是一个消极的工作，像垃圾场一样最好淡出人们的视线。可是这种答案是不能令人信服的，因为它不仅否定了殡葬单位，也否定了世上最高贵的东西——人的精神和情感。

那么殡葬单位是在做什么？

（1）殡葬单位在传播着信仰。不用说现代殡葬单位，即使是一个没人管理的野外小坟，它的功能也是传播信仰。当逝者的子孙来祭扫的时候，会若有所思，会念念有词，里面有质朴的感恩和孝道。有人说中国是个没有信仰的国家。其实，中国的信仰在中国的墓地。在墓地可以清楚地看到什么是中国人心中的敬畏。

（2）殡葬单位在记录历史。小则一个家庭的历史，大到一个时代的变迁；殡葬单位里的碑文和资料记载都是珍贵的历史。

（3）殡葬单位在充当着城市的花园和氧吧。殡葬单位的环境意义大于公园的环境意义，殡葬单位环境和草木不仅能美化环境，还能提供人们追忆亲人的精神享受；同时由于面积一般不是很小，对城市空气净化也有生态价值。

（4）殡葬单位在发扬精神。精神的力量是无穷的，逝者无论是革命先烈还是名人志士，即便是平凡的人，也有可供后人开启人生、启迪智慧的思想和精神，殡葬单位有责任去发扬。

（5）殡葬单位在服务情感。每一个逝者的亲友来到墓园接受的相关服务，

本质上都是接受一种情感服务。因为与其他行业不同，这种服务结果可以说是有象征意义的。

其实，除此之外，殡葬单位可以做的还有很多。比如，国外的第二次世界大战老兵聚会、怀念逝者的音乐会都在殡葬单位举行，国内也有省市殡葬单位在上市、在研究“生命文化”“行业的跨界和混搭”等。相比之下，事业单位殡葬单位要进一步解放思想。

2. 殡葬事业单位自身要明确本行业服务的精神品质

品质源于精神，在殡葬单位尤为如此。殡葬事业单位重要的是满足客户的需求。

（1）优美环境也是一种精神服务。殡葬单位要在环境上做好美化工作，环境有很强的心理安慰作用。自然景观与人文景观是给人的印象和感觉中最重要的因素。

（2）注重殡葬单位精神服务的创新和研发。殡葬单位消费也是一种感情消费和精神消费，在于满足人生“最后一刻”对于“生命尊严”和“价值永恒”的心理需求，让逝者获得善终的完美，更让生者感知到力量，帮助家属走出失去亲人的痛苦，更好地珍惜生活。第一，对服务进行创新，改变“以单一的服务满足所有人的需求，做不到人性化”的现状，积极研发服务项目；第二，服务要突出文化、个性、人文，让亲人朋友对逝者有一种人生价值和生命尊严的感悟，使家属通过殡葬服务达到“价值传承”的目的；第三，服务要经过严格专业的学习和培训，使殡葬单位内在价值得到社会认可。要建立健全殡葬行业教育培训系统，通过引导职业专业化进程，培养从业者积极心理干预能力。

（3）注重墓地服务的文化内涵。北京的部分殡葬事业单位发展还停留在“物质阶段”。人们在消费时还停留在选什么样的石头、用多大的土地面积。人逝世之后的工作本身有丰富的精神内涵，意义重大。优美的环境要数十年长期存在，葬后服务可以启迪后人、传承亲情。现有的殡葬发展水平亟须向“精神消费”阶段过渡。这不仅仅是出于对人的尊重，也是社会文明进步的步伐和途径，这就对事业单位殡葬单位的管理者提出了更高的要求。利用文化品位和历史积淀发掘，提升殡葬服务的人文精神，殡葬活动要体现精神价值和文化内涵，可以从多方面深入：一是公共纪念活动，二是人文纪念设施，三是名人效应的挖掘。

3. 正确看待“深切缅怀”与“丧事从简”

我们要从积极的角度去看待这个问题。从简的理念是在封建迷信活动泛滥的背景下提出的，但随着社会文明的发展，刻板地固守“一切从简”，简化本应在生命最后的程序中必要的真情表达和社会需求，那就事与愿违了。人们对待如何告别一个生命的过程，应该是重视和庄重的。消费者可以追求“从简”，但作为殡葬事业单位的服务，需要有满足“深切缅怀”的能力，应该通过相关服务反映出对生命的尊重和对精神的提升。

第一，认同“深切缅怀”的服务追求。引导殡葬行业理性地面对群众的需求和群众对殡葬行业的期待。要在“节俭从简”和“人文内涵”之间找到平衡点，政府部门在态度和口径上既不能自身相互矛盾，也不能片面强调一方面。认同“殡葬服务”的积极价值。殡葬服务的好与坏不能用金钱的多少来衡量，而需要用服务本身所创造的、群众所认同的积极价值来衡量。应该让殡葬服务定位于铭记历史、传递亲情、收藏记忆、传承文化、情感抚慰、心理干预等积极价值上，努力强化殡葬行业给人民群众带来的慰藉感、安全感、满足感。

同时，服务的重要性对于殡葬单位尤为重要。因为资源再多，也是有限的，只靠资源的发展必然是短期行为，同时也是不符合事物科学发展资金回流快规律的；而服务资源是无限的，发展服务项目是节约土地的最好方式，是殡葬单位事业基业长青的根本。有些人认为殡葬单位开展服务没有卖墓地，且多做一项服务也不多拿钱，还是包给别人做省事。就是这种思想造成了很多地区事业单位殡葬单位发展缓慢落后。其实需求性服务作为延伸服务，是服务的创新，在服务中做足文章，注重人性化、多元化，服务方式拓展，是单位实力的真正体现。

第二，认清事业单位所在的殡葬行业是一个竞争的行业，如果不创新就要落后。在建立之初，由于相关部门的投入，很多省市的殡葬事业单位在当时可以称得上龙头了，但是随着时间的流逝、改革的深入，外资投资的殡葬单位、民营投资的殡葬单位不断地创新发展，势头迅猛。这样，全国的事业单位殡葬单位要想发展，必须要用精诚卓越的服务和产品打动客户，通过自身不断的进步，创造不断增多的收入和美誉。不要再作茧自缚控制服务项目和创新的动力，只要服务物有所值，只要产品客户欢迎，就敢想敢做。因为在市场经济的大潮中，就需要运用市场的力量去调配资源的分布和服务项目的开展。因为没有市场的服务项目自然会被淘汰，品质好、符合群众需求和期待的服务会在竞争中发展壮大。因此，殡葬事业单位必须主动地提高自己、主动地参与行业内部的竞争，推出产品和服务，引导客户、引领市场，为新时代的民政行业作出贡献。

参考文献：

[1] 左永仁. 殡葬系统论. 北京：中国社会出版社，2004.

[2] 朱金龙，吴满琳. 殡葬经济学. 北京：中国社会出版社，2004.

《礼记》与民俗殡葬文化

浙江安贤园　李　钢

摘　要：因血缘关系而结成的不同族群，在其特定的地理环境、气候条件、生活方式、生理特质等因素的共同作用下，形成了特定的原始生活的习俗，并沿着自然崇拜、图腾崇拜、鬼神崇拜、祖宗崇拜这条精神、宗教的轨迹，在文化的作用下，又生发出各民族不同态度和情趣的生活习俗、行为礼俗和文化风俗，并以“道”为终极追求，以礼为实现“道”的途径，以丧葬祭祀、改变风俗的立足点，从而完成稳定的文化体系的构建。

关键词：习俗　礼俗　风俗　殡葬　易俗

一个民族的形成是由多种因素构成的，其主要应该具备以下几个条件：族群血统、生活方式、文化特性、语言结构、宗教信仰、生活环境、风俗习惯等，而其中最有影响的则是文化与民俗这两个基本的要素。民俗与文化是一对孪生兄弟，它们相互影响、相互依存，并相互促进。民俗是文化得以生存的土壤，文化是民俗得以保持的灵魂，因此，文化产生于民俗之中，反之又促进了民俗的发展。但是它们之间不能画等号，而是一种纽带的关系，即民俗不等同于文化，而文化却是源自民俗。民俗是一种生活的态度，文化却是一种生活的精神，民俗属于物质生活的属性，文化则是脱离于物质的精神诉求，因此民俗具有了文化的元素，文化又支撑了民俗的延伸。它们的区别在哪里？就在于民俗是因生活的需求而产生的，而文化则是因精神的需求而生发的。

一、民俗与文化

民俗与文化在人类的早期是通过艺术相互发生联系，在文字产生以前，图画成为人们表达意思与传递信息的一种手段，并在此基础上产生了文字、书法及绘画艺术，因此艺术也就成为民俗与文化的中介。三代以上君王重学，故君学倡道于天下，三代以下则礼崩乐坏，君相失学，故道存乎民间。所以大约从春秋战国时期诸子百家兴起，诸侯争霸天下，因此艺术向更高的精神表达形式发展，并由于政治集团对艺术的关照，艺术逐步成为纯文化的精神载体和政治的艺术化语言，因而艺术又开始了一次大分裂，即艺术和文学的民俗化与形而上的精神化、政治化，从而形成了长达两千多年的三种文化轨迹，即民俗文化、士大夫文化和官僚文化。属于民俗文化范畴的艺术更加符合世俗生活的审美特性而蜕变为社会化的工艺，具有士大夫文化精神特质的艺术思想开始进入技进于道的哲学审美层面，而依附于政治的艺术则逐步沦落为一种精神工具和君治的手段。因而由于文化的分裂，使得艺术也开始了不同审美追求特质的裂变，如绘画则由此形成民间画（工艺化）、文人画（精神化）和宫廷画（程式化）三种分类。然而，工艺已不等同于艺术，工具则更加成为僵化的程式。所以在 20 世纪上半叶，当社会还在为早已萎靡颓废的国画艺术盲目地寻找改良的方法时，一位文化艺术界的伟人，近现代集哲学、艺术、教育和思想家于一身的国学巨匠黄宾虹先生，就一针见血地提出了中华艺术未来走向的观念，即重民学的精神内美价值。

所谓民学，乃是相对于君学和宗教而言的，是扎根于民间以自然为本、自由发挥的一种精神品质。君学作为统治者管理需要的一种文化手段，是作为宣传的一种工具和手段，体现在政治上就是唯一人之好的精神专制；民学则是为追求生活本质而表达的朴实内在自由的文化精神，体现在社会意识上就是民主的法则。由此真正的文化必须源于民间，而不为政治束缚，而一切政治体制内的官僚思维，也必将使文化蜕变为一种依附于官场游戏的道具。因此越是民间的，则越是自然的，也就越是自由的，而自由则是一切文化的生命基因。正如老子所说：“圣人法地，地法天，天法道，道法自然。”所以黄宾虹先生说：“君学重在外表，在于迎合人。民学重在精神，在于发挥自己。”（《国画之民学》）而表现在艺术上则君学追求整齐与外美，民学倡导自然与内美，即来自自然的无法之法。

民俗具有的特征是对生活的期盼，是物质生活的现实需求，是自然生发的，可以不断重复的，带有集体意识的，有固定程式的，且主要以代代口传与师徒相传的方式延续的。文化的特性则是源自个性心灵需求的，纯精神性的，不可复制的，有表现形式的，富有哲学思想的，而且往往通过特殊的载体进行传播与交流的。美国民俗学家扬·哈罗德·布鲁范德认为："民俗包含民众的未被记载的传统：它包括此传统的内容和形式以及互相传播方式、技巧。"

文化的土壤是族群的现实生活的社会基础，所以它必须借助民俗才能获得生存的空间，从而才具有生命的力量。民俗也必须依赖于文化才能维系它的权威性和凝聚力，并以此获得不断提升的动力，所以一个民族的文化是否具有强大的生命力，就在于其民俗是否稳固、持久和深厚。其实民俗就是因生活的需要由族群约定的俗成，由此说明民俗是由自然特性产生的，但同时又受到社会当时文化的影响，因而具有文化的元素。我们应该注意到由自然生活作用下产生的早期风俗只能称之为习俗，而因族群维护的需要，在文化、经济、政治的参与下形成了今天我们称之为的民俗，因此一个民族的兴衰应该从该民族的文化环境的演变中寻找答案。因为文化决定了政治与经济，因此对文化的研究则应从分析民俗起源、发展和解体的关系开始，所以民俗对于一个民族的枯荣有着直接的因果关系。

世界对民俗的认识应该伴随着其文化的历程就已经开始，也就是说文化只有落地于社会风俗之中，文化才有了支撑。但对民俗的系统研究，并成为一种学问而进一步发展为今天我们称之为的民俗学，则起步要比对民俗的认识晚了很多。

中华民族文化之所以得以绵延不绝，至今仍然为世界瞩目，就在于其民俗民风所具有的超强的稳定气质、深入血脉中的厚重深广和强大包容的弹性，并且在今天面临各种文化的侵扰并历经磨难，依然影响着我们的日常生活。我国著名的史学家吕思勉先生曾说："一国之民族，不宜过杂，亦不宜过纯。过杂则统理过难，过纯则改进不易。唯我中华，合极错杂之族以成国。而其中之汉族，人口最多，开明最早，文化最高，自然为立国之主体，而为他族所仰望。他族虽或凭恃武力，陵轹汉族，究不能不屈于其文化之高，舍其故俗而从之。"当然传统的民俗正在面临着消亡，而我们也在不自觉中加速了这一衰亡的过程，且不是在现代意识下的承接与转换。

在漫长的人类历史发展中，因血缘关系而结成的不同族群，在其特定的地理环境、气候条件、生活方式、生理特质等因素的共同作用下，形成了特定的原始生活的习俗，并在这种特定的生活习俗的影响下，经过长期稳定的孕育、演变和延续，沿着自然崇拜、图腾崇拜、鬼神崇拜、祖宗崇拜这条精神性、宗教性的轨迹，衍生了各自相对独立又相互影响的丰富灿烂、形式多样的文化现象。同时在文化的作用下，又生发出各民族不同态度和情趣的生活习俗、行为礼俗和文化风俗。所以一个民族生活方式和地域范围的长期稳定状况的差异，决定了其文化属性的不同。而生活习俗是该民族以血缘为纽带在自然状态的生活中形成的原始习性，行为礼俗则是为维护稳固的族群而建立的文明理性习俗规则，文化风俗更是生活习俗与行为礼俗结合所产生的精神属性。所以只有游离于物质生活之外形而上的文化基因对自然生活的干预，才会使得原始的生活习性萌发人文的内涵，并经过岁月的沉积，进一步转化为具有文化价值的民族风俗，并反过来又催生其文化属性向更高的层面递进。因此文化艺术、民族风俗、生活方式和思维特性的相互融汇，造就了一个民族乃至人类文明的历史进程。

以农耕为主要生活方式所产生的风俗与文化，依赖于土地、环境与血缘、族群的关系，因此华夏民族的民俗核心内容与其相适应的文化价值始终保持了一致性，即尽“情”、尊“敬”、致“孝”。“情”就是人性，是民俗和文化之本；“敬”指有所敬畏，有所敬仰，有所敬重，是民俗和文化之形态；而“孝”则是整个社会的结构，是民俗和文化之伦理。“情”“敬”“孝”又最终通过道法、宗法、王法三者合一，以“礼”的形式来得到实现。因此中华民族的风俗特征落实到对“礼”的理解、实施和构建，而“礼”的确立则归功于《礼记》这一文化经典通过民俗的贯彻。

二、《礼记》的文化属性与民族风俗

中华民族五千年的文明史所形成的文化体系具有极大的包容性、综合性和发散性，既有建立在现实生活上而又完全脱离于物质形式，以关注生命与自然的纯粹精神性的哲学体系；又有借助于丰富的文学艺术形式，把现实社会中的生活情趣和人文情怀推向极致的文化表达；更有理性思维和自觉意识积极介入而又源于自然生态的族群风俗。正是这种特殊的多层面的文化现象，并在相互作用的过程中，造就了中华民族完全不同于世界其他民族特有的文化历史和长达数千年稳定的社会体系，其中一个重要的原因就是在我国早期开始形成的族群宗法制这一文化所孕育、成熟和发展的沃土，并在上层精英的刻意经营中不断丰厚。

文化是人类的灵智基因在社会实践中因生与死的茫然而被激活的一项精神产物，它是独立于物质现象的社会性精神活动，并通过物质形式来表现和作用于世俗。只有作用于世俗才会推动整个社会的发展，否则只能存在于少数独立于社会世俗的精英生活中，也只有作用于民族风俗，才会获得生命的源泉。这也就是为什么一些文化随着民俗的自然解体而消亡，一些文化因完全独立于世俗而只能成为民族的记忆的原因。纵观世界历史，文化对世俗的干预基本上是通过宗教和民俗这两种形式展开的，并以此为载体产生文化的产品，如建筑、绘画、雕塑、诗歌、文学、服饰等。中华民族的生活特性和文化的多层次精神性，只能以特有的文化形式进入世俗，那就是以“礼俗”作为切入点，从而以“礼仪之邦”闻名于世。何为“礼”，子曰：“礼也者，理也。”何为俗？俗也者，习性也。

正因为中华文化具有包容性、综合性和发散性，所以构成了其博大、深远、厚重和精微。但系统梳理其思想体系和精神核心则集中体现在我国影响深远的经典名著“十三经”中。而《礼记》则是如东汉班固在《汉书·艺文志》中所说：“七十子后学者所记也。”也就是在战国前后由后人不断地汇集，并在汉代由戴圣编撰的《小戴礼记》而来。因此在汉以前《礼记》在《三礼》中属于从属地位，但后来不但并列为经书，而且成为儒家重要的一部典籍，并影响我国整个社会历史达几千年之久，且远比《周礼》和《仪礼》重要得多。以至于像韩愈这样的古文大家也感叹：“余尝苦《仪礼》难读，又其行于今者盖寡，沿袭不同，复之无由。考于今，诚无所用之。然文王、周公之法度，粗在于是。孔子曰‘吾从周’，谓其文章之盛也。”《礼记》中有关丧葬、祭祀、婚礼和孝道等世俗生活的礼节，经过儒家道学的植入，有机地与农耕生活下的生活习俗相融合，为宗族内部的管理和族群血缘凝聚提供了支持的依据。所以宋代以后《礼记》取代《周礼》《仪礼》而成为科考必读之重要经书，成为历代统治者对朝廷、地方和乡村进行有效管理与控制，并由此建立起由王法、宗法和道法互为一统的社会综合管理体系，以及通过“礼”治的形式来维系国家稳定的重要道德手段。因此可以说，中华文化核心价值体系“十三经”中，唯一与民俗合为一体，并成为社会生活文化导向的就是《礼记》这部经书。这也正可以说明《礼记》在中国文化核心价值体系中的重要地位，因此而上升为“经”的地位也就顺理成章了。

三、《礼记》对民俗的文化渗透

人类开始进入文明时代，是从生物学的生理本能活动迈入思维型的智慧生活形态，其中一个重要的标志就是为了族群的整体利益开始建立一个共同的行为准则或者为大家所共同尊奉的宗旨，即知敬畏、识荣耻、守秩序、合行止。因此，按照自然与便利的原则，首先以原始宗教的方式开始，创造教义并以福音来传播，这样可以较快的速度为世俗的民众所接受，这也就是世界大多数地区采用的一种形式。而另一种则以源于情感的理性灵智的方式，以少数精英或者先哲首先构建带有哲学性的理论体系，结合自然环境和生活方式下产生的民族习俗这条途径进行传播，并由此建立起一整套稳固的社会系统。这种形式是一条需要稳固的和相对封闭的族群生活形态，以及一批不断承袭并脱离于物质生产的高智慧的精英群体，以精致而深远的精神觉悟来完成。这种形式比较典型的主要在希腊和中国采用。

中国的先贤们非常有大智慧，通过建立“礼”的文化观念，即《礼记·曲礼上》所说“是故圣人作，为礼以教人，使人以有礼，知自别于禽兽”，来引导人们以理智的思维方式从原始宗教的茫然中走出，使文明的曙光深入并根植于民间，并且使文化在自觉的过程中融入自然社会生活中，从此中华民族才在真正意义上进入了一个文明的时代，也由此奠定了长达1000余年的世界文明鼎盛期。此正所谓“教化”之作用，正如《白虎通·三教篇》中所说：“教者，效也。上为之，下效之。”孟子曰：“有如时雨化之者。”赵岐注：“化，教之渐渍浃洽也。”然而在宋代以后由于文化精英群体的瓦解和分化，仍然沉湎于已经被官僚体制僵化了的文化思维中，没有新的适应时代发展的观念注入以“礼”为核心的民族风俗中，从而使社会失去了活力而开始走向衰落。

以“礼”治国恰到好处地满足了社会各个层面的精神需求和愿望，又自觉地把整个社会引向到了理想的状态中，以达到先哲们“修身、齐家、治国、平天下”的良性循环，使得精英文化有了与世俗联系的渠道和存活的土壤，从而保证了社会结构的进一步稳定。宗教治国是通过使庶民保持愚昧以发自内心地盲从于统治者，以“礼”治国则是启发人的善心来达到顺从的目的，并且使文化的基因深深地扎根于社会的基本元素中。而从原始习俗改变为行为礼俗这条途径的关键之处，在于“有教无类”的教育思想的成熟，春秋战国时期学术上的百家争鸣，正为这样的教育提供了思想基础。

“礼”是怎样通过“礼俗”来实现自己的政治主张的呢？先哲们十分清醒地知道，必须为人们设计一个理想的社会形象，才能在精神上获得向往和追求的动力。于是《礼记》借助于人们对“三代之英”的夏、商、周的社会向往来寄托自己的政治理想，并通过修史著文来实现。所以《礼记·礼运》希望的是：“大人世及以为礼，城郭沟池以为固。礼仪以为纪，以正君臣，以笃父子，以睦兄弟，以和夫妇，以设制度，以立田里，以贤勇知，以功为己。……以著其义，以考其信，著有过，刑仁讲让，示民有常。”这就是建立在“礼”的基础上的“小康社会”一说最早的提法。然而要把自己的政治主张成为一种深入庶民百姓生活中的社会习俗，则必须巧妙地找到契合点。这一契合点必须满足在有所畏惧的心态下，又为世俗所不能拒绝且又容易实行的一套体制，这就是殡、葬、祭的礼俗。所以文化的先哲们力图以“道”为终极追求，以礼为实现“道”的途径，以丧葬祭祀、改变风俗为立足点，从而完成稳定的文化体系的构建。

四、《礼记》从殡、葬、祭三方面对文化的提升

《礼记》所记载的“礼”，按照社会生活不同层面的需求，共分为五大礼，即吉礼（祭祀）、凶礼（丧葬）、军礼（战事）、宾礼（朝聘）和嘉礼（昏冠），从而形成以“礼”为架构的社会行为准则。在“五礼”中有关丧葬祭祀的礼仪成为重中之重，《礼记·祭统》：“凡治人之道，莫急于礼。礼有五经，莫重于祭。”并从丧葬祭祀的礼仪中确立了儒家哀、敬、孝、忠的道德核心价值，使“礼”的道义延伸到整个社会管理结构中，从而构建起以“礼”为核心的道德体系。由于“礼”的传播，各地区不同的自然习俗也开始在“礼”的影响下逐步统一起来，这对中华民族的形成和稳固发挥了巨大的作用。吴地（今江苏、浙江一带）本属偏远地区，春秋时不同于中原的风俗盛行，据《左传》记载，哀公七年子贡言：“大伯端委以治周礼。仲雍嗣之，断发文身，裸以为饰，岂礼也？”杨伯峻先生解释说：“大伯初至吴，或仍其旧服，即所谓‘治周礼也。’但仲雍不得已而从吴之旧俗。”这就说明当时以周礼为基础的礼俗在吴地还没有实行，而汉以后，特别是东晋北人大量南迁，把中原的礼俗文化也带到了南方。所以经过文化的传播和历史上几次南北大融合，使得各地的民风民俗虽仍保留其地域文化特性的烙印，但其核心形成

了以“礼”的思想为主导的精神理念。而今天浙江的民俗，特别是丧葬民俗内在的文化核心已经完全与中原一致，这恐怕也要归功于《礼记》成为国之经典。

殡、葬、祭是我国殡葬历史文化的三个重要的组成部分，并通过其不同的情感诉求、人文内涵和表现形式而成为“礼”的载体。《礼记・檀弓上》对殡的解释是：“周人殡于西阶之上，则犹宾之也。”古人认为死亡就是灵魂离开了肉体，所以其肉体已经不是原来的亲人，因此只能当作客人对待。“葬”在《礼记・檀弓上》中说：“葬也者，藏也；藏也者，欲人之弗得见也。”《礼记・礼运》解释说：“魂气归于天，形魄归于地。”因此古人认为人死后其阴阳分离，阳气即“魂气”上升归天，阴气即“形魄”应下沉归于土。所以对逝者的尊重则应该通过“礼”的行为使之各归其位。而“祭”的含义就上升到精神的层面，如《礼记・祭统》所说：“祭者，所以追养继孝也。”其教化的作用与功能显而易见落实在“祭”的形式上。因此殡、葬、祭的文化意义就在于从哲学的思维理念来认识自然与生命的关系，通过追本溯源、敬天尊地和认祖归宗达到人类认知自我的本意。所以《礼记・大传》说：“是故人道亲亲也。亲亲故尊祖，尊祖故敬宗。”这样，丧葬祭祀就从亲情、哀情的情感性宣泄推进到尊祖敬宗的精神寄托，再发展到对天、地、神的恭敬，即对神灵的敬畏，对先祖的敬仰，对长者的敬重，从而以孝的形式建立一整套各归其位、各忠其事、各敬其宗的社会秩序，最后又通过小宗、大宗的敬奉关系而归结于对“君子之道”的终极确立。司马迁在《史记・礼书》中说：“天地者，生之本也；先祖者，类之本也；君师者，治之本也。无天地恶生？无先祖恶出？无君师恶治？三者遍亡，则无安人。故礼，上事天，下事地，尊先祖而隆君师，是礼之三本也。”这就把儒家对“礼”的本意进行了更加详尽的阐释。

五、《礼记》对殡葬习俗的介入和引导及其人文价值

《礼记》首先以民族早期传统的自然习俗为根源，通过承袭其习俗所形成的自然脉络，并在系统的梳理过程中自然地与文化的精神相契合，使之纳入文明的启蒙教化和道统理论体系的构建中，以此促进社会的各个层面对殡、葬、祭的心理和精神诉求达成一致。比如对墓地的起源的综述，《周易・系辞》有记载：“古之葬者，厚衣之以薪，葬之中野，不封不树，丧期无数。”

就是说上古时期，人们对逝者是采取一种自然主义的态度来理解的，然而要树立宗祖敬仰的观念，则必须从这里开始转变，于是《礼记·檀弓上》曰：孔子既得合葬于防，曰：“吾闻之：‘古也墓而不坟。’今丘也，东西南北之人也，不可以弗识也。”为了使后人对自己的先人葬地可以祭祀，就必须要有标志，所以“今丘也，东西南北之人也，不可以弗识也”，这样就为自己修建坟墓找到了理由，从此也开启了墓祭的先例而为后人所效法。因此，坟墓的历史从此开始，也为以后对丧葬祭祀的规范和孝的思想理念提供了平台，并以宗族、血缘和亲疏的相互关系为差别建立了等级制。

对原始习俗的沿袭是“礼”的文化进入民俗中的一大关键，所以尊俗成为从原始生活习性中开启文明之门的重要一步。由此使宗教性的崇拜从世俗祭祀活动中巧妙地自然分离，并为民俗纳入王道之中创造了条件。例如，《礼记·礼运》有记：“及其死也，升屋而号，告曰：‘皋某复。’然后饭腥而苴孰。故天望而地藏也，体魄则降，知气在上。故死者北首，生者南乡，皆从其初。”其中唤魂、土葬一直在民间保留，而“死者北首，生者南乡”，正是汉民族对墓地方位确定形成了“朝向学说”的一项基本原则。因为逝者属阴，生者为阳，所以墓地在城镇的布局中应位于北面。而“生者南乡”的“乡”为“向”的同义字，应理解为“生者南向”。而古人的朝向在产生坟墓这一安葬形式以前，是以逝者埋葬时头的朝向为方位的。以此推断后人墓碑朝南的说法，是对这一原理的误读，也是明清以后礼制混乱的结果。

守孝三年的传统习俗是体现孝道的一个重要内容，历代祭典都明文规定为国之大事，上自帝王、下至百姓都必须遵守。朝廷大臣的父母去世后，必须马上辞官，回乡为父母守孝，称为“丁忧”。在《礼记·三年问》曰：“故三年之丧，人道之至文者也。夫是之谓至隆，是百王之所同，古今之所壹也。未有知其所由来者也。”所以也为后世者丧葬礼节提供了依据。《礼记》对上古时期合乎人性的习俗不但延续，而且为理论上的确立找到了生活的来源，并由此总结为“人道之至文者也”的理论根据：“曰：称情而立文，因以饰群，别亲疏贵贱之节，而弗可损益也，故曰：‘无易之道也。’”儒家对于人性关怀始终贯穿于其自身理论的实践，以及理想化社会的构建之中。通过《礼记》对尊俗、称情、立文、有别、重祭的记述来确立“礼”的忠孝观念，以此为理性的思想基础构成一个完整的文化体系，同时又通过文化的作用影响民俗的演变，并向更加偏远和封闭的族群中传播。所以说《礼记》是世界所有文化典籍中最重视、最体现和最尊重民俗与人性的一部文化经典。

顺应自然情感，以人性为出发点，并进一步丰富其人文价值，是《礼记》的一大特点。《礼记》的内容正是以民族生活属性和精神需求为基础，融合先哲们集体的智慧，达到“道”的统一，形成集道德、文章、制度、礼仪、风俗、民情于一体的民族核心价值观和行为准则，使人性中善良、美好和纯洁的心灵充满了中和之象，并把人类的情感发挥到极致。所以说以《礼记》为代表的东方文化的核心精神，是最富有人性、最富有人情、最富有哲理、最尊重生命的一门学问。这从《礼记》一些论述中，我们完全可以体味到它的用心之处。例如《礼记·檀弓下》有记：“子路曰：‘伤哉，贫也！生无以为养，死无以为礼也。’孔子曰：‘啜菽饮水，尽其欢，斯之谓孝。敛手足形，还葬而无椁，称其财，斯之谓礼。’”这里我们看到的是从中流露出人性的理智，所谓孝在于尽心、礼在于真诚，而不是在于满足自己的虚荣，这和今天出现的一些大办丧事才是尽孝的观念相比则要高明不知多少。所以《礼记》所表达的大情怀和对内心哀与敬的微妙变化把握得非常准确，在细微中凸显人生哲理，也体现出中国人对人性和智慧的彰显。

六、《礼记》通过殡葬达到教化的文化意义

什么是文化？文化就是用文明教化民众，而文明则是化愚昧为智慧，通过建立在理性基础上的文采华光启蒙和开化未泯的精神灵魂。《礼记》正是通过“礼”的道德标准和行为规则使原始的自然习俗转化为文明的礼俗。《荀子》曰：“祭者，志意思慕之情也，忠信爱敬之至矣，礼节文貌之盛矣。苟非圣人，莫之能知也。圣人明知之，士君子安行之，官人以为守，百姓以成俗。其在君子，以为人道也；其在百姓，以为鬼事也。”“为人君止于仁，为人臣止于敬，为人子止于孝，为人父止于慈，与国人交止于信。”这就是通过使习俗转变为礼俗的过程。建立起忠信爱敬之心和文明礼貌之德，其关键就在于立文。所以《礼记·丧服四制》中说：“凡礼之大体，体天地，法四时，则阴阳，顺人情，故谓之礼。”情之顺，礼之行，则天下和。何为“和”？《中庸》：“喜怒哀乐之未发，谓之中；发而皆中节，谓之和。中也者，天下之大本也；和也者，天下之达道也。致中和，天地位焉，万物有焉。”因此，在“国之大事”的丧葬祭祀中，丧尽哀，葬尽心，而祭则以敬为重，使哀情的大悲，到祭祀的庄敬，达到不勉而中、不思而得、从容中道的修为。

致中和，行中庸，礼立体，敬以祭，孝诚心，善为本。所以丧葬礼仪以

祭为核心，以敬为根本。《礼记·檀弓上》曰："祭礼，与其敬不足而礼有余也，不若礼不足而敬有余也。"不拘泥于形式，通于情理之中，合于义理之内，正是此意。因此对于祭祀的原则《礼记》中是这样确立的：一是祭祀重在发自内心，而不在于形式，如《礼记·祭统》："夫祭者，非物自外至者也，自中出生于心也。心怵而奉之以礼，是故唯贤者能尽祭之义。"二是外顺自然之道，内得情理之中，如《礼记·祭统》："贤者之祭也，必受其福，非世所谓福也。福者，备也；备者，百顺之名也，无所不顺者之谓备；言内尽于己，而外顺于道也。"三是以道德为基础，以意志为核心，以庄敬为礼仪，如《礼记·祭统》："是故其德盛者，其志厚；其志厚者，其义章；其义章者，其祭也敬。祭敬，则境内之子孙莫敢不敬矣。"四是掌握分寸，规定尺度，如《礼记·祭义》："祭不欲数，数则烦，烦则不敬。祭不欲疏，疏则怠，怠则忘。"五是有以人为本、生命平等的原则，如《礼记·中庸》："父母之丧，无贵贱，一也。"六是祭祀国重于族，族重于宗，大宗重于小宗，小宗重于家庭，如《礼运·祭法》："夫圣王之制祭祀也，法师于民则祀之，以死勤事则祀之，以劳定国则祀之，能御大菑则祀之，能捍大患则祀之。"所以《礼记·礼器》曰："礼，时为大，顺次之，体次之，宜次之，称次之。"可见我国的丧葬祭祀活动是文化的一个重要部分，是文明进程中一大重要的载体，是最有文化内涵和理论体系的一项精神活动。

七、《礼记》通过殡葬树立社会的道德体系

尽哀、感恩、恭敬是丧葬祭祀过程中的三个重要环节，它分别代表了人性不同的方面和表达的不同形式，形成自敬以敬人、敬人而不慢、不慢则不怠的修为，以此达到积善行孝的文明素养。其终极指向实则为通往文明的最高层面，即身心合一的中和之道。《礼记·祭统》："是故孝子之事亲也，有三道焉：生则养，没则丧，丧毕则祭。养则观其顺也，丧则观其哀也，祭则观其敬而时也。尽此三道者，孝子之行也。"可见通过丧葬祭祀的过程，能够培育人性中至善至孝的品行，以此提升道德的修养，从而实现人生的价值。但是这种由哀情到庄敬、由率性到修道的转变和度的控制必须按照中庸之道为之，才能达到"尊德性而道问学，致广大而尽精微，极高明而道中庸"的教化。何为中庸？郑玄注："庸，常也。用中为常道也。"朱熹注："中庸者，不偏不倚，无过不及，而平常之理，乃天命所当然，精微之极致也。唯君子为

能体之，小人反是。”

在中国，其文化与民俗相互影响，民俗与政治相互作用，政治又与文化相联系，从而形成了一个十分稳固的依存关系，而三者之间的结合点就落实到“孝”这个原点上，这充分体现了中国哲学以“和”为核心的思想。孔子曰：“夫孝，德之本也，教之所由生也。……夫孝，始于事亲，中于事君，终于立身。”《礼记·祭义》中曰：“众之本教曰孝，其行曰养。养可能也，敬为难；敬可能也，安为难；安可能也，卒为难。”从以上事例中我们充分领悟到，文化只有深入民众的生活习俗中，才真正使得文化得以不断地延续而富有了生命的力量，同时又促进了民俗向更高等级的文明形式转变。所以中华民族有一以贯之而得以绵延至今的民间风俗，特别是殡葬的文化传承，《礼记》功莫大焉。《礼记·郊特牲》：“唯为社事，单出里；唯为社田，国人毕作；唯社，丘乘共粢盛。所以报本反始也。”追寻先祖艰苦卓绝的开创精神，守护人类发祥神圣净土，回望初始人文之华光，深怀恭敬之心和感恩之情而“报本反始”，以激励后生至诚明德、格物修身之人道，就是中华几千年绵延不绝的丧葬风俗的源头，也是“教民化俗”而“凡人之所以为人者，礼仪也”之根本，更是先哲们开启“礼”的终极目的。因此整理、研究、延续和提升中华民族的传统风俗，使之适应当代乃至今后的发展，实为我们义不容辞的责任。

论传统墓葬价值观视角下生态葬的功能缺失

——兼论生态葬功能缺失的技术替代方案

福建师范大学　陈　志　肖义军

摘　要：本文从分析传统墓葬价值观、墓葬的功能入手，比较当前生态葬的方式及其价值观与传统墓葬的不同，指出当今生态葬的“接受性障碍”在于骨灰作为逝者标志物的灭失会导致亲友的情感无处寄托，而且会使得墓葬原有的情感寄托、凝聚家族、道德教化、祭奠祖先、寻求庇佑等功能丧失。因此殡葬改革和遗体的生态化处理不能无视传统文化价值观，也不能无视传统墓葬的社会功能。生态葬的改革要突破“接受性障碍”瓶颈的关键在于处理好节约资源与满足人的需求两者的平衡，达到这种平衡的手段是寻求科学技术的介入。通过科技手段寻求传统墓葬功能的替代方案是解决生态葬文化价值观与传统墓葬价值观冲突的可行路径。

关键词：生态葬　传统墓葬　接受性障碍　科技手段

“源于自然，归于自然”是生态葬的主要思想，常见的生态葬有骨灰的树葬、海葬、江葬、花葬、深埋、格位存放等。生态葬节约土地、节约材料，不仅有环保价值，而且节约费用。为此，民政部等九部门联合发文推行节约土地、节约材料的生态葬的安葬方式，倡导节约资源、保护环境，促进人与自然的和谐的价值观。但现实情况是生态葬的推广收效不大，进展缓慢。许多人明知要多花钱，浪费地，还是对传统的墓葬方式趋之若鹜，原因何在？这要从分析传统墓葬价值观和墓葬的功能入手，并比较当前生态葬方式及其价值观与传统墓葬的不同，方能找寻当今生态葬的“接受性障碍”的症结。

一、传统墓葬蕴含的价值观及其功能

（一）传统墓葬所蕴含的第一个价值观是落叶归根、入土为安，其相应的功能是安置遗体和“寄居阴魂”

在中华传统思想中有阴间与阳间并立及鬼神信仰的内容，认为人生而有三魂七魄，死者有灵，坟墓就是灵魂的归依之处，是“阴宅”。当前“死者有灵”的封建迷信思想在乡村仍然存在。而坟墓不仅是遗体的安放处，而且被视为“鬼灵”的住所。由此，墓葬的一个实际功能是安置遗体，另一个虚拟功能是寄居阴魂。一些人认为，如果没有坟墓，死者的魂魄会成为孤魂野鬼，无处可归，所以自古有克服万难、收骨归墓之举。上述传统墓葬的价值观及其功能给殡葬改革带来麻烦，也给生态葬的推行带来通碍。

（二）传统墓葬所蕴含的第二个价值观是：敬祖崇祖，其相应的功能是凝聚亲友、增进家族团结

祖先崇拜是中华文化古老、朴素的信仰。而家族也往往借助对祖先的崇敬和祭拜而凝聚人气，维系家族团结。而墓地成为祭拜祖宗的重要载体，发挥着团结凝聚家族的功能。死后如果能合墓而葬，被认为能够与族人魂魄相聚一处，合族而居，可得到先祖的照应。

（三）传统墓葬所蕴含的第三个价值观是孝道，其相应的功能是道德教化

中国文化中的“孝道”强调后代对生养育自己的血亲的尊敬与尊重。长辈为养育后辈，辛苦了一辈子，死后若不给长辈一个“像样的”坟墓作为阴宅，而是草率处理骨灰，晚辈会觉得对死者不敬，会觉得对不起长辈，会被认为“不孝”。人们会认为人一辈子养儿育女“不值”。因此，传统墓葬还具有孝道的道德教化功能。虽然随着文明发展，死者有灵、需要居住阴宅的思想受到知识精英的质疑，但即使是知识精英亦担心自己背上不孝的骂名而不敢背离旧的墓葬习俗，以至于许多火化后的骨灰也购买墓地安葬，从而使墓葬得以保留延续。

此外，人们为了满足对死者生前巨大贡献的敬仰、对死难英雄的崇敬等

社会心理的需求，一些政府部门也要举行英烈骨灰的葬礼。政府举行的英烈骨灰墓葬的仪式，起了一定的示范效应，进一步传播了墓葬的敬贤崇德的价值观，强化了墓葬的道德教化功能。

（四）墓葬文化是现实生存文化在死者身上的投射[①]，还承担着子孙后代寄托对先人情感的物化标志功能

中国古代百姓认为，人死后可以在阴间过与阳间类似的生活，甚至如果生前积德，有可能过比在世时更好的生活。这种思想有人相信，也有人不信。相信的人希望通过墓葬及其仪式，自己到阴间能有好的生活。即使不信的人，也大都有希望受人尊敬、膜拜的心理，这种心理也会使他希望留墓让子孙来祭拜自己。因而墓葬文化实质上是现实生存文化在死者身上的投射。坟墓成为逝者存世的证明，反映逝者生前的地位成就，也是子孙后代寄托对先人情感的物化标志。

总之，延续千年以来的墓葬，蕴含着守孝、敬长、崇德、庇佑后代等价值观，具备处理遗体、凝聚家族、道德教化、情感寄托、祭拜祖先、寻求庇佑等作用。墓葬及其祭拜，已经成为维系中国传统价值观的重要手段。墓葬的价值观和功能已经发展成为一种“墓葬文化”，融入中国人的潜意识中，成为中国社会心理的一部分，顽固地抵触着现代生态葬的新型殡葬文化。因此，生态葬的推行举步维艰，其背后的根源是传统墓葬文化与现代生态葬文化的矛盾冲突，解析两者冲突，必须了解生态葬与墓葬的价值观差异，探讨生态葬的功能在满足人们需求方面存在的不足。

二、生态葬的功能和价值观与传统墓葬的差异

传统墓葬有墓有坟有碑，保留了死者的遗体或骨灰，并且标志清晰、祭奠方便。传统墓葬可以满足人们死后灵魂居住墓中的幻想，可以满足人们死后希望被晚辈崇敬、供奉、记忆的心理。

生态葬是指人的遗体火化后，通过草坪葬、树葬、海葬、江葬、花葬等不占地或少占地的方式处理骨灰的安葬方式，具有环保、节能和成本低等特

---

① 姚中秋：《重新审视“殡葬改革”》，载《文化纵横》2014年第5期，第68页。

点。① 与墓葬相比，现代生态葬最大的特点在于，它不留坟，不置墓，不立碑，并且大多骨灰遗弃于自然界，导致死者的标志物全部灭失。

生态葬的核心理念是人从自然中来，死后又回到自然中去。草坪葬、树葬、海葬、江葬、花葬都是将骨灰撒出去，骨灰或者成为土壤中的肥料，或者成为水生生物的食物。其哲学依据是唯物主义，不认为有灵魂存在，也没必要为灵魂提供阴宅。这种认为人死魂灭，死后应该彻底化入自然，不留痕迹的价值观，与传统的“魂归故土”“入土为安”“留碑传世”“流芳后世”“享受供奉”“庇佑子孙”的观念是相左的。

由此可见，生态葬最大的问题在于骨灰等死者的标志物的灭失。没有留下逝者的可以看得见的实物标志，而中华民族又是一个比较重实物的民族。没骨灰、没坟、没墓不仅会导致亲友对死者的情感无处寄托、无法睹物思人，而且由于失去了可以祭拜的对象——墓碑，使得墓葬原有的情感寄托、凝聚家族、道德教化、祭奠祖先、寻求庇佑等功能基本丧失，从而使一些传统的价值观失去了可依托的物质载体。这就是为什么生态安葬，倡导节约资源、保护环境的价值导向，鼓励树葬、海葬、深埋、格位存放等节约土地、节约材料的安葬方式，希望能更好地促进人与自然的和谐，但收效不明显的原因。

因此，殡葬改革不能无视传统文化价值观，遗体的生态化处理也不能无视传统墓葬的社会功能。生态葬的改革要突破“接受性障碍”的瓶颈，关键要处理好节约资源与满足人的需求两者的平衡，是兼顾环保与社会情感，而做到这种平衡兼顾的策略是寻求科学技术手段的介入，利用技术来弥补生态葬的不足，通过技术手段寻求传统墓葬功能的替代方案，是解决生态葬文化价值观与传统墓葬价值观冲突的可行路径。

三、用科技手段替代传统墓葬功能的方案的设想

解决生态葬的“接受性障碍”应处理好满足人的需求与节约资源的统一。我们既要考虑逝者生前想留名留物的愿望，又要考虑子孙后辈寄托哀思、祭拜死者物化标志的需要，还要保护环境节约资源，而化解这三者的矛盾该做什么？

---

① 李欣然：《生态墓园殡葬方式的大众心理研究》，载《安徽农大学报（社会科学版）》2011年第1期。

首先，既然生态葬会造成无标志物存留，那么我们为什么不采用科技手段创造一个标志，从而既能满足后辈寄托哀思，又能为逝者留名留物于后世？对于传统的“对着墓碑祭拜死者的仪式”，我们是否能找到更有意义的科技替代方案？答案是肯定的。

现代生物学技术，可以将人体细胞离体保存，并使离体细胞的结构以及其中的DNA得以保留，等将来生物技术发展成熟，有可能抽取保存下来的DNA，植入活细胞克隆出人来，死者就可以“获得重生”。因此在逝者生前采集细胞，通过技术处理保存，给他以重生的可能，是一种比保留骨灰更好的遗留物保留方式。

保存下来的细胞可以储存于贵金属、宝石或工艺品中，比如用珍稀木料制成宝塔、金字塔、微型棺材等，还可设置一个RFID芯片与细胞一并储存。RFID芯片可以储存与逝者相关的音像、图片、文字等信息，RFID芯片可以起到类似墓碑的功能作用。

传统墓葬、骨灰墓葬、骨灰楼寄存、骨灰墙等所蕴含的文化功能包括：教化后辈、凝聚家族、抚慰哀伤、显耀名誉、情感寄托等；其墓碑或铭刻的文字的主要作用是标志作用和记载逝者生平。而对于RFID芯片来说，标识和记载逝者生平的功能要比墓碑强大得多。

RFID芯片不仅可以储存逝者的音像、图片、生平文字，传记、著作等，其容量之大墓碑无法比拟，而且RFID芯片可以通过无线传输的方式输出和输入信息，后人可以更详细地读取逝者的生平事迹，可以瞻仰其生前的音容笑貌，更有助于缅怀逝者；还可以增减、改换RFID芯片中的信息，其记载、标志、教化作用更强，更能显耀逝者的生平事迹，更便于发挥其教化后辈、抚慰哀伤、显耀名誉、情感寄托的功能。RFID芯片中的逝者的文化、思想、精神更能够传于后世，更能对家族起凝聚教化的作用。含有体细胞DNA和RFID芯片的纪念物品可以代代相传，成为家族传家宝。

如上所述，以科技手段少量保留逝者细胞和RFID芯片，可以有效替代传统土葬、骨灰土葬、骨灰楼寄存、骨灰墙等传统殡葬的功能，有助于在节约资源、保护环境的前提下保留大部分的丧葬文化习俗，满足逝者后辈亲友的情感需求，而且其保留的DNA给了逝者将来利用生物克隆技术重生的可能，有利于消除民众对生态葬的骨灰做肥料的恐惧。而且新的殡葬技术产品还能够带动殡葬消费，促进经济发展，其所保存人类DNA遗传资源，还有利于生命科学研究，此“一举数得”的好处是值得发展和推广的。

人有永生的愿望，即便肉体无法永存，也希望自己能活在后辈心中。王侯将相希望自己的丰功伟业传世，文人学者希望自己的著述传世，凡夫俗子也希望后世子孙记住自己。而既然生态葬不留死者体物的做法不容易被人接受，那么以技术手段保留少量骨灰或细胞于纪念品中（置于吊坠、饰物、珠宝中），作为传统墓葬功能的物质载体，作为子孙后代的祭拜对象，就是一种可以与生态葬协同运用的手段。而且以 RFID 芯片信息科技手段为死者树碑立传，也能满足逝者流芳后世的愿望，可以作为生态葬的另一种协同措施。而以科技手段保留 DNA，给了逝者将来重生的可能，可以满足一些人死后灵魂转世重生的幻想，有利于消除对生态葬的“接受性障碍”。

参考文献：

郭林．从“死无所葬”到“葬有所安”：四维特性视域下中国殡葬服务制度的改革路径研究［J］．浙江大学学报（社会科学版），2013（5）．

节地生态安葬推行的法治思考
——以民政部等《关于推行节地生态安葬的指导意见》为主要对象

河南科技大学法学院　张景峰

摘　要：民政部等《关于推行节地生态安葬的指导意见》是在殡葬领域落实生态文明建设的指导性文件，其沿袭了《殡葬管理条例》的基本精神，也有一些值得重视的新进展，主要表现为安葬规范对象新审视、节地突破口新选择、生态建设目的新定位；其法治性缺失也非常明显，主要是规范位阶不明效力不足、殡葬行政归属不明应对措施不足、殡葬自由保障不足忽视殡葬主体理性等。为了适应全面依法治国的要求，需要采取围绕节地生态安葬制定位阶明晰的国家法规、类型化殡葬行政明确应对措施、保障殡葬自由尊重殡葬主体理性等法制化措施。

关键词：节地　生态　安葬　法治

2016年2月19日，民政部、国家发展改革委、科技部、财政部、国土资源部、环境保护部、住房和城乡建设部、农业部、国家林业局九部门联合印发的《关于推行节地生态安葬的指导意见》（以下简称《节地生态安葬指导意见》），“是国家在殡葬领域推进生态文明建设的首个专门性文件，是贯彻落实中央《关于加快推进生态文明建设的意见》和中办、国办《关于党员干部带头推动殡葬改革的意见》的重要成果”①。《节地生态安葬指导意见》“坚持绿色发展理念，以保障群众基本安葬需求为出发点和落脚点，明确了节地生态安葬的基本内涵、基本原则、主要目标、主要任务和保障措施，有利于减轻群众负担、保障基本安葬需求，有利于移风易俗、弘扬社会主义核心价值观，有利于促进生态文明建设、造福当代和子孙后代，对于全面深化殡葬改革、建设美丽中国，具有十分重要而深远的意义”。② 认真研究《节地生态安葬指导意见》，推动其落实和改进，各界肩负不可推卸的责任。本文根据加快推进生态文明建设和全面推进依法治国的基本要求，结合法治基本原理与法学理论，根据我国安葬制度运行的实际，首先探讨《节地生态安葬指导意见》的核心进展，其次从法治层面探讨《节地生态安葬指导意见》的缺失，最后从法治视角探讨推行节地生态安葬模式的法制化措施等，以期引起学术界和实务界对节地生态安葬推行法治问题的重视，勾画出中国的现代节地生态安葬法治模式。

一、《节地生态安葬指导意见》核心进展

2009 年，民政部公布了《关于进一步深化殡葬改革促进殡葬事业科学发展的指导意见》（以下简称《科学发展指导意见》），从促进殡葬事业科学发展的角度推进殡葬改革；2012 年，民政部公布了《民政部关于全面推行惠民殡葬政策的指导意见》（以下简称《惠民殡葬指导意见》），从改善民生的角度推进殡葬改革。新形势、新时期、新战略下，《节地生态安葬指导意见》作为殡葬制度改革新措施的制度化载体，有诸多值得称道的新进展。蕴含在该规范中的几项核心进展，对未来殡葬制度改革有非常大的启发和引领作用，尤其值得注意。笔者基于对未来可能有重大影响内容的判断，将《节地生态安葬指导意见》核心进展主要归纳为以下几个方面。

---

① 《民政部等 9 部门联合印发〈关于推行节地生态安葬的指导意见〉》，见网页 http://www.mca.gov.cn/article/zwgk/mzyw/201602/20160200880401.shtml。

② 《〈关于推行节地生态安葬的指导意见〉政策解读》，见网页 http://www.mca.gov.cn/article/zwgk/jd/201602/20160200880399.shtml。

（一）规范对象新审视：安葬

殡葬，现代汉语解释为“出殡和安葬”①。顾名思义，殡葬包括殡与葬两个方面。而殡葬国家法规范的对象如何确定、在社会剧烈转轨时期如何选择突破的对象等，都是殡葬改革、殡葬立法不得不面对的问题。

殡葬的主要国家法规范是国务院的行政法规《殡葬管理条例》（1997 年公布实施并于 2012 年对个别条文进行了修订），以及以该行政法规为依据的行政规章。“其中《殡葬管理条例》是调整殡葬关系的综合性和核心法律文件。”②《殡葬管理条例》作为综合性的殡葬国家法规范，包含殡和葬两个方面的内容，其短短 25 条的规定，难以胜任这样多和这样大的责任。

一方面，就殡而言，主要是规定礼仪问题。一个社会的礼仪，包括殡仪在内，涉及文化传统、经济状况、社会治理等多方面的因素。对殡仪的适当干预，有利于社会的变迁；对殡仪的不当干预，可能影响到对政权的认同等诸多问题。在中国这个具有悠久历史文化传统的国家，一定的礼仪，通常是源远流长的，国家对其是否有必要干预，需要认真抉择；国家对其如何干预，需要作慎重的选择，不能贸然采取措施。只有经过深思熟虑，才能决定采取的具体措施。《殡葬管理条例》规定的殡仪在多大程度上被人接受，转化为民众的行为，是大有疑问的。比如，那些所谓的封建迷信殡仪，仍然顽强地流行于神州各地。另外，就葬而言，主要是规定遗体处理（掩埋）即葬事问题。相对于殡仪而言，一个地区、群体如何处理遗体即葬事问题，受到自然环境影响的比重大一些，受到文化因素影响所占的比重则小一点。根据所在时期的自然环境状况，处理遗体有较大的腾挪空间。《殡葬管理条例》规定的葬事，在划分火葬区和土葬改革区以后，尤其是行政高压下，在火葬区通过火化方式处理遗体已经比较普遍。

《节地生态安葬指导意见》从安葬即葬事上着手，直接针对安葬问题来规范，避开了殡仪上不易推进的不利因素。近代以后，文化断裂的副作用日益显现。在社会剧烈转轨时期，包括殡仪在内的礼仪如何适当性恢复重建，是一个需要进一步研究和关注的问题。从规范对象上来看，《节地生态安葬指导

① 中国社会科学院语言研究所词典编辑室编：《现代汉语词典（第 6 版）》，北京：商务印书馆，2012 年版，第 90 页。

② 张景峰：《殡葬法规范体系建构法理探讨》，载《公民与法》2010 年第 10 期。

意见》的选择是比较符合中国实际情况的。《节地生态安葬指导意见》给我们开了一个好头，提出了切实可行的规范对象推进思路，可以进一步从规范上继续推进。

（二）突破口新选择：节地

《殡葬管理条例》将殡葬管理的突破口选在了遗体前期处理上，通过制度设计建立了相关的遗体前期处理制度。《殡葬管理条例》典型、集中的规定体现在第四条和第五条①中。殡葬实务中，一般将此第四条和第五条的内容归纳为火葬区和土葬改革区制度，民政部等的各种行文中也多用此种划分就是一例。笔者认为，《殡葬管理条例》第四条和第五条所设计的制度应该称之为遗体火化后葬埋区与遗体不火化土葬区②制度。因为该条例所称的火葬实际上就是遗体火化后葬埋，土葬就是遗体不火化土葬。火化就其基本含义来看，并不包含安葬的内容，遗体火化后也存在安葬骨灰等的问题；根据是否在遗体火化后安葬，而竟划分区域并将其称之为火葬区与土葬改革区显然是不当的。火葬区和土葬改革区制度的概念只囿于条文本身的文字表达，而不是在具体分析此规范内容的基础上进行归纳，其概念表达有欠妥当。实务部门概念表达得不足，也延伸出了法律执行上的问题。由于概念表达瑕疵，实务部门在殡葬执法中偏重于对于遗体火化的强调——火化率曾经作为重要的殡葬改革成效指标被考核，而安葬问题因为不容易考核或者受到一定利益因素的影响而对其重视不够，安葬执法实际上反倒被放在了殡葬管理的次要位置，安葬监管相对松弛。这样执法的后果，是否背离了《殡葬管理条例》制定的初衷本身就值得认真思考。先不说追求火化率所衍生的虚假火化、殡葬执法偏注于罚款等问题，隐藏的更大问题是对实行遗体火化要达到的直接目的——节约殡葬用地——的漠视。另外，民意对殡葬管理和殡葬执法的影响日益显著，

---

① 《殡葬管理条例》第四条规定："人口稠密、耕地较少、交通方便的地区，应当实行火葬；暂不具备条件实行火葬的地区，允许土葬。实行火葬和允许土葬的地区，由省、自治区、直辖市人民政府划定，并由本级人民政府民政部门报国务院民政部门备案。"第五条规定："在实行火葬的地区，国家提倡以骨灰寄存的方式以及其他不占或者少占土地的方式处理骨灰。县级人民政府和设区的市、自治州人民政府应当制订实行火葬的具体规划，将新建和改造殡仪馆、火葬场、骨灰堂纳入城乡建设规划和基本建设计划。在允许土葬的地区，县级人民政府和设区的市、自治州人民政府应当将公墓建设纳入城乡建设规划。"

② 张景峰：《绿色殡葬国家立法理论思考》，载《清明论坛优秀论文集·2012》，北京：中国社会出版社，2012年版，第295—305页。

比如，被曝光的殡葬管理和殡葬执法冲突在网络上传播迅速，使得殡葬管理和殡葬执法的民意基础逐渐削弱、正当性日益丧失，社会公众的反映极其不利于现行的殡葬管理和殡葬执法，导致一些地方出现了殡葬行政执法的困境①。所以，从已有的立法、执法实践来看，如何把握殡葬制度的突破口显得非常重要，突破原有规定的思维定式非常重要。

《节地生态安葬指导意见》显示出新的思维动向，将新的突破口选择为节地，避开了原有遗体前期处理作为突破口设计的不利因素。在现代化的加速推进期，我们需要高度关注的是土地的供应不足、不能满足现实需求的问题。从规范突破口上来看，《节地生态安葬指导意见》的选择正是适应了土地节俭需要的新问题。《节地生态安葬指导意见》提出了切实可行的规范突破口推进思路，值得肯定。

（三）实现目的新定位：生态建设

《殡葬管理条例》虽然在殡葬管理方针中明确了节约殡葬用地，但其立法宗旨是“为了加强殡葬管理，推进殡葬改革，促进社会主义精神文明建设”（《殡葬管理条例》第一条），最后的落脚点是促进社会主义精神文明建设，关注的是精神层面。精神层面的东西，更多体现在文化上，其改进需要从文化上着手，法律规范的强制性效果相应差一些。实务部门将传统殡葬基本描述为封建迷信、思想落后，在执行《殡葬管理条例》时，除强调遗体火化，主要关注的就是提高民众的思想认识——认同传统殡葬的落后性（实际上，殡葬执法部门也有私下赞成传统殡葬的，在这里更多地以行政相对人为主）。似乎民众殡葬意识提高了，殡葬的现代化问题也就解决了。在殡葬管理的各种论证中，实务部门的这种观念在一定意义上已经内化为不可否认的真理性观念。而这种观念的真理性，实际上还有讨论的余地。传统殡葬及其所包含的文化因素，是一个比较复杂的集合体，既存在需要逐渐剔除的糟粕性因素，也存在有需要继续继承的优秀性因素。传统殡葬所蕴含的落后性一面，是需要整个社会礼仪文化的创造性转化来解决的。如果盲目拿殡葬传统开刀，其结果可能是适得其反。实践中，有些部门甚至将简化得非常简陋的追悼会也视为浪费、累赘，力图将其再简化。将现代文化建设与否定传统殡葬相联系，

---

① 张青：《论殡葬行政执法困境的根源及其对策》，载《民政法制理论研究优秀论文集·2010》，北京：中国社会出版社，2011年版，第766—772页。

其依据本身就值得怀疑。以《殡葬管理条例》为基础的殡葬管理和殡葬改革，事实上并没有产生出如何先进的社会主义精神文明成果，这是不争的事实。为什么会产生这样一个结果，很重要的原因可能就是目的定位错位了。

《节地生态安葬指导意见》立足于落实中共中央、国务院《关于加快推进生态文明建设的意见》，是殡葬立法、殡葬执法观念的重大转变。至少有几个方面值得注意：第一，殡葬立法宗旨的物质性变化。殡葬立法宗旨不再囿于很难实现的文化目的，而转变为与生态文明建设结合起来。第二，殡葬执法目的的变化。殡葬管理、殡葬执法的目的不再围绕遗体火化，而更加关注遗体安葬的生态化，即“不占或少占土地、少耗资源、少使用不可降解材料的方式安葬骨灰或遗体”。第三，殡葬执法考核对象的变化。殡葬执法考核主要不再是遗体火化率，而是生态受到负面影响的大小。对生态负面影响越大越受到限制，对生态负面影响越小越会得到支持。《节地生态安葬指导意见》实现目的的生态新定位，会增加殡葬立法、殡葬执法的正当性。

二、《节地生态安葬指导意见》法治性缺失

《节地生态安葬指导意见》的核心进展值得肯定。但是，由于转换得不彻底，《节地生态安葬指导意见》也存在诸多不足，影响到核心进展的实现程度。鉴于本文的研究是从法治视角来展开，本文考察《节地生态安葬指导意见》的缺失，主要围绕法治性而展开。

（一）规范位阶不明、效力不足

我国的法律位阶体系基本包括宪法、法律、行政法规、地方性法规、规章等不同层级，并由这些不同层级的国家法规构成了我国的国家法规体系。不同位阶的国家法规共同作用，指引、规范着社会主体的行为，形成稳定的法治秩序。有疑问的是《节地生态安葬指导意见》在位阶体系中处在哪里？《节地生态安葬指导意见》是以民政部等九部门名义联合印发的，自然不属于宪法、法律、行政法规和地方性法规，是否属于规章呢？根据国务院《规章制定程序条例》的规定，《节地生态安葬指导意见》也不符合部委规章的制定程序，很难归属于部委规章的范畴。

从《节地生态安葬指导意见》的行文对象即约束主体来看，《节地生态安葬指导意见》明确为“各省、自治区、直辖市民政厅（局）、发展改革委、

科技厅（局）、财政厅（局）、国土资源厅（局）、环境保护厅（局）、住房城乡建设厅（局）、农业（农牧、农村经济）厅（委、局）、林业厅（局），新疆生产建设兵团民政局、发展改革委、科技局、财务局、国土资源局、建设局（环保局）、农业局、林业局”，具有行政机关系统内部运转的对内性质，而不是针对社会公众。《节地生态安葬指导意见》主要是对地方相关部门施加一定影响，促使地方相关部门采取措施，来推动各地的节地生态安葬。因为《节地生态安葬指导意见》对地方政府不具有强制的效力作用，存有疑问的是，《节地生态安葬指导意见》对各地相关部门具有多大的约束力，在多大程度上会促使各地采取节地生态安葬措施？《节地生态安葬指导意见》对地方政府相关部门的约束力不够、效力不足的缺陷，很快会由其目标实现程度不高的实践所印证。

根据规范解释理论，对《节地生态安葬指导意见》行文对象即约束主体可以进行反面解释。从反面解释来看，《节地生态安葬指导意见》并不针对社会公众、不明确约束社会公众，很难作为国家法规对社会公众产生影响、规范社会公众的殡葬行为。国家法规对社会公众发挥作用的基本条件包括位阶明晰、对象明确等，而《节地生态安葬指导意见》却不具备这样的基本条件，无法直接约束社会公众。也就是说，《节地生态安葬指导意见》对社会公众不具有强制的执行力，不能要求社会公众按照《节地生态安葬指导意见》的指示进行殡葬。因为社会公众没有按照《节地生态安葬指导意见》实行殡葬行为甚至背离《节地生态安葬指导意见》进行殡葬行为，不会产生相应的法律责任，不能从法律责任的角度反过来促进社会公众按照《节地生态安葬指导意见》的要求采取殡葬行为。《节地生态安葬指导意见》对社会公众的约束力不够、效力不足，也很快会由其目标实现程度不高的实践所印证。

（二）殡葬行政归属不明、应对措施不足

行政一词在学术研究和实务操作中使用广泛。从类型上来看，以公私为标准，行政有公私之分①。本文涉及的殡葬行政属于公行政的范围。以行政所要达到的目的为着眼点，行政可以区分为秩序行政与服务行政。“秩序行政是最典型、最传统的行政类型。这种行政是在于维护社会之秩序、国家之安全及排除对公民及社会之危害。行政主体大都是采取限制公民自由权利行使的

① 陈新民：《中国行政法学原理》，北京：中国政法大学出版社，2002 年版，第 12 页。

手段，也都使用公权力的方式来限制、干涉公民的基本权利。”“服务行政的特色是在提供公民的生存照顾”，“强调政府及其他公行政主体必须提供各种不同的服务措施”，“是以造福公民为目的，具有形成性的授益行为”①。

殡葬行政和其他公共行政一样是代表国家的政府行为，属于公行政的范畴，受行政法理论和法治原理的制约。不管是研究殡葬行政，还是法制化殡葬行政，都必须在此前提下展开。但是，殡葬行政到底主要是归属于秩序行政还是服务行政？殡葬行政到底哪些属于秩序行政、哪些属于服务行政？需要理论上说明并予以明确，以此为基础法治措施遵循相应的规则。《殡葬管理条例》是殡葬的综合性行政法规；《科学发展指导意见》强调的是殡葬事业科学发展问题，《惠民殡葬指导意见》强调的是殡葬惠民问题，《节地生态安葬指导意见》强调的是节地生态安葬问题。不管是《殡葬管理条例》，还是《科学发展指导意见》《惠民殡葬指导意见》《节地生态安葬指导意见》，都没有能够将殡葬行政进行明确、合理的类型化，相应地也就没有能够结合殡葬行政的性质来具体地进行制度设计，实施效果只能是差强人意，难以实现殡葬立法、殡葬行政执法或者殡葬行政指导的目的。

（三）殡葬自由保障不足、忽视殡葬主体理性

殡葬是社会民众处理亲属遗体的行为。在法律范围内，社会公众处理亲属遗体，属于权利行为范畴，是有一定的自由度的。法学界对于人类遗体的属性虽然存在不同看法，大致可以接受“遗体作为一种物，一种具有强烈社会伦理意义的特殊物，权利的行使应受习惯（公序良俗）限制；作为死者延伸身体利益的载体，在确定安葬方案时应体现对其生前明示或者可得而知的意思的尊重；作为由死者享有所有权的物或者财产以及安葬权义的标的，得由所有人或者共有人决定具体安葬方案”。② 殡葬主体对遗体处理等享有一定的自由权，法学界是存在共识的。“遗体作为具有强烈社会伦理意义的特殊物，所有人对其享有所有权。作为绝对权、对世权的所有权，所有人在行使时，在遵循所有权的一般要求之外，需要考虑的是伦理因素所涉及的公序良俗，而无须负有其他的负担，承担其他的法定义务。从法理上来看，《殡葬管理条例》所确定的强行火化制度，是对于权利人设定的一项作为负担、积极

① 陈新民：《中国行政法学原理》，北京：中国政法大学出版社，2002 年版，第 27—30 页。

② 许秀华：《遗体安葬权的法律分析》，载《法学杂志》2005 年第 6 期。

义务。所有权人所负担的义务，主要是一种不作为负担、消极义务，而不是作为负担、积极义务。遗体所有权人也主要负有一种不作为负担、消极义务，而不是作为负担、积极义务。而且《殡葬管理条例》所确定的强行火化这种作为负担、积极义务不是依据行为的后果，而是从行为方式上来设置负担、义务。《殡葬管理条例》强行火化的设计，没有表达人们日常生活的需要，违背了法律的主要使命。”“《殡葬管理条例》所确定的强行火化这种强加于遗体所有权人的作为负担、积极义务，缺乏法理上的说服力，缺乏社会效果上的正当性，没有法律规范的现实依据，缺乏上位法根据，应当废止。”[①]《科学发展指导意见》《惠民殡葬指导意见》《节地生态安葬指导意见》等在这个问题上是一脉相承的，对社会公众的自由问题重视不够，保障措施也不足。

“个体自然人的行为，也可能是理性行为，也可能是一种非理性的情绪化行为。殡葬作为一种行为，既可能是在经过缜密思维的理性考量后的活动，也可能是在冲动、悲伤等状况下难以聚精会神思维时做出缺乏理性色彩的活动。殡葬改革基础上的我国殡葬国家立法，是国家试图以一定的设定理性取代个人的理性”，而“只有真正地调动了个人的理性思维，引导个人理性思维，个人才能够对殡葬行为的选择、殡葬服务的选择，采取理性的态度。否则，个人的殡葬行为很可能陷入盲目的、非理性泥潭”。“殡葬国家立法的目标，就要将提升殡葬行为的理性度作为自己的一个重要目标，并通过具体的制度设计诱发个人的理性思维。”[②] 从《殡葬管理条例》，到《科学发展指导意见》《惠民殡葬指导意见》《节地生态安葬指导意见》等，均忽视殡葬主体的个体理性，既无法避免非理性殡葬行为，也没有引导理性殡葬行为的制度设计。

三、节地生态安葬推进法制化措施设想

《节地生态安葬指导意见》关于节地生态安葬推进的保障措施包括加强组织领导、发挥党员干部带头作用、强化宣传引导、健全奖补激励机制、注重

---

① 张景峰：《我国殡葬管理法律制度改进研究》，载《民政法制理论研究优秀论文集·2010》，北京：中国社会出版社，2011 年版，第 747—765 页。

② 张景峰：《绿色殡葬国家立法理论思考》，载《清明论坛优秀论文集·2012》，北京：中国社会出版社，2012 年版，第 295—305 页。

能力建设[①]等。可见，《节地生态安葬指导意见》对法制化措施的关注明显不够。在前述法治性缺失分析的基础上，笔者认为，为了适应全面依法治国的要求，在节地生态安葬推进上需要从法治层面采取切实可行的措施。

（一）围绕节地生态安葬制定位阶明晰的国家法规范

殡葬立法大致包含遗体安葬行为立法、缅怀追思行为立法、殡葬服务行为立法[②]。《节地生态安葬指导意见》以遗体安葬行为作为突破口，推进生态文明建设是符合实际的。《节地生态安葬指导意见》位阶不明，其所确定的节地生态安葬突破口实现的难度太大。从国家法规范实现的角度来看，在现有法律位阶体系中确定殡葬国家法规范的适当位阶是需要首先解决的问题。

国外殡葬管理国家法的基本情况是，规定有死亡检查、确认制度，遗体处理普遍尊重死者的意愿，土葬的规范化要求，火化以及其后安葬的严密监管，殡葬服务的细密标准[③]，等等。我国当下殡葬国家法的核心是行政法规《殡葬管理条例》，其内容缺失亟待改进，而修改又非常缓慢；制定殡葬狭义法律恐怕还很难纳入立法议程。在此情况下，加快《殡葬管理条例》的修改还是可行的。笔者观察，延缓《殡葬管理条例》修改的主要原因，应该是对于火化问题的看法：一方面官方文件上坚持火葬即遗体火化后葬埋优先，另一方面社会对遗体火化后葬埋优先强烈质疑[④]。《节地生态安葬指导意见》提出从遗体安葬作为突破口，在很大程度上可以回避遗体火化后葬埋的问题，进而快速推进《殡葬管理条例》的修改。

《殡葬管理条例》的修改可以从两个层面来展开。就中央层面而言，“加强对自然人死亡的监督管理”，自然人死亡是殡葬的前提。自然人是否死亡，是需要认定的。在不同的国家，对于自然人死亡的认定，会采取不同的立法模式。英国和澳大利亚有专门出生、死亡登记法对死亡登记和核查进行规定，《荷兰尸体殡葬法》通过尸体检查和身份的确定来对死亡登记和核查进行规

---

① 民政部 发展改革委 科技部 财政部 国土资源部 环境保护部 住房城乡建设部 农业部 国家林业局：《关于推行节地生态安葬的指导意见》“四、保障措施”。

② 张景峰：《绿色殡葬国家立法理论思考》，载《清明论坛优秀论文集·2012》，北京：中国社会出版社，2012 年版，第 295—305 页。

③ 张景峰：《我国殡葬管理法律制度改进研究》，载《民政法制理论研究优秀论文集·2010》，北京：中国社会出版社，2011 年版，第 747—765 页。

④ 张存义，史志立：《方向错误的民政部殡葬事业发展指导意见》，见网页 http：//www. snzg. cn/article/show. php？ itemid-16906/page-1. html。

定，反映出各个国家对于死亡问题的重视。我国目前缺乏自然人死亡认定和核查的系统制度。我国涉及自然人死亡问题的制度，主要体现在1958年1月9日全国人民代表大会常务委员会通过的《中华人民共和国户口登记条例》，主要是从户口登记的角度简单规定了自然人的死亡登记问题。"《殡葬管理条例》对此也缺乏明确的规定。某个自然人死亡是一个重大的事件，然而国家法规范相对缺失，后果严重。我国曾有未死的自然人差点被火化的报道，就是明证。一个自然人的死亡问题都难以确定和监督，殡葬的管理在很大程度上也失去了其本来的意义。因此，自然人死亡确认、登记等监督制度缺乏的情况下，殡葬管理规范明确自然人死亡确认、登记等监督等非常必要。"① 从地方层面而言，基于授权，结合地方实际，地方立法部门"设计出在现有技术条件下，对环境保护、良好生态负面影响最小的遗体处理方式及其标准，并将其作为遗体安葬行为者的国家法规范"②，尽快打破殡葬修法停滞不前的局面。

（二）类型化殡葬行政、明确应对措施

殡葬行政所包含的内容非常广泛，有些是属于秩序行政的范围，有些是属于服务行政的范围，要根据具体是秩序行政还是服务行政而确定不同的行政方式。《殡葬管理条例》则将遗体火化作为秩序行政，并以此进行殡葬立法，这不但对其正当性争议很大，其遗体火化制度的实施也受到极大挑战，不断反弹的私自葬埋、为应付检查考核的火化率作假等，是最有力的证明。《殡葬管理条例》虽然将遗体安葬作为秩序行政的范畴进行规定，但是由于缺乏明确的程序、详细的环境标准等，殡葬执法实践中，严格执法不连续，甚至出现选择性执法、执法寻租等不良现象等，国家法规范和执法实务都缺少有效解决的对策。因此，科学类型化殡葬行政、明确应对措施不失为一条解决的重要渠道。

殡葬行政涉及的方面很多，本文无法一一说明。就殡葬涉及的主要内容来看，确定自然人是否死亡及相关登记，不应当属于服务行政的范畴，应当属于秩序行政的范畴，宜按照秩序行政的方式进行立法；遗体安葬，通常情

---

① 张景峰：《我国殡葬管理法律制度改进研究》，载《民政法制理论研究优秀论文集·2010》，北京：中国社会出版社，2011年版，第747—765页。

② 张景峰：《绿色殡葬国家立法理论思考》，载《清明论坛优秀论文集·2012》，北京：中国社会出版社，2012年版，第295—305页。

况下属于秩序行政的范畴，特殊情况下比如地震引发大量人员死亡、五保供养人员死亡的遗体安葬等则可能属于服务行政的范畴，宜确定一般情况和特殊情况来确定具体的行政方式；为了提倡遗体火化后节地生态安葬，遗体火化可以作为服务行政，并以此确定遗体火化行政方式。

殡葬立法，要注意减少与民意的对抗度、找好契合度，确定正当性根源，在此基础上迅速推进《殡葬管理条例》的修改，促进生态文明建设。尤其是殡葬行政立法，更应该是这样，这样才能减少公行政与社会广泛民意的对立，更好地服务于社会。

（三）保障殡葬自由、尊重殡葬主体理性

“保障公民丧葬方式的自由是殡葬立法的最高价值追求。考察欧美等发达国家的殡葬立法，在土葬还是火葬的选择上，均采取尊重死者或者家人意愿的原则，国家不加干涉。”“生命是至高无上的，人们虽然没有选择生的方式的自由，但应当有选择死后丧葬方式的自由；后人虽然没有选择先人的自由，但应当有选择安葬先人方式的自由。这既是法制社会人们应有的自由，也是基本的人类伦理。因此，我国的殡葬立法应当保障公民选择丧葬方式的自由和在殡葬活动中赋予公民更广泛的自由作为价值取向。”① 保障殡葬自由的基本原则，要求我国的《殡葬管理条例》修改进行目的、原则、基本制度等方面的转换；殡葬执法也要发生转换，为社会公众殡葬自由的实现提供充分的基础；当社会公众殡葬自由受到非法干涉的时候，社会公众有获得救济的权利。

殡葬主体作为法律主体，在享受殡葬自由的时候，是有一定理性的。在国家法规范许可的范围内，一般情况下，殡葬主体也是能够做出理性选择的。殡葬主体的理性选择只要没有逾越国家法规范的禁止性规定，国家对其理性选择就予以尊重；殡葬主体的理性选择逾越国家法规范的禁止性规定，国家则有权对其理性选择予以矫正。《殡葬管理条例》忽视殡葬主体理性的缺陷需要给予修正，在执法中严重忽视殡葬主体理性的情况也不能再继续下去了。

---

① 喻建中：《关于我国殡葬立法价值取向的思考》，载《清明论坛优秀论文集·2010》，北京：中国社会出版社，2010年版，第511—520页。

结　语

节地生态安葬的新定位，既是生态文明建设在殡葬领域的体现，也是推动《殡葬管理条例》修改、新的殡葬立法的重要基点。《殡葬管理条例》修改、新的殡葬立法涉及的方面很多，本文主要明确了《节地生态安葬指导意见》的核心进展，分析了《节地生态安葬指导意见》的法治性缺失，并在此基础上提出了节地生态安葬推进的法制化措施。在一定意义上，立法推动者已经找到了殡葬国家法规范更新的新契机，那就应尽快启动节地生态安葬的立法工作，实现殡葬立法对于生态文明建设的积极作用。

参考文献：

[1] 张明亮．“清明论坛”优秀论文集（2010）．北京：中国社会出版社，2010.

[2] 张明亮．“清明论坛”优秀论文集（2011）．北京：中国社会出版社，2011.

[3] 俞建良．“清明论坛”优秀论文集（2012）．北京：中国社会出版社，2012.

[4] 靳尔刚，李健副．国外殡葬法规汇编．北京：中国社会出版社，2003.

中国殡葬行业公益性的经济学分析

福寿园国际集团　伊　华　张　琦①

摘　要：我国殡葬服务和殡葬资源供给主体是“殡葬事业单位”，以“事业单位”的思路来进行管理，易造成服务供给效率低下。殡葬服务和殡葬资源可以通过市场定价来弥补成本，并可以通过“补需方”即给予死者丧葬补贴来确保“公益性”，通过“政府购买服务”的方式来提供殡葬服务，将“政府提供”和“政府生产”区分开来。殡葬行业供给侧改革的核心应是放开殡葬行业的市场准入，允许民间资本进入殡葬领域。

关键词：殡葬　供给侧改革　市场化　民间资本

殡葬行业，在我国被称为“殡葬事业”。而“事业”这个词是汉语中特有的术语，在英文中找不到其恰当的对应单词。通常认为，“事业”是不以营利为目的的，具有“公益性”属性。并且承担“事业”的主体是“事业单位”，其典型代表就是“全额财政拨款事业单位”。进一步，“事业单位”是和“企业”相对应的，“事业单位”被认为不以营利为目的，而企业则被认为是追逐利润最大化的。这就是我国殡葬行业被称为“殡葬事业”、进而被认为具有公益性的全部逻辑基础。

但我们要指出的是，上述逻辑是有待讨论的。本文拟从经济学角度对殡葬行业的公益性进行分析，并致力于回答：应如何更好地发挥殡葬行业的公益性。

殡葬行业的“公益性”主要体现在以下几方面：其一，在一定的历史时

① 本文作者伊华为中国殡葬协会专家委员会秘书长，张琦为中国社科院公共政策研究中心副研究员。

期，如果人人享有最基本的殡葬服务和殡葬资源如殡仪、安葬、墓地等成为社会主流的伦理价值，那么保障每个公民享有最基本的殡葬服务和资源就具有“公益性”属性。其二，殡葬服务和殡葬资源具有经济学当中的“外部性”属性，而“外部性”往往伴随着某种公益性。例如，一般而言殡仪馆和火葬场对周边的居民和单位具有“负外部性”，而一些具有文化内涵的园林式墓地对周边可能产生“正外部性”，而这里的“正外部性”实质上就是某种“公益性”。其三，为了传播和贯彻社会的主流意识形态，需要通过政府监管对人们的殡葬行为进行规范、引导和奖惩，因而具有公益性属性。例如，政府对安葬方式的引导和规范、对墓地占用土地资源的管理和控制等，均属公益性属性。

接下来的问题是，上述几方面的“公益性”应如何实现？或者，什么是殡葬行业“公益性”最有效的实现途径？这就需要首先对殡葬服务和殡葬资源的需求与供给进行分析，在此基础上再来探讨殡葬行业的公益性及其实现。

一、殡葬服务及殡葬资源的需求分析

虽说在死亡面前人人平等，但与其他任何服务一样，殡葬服务同样涉及经济资源的耗费，因此不同的人必然对殡葬服务和殡葬资源有不同的需求。换言之，死亡面前人人平等，并不意味着所有人都必须享有同等殡葬服务和殡葬资源。因此经济学中的需求与供给分析完全适用于殡葬行业。

殡葬需求与人的死亡直接相关，因而殡葬服务需求首先涉及的是人口因素。

从人口总量上看，中国目前仍是世界第一人口大国。截至 2014 年，除港、澳、台地区，中国大陆人口总数为 13.68 亿①，比世界第二人口大国印度的 12.52 亿②仍多出 1 亿多。但另一方面，近年来中国的人口增长率一直维持在较低水平，2014 年人口自然增长率为 5.21‰。图 1 给出了改革开放以来中国的人口增长率情况。如图 1 所示，改革开放初期，中国的人口增长率总体呈上升态势，出现了 1982 年和 1987 年两个峰值，增长率分别为 15.68‰和 16.61‰。而 1987 年之后，中国人口增长率持续下降，至 2009 年已降到 5‰

① 国家统计局：《中国统计年鉴 2015》，北京·中国统计出版社，2015 年版。

② OECD 数据库 . http：//stats. oecd. org/Index. aspx#。

以下，为 4.79‰，2009 年以来则一直稳定在 5‰左右。改革开放以来中国人口增长率的另一个特征是，人口增长率与出生率高度相关，而死亡率则一直比较平稳。1978—2014 年，中国人口死亡率总体上位于 6‰—7‰，2008 年为 7.06‰，首次突破 7‰，之后呈缓慢上升的态势。从图 1 可以看出，人口增长率的轨迹与出生率的轨迹高度一致，人口出生率同样在 1987 年达到峰值 23.33‰后持续下降，这说明改革开放至今中国人口增长率的主要决定因素是出生率。但是，随着人口结构的变化，未来影响人口增长率的主要因素很可能是死亡率而非出生率。

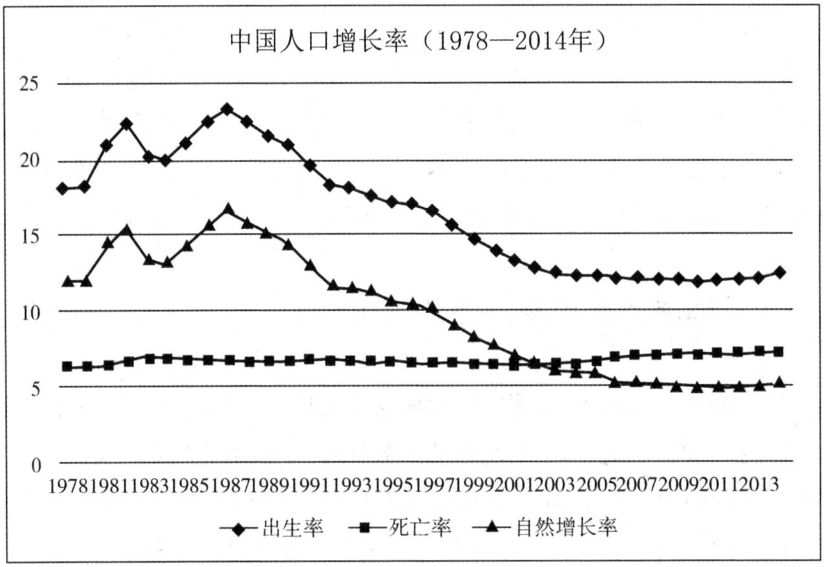

图 1　中国人口出生率、人口死亡率、人口自然增长率情况（1978—2014 年）

数据来源：国家统计局，《中国统计年鉴（2015）》，中国统计出版社，2015。

然而，除了人口总量和增长率之外，还必须考虑人口结构。改革开放以来，中国人口结构的一个显著特征是：青少年人口（0—14 岁）比重持续下降，而老年人口（65 岁及以上）比重持续上升。图 2 给出了 1982—2014 年中国人口结构的变化情况。从图 2 可以看出，30 多年来，中国青少年人口比重从 1982 年的最高点 33.6%一路下降，自 2010 年以来一直在 16.5%左右；同时，老年人口比重则持续上升，从 1982 年的 4.9%升至 2014 年的 10.1%。按照联合国发布的标准[①]，一国或地区 65 岁以上人口占比超过 7%，即可视为老

① 通常按照 1956 年联合国发布的《人口老龄化及其社会经济后果》提出的标准。

龄化社会。中国老龄人口占比首次突破 7% 是在 2001 年，也就是说中国自 2001 年开始已进入老龄化社会。而考虑到中国人口的结构，未来老龄人口占比将呈加速上升的态势。

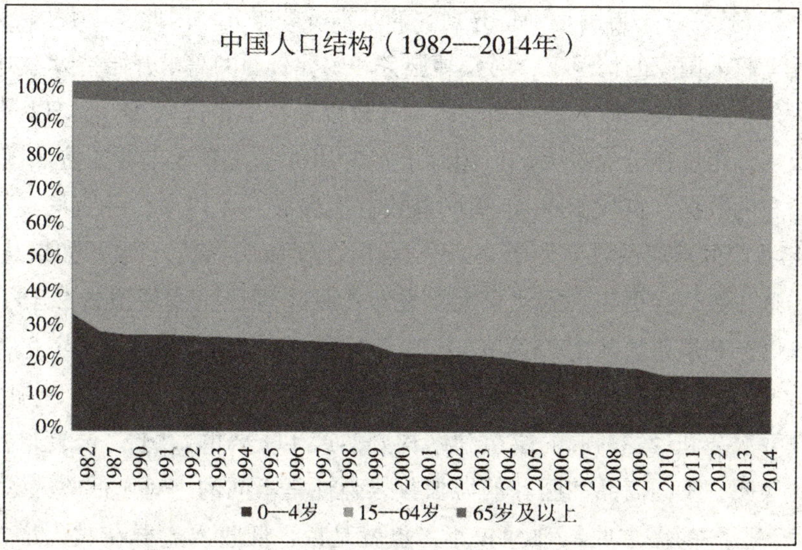

图 2　中国人口结构变化情况（1982—2014 年）

数据来源：国家统计局，《中国统计年鉴（2015）》，中国统计出版社，2015。

综合以上分析，假设未来中国人口死亡率为 7‰，总人口按照 14 亿估算，那么每年死亡人数大约为 980 万。而考虑到人口结构的影响，在人均预期寿命不再大幅提升的情况下，由于中国面临"加速老龄化"的形势，未来的人口死亡率必然上升。因此中国每年死亡人数预计将超过 1000 万，并且极有可能进一步上升，这构成了殡葬服务需求的基本面。

如果说人口因素决定了殡葬服务的需求总量，那么人的收入就决定了殡葬服务的层次和结构。首先，经过改革开放以来 40 多年的经济增长，中国人均收入已大幅提升，由此人们对各种商品和服务的需求也在不断发生变化。当人均收入较低的时候，人们首先考虑的是满足基本的生存需求，消费支出主要集中在食品和衣物等"温饱型"消费；随着人均收入的提高，人们的消费支出主要集中在耐用消费品方面，如我国改革开放前的"三大件"——手表、自行车、缝纫机，以及 20 世纪 80 年代的"新三大件"——冰箱、电视、洗衣机，都属于耐用消费品方面支出。在这一阶段的收入水平下，人们对殡葬服务和殡葬资源的需求差别不大，可以说具有很强的"同质性"。但随着人均收入的进一步提高，在基本的生存需求和耐用消费品需求满足之后，人们的需求就会转向文化、教育、医疗、娱乐等方面。在这一阶段，人们对更高质量的殡葬服务和殡葬资源的需求开始凸显，同时对殡葬服务需求开始呈现"异质性"特征，不再满足于整齐划一的基本殡葬服务。因此，在我国已步入中等偏上收入国家的情况下，对殡葬服务和殡葬资源的需求开始持续上升。

另外，除了人均收入的提高，改革开放以来特别是进入21世纪以来，中国的收入差距也在迅速扩大。以国际上最常用的基尼系数来看，按照国家统计局公布的数据，自从2000年基尼系数首次突破0.4以来，一直居高不下，2014年我国的基尼系数仍为0.469。[①] 这还仅是收入的基尼系数，如果从财产来看，这一数值会更高。据北京大学发布的《中国民生发展报告2015》，中国家庭财产基尼系数从1995年的0.45上升到2012年的0.73[②]。当然，讨论收入分配问题已经超出了本文的范围，在此我们想表达的是，收入差距的扩大对殡葬服务和殡葬资源的层次和结构必然产生重要的影响。经济学中的消费理论表明，不同商品和服务的需求收入弹性是不同的。对于低收入人群而言，殡葬服务的需求收入弹性较小，也就是说，低收入人群在收入增加时，并不会把增加的收入主要花在殡葬服务上。但对于高收入群体来说，殡葬服务的需求收入弹性较大，他们会把增加的收入更多地用于殡葬服务和殡葬资源的消费，"发财之后重修祖坟"就是这种消费行为的典型概括。因此，未来中国的殡葬服务和殡葬资源需求必然呈现出高、中、低端多层次分化的局面，且对高端殡葬服务和殡葬资源的需求将继续上升。

除了人口因素和收入因素，城市化进程和家庭结构的变迁也对人们的殡葬服务和殡葬资源需求产生重要影响。根据国家统计局发布的数据，按常住人口统计，我国的城镇化率已从1978年的17.92%上升到2014年的54.77%[③]，且未来将进一步上升。城镇化意味着越来越多的人从乡村迁移到城镇居住，因此殡葬服务以及殡葬资源如墓地等将越来越多地向城镇集中。从土地资源的利用来看，城镇化有利于土地的集约化利用，同样也有利于墓地资源的集约化，总体上倾向于减少墓地的占用。此外，随着经济发展水平的提高，特别是由于实行长达30多年的计划生育政策，中国的家庭结构已经

① 国家统计局：《中国统计年鉴（2015）》，北京·中国统计出版社，2015年版。

② 李建新、任强、吴琼、孔涛：《中国民生发展报告（2015）》，北京：北京大学出版社，2015年版，第6页。

③ 国家统计局：《中国统计年鉴（2015）》，北京·中国统计出版社，2015年版。

发生了根本的变化。家庭规模小型化、“四二一”家庭结构的出现等，都会对殡葬服务和殡葬资源的需求产生一定的影响。

当然，殡葬观念的改变也会对殡葬服务需求产生影响，但在经济学分析当中，对观念的分析通常以偏好和效用函数来刻画。而且殡葬观念的改变往往可以收入变量来刻画，收入的增加对殡葬观念往往产生两方面的效应：一方面可以使人们更加容易接受社会主流意识形态所提倡的殡葬观念，如更容易采取生态葬；另一方面也可能催生个性化消费的行为，总的效应则取决于两方面因素的消长。

二、殡葬服务及殡葬资源的供给分析

应当说，与需求侧相比，殡葬服务和殡葬资源供给侧的发展则相对滞后，主要表现为供给机制不合理，供给主体效率低下，且未能有效地实现“公益性”。

我国目前的殡葬服务与殡葬资源的供给，仍以政府部门为供给主体，具体来说，是以殡仪馆、火葬场、公益性公墓等“殡葬事业单位”为服务供给主体，同时严格限制民间资本进入殡葬行业。这样一来，以“殡葬事业单位”为主体的殡葬服务供给者，就处于事实上的垄断地位。经济学的一条基本原理就是，凡是处于垄断地位的供给者，必然有提高价格、减少供给量从而获得最大化利润的激励。然而，“营利”被认为与“公益性”不相容，于是，为了确保“殡葬事业”的“公益性”，政府又采取了“对殡葬服务政府定价”“对殡葬服务用品加价率管制”“收支两条线”等管理措施，希望以此来压缩“殡葬事业单位”的盈利空间。然而，由于殡葬服务业在放开资金准入方面严格控制，事实上处于垄断地位的“殡葬事业单位”总能找到其他的途径来增加收入。比如，政府对火化服务价格进行管制，而火葬场可以通过抬高其他丧葬用品如花圈、寿衣、骨灰盒等商品的价格来弥补火化服务的损失。其实，凡是政府垄断的“事业单位”，都存在类似的问题。例如，我国公立医院处于事实上的垄断地位，政府虽然能够把医疗服务价格如挂号费、手术费等管制起来，但医生可以通过多开药、开贵药的途径来增加收入，实现“以药养医”；至于猖獗的“号贩子”现象的出现，则充分说明通过政府管制医疗服务价格来确保“公益性”的做法是完全失败的。因此，政府希望通过殡葬服务价格管制来实现“公益性”，同样难以取得成功。

我国殡葬服务和殡葬资源供给主体是“殡葬事业单位”，以“事业单位”的思路来进行管理，造成服务供给效率低下。在传统计划经济体制下，殡葬领域和“教科文卫”一样，被认为是“社会事业”，其典型特征是“依靠财政拨款来弥补运营成本”。从理论上讲，如果某项产品或服务具有非排他性，无法通过市场定价来弥补成本，同时又有益于社会总体福利的提升，那么它就是某种“公共物品”，应当由政府通过财政资金来提供。但是，殡葬服务和殡葬资源显然是“可排他的”，完全可以通过市场定价来弥补成本，因此不属于公共物品。退一步讲，如果认为“保证人人享有最基本的殡葬服务和殡葬资源”是一种“公益性”的话，那么完全可以通过两种途径来实现：其一，通过“补需方”即给予死者丧葬补贴来确保人人享有最基本的殡葬服务和资源，由死者家属在市场上自由选择殡葬服务和殡葬资源；如果担心死者家属将补贴用于其他用途，那么可以通过发放“丧葬券”的方式指定其用途，即只能用于丧葬支出。其二，通过“政府购买服务”的方式来提供殡葬服务，即政府向市场化的殡葬服务机构购买服务，将“政府提供”和“政府生产”区分开来。以上两种途径的任何一种，都要比现行的政府亲自举办殡葬服务机构即“殡葬事业单位”，同时采取“事业编制、财政拨款、定岗定编、收支两条线、服务价格管制”的办法有效得多。

三、殡葬行业供给侧改革是实现殡葬公益性的正确选择

殡葬行业供给侧改革的核心是放开殡葬行业的市场准入，允许民间资本进入殡葬领域。通过前面对殡葬服务和殡葬资源的需求分析可知，由于人口结构的变化、老龄化社会的到来、人均收入的提高、收入差距的扩大、城镇化率的上升等因素，使得中国的殡葬服务及殡葬资源需求呈持续上升态势，而且需求结构开始出现高、中、低端的分化局面。而现有的以政府亲自主办殡葬服务机构的方式来提供殡葬服务，无法有效地满足殡葬服务需求，同时也不利于殡葬行业公益性的充分体现。因此，必须及时进行殡葬行业供给侧改革，具体建议有以下几点。

第一，彻底放开殡葬行业市场准入，允许民间资本和民间机构从事殡葬行业。市场竞争是降低殡葬服务成本的有效途径，而政府通过行政垄断的方式独家主办殡葬服务机构、同时禁止民间力量进入，恰恰是造成殡葬服务成本居高不下的根源，也是出现“天价骨灰盒”“死不起”等现象的根本原因。

理论和实践都表明，殡葬服务政府定价、收支两条线等，均无法杜绝“殡葬事业单位”的逐利行为，从而也无法保证殡葬“公益性”的实现。承认殡葬行业的逐利动机，而不是侈谈“公益”，才是解决问题的正确态度。

第二，进一步放开高端殡葬行业的准入门槛，允许高端殡葬服务的发展，通过财税机制、土地出让机制来实现高端殡葬服务对基本殡葬服务的补贴。高收入人群个性化的需求，应予以充分满足，而不应采取打压的态度。实际上，高端殡葬服务的发展，恰恰有利于而不是有害于殡葬行业“公益性”的实现。原因在于，政府可以通过对高端殡葬服务的税收、提高高档墓地土地出让价格的方式，并以这部分收入来补贴低端殡葬服务和低端墓地的需求方。这种殡葬服务和资源上的“劫富济贫”，恰恰是殡葬行业实现“公益性”的有效途径。理论上讲，殡葬行业完全可以“闭环运行”，不需要财政资金额外多花一分钱，正如通过高档社区的土地出让金来补贴保障性住房一样。

第三，充分放开殡葬行业市场准入的同时，推动现有“殡葬事业单位”改革，废除其事业单位属性。既然殡葬服务完全可以通过市场定价来回收成本，因此不属于公共物品，也不需要政府亲自提供，尤其不需要政府以“财政拨款、事业编制、定岗定编、收支两条线”的方式来提供殡葬服务。如果说“殡葬事业单位”在计划经济时期有其存在的合理性和制度基础的话，那么在市场经济条件下则完全没有存在的理由。市场上的殡葬服务提供主体可以是企业，也可以是非营利机构，具体以哪种形式运行，应交由民间资本自由选择，政府不需要也不应该强行规定殡葬服务机构的具体属性。以医疗卫生行业为例，美国有80%的医院以非营利机构的形式运营，另外20%的医院则以企业的方式运营，彼此各安其位，各自满足不同层次的需求，无须政府操心。

第四，政府应回归监管者的本位，通过制定行业标准、殡葬行业从业资格、宣传和引导殡葬观念等途径来实现行业监管。政府无须亲自提供殡葬服务，并不意味着政府无事可做。与其他任何行业一样，行业标准的制定都需要政府积极参与。2016年政府工作报告中明确提出要加快行业协会商会与行政机关脱钩改革，因此殡葬行业协会也应更多承担行业标准制定和从业资格审查等职能。此外，殡葬观念在中国属于国家层面意识形态的一部分，对官方殡葬观念进行宣传，引导民众的殡葬观念转变，也是政府应积极承担的职能。

如何适应"互联网+"战略部署实现全面殡葬公益化

苏州市殡仪馆　杜　聪

摘　要：当前，我国传统殡葬业在全球信息化发展环境下，迎来了前所未有的发展机遇，但也面临着来自社会各个方面的巨大挑战。本文在依托中央"十三五"规划中关于大力发展"互联网+"战略部署的基础上，充分结合时下殡葬行业现实，提出了以实现全面公益化殡葬新格局为目标的"互联网+"发展模式，为实现"厚养薄葬"提出了全新的解决途径。

关键词：互联网　殡葬　公益化

随着我国社会全面进入信息化时代，传统殡葬行业也迎来了前所未有的发展机遇。如今，虽然"殡葬改革"在我国大多数地区基本实现了较高的火化率，但也面临着一系列迫在眉睫的全新课题，似乎在提倡节俭治丧的环节，"殡葬改革"的发展步伐与人民群众的实际需求始终达不到和谐统一。那么，让我们换一个角度去思考，如果殡葬工作能够响应中央的"互联网+"战略部署，广泛应用信息化手段，利用大数据分析和全新的金融管理平台，把公益殡葬作出新模式，实现治丧活动的全面公益化，那么"殡葬改革"方针中最艰巨的目标暨"节俭办丧事"，不就迎刃而解了吗？

一、殡葬改革遭遇发展瓶颈，如何破解"死不起"魔咒

"殡葬改革"艰难推行半个多世纪以来，从破除旧的丧葬习俗到火葬被群众广泛接受，我国几代殡葬工作者呕心沥血，终于把殡葬工作从职能型转变

成服务型。然而，对于如何做好殡仪服务、如何在殡仪服务过程中既减少群众的经济支出又良好地兼顾殡葬活动的社会职能，“殡葬改革”工作并没有交出一份让群众满意的答卷。每年清明节前后，各大媒体“死不起”“大赚死人钱”等负面新闻甚嚣尘上。广大人民群众正在面临着比土葬时代更加沉重的“身后”负担。这是每一个殡葬从业者都最不想看到却又必须直面的残酷现实。

分析“死不起”的几大直接因素，一是号称“死人楼市”的公墓一直在以土地出让价格“水涨船高”为名，不断刷新着高价纪录；二是某些地区殡仪馆垄断经营导致的丧葬用品及殡仪服务价格虚高；三是在一些殡葬服务经营活动大幅放开的地区，社会殡葬中介利用信息不对称制造各种价不符实的丧葬高消费。这些问题存在的根源，就是没有一个统一的殡葬服务信息平台，让所有治丧活动都能在这个平台上光明正大地运行，让所有殡葬经营项目在这个平台上直观地展示和对比，让群众在这个平台上方便地按需选择最适合自己的丧葬用品和殡仪服务。

我们不妨大胆设想一下，如果每个城市都拥有一个这样的殡葬服务信息平台，由提供各种消费档次的实体服务机构构成一个立体的经营体系，有一个真实有效的群众监督机制和信息共享途径，每个群众都可以按照自己的消费能力去置办丧事，也就是尊重每个群众在治丧活动中的选择权，还会存在“死不起”的情况吗？

一味地低价甚至免费并不等于公益，给予最大的尊重和便捷才是群众的真实需求。公益殡葬并不应仅仅是从地方财政中直接拨款补贴群众的基本丧葬消费，而应是尊重每位治丧群众的知情权和自主选择权，从而给予每位逝者一个“完美人生”。

二、殡葬信息服务平台的创建

治丧消费在殡仪馆内与馆外的价格差距越来越大，这是一个非常值得深思的问题。公墓的销售越来越依赖社会服务机构“介绍生意”，这更是本末倒置，是殡葬市场经济发展的严重倒退。究其根源，则是信息送达不畅所导致，所以，建设一座殡仪服务机构与群众可以“面对面”交流的信息桥梁迫在眉睫。这个信息桥梁就是当下最炙手可热的互联网移动社交平台——微信。

（一）如何创造殡葬行业互联网“入口”

当前殡葬服务市场混乱，信息不公开、不对称，群众在治丧过程中缺少最直接的信息获取途径。解决这个问题的最直接方案，就是给治丧活动提供一个“入口”。“入口”是互联网术语，举例说明：“百度”是信息搜索的入口，“淘宝”是电商的入口，“搜房网”是楼市的入口等，不一而足。如何创造一个殡葬服务的入口？答案是：首先从遗体接运入手。

在接到亲人的病危通知书之时，主要亲属便开始自发地通过各种途径了解有关殡葬的信息，这种行为会在亲人离世时达到顶峰，所以很多殡葬中介都是利用这个阶段并灵活利用信息传达到殡仪馆之前的时间差来锁定自己的服务对象。

然而，市区每具遗体都必须经由殡仪馆的灵车接运至殡仪馆。殡仪馆可以出具一张回执单给逝者的直系亲属，回执单上写清楚治丧必须办理的相关证明和殡仪服务咨询电话等基本信息。最重要的是，回执单上要印刷逝者的专属二维码，并注明二维码的使用方法。这个二维码就相当于逝者的唯一身份标志，将伴随他们逝世后很长一段时间。通过这个二维码，家属可以利用移动终端设备上的微信平台关注殡仪服务信息平台的公众服务账号，该公众服务账号会自动将后续的遗体信息变更及时推送到家属的微信中，家属也可以随时查询逝者的情况，如遗体接运情况、冷藏信息、告别仪式举办信息、火化信息、骨灰寄存信息等。还可以进一步应用到公墓安葬、每年的清明祭扫、线上拜祭等领域。二维码还将直接打印在墓碑上，扫一扫便可以了解逝者的生平简介，几代后的晚辈都可以轻松地了解每位先祖的人生，更是赋予了“扫墓”这个词一个与时俱进的含义和发展前景。

信息平台运行初期应设置电话回访机制，确认回执单已经交给主要家属，并提醒逝者家属关注微信公众服务号，防止社会殡葬中介私自扣留回执单，确保家属的知情权。这些便民信息服务和跟踪服务双管齐下的情况下，治丧群众对平台的关注率会非常高，甚至达到100%。

抓住关键条件，把握切入契机，利用遗体接运回执单打响信息畅达战役第一枪，可以节省信息平台初期推广的广告投入，其推广效果更胜于目前各种媒体广告，所以灵车是必须牢牢掌握在殡仪馆自己手里的一张“王牌”。当然，各种新媒体的宣传作用也是一种良性补充，也需要适时地对信息平台进行扩大推广，尽快缩小信息传达的时间差。须知，一个“入口”的打造需要全社会的共同合力。

虽然短期内我们无法弥补信息达到殡仪馆的时间差，但是如果在遗体接运业务发生后，通过微信渠道提供相关信息，效果也是比较理想的。因为在各种信息渠道中，由国家行政机关创办的官方平台自然是最权威的，也是群众的首选，在为逝者守灵三天的时间里，主要家属有非常充裕的时间去对各种信息进行吸收和对比，充分了解治丧流程，仔细甄别并选择最适合自己需求的丧葬用品和相关服务，也许可以帮助家属少走冤枉路、少花冤枉钱。从长远角度分析，殡葬的信息平台的知名度会提升到人尽皆知的程度，届时，群众只要有殡葬需求，便不再盲目地道听途说，不再轻易听信护工的“介绍”，不再对主动搭讪的殡葬中介感激涕零，殡仪馆官方信息平台便真正成为治丧活动的首选“入口”了。

（二）关注了殡葬信息平台，就意味着拥有了专属殡葬信息获取途径

那么，我们除了提供各种查询逝者信息的便民服务项目，还应该如何发挥信息平台利民惠民的公益作用呢？这就需要我们进一步建设两大公益板块：丧葬用品及殡仪服务微信商城和商品及服务质量管理系统板块。

1. 丧葬用品及殡仪服务微信商城板块

殡葬信息服务微信公众账号的首层菜单须链接殡葬微信商城，所有具备资质的殡葬经营实体都可以在这里“网店”化经营。

目前殡葬经营准入门槛极低，导致从业者鱼龙混杂，丧葬用品缺乏统一的行业质量标准，殡仪服务更是没有任何规范可言。殡仪馆内的丧葬用品和殡仪服务虽然执行标准化质量体系，但是苦于不为治丧群众所了解，而沦为个体从业者任意歪曲和攻击的对象。所以，殡仪馆绝不能继续“闭关锁国，故步自封”，应首先把“一站式”家庭服务推向市场，在医院太平间、大型居民区等群众的身边建设服务站，提供从离世到下葬的“一条龙”服务，在行业创造权威的服务范本，为规范殡葬市场打下坚实的群众基础。继而让广大群众了解殡仪馆内所有惠民举措和便民服务，将馆内所有丧葬用品系统分类并在信息平台微信商场内进行详细展示和介绍，将各项殡仪服务以图片和视频的形式直观地供群众了解和选择，从而真正实现理性消费和明白消费。

再以殡仪馆所执行的严苛的丧葬用品质量标准和服务标准以及物价局核准的定价机制为蓝本，制定符合本地区特点、符合群众治丧基本要求的行业资质，再将符合资质的个体从业者纳入殡葬服务信息平台，打造个性化的网

店式虚拟经营体。每个拥有合法资质的公墓也应该纳入平台进行自主经营。这些经营体系在信息平台所链接的微信商城内供治丧群众自主选择，从而建设一个公平、有序的竞争环境。

2. 质量管理体系板块，让殡葬行业运行在阳光下

质量就是生命，这一金科玉律同样适用于殡葬行业。

第一，要从整个行业高度入手，建立健全质量意识和质量管理意识。各级领导及从业者必须把商品和服务质量视为第一生命，并把这一意识贯彻到所有服务环节，积极接受治丧群众的监督。在信息平台设置评价和申诉系统，并对系统的真实有效性严格把关。

第二，质量管理体系是全方位的质量管理要求。因为治丧过程有着不可逆转性，在整个治丧过程中，哪一个环节出现问题，治丧群众都可以随时线上申诉，平台必须及时给予解决，治丧群众不再“人为刀俎，我为鱼肉”。要做到全面的质量掌控，必须从以下要素入手：商品从采购到销售过程的控制；服务在各个环节包括细小的因素，其中最重要的就是各阶段的服务人员，都要在控制范围之内。

第三，由于殡葬服务业的不可复制性，所以绝不会发生类似电商利用平台漏洞“刷单”“刷信誉”等情况出现，每个评价都是对服务提供者的本质的真实反馈，都能引起足够的重视，这必将对提高整个行业的服务质量起到积极促进作用。

但是，由于质量反馈需要一个积累的过程，平台创建初期无法通过有效的商品及服务质量评价系统给予群众有价值的参考意见，所以我们可以再搭建一个信息分享论坛，每个人都可以把自己的治丧经验在论坛中分享给所有人。内容可以是对个别服务人员或商品的表扬、投诉、推荐等，形成一个由群众组成的监督体系。这也符合 2016 年“两会”上政府工作报告中的“分享经济”理念。

3. 公墓是殡葬服务信息平台中不可或缺的组成部分

经营性公墓和公益性公墓将彻底摆脱对社会中介的依赖，治丧群众在移动终端就可以享受“一键下葬”的方便快捷与经济实惠。

长期以来，由于公墓的宣传渠道狭窄、交通方面的限制等客观因素，公墓销售在很大程度上依赖各种殡葬服务者的推销，其中绝大部分是个体经营的殡葬服务者，对于各个公墓之间的差别，消费者也无法作出最直观的判断，对于价格更是没有任何行之有效的对比，这种情况对于治丧消费者明显是不

公平的。如果把大部分公墓纳入殡葬信息平台，将会发生非常明显的改观：

（1）治丧群众可以随时了解各个公墓的具体情况和价格。

（2）治丧群众可以自主联系公墓安排下葬事宜。

（3）公墓可以去除各种中间环节，直接将公墓销售给群众，在保证合理盈利的前提下，真正做到让利于民。

（4）形成竞争机制有助于提高公墓的服务质量。

（5）可以进一步开展网络祭扫服务，积极促进绿色殡葬事业。

（6）减少公墓的媒体广告开支，降低运营成本。

4. 扶危众筹，全民参与公益殡葬，积聚正能量

相信每个殡仪馆都有长期保存的遗体，这一现象已经成为制约遗体火化工作稳步推进的一个顽疾，分析其原因：一是无法找到逝者的亲属；二是虽然能找到逝者的亲属，但已经因保存时间过长而产生了大量的遗体保存费用，亲属实在无力支付这笔费用而被迫放弃处理亲人遗体的权利。这是人伦亲情的一次残酷泯灭，更是对社会文明的一种无情践踏，是应该通过全社会的努力去避免的一种现实悲剧。

无法找到逝者亲属的遗体，本来可以通过各种行政手段进行强制火化，然而因无力承担高额遗体保存费用的情况，殡仪馆及相关部门只能通过减免遗体冷藏费的方式解决，但这个解决方式是以浪费大量国家资源为前提的。如果可以转换思维，将扶危济困的行善理念与众筹金融模式相结合，以尊重生命为前提，以广行善举为良机，弘扬中华民族的大爱理念，辅以真挚诚恳的众筹文案，相信一定会赢得社会有识之士的响应，帮助确实困难的群众完成其尽孝的心愿。

该公益项目必须在国家相关法律政策规定范围内规范进行，故而，最便捷的方式就是依托成熟的网络众筹平台，一方面实现了帮助特殊群体的作用，另一方面也扩大了公益殡葬的推广范围，强化了平台的帮扶能力。

至此，殡葬信息服务平台的四个首层功能菜单和基本服务框架搭建成功，它们是：

（1）逝者信息适时更新推送与查询系统。

（2）丧葬用品与殡仪服务微信商场系统。

（3）公墓销售与服务系统。

（4）扶危济困众筹系统。

四个系统的核心价值在于实现公益殡葬为各种治丧需求、各个消费层级、

各个治丧阶段的全方位、立体式服务，既满足了所有社会人对丧葬的正常需求，又体现了社会主义无私的人文关怀，还实现了“殡葬改革”的既定目标，更是结合“互联网+”和“分享经济”概念的一个大胆创新，必然能将传统殡葬行业推向一个崭新的发展时代。

三、殡葬服务 O2O 模式，开启“厚养薄葬”新纪元

三大“闭环”实现殡葬服务信息平台的三大作用。

1. 这是一个殡葬信息大数据畅达流通的平台

首先，我们根据相关概念给殡葬信息大数据下一个定义。殡葬信息大数据即各种殡葬活动中产生的无法在可承受的时间范围内用常规软工具进行捕捉、管理和处理的数据集合，是需要新处理模式才能具有更强的决策力、洞察发现力和流程优化能力的海量、高增长率和多样化的信息资产。

殡葬信息大数据的应用：

（1）统计和管理一定区域内的殡葬资源并提供给客户，以供客户了解与指导治丧活动。

（2）根据客户自身的历史数据为客户提供科学的治丧指导建议。

（3）根据消费分类数据为相应客户提供科学的治丧指导建议。

这就形成了一个数据的循环流动，即数据在平台中从殡仪馆以及殡葬服务提供机构直接传递到治丧群众，再由治丧群众将个性的治丧数据反馈至大数据库，从而实现数据流的闭环，把公益殡葬理念直接渗透到每个群众的心底，为抵制殡葬高消费、滥消费筑起一道坚实的意识屏障。

2. 这是一个方便快捷的殡仪服务功能平台

有了大数据的采集、管理、统计、分析并广泛应用于治丧活动，就实现了 O2O 模式的殡葬服务体系。接下来，我们从各个阶段的治丧流程来具体分析 O2O 模式的运行：

（1）第一种模式，由逝者家属决定治丧事宜。例如，逝者 A 先生去世，其直系亲属通过殡葬信息平台了解相关政策和全部在线的殡葬服务项目，选择选购最符合其自身需要的全部丧葬用品及殡仪服务。接下来进入“委托殡仪馆服务机构治丧”模式，在线填写服务委托登记表，殡仪馆服务机构上门与 A 先生直系亲属签署了服务委托协议，定制了个性化的告别仪式布置、灵堂布置，选购了公墓。直到骨灰下葬，整个线上选择过程公开、透明、可视

化操作，线下体验过程精准、便捷，“一站式”完成。

(2) 第二种模式，由逝者自主决定治丧事宜。某社会人A先生，主动通过殡葬信息平台了解相关政策和全部在行的殡葬服务项目，选择选购最符合其自身需要的全部丧葬用品及殡仪服务，然后进入“生前委托殡仪馆服务机构治丧”阶段，在线填写了服务委托登记表，殡仪馆服务机构上门与A先生签署了服务委托协议。假设：为其设计并举行了生前告别会，协助其完成了一个人生夙愿，选定了追悼会形式，选购了公墓，代笔撰写了他的回忆录及悼词、墓志铭等文案，直到其与世长辞，根据服务委托协议，为其举办了追悼会等，完成了全部身后事宜，其直系亲属只需要完全按照A先生的个人愿望执行即可。整个治丧流程清楚、明了、快捷、顺利。随着服务对象的不断成长与进步，根据不同时代背景的服务对象的消费习惯、思维方式和生活模式，殡仪服务机构应该适时推陈出新，满足服务对象的个性化需求。这种全新的治丧模式是以逝者的意愿为核心，这也体现了殡葬服务与时俱进的发展理念。

借由以上两个实例，我们看到全部业务流程覆盖了全部治丧阶段，业务洽谈阶段的工作完全移植到了客户的移动终端进行，给予客户最大限度的了解、对比、选择的权利。平台所要提供的就是利用大量的文字、图片、视频等多媒体手段，尽可能翔实地展示商品和说明各种服务。治丧群众在殡仪馆内只需要执行所有的定制内容，这就形成了一个从主观意识到切身体验的闭环。

3. 这是一个安全高效的支付平台

殡葬信息服务平台应该顺应时代发展的需要，与微信支付、支付宝、Apple Pay、银联等支付平台实现无缝对接，让治丧群众随时随地方便、快捷、安全地在平台内进行相关消费的资金支付，打造殡葬“云支付”平台，实现资金流的闭环。

这项服务功能将极大地节省业务高峰阶段家属排队支付费用的时间，方便了治丧群众购买花圈、鲜花等用品的支付，显著提高群众在馆内的支付效率。这项关键举措还为构建先进的殡葬金融体系打下了基础。殡葬金融体系的终极目的是取之于民、用之于民，利用先进的金融管理体系，最终实现殡葬的全面公益化。

通过对以上平台功能的简单分析，我们了解到殡葬服务O2O模式实际就是在殡仪服务机构和治丧群众之间，通过融合线上和线下的全渠道，利用移动互联、物联网和大数据技术，广泛整合和调控区域内的殡葬资源，推动资源共享和电子化，随时随地为治丧群众提供高效服务的一种操作模式。

四、“互联网+”中的“+”可以“+”什么

1. 传统殡葬行业与保险行业“1+1 大于 2”

早在 20 世纪末，在我国台湾地区就已经出现了名为“生前契约”的殡葬服务模式。随着全民保险意识的不断增强，把身后事宜作为一种商业保险，已经完全可以实现并被群众接受了。“互联网+”战略部署给这一全新的殡葬支付方式提供了更加可行的技术保障和政策支持，目前国内已经有商业实体与保险公司合作，在进行市场推广和实际操作。这种用生前的小额储蓄购置身后的大额殡葬支出的消费方式，非常符合公益殡葬的发展理念，为后代“留爱而不留负担”的理念非常环保与时尚，更是另一种“厚养薄葬”的全新尝试，相信会成为一种可行的趋势，为完成全面公益殡葬事业提供了一个非常可行的实现途径。

2. 传统殡葬行业“+”养老服务成就“完美人生”

殡葬行业与养老服务行业一脉相承，有着无法割裂的联系，但又相互独立，各自提供着完全不同的服务内容，导致了从业者之间没有任何技术交集。“互联网+”战略的本质就是融合，如果能够实现双方的优势互补，相互的技术支持，必将造福即将到来的老龄化社会，实现“老有所养，终有所依”。

在养老机构提供相应殡葬服务的切入点非常重要，应该巧妙避开所忌讳的“临终”“身故”等元素，以帮助老人完成人生愿望、总结人生闪光点、实现生命价值、成就完美人生等方式，让老人得到切实的临终关怀，让后事成为安慰亲人、教化后代的社会公益活动。在老人身故以后，在条件允许的情况下，可以由殡仪馆提供专业的遗体守灵及告别仪式服务，甚至可以提供只有殡仪馆可以代办的遗体火化及骨灰领取等相关配套服务，其亲属在养老机构设施内就可以获得全方位的殡葬服务。这一融合方式极大地拓展了养老机构的便民服务内容，方便了群众就近治丧，为全社会的低碳减排工程又开辟了一条绿色通道。

综上所述，殡葬服务信息平台的打造是一个庞大的系统工程。平台应该由市殡葬管理所直接领导，殡葬协会制定和监督各项从业资质，殡仪馆负责具体实施和操作，由相关有资质的网络信息服务机构提供日常维护，由有资

质的大型金融机构提供相关金融服务，最后由保险公司承担相关保险服务，从而构筑一个全民共享的公益化殡葬服务体系。这个过程也可以分阶段进行，可以从信息咨询平台开始创建，再加入商品及服务咨询与预约功能，最后加入选购与支付功能，实现完整的全功能信息平台。

“互联网+”战略让我国几千年血脉相承的殡葬事业爆发出蓬勃的生机，为我们提供了无限的遐想和发展契机，为即将到来的全新时代带来广阔而美好的前景，开启了全民共享的全面公益化殡葬新纪元。

参考文献：

[1] 马振贵．“互联网+”时代传统企业华为危机［M］．北京：电子工业出版社，2015.

[2] 刘振友．“互联网+”助推传统行业弯道超车［M］．北京：中国财政经济出版社，2015.

[3] 叶开．O2O实践“互联网+”战略落地的O2O方法［M］．北京：机械工业出版社，2015.

殡仪馆如何控制服务中的风险

上海市益善殡仪馆　张国忠

摘　要：殡葬服务作为社会服务的重要窗口，涉及千家万户，事关社会和谐。随着社会的发展和生活水平的提高以及殡葬市场的放开，人们对殡葬服务提出了更高的要求。面对殡葬服务的多样化和竞争日趋激烈的市场，我们要建立起各种事前有风险预防、事中有风险控制、事后有风险评估的风险防控管理机制，严格执行操作流程，这样，殡葬人员才能在殡殓服务过程中承担不必要的风险。

关键词：规避　风险防控　严格操作　职业素养　公众满意度

殡葬行业是一个特殊的服务行业，殡葬服务是一个专业的服务领域，涉及殡、殓、葬、祭四个环节。其服务对象不仅是逝者，还有与逝者有关的家属、亲戚、同学、朋友等生者。随着社会的发展和生活水平的提高以及殡葬市场的放开，人们对殡葬服务的要求和期望也日益提升。面对殡葬服务的多样化，如何营造一个和谐、完美的服务环境，让每一个来殡仪馆的逝者与生者得到最好的服务与安慰，增强社会认同感、提高公众满意度，这是殡葬行业面临的共同问题。笔者以为，关键就是要不断完善各项规章制度，制定和规范服务标准，严格操作流程，建立起事前有风险预防、事中有风险控制、事后有风险评估的风险防控管理机制，消除各种风险隐患，避免殡仪馆在营运过程中承担不必要的风险。

成立于1995年6月的上海市益善殡仪馆，是通过ISO质量和环境体系认证的专业从事遗体接运、防腐、整容、化妆、追悼、火化、骨灰寄存、壁葬、墓葬以及国际间遗体运输的国家一级殡仪馆，同时还承担着全市每年5万多具遗体的火化任务。完善的制度、严格的标准、规范的操作流程、人性化的服务，使益善的公众满意度不断提升。

下面，结合上海市益善殡仪馆各岗位的职责、要求、操作流程和服务标准，就殡仪馆在殡葬服务过程中如何防控风险，谈几点想法。

一、上门（陪同）服务的风险防控

上门（陪同）服务是殡仪馆推出的一种让市民办理后事更加简便、省时、省力的人性化便民服务。上门（陪同）服务人员的工作职责是负责为要求上门服务的家属办理设置灵堂、异地洽谈、来馆确认、礼厅追悼会、火化纳骨、送灵安葬全程陪同直至家属终结本馆的各项事务。上门服务的风险在于上门人员是否按时抵达、信息是否准确、服务内容（服务流程）家属是否知晓并认可等。

因此，上门服务人员在上门服务前须检查上门服务的必备工具，如工作证、工号牌（服务证）、手提电脑，家属须填写的单据、设置灵堂的用具（品）等。在接到调度通知后即时上门服务。在上门服务过程中，需要把握以下几点：

1. 如因交通堵塞无法准时到达时，应及时与家属取得联系，说明原因，并告知家属现处何地、大概到达时间；

2. 上门人员在到达家属住地后，应电话告知家属，取得家属同意后方可上门服务；

3. 进门自报单位、姓名、工号，并出示工作证、工号牌（服务证）；

4. 上门人员到达家属家中后应向遗像或遗体行三鞠躬礼，在表达对逝者尊重的同时，也体现了从业人员的职业素养，获得家属好感；

5. 上门人员与家属要进行有效沟通，沟通时，不要急于发表个人想法，多倾听家属的意见，指导并协助家属到派出所注销户口、开具《死亡证明》等。

二、业务洽谈中的风险防控

业务洽谈存在的风险主要是掌握承办人和逝者的信息正确与否、大殓时间、礼厅的确定以及是否代办委托、保留骨灰、收费等问题是否确认等。

（一）填写《殡殓申请书》风险防控

1. 对由逝者家属作为丧事承办人（申请人）来本馆办理殡殓业务的，协助其填写《殡殓申请书》并由其在申请人处签名。

2. 若丧事承办人委托其他自然人或服务机构来办理丧事的，受托人应出具丧事承办人本人签名的《殡殓申请书》和《代理委托书》。业务洽谈人员根据委托授权内容办理各项殡殓事宜。无委托书的殡殓代理请求可以拒绝办理。

3. 承办人和逝者信息以及礼厅、日期、班次等相关信息经家属（或代理人）核对确认后，洽谈人员方可将信息输入电脑，避免发生差错。

4. 家属提出不保留骨灰的，应在《居民死亡殡葬证》背面打印注明，同时请家属核对承办人与逝者的关系、身份证号码、日期，并签字认可；对须领取骨灰的，则向承办人或代理人发放《领取骨灰凭证》，并请其在《殡殓业务委托单》签字。

（二）收费风险防控

在结算账单时，由于理解上的偏差，家属会对一些收费项目提出质疑。解决的办法是将收费标准、服务项目以及服务承诺、服务程序在显著位置予以公开。对涉及的收费项目和内容要在家属选择服务时由其本人签字确认，做到明明白白消费。

三、遗体接运期间的风险防控

遗体接运期间的风险防控的关键是接运时间、地点、联系人姓名、电话、逝者姓名等信息的核对，防止信息传递不准确造成的服务缺陷。

（一）在逝者家接运遗体的风险防控

1. 根据《遗体接运单》提供的家属联系电话与家属取得联系，进一步确定收殓服务的地点、时间及家属的特殊要求，做好电脑出车及出车台账记录。

2. 进门前先与联系人进行沟通，并再次核对逝者姓名。进门后，检查遗体是否腐烂变质，以及头、脸、手部等裸露部位是否有损伤，做好相应记录，并请家属签字认定。

3. 检查有无遗体随附物品，并在《遗体接运单》上做好记录，请家属签字认可，提醒家属勿将贵重物品随遗体同运。

4. 遗体运进馆内，应及时做好记录，与防腐工作人员做好交接手续。

（二）在医院接运遗体的风险防控

1. 及时与医院相关人员联系，确保取得的信息相一致；

2. 核对《遗体接运单》和逝者身上遗体识别卡内容是否与冰箱门上的标志牌一致；

3. 检查遗体情况，并在《遗体接运单》相应处详尽记录，有家属在场时则需家属签名认定（无家属则注明“无家属”）；如有随附物品，应在《遗体接运单》上一一做好记录。

（三）行驶途中的风险防控

接运遗体的车辆应安装 GIS 定位系统，便于业务部门（或调度中心）及时掌握信息。在行驶途中，司机须严格遵守交通法规，保证行车安全。如果在行车途中因道路拥堵或天气原因造成延误应及时通知客户；如发生交通事故应第一时间拨打 110 和殡仪馆业务部门（或调度中心）联系，当有人员伤亡时还应及时拨打 120，确保伤者得到及时救助。

四、遗体防腐（冷存）期间的风险防控

遗体防腐（冷存）一般会存在以下几种风险：一是贵重物品遗失；二是遗体冷存期间的变形、变色、出血等；三是冷存设备故障（包括突发性停电、断电）；四是冷存超期等。

因此，遗体到达殡仪馆后工作人员应先进行登记确认，遗体冷存前必须提醒逝者家属须将贵重物品取出另行保管。

大多数家属都对人死亡后因血压的消失会发生眼窝塌陷、脸型变化、肤色改变等缺乏相应的知识，更不知道遗体在冷冻存放时会出现脱水、变色、变形等。因此，当看到这种现象时，一般都误认为是殡仪馆工作人员操作不到位所致。所以，遗体冷存期间的这些变化应提前告知家属并在协议上予以说明。

冷冻设备一旦出现故障（包括突发性停电、断电）极易发生遗体腐败现

象，对此要做好应急预案，建立定期巡查制度，出现异常情况及时排除。

遗体冷存超期主要是由于无名（包括有名）的遗体得不到及时处理造成的。这些遗体长期占用殡仪馆遗体存放冰柜，严重影响了殡仪馆的正常运转。在上海，解决的办法是根据上海市公安局、上海市民政局《关于处理非正常死亡尸体的施行办法的通知》，对无名遗体，由公安部门进行查验后出具证明进行火化处理；对于恶意留置的遗体，殡仪馆向社会公示，要求家属在规定期限内前来处理，如逾期不来处理，则由殡仪馆火化。这样，就可以做到既合情理又合法理。

五、遗体整容（更衣、沐浴、化妆）的风险防控

遗体整容是指通过修饰颜容让逝者看起来更像自然人的一项服务，这是殡葬服务工作中非常重要的一环。而遗体沐浴是殡仪馆新推出的对遗体全身进行洁净的一项服务，主要目的是为了让逝者安详且宁静地在告别之际，享受一次全方位细心呵护。其风险防控措施有：

1. 事前要向家属详细了解逝者的情况（如年龄、发型、生前爱好、习俗等），最好请家属提供近期的相片。

2. 更衣前先要用温水给遗体从头至脚轻轻擦洗，并用吹风机吹干头发，保证浴后遗体头发、面部、四肢、身体干净整洁。而后将家属提供的衣服依下身、上身、鞋帽的顺序逐件穿上，整理齐整。

3. 更衣后，根据遗体原本的肤色进行调色，按家属的要求进行化妆。化妆时要做到遗体眼闭口合，头发梳理整齐，油彩颜色均匀，无明显色差痕迹。化妆效果以遵从家属意愿、让家属满意为准。

六、遗体守灵、追悼仪式（告别）期间的风险防控

守灵和追悼（告别）仪式都是指家属聚在一起，举行追忆、悼念逝者、抒发缅怀之情的一种方式。在此过程中，主要有以下风险防控措施。

（一）场所（场景）布置的风险防控

场所（场景）的布置应体现庄严、肃穆的气氛，有人情味儿。场所（场景）布置前应将设想中的场所（场景）布置效果图告知家属并征询其意见；

悬挂的挽联位置应上下对齐；遗体铺花应根据逝者的年龄、宗教信仰、生前爱好等方面的不同，进行个性化铺花，避免引发不必要的纠纷。

（二）文字差错风险防控

在书写挽联、挽幛、挽幅、挽带及悼词时，存在着文字写错的风险，尤其是称谓。对于称谓，我们的祖先十分讲究，不能马虎敷衍，稍有差错，便会产生纠纷。因此，工作人员要认真仔细书写，准确无误。对客户所提供的文字原件应与客户核对确认，防止发生纠纷。

（三）工作失误风险防控

在追悼仪式进行中，有时会突然发生哀乐无声或视频无图像、司仪（主持）词语读错等。控制此类风险就是在追悼仪式开始前要仔细检查设施设备，平日对司仪（主持）要加强培训和演练。

（四）突发性故障风险防控

突遇停电及恶劣天气影响等原因，造成灯光、音响异常等情况时，应立即采取应急措施，启用备用设备，通知相关人员等。

七、遗体火化期间的风险防控

遗体整个火化过程含送尸、进炉、点火焚烧、出骨灰、骨灰冷却、骨灰装盒等。

（一）遗体进炉错位风险控制

当遗体送至火化车间后，炉化工必须验证《准予火化证》《遗体接运单》和《遗体识别牌》。对有家属陪同送来的遗体，还要与家属对遗体信息进行相互间的核对、确认并签字；对未有家属陪同的遗体，在“三证”核对无误、炉组炉号相符、相关人员签字后，炉化工才可火化。

（二）贵重物品遗失的风险控制

办理火化业务时应由家属或委托代理人签署相应的协议，明确本殡仪馆只对遗体火化负责。在礼厅、家属等候区等区域还应张贴告示，告知家属

“火化前请务必将贵重物品取出，否则视为同遗体一并火化”。这样就能有效地避免因贵重物品随遗体火化后发生家属提出不合理要求的风险。

（三）纳骨领灰的风险控制

纳骨的风险防控在于避免因骨灰未冷却而匆忙纳骨导致烫伤。因此，必须待骨灰冷却后，家属（或工作人员）方可按各自的需要捡取骨灰，装入骨灰袋、骨灰盒。在移交时，应采取平台交接，杜绝手递手隔空交接的现象，防止因工作疏忽造成骨灰盒跌落的风险。

八、骨灰寄存期间的风险防控

（一）寄存超期的风险

骨灰寄存经常碰到承办人未按规定按时缴费的情况。其实，按照《中华人民共和国合同法》等相关法规以及单位的相关规定，如果没有按时缴费，承办人已构成违约，殡仪馆可以发挂号信通知承办人（或家属）。如在指定的期限内仍不缴费，则进行登报公告，届时将按无主骨灰处理。

（二）骨灰（盒）争抢的风险

在骨灰（盒）存放期间或领取时，有时家属因家庭矛盾会对逝者骨灰的归属产生分歧甚至会出现争抢。此时工作人员应根据骨灰寄存的相关规定，妥善处置。如果家属情绪激动、场面难以控制，可请求公安部门协助解决。

（三）祭扫时的安全风险

1. 虽然近几年政府和殡仪馆都加大了文明祭扫的宣传力度，但仍有少数家属不听劝阻，在祭扫时乱放鞭炮，不在指定地点焚烧祭品，易发生火灾。对此，除了张贴告示、设置指示牌，工作人员还要及时制止、主动引导。

2. 清明、冬至是祭祀祖先、缅怀亲人的日子。由于祭扫人员众多，在祭扫高峰时段容易发生拥挤踩踏事件。因此，要认真做好各种应急预案，设置指示牌和警示标志，增派警力、实行单向进出等；必要时采取限流措施，控制人流，排除隐患，确保安全。

3. 平时可利用视频、短信、微信、发放卡片、手册，拉横幅、竖旗帜等多种方式宣传错时祭扫、文明祭扫、错时落葬。倡导市民不拘于传统的清明、冬至两节祭扫先人。尤其是要大力提倡“五七落葬、周年祭祀”新观念，引导人们避开清明、冬至祭扫高峰日。

九、结论

殡葬服务作为社会服务的重要窗口，涉及千家万户，事关社会和谐。在人们对各种殡葬服务都提出更高要求的同时，我们不仅要通过树立正确的服务理念、坚持良好的服务态度、别具匠心的特色服务等手段提高服务质量，更应把殡葬服务过程中的风险防控放在第一位。随着社会法制化的推进及市场竞争的加剧，殡仪馆只有从职业道德、岗位职责、业务流程、服务标准等方面的风险点入手，建立健全并执行行之有效的防控体系，规避经营风险，以在这个激烈竞争的市场中永远立于不败之地。

参考文献：

[1] 沈明德，丁长有．殡葬公共关系学．北京：中国社会出版社．

[2] 朱金龙．丧事活动指南．上海：上海科学普及出版社．

[3] 诸华敏．现代殡葬文化建设概论．北京：中国社会出版社．

[4] 景天魁．底线公平：和谐社会的基础．北京：北京师范大学出版社．

[5] 戚学森．新常态下殡葬工作思考．第二期全国殡仪馆建设与管理研修班．

[6] 王计生．创变引领未来．第二期全国殡仪馆建设与管理研修班．

[7] 马伊里．新常态下殡葬工作思考．第二期全国殡仪馆建设与管理研修班．

[8] 齐卫东．以人为本与殡葬管理．第二期全国殡仪馆建设与管理研修班．

[9] 曹丽娟．殡仪馆应对公共突发事件的方法和措施．第二期全国殡仪馆建设与管理研修班．

[10] 上海市益善殡仪馆作业指导书．

殡葬产业与现代城市融合发展研究

——以乌鲁木齐为例

新疆维吾尔自治区乌鲁木齐市殡葬服务中心　戴莎莎

摘　要：文章从基本概念着手，针对目前我国殡葬发展现状，从经济和社会双重价值体现的角度，总结了殡葬产业与现代城市融合发展的方式。并举出中国优秀城市中较为突出、能够代表这种方式的例子来加以说明，证明殡葬产业对于现代城市发展具有十分重要的作用和意义。殡葬产业与城市建设之间这种相互融合、相互发展、共同促进的关系，为发展城市经济提供了非常好的借鉴。由此提出对两者融合发展的再思考，在殡葬产业带动城市发展的同时，城市的基础设施设备、公共设施等得到相应的提高，城市精神文明建设也得到了明显的发展。

关键词：殡葬业　城市发展　乌鲁木齐

引言

现代城市以其现代化的建设风貌、活跃的经济活动以及先进的服务设施等，吸引各层次的消费者以不同目的、不同方式从事殡葬活动。现代城市发展也深入地思考殡葬这一问题，因为殡葬业的发展不仅能为其带来经济方面的效益，更能给一个城市带来品牌、影响力及更广泛的社会效益。都市化、市场化、现代化进程，使得中国城市在实力扩张和实力增长的过程中，变得越来越时尚，一座座摩天大楼拔地而起。这些都冲击着城市的物质外貌和文化内涵，这就使得中国城市的发展与殡葬产业的融合越来越具有艰巨性和复杂性。

本文从基本概念入手，深入考证两者之间发展的机制方式，探讨两者良性互动发展所带来的重要意义。通过深入分析殡葬产业与城市的融合发展，总结出发展方式，找出具有典型性的城市，通过分析得出结论。

一、殡葬产业与现代城市的关系

（一）相关概念的界定

1. 殡葬产业

殡葬产业是没有边界的，到目前为止，它的概念仍然存在着不确定性和模糊性。殡葬是在社会发展过程中形成并沉淀下来的，集中了人们对死亡的认识、生存的价值、人性亲情等有关人类本源性问题的思考以及思考后得出的结论。或许这个答案永远都不圆满，所以我们一直在不断地思考探索，从未停歇地思考和探索也就是我们传承传统殡葬文化的过程。本文认为殡葬就是与逝者有一定关系的人，通过一定的形式，有目的地对逝者进行遗体处理和精神悼念的一系列活动①。殡葬业就是以丧属为服务对象，为其殡葬活动的开展创造便利条件并提供其所需商品和服务的综合性产业②。

2. 现代城市

当城市的基础设施和公共设施等规划完成后投入运行并发挥其功能，才能为市民提供便捷的服务，保证市民的正常生活，并为其提供良好的居住环境，提高城市经济社会的发展。本文认为城市是以非农业产业和非农业人口集聚形成的较大居民点（包括按国家行政建制设立的市、镇)③。

（二）殡葬产业与现代城市的密切关系

1. 现代城市是殡葬业的重要基地和依托

现代城市一般包括了住宅区、工业区和商业区等。而殡葬业是一项特殊性产业，城市就是殡葬活动中的载体。殡葬活动中的殡仪服务、火化、骨灰寄存等都是需要借助城市内的一些基础设施才能得以完成的，因此，城市是殡葬业的基地。很多大型的殡仪馆本身也与城市连在一起，或是殡仪馆在城

---

① 杨宝祥、章林：《殡葬学概论》，北京·中国社会出版社，2011 年 8 月版，第 3 页。

② 杨宝祥、章林：《殡葬学概论》，北京·中国社会出版社，2011 年 8 月版，第 148 页。

③ 王克剑：《城市建设理论研究》，载《城市建设杂志》2012 年第 4 期。

市附近。

2. *殡葬业是现代城市发展的主要内容*

随着现代城市的开放化、现代化，殡葬不仅与现代城市产生了经济方面的联系，而且直接关系到城市的社会效益，包括城市的文化内涵及城市竞争力。城市的形象、城市的文化内涵、城市的发展都能够在殡葬活动中体现，殡葬也能够为城市树立良好的形象与品牌。对于消费者来说，现代城市的发展离不开现代殡葬的发展，它是人民在丧葬问题上表现当代中国文明进步的重要特征。

3. *殡葬产业改革能够全面促进城市发展*

作为社会生活领域组成部分的殡葬，必然要随着时代前进的步伐，摒弃原有殡葬活动中愚昧落后的因素，不断产生先进科学的东西。早在中华人民共和国成立之前，毛泽东同志就提出了“移风易俗，改造国家”的号召。殡葬改革，保护了中华民族的生存条件和生存环境，促进了生产力的发展，提高了全国人民的素质，为建设繁荣富强的社会主义新中国贡献了力量。殡葬业的发展直接带动了城市的就业和再就业，很多城市通过开发殡葬资源、建设殡葬项目，逐步形成了专业化的殡葬服务系统。殡葬业不仅带动城市的很多相关产业的发展，获得经济效益；它还可促进城市形象品牌的提升，以此来扩大社会效益。

总的来说，殡葬产业作为城市发展的一部分，同时城市作为殡葬产业的载体，两者之间是密切联系、相互作用和相互促进的。殡葬业的发展能够让消费者直接感受到一个城市的经济发展、文化水平以及可持续发展水平。殡葬业与现代城市之间这种相互融合、共同发展、相互促进的关系，为发展城市经济提供了非常好的借鉴。其中，以城市为代表的殡葬产业的发展十分重要，在这方面，最重要的是如何将殡葬产业与现代城市融合发展。

二、殡葬产业与现代城市融合发展的方式

（一）嵌入共生式

嵌入式的发展方式源于计算机研究领域中的“嵌入式系统”（Embedded System），是指操作系统和功能软件嵌入计算机的硬件系统之中并与之实现一

体化的共同运行①。从殡葬产业与现代城市融合的角度来看，殡葬产业作为城市经济发展的主要内容，其发展要依托城市中的各项基本设施和公共设施，包括硬件和软件。城市作为殡葬活动的载体，为殡葬活动提供了平台，殡葬产业与现代城市实现共生共融。

（二）嵌入共生式的特点

将殡葬产业与现代城市结合，以此来带动城市经济，推动殡葬产业与城市相互融合、相互进步、共同发展。嵌入式的重点在于把城市和殡葬业作为一个整体进行发展，殡葬活动大部分在城市中，可直接利用城市的基础设施和公共设施等，以此为平台发展殡葬带动经济。

在此，以乌鲁木齐为例，因为乌鲁木齐的殡仪馆分布在市内，殡葬活动较为集中，所以以它为例分析较为典型。首先，乌鲁木齐市为消费者提供殡葬活动中的遗体接运、整容化妆、告别、火化等各项内容满足消费者需求；其次，殡葬产业带动城市的经济和社会效益；最后，乌鲁木齐市殡葬产业的发展需要借助市内的设施才能完成殡葬活动，两者相辅相成，共同促进。

三、嵌入共生式的典型例子——乌鲁木齐

近年来，乌鲁木齐致力于从传统的殡葬习俗文化迈向现代殡葬的改革，从古老的丧葬陋习、土葬等，逐步迈向现代文明科学殡葬。自从等级殡仪馆条件公布以来，乌市殡仪馆按照规定积极进行建设，形成环境优美、建筑和谐、设备先进、服务周到的殡仪馆。当一个城市的经济高度发达，它的殡葬业也会随之高度发展，殡葬作为一个特殊的行业已进入了一个高速发展的时期。乌鲁木齐就是一个典型的嵌入共生式发展模式，其具体做法如下。

（一）形成了整体的殡葬服务体系建设

乌鲁木齐市殡葬服务中心是市民政局具体负责殡葬工作的公益性事业单位，成立于1962年。所属殡葬服务单位有市殡仪馆、市第二殡仪馆、市公墓管理中心、市穆斯林殡仪馆、市殡仪服务总站。除承担本市行政区域内的殡葬服务业务，还负责昌吉回族自治州、五家渠市的部分殡仪服务业务。市殡

---

① 冯学刚、于秋阳：《论旅游产业与创意城市的融合发展》，载《社会科学》2010年第11期。

葬服务中心坚持丧主至上、服务第一的宗旨，贯彻“以人为本”的方针，以满足人民群众不同层次的丧葬消费需求为目标，提供多种形式的优质殡葬服务。它不断提高殡仪服务质量，使边城殡仪服务设施建设和服务质量迈入全国先进行列，先后获得全国殡葬工作先进单位、自治区级文明单位、自治区民政系统行风建设先进单位、花园式单位等数十项国家、自治区和市级荣誉称号，并于2003年通过ISO9001：2000国际质量管理体系认证。

（二）改革了陈旧落后的殡葬观念与形式

由于我国封建社会的历史较长，旧的殡葬习俗在部分群众中根深蒂固，特别是厚葬、丧事大操大办、搞封建迷信活动等时有发生，给群众带来了精神上、经济上的压力，影响生活和生产，妨碍社会安定，污染社会风气，腐蚀人们的灵魂，严重地阻碍着社会的文明与进步。乌鲁木齐市着力于殡葬改革，用火葬逐步取代土葬，用黑纱、白花代替披麻戴孝，用花圈代替纸人纸马，用现代哀乐代替吹打戏班，用追悼告别代替扬幡招魂和路祭，用骨灰堂、公墓代替乱埋乱葬，逐渐改革了陈旧落后的殡葬观念与形式。

作为第一线从事精神文明建设的殡仪职工，寓改革于服务活动中。新的处理死者遗体的方式，新的悼念礼仪，对人们的心灵起到潜移默化的作用。丧葬的形式和使用的物品主要是为了满足人们的心理需要，是一种物化的精神消费。以具有时代感的用品和文明的言行为死者服务，满足人们的丧葬消费需求，就会提高人们的精神境界，激发人们献身于社会主义现代化建设的积极性。

（三）逐步完善殡葬基础设施建设，构建花园式单位

1. 乌鲁木齐市殡仪馆

“远看像公园，近看像宾馆，走进去才知是殡仪馆。”乌市殡仪馆实现了春有花、夏有荫、秋有果、冬有青的环境绿化效果。市殡仪馆占地107亩，是一个集国际运输遗体、更衣、冷藏、整容、告别、火化、骨灰处理等殡仪服务于一体的综合性殡仪馆，提供24小时遗体冷藏、业务洽谈、告别厅预订等服务。单位先后被评为全国殡葬改革先进单位、自治区精神文明单位、自治区行风建设示范窗口单位、自治区职工职业道德“十佳”先进单位、乌鲁木齐市花园式单位等多项荣誉称号。近年来，乌鲁木齐市殡仪馆逐步完成了各个服务窗口的新建、改造和装修等工作，2015年以全新的面貌、更加科学

合理化的布局为乌鲁木齐市及周边群众提供了更加便捷、全面和人性化的治丧场所。尤其是告别厅，完备的音响、功放、投影等多媒体电子设备，可满足不同家庭多种个性化的需求。

2. 东山生态园

公墓规划占地面积3900余亩，与乌鲁木齐市著名的水磨沟公园风景区毗邻。为了能与公园景点相融合，东山生态园从1993年开始对10万多座旧坟地进行绿化改造，建设骨灰墓园。克服西部复杂的地质条件和恶劣的气候状况，目前已经绿化改造旧墓地1500余亩，生态园现有近7万座高、中、低档骨灰公墓，30余种墓型。公墓绿化覆盖率达到了78.9%。如今的生态园已旧貌换新颜，展现了荒山变绿洲、墓区变公园，实现了墓景结合的效果。东山生态园现已逐步成为一座集祭拜追思亲人、休闲观光，学习人文艺术和文化历史，欣赏自然景观、爱国主义教育于一体的绿色山地生态园。为了使墓园建设更加科学化，2004年邀请了上海市同济大学专家对墓园进行总体规划，以更新安葬方式为主、优化环境为辅推行葬式改革。墓园先后推行了骨灰墓葬、树葬、壁葬、草坪葬等多种节地环保的骨灰安葬方式。园内还设有高知苑、安息园、军魂园、三老园、伊甸园、苏联红军战士墓园等321个墓区，不仅具有存放、安置、祭扫的核心功能，还具有休闲、观光、文化传播和爱国主义教育基地的功能，成为一座标准化的园林式骨灰墓园。东山生态园始终坚持以人生终点站上的文明服务窗口为目标，其殡葬文化更加体现对逝者回归自然的引导和指引，对逝者的殡葬过程更加符合现代自然理念的环保观念和可持续发展，实现生命的过程终结与自然的和谐融合。

创建幽雅和优美的环境，在一定程度上能减轻丧户的痛楚，给生者以慰藉。逐步完善殡葬基础设施，构建花园式单位，无论是对临终病人的关怀，还是对逝者亲属的抚慰等方面，都能起到很好的作用，让人觉得达观而自然，犹如“繁华一梦化蝶飞，碾落沉泥香如故”。

（四）加强殡葬服务管理

1. 规范服务流程

进行殡葬服务之前，采用洽谈的方式与丧户商定服务项目，同时供给丧户多种多样的殡葬用品供其选择，以满足丧户不同的消费需求，然后按照约定的时间、项目、殡葬用品及丧户要求的条件保质保量地提供服务工作。

2. 严格执行物价核准价格，公开收费标准

为满足公益性的消费需求，遗体接运、火化和骨灰寄存三大基本服务项目上严格按照物价管理部门核准的价格经营。努力推出多层次价格的服务和商品，以满足不同消费群体的殡葬需求，更确保能够提供价格低廉的殡葬商品，并尽可能地推出较低价格的殡葬全套服务。与此同时，所有的服务和商品一律做到货真价实、物有所值，杜绝销售不合格或有质量缺陷的商品，不随意删改服务程序和降低服务标准。

3. 注入新鲜血液，提高殡葬职工素质

随着人们思想观念的转变，一大批有理想、有文化的青年人加入殡葬职工队伍的行列。因此，应从殡葬业的人才现状出发，全面重视职工队伍素质的提高和各类人才的培育，定期组织职工教育培训。

殡葬工作者天天看遗体、听哀乐和哭叫吵闹声，长时期目睹一幕一幕的生离死别，久而久之很容易产生职业性冷漠心理。一个人一旦对自己所从事的职业产生冷漠厌倦，其心灵就会封闭起来，不求进取，缺少情趣，甚至丧失职业良心。所以，应采用各种精神激励手段，满足职工的精神需要，培养殡葬职工的责任感、荣誉感和敬业精神，使他们在各自所从事的职业活动中做到尽心尽责，十分必要。

4. 规范殡葬服务业务

通过网络化的服务，把人与人、人与工作之间的关系越拉越近，服务的效率也越来越高。殡仪服务单位推出了“快捷式”的服务方式，实行 24 小时“全天候”办理殡仪服务，只要拨打一个电话，就能随叫随到，为丧户办理丧事带来极大的方便。以快捷、便民、优质、高效为目的，推行温情服务，做到“三声四心”，即：来有应声、问有答声、去有送声；接待热心、服务细心、解答问题耐心、接受意见虚心。这样，使群众感受到殡葬行业的温暖，树立起新一代殡葬职工的形象。

（五）社会效益与经济效益并举

乌鲁木齐市殡仪馆两个效益并举、两个效益一起抓。在服务活动中，发扬人道主义精神，关心亲属，讲究礼貌，仪表整洁，以同情的心态办理好丧事，使“逝者得到安息，生者得到慰藉”。兴办殡葬事业单位的出发点和落脚点是社会效益，经济效益是在殡葬服务过程中，以优美的设施、先进的设备、

适销对路的用品和周到细致的劳务，以满足丧主的需求，并获得理想的盈余。对殡葬事业单位来说，社会效益和经济效益相互依存、互为因果。如果忽视了社会效益，就失去了兴办殡葬事业单位的意义；如果忽视了经济效益，殡葬事业单位就没有生命力。作为精神文明阵地的殡葬单位，应充分发挥自己的作用，用科学的方法处理遗体，用文明的礼仪进行悼念活动，用优质的服务温暖丧户的心，使群众切身感受到在这里办丧事方便、简朴，从而把文明办丧事的新风尚推广到全社会，实现社会效益与经济效益相结合。全民自觉参与，既能实现殡葬法规追求的社会效益，又能充分体现社会对死者和殡葬活动者的人文关怀，实现殡葬事业科学进步，有效地促进社会和谐发展。

总的来说，多个综合体的建成开放，不但与乌鲁木齐扎实的人文积淀有密切的联系，也得益于乌鲁木齐市在殡葬产业建设中的积极努力。日新月异的现代城市，尤其是对殡仪馆、墓地进行改头换面，以及全面提升公共服务能力的种种做法，为乌鲁木齐市赢得了业内的口碑和赞誉，也换来了殡葬产业的“真金白银”。乌鲁木齐与殡葬业的融合发展，力求将城市营造成为一个生活便捷、舒适安全、居住环境与生态环境宜人的现代组合体。在履行好社会责任的基础上提升经济效益，从整体上提升殡葬服务水平。殡葬业与现代城市在互动发展的过程中，相互协调，相互促进。

结束语

当前，我国正努力培育一批优秀的企业殡葬职工，建设一批优秀的殡仪馆、墓地生态园，为建设文明城市奠定基础。通过实践，我们发现发展殡葬不仅能够提升城市综合实力、文化内涵，而且能够改善城市人居环境。通过研究乌鲁木齐殡葬产业与现代城市的融合方式，发现嵌入共生式的发展模式，对城市经济发展发挥了很大的推动作用。

综上所述，殡葬产业与现代城市两者的融合发展具有举足轻重的意义，其价值体现是多方面的。殡葬产业与现代城市融合能够突破两者自身发展的瓶颈，同时，也将促进我国殡葬业向着更完善、更深层次发展。殡葬产业与现代城市的融合发展无论是对于殡葬产业还是城市发展都有着积极而重要的作用。

参考文献：

[1] 多吉才让．社会事务管理［M］．北京：中国旅游出版社，1996.

[2] 杨宝祥，章林．殡葬学概论［M］．北京：中国社会出版社，2011.

[3] 李悦，李平．产业经济学［M］．北京：中国人民大学出版社，2008.

[4] 杨宝祥．殡葬设施建设与管理［M］．北京：中国社会出版社，2010.

[5] 杨宝祥．现代殡葬生态文明建设研究［M］．北京：中国社会出版社，2013.

[6] 农东霞．和谐城市规划、城市建设、城市管理，促进城市发展学术期刊［J］．黑龙江科技信息，2010，（18）．

[7] 张晓磊．基于 GIS 的城市商贸物流配送系统构建与优化［D］．学位论文，桂林理工大学，2009.

殡葬公共服务绩效评价指标体系研究

民政部一零一研究所　周雪媚　张金玲　李玉光　付慧群

摘　要： 绩效评价是监督殡葬服务行为、衡量服务效果的重要手段。构建科学的评价指标体系，对于保障殡葬公共服务有效实施、提高服务对象的获得感、加强殡葬服务科学化管理具有重要意义。本文以新公共管理理论为指导，按照服务对象利益优先原则，采用通行的层次分析方法，运用定量分析与定性分析相结合的方式，逐层分析了殡葬公共服务绩效的基本内涵，构建了一套殡葬公共服务绩效评价指标体系，为科学评价殡葬公共服务绩效提供参考。

关键词： 殡葬公共服务　绩效评价　指标体系

引　言

《中华人民共和国国民经济和社会发展第十三个五年规划纲要》在第十五篇“提高民生保障水平”第64章明确提出“发展公益性基本殡葬服务”。这是中央首次将殡葬工作纳入经济社会发展总体部署并明确为民生保障的重要内容。落实规划纲要要求，进一步发展殡葬公共服务，需要从法规、政策、管理体制、运行机制、保障条件等各个方面着手推进，其中服务绩效的评价是一个必不可少的重要基础性环节。近年来，我国大力推进法治政府、服务型政府建设，从中央到地方政府，都开始加强对有关公共服务的绩效评价。国务院还对就业创业、棚户区改造、简政放权等进行了第三方评估，从中发现了不少存在的问题，提出了改进意见，发挥了政策执行、服务提供的监督、检查、规范、促进作用。殡葬公共服务也在不断改进中日臻完善，体现为殡葬管理的规范化水平、殡葬行业职工素质、群众的满意度等不断提升。同时，随着社会的文明进步和人们生活水平的提高，公众对殡葬服务的基本内容、提供方式、服务质量等要求也在不断变化且日趋多样化。这需要国家指导殡葬服务机构不断适应经济社会发展的新变化，构建动态、科学的殡葬公共服务绩效评价指标体系，更加准确地把握服务对象的需求，并从殡葬公共服务基础设施建设、市场运行、服务质量、保障体系、监督管理等方面，更加精准地查找现有服务存在的问题并有针对性地加以改进，不断完善有中国特色的殡葬服务体系，更好地满足公众日益增长的殡葬服务需求。

一、建构殡葬公共服务绩效评价指标体系的总体思路

公共服务绩效主要衡量公众接受服务的程度和对服务的感受及满意程度，它既与公共部门立法、决策信息的透明和公共部门的治理水平有关，也与公众对决策的参与程度和对公共部门的影响能力相关。评价公共服务绩效，有三个核心要素，即政策制定者（中央政府和地方政府）、服务提供者（殡葬服务机构）和服务使用者（公民）。当前，公共服务绩效评价正在从效率型向效益型转变，更加强调以服务对象为中心，更加突出服务对象的感受。这推动着政府机构在公共管理的角色定位有了新调整，向着为公众创造更多的价值，提高服务质量和公众的满意率转变。其中服务使用者的感知评价，在公共服务评价中的位置越来越突出。参照公民价值优先理论和顾客价值导向理论（视公民为“顾客”，以顾客为中心），公共服务应突出公民导向，在为公民提供服务中实现公共利益最大化。

殡葬公共服务是殡葬企事业单位在丧葬活动中，利用殡葬设备设施、丧葬用品、殡仪技术规范等为服务对象提供服务的所有项目和内容的总称，是政府公共服务的一个组成部分。目前先进的绩效评价理论对殡葬公共服务绩效评价的启示是：要将服务对象的满意度作为指标的主要着力点，目的是实现为丧属提供满意的殡葬公共服务。同时，根据殡葬公共服务体系的公益性、均等性、基本性、便民性要求，还需要对服务的有关过程及行为进行综合考核，全面客观地反映殡葬服务的成绩与效果。由此，本文在设计殡葬服务评价指标体系时，强化结果导向，注重根据殡葬服务的结果来判断政府公共服务的绩效，同时兼顾投入、过程，既避免过于侧重殡葬公共服务供给方和供

给过程，带来评估结果的目的性、针对性不足，也避免追求不切实际的设计服务目标，带来服务的不可持续性，保证把服务对象的满意度建立在可承受的服务条件之上。

建构殡葬公共服务绩效评价指标体系的总体思路是：一是在文献查询与论证的基础上，集合国内外公共服务评价的指标体系和评价方法，结合殡葬行业的自身特点，先建立殡葬公共服务绩效评价指标体系架构雏形。二是对架构雏形的有关要素进行分析，提炼出殡葬公共服务绩效评价的关联性指标。三是采用层次分析法确定指标权重，对各指标、各因素以权重大小均衡兼顾，对各级指标进行量化并建立相关参数。四是对建立的模型进行可靠性分析，检验指标体系和评价系统的科学性、可靠性、客观性和可操作性。五是配套研制一个可进行综合评价的，可操作性强的，高效、快捷的殡葬公共服务绩效评价管理系统。本文主要侧重前四个方面的研究。

二、建构殡葬公共服务绩效评价指标体系的步骤方式和主要内容

（一）确立评价体系指标框架

殡葬公共服务指标体系从政府投入、服务过程和服务结果三方面确定。根据影响殡葬公共服务的各个因素，将指标体系分为 A、B、C 三个层次，具体见表 1。

表 1　殡葬公共服务绩效评价指标体系框架

A 层次	B 层次	C 层次
殡葬公共服务绩效评价指标体系	政府投入（B1）	殡葬法律、法规的完善（C1）
		政府工作目标和殡葬事业发展总体规划（C2）
		殡葬基础设施的投入（C3）
	殡葬公共服务过程（B2）	殡葬服务能力（C4）
		殡葬服务人员素质（C5）
		殡葬业务流程（C6）
		殡葬服务监督（C7）
		殡葬服务保障（C8）

续表

A 层次	B 层次	C 层次
殡葬公共服务绩效评价指标体系	殡葬公共服务的效益与效果（B3）	丧属的满意度（C9）
		社会影响度（C10）
		环境影响度（C11）

（二）殡葬公共服务指标的权重及排序

总的考虑是，运用层次分析法（AHP 法），参照美国运筹学家赛迪提出的 1—9 标度法，将殡葬公共服务问题分解成各个组成因素，并将这些因素按支配关系分组形成递阶层次结构，通过两两比较，确定各个因素相对重要性，并综合决策者的判断，确定决策方案相对重要性的总排序。通过两两比较，得到矩阵。根据层次分析法的相关计算公式，B 层次的各因子和 C 层次的权重系数赋值见表 2。

表 2　B 层次和 C 层次的各因子的权重系数赋值表

B 层次	C 层次	权重
B1 层（0. 16）	殡葬法律、法规的完善（C1）	0. 30
	政府工作目标和社会发展总体规划（C2）	0. 16
	殡葬基础设施的建设投入（C3）	0. 54
B2 层（0. 30）	殡葬服务能力（C4）	0. 12
	殡葬服务人员素质（C5）	0. 37
	殡葬业务流程（C6）	0. 08
	殡葬服务监督（C7）	0. 21
	殡葬服务保障（C8）	0. 21
B3 层（0. 54）	丧属的满意度（C9）	0. 4
	社会影响度（C10）	0. 4
	环境影响度（C11）	0. 2

根据层次分析法的计算步骤，计算 B 层次下各自的权重系数。本文中层次总排序就是针对 B 层次而言，C 层次所有元素（C1—C11）重要性的数值进行排序，总排序结果见表 3，经检验结果具有满意的一致性。

表 3　层次 C 总排序结果

	B1 0.16	B2 0.30	B3 0.54	层次 C 总权重系数
C1	0.30			0.048
C2	0.16			0.026
C3	0.54			0.086
C4		0.12		0.036
C5		0.37		0.111
C6		0.08		0.024
C7		0.21		0.063
C8		0.21		0.063
C9			0.33	0.216
C10			0.33	0.216
C11			0.33	0.108

（三）殡葬公共服务绩效评价指标体系的优化处理及应用模式

殡葬公共服务绩效评价受到被测评单位本身的管理水平、职工的服务意识、知识、技能等诸多方面因素的影响。如何作出一个能合理地综合这些因素的总体评判，成为殡葬公共服务绩效评价中至关重要的一环。而模糊数学为我们提供了一条处理不肯定性、不精确性问题和处理模糊信息的有效途径。根据殡葬公共服务绩效评价的自身特点，本文采用加权平均型的评价模型，对各评价指标进行评价，即评价主要参考信息的得分再乘以所隶属的 C 层次总权重系数。如 C1 的参考信息得分为 85 分，那么总得分计算为：C1×85 = 0.048×85。结果为该评价参考信息在总评价体系中的分数。最终取值为 0—100 分，分值越高代表殡葬服务水平越高，反之越低。

表4　殡葬公共服务绩效评价指标体系及评价标准

二级指标	三级指标	评价主要参考信息	等级分值
政府投入（B1）	殡葬法律、法规的完善（C1）	殡葬法规、地方殡葬管理条例制定与实施状况；殡葬行业规范、行业服务标准等的宣贯状况	A. 100分；B. 85分；C. 70分；D. 55分；E. 40分
	政府工作目标和社会发展总体规划（C2）	政府是否制定明确的工作目标；殡葬事业发展是否纳入社会发展总体规划并制定具体的实施	A. 100分；B. 85分；C. 70分；D. 55分；E. 40分
	殡葬基础设施的投入（C3）	殡葬基础设施的建设投入占财政支出的比例；殡葬服务机构的建设规模和数量；火化设备符合标准的比例；服务保障方面的资源配置量；财政保障	A. 100分；B. 85分；C. 70分；D. 55分；E. 40分
殡葬公共服务过程（B2）	殡葬服务能力（C4）	殡葬服务满足当地的殡葬事业发展需求	A. 100分；B. 85分；C. 70分；D. 55分；E. 40分
	殡葬服务人员素质（C5）	殡葬职工的知识水平；殡葬职工的技术水平；殡葬职工的服务态度（工作勤奋、敬业、有较强的上进心；有乐于为逝者和丧属服务的精神；服务热情，服务语言得体、态度和蔼有耐心）；服务方式（服务情绪稳定，尊重逝者与丧属，能针对丧属提出的不同的服务需求采取灵活多样的服务方式）	A. 100分；B. 85分；C. 70分；D. 55分；E. 40分
	殡葬业务流程（C6）	业务流程是否符合丧属要求；业务流程自动化程度；其他信息系统的协同程度；差错事故发生率	A. 100分；B. 85分；C. 70分；D. 55分；E. 40分
	殡葬服务监督（C7）	殡仪馆、公墓等殡葬服务机构的卫生、安全、服务质量、价格、环境监督与测试	A. 100分；B. 85分；C. 70分；D. 55分；E. 40分
	殡葬服务保障（C8）	信息资源保障情况；殡葬服务设施保障情况；殡葬服务合作保障情况；殡葬服务经费保障情况	A. 100分；B. 85分；C. 70分；D. 55分；E. 40分

续表

二级指标	三级指标	评价主要参考信息	等级分值
殡葬公共服务的效益与效果（B3）	丧属对殡葬服务的满意度（C9）	对服务环境的满意度；对服务人员的技术满意度；对服务人员的服务态度满意度；付出的货币成本；投诉情况及妥善处理情况	A. 100 分；B. 85 分；C. 70 分；D. 55 分；E. 40 分
	社会影响度（C10）	服务覆盖范围；惠民殡葬实施状况；公众评价	A. 100 分；B. 85 分；C. 70 分；D. 55 分；E. 40 分
	环境影响度（C11）	殡葬服务对资源消耗状况；环境的污染控制状况；是否符合可持续性发展	A. 100 分；B. 85 分；C. 70 分；D. 55 分；E. 40 分

三、应用殡葬公共服务绩效评价指标的主要要求

影响殡葬公共服务水平的因素很多，构建一套科学、严谨、全面的殡葬公共服务评价指标体系并非易事。本文尝试性地建立了一套殡葬公共服务绩效评价指标体系，目的是为政府制定殡葬公共服务政策提供参考，也为殡葬服务机构改进有关工作提供参照。在应用这些指标时，要着重把握好以下要求。

（一）关于政府投入评估

政府投入是殡葬事业发展的基础，在本级指标中设有三个二级指标，分别为殡葬法律、法规的完善，政府工作目标和社会发展总体规划，殡葬基础设施的投入。对政府投入这一指标的考察，有助于评价政府作为殡葬公共服务的政策制定者和服务的投入者是否制定了健全的法律法规；是否根据区域内死亡人口总量、增长趋势、丧属的基本需求以及经济和社会发展状况，科学制定和完善殡葬基础设施、殡葬设施的数量和布局、更新改造规划，纳入当地经济和社会发展的总体规划之中，推动殡葬基础设施向公益性、非营利方向发展；是否在调研的基础上对殡葬基础设施进行科学前瞻性的分析，并结合实际合理确定殡葬基础设施投入建设占财政支出的总体比例、殡葬服务保障方面的资源配置量。既要保证殡葬服务设施的数量适中，又要保证各种

设施之间的功能配套；既要满足公众的殡葬需求，又不造成资源的浪费。

（二）关于殡葬公共服务的过程评价

对殡葬公共服务过程的评价是衡量殡葬服务能力、殡葬职工内在素质、殡仪服务流程管理、殡葬服务质量监督、殡葬服务保障等方面的质量。这是完成殡葬服务任务所具备的重要条件，其中殡葬职工的素质是评价的重点。殡葬职工的知识水平、殡葬职工的技术水平、殡葬职工的服务态度（工作勤奋、敬业、有较强的上进心，有乐于为逝者和丧属服务的精神，服务热情，服务语言得体、态度和蔼有耐心）、服务方式（服务情绪稳定，尊重逝者与丧属，能针对丧属提出的不同的服务需求采取灵活多样的服务方式）等最能体现殡葬服务的综合能力，是为丧属提供高质量、高效率、深层次服务的基础。

（三）关于殡葬公共服务的效益与效果评估

殡葬服务的效益与效果评价是殡葬公共服务指标体系构建中的难点和重点。本文在一级指标中设置三个二级指标，分别为丧属对殡葬服务的满意度、社会影响度、环境影响度，其中以丧属的满意度和社会的影响度为重点。殡葬职工的服务绩效如何，从丧属满意度体现出来，包括：丧属对殡葬服务环境的满意度、对服务人员的技术满意度、对服务人员的服务态度满意度，付出的货币成本以及投诉情况和妥善处理情况等方面。殡葬服务业的社会影响度也是殡葬公共服务的效益和效果的重要体现。殡葬公共服务的社会影响度主要从服务覆盖面、惠民殡葬实施状况、公众评价三方面进行评价。

参考文献：

[1] 郭斌，薛冰．回顾与反思政府公共服务评价指标体系研究进展［J］．政治与社会，2009，3.

[2] 倪星．中国地方政府治理绩效评估研究的发展方向［J］．政治学研究，2007，4.

[3] 李有发．西北部地区基本殡葬公共服务体系建设初探［N］．中国社会报，2012，4.

[4] 李剑．基本公共服务评价指标体系研究［J］．商业研究，2011，5.

关于生命文化与殡葬业发展研究

上海市殡葬服务中心　杨晓勇

摘　要：本文研究生命文化与殡葬业发展关系，提出以生命文化促殡葬业发展，发挥殡葬优势传播生命文化，并对两者融合发展进行思考，提出了一些可操作的对策建议。

关键词：生命　生命文化　殡葬　殡葬业

殡葬是个高尚行业，是生命事业，需要生命文化。但令人遗憾的是，对生命文化，目前研究不够；对生命文化在殡葬工作中的重要意义，认识不够；对于殡葬在传播生命文化上的重要作用，思考不够。基于此，本文将对此进行探讨。

人的生命是一个二元复合结构，包括自然生命和文化生命。自然生命是生命的物质实体，也就是我们的血肉之躯，它是生命的“硬件”；文化生命是生命的精神结构，是我们的情、意、爱等人文素养，它是生命的“软件”。自然生命是造化的产物，父母把我们生下来，我们就获得了自然生命；文化生命是文化的产物，要靠我们自己去打造。生命可划分为四个维度：一是生物性生命，二是血缘性生命，三是业缘性生命，四是精神性生命。

从通俗意义上讲，生命文化是关于人生命的文化，也就是对生命的看法和对待生命的态度，包括生命意识、生命关怀、生命质量、生命价值、生命尊严、生命意义等内容。笔者将由此出发进行讨论。

一、以生命文化促殡葬业发展

（一）以生命文化提升殡葬服务理念

习近平主席指出："没有思想就没有灵魂，没有理念就没有方向。"生命文化可以提升殡葬服务理念，给殡葬服务以方向指引。比如，对生命尊严的看法，每一位逝者都是曾经生活在这个世界上的鲜活生命，都有尊严，都值得尊重；生命关怀的理念，要关怀每一个生命，包括逝者和生者，给予他们人性化的服务；对生命意义的思考，要启发人们思考生命的意义和价值。以此为指导，在遗体处理过程中要怀有敬畏之心，多一点生命关怀，多一点人文情怀，多一点人性化服务。比如：接运遗体，要轻抬轻放；遗体化妆，要有大爱情怀和过硬技术；遗体沐浴，要情同亲人，用心轻柔地按摩、梳洗；生命告别，要从容、美丽、有意义。要以生命文化理念来设计告别仪式，以仪式化的庄严引导人们从悲痛和怀念中汲取营养，感念亲恩，传承美德，走好自己的人生路。

（二）以生命文化提升殡葬文化含量

殡葬文化是以"殡、葬、祭"为主要内容的"死"的文化，而殡葬工作不仅要服务逝者，也要抚慰生者，是通过服务逝者来抚慰生者，也需要以"情、意、爱"为主要内容的生的文化。生命是一体两面的，一体是指生命是一个整体，两面是指生和死。它最大的特征是生生不息、生死相依并相互转化，从文化上看也是如此。比如，传统文化中关于"孝"文化、"根"文化、"福"文化到底是生的文化还是死的文化？可能也很难划分清楚，但其一定具有生命文化。涵盖生命意识、生命关怀、生命质量、生命价值、生命尊严、生命意义等内容的生命文化，不仅内容更广泛，也更容易为人接受，尤其是生命意义，它是生命文化的太阳，具有普照一切的光芒。把生命意义追问清楚了，才能对生命有一个正确的认识和态度，才能树立社会主义核心价值观。

（三）以生命文化提升殡葬行业地位

为什么殡葬行业地位不高？为什么有些人对这个高尚行业还存在歧视？这与殡葬还停留在处理遗体工作上，对人的尊重、服务还没有到位有很大关系。不少殡仪馆只能处理遗体，不能提供更多人文关怀。没有时间和空间是一个原因，生命文化意识不够、生命关怀能力不足，可能是更实质和根本的原因。将生命文化融入殡葬工作，是提升殡葬行业地位的重要途径。在人类文化这个大系统中，没有任何别的文化，比生命文化和人们生活实践的关系更为密切了。每个人的一生都和生命文化相伴，人生就是一根生命文化的琴弦，弹奏这一琴弦，殡葬职工比他人拥有更多的机会；弹奏好这一琴弦，殡葬职工比他人具备更多的优势。殡葬职工要从尊重生命的高度，从提升殡葬行业地位的角度，重视、学习和实践生命文化。

（四）以生命文化提升殡葬改革成效

为什么殡葬改革如此艰难、步伐如此缓慢？它难在千年旧俗的影响、慢在传统生死观的转变。开展死亡教育是突破上述现象的重要途径。但目前困难是在人们忌讳谈论死亡的情况下，很难展开死亡教育。破解这个难题，可以从生命文化入手。比如：从“孝”文化、“福”文化、“根”文化、人生文化切入谈生死、谈殡葬；从死亡的智慧、生命的悲悯和文化传承的角度谈殡葬改革，会更易被人们理解和接受。毕竟，谁都明白，正常的死亡是水到渠成温柔淡定的熄灭，是生命自然而然的完结，是一个简明扼要的告别；毕竟，也能理解，生命的大悲悯不在送别死者时的号啕大哭里，也不在豪华的大墓里，而应该在对生命的祝福与珍惜里；毕竟，还能看到随着殡葬改革推进，遗体、骨灰都越来越难以保存，因为有限的墓地实在难以承载日益增长的亡灵。在人的一生中，思想文化才是真正的珍宝，才能传下去、传开来。

二、发挥殡葬优势传播生命文化

（一）发挥殡葬职工知识、经验丰富的优势

首先，在以“殡、葬、祭”为主要内容的死亡文化方面，殡葬职工知识、经验丰富，从某种意义上讲，发挥着权威和引导作用。其次，因为从事与死亡打交道的工作，站在死中去看生，会比普通人有更多感悟和思考生命的机会，在生的感悟方面，也同样是丰富的。如很多殡葬职工感叹，生命如鲜花一样美丽，如瓷器一样易碎，无法抗拒的自然灾害，无法预料的各种意外，无孔不入的各种疾病，都可能夺去宝贵的生命。生命是条单行道，逝去了就

不再回来。一定要珍爱生命，好好孝敬父母，多多陪伴家人，有什么梦想和心愿，抓紧时间去追求去实现，让生命多一些温暖少一些遗憾。这些透过死亡的生命感悟本身就是生命文化，由殡葬职工进行传播也更有教育意义，要把它当作使命来做，要进行思想革命，从传统殡葬局限中走出来，从服务逝者到服务公众，并结合一些生命故事将生命文化传播落实好。

（二）发挥殡葬传播对象广阔的优势

每一位生者都可以成为殡葬传播生命文化的对象，因为参加殡葬活动的人涉及全人群，不同年龄、性别、职业、文化程度和宗教信仰的人都会到殡仪馆参加追悼会，或者到墓地去怀念和祭扫先人。每一位逝者都可以教育生者，给生者以启迪和智慧，激励生者前行。因为人死了，人的精神依然永存。在现实生活中，有的人生理生命已完结，但因其生前创造了一些永恒的精神产品，如音乐、绘画、文学的创作，如自然科学、社会科学和人文科学等的发明创造，如道德人格榜样的树立，如世间丰功伟绩的创建等，其精神生命仍然永存。要利用各种机会，通过各种仪式，向各类服务对象宣传，启示人们如何在有限的时光里让人生更有意义，因为“死亡的真实更能让人珍惜生命的价值，在意识到死亡的情境中更会迫使自己抓紧时间创造”。

（三）发挥殡葬传播场所资源优势

殡仪馆、公墓都是生命文化传播场所，尤其是陵园，它不仅是“往生者的家园”，还是生命教育的课堂，是活人与死人对话的地方。在这里生者寄托哀思、放飞祝愿，沉思与感悟生命。尤其是“人文纪念公园”，拥有丰富的人文资源，为后世传递一种人文精神，这里名人众多，而每个名人都有自己的精彩，他们也常常就是那个历史和人文时代的缩影，如何在有限的生命中活得更有意义，如何传播和传承生命文化，名人是最好的教材，墓碑是最好的形式。“墓碑，是一本特殊的书。碑上刻着的墓志铭，是石头上的诗章，是特殊的人生教科书。它记载着许多凄婉动人的故事。它以凝练传神的语言，给人以历史的知识，以哲学的启示，以美的享受。”殡葬职工要充分利用这个平台，传播生命文化，要从环境、艺术、人文、思想上进行谋划和布局，把陵园建设成体悟生命、学习人生、升华生死观念的庄严场所。

（四）发挥殡葬传统节日的优势

清明、冬至在中国传统文化中是两个祭祖的重要节日，清明节2008年还被定为世界非物质文化遗产，成为法定假日，为人们扫墓、祭祖提供了方便。要利用节日期间人流量大，感念亲恩、敬奉先人的氛围浓厚的优势，传播感恩文化，感恩先人的养育、教导、恩泽；传播孝亲文化，孝敬长辈要用心用情、时不我待；传播珍爱生命的理念，生命不可逆转，要珍惜生命过好每一天；传播传承生命文化的意识，只有生命文化才传得下去、传得开来，才更具传播价值。联系古今，古代有“天行健，君子以自强不息”，“地势坤，君子以厚德载物”，当代有中国梦和社会主义核心价值观。传播生命文化，会潜移默化地改变人们的传统观念，春风化雨地推进殡葬改革，也有助于社会主义核心价值观入脑入心。

三、生命文化与殡葬业融合发展的思考

（一）加强理论研究

要加强专家型人才队伍建设。两者融合发展研究需要既熟悉殡葬工作又具有理论研究能力的专家型人才，孙树仁教授就是这样的典范。他致力于生命文化研究，以生命文化的视角看殡葬，提出殡葬事业是服务于生命终结的事业；他进行生命哀美研究，为殡葬业美丽告别奠定了理论基础；他开创生命文化教育体系，牵头成立了全国首家生命文化学院。在出任中国殡葬协会秘书长以后，又组织开展这方面研究。殡葬领域像孙教授这样的专家型人才不是多而是少，要引进，要培养，要发挥好他们的作用。

要组织生命文化专题研究。在此次清明论坛论文选题中，将“生命文化与应用研究”列入基础理论研究，是明智之举。关于这方面的研究很重要，也很薄弱，组织专题研究有助于会聚各方面的力量，取得更深入、更广泛的研究成果。

要给予生命文化研究以资金支持。可采取设立研究基金、设立专项研究课题进行招标等形式，鼓励人们开展相关研究，并对优秀的研究成果给予奖励，或者对其出版、发行给予支持，等等。

（二）加强实践探索

要加强典型引领。在生命文化与殡葬业融合发展实践探索方面，福寿园的职工当属典范，他们提出现代殡葬要讴歌生命，殡葬是服务生命、解读生命、传承生命的事业。在实践上，他们以把“公墓变公园”“告别变美丽”作为自己努力的方向，打造人文纪念公园。他们还在公园内建专门的人文纪念博物馆，三千多件展品围绕着“生命的故事展开”，发挥了很好的引领作用。

要鼓励实践探索。鼓励各地各单位结合自身实际进行探索，一花独放不是春，百花齐放春满园。上海的滨海古园建立了海葬博物馆，宣传海葬文化，建立了人生文化纪念馆，传承人生文化。贵州的海天园墓志铭文化丰富多彩，提出：“用文化改革殡葬，以殡葬发展文化。把殡葬当成文化建设来做，将供逝者安葬的陵园，建成供生者旅游休闲的公园和庄园。”

要注重培养有文化的领军人物。福寿园建设文化陵园因其有一个有思想、有文化的灵魂人物——集团总裁王计生曾是高校老师，有深厚的文化底蕴，是一位极具市场意识的思想者，他理念领先，提出“殡葬是服务业，服务上去了就不是暴利”的理念，为社会各界理解殡葬业提供了新的视角。

（三）加强文化交流

加强与同行交流。吸收同行的观点、经验和做法，如福寿园参加巴西国际公墓与殡葬行业研讨会分享了国际同行业的一些新观点：“殡葬销售不是讲死亡，而是讲人生；殡仪出售的不是产品，而是人一生的记忆；殡葬是一项服务生命的事业，我们需要更多能提供服务的人；殡葬从业人员需要激情、自信和创新……”相信这些观点对我们殡葬同行都会有所启迪。

加强与社会对话。殡葬要服务生命，创造幸福。不能封闭自己，要主动走出去，和服务对象交流，把交流的过程当作听取意见和汲取营养的过程，当作传播生命文化的过程。人的一生是文化的一生，生命文化对生命和生命意义的解读，从源头上肯定生命的宝贵，为珍惜生命、关爱生命，提供了认识基础。所以，每个人都应该学习生命文化。

唱出殡葬好声音。每一位殡葬职工都是一位歌者，都要尽己所能唱出殡葬好声音，尤其是担任人大代表、政协委员等职的殡葬职工，更要利用一切机会，为殡葬改革呼，为殡葬职工赞，使更多的人认识到殡葬是高尚行业，是生命事业，殡葬职工是生命的送行者，也是天使。鼓励殡葬职工书写自己的人生故事，期盼中国也能拍摄出像日本《入殓师》一样的传情、传神的电影。

（四）加强人员培训

要培训领导。建议由中国殡葬协会牵头，在全国范围内对殡葬管理和服务机构负责人进行培训，内容包括生命文化与殡葬融合发展的意义，管理和服务机构应肩负的职责，以及推进的方法、策略等。

要培训骨干。建议由中国殡葬协会会同各地殡葬协会共同落实，其中中国殡葬协会负责落实教师和教材，省市殡葬协会负责落实培训地点、经费以及学员的组织等工作。培训内容包括理论和实务两个方面。

要培训员工。可以采取灵活方式，如邀请专家到单位授课，由单位领导和骨干进行讲授，购买和发放有关书籍和材料等，培训内容侧重实务操作。

参考文献：

[1] 孙树仁．“哀美与殡葬哀美初探”．前沿，2011（24）．

[2] 杨晓勇．生如夏花．上海交通大学出版社，2015（9）．

[3] 杨晓勇．热爱生命．上海：文汇出版社，2015（11）．

[4] 殡葬文化研究．

[5] 福寿人文．

基本公共殡葬服务从补缺型到普惠型转变[①]

北京社会管理职业学院　赵　康　孙树仁　朱军耕　朱世彪　胡玉民　路杭生等

摘　要：本文以民政部《关于全面推行惠民殡葬政策的指导意见》为指导，立足于浙江省殡葬科学发展事业，对浙江省“惠民殡葬”政策的出台和实施进行了文献资料和实地调查研究。结合我国公共服务体系建设和浙江省“惠民殡葬”落实的实际情况，本文认为浙江省的“惠民殡葬”事实上是我国基本公共服务体系建设的组成部分，并且已经完成了由补缺型基本公共殡葬服务到普惠型基本公共殡葬服务过渡。以此为出发点，本文首先分析了浙江省实施普惠型基本公共殡葬服务的理论渊源、有关政策文件以及经济社会条件；重点研究了浙江省实施由补缺型基本公共殡葬服务到普惠型基本公共殡葬服务的过渡的途径和现状，包括殡葬服务基础设施、殡葬管理体制、殡葬队伍建设、基本殡葬减免政策及殡葬改革的宣传等内容；最后，分析了实施普惠型基本公共殡葬服务对浙江省经济社会发展的影响，提出了进一步完善普惠型基本公共殡葬服务的建议。

关键词：惠民殡葬　补缺型基本公共殡葬服务　普惠型基本公共殡葬服务

随着我国经济快速发展，民主进程和社会变革的加快，政府职能的转变和人民群众的利益被放在越来越突出和重要的地位，政府已由“行政政府”逐渐向“服务政府”转型。党的十七大报告设专章谈“改善民生”问题，将

① 本文是浙江省民政厅课题“浙江省殡葬事业科学发展研究”（主持人：孙树仁）的子课题“从补缺型基本公共殡葬服务到普惠型基本公共殡葬服务”（主持人：赵康），课题组成员：赵康、孙树仁、朱军耕、朱世彪、胡玉民、路杭生、张丽丽、董希玲。

“以民为本”的理念推向了一个新高度。党的十八大报告更是突出基本公共服务体系建设及基本公共服务均等化。近年来，从中央到地方，一系列惠民政策纷纷出台，在社会上产生巨大的影响，“惠民”一词更是被广泛运用。人民网要闻部与中国社会科学院政治学研究所于2007年联合推出了《“十大惠民政策”评选》。如果从局部来看，中央政府所实行的惠民政策只是现代化建设中的一个环节，其差异也只是多一个或少一个的问题，但是，如果从宏观上看，它说明中央政府治理方式的转变以及政府职能在发生变化，从这个意义看，“惠民政策”反映的是真正将“以民为本”和“执政为民”落到了实处，真正将“民生”作为政府工作的重点和归宿。

从解决“惠民”途径看，有些是一次性政策文件解决的，如全面免除义务教育阶段学杂费，取消农业税等；有些是纳入法律法规保障的，如建立覆盖城乡居民的基本卫生保障制度、新型农村合作医疗制度的建设等。从某种意义上说，这些惠民政策都是公共服务体系建设的重要组成部分。

在民政部《关于进一步深化殡葬改革促进殡葬事业科学发展的指导意见》的推动下，各地先后出台了一些基本公共殡葬服务政策。2012年，民政部又下发《关于全面推行惠民殡葬政策的指导意见》。从民政部推行惠民殡葬政策的“总体要求、具体措施及保障机制”看，惠民殡葬政策应是由政府公共财政保障的基本公共殡葬服务，也就是说，它属于公共服务体系的范畴。从浙江省的实施情况看，已经基本完成了由补缺型基本公共殡葬服务到普惠型基本公共殡葬服务的过渡。

一、研究的背景、意义和研究设计

（一）研究背景

殡葬事业是我国社会主义事业的重要组成部分，它关系着千家万户的切身利益。根据国家统计局的数据，2006—2011年期间，我国每年死亡人口大约为900万，以每位逝者涉及十位亲友计，每年就有近9000万人与殡葬行业打交道。发展殡葬事业有利于体现社会主义以人为本的科学发展观，有利于构建社会主义和谐社会。

我国政府历来重视殡葬改革事业的发展。经过几十年的努力，我国殡葬事业的发展取得了丰硕的成果。自1956年实行殡葬改革以来，我国殡葬法制建设不断加强，殡葬改革不断推进，殡葬服务水平日益提高，在节约资源、保护环境、移风易俗等方面作出了重要贡献。与此同时，随着社会经济的快速发展，我国殡葬改革也面临着新形势、新情况：在殡葬改革的方向上出现了不同的认识，在殡葬服务方式的选择上产生了不同的需求，在殡葬公共服务与市场化服务之间产生了不同的看法，在殡葬立法和殡葬管理方面提出了不同的要求，等等。

为使殡葬事业适应改革开放和经济社会发展的要求，2009 年，民政部制定了《关于进一步深化殡葬改革促进殡葬事业科学发展的意见》（以下简称《意见》）。《意见》在殡葬改革的主要任务中提出：减轻群众负担，实现基本服务均等化。大力推行惠民殡葬政策，逐步建立以重点救助对象基本殡葬服务减免为基础、其他多种形式殡葬救助为补充、基本殡葬服务均等化为目标的殡葬救助保障制度。在采取有效措施扎实推进殡葬改革中进一步提出：推行惠民殡葬政策，各地要结合实际，积极争取政府出台惠民殡葬政策，加快建立和完善殡葬救助保障制度。

在 2010 年年底召开的全国殡葬改革推进会上，民政部负责人提出，把“建设惠民殡葬，维护公平正义”作为“十二五”期间建设现代殡葬的主要内容之一。要求各地抓住制订“十二五”规划的有利时机，加强殡葬规划编制，建设一批基本殡葬服务基础设施，完善基本殡葬服务体系，扩大基本殡葬服务覆盖面。要积极出台惠民殡葬政策，加快建立殡葬救助保障制度，按照保基本、广覆盖、可持续的原则，从重点救助对象起步，逐步扩展到向辖区所有居民提供基本殡葬服务，逐步提高基本殡葬服务保障能力和均等化水平，力争到“十二五”时期末，全国 80% 的火葬区建立起殡葬救助保障制度并运行良好。

（二）研究意义

党的十六届四中全会提出“构建社会主义和谐社会”。公平正义是和谐社会的重要条件和内容，以人为本是和谐社会应该坚持的原则。“建设惠民殡葬的核心是坚持以人为本，保障和改善民生，促进社会公平正义。”惠民殡葬符合构建社会主义和谐社会的要求。胡锦涛总书记在 2003 年 7 月提出科学发展观，坚持以人为本，树立全面、协调、可持续的发展观，促进经济社会和人的全面发展。党的十八大提出 2020 年如期全面建成小康社会，使得人民生活水平全面提高，基本实现公共服务均等化总体目标。普惠型基本公共殡葬服务是合理配置基本殡葬服务资源，加大政府公共财政保障力度，实现殡葬改革由行政命令到政策奖补的转变，它符合科学发展观的基本要求。然而，目前对普惠型殡葬服务的理论和实践研究却很少。基于此，本文的意义在于以下几点：一是为制定、执行和推动普惠型公共殡葬服务政策提供理论依据；二是有利于社会各界正确认识普惠型基本公共殡葬服务的意义，进而有利于推动殡葬改革事业；三是总结、提炼浙江省普惠型基本公共殡葬服务的内容和途径，为其他省份提供借鉴经验。总体上看，浙江省普惠型基本公共殡葬服务走在全国惠民殡葬的前列，许多经验和做法值得其他省份学习借鉴。

（三）研究设计

1. 研究目标

本文旨在以浙江省实施普惠型基本公共殡葬服务为主线，通过对杭州、嘉兴、舟山、衢州、温州、丽水等市（县）民政机关、殡仪馆、墓地等单位进行实地调研，以及其他地市（县）的问卷调查，描述并分析浙江省普惠型基本公共殡葬服务的背景、出台的政策文件及其实施效果，总结、提炼浙江省普惠型基本公共殡葬服务的内容、经验、运行模式及其对经济社会发展的影响，同时发现问题并提出完善发展的措施，供其他省份借鉴，从而推动中国现代殡葬事业科学发展进入新阶段。具体地说，它包括以下几个部分：

（1）通过对中华人民共和国成立后基本公共殡葬服务文献的回顾，厘清我国基本公共殡葬服务发展途径。

（2）研究和探讨浙江省普惠型基本公共殡葬服务的背景、实施途径和现状，总结、提炼浙江省普惠型基本公共殡葬服务内容、经验及运行模式。

（3）研究浙江省普惠型基本公共殡葬服务实施效果，重点研究和分析其对殡葬改革事业及当地经济社会发展的影响。

2. 研究内容

为完成研究目标，本文涉及以下五个方面的研究内容：

（1）中华人民共和国成立后基本公共殡葬服务状况。

（2）浙江省实施普惠型基本公共殡葬服务的理论渊源和政策依据。

（3）浙江省实施普惠型基本公共殡葬服务的途径及实施现状。

（4）普惠型基本公共殡葬服务对经济社会的积极影响。

（5）完善普惠型基本公共殡葬服务的思路。

3. 研究框架

依据研究目标和研究内容，构思基本公共殡葬服务的逻辑框架，见图 1。

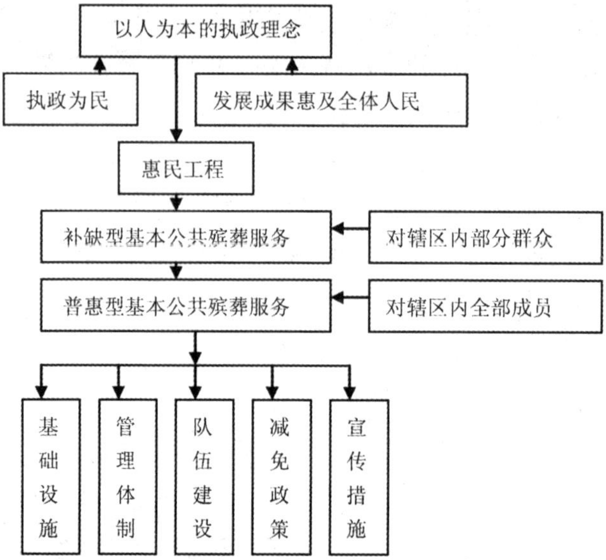

图 1　普惠型基本公共殡葬服务逻辑框架图

（四）核心概念的界定

关于基本公共殡葬服务，已有多位专家、学者进行过研究和论述，尤其是孙树仁完成的本文的姊妹篇——《现代基本公共殡葬服务体系建设研究》（即《浙江省殡葬事业科学发展》理论部分）对公共殡葬服务的基本特征及其内涵和外延做了深入的论述，这里不再赘述。这里仅对基本公共殡葬服务、补缺型基本公共殡葬服务及普惠型基本公共殡葬服务进行界定。

1. 基本公共殡葬服务，是指政府或社会为社会成员身故后提供的基本设施、设备及遗体接运、存放、火化、骨灰存放等基本公共殡葬服务。①

2. 补缺型基本公共殡葬服务，是指对辖区内特殊部分（如低收入）群众提供的基本公共殡葬服务。

3. 普惠型基本公共殡葬服务，是指对辖区内全部社会成员提供的基本公

① 基本设施、设备及基本服务内容随着社会经济的发展而变化。民政部有关文件对此有明确提示，如“优先保障遗体接运、存放、火化、骨灰存放等基本殡葬公共服务的供给，随着经济社会发展逐步增加服务项目”。

共殡葬服务。

（五）研究方法

本文主要采用抽样实地研究方法，辅以问卷调查研究和文献研究，具体的方法技术是：文献法、访谈法、观察法、问卷法、统计分析方法和定性资料分析方法。

1. 文献研究

本文通过对现有的相关文献梳理，进行较为深入的分析，为普惠型基本公共殡葬服务提供理论支撑；通过对中央政府和地方政府法规和政策文献进行研究，为浙江省普惠型基本公共殡葬服务政策的制定和实施提供政策依据；本文利用实际调查或统计资料来论证和支持本研究的主要论点。

2. 问卷法

调查问卷分为三个部分：一是针对殡葬管理机构，主要了解有关普惠型基本公共殡葬服务政策及其实施状况，以及本地区有关殡葬的相关信息。二是针对殡仪馆，主要了解殡仪馆的基础设施，职工数量及其性别、职称结构等，殡葬基本消费价格等。三是针对墓地，主要了解墓地的基本情况及其价格。问卷由研究组设计，经浙江省民政厅下发给各市（县）殡葬管理机构、殡仪馆及墓地等单位。

3. 访谈法

访谈对象主要是省、市、县级殡葬管理机构、殡仪馆及墓地负责人和一般相关工作人员。目的是了解他们对惠民殡葬的认识、态度、采取的相应措施，以及普惠型基本公共殡葬服务实施的效果。

4. 观察法

通过观察殡仪馆和墓地，了解并分析惠民殡葬的落实状况及其效果。

5. 统计分析法

运用SPSS数据统计和分析软件对问卷调查所获得的资料进行定量的分析，得出具有说服力的数据。

6. 定性资料分析方法

通过对社会、新闻媒体对普惠型基本公共殡葬服务政策执行前后的评价，以及受益群体对惠民殡葬的感受，总结、提炼浙江省惠民殡葬经验和模式，进而分析惠民殡葬对殡葬改革事业发展的作用，以及对构建和谐社会的意义。

（六）创新和不足

1. 创新点

本文的主要创新点有二：一是把我国基本公共殡葬服务分为补缺型基本公共殡葬服务和普惠型基本公共殡葬服务，这为我国殡葬改革提供了新的思路；二是系统阐述了浙江省普惠型基本公共殡葬服务及其与经济社会发展的关系，这与以往单纯就殡葬论殡葬有很大的不同。

2. 不足

由于时间、调研经费和研究者能力有限，研究者认为本文有两点不足：一是浙江省普惠型基本公共殡葬服务对推动殡葬改革的具体效果如何，缺乏实证研究；二是浙江省普惠型基本公共殡葬服务对当地经济社会发展的贡献研究不足。

二、中华人民共和国成立后公共殡葬服务发展路径

谈到我国公共殡葬服务就离不开城乡二元结构的社会救助和保障体制，它体现了对农民和非农民公共殡葬服务的二元结构性，并且持续至今。

（一）农村公共殡葬服务

我国农村公共殡葬服务政策，最初见于1956年的农村“五保”政策，“农业合作社对于社内缺乏劳动力，生活缺乏依靠的鳏寡孤独的农户和残废军人，应当在生产上和生活上给予适当的安排，做到保吃、保穿、保烧（燃料）、（儿童和少年）保教、保葬，使这些人在生养死葬上都有指靠。”1964年10月，二届人大通过的《1956—1976年全国农业发展纲要》又增加了“保住”“保医”等内容，至此逐渐形成了比较完整的保吃、保穿、保住、保医、保葬、保教（对孤儿实行）为主要内容的“五保”供养政策。1994年，国务院发布《农村五保供养工作条例》，就五保的性质、对象、确定对象的程序、供养的内容和标准、经费来源与筹集办法等作出明确规定，并明确“农村五保供养的标准不得低于当地居民的一般生活水平”。1997年民政部颁布了《农村福利院管理暂行办法》，明确了农村五保供养工作的筹资渠道和福利院各项建制，并且首次将这一制度纳入了法制化的轨道，进一步规范和发展农

村福利院。国务院2006年3月1日起正式实施新修订的《农村五保供养工作条例》，新条例明确规定，“农村五保供养资金在地方人民政府财政预算中安排”。2006年新条例带有明显的行政运作特征。国家通过对旧条例的调整和改革强化了政府在五保供养工作中的职能。新条例强调，国家、县级以上政府民政部门和乡镇地方政府分工负责。截至2006年，肇始于农业合作化时期的农村五保供养制度，经过50年的不断发展和完善，逐渐从集体福利性质演变为公共财政供养性质的社会保障制度，由于解决了最主要的资金筹集问题，因此满足或部分满足了五保对象的经济需求。例如《四川省〈农村五保供养工作条例〉实施办法》第十四条规定：“农村五保供养对象死亡后，县级人民政府民政部门应当按农村五保供养对象一年的供养标准一次性支付丧葬补助费。丧葬补助费从当年的五保供养经费中解决。集中供养的，由五保供养服务机构办理丧葬事宜；分散供养的，由村（居）民委员会办理丧葬事宜。”分散供养的五保对象死亡后会由村居民委员会和旁系亲属主持丧葬工作；集中供养五保对象死亡后，福利院会通知五保对象村居民委员会和其他亲属，例如兄弟姐妹侄子等。福利院联合殡仪馆备车火化遗体，然后将骨灰盒交给亲属或者村（居）民委员会安置，无人认领的五保对象则由福利院安置在附近的公墓。

长期以来，占全国总人口近80%的农民（按户籍），殡葬主要依靠家庭的力量。农村公共殡葬服务或者说惠民殡葬对象主要是针对特殊困难群体，全国各地对特殊困难群体的界定和对他们的惠民项目也不尽相同。浙江省温州的情况具有广泛的代表性，其公共殡葬服务政策对象和项目见表1。

表1 温州市现行公共殡葬服务政策情况表

地区	政策文件及文号	减免对象	主要内容	实施时间	资金来源
鹿城 瓯海 龙湾	市民政局关于做好困难群众殡葬费用减免工作的通知（温民事〔2010〕37号）	特殊困难群体	减免遗体接运（接尸车费、抬尸费）、冷藏（限3日）、火化、骨灰寄存（限1年），免费赠送骨灰盒	2010年4月1日至2011年	市殡仪馆

续表

地区	政策文件及文号	减免对象	主要内容	实施时间	资金来源
乐清	乐清市民政局关于减免部分困难群众殡葬费用的通知（乐民事〔2008〕80号）	特殊困难群体	减免运尸费、抬尸费、殡殓费、消毒费、防腐费等殡葬费用	2008年6月24日至2011年年底	财政支出
瑞安	瑞安市民政局、财政局关于做好困难群众遗体火化费减免工作的通知（瑞民〔2009〕152号）	特殊困难群体	减免火化费、接尸费、吊唁悼念厅（堂）及设施租用费（小厅、休息室）；五保“三无”对象减免100%，低保对象减免50%，低保边缘对象减免30%	2009年11月1日至2011年年底	财政支出
永嘉	永嘉县人民政府办公室关于对骨灰接送实行补助的通知（永政办发〔2004〕22号）	城乡所有居民	减免城乡所有居民遗体接运费，并按路途里程给予100—500元补助；减免五保对象遗体火化费	2004年4月10日至2011年年底	财政支出
洞头	洞头县移风易俗领导小组办公室关于印发《洞头县殡葬服务项目免费办法》（试行）的通知（洞移办〔2010〕7号）	火化区域内所有居民	免抬尸费、遗体接运费、冷藏费、火化费、骨灰寄存费；该县户籍少数民族死亡火化的，除享受基本殡葬服务费用免费外，再给予2400元/具补助	2010年11月1日至2011年年底	财政支出
苍南	苍南县民政局关于农村五保和城镇“三无”对象死亡免费火化的通知（苍民〔2007〕101号）	特殊困难群体	免费火化	2007年6月18日至2011年年底	财政支出

续表

地区	政策文件及文号	减免对象	主要内容	实施时间	资金来源
平阳	平阳县民政局关于减免部分困难群众基本殡葬费用的通知（平民〔2010〕69号）	特殊困难群体	减免遗体接运、遗体存放、遗体火化、骨灰寄存、骨灰盒等费用	2010年6月1日至2011年年底	财政支出
文成	文成县人民政府办公室关于减免并规范基本丧葬费发放工作的通知（文政办发〔2010〕152号）	未享受社保丧葬补助费的城乡居民	基本丧葬费补助标准为880元/具，包括火化费、遗体接运费、骨灰运送费和基本丧葬用品费	2010年9月1日至2011年年底	财政支出
泰顺	泰顺县关于实行农村五保对象等遗体火化费减免的通知	特殊困难群体	五保和“三无”对象火化费全免；重点优抚和低保对象火化费减免50%	2009年6月1日至2011年年底	财政支出

注：①特殊困难群体包括城乡低保对象、农村五保供养对象、城市“三无”人员、重点优抚对象等。

②2010年以来出台的政策、文件多数参考了民政部于2009年下发的《关于全面推行惠民殡葬政策的指导意见》。

（二）城镇公共殡葬服务概况

就非因公死亡丧葬费来说，我国城镇人口公共殡葬服务主要体现在有关社会福利制度的制定。城镇人口又分为两部分：一是企业职工，二是国家机关、事业单位工作人员。早在1951年2月，政务院就发布了关于企业职工的《劳动保险条例》，1953年进行了修改。该条例规定了城市国有企业职工死后的丧葬、抚恤待遇，以及职工供养的直系亲属享受半费医疗以及死亡时的丧葬补助等。国家机关、事业单位工作人员的劳保待遇，国家是以病假、生育、退休、死亡等单项规定的形式逐步完善起来的。至于城市集体企业，大都参照国有企业的办法实行劳保。

1. 企业职工丧葬费及其来源

《劳动保险条例细则》详细规定了企业职工丧葬费及其来源，具体条款如下：

第十四条规定：“工人与职员及其供养的直系亲属死亡时待遇的规定：甲、工人与职员因工死亡时，由该企业行政方面或资方发给丧葬费，其数额为该企业全部工人与职员平均工资三个月；另由劳动保险基金项下，按其供养的直系亲属人数，每月付给供养直系亲属抚恤费，其数额为死者本人工资百分之二十五至百分之五十，至受供养者失去受供养的条件时为止。详细办法在实施细则中规定之。乙、工人与职员因病或非因工负伤死亡时，由劳动保险基金项下付给丧葬补助费，其数额为该企业全部工人与职员平均工资两个月；另由劳动保险基金项下，按其供养直系亲属人数，付给供养直系亲属救济费，其数额为死者本人工资六个月到十二个月。详细办法在实施细则中规定之。丙、工人与职员因工负伤致成残废完全丧失劳动力退职后死亡时，应按本条甲款的规定，付给丧葬费及供养直系亲属抚恤费。退职养老后死亡时或非因工残废完全丧失劳动力退职后死亡时，应按本条乙款的规定，付给丧葬补助费及供养直系亲属救济费。丁、工人与职员供养的直系亲属死亡时，由劳动保险基金项下付给供养直系亲属丧葬补助费：死者年龄在十周岁以上者，其数额为该企业全部工人与职员平均工资一个月的二分之一；一周岁至十周岁者，为平均工资一个月的三分之一；不满一周岁者不给。”

第二十三条规定：“工人职员因病或非因工负伤死亡时、退职养老后死亡时或非因工残废完全丧失劳动力退职后死亡时，根据《劳动保险条例》的规定，除由劳动保险基金项下付给本企业的平均工资 2 个月作为丧葬补助费，并按下列规定由劳动保险基金项下一次付给供养直系亲属救济费：其供养直系亲属 1 人者，为死者本人工资 6 个月；2 人者，为死者本人工资 9 个月；3 人或 3 人以上者，为死者本人工资 12 个月。”

第三十六条规定：“实行劳动保险的企业的临时工、季节工及试用人员，其劳动保险待遇暂定为下列各项：疾病或非因工负伤死亡时，由劳动保险基金项下付给丧葬补助费，其数额为本企业的平均工资 2 个月；另由劳动保险基金项下一次付给供养直系亲属救济费，其数额为本人工资 3 个月。”

第五十七条规定：“因工死亡丧葬费、非因工死亡丧葬补助费，由死者供养直系亲属或直系亲属申请领取，如无上述亲属或亲属不在当地，得由工会基层委员会代为领取，负责办理丧葬事宜。”

2. 国家机关、事业单位工作人员死亡待遇

根据民政部民〔1986〕优6号，财政部（1986）财文字第276号和民发〔1980〕5号、财事〔1980〕34号，人事部、财政部人薪发〔1994〕48号文件规定，国家机关、事业单位工作人员丧葬费及相关待遇具体内容如下：

（1）职工死亡丧葬费按各省、自治区、直辖市的规定办理，由死者生前所在单位支付。

（2）病故一次性抚恤金，由家属居住地的民政部门发给。病故一次性抚恤金，为死者病故时的10个月工资（此项待遇2002年改为由死者生前所在单位支付）。

（3）遗属有困难的，由死者生前所在单位根据“困难大的多补助，困难小的少补助，不困难的不补助”的原则，给予定期或临时补助。补助费标准，一般以能维持当地群众生活水平为原则。具体标准由各省、自治区、直辖市规定（中央国家机关、事业单位执行所在地区的标准）。补助费总额一般不超过死者生前工资额。对于在保护、抢救国家财产或在对敌斗争中牺牲的工作人员，其遗属生活困难补助标准，可以适当提高。

由此可见，各省市、各地方国家机关、事业单位工作人员死亡的丧葬费和补助标准是不一样的。并且随着经济社会的发展，各地政府也适时地对丧葬费和补助标准进行调整。

2006年7月1日，国家机关工资制度进行了改革。为适应有关政策的调整变化，2007年5月，民政部联合人事部和财政部下发《关于国家机关工作人员及离退休人员死亡一次性抚恤发放办法的通知》（民发〔2007〕64号）。该通知规定：自2004年10月1日起，国家机关工作人员及离退休人员死亡，一次性抚恤金按照以下标准执行：病故为本人生前20个月基本工资或基本离退休费。

就各地方来说，各地国家机关事业单位工作人员死亡丧葬及其他待遇有很大不同。安徽省2001年2月财政厅下发《关于调整国家机关事业单位工作人员死亡丧葬标准的通知》，《通知》规定：一、通知规定国家机关、事业单位工作人员的死亡丧葬费仍实行总额包干、超支不补、结余归死者遗属的办法。开支标准由原来每人800元调整为2000元。二、开支范围：遗体运送、整容、衣着、遗相放大、火化、骨灰盒购置及存放，亲属的黑纱和花圈、外地直系亲属前来吊唁的车、船、食、宿等项开支，以及目前个别尚未具备火葬条件的偏僻地区棺木费用。辽宁省人事厅和财政厅2005年5月《关于调整

国家机关事业单位工作人员死亡后丧葬费标准的通知》规定：一、国家机关、事业单位工作人员（含离退休人员）因病或非因工（公）死亡，其丧葬费补助费标准按当地上年度职工月平均工资的3倍发放，低于2000元的，按2000元标准执行。按照属地化原则，省直机关、事业单位工作人员死亡丧葬费补助费的发放，按当地标准执行。1994年浙江省人事厅、浙江省财政厅联合下发《关于调整我省国家机关、事业单位工作人员死亡丧葬补助费和遗属生活困难补助费标准的通知》，该《通知》规定：国家机关、事业单位工作人员死亡丧葬补助费标准调整为800元。1998年，浙江省人事厅、财政厅下发《关于调整国家机关、事业单位工作人员死亡丧葬补助费标准的通知》，该《通知》规定：国家机关、事业单位工作人员死亡丧葬补助费标准由原来的800元调整为2000元。2004年，浙江省再次下发《关于调整国家机关、事业单位工作人员死亡丧葬补助费标准的通知》，该《通知》规定：国家机关、事业单位工作人员死亡丧葬补助费标准由原来的2000元调整为4000元。

由上述可知，政府工作人员和国家企事业单位人员的基本公共殡葬服务基本实现了普惠型。

三、普惠型基本公共殡葬服务理论渊源和政策依据

（一）理论渊源及相关报告

马克思主义认为，人民群众在社会历史活动中创造了巨大的物质和精神财富，并对人类社会的发展与变革起着推动作用。在马克思、恩格斯的著作中虽然找不到直接以“民生”为字眼的论述，但是他们的理论处处体现了“为绝大多数人谋利益”的思想，而这里的“绝大多数人”指的就是无产阶级和广大人民群众。这一思想为人类社会的发展指明了前进的方向，是要不断为最广大人民群众谋福利，努力实现共产主义。毛泽东的民生思想集中到一点体现在“全心全意为人民服务”上，毛泽东把“全心全意为人民服务”上升到了中国共产党根本宗旨的高度。他的这种思想深刻地表明了党的一切工作要以最广大人民群众根本利益为最高标准，在革命实践和社会主义建设中，党要努力为广大人民群众谋取利益。毛泽东说过：“人民，只有人民，才是创造世界历史的动力。”改革开放以来，随着中国共产党对我国民生建设规律认识的逐步深化，中国特色社会主义民生思想与时俱进地继承和发展了毛

泽东民生思想。邓小平认为，党的干部只有坚持群众路线，保持与人民群众的血肉联系，努力为人民群众谋利益，才能赢得人民群众的支持和拥护。江泽民也多次强调党的根本宗旨和优良作风绝不能变，党的各项工作都要坚持群众路线，保持党与群众的密切联系。

党的十一届三中全会对党和国家工作的重心进行了调整，指出把党和国家工作的重心转移到经济建设上，并对如何逐步地提高人民生活水平作出了具体的规划。提出了分“三步走”基本实现现代化的发展战略：第一步，实现国民生产总值比1980年翻一番，旨在解决广大人民群众的温饱问题；第二步，到20世纪末，使国民生产总值再增长一倍，人民的生活水平总体上达到小康水平；第三步，到21世纪中叶，人均国民生产总值达到中等发达国家的水平，人民的生活比较富裕。我们已经顺利地完成了“三步走”战略的前两步，人民的生活也得到了预期的改善。代表着中国先进生产力的发展要求，代表着中国先进文化的前进方向，代表着中国最广大人民的根本利益，并通过制定正确的路线、方针、政策，为实现国家和人民的根本利益而奋斗不懈。

以江泽民为核心的党的第三代中央领导集体，提出了“三个代表”重要思想。“三个代表”重要思想把发展先进生产力、发展先进文化和实现最广大人民群众的根本利益整合在一起，构成了一个完整的体系，成为衡量党先进性和执政兴国事业兴衰成败的标准，是我们党的立党之本、执政之基、力量之源。其中“代表中国最广大人民的根本利益”是“三个代表”重要思想的出发点和归宿，也是江泽民民生思想的主体部分。不论是代表先进生产力发展的要求，还是代表先进文化的前进方向，最终都要归结到代表最广大人民群众的根本利益上来。

党的十六大以来，提出了“以人为本”的执政理念，确立了保障和改善民生的战略新地位和理论新指南。党的十六届三中全会审时度势，提出了科学发展观的重要指导思想，胡锦涛指出：“坚持以人为本，树立全面、协调、可持续的发展观，促进经济社会和人的全面发展。”“发展为了人民，发展依靠人民，发展成果由人民共享。”只有坚持“以人为本”的价值理念，才能从人民群众的根本利益出发谋发展、促发展，才能切实保障人民群众的经济、政治、文化和生态权益，让发展的成果惠及全体人民，实现经济社会和人的全面发展。只有坚持“全面、协调、可持续”和“统筹兼顾”的原则，才能从根本上保障和改善民生。胡锦涛在2004年9月党的十六届四中全会通过的《中共中央关于加强党的执政能力建设的决定》中强调指出：“适应我国社会的深刻变化，把和谐社会建设摆在重要位置”和“加强社会建设和管理，推进社会管理体制创新”。这是党第一次明确地提出“社会建设”的概念。2006年10月党的十六届六中全会又通过了《中共中央关于构建社会主义和谐社会若干重大问题的决定》，指出：“构建社会主义和谐社会……反映了建设富强民主文明和谐的社会主义现代化国家的内在要求。”“以解决人民群众最关心、最直接、最现实的利益问题为重点，着力发展社会事业、促进社会公平正义、建设和谐文化、完善社会管理、增强社会创造活力，走共同富裕道路，推动社会建设与经济建设、政治建设、文化建设协调发展。”明确提出了社会建设的战略举措、目标和任务。

党的十七大报告提出以民生为重点的社会建设，并把“民生”一词写入党章，从而把关注与改善民生上升到民权的高度。胡锦涛在党的十七大报告中提出：“社会建设与人民幸福安康息息相关。必须在经济发展的基础上，更加注重社会建设，着力保障和改善民生，推进社会体制改革，扩大公共服务，完善社会管理，促进社会公平正义，努力使全体人民学有所教、劳有所得、病有所医、老有所养、住有所居，推动建设和谐社会。”

党的十八大报告进一步指出：加强社会建设，是社会和谐稳定的重要保证。必须从维护最广大人民根本利益的高度，加快健全基本公共服务体系。

以上这些思想，充分表明了保障和改善民生在我国经济社会发展中的核心地位，尤其是党的十六大以来党和政府将以民生为重点的公共服务体系建设摆在了更加突出的位置，给我们指明了社会建设的重点就是着力保障和改善民生。

总结党的十六大以来党中央的民生思想，我们发现公共服务体系建设有了新取向和时代新思维。第一，价值新取向：公平与效率并重。公平与效率是社会发展中的基础性矛盾，反映了生产力与生产关系的对立统一，两者的关系体现了不同社会的发展特征及其基本价值取向。正确认识和处理公平与效率的关系，在我国新时期保障民生和改善过程中具有重要意义。新中国成立以来，我国公平效率观的演变产生了两次历史性飞跃：一是毛泽东的公平优先观到邓小平的“效率优先、兼顾公平”，二是从邓小平倡导的“效率优先、兼顾公平”到新时期江泽民、胡锦涛提倡的“公平与效率并重”。尤其是党的十六大以来，以胡锦涛为核心的党中央更加注重体现公平。在十六届五中全会上就提出了“更加注重公平”的思想。接着，胡锦涛在党的十七大报告中进一步提出“初次分配和再分配都要处理好效率和公平的关系，再分配更加注重公平，使全体人民共享改革发展的成果”。第二，时代新思维：共建共享。2010 年 3 月 7 日，胡锦涛同志看望政协十届五次会议的工会、共青团、青联、妇联的全国政协委员并参加联组讨论时指出：“一定要在党的领导下，尊重人民群众的主体地位和首创精神，最大限度地激发广大人民群众的参与热情和创造活力，最大限度地实现好、维护好、发展好广大人民群众的根本利益，把共同建设、共同享有和谐社会贯穿于和谐社会建设的全过程，真正做到在共建中共享、在共享中共建。”这是党和政府关注和改善民生的高度体现。构建社会主义和谐社会是人民群众的共同事业，人民群众是建设者和享有者的统一。

（二）民政部“惠民殡葬”文件

殡葬改革关系人民群众切身利益，党中央、国务院对此高度重视。经过多年努力，我国殡葬改革不断深入，殡葬事业取得了长足进步。实行火葬、改革土葬、节约殡葬用地、文明节俭办丧事已成为社会共识。但随着改革开放和经济社会快速发展，我国殡葬事业总体水平与科学发展观要求不相适应的矛盾日益突出，在殡葬资源配置、殡葬服务质量、殡葬救助保障、殡葬管理体制和运行机制等方面，尚不能完全满足人民群众的丧葬需求。

为进一步深化殡葬改革，不断满足人民群众在殡葬服务方面的需求，促进殡葬事业科学发展，民政部于2009 年下发了《关于进一步深化殡葬改革 促进殡葬事业科学发展的意见》。这体现了中央政府在推行殡葬改革中坚持“以人为本、为民服务”的执政理念并努力践行之。其中，推行惠民殡葬政策更是具体提出：“各地要结合实际，积极争取政府出台惠民殡葬政策，加快建立和完善殡葬救助保障制度。对生前生活特别困难的人员，由政府免除遗体接运、存放、火化和骨灰寄存等基本殡葬服务费用。按照保基本、广覆盖、可持续的原则，有条件的地区，可从重点救助对象起步，逐步扩展到向辖区所有居民提供免费基本殡葬服务，实行政府埋单。对节地葬法或不保留骨灰的，以及土葬改革区自愿火化的，实行政府奖励、补贴，建立起覆盖城乡居民的多层次殡葬救助保障体系。”这是第一次为各地方推行基本公共殡葬服务提供了指导性文件。

2010 年，民政部负责人在全国殡葬改革推进会指出，“十二五”时期殡葬改革的主要任务是建设包括惠民殡葬在内的现代殡葬，提出：“建设惠民殡葬，维护公平正义。建设惠民殡葬的核心是坚持以人为本，保障和改善民生，促进社会公平正义；重点是建立健全基本殡葬服务体系和救助保障制度。”

为切实保障群众基本殡葬需求，提升殡葬公共服务均等化水平，进一步深化殡葬改革和促进殡葬事业科学发展，根据《国家基本公共服务体系“十二五”规划》和《社会保障“十二五”规划纲要》，民政部于2012年下发的《关于全面推行惠民殡葬政策的指导意见》提出：以满足群众殡葬需求、维护群众殡葬权益为出发点和落脚点，将基本殡葬服务纳入政府公共服务保障范围，着力解决城乡居民基本殡葬需求，加快建立健全保障基本、覆盖城乡、持续发展的殡葬公共服务体系，力争到“十二五”末，在全国火葬区全面建立基本殡葬服务保障制度，基本实现殡葬基本公共服务均等化。

（三）浙江省经济社会条件

1. 经济基础

浙江省地处中国东南沿海长江三角洲南翼，东临东海，南接福建，西与江西、安徽相连，北与上海、江苏接壤。面积10万多平方千米，人口5400多万，是中国面积最小、人口密度最大的省份之一。改革开放以来，国民经济和社会发展各项指标一直处于全国前列。

“十一五”期间，浙江省保持了经济平稳较快发展、社会和谐稳定的良好局面，综合实力显著增强。据统计，2010年年底，全省生产总值达到27100亿元，人均生产总值51800元，地方财政收入2608亿元。结构调整积极推进，高效生态农业建设成效显著，块状特色经济加快向现代产业集群转变，服务业发展水平稳步提升。基础设施日臻完善，“三个千亿”工程建设进展顺利，支撑经济社会发展的能力明显增强。人民生活显著改善，社会事业全面进步，基本公共服务均等化步伐加快，城乡居民收入居全国各省份首位。生态环保取得实效，节能减排完成预定目标，生态省建设扎实推进。体制活力不断增强，创新驱动更趋明显，转变经济发展方式综合配套改革全面推进，对外开放水平日益提高。

预计到“十二五”期末，全省生产总值达到27100亿元，人均生产总值72000万元，城乡居民生活走向全面小康，社会财富不断增加，为推进普惠型基本公共殡葬服务提供了坚实的物质基础。

2. 人口结构

2011年末，全省常住人口为5463万人。常住人口地区分布及城镇人口比重见表2。2011年60岁及以上老年人口概况见表3。浙江省出生率与死亡率及死亡人口数见表4。

表2 2011年末常住人口地区分布及城镇人口比重

地区	2011年末常住人口（万人）	城镇人口比重（%）
全省	5463.0	62.3
杭州市	873.8	73.9
宁波市	762.8	69.0
温州市	914.3	66.3
嘉兴市	453.1	54.4
湖州市	289.9	53.3
绍兴市	493.4	59.3
金华市	538.6	60.0
衢州市	211.9	44.8
舟山市	113.7	64.3
台州市	599.9	56.0
丽水市	211.6	50.5

表3 浙江省2011年60岁及以上老年人口概况

地区	老年人口数（万人）	占总人口比例（%）	与上年同期相比		增加数（万人）	增长比例（%）
			城镇（万人）	农村（万人）		
总计	823.23	17.25	34.20	4.33	260.51	562.72
杭州市	122.19	17.53	5.31	4.54	71.52	50.68
宁波市	107.2	18.61	4.84	4.73	36.82	70.38
温州市	116.58	14.65	5.80	5.24	26.97	89.62
嘉兴市	69.03	20.42	1.56	2.31	23.67	45.36
湖州市	51.2	19.66	2.05	4.17	16.01	35.18
绍兴市	82.23	18.73	3.81	4.86	26.61	55.62
金华市	81.68	17.42	3.32	4.24	17.64	64.04
衢州市	42.47	16.79	1.95	4.81	8.96	33.51
舟山市	18.94	19.43	0.59	3.22	5.15	13.79
台州市	91.29	15.57	3.73	4.26	17.31	73.98
丽水市	40.42	15.47	1.25	3.19	9.85	30.57

表 4　浙江省出生率与死亡率及死亡人口数

年份	年末常住人口（万人）	出生		死亡		自然增长	
		人数（万人）	出生率（‰）	人数（万人）	死亡率（‰）	人数（万人）	自然增长率
2003	4856. 80	44. 96	9. 66	29. 70	6. 38	15. 26	3. 28
2004	4925. 20	50. 12	10. 71	26. 95	5. 76	23. 16	4. 95
2005	4990. 90	54. 37	11. 10	29. 78	6. 08	24. 59	5. 02
2006	5071. 80	50. 78	10. 29	26. 75	5. 42	24. 03	4. 87
2007	5154. 90	52. 11	10. 38	27. 96	5. 57	24. 15	4. 81
2008	5212. 40	51. 92	10. 20	28. 61	5. 62	23. 31	4. 58
2009	5275. 50	52. 63	10. 22	28. 79	5. 59	23. 84	4. 63
2010	5446. 51	55. 08	10. 27	29. 70	5. 54	25. 38	4. 73

注：①本表为人口抽样调查数据。②表中常住人口数据，根据 2010 年第六次全国人口普查数据进行了修正。

以上数据说明了浙江省推动普惠型基本公共殡葬服务的必要性。

（四）浙江省有关“十二五”规划

1. 民政事业发展“十二五”规划

“十一五”时期，浙江省各地以改善民生、促进民主、增进民利为主线，大力推进民政各项工作，圆满完成了既定的目标任务，民政事业整体发展水平继续走在全国前列。在此基础上，为促进浙江省民政事业科学发展，根据《浙江省国民经济和社会发展第十二个五年规划纲要》，制订了《浙江省民政事业发展“十二五”规划》。其中以下四项与基本公共殡葬服务有直接关系：一是基本原则中明确提出，坚持以人为本，全面发展。二是发展目标中提出，适度普惠的民生保障体系进一步完善。三是优化民政基本公共服务中提出，建立惠民殡葬服务管理体系，即进一步完善殡葬制度，到 2015 年，全省所有火葬区均建立覆盖城乡居民的惠民殡葬制度，全省城区人口 10 万以上的县城所在地均建有殡仪馆，提供文明、优质的殡葬服务。四是在民政事业发展主要指标中提出，到 2015 年，惠民殡葬覆盖率要达到 100%。

2. 社会福利事业发展“十二五”规划

为了推动浙江省社会福利事业全面、协调、可持续发展，更好地适应构建社会主义和谐社会和全面建设小康社会的要求，根据国家、省“十二五”规划建议和纲要，制订了《社会福利事业发展“十二五”规划》。该规划在总体目标明确提出：社会福利事业发展体制机制全面创新。建立社会福利事业发展综合协调机制，形成稳定的公共财政投入机制和综合平台，推进新型社会福利体系建设，逐步提高福利服务均等化水平。该规划在“不断提高社区福利服务能力”部分提出：一是建立健全覆盖城乡居民的殡葬惠民制度。政府负责基本殡葬服务；其他选择性服务，发挥市场调节作用，满足人民群众多层次需求。二是加强殡葬基础设施建设。合理配置机构规模，建设殡仪基础设施，确定工作人员编制，加强装备设施建设；科学规划公益性公墓建设。三是深化完善殡葬管理体制。提高殡葬执法队伍权威；加强部门协调，促进殡葬管理规范化。按照公共财政的要求，认真编制财政预算项目，加大殡葬事业和殡葬基础设施建设投入，满足人民群众对殡葬作为公共服务的基本需求。

以上规划为浙江省实施普惠型基本公共殡葬服务提供了政策依据。

（五）浙江省各级领导高度重视“民生工程”

建设适度普惠的新型社会福利体系已经成为浙江省各级党委、政府和社会各界的共识。在全省经济社会发展转型提升的重要时期，加快建设新型社会福利体系，是实现基本公共服务均等化，确保经济社会发展成果惠及全省人民的重要内容，是进一步加大对困难群体福利服务推进社会公平正义的重要手段。

早在党的十六大之后，时任省委书记的习近平同志率领省委“一班人”，在深入调查研究的基础上，逐步形成了浙江省“八八战略”现代化发展的新思路。2013年，浙江省委书记夏宝龙在《“八八战略”，为浙江现代化建设导航》指出：“要着力提高城乡人民收入水平和社会保障水平，让富裕起来的人民群众敢于消费。”同年，浙江省省长李强在《干好“一三五”实现“四翻番”》“今后五年的奋斗目标和主要任务”部分指出：“加快社会事业发展和社会保障体系建设，提升基本公共服务水平。完善养老、医疗等社会保障制度，完善新型社会救助体系和社会福利体系。”

以浙江省民政厅为代表的浙江省各级职能部门领导干部积极落实中央、省委、省政府的战略部署。在殡葬改革过程中，浙江省民政厅坚持“以人为本为核心，保障和改善民生为抓手，促进社会公平正义为导向”，把普惠型基本公共殡葬服务作为浙江省的民生工程来抓。在浙江省民政厅指导下，浙江省各级民政部门深刻认识到，全面推行普惠型基本公共殡葬服务政策，着力保障群众基本殡葬需求是切实减轻群众殡葬支出负担、实现改革发展成果惠及全民的重要途径，是完善社会保障体系、促进社会稳定和谐的应有之义，是保护资源环境、促进生态文明建设的客观要求，是深化殡葬改革、推动殡葬事业科学发展的内在动力。在推进普惠型基本公共殡葬服务的过程中，他们加强和创新社会管理，全面推进，认真落实，取得预期效果，为其他地方推进惠民殡葬发挥了示范性效果，得到民政部的高度认可。

以上为浙江省实施普惠型基本公共殡葬服务提供了“领导”支持。

综上所述，就整个浙江省的经济社会现状看，已经具备了落实党中央、国务院关于基本公共服务均等化战略部署的经济社会条件，并且许多地市已经实现殡葬基本公共服务均等化。

四、浙江省实施普惠型基本公共殡葬服务的途径和现状

依据民政部对惠民殡葬的指导意见、浙江省殡葬事业科学发展现状及本研究对普惠型基本公共殡葬服务的界定，本文从六个方面描述浙江省实施普惠型基本公共殡葬服务的途径和现状。

（一）改善殡葬公共服务设施，夯实普惠型基本公共殡葬服务物质基础

《关于全面推行惠民殡葬政策的指导意见》在“全面推行惠民殡葬政策的总体要求”部分明确提出，“落实惠民殡葬政策措施，要不断加强殡葬公共服务机构设施，完善与基本殡葬服务相配套的设施设备”。殡葬服务设施是专门为办理丧事提供服务的场所和设备，是实施殡葬服务的物质条件。目前，我国殡葬设施主要包括殡仪馆和火葬场，属于公共设施范畴。殡葬服务设施的整体布局和设备的优劣对人们殡葬活动的影响表现在两个方面：一是是否便于他们完成殡葬活动，二是是否使他们心理上得到慰藉。另外，殡葬设备的优劣对资源环境有直接的影响，先进优良的殡葬设备能有效地节约资源，减少环境污染。针对殡仪馆规模小，卫生条件差，不能满足当代的殡葬服务需求，设备单一而落后造成污染严重、公墓不足等问题，浙江省加大投入力度改造殡葬设施。

1. 改建、扩建殡仪馆（服务机构）

早期的殡仪馆（火葬场）建设，不论是建设规模或者内部规划基本都是

仅仅为了火化遗体这一单一功能。随着火化率的提高，火化量的增加，更重要的是浙江省民政部门以人为本的理念考虑到丧属举办殡仪活动和为等待办理丧事时休息的需要，把殡葬设施作为政府有责任提供的必要的公共服务设施，浙江省20世纪90年代以来加大了对殡仪馆的改建、扩建的力度。目前，10万人口以上的县（县级市）都建有殡仪馆。截至2011年末，浙江省殡仪馆数量达到75个，每千万人口殡仪馆数量在内地31个省、自治区、直辖市（以下简称全国）中排名第十一，见图2。

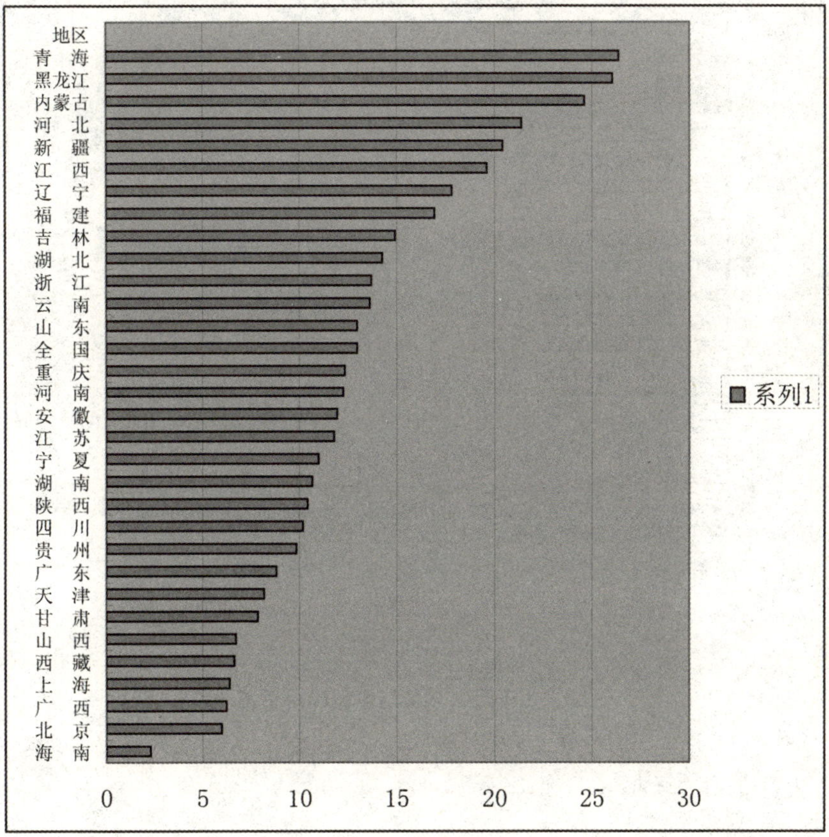

图2　每千万人殡仪馆数量图

考虑到殡仪馆的现实作用、人口的地理分布及地方的自然环境结构，全国许多地方建有殡葬服务机构，即除了不能火化遗体，可以提供殡葬服务的所有其他服务项目。浙江省以人为本，便民利民的殡葬理念不仅体现在改建、扩建殡仪馆规模上，而且考虑到满足普通大众的一般殡葬的基本需求，在不适合建殡仪馆的地方建设殡葬服务机构，以便于提供殡葬服务。

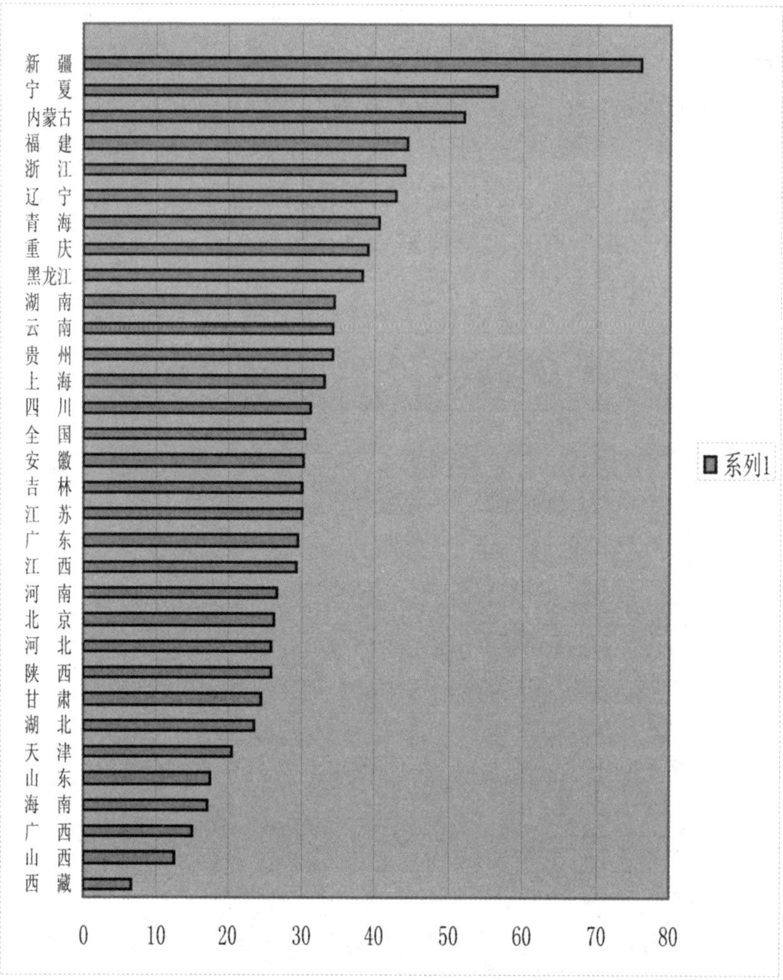

图 3　每千万人殡葬服务机构数量图

资料来源：图 2、图 3、图 4 中数据由《民政统计年鉴（2012）》和《国家统计年鉴（2012）》计算得出。

截至 2011 年末，浙江省殡葬服务机构达到 240 个（包括殡仪馆），每千万人殡葬服务机构的数量高出全国平均 13.5 个百分点，在全国排名第五，见图 3。如果按每万平方千米殡葬服务机构计算，浙江省高出全国 5.5 个百分点，在全国排名第六，见图 4。如果只是分别看这两个排序，浙江省排在第五和第六，但是进一步比较分析会发现，按每千万人殡葬服务机构的数量排名在浙江前面的，在按每万平方千米殡葬服务机构排序中都排在了浙江省后边。这说明综合考虑人口和地区这两项最重要的影响因素后，浙江省殡葬服务机构的分布得到充分的优化。

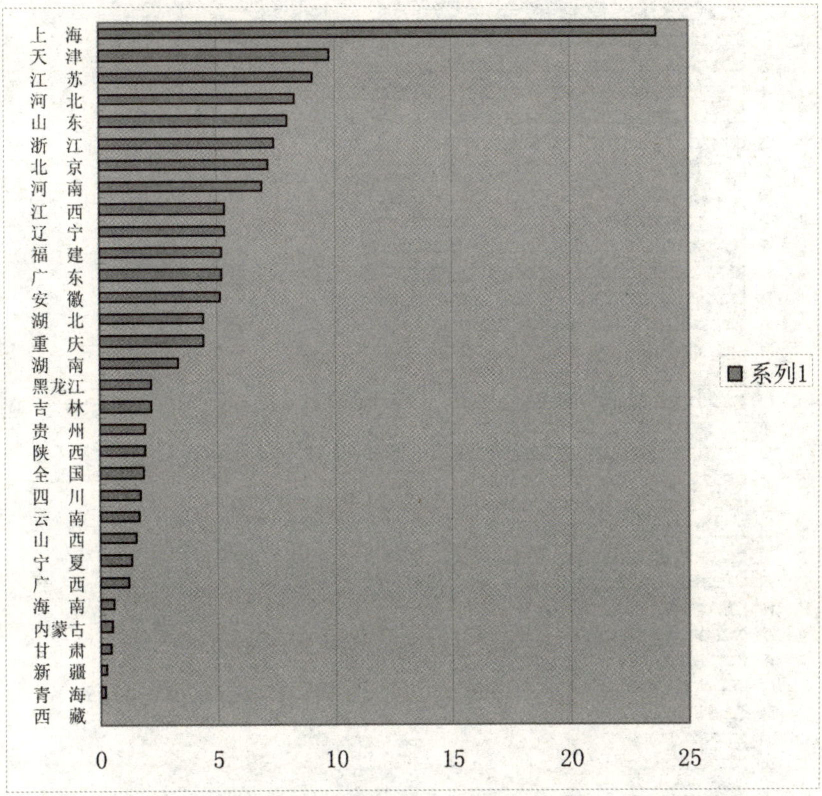

图4 每万平方千米殡葬服务机构

2. 更新殡葬设备

限于当时经济、技术等条件，早期的殡葬设备，如遗体运尸、冷藏、处理、火化等相对陈旧落后。尤其是火化机设备，高烟囱、技术水平低、卫生条件差、污染严重、火化时间长、职工劳动强度大，对环境污染严重。目前浙江省新建（改建）殡仪馆的核心设备火化炉基本实现了配备微电脑控制的高效、节能、低污染。遗体冷冻柜、冷藏柜、消毒加湿器、遗体罩、空气净化器及祭奠物品焚烧炉等殡葬辅助设备得到普及。另外，业务流程实行计算机管理和电子监控。这有利于人们改变对传统殡仪馆高污染的畏惧，有利于促进社会和自然环境的友好和谐，尤其是对殡仪馆附近的居民来说，是高度的利民举措。截至2011年末，浙江省殡仪馆火化炉317个，每千万人火化炉数量在全国排名第四，见图5。

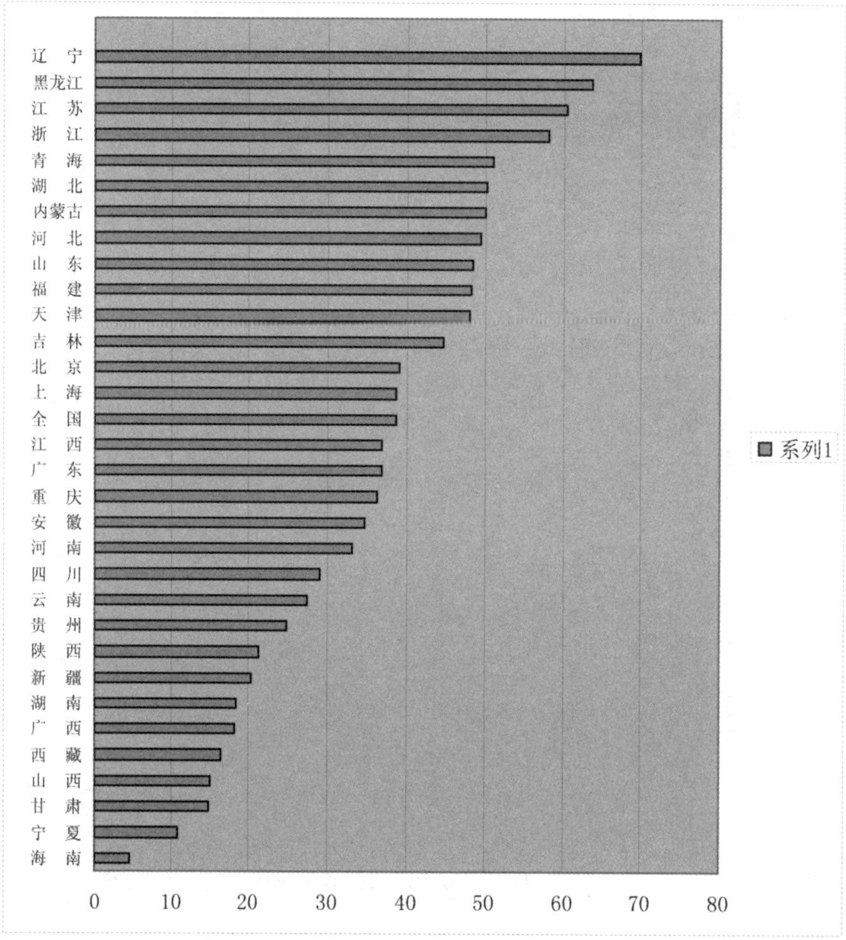

图5　每千万人火化炉数量图

资料来源：根据《民政统计年鉴（2012）》和《国家统计年鉴（2012）》计算得出。

3. 合理规划公墓

公墓是为城乡居民提供安葬骨灰和遗体服务的公共设施。它不仅包括一般意义的公益性公墓和经营性公墓等以墓地形式存在的公墓，还包括如杭州塔陵、舟山的骨灰存放室之类的骨灰安置场所。浙江省除了适度合理发展公墓的数量，更注重公墓（包括经营性公墓）的公益性和便民性，如每个（或两至三个）行政村基本有一个公益性公墓，以杭州市等许多农村树立“以人为本新理念，建设农村公益性生态公墓”为代表的农村公益性公墓建设既保护美化了环境、节约了土地资源，代价又低，容易被广大群众真正接受，代表着我国农村公墓的发展方向。杭州市实施“双两千工程”，满足了低收入者的“葬”需求，体现了民政部惠民殡葬指导意见的“统筹城乡，明确重点”的基本原则，即统筹城乡区域间殡葬公共服务供给，加大惠民殡葬政策向农村、贫困地区和城乡低收入群体倾斜力度。浙江省公益性公墓（包括骨灰堂等）分布情况见表5。

表5　浙江省各市城乡公益性公墓（墓地）表（2012年8月）

一、市本级公益性公墓（骨灰堂）					二、县（市）本级公益性公墓（骨灰堂）					三、其他		
设计格位（穴位）数	已安葬格位（穴位）数	政府（民政部门）兴办（填写单位数）	殡葬事业单位兴办（填写单位数）	企业、其他组织兴办（填写单位数）	设计格位（穴位）数	已安葬格位（穴位）数	政府（民政部门）兴办（填写单位数）	殡葬事业单位兴办（填写单位数）	企业、其他组织兴办（填写单位数）	乡镇农村公益性墓地（骨灰堂）（填写单位数）	行政村（联村办）农村公益性墓地（骨灰堂）（填写单位数）	其他集中葬埋点（填写单位数）
杭州 60000	23800	1								106	2273	1520
宁波 37878	9782	5								142	924	32
温州 130316	91227			38	463464	43165	2	2		160	194	
湖州					35350	7713	4			103	379	
嘉兴					23500	13280	2		1	170	134	
绍兴										930	689	47
金华										38	3806	92
衢州											2153	
舟山										56	123	
台州 11000	8790	3								140	2911	18
丽山 3000	2658	1			35489	18504	6	2	1	32	1045	152
合计 2421194	136257	10		38	557803	82662	14	4	2	1877	14631	1861

说明：①市辖区的有关数据统一填写在市本级栏目中；市本级填写栏目一、栏目三。②县（包括县级市）填写栏目二、栏目三。

资料来源：浙江省民政厅统计资料。

（二）调整殡葬管理体制，改进普惠型基本公共殡葬服务监管体系

殡葬管理体制是否顺畅、高效，反映的是政府的执政理念，关系到殡葬执法和殡葬监督能否落到实处，关系到政府的惠民、便民、利民公共服务政策能否贯彻落实。普惠型基本公共殡葬服务的“殡葬监管”不仅要对群众违法乱纪的殡葬行为进行监管，更要对有关政府部门对普惠型基本公共殡葬服务政策的落实和有关服务单位的服务内容和价格进行监管。中华人民共和国成立后的殡葬管理体制可以追溯到1956年中央领导倡导火化改革，当时以推行火化为重要任务，殡葬管理强调火化服务，由政府出资兴办并经营殡葬设施。该时期的重要特征之一是火葬场为群众提供出殡、火化等简单的殡仪服务，国家没有设立专门的殡葬管理机构，严格地说那时是一种消极的政府管理。

1983年民政部《殡葬事业单位管理暂行办法》和1985年国务院《关于殡葬管理的暂行规定》的出台，确立了由各级民政部门为负责机关的殡葬管理体制。在大中城市，民政部门大都成立了专门的殡葬管理机构——殡葬管理处（所），其主要职责：一是推进殡葬改革。即推行火葬、扩大火化区，并行使殡葬执法权；二是搞好殡葬服务。即由原来的行政部门演变成集政府管理职能和社会服务职能于一体的“政事结合”的行政事业单位。这时的殡葬管理机构的特点是：一方面与殡葬服务单位合署办公，其主要经费来源依附于殡葬服务收入；另一方面行政命令代替了殡仪服务单位的自主经营。

1997年《殡葬管理条例》的出台为各地对殡葬管理体制进行探索性改革提供了政策依据。尽管有些地方，如北京、上海等地对殡葬体制改革进行了积极的探索，但是因为编制和经费等问题，我国殡葬管理体制长期以来存在两个带有普遍性的突出问题：一是政事不分，如许多地区殡葬管理机构与殡葬事业单位两块牌子、一套人马；二是没有专门的殡葬执法队伍，影响殡葬改革的积极推进。殡葬改革遇到的许多问题都与殡葬管理缺位、越位、错位和不到位有直接关系。

浙江省对殡葬管理体制的积极探索首先在湖州市民政局取得了突破。为推广湖州市民政局的先进经验和做法，浙江省民政厅、省人事厅联合在湖州市召开了全省殡葬管理体制改革工作座谈会，并联合下发了《关于理顺殡葬管理体制，加强和规范殡葬监管执法工作的意见》。这里以湖州市为例，说明

浙江省殡葬管理体制改革的具体做法。

1985年，湖州市民政局根据殡葬改革和殡葬执法工作的需要，成立了市殡葬管理所，在市殡仪馆增挂一块牌子，与市殡仪馆两块牌子一套班子。这种殡仪馆与殡葬管理所合一的方式在一定历史时期对推行殡葬改革、实行遗体火化发挥了积极作用，但是随着殡葬改革的进一步深入，这种体制已经难以对殡葬违法行为实施有效的监督。2002年，市殡葬管理所与殡仪馆分离单设。殡葬管理所与殡仪馆分离后，在一定程度上解决了“既当运动员、又当裁判员”的状况，但是由于与市局社会事务处职能交叉，职责不清，加上殡葬管理所人员不足，难以履行局机关委托的执法职责，执法监督存在一定的缺位，矛盾和问题不断凸显。2006年3月，经市编委批准，撤销市殡葬管理所，成立市殡葬执法支队。湖州市民政局在做好明确执法依据、确定执法职能、理顺机构权责等大量前期工作的基础上正式向湖州市编制委员会请示要求设置湖州市殡葬执法支队并配备相应编制。经批准，湖州市殡葬执法支队正式成立。市殡葬执法支队为科级财政拨款监督类事业单位，隶属市民政局领导，下设法规处和监督稽查处，编制人其主要职责是宣传贯彻殡葬法规和政策，负责对全市殡仪馆、公墓、墓地等殡葬设施建设进行监督检查，依法查处土葬、乱建坟墓、骨灰套棺和擅自转运遗体等违法违规行为。

目前，浙江省殡葬管理体制结构是社会事务处（科）+殡葬执法队+殡仪馆/公墓（殡葬服务单位），结构图见图6。

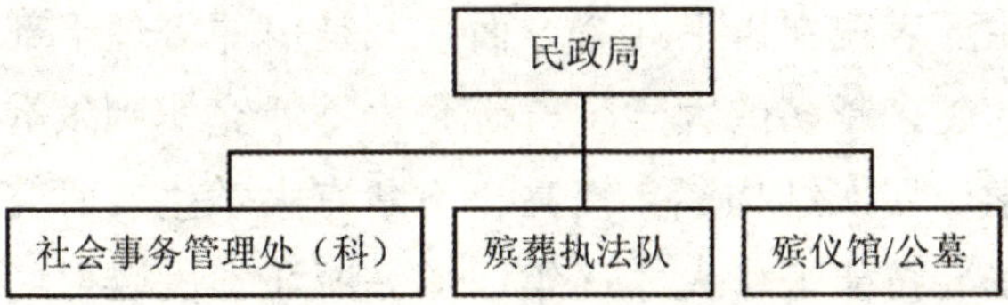

图6 浙江省殡葬管理体制结构图

这类管理体制殡葬执法队正式列编，统一负责对殡葬服务单位的监管和日常殡葬执法，同时接受机关内设处室的业务指导，两者之间职责清楚、分工明确。相对其他地方，它具有两大突出优点：一是对殡葬服务单位的监管与日常的殡葬执法职能均由专设的殡葬管理单位承担，机关内设处室、殡葬管理所、殡葬服务单位相对独立。二是细化了机构职能和责任，特别是将局机关内设处室不再直接管理殡葬事业单位，避免了与殡葬事业单位管理中心的职能交叉，同时把对殡葬服务单位的监管和日常殡葬执法分离，提高了监管能力和执法水平。尤其是殡葬执法队纳入公务员序列管理，从制度等各方面为殡葬执法取得成效提供了坚实保障。

（三）加强殡葬队伍建设，提升普惠型基本公共殡葬服务水平

《关于全面推行惠民殡葬政策的指导意见》在“全面推行惠民殡葬政策的总体要求”部分要求“不断增强服务能力，提高服务水平”。殡葬队伍包括管理人员和技能人员，他们是为殡葬提供服务的直接力量，殡葬队伍的数量和殡葬员工的素质直接关系着殡葬业为民服务的质量，关系着政府的便民、利民措施是否顺利落实。我国严格意义的殡葬队伍的产生应该从1956年党和国家领导人倡导火葬，国家在一些大中城市兴建火葬场开始。1966年，全国兴办的不同规模的火葬场才87个，鉴于当时各种条件的限制，每个火葬场的工作人员按5—8名配备，即使到1978年，全国火葬场也仅有1223个，全部职工人数16499名。从业人员主要是经过改造的旧社会下层贫困无业人员、招收的农民和少数复员军人。其特点是从业人员素质不高，学历层次低，技艺传授采用“师傅带徒弟”的方法。公墓从业人员更少，到1985年全国公墓职工总人数仅有293名，殡葬管理机构职工人数804人。

为了“不断加强殡葬公共服务能力建设，不断提升服务水平，确保殡葬活动的全程救助落到实处”，浙江省除了保证殡葬队伍数量，更注重提高他们的素质。主要表现在以下几个方面：一是殡葬管理干部和职工的学历结构普遍提高，越来越多的大学生、研究生不断充实到殡葬队伍中来。二是殡葬职工的学历层次结构逐年提高，不断有大学生、研究生加入殡葬队伍中来。三是殡葬技能工作人才逐年增加，浙江省民政部门积极组织殡葬职工参加殡葬技能培训、学习和考试。截至2011年末，殡葬服务机构中，浙江省每千万人口大专及以上学历人数为210人，在全国排名第十二（见图7）。具有社会工作师证（初级和中级）数量达到76人，在全国排名第一。这说明浙江省殡葬服务机构注重对现有职工的培训，而在引进人才方面力度不够。2011年末浙江省殡葬队伍结构情况见表6。

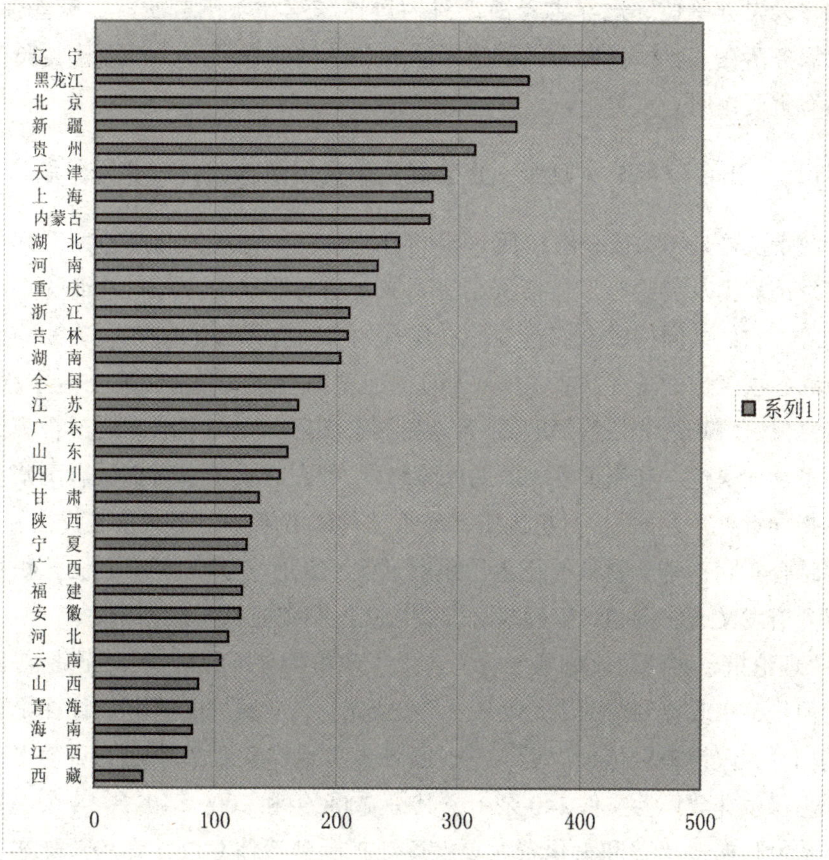

图7 全国大专以上学历结构图

资料来源：《中国民政统计年鉴（2012）》。

表6 2011年浙江省殡葬队伍结构情况表

	总人数	大专学历		本科及以上学历		初级社工师		中级社工师	
		人数	占总人数（%）	人数	占总人数（%）	人数	占总人数（%）	人数	占总人数（%）
管理机构	339	124	36.6	91	26.8	4	1.2	1	0.3
服务机构	3507	820	23.4	328	9.4	65	1.9	11	0.3
公墓职工	1028	147	14.3	58	5.6	48	4.7	1	0.1

资料来源：浙江省实地调研和《中国民政统计年鉴（2012）》。

足额高素质的殡葬队伍对浙江省开展普惠型基本公共殡葬服务提供了队伍保障。据调查，浙江省有1/3以上的殡仪馆被县级以上人民政府授予精神文明建设先进单位。这标志着浙江省通过提高殡葬队伍素质，把殡葬便民、利民服务落在了实处，为人们创造了温馨和谐的殡仪环境，对慰藉丧属的心理具有重要作用。

（四）出台殡葬减免政策，建立健全普惠型基本公共殡葬服务制度

政策法规是国家或政府按照一定的目的和程序有意识创造的一系列的政治、经济规则及契约等，包括从宪法到成文法与普通法，再到明细的规则和条例等，它们共同构成人们行为的激励和约束，它保证国家各项政策的顺利执行和各项工作的正常开展。民政部在《促进殡葬事业科学发展的指导意见》推行惠民殡葬政策的条款要求："各地要结合实际，积极争取政府出台惠民殡葬政策，加快建立和完善殡葬救助保障制度。"在《关于全面推行惠民殡葬政策的指导意见》"全面推行惠民殡葬政策的具体措施"的第一条又提出，"各地要结合实际，科学制订推行惠民殡葬政策的工作方案和实施办法，积极争取以政府发文或协调相关部门联合发文形式发布实施"。

"理论指导实践，政策规定行为，上级政策指导下级政策"，这是普遍做法，但是，在改革创新的先行地区，"实践先行，实践性的探索"往往是理论的基础，为政策提供依据。近年来，浙江省各地在实践的基础上陆续出台了各项惠民殡葬政策性文件140余个，其中2008年和2009年出台58个，惠民项目从最初的接尸费和火化费两项，逐渐扩展到遗体存放、骨灰盒赠送、骨灰寄存等七项，受惠的对象从困难群体逐步扩大到所有城乡居民、流动人口及其他人员。2010年起，浙江省各地按照民政部的要求，加大基本公共殡葬服务政策保障力度，杭州、温州、嘉兴、宁波、义乌等市（县），相继出台了覆盖全民的基本公共殡葬服务政策，政策规定了基本公共殡葬服务的对象范围、惠民项目、减免或补贴标准以及资金来源。实现了殡葬基本服务项目保障性福利，并对原已享受免费的低保对象、优抚对象等，增加赠送骨灰盒、免费使用告别厅等项目。实现了由补缺型基本公共殡葬服务到普惠型基本公共殡葬服务的转变。

浙江省普惠型基本公共殡葬服务政策的制定和落实主要有两种模式：一种是以杭州市为代表的以上促下模式，即先在城市中推行，然后在县市推行。浙江省大部分地市都采用这种模式；一种是以台州为代表的以下促上模式，即先在县市中推行，然后在城市推行。

2010年5月，杭州作为全国第一个副省级城市率先出台了《杭州市区殡

葬费用基本免费办法》。该办法规定，从2010年7月1日起对以下人员实行殡葬基本费用免费：1. 具有杭州市区户籍的城乡居民；2. 杭州大中专院校全日制非杭州市区户籍的学生，住杭部队现役军人；3. 与在杭企业签订劳动合同并规定缴纳养老保险金1年以上、在杭州市区居住的外来务工人员。免费项目包括：1. 遗体接运（限市区范围内使用普通接尸车辆接运遗体）；2. 殡仪馆内遗体冷藏存放（存放期限3天以内）；3. 遗体火化（使用普通火化炉火化遗体）；4. 骨灰寄存（存放期限一年以内）。对重点救助对象在免除殡葬基本服务项目费用的基础上，再免除小告别礼厅的使用费，并赠送骨灰盒1只。8城区殡葬惠民政策的做法为5县（市）提供了经验。同年11月，市领导在《关于贯彻落实杭州市区殡葬基本服务项目免费办法的情况报告》作了重要批示，要求5县（市）抓紧制定殡葬惠民政策。各县（市）民政局极为重视，积极采取了切实有效的措施：一方面及时向县（市）主要领导汇报，另一方面主动与财政物价等部门做好协调工作。各县（市）在广泛调研的基础上，在2010年年底前先后出台了“殡葬费用基本免费办法”，并于2011年1月1日起全面实施。至此，杭州市实现了全市普惠型基本公共殡葬服务全覆盖。

第二种模式主要是台州地区的模式。台州下属9个县（市），目前已经有7个县（市）自行出台惠民殡葬文件，仅剩下台州市城区没有出台（截至2013年5月）。

截至2012年8月，浙江省11个地级市（包括29个市辖区、22个县级市、36个县、1个自治县），共计101个地方政府，有60个地方政府出台了“惠民殡葬”政策（见图8）。其中，惠民范围包含四类①的高达59个行政单位；惠民项目三至六项②，其比例结构见图9。

在葬的方面，浙江省也在积极探索基本公共殡葬服务。主要体现在三个方面：一是推出的“双两千工程”，即在未来3年（从2012年算起），所有的在建陵园，必须保证有2000个2000元以下的墓穴来满足低收入群体的需求。二是对于生态墓丧葬的丧户额外再给予经济补贴2000元。三是扶持推动公益

---

① 惠民范围是指享受惠民政策的对象范围，包括：A. 所有户籍居民，B. 农村居民，C. 城乡困难群众（包括C1. 城乡低保对象、C2. 农村五保对象、C3. 城市“三无”人员、C4. 重点优抚对象），D. 其他（包括D1. 流动人口、D2. 因灾死亡人员、D3. 无名尸体、D4. 其他）。

② 惠民项目包括：A. 遗体接运，B. 存放，C. 火化，D. 骨灰盒，E. 骨灰寄存，F. 节地葬法，G. 其他。

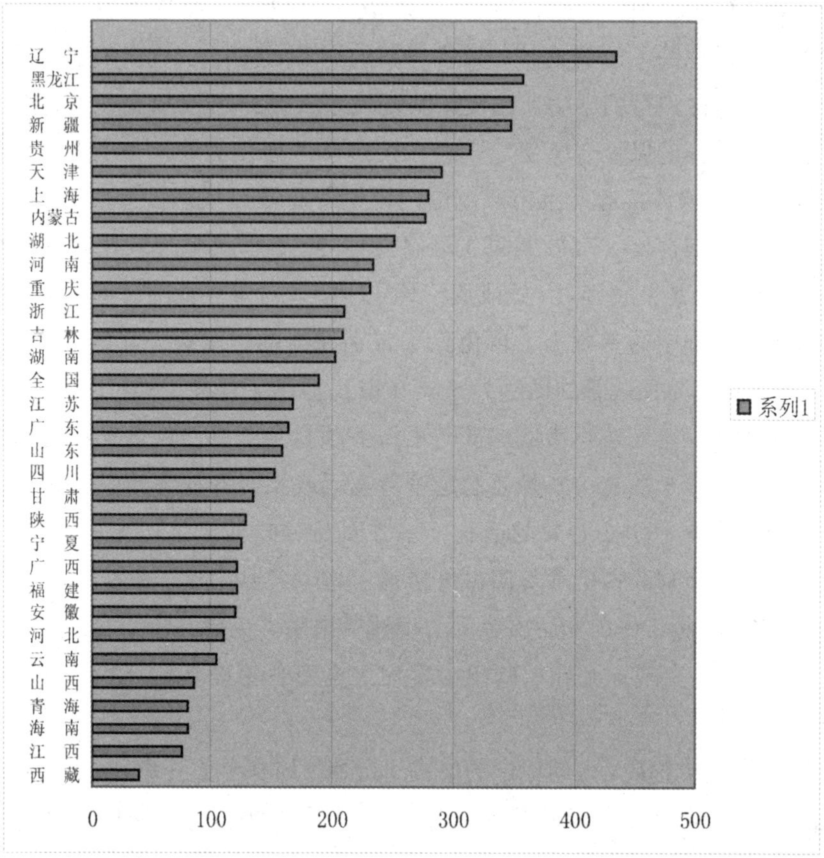

图 8　浙江省出台惠民殡葬政策与未出台惠民殡葬政策的行政单位比例图

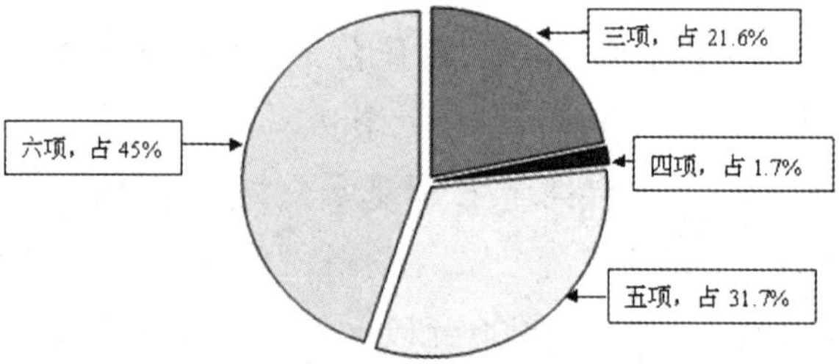

图 9　浙江省出台惠民殡葬项目比例图

性公墓建设。各地方民政部门积极响应省民政厅的号召。各地积极执行省民政厅的要求，如杭州市在传统的墓葬方面实施限价限量：要求杭州市 21 家公墓实施“双两千工程”，即每家墓地必须有 2000 座售价为 2000 元的墓穴；温州市出台规定：撒江的奖励 8000 元，实行生态葬的奖励 5000 元，实行塔葬和寄存的奖励 3000 元，等等。

（五）以普惠型基本公共殡葬服务为宣传亮点，营造深化殡葬改革氛围

宣传具有激励、鼓舞、劝服、引导、批判等多种功能。宣传的基本功能是劝服，即通过多种内容和形式，阐明某种观点，使人们相信并付诸行动，最终实现宣传者制定的目标。民政部《关于全面推行惠民殡葬政策的指导意见》要求，对惠民殡葬政策要加强宣传引导，既要落实惠民殡葬政策，又要发挥惠民殡葬政策的综合社会效益，将其与实行火葬、推行生态殡葬、倡导移风易俗结合起来，营造推动殡葬改革的良好氛围。

浙江省民政部门主要对三种受众群体采取不同的宣传内容和形式。

一是政府有关的协同部门。针对他们宣传的目的主要是争取相关政策的出台和争取财政资金的支持。宣传形式主要是会议、报纸杂志、电视、面对面的沟通交流等，宣传内容主要是普惠型基本公共殡葬服务的理念和有关国家政策以及浙江省有关民生的政策等。

二是系统内工作人员。系统内工作人员是指工作在殡葬一线，或者搞接待工作以及结算等环节，他们的工作对是否能实现“一站式”服务至关重要。针对他们宣传的目的主要是促进他们不断提升服务能力和服务水平，确保普惠型基本公共殡葬服务便民、快捷、高效落实。宣传的内容主要是普惠型基本公共殡葬服务的理念和本人的工作队落实普惠型基本公共殡葬服务的意义。宣传形式有单位部门会议、讨论会以及单位宣传栏、宣传册、宣传横幅、室内多媒体等。

三是普通大众。普通大众是殡葬改革的践行者和普惠型基本公共殡葬服务的受益者。他们最有资格评价普惠型基本公共殡葬服务政策及其落实情况，也直接关系着殡葬改革能否顺利进行。针对他们宣传的目的主要是让他们了解享受普惠型基本公共殡葬服务条件及其结算程序，以及国家殡葬改革的意义及其和普惠型基本公共殡葬服务的关系。对他们的宣传内容主要是国家有关法律、法规、政策，享受普惠型基本公共殡葬服务的条件、具体项目、结算程序，移风易俗、节俭、环保、生态殡葬的意义。宣传形式主要有电视、报纸、广播、宣传册、殡仪馆宣传栏、墓地的宣传栏、宣传横幅、政府和服务单位的门户网站等。从浙江省普惠型基本公共殡葬服务政策出台、资金投入和群众的反应看，这种宣传起到了积极的效果。

五、普惠型基本公共殡葬服务对浙江省经济社会发展的积极作用

（一）普惠型基本公共殡葬服务，促进了社会公平正义

公平是指按照一定的社会标准、正当的秩序合理地待人处世，是制度、系统、大型活动的重要道德品质。公平包含公民参与经济、政治和社会其他生活的机会公平、过程公平和结果分配公平。“正义”一词，在中国最早见于《荀子》：“不学问，无正义，以富利为隆，是俗人者也。”正义观念萌生于原始人的平等观，形成于私有财产出现后的社会。马克思主义伦理学认为，正义与否的客观标准主要在于其行为是否符合社会发展的要求与广大群众的利益。

公平正义是衡量一个国家或社会文明发展的标准，是人类文明的标志之一，也是我国构建社会主义和谐社会的重要特征之一。2005 年，胡锦涛同志在省部级主要领导干部专题研讨班上的讲话中深刻指出：“公平正义，就是社会各方面的利益关系得到妥善协调，人民内部矛盾和其他社会矛盾得到正确处理，社会公平和正义得到切实维护和实现。”“维护和实现社会公平和正义，涉及最广大人民的根本利益，是我们党坚持立党为公、执政为民的必然要求，也是我国社会主义制度的本质要求。只有切实维护和实现社会公平和正义，人们的心情才能舒畅，各方面的社会关系才能和谐，人们的积极性、主动性、创造性才能充分发挥出来。”党的十七大提出，实现社会公平正义是中国共产党人的一贯主张，是发展中国特色社会主义的重大任务。温家宝在十一届全国人大三次会议闭幕回答记者提问时说：“公平正义比太阳还光辉。公平正义是社会主义的本质特征。”民政部把“建设惠民殡葬，维护公平正义”作为“十二五”期间殡葬事业发展的目标。这对我国构建社会主义和谐社会具有重要的现实意义。

维护和促进社会公平正义，制度是保证，更带有根本性、全局性、稳定性和长期性。完善的社会保障制度，有利于保障人民群众的基本生活和尊严。浙江省各地方通过制定普惠型基本公共殡葬服务制度，明确了普惠型基本公共殡葬服务受益群体和保障内容；加大了普惠型基本公共殡葬服务的宣传力度，使普惠型基本公共殡葬服务广为所知并为社会各阶层理解和接受；提高

了制度执行力，使规章制度落到了实处，人民群众分享了改革发展带来的成果；形成了社会公众维护和促进公平正义的价值取向，自觉做到了知行统一。有道是，“乐民之乐者，民亦乐其乐；忧民之忧者，民亦忧其忧”，当民与社会、与政府同忧共乐时，又何愁社会不和谐稳定发展。

（二）普惠型基本公共殡葬服务，促进了殡葬事业发展

以节约土地、保护环境、移风易俗、减轻群众负担为宗旨的殡葬改革，符合我国人多地少、资源紧缺的基本国情，符合全面建成小康社会、构建社会主义和谐社会的基本要求，是我国殡葬事业发展的方向。浙江省推进普惠型基本公共殡葬服务，从以下五个方面促进了殡葬事业发展。

1. 普惠型基本公共殡葬服务，加大了殡葬行业基础设施公共财政投入，扩建（新建）了殡仪场地，满足了人们殡仪活动的空间需求，有利于人们实现心理慰藉；加大了基本殡葬服务设施设备，特别是火化设备的更新改造，保障了城乡公益性骨灰安葬设施，满足了人民群众基本殡葬需求，有利于节约资源、节地殡葬和生态文明建设。

2. 普惠型基本公共殡葬服务，增加了殡葬改革宣传的亮点，增强了殡葬改革宣传的效果，拉近了宣传者和受众之间的关系，有利于群众自觉破除丧葬陋俗，接受先进殡葬文化，形成文明节俭办丧事的理念，从而有利于改革土葬，推进火葬和生态安葬，树立殡葬改革新风尚。

3. 普惠型基本公共殡葬服务，减免了基本殡葬费用，减轻了群众负担，促进了公平正义，增强了政府凝聚力、向心力和感召力，增强了群众个人利益服从集体利益和国家利益的意愿，增强了群众参与殡葬改革的主动性和自觉性，从而使殡葬改革得到更广泛的社会支持并得以顺利实施。

4. 普惠型基本公共殡葬服务，有利于理顺殡葬管理体制，有利于政府对行业内基本殡葬服务和殡葬用品价格等进行监管；有利于把政府推行的惠民、便民、利民等“阳光殡葬”落到实处；有利于政府加强殡葬活动从“火化到安葬”的监管，制止乱埋乱葬。

5. 普惠型基本公共殡葬服务，制定了公平公正的行业政策，规范社会资本进入殡葬服务单位的条件，有利于加强殡葬监管和行风建设，如解决了运尸车来源的多样性、医院和殡仪馆对殡仪活动的无序竞争等。

（三）普惠型基本公共殡葬服务，促进了经济社会发展

首先，普惠型基本公共殡葬服务直接促进浙江省经济社会发展。公共服务在很大程度上受经济发展水平的制约，但它不是完全被动的，它对经济发展具有巨大的反作用。公共服务的妥善解决，可以对经济发展起推动和促进作用。普惠型基本公共殡葬服务有利于解除人们的“善后”之后顾之忧，从而改变人们的生活消费观念，增加有效需求量，尤其是增加生活必需品的需求，从而扩大市场规模。浙江省是生活必需品的重要生产地，无疑，普惠型基本公共殡葬服务，有利于浙江省的经济增长，增加就业，进而促进浙江省经济社会发展。另外，普惠型基本公共殡葬服务促进了社会公平正义，而公平正义对社会的稳定具有积极作用。“没有正义的秩序是不能长久的，没有正义的稳定也是脆弱的稳定。”可以想象，没有稳定有序的环境，何谈经济社会的发展！

其次，普惠型基本公共殡葬服务属于国民收入二次分配范畴，它的本质是把收入从相对富裕的人转移到相对贫穷的人手中。按照研究福利经济学的鼻祖庇古的观点，这从整体上来说，尤其是在我国基尼系数远超警戒线的情况下，会增加一国的经济福利，从而有利于经济社会的发展。

最后，普惠型基本公共殡葬服务有利于浙江省吸引人才、留住人才，从而促进经济社会的发展。早在2700多年前管仲就提出：“国多才（财）则远者来，地辟举则民留处。仓廪实则知礼节，衣食足则知荣辱。”意思是国家富强了才能吸引更多的商人来做生意；土地开垦出来了，才能使人民安居乐业；家庭富裕了，丰衣足食了，人民才能懂礼节知荣辱。肯定地说，普惠型基本公共殡葬服务和公共服务措施必将对浙江省吸引人才、留住人才起到积极作用，从而对浙江省经济社会发展起到积极作用。

六、完善普惠型基本公共殡葬服务的建议

浙江省基本公共殡葬服务建设已经走在全国前列，为其他省份提供了宝贵的可供借鉴的经验，但是依据浙江省经济社会条件，可以在以下几个方面做得更好。

（一）增加普惠型基本公共殡葬服务项目

社会保障是一个历史的、动态的概念，它所包含的内容，受各国各地区在不同时期的社会经济发展水平以及社会保障权利的理解程度所影响。全面推行惠民殡葬政策，为城乡低收入群众乃至全体社会成员身故后提供遗体接运、存放、火化、骨灰存放等基本殡葬服务，是一项重要的基础性民生工程，它属于社会保障的范畴。近年来，尤其是在民政部制定《促进殡葬事业科学发展的指导意见》后，在科学发展观指导下，全国各地陆续出台了一批以面向不同群众减免基本殡葬服务费用为主要内容的惠民殡葬政策，不同程度地减轻了群众丧葬负担，增强了群众参与殡葬改革的主动性和自觉性。但是，就全国来说，惠民殡葬政策还存在覆盖范围窄、保障水平低、分布不平衡、实施方式单一等问题，特别是城乡之间、不同群体之间殡葬服务救助保障水平差距较大，对于群众主动进行葬式葬法改革的鼓励性措施不足，在一定程度上影响了群众参与殡葬改革的积极性，制约了殡葬改革的顺利推行和殡葬事业的健康发展。

浙江省普惠型基本公共殡葬服务在杭州市率先一步到位实行“广覆盖、保基本”的示范下，全省基本按此模式落实。按受益群体来划分，有本地户籍的100%享受这种公共服务，外省市户籍的群体也不同程度或者说有条件地享受这种公共服务；按保障内容来说，遗体接运、存放、火化、骨灰存放等基本殡葬服务费全部免除，不同的地方还有其他减免的项目。

2012年年底，民政部在《关于全面推行惠民殡葬政策的指导意见》提出，要从落实科学发展观、构建和谐社会的高度，充分认识全面推行惠民殡葬政策的重要意义，立足当地经济社会发展水平和殡葬工作实际，合理确定推行惠民殡葬政策的进度安排，优先保障遗体接运、存放、火化、骨灰存放等基本殡葬公共服务的供给，随着经济社会发展逐步增加服务项目，提高惠民标准，丰富惠民形式。结合经济发展水平、保障与权利统一的原则以及群众对基本公共殡葬服务的期待，浙江省可以考虑把以下几个方面纳入普惠型基本公共殡葬服务之内：一是骨灰安置。骨灰安置可以采用多种形式的公共服务，如免除骨灰基本安置费用。这种方式主要是指草坪葬、壁葬、安息堂葬等，奖励树葬、深埋、海撒等节地生态的骨灰安葬方式。二是追悼厅的使用。有条件的地方可以考虑修建免费治丧场所。这在殡葬礼仪中都是必不可少的程序。如果在家治丧或者举办追悼仪式，必将对邻里他人造成负面影响。

三是减免提供遗体告别塑料花圈及塑料花的摆放等费用。这是殡葬礼仪中必不可少的道具，用传统的花圈和烧纸浪费资源、污染环境，而塑料花圈及塑料花是可以重复利用的。四是减免使用高档火化机。目前浙江省免费火化，使用的都是旧式火化炉。这种火化炉对环境污染严重，同时也给丧属一种不平等的感觉。随着公共财政对殡葬行业投入的增加，购置足够的高档火化机，既满足丧属的心理平等的需求，也实现了生态殡葬和科技殡葬。五是减免骨灰盒费用。六是参考制定各项目价格后，根据个人的需求，考虑与其他非免费项目之间的置换。这样，我国就实现了“从摇篮到坟墓”的各种社会保障，也可以说，我国就基本实现了“生、教、病、居、老、死”一套完整的基本公共服务体系。

（二）改善普惠型基本公共殡葬服务基础设施

民政部《促进殡葬事业科学发展的指导意见》推行惠民殡葬政策和《关于全面推行惠民殡葬政策的指导意见》都明确提出，建立完善殡葬事业公共投入和稳定增长机制，加大基本公共殡葬服务设施设备，特别是火化设备的更新改造和城乡骨灰堂的公共投入力度。要不断加大与基本殡葬服务相配套的设施设备的更新改造力度，健全以遗体火化、骨灰存放及生态安葬为主的殡葬公共服务网络，保障惠民殡葬政策顺利实施，并明确其资金来源，可以通过利用福利彩票公益金资助殡葬设施建设改造项目。

总体上说，浙江省殡葬服务设施，不论是殡仪馆和墓地的整体布局、人均殡仪馆建筑面积还是人均殡葬服务设备等，都走在了全国前列，但是从浙江省目前殡葬服务设施看，殡葬服务设施仍有发展空间。例如目前还没有实现“城区人口 10 万以上的县城所在地均建有殡仪馆”，正在扩建（新建）的殡仪馆也面临诸多问题。调研资料显示 20 世纪八九十年代的平板火化炉还大量存在，以骨灰存放及生态安葬为主的殡葬公共服务网络还仅仅停留在杭州、嘉兴等这些经济相对发达的城市，等等。就经济社会发展水平来说，浙江省各地方完全有能力扩建（新建）、购置这些必要的殡葬服务设施。建议有关主要领导关注、重视殡葬行业的公共服务设施建设。

（三）继续调整普惠型基本公共殡葬服务队伍结构

广义的基本公共殡葬服务队伍既包括服务于有关殡葬的政策法规的制定者、管理者和研究者，也包括殡葬的媒介传播人员及其他参与殡葬活动者。

狭义的殡葬队伍包括殡葬政策法规制定者及其执行者、服务于殡葬的专家学者、殡葬管理部门人员、殡葬服务单位人员以及服务于殡葬活动的其他人员。这里主要探讨狭义的殡葬队伍结构问题。合理的殡葬队伍结构有利于完善普惠型基本公共殡葬服务的深入研究、政策制定、倡导宣传和贯彻落实。

从普惠型基本公共殡葬服务研究成果看，包括研究报告、书籍、报纸、期刊文章及其他文献，普惠型基本公共殡葬服务研究队伍严重短缺。有关部门有必要以设置相关课题、召开研讨会等形式引导、培养这方面的人才。通过他们对普惠型基本公共殡葬服务的深入研究，使制定的政策更加公平、行政管理更加合理、提供的服务更加周全、宣传倡导更加有效等，进而使普惠型基本公共殡葬服务富民、便民、利民，并且有理有据，深入人心。

从各地推进普惠型基本公共殡葬服务的力度和制定的有关政策文件看，有不少地方对普惠型基本公共殡葬服务的认识不到位，制定政策不积极，存在政策文件照搬照抄现象，这势必影响推进普惠型基本公共殡葬服务的自觉性。建议：一是对现有人员进行相关的培训，如民生理念和业务培训；二是招聘、引进民生理念强和政治觉悟高的同志充实到殡葬管理部门。

从调研地的宣传内容、形式看，殡葬行业缺乏有技巧的专业宣传队伍，不善于把基本公共殡葬服务和殡葬改革之间的关系有机结合起来，如普惠型基本公共殡葬服务的权利和义务之间的关系，把普惠型基本公共殡葬服务与生态殡葬、倡导移风易俗有机结合起来，另外也少见图文、图片等生动活泼的宣传形式。建议：一是对现有人员进行相关的培训，主要是业务能力的培训；二是招聘、引进宣传专业能力强的人才充实到殡葬行业。

从殡葬服务单位人员，尤其是公墓接待员工对群众的接待看，个别员工缺乏职业道德修养，或者说他们只看重经济效益，缺乏为社会效益奉献的热情，如不热衷于介绍惠民、便民项目。建议：一是对现有员工进行职业道德和社会公德教育或培训；二是招聘、引进公益事业心强的员工。

另外，从整个队伍的学历、专业职称、技术职称、技能职称来看，殡葬行业队伍还存在学历低、职称低的情况。建议：一是对现有员工相关业务的教育培训；二是招聘、引进高学历、高职称的高素质人员。

（四）继续提升普惠型基本公共殡葬服务质量

在以人为本、构建社会主义和谐社会的时代要求下，民政部推进惠民殡葬，落实的是惠民、利民、便民，反映的是民政部门“以民为本、为民解困、为民服务”的宗旨，体现的是社会公平正义。“服务”二字在民政部《关于全面推行惠民殡葬政策的指导意见》中共出现36次，可见“服务”在普惠型基本公共殡葬服务中的意义。作为特殊的公共服务业，殡葬服务业最重要的是树立“社会效益为主，经济效益为辅”的殡葬服务理念，坚持“商品有价值，服务无止境”的信念，做到让临终者有尊严地平静安详地告别人世，让生者无遗憾地办理丧事。

就浙江省而言，提升普惠型基本公共殡葬服务质量，应该从两个方面着手： 是普惠型基本公共殡葬服务程序上。有关单位要有专人负责，在适当的时候和适当的地方告知办理业务的群众如下内容：普惠型基本公共殡葬服务的具体项目、政策覆盖人群、救助保障标准、申请条件程序等。在办理有关手续时，要尽可能简化操作程序，减少结算环节，实现普惠型基本公共殡葬服务“一站式”结算服务，确保便民、快捷、高效。以免给群众，尤其是远道的群众如舟山市偏远地区的群众，造成一边享受保障、一边增加额外的消费的情况，如等待办理程序性结算手续就必须有住宿费或者交通费。避免有些省市地方的“惠民殡葬”政策“叫好不叫座”现象发生，使得惠民政策陷入“推广难”的尴尬境地。二是对享受普惠型基本公共殡葬服务者态度上。态度决定状态，状态决定水平的发挥。提升对服务对象的态度主要表现在对待三类群体上：一是农村居民。我国长期以来存在城乡差别，不仅表现在居住地方面，更表现在收入、资产，以及生活方式、阅历、办事能力等方面。这需要工作人员对他们耐心、周到，免得他们因不清楚该怎么办而出现差错；更要对他们尊重，免得伤了他们的自尊心。二是外来务工人员。外来务工人员一般是外省市人员，多数是农村居民，他们为浙江省的经济发展作出了自己的贡献，浙江省多数地市的普惠型基本公共殡葬服务覆盖了他们。对待他们，除了像对待本地农村居民那样，还要注意语言沟通方面的问题。三是流动人口。古人尚能做到“若有死于道路者，则令埋而置楬焉，书其日月焉，县其衣服、任器于有地之官，以待其人”对待流动人口，我们更应该像对待本地人一样对待他们。

（五）进一步明确普惠型基本公共殡葬服务职责分工

从普惠型基本公共殡葬服务实施看，它涉及人力资源和社会保障、公安、财政、物价、民政等部门，依据我国的政府体制职责，它本应该由人力资源和社会保障部门负责，但是民政部门作为为民生服务的骨干部门，加之殡葬行业归口民政部门管理，惠民殡葬首先由民政部门提出并推进，浙江省实施普惠型基本公共殡葬服务也是在民政厅的积极倡导和努力下实施的，所以在推进的过程中会遇到很多问题。

为了进一步完善、顺利实施普惠型基本公共殡葬服务，建议明确政府各部门职责分工，即民政部门要在当地党委、政府领导下，明确职责分工，加强协同配合，建立政府主导、民政牵头、部门协作的惠民殡葬工作机制。同时，部门内部要做好监管和指导工作。例如，要加强与财政部门的协调，将实施惠民殡葬政策所需资金纳入年度预算，足额安排，定期结算，并随火化人员数量增减和物价部门收费标准调整作出相应调整；指导殡葬服务单位做好服务对象资格审查、费用结算、档案管理等工作，不断增强服务能力，提高服务水平。

（六）完善普惠型基本公共殡葬服务法规政策

由民政部下发指导意见，在全国推广的殡葬基本服务项目费用减免，之所以称为“惠民”，而没有像“覆盖城乡居民的基本公共卫生服务”那样称呼，重要原因之一应该是没有相关的法律、法规进行规范。最先在全市（副省级）范围内实施该项目的杭州市也只是把出台的政策称为“办法”（《杭州市区殡葬基本服务项目免费办法》）。

法律法规滞后，造成地方财政对殡葬事业发展的专项经费投入不足，对工作开展造成阻力。由于没有相应的法律法规支持，各地方缺乏实施普惠型基本公共殡葬服务的配套资金，多数殡仪服务单位设施较为陈旧，不能更好地满足群众的丧葬需求。农村公益性墓地缺少管理经费，“脏、乱、差”现象在所难免。为此建议出台保障顺利实施普惠型基本公共殡葬服务的可操作性的法律法规，而不仅仅是“办法”或者“意见”。

（七）引进其他资金参与普惠型基本公共殡葬服务

目前，浙江省各地实施的基本殡葬服务费用减免大都由当地县级财政资金承担。从实地调研情况看，这些费用对欠发达县级财政来说是有一定压力的。越是偏远地区，火葬成本越高。如舟山市为了满足偏远地区殡葬的需要，在某些乡镇建有殡仪馆，这些殡仪馆地处偏远海岛，火化数量少，人员工资及日常运作费用也需要当地财政承担。即使这样，舟山市各级财政每年承担的船运遗体费高达300万元，每具遗体船运费合3600余元，加上其他费用每具遗体近5000元，这是欠发达县级财政难以承担的。这或许是有些地方领导存在“等等看看”的思想的重要原因。2010年5月，民政部《关于2010年福利彩票公益金使用的指导意见》指出：“福利彩票公益金还将继续适当资助殡葬等社会公益设施建设项目，扶持中西部及贫困地区殡葬设施改造，加快推进殡葬改革和殡葬事业发展。”这为省级民政部门研究使用福利彩票公益金用于普惠型基本公共殡葬服务提供了政策依据。财政资金有困难的地方民政部门，可以申请使用福利彩票公益金用于建设基础设施（包括公益性公墓之类的安葬场所）及购置相关设备，以此减轻地方财政压力。

如果社会保障体系十分完善，人们的生、老、病、死都有所保障，那么，即使预期收入一定，社会保障对消费的促进仍将会是十分强劲的。事实也正是如此，由于公共服务解除了人们的后顾之忧，从而促使人们减少储蓄而大胆消费。此外，社会保障基金本身也包含着有利于消费扩大的功能，如社会保障大量的津贴、补助及救济的保险金等，实际上也在增加人们的购买力，或在弥补失去的购买力，从而对消费的促进起着良好的推动作用。

参考文献：

［1］刘锋．惠民政策．农村免除义务教育学杂费暂居榜首．人民网，http：//www.people.com.cn.［2007-10-11］.

［2］孙树仁，徐莉．现代公共殡葬服务体系建设研究．2013，6.

［3］一九五六年到一九六七年全国农村发展纲要（草案）．人民日报，1956-1-26.

［4］苗艳梅．我国农村五保供养对象的需求及其保障研究．博士学位论文，2010，10.

［5］毛泽东选集第3卷，人民出版社，1991：1031.

［6］胡锦涛．在学习《江泽民文选》报告会上的讲话．人民日报，2006-8-16.

［7］胡锦涛．在省部级主要领导干部提高构建社会主义和谐社会能力专题研讨班上的讲话．人民日报，2005-6-27.

［8］中共中央关于构建社会主义和谐社会若干重大问题的决定．求是，2006，20.

［9］胡锦涛．高举中国特色社会主义伟大旗帜，为夺取全面建设小康社会新胜利而奋斗——在中国共产党第十七次全国代表大会上的报告．北京：

人民出版社，2007：10.

[10] 李培林．共建共享是和谐社会建设的主题——学习胡锦涛总书记关于“在共建中共享，在共享中共建”的重要讲话精神．光明日报，2007-03-27（9）．

[11] 民政部促进殡葬事业科学发展的指导意见，http：//www.mca.gov.cn/article/zwgk/fvfg/shsw/200912/2009120047451.shtml.

[12] 民政部关于全面推行惠民殡葬政策的指导意见，http：//www.mca.gov.cn/article/zwgk/fvfg/shsw/200912/2009120047451.shtml.

[13] 夏宝龙．“八八战略”，为浙江现代化建设导航．浙江日报，2013-03-01（2）．

[14] 李强．干好“一三五”实现“四翻番”．浙江日报，2013-01-26（2）．

[15] 王素英，孙文灿．推行殡葬管理体制改革调研报告．社会福利，2008.

[16] 张明亮．对推行殡葬管理体制改革调研报告的重要批示．社会福利，2008.

[17] 杨根来，翟媛媛．中国殡葬改革发展的历程与基本经验．中国殡葬事业发展报告，2010.

[18] http：//www.gov.cn/ldhd/2011-02/19/content_ 1806293.htm.

[19] http：//www.xinhuanet.com/zhibo/20040314c/zhibo.htm.

[20] 约翰·罗尔斯．谢延光译．正义论．上海：上海译文出版社，1991.

[21] 浙江省人民政府关于印发浙江省民政事业发展“十二五”规划的通知，http：//www.lawxp.com/statute/s1115363.html.

近代上海殡葬文化形成原因初探

上海滨海古园　苗　青

摘　要：通过历史的积淀与传承，中华民族自古形成了自己特有的殡葬文化。作为开埠最早的中国通商口岸之一，上海的殡葬文化率先受到西方文明的影响，以殡仪馆、火葬、公墓为代表的殡葬新事物的出现，在一定程度上改变了人们的殡葬观念和行为，引发传统殡葬习俗的变革，打击了迷信思想和封建陋习，进而从市政建设、公共卫生等方面推动了上海城市化的进程。然而，受制于封建思想的顽固以及中西文化的差异，以人为本、俭约实用的殡葬文化的渗透并非一帆风顺，直至中华人民共和国成立以后，在殡葬改革的带动下，上海的殡葬文化始有改头换面之革新。抚今追昔，近代上海殡葬文化的形成受到政局时势、地域文化以及民情民风的影响，对今人做好新时期殡葬工作具有重要的借鉴价值。

关键词：近代上海　殡葬文化　城市化

上海开埠后的第二年，即 1844 年，本地就出现了第一家公墓；第一家火葬场、第一家殡仪馆也分别创办于 1896 年和 1925 年，皆为全国首创。到了 20 世纪 30 年代，上海殡葬进入有组织的商业行列，形成了殡葬行业，一批从事殡葬行业的工商业者和一支有专门技术及业务经验的殡葬职工队伍也应运而生。[①] 随着国门打开，西方文明从器物、制度到精神，全面影响着近代上海的殡葬文化，在一定程度上改变了上海人的殡葬观念和行为，对传统的殡葬陋习造成了冲击，进而从市政建设、公共卫生等方面对上海城市化进程起到了推动作用。本文拟从殡仪馆的出现、火葬的提倡与公墓制的创立三方面，

① 范静思主编：《上海市民政志》，上海社会科学院出版社 2000 年版，第 346 页。

考察近代上海殡葬文化形成的原因及其影响。

一、殡仪馆的出现

旧时中国人很重视死亡，对殡葬仪式非常讲究，礼节繁多。直到1840年以后，绝大多数中国人仍然抱残守缺，生前就准备好寿衣、棺材和墓穴，不肯去医院而老死家中，过世后则在家里停灵，待亲朋吊丧、和尚道士吹打念经过后，再举丧出殡，入土为安。总之，在殡仪馆这一现代殡殓场所出现以前，中国人基本上是在各自家中举办丧殡殓等事。

（一）上海第一家殡仪馆的设立

1925年，美国人斯考特在上海胶州路设立了第一家正规的殡仪馆——万国殡仪馆。据沪上《申报》对其的描述可知，“该馆布置丽幽绝伦，铜、木棺柩不下百种，铜棺外壳系以纯钢制成。髹漆光艳夺目，柩内以白绫为垫，堆叠如花瓣。……棺内嵌有厚玻璃，殓后可遗容常瞻。馆内大礼堂备丧家出殡开吊之用，僧道耶回悉随客便。”[①] 除了提供价格不等、制作精良的铜棺，以及大礼堂等器物用具，万国殡仪馆还具备了国人前所未闻的殡殓服务：“馆内日夜有人，一经丧家以电话通知，立即派人车尸回馆，先以药水洗濯尸体，再于腋下注射防腐液，尸身黄黑之气立退，面目如生。……洗濯尸体，穿着殓服，男女职员分司其事，各不相混，其出殡送丧等一切手续，悉由馆中代办，毋庸丧家经心。其不愿以尸体入馆者，亦可派人往丧家办理。”[②] 在价格方面，无论是铜、木棺柩还是防腐液，都有上万两到几十两不等的选择，“遇有赤贫之家，连棺柩注射入殓送丧等事共仅十八两”。该馆最初只办外籍人丧事，后来有个别富有的中国人出高价得进该馆治丧，但馆方规定：不许丧事家属哭叫；不许和尚道士进馆做法事；不许焚化锡箔元宝等。[③]

（二）殡仪馆的大量出现

西式殡仪馆所提供的先进的防腐技术、现代化的殡殓设备、整洁的环境

---

① 《由美分设之万国殡仪馆》，载《申报》1928年8月3日。

② 《由美分设之万国殡仪馆》，载《申报》1928年8月3日。

③ 陶乃纫：《华人首创之中国殡仪馆》，上海市文史研究馆编：《沪殡掠影》，上海书店出版社1994年版，第180页。

和周到的代理服务，颇合一部分上海人的胃口，当他们看到殡仪馆的有效性、合理性以及背后潜藏的商机之后，便自觉仿效起来，掀起了一阵兴建殡仪馆的热潮。各种殡仪馆如雨后春笋般建立起来，“先后设立‘中国’‘永安’‘上海’‘世界’‘中央’‘沪南’‘潮州’‘南市’‘上天’‘大众’‘大华’‘中华’‘白宫’‘国华’‘国际’‘斜桥’‘万安’‘丽园’等20多家殡仪馆。”① 第一家由中国人创办的中国殡仪馆，馆址位于当时上海高级华人住宅区海格路（今华山路）上，虽然开业后引起该地区居民不满，而群起攻之，诉讼达数年之久，但是为了社会需要，最后讼事不了了之，中国殡仪馆得以顺利为丧家服务。1934年5月26日开幕的上海殡仪馆，甚至吸引到国民政府委员陈蔼士主持开幕礼，医学教育家颜福庆致开幕词，上海市市长吴铁城、上海总商会会长宋汉章等各界人士到会致贺。② 可见，当时上海政商两界对于殡仪馆的开设都十分重视。

（三）殡仪馆的营销新法

殡仪馆为了吸引市民，除了提供停尸、停柩、入殓、送葬等中西多种殡仪服务，特设专门礼厅，聘请专员指导仪式，还各出奇招，让上海人见识了颇多新奇的营销手法。如世界殡仪馆声明，“丧家如需牧师追荐，该馆亦可代聘，按教友因教规关系，其丧葬礼节，与普通习惯不同。今世界有此设备，不仅教友便利，亦开殡仪馆之先声。”③ 1939年7月，白宫殡仪馆考虑夏季炎热，为给顾客提供凉爽的感受，“特制精美玲珑之生生雅扇，赠供惠顾者”④。为扩大目标消费群，该馆特将殡殓分为普通和高尚两类，每类分三档价位，礼厅消费亦分为五档。⑤ 还有乐园殡仪馆，“为应各界需要，特于去冬新建贵族化最新型大礼堂一座，建筑富丽，占地四亩，汽车可环绕……向美国定造别开生面沪上从未有过之电汽大乐队，价值五万余元，备有各种哀乐片数百卷，专供丧家接送吊客大殓等开奏，不日即行落成。”⑥

由此可见，在民族心理、风俗习惯存有差异的现况下，殡仪馆为了谋求

---

① 陈高华，徐吉军主编：《中国风俗通史（民国卷）》，上海文艺出版社，2012年版，第463页。

② 《上海徐家汇路上海殡仪馆开幕》，载《申报》1934年5月28日。

③ 《世界殡仪馆讯》，载《申报》1939年3月4日。

④ 《白宫赠扇》，载《申报》1939年7月10日。

⑤ 《申报》1939年9月30日，第2版广告。

⑥ 《乐园殡仪馆新建大礼堂》，载《申报》1939年7月12日。

发展，除了提高自身的软硬件服务水平，还积极谋求吸引顾客的良方秘籍，从中表现出的市场竞争生态，让上海人在潜移默化中触碰到了商品经济的脉搏，在接受、效仿中培育起日趋健全的公共意识、法制意识和卫生意识。

（四）殡仪馆的比较优势

上海市民有了去殡仪馆吊唁的经历后，不自觉地会与传统的家庭式殡殓作比较。有一位市民在一天内，参加了两场葬礼。“一个尸陈某某殡仪馆，另外一个就睡在窄小的自己家中的客堂里。我是先到殡仪馆去，那面的陈设真是堂皇的，没有一点骇人的气象。那个死尸给打扮得像个生人，斜放着有如入睡的样子。吊客虽不少，但尸堂旁边有宽敞的接待室去容纳他们，这光景是严肃而美观……我又赶到那个穷朋友的家里去，他的尸身已放在二房东的客堂里了，穿了不配身的寿衣，没经整饰过的面孔干枯如黄蜡。他的未亡人跪在尸旁，捶胸大哭，痛不欲生。仅仅来了几个吊客，便把这客堂塞满了，香烟缭绕，烛火熊熊，累得各人的呼吸，极为难过。”① 殡仪馆堂皇的陈设、宽敞的空间、整洁的环境、高效周到的服务都是过往家庭式殡殓所无法比拟的，因而给不少市民留下了深刻印象。

（五）殡仪馆的发展瓶颈

不可否认的是，这一时期殡仪馆的服务价格让大部分上海人，特别是平民阶层望而却步。有人指出，“上海胶州路是有一间煌煌大厦的万国殡仪馆，但是只可让那上流阶级的享受，什么玻璃棺材，怎样藏制尸首，种种的用费，动一动手就非一千几百两办不到的，下级更谈不上要，中级的也是望洋兴叹罢了。”② 还有人发出感慨，“穷人的家里是不适宜于开丧的，应该要到殡仪馆去，可是没有这项款子，不行不行。一切都是替富人打算的，一切需要的‘经济殡仪馆’，何曾有人建议过来？”③

应该说殡仪馆的创设意旨，都是为丧家谋简便起见，专办一切殡仪手续，提供治丧场所，为社会服务。然而，在实际运作过程中，因为价格因素而将占人口最多数的平民阶层拒之门外，难免不遭人非议。个别殡仪馆如徐家汇路上的上海殡仪馆为扩大客源，“顾全平民经济起见，特设协济殓室，取价特

---

① 阑删：《吊丧有感》，载《申报》1935 年 9 月 21 日。

② 宗白：《中下级的殡仪馆应设问题》，载《申报》1932 年 9 月 1 日。

③ 阑删：《吊丧有感》，载《申报》1935 年 9 月 21 日。

别低廉，只收二十元。其他各项，亦减低收费……"① 被称为"打破殡仪馆之新纪元"之举。这种"不图牟利，只求平民实惠"的做法终是凤毛麟角，改变不了殡仪馆普遍收费高昂的发展瓶颈。

二、火葬的提倡

火葬是用火焚化遗体的一种葬式。中国古时即有火葬，《墨子》的节葬篇中，即提倡火葬。东汉以后佛教传入，火葬之风亦盛。但儒家主张身体发肤，受之父母，不可毁伤，年长者若知道子孙要把他火葬，会视之为大逆不孝。因而，与传统丧葬礼俗大相径庭的火葬的推行屡受打击，其结果则是"全国十一分之一可耕之地，均为坟墓占去，直至今日"②。

（一）上海第一家火葬场的出现

1927 年，静安寺公墓火葬处安装了上海第一只煤气火化炉，这是上海第一处现代意义上的火葬场。③ 在这所火葬场，"每火化尸体一具，仅收火化费二十万元。……备有极华美壁龛，专为市民安顿是项火葬骨灰使用。"④ 在货币改革后通货膨胀的 1948 年，20 元差不多只能买 5 两左右的大米，这个价位的火化费用颇合大众消费水平。

（二）提倡火葬的现实需要

火葬场的出现主要与卫生行政和破除迷信相关。20 世纪初期的上海，不少人因财力不足与惑于风水之说的原因而停棺不葬。这些多年寄停在殡舍的棺木，遇到"天气炎热，难免秽气四溢"⑤，"秽气播腾，引起瘟疫，妨碍公共卫生"⑥。于是，地方政府及租界政府分发取缔停棺的章程和规定，只准柩属领出安葬，不准再有新柩入舍寄停，已停棺木在规定年限内一律清出。尽管如此，到了 1946 年，"据卫生局调查，本市各殡仪馆、灵柩所，积存积柩

① 《服务社会之上海殡仪馆》，载《申报》1935 年 8 月 9 日。
② 《伍连德筹组中国火葬协会》，载《申报》1936 年 6 月 20 日。
③ 延陵：《坟墓制度的改造》，载《解放与改造》第 2 卷 2 号。
④ 《火葬一尸廿万元卫生局接受声请》，载《申报》1948 年 5 月 2 日。
⑤ 《殡舍寄停棺柩之限制》，载《申报》1921 年 3 月 9 日。
⑥ 《上海市民政厅分发取缔停棺章程文》，载《申报》1929 年 5 月 12 日。

约十五万具”①。数量巨大的积柩积尸，给城市公共卫生造成极大的隐患，影响了市民的健康安全。

面临此种情势，上海市政府卫生局为整饬卫生环境，禁止殡仪馆停柩，然而城市现有的墓地也十分有限，“现有公墓对旧有尸柩尚且无法应付，而对新近死亡者更难以处置，故本局拟积极提倡火葬，并添建公墓，以利市民营葬”②。

(三) 政府的态度

民国时期上海市政府和市卫生局都十分提倡火葬改革。1935 年 3 月，国民党中央民众训练部制定的《倡导民间善良习俗实施办法》和翌年 10 月行政院公布的《公墓暂行条例》中，都有提倡火葬的内容。1936 年 6 月 11 日，由上海市市长吴铁城提议设立的上海市火葬场筹建委员会举行首次会议。“议决，择定江湾上海市公墓前公地为场基，计有念廿亩，建筑费暂定为四万元。”③

据 1940 年 10 月 18 日的《申报》记载：“本埠自形成孤岛后，君民稠密，尸体棺柩亦较前增加。据工部局统计，目前上海因人口挤居，致死人之数亦增，上月内经火葬尸体共计 2287 具，寄柩则达 39107 具云。”④ 虽然这一时期，火葬数只占死亡人口的 5. 5%，棺殓的仍然占到多数，可是对于火葬数量较前增加的事实也不能忽视。

截至 1948 年，具体火葬办理事宜，已由上海市卫生局殡葬管理所负责。火葬办理者须填具一张火葬申请书，经送交法院检察官签准后，即可送回卫生局举行火化。⑤ 这一有违传统遗体处理的葬式在上海首先得到政府认可和提倡，不啻为传统旧制旧俗向现代文明迈进的一个标志。

(四) 火葬的好处

全国海港检疫总管理处处长伍连德博士热心于提倡火葬，曾筹备组织中国火葬协会，以资推行提倡。该会的几项宗旨，概括了火葬的利国利民

---

① 《积柩有十五万具，火葬场不敷应用》，载《申报》1946 年 12 月 18 日。
② 《葬身无地 · 卫生当局提倡火葬》，载《申报》1946 年 11 月 4 日。
③ 《伍连德筹组中国火葬协会》，载《申报》1936 年 6 月 20 日。
④ 肇戟：《提倡火葬》，载《申报》1940 年 10 月 18 日。
⑤ 《火葬一尸廿万元卫生局接受声请》，载《申报》1948 年 5 月 2 日。

之处："①推行卫生化，经济化及美术化之葬法；②协助政府及人民，利用现为坟墓所占之土地，改种农产，俾政府可得税收，人民可得进益；③与当地政府合作建立美术化火葬场，以供欲火葬者之需要，并求适合吾国固有习惯及风俗；……"①

除了官方，民间也有许多开明之士称颂火葬的好处，"除了干脆以及少为'死人'占田亩外，还有尸体焚化了，总觉得'卫生'得多。目下各物昂贵，棺材当也不能例外，穷人即使要死，也'死不起'。所以火葬既可省钱，而实在也免得盛殓在蹩脚的棺木里，给活着的人们一种传染性的威胁。"②

综合官民见解，可以看出实施火葬具有以下三个好处：一是节省土地消耗，留出良田以供生产；二是节省棺木和其他送葬品之花费；三是合乎卫生，避免了毒化土地、传染疾病。

（五）推行火葬的社会意义和困境

清末民初上海之所以出现倡导火葬的热潮，是和城市人多地少，耕地不足，历次战乱造成死尸增多，资源日益紧张，政府和有识之士的极力推崇等因素相关。作为一种卫生文明的葬式，火葬在上海的推行在一定程度上迈出了挑战愚昧迷信的重要一步。从城市发展角度来讲，火葬既经济，又卫生，也无碍后嗣对先人的纪念，还可以扩大耕地面积和破除迷信观念。为了加强土地利用，强化市政建设，西式火葬符合政府建设所需，这也是为什么它不仅得到民间进步人士的推广，同时受到政府支持的原因所在。

由于迷信思想的作祟以及实际操作过程的不娴熟，旧上海接受火葬的主要是少数外侨、佛教徒、开明人士和一些赤贫的中国人，真正实现全国大范围实行火葬还是要等到新中国成立以后。

三、公墓制的创立

开埠之前的上海，埋葬尸体的方法向取放任主义，葬入私坟、祠堂祖坟或以各种名义设立的义冢地，这些埋葬地或邻近水源，妨碍饮水清洁，或占地过广，减少农田生产，对人民健康社会生计，均产生不良影响。一些坟地无人打

---

① 《伍连德筹组中国火葬协会》，载《申报》1936年6月20日。

② 肇戟：《提倡火葬》，载《申报》1940年10月18日。

理，露尸横陈，惨状令人难以忍受。“最阴暗的地方是墓地，在上海及周边地区墓地还不少；不，它们不能被叫作墓地或葬地。……关于尸体，其实是神圣庄重的物体，并不那么惹人厌恶。人们参观体面埋葬着逝者的教堂墓区时，心情通常是愉悦的，生者受益匪浅。而在没有宗教信仰的中国，情形根本不是这样。许多尸体没有被埋葬。你能看到的不是墓地，而只是一个摆满棺材的园子或者田地，棺材上什么字也没有。有些是新的，有些已经腐烂了。”① 此种情形直到开埠以后，外国人来沪者将公共墓地制度带入上海，才有了改观。

（一）上海第一家公墓的诞生

比起殡仪馆和西式火葬，西方公墓制度在上海的出现要早得多。就在开埠后的第二年（1844），上海即出现了第一家公墓——山东路外国坟山。坟山是以前上海外国人公墓区的习称，山东路外国坟山就是近代以来外国人在中国开办的最初的殡葬服务设施，它的出现，是为客死他乡的外轮船员提供葬身之地。② 不久以后，旅沪外侨又在浦东坟山码头、东新桥九庙地、八仙桥等处陆续开办具有商业性的外国公墓。1866 年，公共租界工部局在卫生处设公墓股，是为上海第一个殡葬行业的行政管理机构。③

（二）公墓制的优点

在公墓出现以前的上海，由会馆、公所设立的丙舍和义冢是提供尸体埋葬的主要场所，其中丙舍供客死的同乡寄柩，义冢供贫苦同乡就地落葬，还为一些无主的尸骸提供收殓服务。埋葬方式是土葬，在卫生防疫问题上的弊端令人堪忧。同时在城市生存空间方面，冢舍的大量占地也不利于城市的发展与市政建设。

相比之下，公共墓地在墓区环境上首先略胜一筹，如有的公墓“乔木森森，丰碑列列，风致之佳，较之我国植望柱、列翁仲者，有过之而无不及”。④ 有的公墓（联义山庄）“甬道颇修阔，布置尤多园林清趣，益以初春，如茵芳草，绿柳红桃，似颇适于艺人之长眠也”⑤。其次，就殡葬体制而言，公墓大

---

① 吴晨烨：《上海漫步》，载《中国丛报》1848 年 10 月号，第 535 页。

② 《上海掌故辞典》，上海辞书出版社，1999 年版，第 390 页。

③ 范静思主编：《上海市民政志》，上海社会科学院出版社，2000 年版，第 354 页。

④ 伦父：《墓地》，载《东方杂志》1917 年第 14 期。

⑤ 《阮玲玉出殡安葬》，载《申报》1935 年 3 月 15 日。

多和火葬相结合，不会出现停棺不葬、露尸浮厝的情形。另外，公墓的墓穴是统一规划过的，每个墓穴所占的面积都比传统的土葬墓穴要小得多，这对用地紧张的上海来说至关重要，在市政建设方面的贡献也尤为突出。实行公墓制，还有许多益处，比如节省丧葬费、注意卫生、保全风景、增加文化等。一时间，改私有坟墓制度为公共墓地制度的呼声响起，加快了中国政府改良坟墓的进程。

（三）上海实行公墓制

中国人开办的第一家公墓“薤露园”创建于1909年，是浙江上虞人经润山在沪西虹桥路购地二十余亩营建的一处营业性公墓，园内计有墓穴近千个。1917年，经润山之妻汪国贞在原薤露园之西张虹路购地五十余亩，重建公墓。因为这所公墓入葬者不受国籍限制，故取名“薤露园万国公墓”①。由于“是离市区最近的公墓，于是许多外国人以及上海的巨富相继购建万国公墓墓穴，使之成为上海仅次于外国人坟地的上等公墓区”。1934年由上海市政府卫生局接办，改称上海市立万国公墓。

1928年10月21日，南京国民政府内政部颁布了《公墓条例》，通令全国各地遵照办理。至此中国正式开始在全国实行公墓制。该条例中规定：各市县政府、私人或私人团体经政府许可后都可以设立公共墓地；墓地应设在市村附近的适宜地点，设于土性高燥地方，并须与工厂学校及各公共处所、饮水井等地保持相当之距离；各墓之距离，左右不得过六尺，前后不得过十尺；公共墓地得划分收费区与免费区两种，但收费区面积，不得超过全墓地三分之一，收费区征收地价，应按面积计算，其价额由市县政府定之。②

1935年，内政部又颁布《坟墓改革办法大纲》，通咨各省市依照公墓条例，选择适宜地点，筹设公墓，以期达到逐渐改良之目的。上海市政府奉咨后，立即遵照办理，要求各城厢村镇，一律设立公墓；新墓方向，须力求一律，不得错乱秩序；自“民国”二十五年一月一日起，不得再立私有坟墓，须一律葬于公墓。③

对于领购市立公墓墓穴，市政府也作出了相应的规定：“凡市民死亡后在六个月以内者，得由其直系亲属具函连同死亡证明书、保甲死亡报告书等，

① 《上海掌故辞典》，上海辞书出版社，1999年12月版，第382页。

② 《内政部公布公墓条例》，载《申报》1928年10月22日。

③ 《市府通令坟地改革办法》，载《申报》1936年1月1日。

亲赴该局公墓股申请，俟该股派员调查确实后，方可核准。在领购墓穴后，须在一个月内安葬，逾期该局得将墓穴没收。至签证之医师或医士，均须领有卫生署证书及该局开业执照者，方为有效。其有委托殡仪馆等代办申请墓穴者，该局概不受理。”①

（四）上海公墓发展的问题

至1935年，根据上海市卫生局的注册记录，全市有18家公墓，其中除了市第一公墓和万国公墓外，其余都为私立公墓。与市立公墓相比，私立公墓在交通、环境卫生、管理体制方面都毫不逊色，填补了市立公墓数量少、市场需求大的空隙。“现实的需要让政府的禁令形同虚设，到解放初，上海私营公墓有100余家。”② 这给政府对公墓的管理带来了新问题。

虽然怀有革除封建陋习、统一规划管理的美好愿望，市政府竭力推行公墓制，可是在实际操作过程中，仍受到丧葬观念、营墓经费以及社会时局的影响，阻碍了公墓条例的落实和公墓制度的发展。因此，“上海虽设有多处公墓，且取费尚廉，但葬者尚少，扶柩回籍安葬仍是多数旅沪人士的主要选择”③。

四、结论

殡葬文化在中国人的生活中占有相当重要的地位，它既包含传统的宗法意识等级观念，又涉及了民间信仰，这两者对于中华民族的社会心理和生死观念产生的影响既深且固。因此，当上海开埠走向近代时，传统殡葬文化同现代西式殡葬文化发生碰撞势成必然。但是上海能够在一个多世纪的时间（1844—1949）内，逐步接受西方殡葬文明中的精华，创建出自己的殡葬管理制度和机构，仍是中国殡葬史上值得大书特书的事件。究其原因，大致可由开埠后中西文化交流的时代背景、上海地区文化的特性以及官民合力推进三方面条分缕析。

首先，近代上海殡葬文化中出现的变化与发展，是与中西文化在近代上

① 《市立公墓墓穴申请手续》，载《申报》1945年4月21日。

② 向明生：《殡葬习俗与指南》，上海文化出版社，1992年版。

③ 艾萍：《双轨制下民国公墓制的创建——以上海为个案》，载《华中师范大学学报（人文社会科学版）》2012年第3期，第109页。

海的接触、交流与融合这一时代背景分不开的。上海自1843年开埠以后，特别是租界建立以后，逐渐由一个普通的沿海城市，演变为对外开放的大都会。西方人把欧美的物质文明、管理制度、生活方式、伦理道德、价值观念都带到了上海，使得中西文化在实践的层面上，共处一地，平静如细雨润物般渗透进上海人的生活和头脑里，其中殡葬文化的变化就是这种文明渗透的典型代表之一。随着寓居上海的外侨人数增长，解决他们的身后事成为必需，外国人设立了上海最早的殡仪馆、火葬场和公墓，让故步自封已久的中国人第一次接触到了西方殡葬文明。

其次，当传统文化的发展连续性面临西方文化挑战之时，上海地区文化格局中的边缘性特点，弱化了对西方文化的排拒力。历史短、根基浅、文化保守性差、易受异质文化影响等特征，变成了近代上海较快较易吸收西方文化的优点。上海作为“全国最开通的地方”①，当外国人将西方殡葬文化带进后，很快就有中国人在此率先设立殡仪馆、火葬场和公墓等殡葬设施，也较早接受了西方葬俗中的送花圈、戴黑纱、奏哀乐等。这种地区文化特性含有的近代性因素，将西式殡葬文化中卫生、美观、节地、科学的部分迅速吸纳，形成兼具中西文化特色的近代上海殡葬文化。在这一过程中，上海人的公共意识、法制意识和卫生意识得到提升，上海城市的市政建设也受惠良多，对于物质建设与心理建设都有莫大的利益。

最后，中国政府和有觉悟市民的态度对于近代上海殡葬文化的形成也起到了重要作用。中国社会对于殡葬的传统观念向来是牢不可破的，而这种牢不可破的观念，几乎被堪舆家和一系列陈规陋俗支配着。此时的上海市政府频出雷霆之举，颁布法规条例，完善申请火葬和领购墓穴的手续，支持殡仪馆等现代殡葬设施的建立和推广，勇敢地打破殡葬上的陈腐观念和陋习。一大批有识之士也从新旧对比出发，肯定新式殡葬文化的推行既能破除迷信，又有利于卫生行政并且同时得到合理使用土地的效用，从舆论上给予殡葬改革以支持。

综上所述，尽管面临数千年来形成的殡葬习惯，但在聚齐了天时、地利、人和的条件下，近代上海殡葬文化的出现终呈水到渠成之势。作为全国开风气之先的大都会，上海殡葬发生的巨大变革对全国殡葬事业向文明与现代转型起到了示范和先导的作用。这也不难解释，新中国成立后的殡葬改革中，

① 《上海社会局提倡公墓》，载《申报》1929年3月24日。

上海勇当排头兵，率先实现100%火化率、率先举办骨灰撒海活动等创举的原因。抓住时代机遇，发挥上海人敢想敢干的文化特性，经由政府和民众的努力实践，仍然是上海在日后殡葬事业发展中所应把握的锁钥。

参考文献：

[1] 中国丛报，1848-10-01.

[2] 申报，1920—1948年.

[3] 东方杂志，1917，14.

[4] 徐吉军，贺云翱．中国丧葬礼俗．浙江：浙江人民出版社，1991.

[5] 向明生．殡葬习俗与指南．上海：上海文化出版社，1992.

[6] 上海市文史研究馆编．沪滨掠影．上海：上海书店出版社，1994.

[7] 上海掌故辞典．上海：上海辞书出版社，1999.

[8] 范静思主编．上海市民政志．上海：上海社会科学院出版社，2000.

[9] 徐华龙主编．上海风俗．上海：上海文艺出版社，2009.

[10] 陈高华，徐吉军主编．中国风俗通史（民国卷）．上海：上海文艺出版社，2012.

经营性公墓使用期限届至的法律问题探析

温州大学法政学院　徐晨欣　单徐翔

摘　要：经营性公墓的使用期限届至，使逾期未订立续约手续的公墓频频被当作无主墓处理。现有殡葬法律文件关于公墓使用期限届至的收费法律用语多样，如墓穴管理费、护墓管理费、墓穴租用费与寄存费等。通过分析该费用的法律关系，并依次带入有关租赁、保管合同等条文检验，研究发现，必须明确公墓经营者在公墓使用期限届至，应当履行基于租赁、保管合同的附随义务，如预告通知义务、妥善保管骨灰的义务，方可既满足社会群体利益的需求，又塑造良好社会风范。

关键词：经营性公墓　使用期限　经营者义务

一、前言

2010年9月，成都一家大型陵园首次公开登报大规模催缴墓位维护管理费。该陵园为方便与逝者亲属联系，特附带一则记载127位逝者姓名的“维护管理到期客户名单”，并声称逝者亲属若在本通告发出之日起，15日内未办理相关续费手续，依据相关殡葬法律、法规，欠费墓位将按无主墓处理。然对于中国这样一个崇尚“入土为安”“鸟飞必返故乡，狐死必首丘”的讲伦理重孝道的国家而言，若因15日公告期内未续费，而被当作无主墓对待，死者亲属情何以堪！

弘扬孝道尊重墓地文化，本身已根植于我国历代传统文化中，若因为不懂或不知或根本未收到任何通知，随即被以无主墓对待，相信难以让生死两相安。再者，《公墓管理暂行办法》第十六条“经营性公墓的墓穴管理费一次性收取最长不得超过二十年”，这所谓的20年代表的是什么？墓穴管理费所指为何？除了中央的《公墓管理暂行办法》，各地方对于墓地的使用期限却出现不同用语，例如《包头市殡葬管理条例》第二十六条的20年墓穴使用周期，到期后逝者亲友若想要继续使用墓地，应缴纳一定的“墓位维修管理费用”；《乌鲁木齐市殡葬管理条例》第十二条规定在骨灰堂寄存骨灰不得超过10年，超期寄存的，应当加收“寄存费”，等等。可见同样的期限问题，法律用语却有明显差异，何为墓穴管理费？何为墓穴使用费？何为墓穴维修费？何为寄存费？收取该笔费用其法律关系是属于租赁关系，抑或是保管关系？或者是什么法律关系呢？这期限所指为何？种种经营性墓地的使用期限问题引发笔者研究动机。本文采用比较法、文献分析法，分析经营性墓地期限问题，以及对于该期限规定所涉及的法律关系。

二、经营性墓地（operating cemetery）的费用属性

现有殡葬法律文件中关于墓地使用期限届至收费的规定，法律用语非常多样。例如《公墓暂行管理办法》第十六条明文规定经营性墓地“墓穴管理费”的收缴以20年为一周期。同办法第十七条规定丧主应按规定缴纳“墓穴租用费”“护墓管理费”、建筑工料费和安葬费。此外在新疆维吾尔自治区实施《殡葬管理条例》若干规定第十四条第二款规定：“骨灰寄存一般不超过十年，超期寄存的，应当加收寄存费。”关于“墓穴管理费”“护墓管理费”“墓穴租用费”与“寄存费”，属于何种法律关系？能否从条文中有关费用名称直接断定其为租赁关系，或为保管关系？

经营性墓地具有营利特征，其收入包括开发期的墓穴收入与维护期的管理费用两部分。开发期自墓穴地基的征收开始，到墓穴完工交付给墓主使用时为止。在此期间，经营者主要从事墓区、墓穴的成型开发等生产性活动，主要包含场地平整、基础设施的建设及配套设施与长期绿化的完善。而基于生产经营活动取得墓穴所有权的经营者，向逝者亲属出租墓穴使用权或代为保管骨灰所收取的费用，在墓穴实务中皆冠以“使用权”名义作为墓穴交易之内容。

（一）墓穴租用费（cemetery rental）

《公墓管理暂行办法》第十七条中提到“墓穴租用费”，能否认为其属于

租赁关系？《中华人民共和国合同法》第二百一十四条规定“租赁合同”的最长存续期限为20年，但《上海市公墓管理办法》第二十条第一款规定“墓穴使用期限最长不得超过70年”；《江苏省南京市殡葬管理条例》第十五条规定“骨灰公墓的墓穴和其他骨灰处理设施的使用期限为30年”。这两个地方性法规似乎与《中华人民共和国合同法》第二百一十四条租赁期限最长20年之规定不一致。再从实务角度看，一般坟墓埋葬，通常会祭祀几代人，一次订立超过20年的合同已是民间习惯，若直接套用租赁关系，否定超过20年的合同效力，与当前民间习惯将产生一定落差。再者，租赁关系本是平等主体之间的法律关系，20年租赁期限（lease term）终了，出租人可以拒绝承租人办理续约手续，不再续租。果真如此，法律冲突恐难避免。

（二）寄存费（charge for checking）

而所谓“寄存”又称寄托、保管，是指双方当事人约定由一方当事人妥善保管另一方当事人交付的物品。据《新疆维吾尔自治区实施〈殡葬管理条例〉若干规定》第十四条所规定的“寄存费”是否代表的就是保管费呢？据有关《合同法》第三百七十九条规定，“有偿的保管合同”寄存人应按照约定期限向保管人支付保管费。果真如此，那么收取寄存费，似乎代表的是一种寄存关系而适用保管合同的规定。因而，能否适用《中华人民共和国合同法》第三百七十七条关于保管物的期限届满保管人应将原物返还寄存人的规定？然就《新疆维吾尔自治区实施〈殡葬管理条例〉若干规定》第十四条第三款规定期限届满，寄存人应办理续用手续，超过半年未办的，按无主骨灰处理。这似乎与《中华人民共和国合同法》第三百七十七条规定的“期限届满保管人应将保管物返还”相悖。再以实务角度来看，逝者亲属基于逝者死后“正丘首”的美意而与经营者订立有偿骨灰保管合同，最终因逾期而痛失亲属骨灰，落得生死两不安。如此种种，甚是有违本意。

（三）墓穴管理费（cemetery management fee）

一般大众针对墓穴收费仅停留在墓穴的开发期所支付的费用，殊不知墓穴从出售后就已转入维护期。“墓穴管理费”又称“护墓管理费”，是指从经营性墓地销售后，经营者每年从销售额中所提取的用于墓区（骨灰存放设施）日常管理的储备资金。据《关于锡林浩特市殡葬服务收费标准及有关问题的通知》规定，经营者收取了“墓穴管理费”就应承担起骨灰墓穴、墓碑等设施的整洁、植物保养等工作。那么，公墓经营者除履行管理义务，是否还应承担起管理人的责任，如墓地使用期限终了对墓主亲属有通知义务？

三、使用期限（use term）届至处理

事实上收取费用的名称不同，所引发的法律效果也是天差地别。但合理计提、全面管理与有效使用上述费用，不但关系到广大的消费者的合法权益能否得到保障，同时也是为经营性墓地自身能否形成良性循环及可持续发展提供相应的物质保障基础。

正因为我国现行法律对经营性墓地使用权的性质尚未予以明确，从而导致墓地使用权期限届至，缺乏一套相应的配套解决措施。而墓地作为死者长栖的场所，人们对其必有长期使用的打算。然依据《公墓暂行管理办法》等规定可知，我国政府并不承认经营性墓地的永久使用权①，一般仅将使用期限规定为20年。据《纳雍县殡葬管理实施细则（试行）》第十三条规定墓基租用期为20年，期限届满，亲属应另行办理续约手续。笔者认为以20年为周期收缴护墓管理费的方案，主要是保证公墓首期维护的费用来源，并借以达到墓地土地资源的循环利用。而当租赁合同履行届满，倘若逝者亲属想要对该墓穴继续占有、使用，那么可以考虑与陵园续订合同。而所谓续订是指在原来关于墓基的租赁合同实质内容不变的情况下，延长合同的期限，即墓地租赁合同的更新。但是，“租赁合同的更新又有别于租赁合同期限的变更，后者是在租赁合同双方当事人约定的期限内，协议更改租赁期限。”② 因此相比无偿合同期限的变更，有偿的墓穴租赁合同使用期限的更新须缴纳相应的费用，如墓穴管理费、墓穴租用费或者寄存费等。

不过，主流观点虽认为墓主亲属与陵园订立的合同为租赁合同，但实务立法不乏将墓主亲属与陵园订立的合同定性为保管关系的例子。如《新疆维吾尔自治区实施〈殡葬管理条例〉若干规定》第十四条规定，使用骨灰堂寄存骨灰超期寄存的，应当加收寄存费。而据《中华人民共和国合同法》第三百七十七条规定，保管期限届满或寄存人提前领取保管物的，保管人应当将原物及其孳息返还给寄存人。因此保管期限届满，经营者有返还原物的义务，

① 参见颜贵康诉上海市淀山湖归园公墓案（上海市青浦区人民法院〔2001〕青民初字第21号）。

② 参见王利明，杨立新，王轶，程啸著：《民法学》，北京：法律出版社，2011年版，第643页。

不能仅因逝者亲属尚未办理续约手续就把骨灰等物品当作无主物处理。此外，墓地、骨灰等物品承载着特殊精神利益，实为有着人格意义的特定物（a certain thing）。据克雷斯蒂安·冯·巴尔（Bar Christian Von）解说《奥地利民法》第1331条的观点，“不仅所有权人也可能有其他人会对被损坏的物有值得保护的精神利益”①，即只要权利人对一般物存在特殊情感利益，那么特定物遭受因经营者故意违约而失去其价值与意义，逝者亲属可以凭借《中华人民共和国侵权责任法》第二十二条、最高人民法院2001年通过的《关于确定民事侵权精神损害赔偿责任若干问题的解释》第四条的条文向人民法院提起要求经营者承担精神损害赔偿责任的诉求。

四、公墓经营者的义务

就实务而言，《包头市殡葬管理条例》第二十六条、《乌鲁木齐市殡葬管理条例》第十二条等地方性法规的条款规定，当墓穴的使用期限终了，逝者亲属有两种选择：须向经营者返还墓穴使用权，或另行办理续约手续。而当20年使用期限届至，逝者亲属尚未向经营者支付护墓管理费、墓穴租用费与寄存费等费用，并未办理续约手续的，参照日本、我国台湾地区的有关处理办法。

如墓地经营者应当履行基于租赁、保管等合同附随义务（collateral obligation），如预告通知义务，即当经营性墓地的20年使用期限届满前的半年时间里，经营者应向墓主亲属发出“所享的墓地使用权的期限即将届至”的通知，并且在该内容上注明“墓主亲属享有优先与经营者订立该墓地续约合同的权利”，同时也要明确说明倘若期限届至后六个月内，墓主亲属尚未办理该续约手续所要承担的不利后果。此外，墓地经营者还应注意该通知的送达方式，基于距离墓穴使用期限届满日的不同，选择给逝者亲友的送达方式也应不同。同时为防止陵园经营者怠于行使通知职责，抑或虽发布通知公告但其影响效力范围有限，经营者应当在当地影响力较大的报纸、电视、电台或者互联网上发布公告，或者是通过信函等邮寄的方式，但必须确定该邮寄目的地为目的承租人的常住地；而离期限届满日还有较长时间的，则可在该陵园专门设

① 参见［德］克雷斯蒂安·冯·巴尔著：《欧洲比较侵权行为法》（下），焦美华，译：北京：法律出版社，2001年版，第4页。

置的布告栏内发布通知或者在墓主的墓碑前明显的地方设置缴费提醒的牌子，方便墓主亲友拜祭时能够在第一时间得知缴费事宜。另外，鉴于目前我国法律尚未明定陵园向墓主亲友通知墓基使用权逾期应选择多长的公告时间，笔者认为公告期的计算可具体参照自然人宣告失踪制度、招领拾得遗失物等的公告时间。

此外，墓穴使用期限届至，经营者向逝者亲属通知期间应当履行妥善保管义务，当然该保管义务有别于保管期限内保管人所承担的保管义务，而是公墓经营者在发出续缴费用的公告后，墓主亲友因种种原因尚未办理延续手续，经营者应妥善保管墓基内的骨灰，而不是直接将其作为无主墓、无主骨灰处理。比如以纳骨塔等立体保管方式放在特定区域，等待其亲属的认领以便后续安排骨灰去处。然两年乃至三年过后，墓主亲属也未能来陵园办理续约手续或者领取骨灰，那么经营者方可采用河葬、海葬等方式处理骨灰，直至做到仁至义尽。

五、小结

通过对经营性墓地收取的费用进行定性，我们一般可将其分为三类：墓穴租用费、寄存费和墓穴管理费。围绕这三类费用属性从权利义务关系展开详细的阐述，因此租赁合同关系、保管合同关系这两大关系是我们解读的重点工作。进而讨论墓地的使用权限到期应该如何公平妥善地处理。由于墓地承租人通常处于弱势地位，因此我们选择从墓地经营者的义务角度进一步分析经营性墓地使用期限届至的处理，以实现公平正义的初衷和结果。笔者也对全文进行了全面的反思与总结，认为在以下几个方面，本文有所创新：第一，为了研究经营性墓地收费的相关问题，先就各种费用进行分类定性，为下面的分析做了铺垫；第二，在权利期限届至处理的部分，笔者通过对租赁合同和保管合同的权利义务关系的分析，提出了许多具有实际可操作性、可借鉴性的建议；第三，本文大量采用比较法，可以直观地反映现状，对经营性墓地的收费问题、到期问题、经营者义务问题进行了全范围分析。

本文不尽如人意之处也有很多：第一，本文的承接逻辑还不够紧密，在多处分析的过程中，前后没有做到紧密承接；第二，对英美法系的比较法分析还远远不够，由于缺乏相关外国法律的文献资料，使得本文主要从大陆法系角度进行分析；第三，大量引用了法律条文，受法条的限制比较大；第四，对主要问题仍未探讨透彻，分析得比较浅显，还需要继续深入。对于这些不足，笔者将在以后的学习中加以改正。

而经营性公墓使用期限届至的相关问题是当下亟须解决的，笔者希望通过本文的讨论与建议，能够对经营性墓地管理办法的完善有所裨益。

参考文献：

[1] 张力，公杰. 现行法律体系下的经营性墓地法律问题研究 [J]. 河北法学，2016（2）.

[2] 王利明，杨立新，王轶，程啸. 民法学 [M]. 北京：法律出版社，2011.

[3] 修磊. 经营性公墓法律关系探析 [J]. 公民与法，2011（7）.

[4] 郭建红，唐翠苹，刘鑫，廖立. 经营性公墓使用权届满续期制度研究——以重庆主城区为视角 [J]. 中国民政，2013（9）.

[5] 余贵林. 论经营性公墓墓地使用权 [J]. 内江师范学院学报，2014（1）.

就死者的人格权浅述保护方式

温州大学法政学院　屠海潮

摘　要：殡葬中，死者人格权的问题是死者能否入土为安的关键。本文以死者人格权的定性研究为基础，厘清死者人格权权益构造。以比较法的方式对德国、美国和我国台湾地区人格权保护的处理方式进行研究，结合我国死者人格权保护发展现状，弥补死者人格权保护上的不足，维护殡葬业的有序进行。死者具有人格权；通过立法对死者人格权保护的主体、内容、救济权利进行规定并加强对财产性人格权的保护；实务中重视判例研究，适用理论统一。

关键词：死者　人格权　法律保护

一、死者人格权研究背景及其必要性

依据党的十八届四中全会会议的重大决定，为全面推进依法治国，我国立法机关开始着手我国民法典的编纂。过程中，围绕人格权（personality）是否应当独立成编或者写入总则的争议引起人们对人格权立法的关注。人格权作为公民的一项基本权利，对个体生存发展乃至社会都具有重要意义。

公民的人格权保护，在《中华人民共和国宪法》和《中华人民共和国民法通则》中已有相应规定。死者作为非自然人，死后是否具有人格权的看法在我国尚未形成统一观点，致使无法通过法律对其进行系统、明确的规定。同时，实务界在处理有关死者人格权保护的方式上也未达成一致。模糊的死者人格权保护问题使得立法界和实务界在相关事实的处理方式上产生分歧，不仅使得保护主体无法明确遭受侵害后的救济途径，也使得法院在审理相关案件中陷入两难境地。在我国的殡葬体系中，死者人格权受到侵害，难以获得相关途径保护的问题涉及死者能否实现我国传统观念上的“入土为安”。如今，随着我国公民人格权意识的提高，死者的人格权也应该通过法律途径进行保护。因此，死者人格权的定性亟待确定，相关保护措施也应落实到位。

本文旨在从人格权的概念以及相关学说入手，对死者的人格权进行定性研究。在此基础上，对死者人格权保护的基本权益构造进行分析。在比较德国、美国和我国台湾地区对死者人格权保护处理方式后，结合我国的规定和实务处理方式，最终得出完善死者人格权的保护途径的建议，为死者人格权保护日后的立法提供参考意见。

死者人格权相关研究有从伦理学、神学、文化学、历史学等不同视角切入。遗体作为自然人死亡后的人身遗存，如何认识其权利？历来民法界争议不断。《人格财产及其法律意义》从“人格权—财产权”的二分体系角度，研究了人格的财产化和财产的人格化两个方面，从民事法律意义上探讨了两者交错的利益平衡①。《论死者人格精神利益的民法保护》从民法的视角，分析讨论了死者人格精神利益的保护范围、保护期限和保护主体等具体问题②。《对死者人格商业化利用的法律保护》以死者人格特征的商业化侵害为立足点，提出对人格商业化保护的具体保护措施③。《论死者人格的立法保护》分析研究死者人格权的定性问题，从立法和实务两个方面对保护死者人格权提出了相关建议④。《死者人格利益法律保护之构建》从我国死者无人格权但具有人格利益的观点出发，从保护范围、保护主体、法律责任等方面给予相关的立法意见⑤。《死者人格权益保护研究》肯定了我国对死者人格利益的保护，认为公法的直接干预和私法的间接干预的结合是对死者人格利益保护的合理布局⑥。

多数文章仅对作为人格权客体的人格利益进行分析，并由此延伸出对人格利益中的财产和精神利益的保护措施。然而就死者的人格权方面探讨对死者相关利益保护的研究尚显不足。因此，本文主要以死者的人格权为立足点，

---

① 参见陈创法：《人格财产及其法律意义》，载《法学新视野》2015年第2期。

② 参见王全弟，李挺：《论死者人格精神利益的民法保护》，载《法治论坛》2011年第11期。

③ 参见刘雪松，吕正：《对死者人格商业化利用的法律保护》，载《法学研究》2015年第1期。

④ 参见刘召成：《论死者人格的立法保护》，载《法学研究》2013年第5期。

⑤ 参见潘晓霞：《死者人格利益法律保护之构建》，载《法学研究》2015年第1期。

⑥ 参见杨文：《死者人格权益保护研究》，载《法制在线》2014年第16期。

探讨对其的保护措施。

二、死者人格权定性研究

(一) 死者人格权认知

1. 死者的有限民事权利

《中华人民共和国民法通则》第九条讲到公民从出生时起到死亡时止,具有民事权利能力,依法享有民事权利,承担民事义务。传统民法理论认为公民的民事权利能力始于出生,终于死亡,即指公民在死亡之后,其民事权利能力永久丧失,无法享有民事权利。然而随着公民对权利意识的不断增强以及对有关处理侵权案件的法律规定及原理原则的不断外延,传统民法中对民事权利和民事权利能力的界定显然已经无法满足现今的法律需求。

自然人的民事权利能力是自然人依法享有民事权利和承担民事义务的资格。这种依法享有权利和承担义务的资格并不是绝对一定的,它只是代表着一种享有权利的法律上的可能性。因此不能推论公民的民事权利能力是享有民事权利的必要条件。举例而言,在没有民事权利能力的前提下,公民同样也可享有某些民事权利,例如保留胎儿的继承份额。胎儿未出生,无民事权利能力,但是为了保障胎儿在未来的某些实质利益,我国法律规定承认胎儿的继承权。因此公民在死亡之后,不享有民事权利的说法是不充分的。

2. 死者人格权的界定

公民的民事权利分为财产权和人身权。死者在财产法律关系中不需要权利能力,其财产可以通过死者生前遗嘱或继承等方式得以转移。而非财产性的人身权因不具有让与性、继承性,难以确定对其的保护措施。人身权分为身份权和人格权。身份权指民事主体基于特定的身份关系产生的,以其身份利益为客体的权利,因此当自然人死亡之后,死者与外界的关系断裂,身份权自然丧失。人格权包括姓名权、名称权、名誉权等权利,涉及公民的人格尊严、人格自由等方面,因此,人格权在公民死后仍然具有法律上的保护意义。

在我国人格权法的发展历程中,“荷花女案”开启了司法史上对保护死者人格权的先河。艺名为“荷花女”的天津艺人吉文贞病逝之后,魏锡林以其形象为原型,创作小说《荷花女》。该小说中,使用了吉文贞的真实姓名和艺名，并虚构了吉文贞与三个男人商谈婚姻，甘愿为妾，并被恶霸奸污，患性病而终。小说完稿后，未征求吉文贞家人的意见，魏锡林将小说投稿，并于同年在《今晚报》上进行连载。小说中的虚构情节对吉文贞的名誉造成了极大的损害，吉文贞之母随即向法院起诉。此案最大的争议点在于，作为死者的吉文贞，是否享有名誉权，法律对此是否应给予保护。天津中级人民法院在向最高院的请示中发表相关意见："……至于吉文贞已经死亡，对死人名誉权是否保护，目前我国尚无明确规定。但我们认为，公民死亡只是丧失了民事权利能力，其生前已经取得的具体民事权利仍应受到法律保护。"① 最高院的回函当中，也明确表示吉文贞死亡之后，其名誉权应依法保护。作为里程碑的"荷花女案"，其重大的意义在于明确了死者具有名誉权即人格权，并应受到法律的保护。

之后，最高人民法院在 1993 年的《关于审理名誉权案件若干问题的解答》和 2001 年《关于确定民事侵权精神损害赔偿责任若干问题的解释》中采用了死者的"名誉"而非"名誉权"的表述。措辞的细微变化使得不少学者对司法解释和司法实践中的主张死者具有人格权的事实进行了重新解读，认为当有关行为损害到死者的利益时，所侵害的不是死者的人格权，而是作为人格权客体的人格利益。然而，这种看法是对最高院对死者人格权保护的一种误解。通过客体指代权利为学界与司法实践常有之事②。对于某物物权的侵害，同样也表述为对某物的侵害。因此，不能仅对死者"名誉"的侵害就不认定为死者的"名誉权"没有受到侵害。最高院在"荷花女案"中的批复明确解决的是对死者是否具有人格权的定性问题，而《关于审理名誉权案件若干问题的解答》是对死者人格权的保护主体的范围限定，《关于确定民事侵权精神损害赔偿责任若干问题的解释》是对遭受精神痛苦的近亲属的损害赔偿请求权的确认。单就各个规定颁布的目的来看，最高人民法院无意通过后面专门解决其他问题的司法解释去改变批复中专门针对死者名誉权性质的认定③。

---

① 参见津高法〔1988〕第 47 号，《天津市高级人民法院关于处理〈荷花女〉名誉纠纷案的请示报告》。

② 刘召成：《论死者人格的立法保护》，载《首都师范大学学报（社会科学版）》2013 年第 5 期。

③ 刘召成：《论死者人格的立法保护》，载《首都师范大学学报（社会科学版）》2013 年第 5 期。

（二）死者人格权的权益构造

1. 死者人格权的保护主体

自然人死亡，其民事权利能力丧失，作为人的意志丧失，在死后人格权受到侵害之时无法自力救济，因此保护死者人格权的主体非死者本人，应由在世的生者来完成。

（1）近亲属保护

《最高人民法院关于贯彻执行〈中华人民共和国民法通则〉若干问题的意见（试行）》第十二条规定：民法通则中规定的近亲属，包括配偶、父母、子女、兄弟姐妹、祖父母、外祖父母、孙子女、外孙子女。近亲属作为死者生前最亲近的人，在死者的人格权受到外界的侵害之时，由其保护较为合适。近亲属起诉的名由，构建上分为直接保护主义和间接保护主义。直接保护主义是指自然人死亡后，人格权仍然存在。近亲属以侵犯死者人格权的名由提起诉讼，以保障死者的人格权停止受到外界的侵害。间接保护主义指对死者人格权侵犯的实质是侵犯了死者近亲属的人格权，此时近亲属可以以自己的人格权受到侵犯的名由提起诉讼，通过保护与死者相关的权利主体的权利来间接保护死者的人格权。实务界中，法院在部分案件的处理上，考虑到侵害死者人格权的行为侵害了死者的人格权，同时对死者近亲属的精神上造成痛苦，最后采取直接保护主义和间接保护主义相结合的方式。

（2）其他相关人员保护

通过死者近亲属，死者的人格权在受到侵害时可以获得相应的保护。若死者无近亲属或者近亲属皆死亡，那么死者的人格权该如何获得保障？当然，死者可以通过生前指定人来管理其死后相关事务安排。除此之外，可将近亲属外延到亲属、社会上的人或者团体。同时可以借鉴民事公益诉讼和行政公益诉讼的模式，将保护主体范围扩大到国家机关。

最典型的是历史名人的人格权受到侵害时，是否应该受到维护，由谁来维护的问题。历史名人身上所承载的不仅是其在历史长河中留下的精神风貌，更多的是历史名人往往也会作为国家文化的一种象征，其人格利益往往与国家利益有关。在这种情况下，民间社会团体可针对诋毁、侮辱历史名人的相关事实提起民事公益诉讼，通过法律手段保护历史名人的人格权。必要时，国家有关机关为了维护整个社会的秩序，可以介入对历史名人的“正名”之中。对近年来频发的冤假错案，社会希望可以通过相应途径对因错判、误判而失去生命的“罪犯”的名誉进行恢复。

2. 死者人格权保护范围

根据最高人民法院《关于确定民事侵权精神损害赔偿责任若干问题的解释》等法律规定，我国在以下几个方面对死者的人格权进行法律上的保护。

（1）侵害死者的姓名权、肖像权、名誉权、荣誉权

自然人死亡之后，权利载体以丧失意志的尸体的形式消失，而死者的姓名权、名誉权等事关死者切身利益的权利延续到死者身后。侵害人往往仗着死者已逝的侥幸心理对死者的姓名、肖像等进行诋毁、诽谤。其典型案件是1989年的“海灯法师案”，原告对敬永祥以及报刊《新闻图片报》和《星期天》提起诉讼，称被告通过登报的方式对海灯法师生前的人格进行诽谤、诋毁，丑化了海灯法师的个人形象，严重损害了海灯法师的人格利益，侵害了其名誉，请求法院判令被告停止侵害，恢复其名誉。除此之外，侵害人在未经死者近亲属或相关人员的授权之下，擅自使用死者的姓名权、肖像权进行商业活动，严重违反了社会公德和社会利益，其典型案例是2000年左右的鲁迅案。

（2）侵害死者隐私权

王利明先生则认为，隐私权是自然人享有的对其个人的、与公共利益无关的个人信息、私人活动和私有领域进行支配的一种人格权。而未经死者生前或死者近亲属及相关人员的授权，非法披露、利用死者的隐私是对死者人格权的侵害，法律应对此加以保护。

（3）侵害遗体、遗骨

中国自古以来就遵循“死者为大”的观念，死后遗体、遗骨被安置，作为亲属情感的寄托之物，包含着亲属的怀念之情，有浓重的伦理道德意义。遗体、遗骨被非法利用、损害，或者以违反社会公共利益、社会公德的方式遭受侵害，不仅是对死者及其近亲属的伤害，更违反了中国自古以来的伦理观，因此任何人不得非法对死者的遗体、遗骨进行侵害。

（4）传统民法意义之外的保护

随着公民对自我人格权的认识不断加深，人格权在现今社会的不断发展，关于死者人格权的范围逐渐外延到死者其他利益，例如死者的信用、贞操等问题，此时对死者的保护不应该只局限于司法解释等规定，而应该以长久、发展的眼光对待这类事实。

3. 权利救济内容

根据民法上的请求权基础，当死者的人格权受到侵害之时，近亲属或其他相关人员可以针对侵害内容和方式提起不同的请求权。

（1）侵权行为的损害赔偿请求权

人格权是公民的一项基本权利，侵害公民的人格权即能以侵权之由提起损害赔偿的诉讼请求。诉讼主体可以根据侵害行为在社会上造成的不利影响的程度、范围，对死者人格方面造成的伤害，对死者近亲属精神上造成的痛苦程度等方面，请求法院判令侵权人恢复死者的名誉、荣誉，并向社会公众就侵害行为赔礼道歉，同时也可以金钱之债的方式请求精神损害赔偿以弥补侵权人的侵害行为对其生活、工作、精神上的不利影响。

（2）不当得利返还请求权

不当得利是指没有合法根据，使他人受到损失而自己获得了利益。不当得利之债多发生在侵害人在未经过死者近亲属或其他与死者有特殊身份关系的人的同意，擅自将死者的姓名、肖像用于商业用途，旨在利用死者在社会上延续的影响力为自身谋取利益。在我国的司法实践中，明确了人格权具有财产价值的排他性权利。这种情况下，侵害人的行为没有合法依据，获得的财产利益构成不当得利。诉讼主体有权就这部分不当利益请求受益人予以返还。

（3）其他相关请求权

除了主要的损害赔偿请求权和不当得利返还请求权，针对侵权人的侵害行为，在特殊情况下可以行使类似物权请求权中的排除妨害请求权和消除危险请求权的防御性请求权。当侵权人对死者人格权的侵害行为已经侵犯了死者或其近亲属的人格权时，近亲属有权主张侵权人停止侵害，来避免更严重后果的发生。尚未发生，但有妨害之虞的，死者近亲属及相关人员意识到该行为会损害死者的人格权的，可以主张防止侵害，消除危险。

三、现有法律对死者人格权的规定

（一）其他国家地区对死者人格权的相关规定

1. 德国法的保护模式——精神性和财产性人格权双重保护

德国对死者采取一元论的法律保护结构，在传统人格权理论的基础上，扩张其人格权含义，在保护形式上兼具对死者人格权的精神利益和财产利益的保护。德国通过对死者人格权实际案例的处理，不断完备本国的人格权直接保护理论体系。

在立法方面，Leserbriefe 案突破德国《民法典》中有关人格权条款中“其他权利”的内涵，使得一般人格权正式得到确认。同时，1899 年德国首相俾斯麦仪容偷拍案的判决，确定了对死者肖像权的保护，在此案件的基础上，德国随后颁布了《德国艺术著作权法》和《德国著作权法》，以法律的形式保护了死者的著作权。在实务方面，Mephisto 案和 Marlene 案在德国人格权案的发展史上的地位相当于我国的“荷花女案”。Mephisto 案在法律上确定了死者的人格权可以受到保护，Marlene 案则在 Mephisto 案的基础上将人格权保护的内涵扩张到精神和财产利益上。王泽鉴先生曾这样评价德国的 Marlene 案：“德国的法学家都在等待一个判决将德国一百年来人格权的发展作一个总结，这就是在人格权上结合精神和财产的保护——从出生到死亡。”①

2. 美国法的保护模式——侧重保护财产性人格权

美国在处理有关人格权的案件上采取的是二元保护模式。美国法并没有设立专门的人格权体系，而是通过对公民的隐私权和公开权的立法来达到对公民的人格权的保护。

在 1965 年的 Griswold v. Connecticut 一案中，美国正式将隐私权确立为独立于第 4 和第 5 修正案的一般宪法权利。② 从最高法的性质上确立对公民隐私权的保护。而美国法学家威廉曾将侵犯隐私权的行为分为四类，其中包含了公开扭曲原告之形象和窃用他人姓名和肖像。从某种意义上，隐私权可以被解读成美国法上的精神性人格权。然而，隐私权本身的内涵便注定无法保护公民的肖像权、姓名权等权利中存在一定的财产利益，因此美国法院创设公开权，作为一种独立的财产权公开保护公民人格权中的财产性利益，可视为财产性人格权。美国推崇自由、独立，不具有某些大陆国家“死者为大”等观念，对死者隐私权的保护并不重视，认为人死后，精神性人格利益自然消亡，不承认对精神性人格权的保护。反之，公开权作为财产性权利自然地具有让与、继承性的性质。在自然人死后，公开权转移到他人身上。在公开权

① 《王泽鉴教授华政学术系列讲座第三讲“‘荷花女案’在法律方法论上的研究”》，2009 年 5 月 22 日。

② 马政宇、张熙子：《比较视野下的中外隐私权及其保护》，载《法制与社会》2016 年第 2 期。

受到侵害之时，受让人如继承人可就受让的继承权受侵害为由提起侵权损害赔偿请求权，以保护死者的公开权即财产性人格权。因此，美国的二元保护模式仅侧重保护公民的财产性人格权而忽视了对精神性人格权的保护。

3. 我国台湾地区的保护模式——侧重保护精神性人格权

我国台湾地区对死者人格权的普遍看法恰好与德国法的认知有所出入。多年来，在台湾地区现行的法律上，对人格权的规定，多注重于人格精神利益的保护，对人格财产利益的保护是从近年的“陈美凤代言米酒案”开始逐渐被台湾地区司法界采用的。对死者人格权的保护，台湾地区的法律并无规定。在司法实践过程中，台湾地区在处理过程中不承认死者具有人格权，认为被侵害的是亲属里面对于死者的亲情悼念的人格关系。近年来，台湾地区法律实务通过对实际案例的判决，将人格权进行了扩张解释。如在台湾地区的司法界具有重要意义的“蒋孝严诉陈水扁诽谤蒋介石案”。该案中，蒋孝严对陈水扁在学术研讨会上公开指责蒋介石为“二二八”事件元凶，其后被台湾各大媒体报道，造成不良影响一事诉请法院恢复蒋介石名誉，并请求一定的精神损害赔偿。台湾法院依据传统民法理论，认为死者人格不受法律保护，其所侵害的是遗族对死者之孝思、追慕之情。该判决通过对其他人的人格利益的保护而间接保护死者的人格权，采用的是间接保护的理论，开启了台湾地区保护死者人格精神利益的先河。

4. 比较法上分析后的总结

通过对德国、美国两个国家和地区的保护模式的对比，不难看出其在死者的人格权保护方面的异同之处。德国在漫长的人格权体系的发展过程中，对死者人格权的精神性利益和财产性利益形成深入的认知，通过立法建立健全完善的法律保护机制。我国台湾地区对死者人格权的保护还处于探索阶段，仅通过部分案件确立了死者的精神性人格权的保护。美国则与我国台湾地区的处理方式有所出入，其法律法规和司法实践仅通过对死者公开权的保护来保障对死者的财产性人格权。

（二）我国对死者遗体人格权保护的处理方式

我国正处于统一民法典起草时期，人格权法是否单独成编是一大争议热点。在此之前，我国没有一部单行的人格权法调整人格权权利义务关系，其有关规定分散在《中华人民共和国侵权责任法》等法律中，没有系统的规定。对于死者人格权的保护，我国尚未有任何法律规定，而是由最高院通过一系列的司法解释确立。在人格权纠纷案件的批复、回函等中，从个案突破死者人格权保护的适用限制，逐渐扩大其内涵。我国目前颁布的有关死者人格权的四个司法解释分别解决了我国死者人格权保护的权利归属、保护主体、救济内容等问题。

最高院在1989年的“荷花女案”的批复中写道，“吉文贞（艺名荷花女）死亡后，其名誉权应依法保护。”在1990年的“海灯法师案”的批复中，写道，“海灯死亡后，其名誉权应依法保护。”这两个批复承认死者具有人格权，解决了死者人格权的定性问题。1993年，最高院颁布的《关于审理名誉权案件若干问题的解答》的第五条规定：“死者名誉受到损害的，其近亲属有权向人民法院起诉。”从而确定了能够行使权利之人，从而解决了因死者死亡无法行使自己权利的问题。最高院于2001年颁布的《关于确定精神损害赔偿责任若干问题的解释》第三条规定，侵害死者的人格，遭受精神损害的近亲属有权主张精神损害赔偿。该规定将死者近亲属对死者的怀念之情转化为一种受到法律保护的人格利益，扩大保护范围，确定了死者人格权受到损害的权利救济内容。从这四个司法解释的内容不难看出，死者人格权的法律保护途径在不断地完善，为司法机关在处理各类人格权案件时提供了衡量的标尺。随着公民人权意识的加强，司法机关在处理相关案件时更要均衡伦理道德和法律的天平。

除了现有的司法解释来调整死者的人格权法律关系，我国现今还未有一部法律明确地将其保护措施写入法律法规。梁慧星先生在《中国民法典建议稿》中明确地将死者的有关权利纳入法律的保护中，体现了死者人格权的保护在我国司法界中越来越被重视。该法典中第二十五条第二款写道：“禁止对遗体、遗骨进行损害或者侮辱。”体现了对死者的遗体、遗骨的保护。第二十六条：“禁止以侮辱、诽谤、贬损、丑化等方式侵害死者的姓名、肖像和名誉。”更是明确地将死者的姓名权、肖像权和名誉权纳入司法保护范围。

四、对死者人格权保护现状的建议

我国公民对人格权保护的意识起步较晚，司法界对人格权案件还处在逐步探索阶段。人格权的发展是从比较零散到逐渐统一，从对公民的人格权保护再逐渐将保护范围扩大到死者的人格权。关于对死者的人格权保护的历程从1989年对“荷花女案”的回函再到2001年《关于确定精神损害赔偿责任若干问题的解释》的规定，由司法实务推动的发展仅有12年，到2016年，其司法解释的适用时间也仅有27年。这几个司法解释均是在具体问题出现之后，法院再有针对性地提出建议，在短时间内解决了我国部分有关死者人格权保护的问题，体现了实务界在法律发展方面的重要作用。但是，有关死者的人格权保护问题仅凭这几个司法解释的推动不足以满足社会上的其他需求，法院无法依据相关规定的指示作用处理部分案件。这与我国人格权的发展起步晚，人格权保护意识形成缓慢有关，缺少完善的有关人格权保护的规定来规范案件的处理。

（一）立法上

1. 对死者人格权进行定性

（1）承认死者的部分权利

如第一节所述，死者人格权保护的障碍之一是传统权利能力学说。在当今社会的快速发展条件下，创立于早期的传统权利能力学说在某些案件的处理上失去了生命力，不能满足某些社会需求。承认死者的部分民事权利，作为对传统权利能力学说的补充，有效地解决了在个别法律关系中，因主体丧失民事权利能力而无法保障其民事权利的障碍。因此，应构建死者人格领域内部分权利能力制度，使死者成为适格的法律主体①。

（2）完善死者保护主体制度

死者因没有民事行为能力，无法自力保护其人格权，由在世的生者主张权利。我国现有的司法解释只规定可由近亲属代为提起诉讼，其范围过于狭窄，不能全面保护死者的人格权。“意思自治”的原则应同样可以在死者人格权保护中得到适用，在法定和意定之间，以意定为主。若死者在生前已经指定保护人的，应尊重死者的意愿，以指定人为先，近亲属为后。除此之外，在死者的人格权遭受到的损害程度已足以危害到社会的情况下，可以主动提起诉讼来维护死者的人格权以达到稳定社会秩序的目的。社会团体也可以参照环境公益诉讼的模式提起有关死者人格权的诉讼。

根据我国目前的立法形式，对于保护人范围扩大的适用应稳步前行，在具体的案件中实现突破。对司法解释现有的近亲属保护，应该在实体法中予以完善，在未来的民法典中加以规定。

---

① 刘召成：《部分权利能力制度的构建》，载《法学研究》2012年第5期。

（3）明确具体救济方法

我国现有的司法解释中只提到对死者的部分权利“应依法保护”，对其的权利救济内容也只在《关于确定精神损害赔偿责任若干问题的解释》中提到死者的人格权受到侵害之后，近亲属享有损害赔偿请求权。损害赔偿请求权是在死者的人格权已经受到损害之后的事后救济权利，而为了防止在侵害行为做出之前或者侵害行为还未对死者人格权造成实质性伤害之前，应效仿德国法，为保护人设立防御性请求权，在事前便对死者的人格权进行保护。除此之外，当死者的人格权中的特征非法运用于商业用途中时，保护人也应有权就不当利益提起不当得利请求权。

2. 完善对财产性人格权的保护

通过法律对死者人格权进行定性，并确定保护主体、救济方式之外，还须对死者人格权的具体内容进行保护。然而无论是司法解释还是民法典草案中有关死者人格权的保护，均侧重死者精神性人格权的保护，而对财产性人格权的保护规定较少。因此可以看出我国在对死者的财产性人格权上的保护力度较弱。在市场经济快速发展、大众传媒广泛普及等因素的影响下，死者的名誉权、姓名权中包含的财产价值被用于一些商业用途，借用死者人格权中的某些利益，以商业手段进行非法操作，导致死者人格权遭到侵害的现象越来越普遍，死者的姓名、肖像、名誉等人格特征被应用于商业化过程中。例如 2013 年的“钱钟书书信手稿拍卖案”中，就钱钟书的名人效应，在未经其近亲属的同意之下，便拍卖其书信书稿的行为侵犯了死者的人格权。虽然在实务界中，已经出现了部分有关死者财产性人格权保护的案件，并且其处理方式对相关案件的审理颇具指导意义，但是至今还未有相关的规定来对财产性人格权的保护做出一个较为明确的规范，这显然对法院在对相关案件的审理上增加了一定的难度。目前司法界只出现了部分具有指导意义的保护死者财产性人格权的案例，可通过立法或者相关法律规定纳入法律的强制性保护范围内。

（二）实务上

1. 重视判例研究

我国是非判例法国家，但这并不意味着我国就应该减少对判例的重视。伟大法学家 Rabel 说过一句话，法律以判例作为它的筋骨，而学说是法律的神经，两者协力构成法律生命有机体的成长和发展。从德国法中人格权保护的发展来看，每一个个案的判决都是对人格权保护的一大突破，之后从案件本身出发而引申出有关的判决研究不断丰富了其审判的依据，构建以判决为基石、理论研究为支撑的体系。在德国，没有一个学者不写案例，针对Marlene案德国大概就出了十本博士论文和教授的专门著作。“荷花女案”是我国人格权发展史上具有极大意义的案件，然而与之相关的判例研究屈指可数。多数学者认为我国的判例内容简单，不值得研究。天津市高级人民法院在“荷花女案”的判决中对死者人格权保护的争议问题，仅写了一句“死者的名誉权应依法保护”，除此之外并无过多的论述。王泽鉴先生说过：“学者的任务就是在案子里面寻找争议点、提供理由，来充实法院的判决，好让法院判决理由更有基础、更充实。”因此，学者不应就判决内容简单等外在原因而忽视了蕴含在判决中的法律理论。

我国正处于人格权立法阶段，通过对有重大意义案件的研究，实现立法和判例研究同步进行。学者从实际案件中汲取经验，分析案件中的争议点，不断充实判决的理论基础，为立法者提供相应的学术基础，从而形成具有生命力的法律规定。

2. 适用统一理论

在判例研究的基础上，通过总结分析具体案件的处理方式，形成此类案件处理的通用原则是判例研究的目的之一。现今有关对死者保护的学说有三种，即直接保护主义、间接保护主义、直接和间接兼并的混合学说。我国法院在不同案件的处理过程中，采用的是不同的学说。“荷花女案”采用直接保护学说，最高院指出：吉文贞（艺名荷花女）死后，其名誉权应依法保护，其母陈秀琴亦有权向人民法院提起诉讼。由此可以看出其母在以保护吉文贞人格权的名义起诉，法院承认死者具有名誉权，应依法保护，而其近亲属具有以保护其人格权为由的起诉权。2001年《关于确定精神损害赔偿责任若干问题的解释》中关于死者的人格权保护采取的是间接保护学说。该解释第三条规定：“自然人死亡后，其近亲属因下列侵权行为遭受精神痛苦，向人民法院起诉请求赔偿精神损害的，人民法院应当依法予以受理……”明确了死者近亲属可以侵害死者人格权而遭受的精神痛苦为由起诉。然而，在该司法解释出台之后的彭家珍一案，法院指出彭家珍近亲属以彭家珍名誉受损提起上诉，所保护的是彭家珍的名誉，而不是自身的名誉权受到损害，采取的是直接保护主义学说，与司法解释中的间接保护主义不一致。然而《最高人民法院公报》1988年第2期的《李林诉〈新生界〉杂志社、何建明侵害名誉权纠纷案》中，法院对案件的处理采取混合说。法院认为死者的名誉权受到侵害，应依法保护，此采取的是直接保护主义。除此之外，法院认为在侵害死者人格权的过程中，侵害行为也对死者近亲属造成了精神上的伤害，死者近亲属有权获得精神损害赔偿，此为间接保护主义立场。从中可以看出，针对死者人格权保护这一问题，司法解释采用的学说和实际案例处理采用的学说并未达成一致，在三种学说中摇摆不定。法院在案件中对直接保护主义、间接保护主义、混合说的处理方式均有采纳。

不同学说的混杂使得实务界在参考案件之时，往往陷入两难的境地，这不仅对之后法院在处理有关死者人格权的案件上造成了极大的困难，还造成了在人格权侵害事由发生之后，保护主体在起诉名由选择上的困难。我国正处于人格权法立法时期，因此在适用理论上，应克服保守思想，继承中国经验，不必一味地对某一种理论完全地采纳，应结合我国目前的情形综合地适用。

五、结论

传统民法理论认为，人的民事权利能力始于出生，终于死亡。公民权利意识和主体意识的增强使得该理论无法满足社会的需求。本文通过论证死者具有部分民事权利，对死者人格权进行定性，进而肯定死者具有人格权，并应该受到法律的保护，弥补了传统权利能力理论在死者人格权保护上的不足，从而能更好地实现对人的全面保护。以死者的人格权为立足点，研究了死者人格权的保护主体，仅司法解释规定的近亲属无法完全保障死者人格权，应将保护主体扩大到死者生前指定的人、社会团体以及国家机关。精神损害赔偿权作为保护主体所享有的对死者人格权的事后救济权利，不足以保护所有侵犯死者人格权的情形，通过事前救济的防御性请求权和补充性的不当得利请求权可以补充死者人格权的救济方式。以比较法的方式，分析德国的一元保护模式、美国的二元保护模式、我国台湾地区的保护模式对于死者人格权的处理方式。德国人格权法体系发展完备，注重死者精神性人格权和财产性人格权的双重保护；我国台湾地区不承认死者具有人格权，但近年来的司法实践注重对死者精神性人格权的保护；美国法律注重对死者财产性人格权的保护，死者精神性人格权的保护在法律上尚属空白。同时，研究我国现今死者人格权保护的现状，通过对四个相继出台的司法解释的解读，明晰了我国死者人格权保护发展的沿革脉络。研究发现，我国仅规定了对精神性利益的保护，财产性人格权保护力度不足。在三个地区及我国就死者人格权保护方式的比较上，发现德国法的保护模式全面且完善，我国应借鉴学习。

在以上研究中还发现，发展时间短、外来学说引入等问题造成了死者人格权的保护出现适用学说杂乱、保护不全面等根本性问题。应从其他国家和地区的死者人格权发展中借鉴经验，结合我国的司法现状，探讨解决措施。肯定死者的部分权利，并建议将死者的保护主体和保护内容写入实体法，以法律的强制力保障死者的人格权。学习德国学者重视判例研究的态度，从个案进行突破，结合学者的研究成果，推动人格权保护的发展，并在实际案例的处理中逐渐摸索出适用于中国的处理方式，解决现今实务界适用理论不统一的问题。通过实现对死者人格权的保护达到我国伦理道德观上的“入土为安”，体现殡葬业中的人文关怀精神。

参考文献：

［1］王利明．人格权法研究［M］．北京：中国人民大学出版社，2012.

［2］杨立新．人格权法［M］．北京：法律出版社，2011.

［3］王泽鉴．人格权保护的课题与展望——人格权的性质及构造：精神利益与财产利益的保护［J］．人大法律评论，2009（1）．

［4］储晓单．我国死者人格利益保护的法律制度完善［J］．经济与法，2015（30）．

［5］刘召成．论死者人格的立法保护［J］．法学研究，2013（5）．

［6］舒彦文．对我国死者人格利益保护问题探讨［J］．法律杂谈，2014（4）．

［7］陈国军．死者有形人身遗存的法律属性辨析［J］．争鸣园地，2015（11）．

［8］金淑琴．死者人格权的保护问题浅谈［J］．法学研究，2011（32）．

孔子的丧葬思想及其当代价值

北京社会管理职业学院　王治军　董希玲

摘　要： 在丧葬礼仪方面，孔子既强调哀戚情感的真实表达而不是崇尚外在的礼仪形式，又强调“丧致乎哀而止”，反对以死伤生、残生送死的过分矫情。在丧葬的物质耗费上，孔子崇尚节俭反对僭越厚葬，主张以礼制为标准来节制丧葬的规模，要“称家之有亡”使之无过无不及。在葬祭的对象上，孔子对生前死后与鬼神有无问题悬而不论，强调丧葬祭祀的道德教化功能。这些思想对于我们今天殡葬政策的制定、殡葬改革的推进、殡葬管理与服务水平的提升，都具有诸多的启发。

关键词： 孔子　丧葬思想　当代价值

孔子不仅是伟大的教育家、思想家，是儒家思想的创始人，也是中华传统殡葬文化的集大成者。经他整理的《仪礼》《礼记》保存了大量上古殡葬文化习俗。他年轻时曾经以为人主持殡葬礼仪为生计，因而对殡葬礼仪、殡葬祭祀的作用等有诸多的论述。不仅这些思想为后人所传承，而且孔子本人也被殡葬业尊为祖师。时至今日虽间隔两千多年，但是孔子提出的注重情感哀戚、崇尚物质节俭、反对厚葬以及强调丧葬祭祀的道德教化功能等思想，仍然是我们今天所大力提倡的。因而深入研究孔子的丧葬思想，无论是对于国家殡葬政策的制定、殡葬改革的推进还是殡葬管理与服务水平的提升都具有极大的现实意义。本文主要以《论语》文本中孔子对丧葬祭祀的论述为蓝本，梳理孔子的丧葬思想，以期为当今的殡葬改革与殡葬服务提供借鉴。

一、反对繁复的丧礼仪文　强调哀戚情感的适度表达

殡葬活动有一套物质层面的器物，有一套操作层面的礼仪与流程，但最重要的是满足生者的精神情感需要。孔子一方面强调应当注重情感的真实表达而不是崇尚外在的礼仪形式，另一方面又强调“丧致乎哀而止”，反对以死伤生、残生送死的过分矫情。

《论语·八佾》记载孔子在回答林放问“礼之本”的时候，说：“礼，与其奢也，宁俭。丧，与其易也，宁戚。”这是孔子关于丧礼仪文与哀痛心情之间关系的表述，即就一般的礼仪来说，与其铺张浪费宁可朴素简约；就丧礼来说，与其仪文周到，宁可过度悲哀。《礼记·檀弓上》记载，子路说：“吾闻诸夫子：丧礼，与其哀不足而礼有余也，不若礼不足而哀有余也。”结合这两则材料我们可以发现，孔子认为，与其过度注重外在的礼仪形式，还不如注重哀恸之情的真实表达。当然，哀痛的心情必须通过外在的礼仪形式才能表达出来，但是，外在的礼仪只是真实情感表达的形式与载体，治丧时若只注重节文而不注重哀恸之情，丧礼必然走向奢侈浮华，似乎孔子对此深有感悟。事实上，礼仪过于浮华固然不对，过于节俭也不恰当，必须要合乎情理中节才好。后世的荀子就走向了强调礼仪形式的方向。

《论语·阳货》记载，宰我提出将三年之丧改为一年，孔子质问宰我说，父母死了不到三年，你就吃白米饭穿锦缎衣服，你心安吗？如果你想心安就可以这样做。孔子进一步解释说，每个人生下来都要经过三年以后才能脱离父母的怀抱，所以替父母守孝三年是天下的通例。由此可见，孔子认为替父母守孝三年是生时孝养父母的一种延续，因而表达了一种感恩回报的情感，只有这样孝子才能心安。如果潦草马虎，则将永远不能释怀。

但是孔子也反对过分的悲哀。《礼记·檀弓上》记载：孔子的儿子孔鲤（伯鱼）的母亲死了，可是伯鱼在服丧一年以后还在哭哭啼啼，孔子便说他悲哀得过度了。“伯鱼之母死，期而犹哭。夫子闻之，曰：‘谁与哭者？’门人曰：‘鲤也。’夫子曰：‘嘻！其甚也。’伯鱼闻之，遂除之。”按照礼制伯鱼为母亲服丧一年就可以了，就应该停止悲痛。由此可见孔子反对过分的悲哀，主张悲伤的情感应当适度，具体而言就是以合乎礼制的规定。子游所说的“丧致乎哀而止”（《论语·子张》）应该说是合乎孔子的意图的。《说苑·辨物》记载，子贡问孔子死人是有知觉还是没有知觉，孔子以非常诚恳的态度

对他说，我要是说死者有知觉，恐孝子顺孙妨生以送死；要是说死者没有知觉，又恐怕不孝子孙弃而不葬。这则材料从另外一个侧面反映了孔子既反对弃而不葬的不肖行为，也反对因悲伤过度而导致的以死伤生、残生送死的隆丧厚葬。后世荀子将这种思想发展为“刻生而附死谓之惑，杀生而送死谓之贼”（《荀子·礼论》）。在孔子看来，在失去亲人的时候，既不能因为过度哀伤而有损身心健康，也不能因为过度守丧而久违人事，而应当有所节制合乎中道，具体表现就是合乎礼节。殡葬之礼仪的意义就在于纾解亲人去世的哀痛心情，传承孝道表达感恩，明了生死的真正意义，从死亡中认识到生命的价值，在哀痛中体会生命传承的道理。

二、反对厚葬僭越　主张丧葬遵从礼制

春秋时期不仅厚葬之风盛行，而且用人作为殉葬品和祭祀品的人祭、人殉现象依然存在。孔子对这种制度表达了极度的愤慨，“始作俑者，其无后乎？”对发明木俑殉葬的人给予了最恶毒的诅咒。在丧葬的物质耗费上，孔子崇尚节俭反对奢靡浪费，主张以礼制为标准来节制丧葬的规模，使之无过无不及。“礼之用，和为贵。”丧葬礼仪发挥着使社会和谐有序的作用，它不仅协调生者与死者之间的关系，发挥抚慰生死离别之痛的作用，也调节生者之间的关系，发挥教人孝悌敦亲睦族的作用。在物质耗费与丧葬规模上，孔子极力主张遵从礼制，反对僭越礼法。《论语·子罕》记载：“子疾病，子路使门人为臣。病间，曰：‘久矣哉，由之行诈也！无臣而为有臣，吾谁欺？欺天乎？且予与其死于臣之手也，无宁死于二三子之手乎？且予纵不得大葬，予死于道路乎？’”孔子病重之后，子路让门人为臣来准备办理丧事。而当时只有诸侯死后才能由臣来办理丧事。孔子显然没有这样的资格，这属于一种僭越礼法的行为，所以孔子病好以后，就非常生气地批评子路，说自己宁愿死在几个弟子手上，也不愿意死在小臣手里。由此可以看出孔子在对待自己的丧事上反对丧葬僭越礼法的坚决态度。

《礼记·檀弓上》记载的孔子将父母“合葬于防”一事，鲜明地表明了孔子遵从礼制崇尚节俭的态度。当时按照礼制是不应当修墓的，孔子因为追求事业到处奔波，不得不修墓以作为标志物，因此“封之崇四尺”。但是孔子父母合葬的墓建成不久就被大雨冲毁，孔子知道后，“泫然流涕，曰：‘吾闻之，古不修墓’”，认为自己是违背了祖先的丧葬制度。我们从孔子“泫然流

涕”的态度可以看出其崇尚节俭以及维护礼制的坚定态度。东汉王充的《论衡·薄葬》记载，在鲁国季平子的葬礼上，当有人要将美玉放入季平子的棺材中作为陪葬品时，孔子闻后“径庭丽级而谏”。按照古礼，客人进入大门以后要绕庭院的左侧行走，上台阶也应该是走一步把双脚并齐以后再走，孔子却不顾自己应当遵守的礼节，直接穿过庭院疾步跑上台阶去劝阻，可见孔子反对厚葬态度之坚决。

《论语·先进》记载孔子最得意的门生颜渊死了，孔子哭得很伤心，不停地哭喊：“噫！天丧予！天丧予！”但是当学生们提出厚葬颜渊时，孔子坚决不同意。颜渊的父亲颜路请求以孔子的车为颜渊做椁，孔子也没有答应。虽然孔子极力反对，学生们还是厚葬了颜渊，为此孔子非常痛惜内疚。他认为，颜渊家境贫穷而用厚葬是不应该的，因而慨叹：“回（指颜渊）也视予犹父也，予不得视犹子也。非我也，夫二三子也。”（《论语·先进》）

《礼记·檀弓上》记载子游就葬具请教孔子。孔子说，应当与家庭实际经济状况相符合。子游又问，家庭状况各有贫富，有没有统一的规范呢？孔子说，经济条件好的不应当厚葬而超过礼制；经济条件不足的，只要衣衾可以遮掩尸体殓后即下葬，也不会有人责备他失礼。“子游问丧具。夫子曰：‘称家之有亡。’子游曰：‘有无恶乎齐？’夫子曰：‘有，毋过礼；苟亡矣，敛首足形，还葬，县棺而封。人岂有非之者哉？’”这段话充分说明了孔子反对当时社会上盛行的厚葬态度，但是也从另一个侧面说明社会上追求厚葬的狂热，以至于形成对薄葬产生非议的倾向。另一处还记载：子游说孔子住在宋国时，看见桓司马给自己做石椁三年还没完成。孔子就说：“像这样奢靡，还不如死了赶快腐烂掉。”这一“死欲速朽”的名言是对厚葬的最有力抨击，是当时最具有代表性的反对厚葬的言论。

三、悬搁生前死后与鬼神有无　强调丧葬祭祀的道德教化功能

孔子的殡葬祭祀思想与其对鬼神及生前死后问题的态度密切相关。众所周知，孔子认为丧葬祭祀是孝道的重要内容，是生前善事父母的延续。所以当子游问孝时，孔子回答：“生，事之以礼；死，葬之以礼，祭之以礼。”在丧葬祭祀的态度上，孔子主张“祭如在，祭神如神在”。但死人到底是否有知觉？我们祭祀的对象到底是怎样的存在物？探讨孔子对此所持的态度有助于我们深入理解孔子的丧葬思想。

关于人死后是否有知觉，据《礼记·檀弓上》记载，孔子曾经作过这样的解释："之死而致死之，不仁而不可为也。之死而致生之，不知而不可为也。"在孔子看来，把死者看成是无知的是缺乏仁心的表现，而把死者看成是有知的则是缺乏智慧的表现。显然这就陷入了一种矛盾心理。《说苑·辨物》记载：子贡问孔子死人是否有知觉，孔子以非常诚恳的态度对他说："吾欲言死者有知也，恐孝子顺孙妨生以送死也；欲言无知，恐不肖子孙弃不葬也。"意思是如果说死者没有知觉，恐怕不肖子孙对父母弃而不葬；如果说死者有知觉，又怕孝顺的子孙可能因送死而妨生。基于这样一种考虑，看来对于人死后是否有知这一问题，怎么回答都不恰当，最好就是搁置不论 。从孔子的这样的回答中我们还可以发现，孔子对于死后到底有没有知觉这一事实本身并不重视，而是关注对于生者会产生什么影响。

关于鬼神的态度，孔子是"敬鬼神而远之"，强调对于鬼神必须虔诚恭敬，绝不可以怠慢亵渎，但是又远之，不过多谈论其有无，也不讨论其存在状态。但是孔子却主张"祭如在，祭神如神在"，意思是在祭祀过程中不管鬼神客观上存在与否，我们在主观意识上，就当作他亲临在场。由此可见，孔子对祭祀的对象存在与否并不关注，对死者有没有知觉也搁置不理，而只是强调祭祀者的恭敬和如其在场的态度。作为祭祀的对象的鬼神是作为思念的对象，是作为一种精神性的存在物，存在于生者的情感与想象之中，它作为一种外在于主体的精神，借由主体的思念而内在于主体的精神情感之中 ，约束和影响着主体的思想和行为。这样，对鬼神的敬畏就形成了一种道德的自我反省与检查机制，从而发挥着道德教化作用。

《礼记·祭统》云："凡治人之道，莫急于礼。礼有五经，莫重于祭"，"祭者教之本也"。《国语·楚语下》云："祀所以昭孝息民，抚国家，定百姓，不可以已。"都是在说祭祀所具有的道德教化作用。《荀子·礼论》中说："祭者，志意思慕之情也，忠信爱敬之至矣，礼节文貌之盛矣，苟非圣人，莫之能知也。圣人明知之，士君子安行之，官人以为守，百姓以成俗。其在君子以为人道也，其在百姓以为鬼事也。"荀子的话则清晰地阐明了老百姓以为是侍奉鬼神的祭祀活动，实际上是君子教化世人的手段，是圣人"用神道设教"。梁漱溟先生在《中西文化及其哲学》中高度评价了儒家注重祭礼的价值所在，"祭礼之所以重，无非永人念旧之情。儒家把别的宗教之拜神变成祭祖，这样郑重的做法，使轻浮虚飘的人生，凭空添了千钧的重量，意味绵绵，维系得十分牢韧。凡宗教效用，他无不具有，而一般宗教荒谬不通，种种毛病，他都没有，此其高明过人远矣。”[①] 我国台湾学者康韵梅指出：“儒家将丧祭之礼实际的意义由原始宗教信仰转化为人情之常，即把行礼的重心由死者转移至生者。换言之，礼所代表的是生者对死者的敬虔与感念，由此不忍死之之仁心而永远惦记怀念，构成了人与人之间紧密之网络，使逝去的生命在此情感的架构中，得到不朽。”[②] 康韵梅的话则指出了祭祀所发挥的精神生命的传承作用和终极关怀作用。

通过“事死如生，事亡如存”的祭祀活动，不仅培养了后世子孙真心诚敬的态度、感恩先祖的品德、报本反始的情怀，而且在这样一次次祖先神灵在场的祭祀中，祖先的形象牢牢地存在于子孙的记忆中，祖先的品德和功绩勋劳永远地被子孙铭记。正如冯友兰先生指出，儒家“特别注重祭祀祖先，则人人皆得存在于子孙之记忆中，得受知之不朽。此儒家所理论化之丧礼祭礼所应有之含义。”[③] 冯先生对于儒家丧葬祭祀礼仪社会作用的论述可谓一语中的。康韵梅也对儒家丧葬祭祀观作出了高度概括：“儒家以人性情感的观点诠解礼制，将丧葬之礼的主题置于生者，显现了三个重要的意义：一是面对死亡的哀敬之情重于礼仪本身；一是死后的存在是经由此生者哀敬之心而呈现，不必诉诸死后的信仰；一是安顿死亡所带来的悲伤之时，创发出积极的人伦道德价值。”[④]

四、孔子丧葬思想的当代价值

孔子的丧葬思想无论是对于我们当今殡葬政策的制定，还是殡葬管理与服务水平的提升，都具有诸多的启发。

第一，殡葬活动的终极意义在活人身上，在于疏导生者的悲哀之情感，在于唤起生者对死者的思念感恩之情感，在于促进生者对生命意义的认识理解，在于促进生者之间的关系更加敦厚和睦。无论是物质的耗费还是繁复的礼仪都是情感的载体，情感的表达是最为重要的。在社会生产方式和生活方式发生急剧变革的今天，人们表达情感和满足情感需要的物质载体也发生了极大的变化，所以殡葬文化的研究者应当努力研究探讨能够反映人们情感寄

① 梁漱溟：《中西文化及其哲学》，北京·商务印书馆，2012年版，第160页。
② 康韵梅：《中国古代死亡观之探究》，台北·台湾大学出版委员会，1994年版，第212页。
③ 冯友兰：《三松堂学术文集》，北京·北京大学出版社，1984年版，第144页。
④ 康韵梅：《中国古代死亡观之探究》，台北·台湾大学出版委员会，1994年版，第205页。

托的殡葬方式方法、殡葬礼仪形式，探讨在操作层面如何将传统的殡葬礼仪形式进行现代转化。殡葬管理者应当把情感的因素放在第一位，正确引导人们的殡葬风俗与葬法葬式的改革，要认识到人们观念的转变是一个漫长的过程，要注重教育引导，要绝对避免不顾群众感情的简单粗暴的执法行为，如强行掘墓火化、强制平坟和强行劈棺火化等。殡葬服务从业人员要时刻以满足家属的情感需要为服务的目标，要正确处理礼仪的现代化与情感的表达之间的矛盾。从整个社会来讲，要努力避免因社会生活水平的提高而导致殡葬消费的奢靡之风，要大力防范殡葬消费的攀比之风，一定要大力倡导领导干部带头节俭办丧事做移风易俗的模范。

第二，丧葬祭祀活动的作用在于化解生死之痛，在于传承孝道敦亲睦族，在于传承生命智慧，在于和谐社会教化民众，阴间冥界以及鬼神的作用都在于沟通生死，在于抚慰生死之痛。所以，殡葬文化研究者应当专注研究殡葬祭祀的社会功能和作用，深入挖掘传统丧葬祭祀文化的悲伤抚慰功能与安顿生命的终极关怀作用，深入挖掘殡葬祭祀所具有的诚敬人心提升人性的道德教化作用。殡葬政策的制定与执行要以有利于生死和谐、社会秩序的和谐和人与自然和谐的观念为标准，要尽量避免殡葬改革与殡葬执法导致社会矛盾激化的现象再次发生。比如，河南周口的强制平坟事件和安徽安庆的强行劈棺火化事件，就极大地激化了社会矛盾，导致社会舆论纷纷，领导难以收场。同样的道理，殡葬主管部门也要扭转片面追求高火化率、片面追求高公墓化的思维方式。历史已经证明，在现代科学技术发明以前，在中华民族繁衍生息的这片土地上，土葬是最为科学合理的。20 世纪 50 年代以来政府倡导推行的火化，在人口集中土地紧缺的工业化时代，在广大的东部经济发达地区，毫无疑问，具有更大的合理性。但是，我们必须认识到，无论火葬还是土葬，都具有历史性，因而我们不能断言火葬就是永远最为合理的，而应当积极探讨比火葬更为卫生科学更加合乎人道的新形式。殡葬活动是最具人性关爱和人文关怀的活动，所以要坚决避免殡葬政策与管理的非人性化。

第三，积极探讨在殡葬活动中传承生命智慧与弘扬传统孝道文化的新形式，并将对先祖的敬畏观念与对后代子孙的责任意识有机结合。殡葬活动是神圣的，处处体现着对生命的尊重与敬畏。殡仪馆和陵园是神圣的地方，因为它是我们的先祖永远安息的场所，是我们与先人精神交流的地方，是我们从先祖那里获得生命智慧的地方，是我们获得终极的精神关怀的地方，更是我们启迪和教育后代的地方。只有正确地面对死亡才能活出生命的价值，只有正确地面对过去才能正确地面对未来，只有正确地面对祖先才能正确地面对后代子孙。因而社会各界都应当肩负起一个使命，即教育我们的后代形成正确面对死亡的观念，形成正确面对殡仪馆和墓地的观念，也就是形成正确面对祖先的态度。而不是极力地把殡仪馆和墓地迁移到我们视野之外的遥远的荒野，因为一个不能正确面对过去的民族是不能正确面对未来的。殡葬祭祀活动把我们与祖先和后代子孙联系在一起，在与祖先的精神交流中我们意识到我们对后代子孙的责任，肩负起完成先人未竟的事业，这是慰藉告慰先人的最好方式。所以，在大力弘扬传统文化建设和谐社会的今天，殡葬业界应当大力发掘传统殡葬文化的精神价值并进行现代转化，充分发挥殡葬祭祀凝聚民族信仰的重要作用。

参考文献：

[1] 杨伯峻．论语译注．北京：中华书局，2009.

[2] 杨天宇．礼记译注．上海：上海古籍出版社，2007.

[3] 张觉．荀子译注．上海：上海古籍出版社，2012.

[4] 汪受宽．孝经译注．上海：上海古籍出版社，2014.

绿色墓园的理论基础及其建设途径

上海市淀山湖归园公墓　陈茂福

摘　要： 绿色墓园建设需要树立生命共同体意识、树立系统全面的绿色观，当前我国的绿色墓园建设还处在初级阶段，要从构建绿色环境、倡导绿色消费、打造绿色价值观等多重维度入手，系统推进绿色墓园的建设。

关键词： 绿色墓园　生命共同体意识　绿色观　绿色价值观

党的十八届五中全会审议通过了《中共中央关于国民经济和社会发展第十三个五年规划的建议》，把“绿色发展”作为指引“十三五”乃至更长时期发展思路、发展方向、发展着力的“五大发展理念”之一，首次以生态环境质量总体改善为统领，提出了绿色发展的目标要求。近期，民政部、国家发展改革委等国家九部门出台了《关于推行节地生态安葬的指导意见》，将生态安葬上升到践行“绿色发展”理念、弘扬社会主义核心价值观的高度来予以推进。在此背景下，我们认为绿色墓园的建设，要从绿色环境、绿色消费、绿色价值观等多重维度入手，系统推进绿色墓园的建构。

一、绿色墓园的理论基础

（一）树立生命共同体意识

绿色代表生机和活力。绿色墓园是在绿色创新驱动下，在生产中低消耗、低排放，在运营中合理消费，以生态资本不断增加、以实现人与自然和谐发展为目标的墓园发展模式。

关于绿色墓园的建设，我们首先要有较为清晰的认知。习近平总书记在论述绿色发展理念时，有一个重要论断，他说："我们要认识到，山水林田湖是一个生命共同体，人的命脉在田，田的命脉在水，水的命脉在山，山的命脉在土，土的命脉在树。"这与马克思对人与自然的关系，是一脉相承的。马克思认为，人的身体分为两个部分：一个是他的有机的血肉之躯，另外一个就是外部存在的自然界。马克思指出："自然界就它本身不是人的身体而言，是人的无机的身体。人靠自然界来生活。也就是说，自然界是人为了不致死亡而必须与之形影不离的身体。说人的物质生活和精神生活同自然界不可分离，这就等于说，自然界同自己本身不可分离，因为人是自然界的一部分。"

这可以从两个层面去理解。其一，自然界是人类生存发展的物质基础。社会是建立在自然环境之上的社会，对人的一些社会关系，以及人的全面发展的内容和条件，都必须放置在自然环境这一体系中来思考。墓园是一个"人化"结果，而且当前的墓园建设，在全面"人化"模式中，甚至产生了对自然不可逆的影响。比如墓碑生产中，对山体的破坏性开采，在墓碑生产运输过程中产生的污染，以及对宝贵土地资源的浪费性使用等，墓园建设已经面临着生态和资源的双重压力和制约，人类赖以生存的自然环境正在被人类的自身行为破坏。其二，人和自然都应视为有机体。在其发展过程中，都是一个能与内外部环境进行联系和交换的系统，有机体从外界摄取能量和物质，同时也作为整体环境的一部分，为其他有机体提供生长的环境和养分。但是，人不单单是自然人，还是社会人。"只有在社会中，自然界才表现为他自己的属人的存在的基础。只有在社会中，人的自然的存在才成为人的属人的存在，而自然界对人说来才成为人。因此，社会是人同自然界的完成了的、本质的统一，是自然界的真正复活，是人的实现了的自然主义和自然界的实现了的人本主义。"由此我们可以推说，在墓园建设过程中，也需要实现对自然环境和人文环境的双重保护、和谐平衡，既要满足环境保护的需求，又要满足社会发展、人文发展的需求，这两者也是有机统一体。

关于生命共同体，还有另外一层含义。那就是墓园也是城市的重要组成部分。墓园和城市，构成了在世生命和离世生命的共同生存环境，为人的生命完整性提供了物质基础。因此，城市与墓园，也是一个共同体。卡尔维诺在《看不见的城市》中说，"每一座城市都像劳多米亚一样，旁边就有另一座城市，两座城市的居民有着相同的名字：这是死者的劳多米亚，是墓地。"并指出，"生者的劳多米亚越是发展，死者的劳多米亚也越要扩展到墓地墙外的地方”。这从上海的墓园发展历程就能窥见一斑。1844 年，上海开埠之后，英国领事馆就开始筹建外侨公墓，选址就靠近今天的外滩，后因该处毗邻正在兴建的外侨社会中心，故而搬迁至山东路。时至今日，上海城区随着城市化进程的推进，已难觅墓园踪迹，墓园呈现出向近郊、远郊发展的路线图，并展现出与城市共同发展的图景。也就是说，城市发展和墓园发展也是相辅相成、互为依托的。

（二）树立系统全面的绿色观

绿色墓园建设需要在墓园发展理念上，实现重大突破。就是要在发展过程中，树立生态保护和生态发展的理念。可以从四个角度来认识这个问题。

第一，树立绿色系统观。首先，生态系统是囊括自然界和人类社会的大系统。也就是说人类与自然界都是生态系统的一部分，两者相辅相成；其次，生态系统本身具有其特殊的循环性和整体性，人类活动必须要考虑其承载能力；最后，墓园也是城市生态系统的一部分，其建设和发展，应该符合生态系统的一般规律，满足城市发展和人类活动的生态需要，在发展过程中强调与周边环境的适应、协调、合作和补益。

第二，树立绿色价值观。所谓价值观，就是个人对客观存在的意义的评价。绿色价值观就是个人对绿色发展方式、生态环境保护、自然生态价值的评价和关注。在绿色墓园发展过程中，我们要摒弃长期以来形成的经济效益导向模式，转而建立经济效益、生态效益和社会效益三者平衡协调的价值导向，充分发挥墓园对自然和谐发展过程中的生态平衡功能。社会也要努力形成共识，把墓园打造为促进城市生态发展的“城市绿肺”，成为产生绿色效益的城市生态花园，成为产生人文效益的人文高地，并以此作为评价墓园存在意义的价值尺度。

第三，树立绿色生产观。绿色生产观强调，在生产过程中，要切实遵循生态规律，并以此为基准，组织和发展生产。其要旨，就是考虑自然系统的承载能力和自我修复能力。绿色墓园建设，也是一种“生产”，它生产的是绿色人文、绿色环境，是城市整个生产系统中的辅助生产。在以往的墓园建设中，我们一度忽视了土地资源的承载能力和自我修复能力，当前国家九部门出台的《关于推行节地生态安葬的指导意见》，就是对既有墓园生产模式的一种纠偏，强调生态节地、可循环，强调不占地、少占地，并对地面、地下的硬质墓穴、墓碑的修建都作了约束性规定。也就是说，在墓园的建设营运过程中，要尊重和合理利用自然的整体性规律、循环性规律和生态阈限规律，走生态循环之路。

第四，树立绿色消费观。绿色消费观，是一种具有生态意识的高层次理性消费行为。其出发点是满足人的生态需要，而生态需要又是由人的身心健康和生态环境组成的。换言之，绿色消费，就是指人的消费和方式要符合人的身心健康和生态保护的双重要求。众所周知，在墓园消费中，大致可以分为两类：一是墓穴购买，二是日常祭扫。从目前来看，都远远没有达到绿色消费的标准。这从大墓、豪华墓的营建，锡箔鞭炮的燃放就可见一斑，把绿色消费观作为绿色墓园建设的一部分提出来，就是强调在墓园建设过程中要引导、培育、鼓励市民消费时选择绿色产品，形成高度自觉的、理性的、高品位的绿色环保意识。

二、绿色墓园的建设途径

（一）绿色墓园建设的现状

总体来看，绿色墓园建设还处在初级阶段，其时有三个显著的特征。

首先，墓园整体建设水平不够绿色环保。现今的墓园建设，无论从墓碑营造，还是从墓区规划或从墓园整体建设来说，都跟绿色环保要求有较大差距。从微观层面，即墓碑建设来看，地下或采用石材，或建造水泥硬质墓穴，地上树立石材墓碑，墓间道也要硬化处理，形成“排排坐”。这种墓碑建造方式有三大缺陷，即土地消耗面积大、硬质化指数高、间接污染大。而且这种传统墓碑，在我国墓园中普遍存在。以上海为例，这类传统墓碑占比仍高达70%，其他如壁葬（包括海葬）、节地环保葬仅占比30%。从中观层面，目前的墓园墓区规划中，缺少绿色意识和绿色理念。由于传统墓碑在经营销售中的优势，导致大部分墓园都没有建设绿色生态的墓区，即便有个别生态葬区也是取用墓园的“边角料”土地，形成了千篇一律的“排排坐”墓区。从宏观层面，墓园对周边环境存在各种威胁，有心理的也有生态的，等等。

其次，墓园相关主体的行为不够绿色。这从墓碑的营造直到日常祭扫都能体现出来。墓碑、墓区、墓园的建造过程、呈现结果的不绿色，前文已经有所阐述，不再赘述。

最后，绿色文化彰而不显。最为突出的就是“厚养薄葬”的绿色丧葬文化，几千年流传下来，但在不同时代、不同地区都没有得到彻底的认识和贯彻，人们会不自觉地偏离这一轨道，通过非绿色的方式，建造大墓，大肆铺张，来畸形表达心中“孝道、孝顺”的观念。

（二）绿色墓园的建设途径

首先，强调绿色环境建设。树立大环境、大生态概念。一是墓园的选址建设。要与城市总体发展、区域总体发展相适应，要和周围环境的生态体系相融合、相匹配。二是墓园内部环境的自然生态。要形成宏观、中观、微观三个层面联动的生态体系。宏观层面，墓园整体要生态环保。在绿化率、绿化覆盖率、植物景观多样性指数、园区水陆比、景观板块平均面积等多重指数上下功夫。中观层面，在墓区规划建设中，要把生态墓区建设在最显眼地区，形成绿色价值观的引导和示范效应，改变以往应用“边角料”做生态墓区的模式，这也是当前国家倡导和推广的建设模式。微观层面，在墓碑建设中，要形成从土地消耗、原材料采用、植被选择、设计施工再到祭扫配套设施建设等一系列的绿色控制程序，逐步实现在土地消耗上少占地、不占地，原材料选择上生态环保、可循环，植被选择符合生态要求，设计施工和配套设施建设遵循生态原则，构成墓碑生产的全过程生态体系。

其次，鼓励倡导绿色消费。要借助“五大发展理念”在全社会形成的共识，在公墓消费中，倡导绿色消费。培养消费者对环境的责任感。第一，要积极利用公墓相关开展绿色环保教育，通过案例展示、实际参观，深入贯彻绿色理念。第二，要在产品开发上，从源头把控，为消费者提供绿色产品。第三，要通过法规约束、示范引领等工作，让消费者接受绿色消费理念。比如上海在城区禁止燃放烟花爆竹的规定，就能运用到祭扫活动中来，借助这一契机，改变古老的消费习惯。同时也可以通过“鲜花换鞭炮”“风车换鞭炮”“电子鞭炮”“鲜花换锡箔”以及有组织的集体安葬、集体祭扫、公祭、共祭等活动，来倡导绿色消费。比如上海市殡葬服务中心开展的“错时祭扫六大节日”联动周，就通过挖掘上元、清明、端午、中元、祈圆节、冬至六大节日的民俗习惯，彰显其精神文化内核，开发文化产品替代传统丧葬用品，引导绿色消费，同时达到为清明、冬至分流的效果。

最后，形成绿色价值观。要通过先进殡葬文化的建设，打造一批具有高度文化品位的墓园文化发展、传播平台，把墓园打造为集弘扬优秀传统文化、孝文化、家文化、现代殡葬文化、绿色文化于一体的文化平台，培养绿色健康的文化心理，焕发出强大的文化传播力、凝聚力。继而形成绿色价值观，凡是绿色环保的，就是积极向上的，就是积极推广的；凡是不符合绿色发展要求的，就是被禁止的、被批判的。在价值观层面，构建起一道绿色发展的评价标尺，并以此来衡量墓园建设、消费的各个层面，形成强大的价值导向功能。

绿色墓园的建设，是当代殡葬人在推进殡葬改革中的历史使命，是功在当代、利在千秋的革新性事业，需要从文化心理、价值导向、实际推动等多角度长远谋虑，创新思维，精准发力，有力推动墓园从“白色”走向“绿色”，创造一个文化上健康向上、硬件上绿色环保、心理上健康愉悦的绿色墓园。

参考文献：

[1] 中共中央关于国民经济和社会发展第十三个五年规划的建议，2015年10月29日中国共产党第十八届中央委员会第五次全体会议通过.

[2] 民政部、发展改革委等. 关于推行节地生态安葬的指导意见.

[3] 马克思，恩格斯. 马克思恩格斯全集（第一卷）. 北京：人民出版社，2002.

[4] 习近平. 关于中共中央关于全面深化改革若干重大问题的决定的说明.

[5] 伊塔洛·卡尔维诺. 看不见的城市. 张宓译. 南京：译林出版社，2006.

论高职院校殡葬专业大学生职业认同的培养

长沙民政职业技术学院　苏立辉　程晨林①

摘　要： 本文在分析当前我国内地高职院校殡葬专业大学生职业认同现状的基础上，指出其职业认同感与社会、行业需求存在差距，并阐述了造成此现状的原因。同时，从强化学生专业实践活动，整合行业资源切实提升学生职业竞争力，加强职业生涯规划教育、促使其合理规划职业人生，做好殡葬行业典型人物的宣传、发挥校友的典型示范作用，鼓励优秀校友参与学校的活动等途径，培养其职业认同感。

关键词： 高职院校　殡葬专业　职业认同

当今社会科技和经济的快速发展使得职业和工作的灵活性日益提高，职业认同逐渐成为科学研究的一个焦点。尤其是在传统观念中非常特殊的“殡葬行业”，在当前社会认同程度不高的背景下，采取怎样的措施培养学生的职业认同感，成为当前殡葬职业教育必须面对的一个重要课题。

一、中国内地开办殡葬高等职业教育的现状

我国内地开办殡葬职业教育始于1995年，最早开办的有湖南长沙民政学校（1999年升格为长沙民政职业技术学院）和山东济南民政学校（2001年并入济南大学），当时办学层次为中专。1999年前后随着院校调整，其中的许多

① 作者简介：苏立辉（1982—　），男，湖南株洲人，长沙民政职业技术学院讲师，硕士，主要从事学生思想政治教育工作；程晨林（1985—　），男，安徽安庆人，长沙民政职业技术学院讲师，硕士，主要从事高等教育管理和学生思想政治教育工作，联系邮箱280290904@QQ.com。

中专升格为大专，殡葬职业教育进入了高等教育的殿堂。现在全国高职院校开办了殡葬职业教育的有 4 所，分别为长沙民政职业技术学院、北京社会管理职业学院、武汉民政职业技术学院、重庆城市管理学院。四所学校均为大专，内地暂无培养本科层次的殡葬教育。四所学校每年为行业培养约 500 名全日制毕业生。

二、当前高职院校殡葬专业大学生职业认同现状

（一）国家和社会需要大量对殡葬专业有着高度认同的高素质专业人才

民政部 2015 年 3 月 25 日发布的《殡葬绿皮书（2014—2015）》显示，2013 年，全国殡葬服务机构总数 4382 个，殡仪馆 1784 个，公墓 1506 座。仅就殡仪馆而言，2013 年我国内地殡仪馆数量 1784 个，平均每个行政区县 0. 64 个，总量仅比 1984 年增加 235 个；另外，2014 年死亡人口已超过 1000 万，预计 2030 年，这一数字将达到 2000 万左右。随着国家对于殡葬越来越重视，老百姓对殡葬的需求也越来越大，将来殡葬行业需要大量的高素质从业人员。初步统计，自 1995 年我国内地开办殡葬职业教育以来，内地的殡葬院校累计培养的殡葬专业毕业生不超过 5000 人。在当前殡葬人才数量上本来就存在着缺口的情况下，如何培养对殡葬职业有着高度认同的大学生，是亟须解决的重大课题。尤其在当前社会仍然对殡葬存在一定的偏见的背景下，我们培养学生，首先要解决的是提高殡葬专业大学生对殡葬专业的职业认同，这才能够保证他们在行业留得住、待得下、有干劲，才能真正促进行业的健康发展。

（二）当前高职院校殡葬专业大学生职业认同感与社会、行业需求存在差距

自 1995 年我国内地开办殡葬职业教育以来，培养出来的许多毕业生已成长为全国各地殡仪馆、陵园的管理或技术骨干力量，他们以自己的专业素养和无私的奉献精神，改变了殡葬行业的社会形象，提升了整体的服务水平。殡葬用人单位对毕业生的认可度逐年提高。但是近年来随着社会大环境的改变，受不良社会风气的影响，一些学生在学习和就业过程中出现了一系列的问题。主要表现在：缺乏对岗位的认同感，缺乏实干、吃苦耐劳的精神；择业期望值太高，奉献意识弱化，不愿到经济欠发达地区和基层系统工作；功

利主义倾向明显，就业中“一切向钱看”；缺乏对企业的忠诚度，不守信用，一旦有机会就毁约、辞职，严重挫伤了用人单位的积极性；集体观念淡薄，缺乏必要的团队合作意识。

出现这些问题，原因当然有很多，但是归根结底出在学生对殡葬专业不认同这个关键上，如任由这些行为蔓延下去，必将有损于学校形象，还会阻碍学生的全面发展，影响学生的就业力和未来的可持续发展能力，进而影响到整个行业道德水平的发展。

三、影响高职院校殡葬专业大学生职业认同的原因分析

（一）几千年传统观念的影响

殡葬工作尽管是维持社会正常运转不可缺少的环节，但由于受中国传统文化的影响，以及人们对于“死亡”的恐惧与忌讳，几千年来一直被视为最“下等”的工作，给殡葬行业蒙上了厚厚的阴影，因此殡葬从业人员长期被排斥于主流社会之外。尽管中华人民共和国成立后，党和政府为此做了大量的工作，但是一般人仍然不愿意与殡葬职工接触，甚至个别地方殡葬从业人员的婚姻都成了问题。

（二）各种媒体上不对等的宣传造成

虽然社会对于殡葬的认同度不高，但在各种媒体尤其是每年清明节前后的宣传下，当今不少社会大众认为殡葬行业是“漫天要价”“赚死人钱”“发死人财”，因此社会上形成了殡葬工作“技术含量低”、殡葬职工“没文化”“没素质”等较差的社会形象。而在此背景下选择殡葬专业的学生，许多是因为家庭条件较差或是看到媒体上报道的“殡葬暴利”才报考的，本身对职业的认同度就不高。加之一些校友工作后，发现待遇并没有“想象中那么高”，这些都影响到了在校学生对专业的认同。

（三）殡葬行业发展滞后的影响

虽然近几年来，各级地方政府逐渐加大了对殡葬的重视和投入力度，但是长期以来，由于政府对殡葬服务缺乏认识，再加上物质条件的限制，殡仪馆、墓园等殡葬设施建设的档次较低，给人以“阴森、恐怖”的感觉。这样

的工作条件与设施设备，自然使得殡葬行业在公众心目中留下不好的印象，以至于殡葬专业大学生没有最起码的职业自信，更何谈职业认同?

四、提升高职院校殡葬专业大学生职业认同的对策

（一）加强职业认同教育，教育学生认同殡葬专业、热爱殡葬事业

“殡葬是社会的一面镜子”，殡葬发展的水平体现了社会的文明水平。殡葬从业人员作为“两个世界的摆渡人”，用自己的服务、专业，努力做到“让两个世界的人都满意”，理应自信，理应得到社会的认可。具体可以通过在新生入学，组织他们参观院史展览、实验室实训场所、优秀毕业生事迹展，让他们了解学院概况、了解殡葬专业培养目标、了解其优势地位及发展方向等。要让他们知道殡葬专业学生将来的工作是与逝者打交道，“脏、苦、累”是必然的，人们对殡葬有很多歧视和偏见也是正常的事情。只有不断提高服务水平，满足丧属的不同需求，用殡葬人的专业与服务让逝者更有尊严、还家属以满意，才能赢得社会的信任和认可，才能被社会大众理解和尊敬；更要让学生了解到，殡葬人担负着改变传统的丧葬陋习、移风易俗、改革群众丧葬观念、践行社会主义核心价值观的历史使命。

（二）强化专业实践活动，培养专业认知与自信

殡葬专业大学生在学习过程中，不仅需要传授其专业知识，开展相关的社会实践活动，还须根据其心理状况，适时开展丰富多彩的专业相关实践活动，为其提供相互沟通和交流的平台，在交流中互助互进，提升他们的专业认知与自信，提高其正确分析问题、解决问题的能力，使其更好地服务于逝者、服务于丧属。具体可以通过教学实践与课外实践两者相结合。教学实践可从大一到大三进行如下安排：大一时安排学生去殡葬行业单位中进行为期一至两周的专业见习，让其在入学之初即接触与了解行业；大二时安排学生在清明节前后去殡葬行业单位进行为期一个月左右的专业实习，因为这期间单位业务最多、人流量最密集，可以接触到更多的人，从而学生能得到更多的锻炼；大三第二个学期进行为期 3~4 个月的专业顶岗实习，培养其独自操作与应对的能力。

课外实践一方面可以利用寒暑假要求学生自己下到行业单位，去调研或

者实习；另一方面也可以通过学生专业社团在课余从事一些专业志愿服务，从而让学生在实践的过程中得到职业的认知与认同。例如，长沙民政职业技术学院殡仪学院与长沙明阳山殡仪馆长期合作，利用周末定期派出学生志愿者服务治丧群众，进行悲伤辅导，不仅得到了社会与丧属的高度评价，学生自我也得到了价值的提升。

（三）整合行业资源，提升学生职业竞争力

殡葬教育与行业紧密相连，通过整合行业资源，把学生送到行业中进行实践与实习，提升学生的专业素养；通过邀请行业专家和学者来学校讲学与任教，让学生感受到行业的内涵；通过行业单位在学校设立各类奖学金、助学金，让学生感受到行业的温暖。而且行业资源的整合，可以贯穿于学生人才培养的始终，让学生在校期间，能够与行业无缝对接，提高学生的能力，拓宽学生的成长空间，增强职业认同感。

（四）加强职业生涯规划教育，促使其合理规划职业人生

职业生涯规划可以使殡葬专业大学生有追求目标和达到目标的路线，有目标有计划地提升综合素质，增强工作与学习的针对性和主动性，以免在个人的职业发展进程中走弯路和浪费时间。科学制订和实施殡葬专业大学生职业生涯规划是实现专业化发展的需要，是帮助其职业发展的阶梯，是学生自我提高殡葬职业认同程度的根本举措。当学生对殡葬职业发展有自己的设计，并能按照这个设计创造性工作与学习逐步实现职业目标时，就会有成就感、满足感和幸福感，实现自己的人生价值，从而会在完整意义上懂得殡葬职业的意义并享受殡葬工作所带来的乐趣，能从内心真正认识殡葬职业是充满温暖和富有尊严的职业，是闪耀着人性光辉的职业。

（五）做好殡葬行业典型人物的宣传

几千年来，由于殡葬工作的特殊性，造成从事殡葬行业者社会地位较低，与他们作出的社会贡献形成较强反差。而这种现象在当今有了改变，每年在殡葬行业都会涌现一系列的优秀人物与典型事迹，每年的劳动模范、五四评比，都有殡葬人获奖，包括在国家处理重大事件中都能够看到殡葬人的身影。

因此，可以在各个阶段尤其是学生入学的时候、清明节或者重大事件发

生时，加大对这些优秀人物及其典型事迹的宣传力度，增强学生的专业自信与职业认同。例如，在2008年“5·12”的四川汶川大地震、2011年“7·23”温州动车事故和2015年“6·1”湖北监利“东方之星”沉船事故中，都出现了殡葬从业人员的身影。尤其是2015年“6·1”湖北监利“东方之星”沉船事故中，长沙民政职业技术学院派出的殡葬专业校友及18名在校师生前去提供志愿服务，得到了各界高度的评价。这些生活在他们身边的鲜活典型，就是最好的教材，通过加大对他们的宣传力度，让学生意识到他们所从事的是高尚的事业，从而热爱自己的专业，热爱殡葬事业，真正认可自己所从事的职业。

（六）发挥校友的典型示范作用，鼓励优秀校友参与学生的培养

校友是学校重要的形象资源，作为学校教育活动的结果，校友在其工作岗位上的贡献、作用及其社会影响力，直接影响和决定着学校的声誉与形象。通过建立校友定期返校的长效机制，鼓励优秀校友参与学生的培养，尤其是学生的职业认同感培养，能起到其他手段所达不到的作用。

发挥校友资源在提升学生职业认同感方面的作用，可以从如下几个方面着手。

学生入学前，在填报志愿之时或者进行专业咨询的时候，可以把校友们的相关事迹在招生简章、招生网站上进行宣传，增强学生对专业的认知，进而使其对专业的填报与选择更加理性。甚至可以直接邀请优秀校友为填报志愿的准大学生进行专业介绍与宣传。

入学之初，学生的入学教育、专业适应教育、职业生涯规划都可以适时地邀请校友参与其中，通过参与迎新、举办讲座、优秀校友展等方式让大一新生在进入大学之初能够从优秀校友的事迹及经历中更客观地了解专业、认识专业进而认同专业，为其专业意识的养成打下坚实基础。

在校期间无论是课程学习、专业实习、专业实践、寒暑假的社会实践还是各种校园文化活动、学生社团活动、毕业生的就业与择业，都可以发挥校友们的作用，或者邀请校友参与其中，或是请校友提供相关实习实践与就业信息，或是指导其学习与就业择业。尤其是可以发挥校友们在学生实习、实践、就业过程中的作用，促使学生职业认同感的养成。

综上所述，高职殡葬专业大学生职业认同是影响其专业发展的一个重要因素，是进行殡葬教育的一个重要切入点。学校应该结合学生的实际情况，

充分挖掘每一位老师和校友的潜力，借助各类行业资源，积极采取措施，提高学生对职业的认同感，为社会和行业培养更多优秀的专业人才。

参考文献：

[1] 李伯森．殡葬绿皮书．中国殡葬事业发展报告（2014—2015）[M]．北京：社会科学文献出版社．

[2] 王夫子．殡葬文化学 [M]．长沙：湖南人民出版社，2007.

[3] 任飞．殡葬业从业青年职业感受与影响因素 [J]．社会福利（理论版），2014，4：37-40.

[4] 卢军，谭维义，王夫子．大陆与台湾殡葬职业教育人才培养模式现况及比较 [J]．长沙民政职业技术学院学报，2012，3：75-78.

[5] 刘荣军．殡葬专业学生职业道德教育探析——以长沙民政职业技术学院殡仪学院为例 [J]．长沙民政职业技术学院学报，2015，4：69-70.

[6] 翟媛媛．高职殡葬专业学生职业素养教育 [J]．社会福利（理论版），2016，2：55-58.

[7] 苏立辉．论如何加强高职院校殡葬专业大学生职业道德教育 [J]．才智，2014，9：23-24.

[8] 熊英，王夫子，罗艳珠．殡葬职工职业声望的调查与分析 [J]．长沙民政职业技术学院学报，2006，3：102-105.

[9] 李成．两岸殡葬教育课程体系对比研究——以长沙民政职业技术学院和台湾仁德医护管理专科学校为例 [J]．长沙民政职业技术学院学报，2015，3：99-118.

[10] 张瑞源，刘琴，郭瑞茜，张咪，陈沁纯．不同人群对殡葬师职业认知态度及影响因素 [J]．中国公共卫生，2016，1，(7)：1-5.

海葬格式合同探究

温州大学法政学院　樊雪贝

摘　要：海葬作为一种节约、环保的殡葬方式，冲破了传统的“入土为安”观念，但在实践中受到传统观念的阻碍。我国目前仅有一部《殡葬管理条例》来规范殡葬行业行为，已不适应社会发展的需要。本文通过对海葬的历史渊源和国内国外的比较分析，探究海葬的最初理念和我国现状。文章认为，必须具体规范海葬的程序，完善海葬的实施标准，以及制定一部相应的海葬格式合同，来明确我国海葬实施中的权利和义务关系。

关键词：海葬　格式合同　殡葬改革

前　言

近年来，我国进入人口老龄化社会，殡葬需求日益增大，加之人口基数大，殡葬用地日趋紧张。人地矛盾的加剧，引发墓地非理性消费的风气，丧葬费过高不仅使活着的人难以摆脱畸形消费的恶习，也让逝者成为追求行业暴利的牺牲品。面对新时期我国殡葬行业的严峻形势，2010 年 3 月 31 日，我国发布首部以殡葬为题材的绿皮书《中国殡葬事业发展报告（2010）》，呼唤以节约土地、保护环境为宗旨，大力推行生态、节地、绿色、环保的安葬方式，走可持续发展的生态殡葬建设之路。

与传统殡葬相比，以海葬为代表的绿色安葬方式拥有较明显的优势。在自然资源方面，海葬不会占用人类生存的土地，比传统殡葬节约更多资源；在经济价值方面，传统殡葬中墓地的价格是一般家庭难以承受的，而海葬形式简单并有政府予以补贴，节省了一笔巨大而没有意义的开支；在生态环保方面，传统的放炮等祭扫方式大大污染了环境，海葬基于简单、环保的理念，对可持续发展发挥着重要的作用。但是由于自古以来厚葬、入土为安的传统理念，人们一般通过殡葬消费来表达自己的孝道，以大笔的殡葬开支冲淡死亡色彩，平复丧亲之痛以获得心安，所以大多数家庭会采用上坟的仪式来寄托哀思，许多人认为海葬无法让后生望“坟”而奠。并且受自古以来我国“家天下”传统理念的影响，许多家庭认为殡葬亲友是自己家的事，一般不会考虑给环境带来的不良影响。与此同时，大多数人认为海葬过于简单，将具有特殊意义的骨灰撒海是对亲人的一种抛弃，与传统殡葬理念相悖。所以，海葬虽然有很多优点，但传统墓地依然是人们安葬亡故亲友的首选。

殡葬改革事关国家发展的大计，是除旧立新的社会改革，关系到公民的利益和社会的可持续发展，是社会主义精神文明建设的重要组成部分。然而我国对于绿色殡葬多停留在宣传层面，在呼吁公众的参与上的确到位，却不足以说服公众观念的改变。虽然社会学、文化学、生态学等领域对此研究颇多，但对内部及实践问题的研究则很不足，法学领域除了行政法其他法学也没有太多的研究，对于如海葬程序规范、海葬过程中出现的问题如何解决等更欠缺深入性的探究，缺乏法理依据，因此，亟待法律的协调完善。在此，笔者将采取历史研究法和比较研究法，通过阐述海葬的历史渊源，了解海葬最初的意义，对现今国外、国内关于骨灰撒海的殡葬方式的有关实践及规定进行比较，探讨我国在骨灰撒海执行过程中可能出现的问题以及合同中的不足之处；并通过拟制骨灰撒海格式合同的方式来解决海葬中出现的一系列问题，明确当事人的权利义务关系，规范骨灰撒海的殡葬方式，减少社会与自然资源的浪费，满足人们的祭扫需求，减轻丧葬负担，移风易俗，丰富殡葬文化的内涵。

一、海葬的历史渊源

海葬，是人类从海洋中来到海洋中去的自然回归。海葬的历史十分久远，它最早起源于北欧海盗，并成为海上最古老而哀痛的仪式。旧时海葬的仪式十分简单，将尸体置于挂着风帆的小船上，乘落日向西而行，让其在大海中漂游。与现代海葬仪式不同的是：从被葬人的身份来看，海葬在古代多为军队所采用，由于在船舰上死亡后无法将尸体运回陆地安葬，只能在海上举行海葬仪式；现代根据意愿自治原则，任何人基于死者或抛撒者真实的意思表示均可请求采取海葬的殡葬方式。从海葬的时间要求来看，旧时海葬根据战地的特殊情况，海葬一般在日出、日落前或者夜晚举行；现代殡葬没有具体的时间要求，只是由政府征集结团而行。从海葬的方式来看，旧时海葬在告别仪式完毕后，将尸体包殓好放置到甲板上倾斜夹板使尸体滑入海中，是将整个尸体抛入海中；现代海葬是将死者火葬后的骨灰掺入海葬花撒入海中。从海葬的仪式来看，军队海葬舰艇汽笛长鸣，军舰降半旗，舰上军乐队奏哀乐，并将日期、时间、经纬度加载航海日志；现代海葬由丧家代表发言及有关领导讲话后将骨灰撒海，集体默哀。

由此对比，发现现代海葬在各方面都有很大的进步：被葬者不再仅局限于军队人员，从之前的无奈选择到更加注重意思表示的自由；由于不再只是将整个尸体抛出，海水的流向固然重要，但海葬已不受时间的限制；海葬也更具文明尊重的含义，将整个尸体抛于大海，不仅会造成海洋的污染，还是对被葬者的极不尊重，也可能传播疾病，而人体焚烧后产生的骨灰，属无机物碳酸钙，在人体火化800—1200℃的高温下，有害病菌根本无法存活，不会引起水质污染和病毒的传播。现代意义的海葬是时代发展的一种丧葬文明。

二、国外国内海葬的发展实践

（一）国外海葬的发展实践

1. 美国

在美国，海葬是美国海军提供给军人及其家属甚至是在海军服务过的军犬的一种福利待遇，对每个参加过美国海军的士兵来说都是很高的荣誉。海葬不是海军专门出海举行，而是海军结合战舰部署在途中进行，在一些情况下对情深谊长的退役老兵应要求地进行合葬。除子女或父母在军队服役的直系亲属外，亲友无法参加海葬仪式，负责海葬的人员会在事后将海葬时间、经纬度告知没有参加仪式的家属。据了解，美国申请海葬的人颇多，海葬的申请程序也较为明确，申请人只需提出并填写申请表格、提供死亡证明、变更安葬方式的许可或不保留遗体的声明、荣誉退伍证明及相关表格复印件即可。此外，为避免外溢，一般将骨灰装在密闭陶瓷罐或金属骨灰盒中，为避免丢失，装有骨灰的包裹用有回执的挂号邮包，与葬礼旗一并交给海葬协调员。关于海葬的仪式，标准与陆军军事葬礼一致，而将骨灰撒海或将骨灰与骨灰盒整体丢入大海没有具体明确的规定。

2. 英国

近年来，墓地紧张开始成为英国大城市的社会问题。越来越多的英国人开始关注殡葬问题，提前选择并安排身后的绿色殡葬。基于其地理位置的优势，许多英国人选择海葬这一环保葬礼作为自己的归宿。在英国，海葬地点受到严格的限制。政府经过慎重选择以及对海浪、潮汐、渔业等带来的影响分析，只批准两处海葬地址：怀特岛附近和纽哈芬海岸线附近。关于海葬的方式，英国海葬的尸体不进行防腐处理，而是用生态棉包裹，放入胶合板棺木并用水泥密封投入大海。据了解，这种方式十分环保，所有材料都可以在投掷之后自行分解消失：棉布单包裹可降解；海洋胶合板棺木在经过 36 至 40 个月可完全分解；用于密封和加重下沉的水泥可在咸水腐蚀下分解，且不会污染海洋。

3. 日本

日本从 1991 年开始实现了海葬普及化，并出现很多专门从事海葬的企业。1991 年，日本非营利组织“推进自由葬送联盟”开始实施将骨灰撒在相模湾的海葬仪式。因为担心会产生环境污染，海葬的合法化在日本国内存在争议，但在规定的尸体处理《墓地埋葬法》中并没有关于骨灰撒海的规定，即不用考虑违法问题，而对于海葬只能在特定的区域进行。近年来，随着日本墓地价格的与日俱增，涨到了一般人望而生畏的天价。日本国民对海葬的热切度更是增高。根据日本一项民意调查显示，在 378 名古稀老人当中，其中有高达四成的人表示愿意在去世后将自己的骨灰撒入大海，按此比例，照 10 年前的同题调查高出了整整两倍。借此机会，日本海运公司开设“远海海葬”业务，推动海葬业的发展。海葬的推行和实践，不仅有助于解决墓地不足问题，也成为进一步扩散火葬文化的契机。

（二）国内海葬的发展实践

从 1991 年开始，青岛率先在全国开展骨灰海葬，需要自行出资。目前，我国内地采用政府埋单的方式，推动海葬的发展。各地的海葬仪式也大同小异。据介绍，根据流程，有意愿将逝者骨灰撒海的公民可向开展海葬业务的城市的服务中心报名，携带本人身份证，并签订自愿书。在海葬举行当天，家属先领取骨灰，并从殡仪馆出发前往指定地点。民政部门将在码头搭建布置场地，通过敬献花圈、默哀、放白鸽等方式对逝者进行追思，随后，家属携带骨灰上船。船只到达指定区域时，家属将根据工作人员事先对骨灰进行编号的顺序依次将骨灰撒海。经过家属同意，将海葬花与骨灰相拌，一同撒进大海。海葬结束后，由海葬服务中心发给丧家《海葬证书》，并在事后可进行网上祭扫，寄托哀思。

近年香港申请海上撒灰的个案暴增，由2007年的160宗增至2016年的超过600宗，升幅高达近3倍。食环署决定由2012年1月14日起，提升“海上撒灰渡轮服务”，租用大型渡轮免费接载市民进行骨灰撒海仪式，以及聘用礼仪师协助进行不同的宗教悼念仪式，更有专人协助提供开设网上悼念网页服务，日后家属可随时随地在网上追忆及悼念先人。台湾高雄港都的殡葬管理所也早在1997年订定海葬管理条例，致力推动海葬文化。台湾“当局”在2002年6月修正法令通过实施“殡葬管理条例”，积极推动旧公墓公园化，倡导树葬、海葬等环保自然葬，并补助地方政府实际推行。很多大企业转而加入殡葬业专业化和现代化的改革进程中，提供一条龙综合服务，并以“生前契约”与客户订定葬仪程序及费用。在社会各方努力之下，台湾地区树葬、水葬等自然葬蔚然成风。

（三）小结

由此可见，当今殡葬改革已成为社会发展的趋势，随着殡葬改革的深入进行，海葬作为一种文明节俭的新型殡葬方式逐渐被各国和地区政府提倡，也不再是沿海地区居民的专利，逐渐进入寻常百姓家。海葬是彻底解决墓地问题及经济支出最有效的方法之一，也是今后骨灰处理的发展目标和方向。

三、当事人的权利义务问题

与国外相比，我国内地海葬事业面临发展起步晚，推行阻力大等许多难题。

骨灰作为人死亡后经火化转化而成的物质形态，从理论上我们应当承认骨灰是一种特殊的物品。根据法律规定，人的权利能力始于出生终于死亡，死者权利能力一旦终止，其骨灰即归为无生命的自然物，但骨灰存在于社会的价值在于为死者生前人格利益的延续，基于人类文明，它不像自然物那样可以随意丢弃。死者的近亲属享有骨灰的管理权，负责埋葬、祭扫并保持其人格尊严不受侵犯且不得放弃的义务。基于公序良俗原则，尊重物质上的遗存便是尊重人格。自然人可以事先订立生前遗嘱对死后的骨灰进行合理处分，而代表人格利益的死者骨灰的处理人，应当尊重死者生前的意愿，在死者未有明确意思表示的情况下由近亲属依照善良风俗进行合理处分。任何人加害自然人物质遗存的行为均构成侵权，应承担民事责任。但是，对于亲属在没有得到死者同意或者违背死者遗愿的情况下将骨灰抛撒于海，是否对逝者构成抛弃？是否会侵犯骨灰的人格利益？其人格利益又该如何保护呢？

骨灰具有特殊性，它不仅是单纯的物质，也是亲友情感的一种寄托，对于近亲属来说是其人的代表。在海葬仪式之前殡葬服务机构对于骨灰进行管理，由于如操作、处置、保管等方面的失误，造成骨灰的缺失和毁损，给亲属带来一定的精神和物质伤害。随着消费者权益保护意识的增强，损害赔偿的诉求标的不断增长，有的甚至漫天要价，而殡葬服务机构缺少赔偿的参照标准，使得这类纠纷往往不能得到合理的解决，在一定程度上影响了和谐社会的建设。最高人民法院《关于确定民事侵权精神损害赔偿责任若干问题的解释》第四条规定："具有人格象征意义的特定纪念物品，因侵权行为而永久性灭失或者毁损，物品所有人以侵权为由，向人民法院起诉请求赔偿精神损害的，人民法院应当依法予以受理。"骨灰对于家属来说有着重要的意义，对此带来的精神损害是难以估量的，灭失带来的物权、违约责任、祭奠权等权利的损害，又该怎样来弥补、如何来赔偿呢？

除此之外，对于在骨灰运输过程中骨灰盒跌落，在海葬过程中发生骨灰发放错误该如何处理，该如何负赔偿责任？对于逝者家属抛撒过程中发生人身伤亡，抑或在海葬时不堪丧亲之痛精神失控该如何处理？对于不服从海葬规定或者以习俗为由将其他物品抛撒入海的违规行为该如何惩处？对于参加海葬的家属的规定，限制行为能力人或者有疾病的亡者亲友是否可以参与海葬仪式？对于忘记携带《抛撒许可证》且距离较远的家属，是否允许其在抛撒后出具证书？如此一系列问题，需要以合理合法的方式来规范。

四、合同上的问题

关于海葬，除了上述问题，还存在着一系列合同上的问题。

在签订自愿书时，逝者家属违背诚实信用原则，提供虚假的身份、家庭信息，使海葬责任人一方在各项登记即通知等方面发生错误，损害到自身的经济利益，有权追究过失责任并请求赔偿损失。若因责任人一方的夸大，例如海葬仪式的流程的细节性问题描述不实，使家属陷入错误的认识，在海葬过程中要求申请无效，是否应该允许。

在骨灰撒海前，家属一般先将骨灰交与服务机构保管并支付一定的费用。但在保管过程中发生骨灰的损毁灭失，可依据《中华人民共和国合同法》规定“保管人应当对保管物妥善保管，保管期间，因保管人保管不善造成保管物毁损、灭失的，保管人应当承担损害赔偿责任”，负有保管义务的机构承担赔偿责任。骨灰作为具有特殊意义的物，其毁损灭失既包含对家属的精神伤害，也负有侵害物权的侵害赔偿责任。

在骨灰撒海过程中，若发生当事人一方的违约，家属在约定的时间没有到达约定地点给责任人带来的损失，负责人是否有权向骨灰家属请求违约赔偿？负有通知义务的责任人一方因天气、交通等原因发生约定时间的变更，因不可抗力没有及时将消息传达至家属，家属是否可以请求合同的撤销，不再采用骨灰撒海的方式？

若家属因某些原因请求代理人代理骨灰抛撒，代理人在抛撒过程中遇突发情况是否有权决定骨灰的处理？骨灰的抛撒是否必须在一次仪式中完成？对于此类问题并没有具体的规定，需要制定一份海葬格式合同明确规范当事人的权利义务。

五、业者权利义务

作为海葬工作的业务人员，也应该规范其享有的权利和履行的义务。首先，对内而言，业者必须具有法定的从业资格，内部服务人员应接受过专业培训并有从业资格，内部管理应以“高效、热情、文明、周到、准时、礼貌”等为准则，规定严格缜密的海葬服务流程，从接听电话了解不同需求的服务开始，制定完整的服务规范，为消费者提供满意的服务。其次，对外而言，业者有权对于消费者的虚假信息带来的业务损失请求赔偿，对于不按照约定时间付款的消费者有权请求偿付，对于违约者有权请求其负担违约责任，对于不服从所签协议规定的事项的有权按照协议规定追究责任。对于因业者存在过失的行为，如变更海葬的时间、地点给葬者家属带来的损失或者由于海葬船只的不合格而在海上发生事故，应主动履行所负责任。

六、合同的制定

基于我国的现状以及上述问题，笔者认为我国对于殡葬改革缺乏立法的完善，我国现行法律不足以解决海葬中出现的问题。借鉴国外的经验，笔者在此拟制一份关于海葬的格式合同（参见附件），规范当事人的权利义务，解决海葬中出现的一系列问题。

结语

在墓地日趋紧张的现状下，殡葬行业面临着转型的形势。由于节约、环保、经济等优点，以海葬为代表的生态殡葬方式被大力提倡，成为继墓葬以后的又一次重大改革，是人类思想的一大飞跃，是社会文明的一大标志。虽然社会普遍呼吁公众加入生态殡葬的行列中来，但是由于入土为安、繁文缛节等传统思想观念的影响，海葬等生态殡葬尚未被普遍认同，海葬在一大部分地区难以推行。并且，我国对于海葬这一新型的殡葬方式研究不足，例如海葬过程中出现的骨灰的混淆、骨灰的毁损灭失、当事人的违约等问题，现在还看不到研究成果。

本文首先对我国殡葬行业面临的现状进行了分析，总结出海葬与传统殡葬改革相比的优点，指出我国目前海葬研究的不足。其次，从历史研究法出发，明确当今的海葬与旧时海葬的不同，现代海葬更加文明与环保。再次，从比较研究法的角度，对美国、英国、日本以及我国内地和港澳台地区关于海葬的发展实践进行总结，明确海葬作为一种生态殡葬已成为世界殡葬改革的趋势。最后，提出我国海葬程序中当事人之间的权利义务问题，从理论及实践的基础上，提出解决问题、完善海葬的对策，并拟制了一份海葬格式合同。

本文的创新之处在于，它避开对于殡葬改革研究最多的行政法学、文化学、社会学视角，从合同法的角度出发，指出实践及理论中海葬这一新兴殡葬方式出现的一系列问题，对此问题我国目前的法律并没有详细明确的规定，属于我国法律的盲区。故笔者在指出问题的基础上，拟制一份格式合同，以助力海葬的发展及完善。对于未来的海葬，笔者建议增加海葬的后续服务措施。注重以人为本，在海葬后没有实物来祭扫的情况下，期待探索更人文的海葬纪念形式供海葬者家属寄托哀思，体现对人的终极关怀和骨灰撒海者的思念。同时由于经济水平的提高，若人们不再依赖政府的海葬补贴而参加海葬，那么该怎么办呢？这就需要转变服务的方向，不再局限于对其进行经济的补助，更重要的是对其加强文化、精神的服务。

附件：

海葬合同

按照《中华人民共和国合同法》《殡葬管理条例》及其他相关法律、行政法规，遵循平等、自愿、公平和诚实守信的原则，组织海葬的业务单位（以下简称甲方）与海葬申请人（以下简称乙方）就本合同约定的骨灰撒海事宜友好协商，达成以下协议。

一、甲方权利义务

1. 甲方不得泄露申请海葬人员的信息，尊重乙方的个人隐私权。

2. 指导和协助乙方做好海葬仪式需要准备的各项工作事宜，发放《海葬仪式须知》。

3. 通知海葬仪式举行时需要携带的证明，例如《海葬许可证》、身份证等基本证件。对于未携带的，甲方有权要求乙方停止抛撒仪式并要求其参加下一次撒海活动。

4. 安排骨灰撒海活动的所有程序，确定骨灰撒海时间、地点、车辆、船只及其他有关事务并及时通知乙方。对于未在规定时间内到达者，甲方有权要求其进行下一次的撒海活动；对于因甲方未尽通知义务等过错导致乙方不能按时参加的，甲方应向乙方道歉并安排其参加下一次骨灰撒海活动。

5. 对于因不可抗力导致撒海活动临时取消、变更日期的，甲方应及时通知乙方并免费安排下一次撒海活动。若因甲方没有及时通知给乙方造成损失的，由甲方负责。

6. 提供海葬有关的各项资料及注意事项，并根据保险条款为所有参加撒海人员办理当日人身意外伤害保险，确保乙方在海葬时的人身安全，若在撒海活动中乙方发生意外伤害，甲方负责为乙方向保险公司索赔。

7. 在海葬之前，甲方对办理完撒海手续的待撒海骨灰在乙方同意其保管的情况下妥善保管，若因甲方过错导致骨灰毁损、灭失的，由甲方负责赔偿；若乙方自愿保管，则甲方不得强求。

8. 甲方有权对乙方的骨灰进行检测是否合格，是否符合骨灰抛撒标准，不至于污染环境。对于不服者，甲方有权拒绝乙方的申请。

9. 在执行各项程序、海葬仪式进行时，甲方负责海葬指导、监督，对乙方海葬过程中的问题（如将骨灰或海葬花之外的污染物撒入海中、强行在禁止骨灰撒海的危险位置进行抛撒、在海葬活动中从事封建迷信活动等行为）随时指出并提出意见。乙方不服甲方的合理指导的，甲方有权停止其骨灰抛撒，同时保留追究乙方污染环境等的相应的权利。

10. 甲方代理乙方进行骨灰撒海的，撒海仪式完成后应通知乙方并告知乙方在一周之内取走公证书，若乙方没有在规定时间内取走公证书的，甲方有权自行处理。

11. 督促乙方缴纳海葬相关费用，对于没有在规定时间（海葬仪式完成之后一周内）缴纳者，甲方有权请求债权。

二、乙方权利义务

1. 乙方在办理申请等事项时，须按照甲方的指导提供自身及参加撒海人员的姓名、身份证号等信息，并保证内容的真实性。

2. 乙方要按照甲方要求的时间、地点参加骨灰撒海活动。

3. 乙方对于撒海的骨灰必须具有处分权（因乙方与第三人发生的处分权等纠纷，由乙方自行负责），按照甲方的指示对骨灰进行检测，并使用符合规定的骨灰盒，将逝者姓名填写在骨灰盒上，不得在骨灰盒中放入除骨灰外的任何物品。

4. 乙方必须保证在一次撒海内将骨灰抛撒完成，对于因不可抗力没有抛撒完成的，有权要求免费参加下一次的骨灰抛撒活动，将剩余骨灰抛撒完成。

5. 乙方变更联系方式、住址等基本信息的，应当及时通知甲方（若没有及时通知，导致的后果自行负责）。

6. 乙方应遵循甲方制定的撒海程序，在执行各项程序、海葬仪式进行时，服从甲方的指导、监督，对海葬过程中出现的问题及时改正。

7. 由于甲方保管不当，致使骨灰毁损、灭失的，乙方有权请求精神及物质损害赔偿。

8. 对在海葬过程中由于甲方原因出现的人身伤害，乙方有权向甲方请求人身损害赔偿。若因乙方不服从管理规定，由于自身原因导致的伤害，由乙方自行负责。

9. 乙方必须保证参加海葬的人员年龄介于 14 周岁到 69 周岁之间，并且没有严重疾病、不晕船、不晕车，保证在正常情况下完成撒海过程。

10. 乙方委托甲方以外的其他代理人办理骨灰撒海的，应当及时通知甲方。委托甲方代理骨灰撒海的，应在仪式完成一周内将公证书从甲方处取走。

11. 对于因不可抗力无法参加骨灰撒海的，乙方应及时通知甲方并有权免费参加下一次的撒海活动。对于没有及时通知甲方的，应申请下一次撒海活动或退出。

12. 在办理完成撒海手续之后请求退出的，应在规定时间之前通知甲方并携带本人身份证等办理退出手续。

13. 乙方应及时缴纳海葬相关费用。

三、合同生效

本协议一式两份，甲乙双方各持一份。

组织海葬业务单位（甲方）：	海葬申请人（乙方）：
盖章：	盖章：
合同订立时间：	合同订立时间：
合同订立地点：	合同订立地点：
合同生效时间：	合同生效时间：
合同约定终止生效时间：	合同约定终止生效时间：

参考文献：

[1] 张峰．文明祭扫 绿色殡葬——祭奠，不只是焚纸燃炮．羊年新风，47.

[2] 中文百科在线,http://www.zwbk.org/MyLemmaShow.aspx?lid=135601.

[3] 中国台湾网,http://www.taiwan.cn/jm/gajj/201112/t20111219_2218481.htm.

[4] 中国法院网,http://www.chinacourt.org/article/detail/2005/08/id/173076.shtml.

[5] 章林，杨宝祥．殡葬服务实行限额赔偿与保价制度的法律思考．经济研究导论，2011，12.

论节地生态安葬对公墓企业转型发展的重要意义
——以上海福寿园为例

福寿园国际集团　罗元元

摘　要：民政部等九部门联合印发的《关于推行节地生态安葬的指导意见》是国家在殡葬领域推进生态文明建设的首个专门性文件，给全国公墓管理部门指明了工作方向，对促进公墓企业的转型发展具有重要意义。推行节地生态安葬是落实节约用地的重大举措，是解决和发展不协调问题的重大改革，也是培育现代殡葬文化的重要抓手。有利于公墓企业树立节约集约、循环利用的资源观，绿色环保、科学永续的发展观，以及古为今用、推陈出新的文化观，从而真正实现企业的现代化转型，为中国殡葬业的永续发展作出贡献。

关键词：节约资源　保护环境　永续发展　现代殡葬文化

2016年初春，一份对中国公墓企业发展起到引领作用的文件出台了，这就是由民政部、国家发展改革委、科技部、财政部、国土资源部、环境保护部、住房和城乡建设部、农业部、国家林业局九部门联合印发的《关于推行节地生态安葬的指导意见》（以下简称《指导意见》）。在当前公墓用地资源紧张、消费支出高昂、葬祭观念陈旧的情况下，国家九部门出台的这份《指导意见》，是国家在殡葬领域推进生态文明建设的首个专门性文件，给全国公墓管理部门和企业指明了工作方向。

目前，我国殡葬业态呈现城乡发展不均衡、沿海与内地城市发展不同步的问题，各家公墓企业依凭各自的地域特征、发展阶段，积极探寻发展之道。有的从破解面临的难题出发，先行先试各类节地葬式，已经积累了十余年经验；有的公墓从丰富葬式、服务客户角度着想，通过满足多元化需求，吸引人们的关注。地无分南北，企业无分公益性或经营性，推行节地生态葬作为行业和谐永续发展的重要途径已成为从业者的共识。本文以上海福寿园为例，试论推行节地生态安葬对公墓企业转型发展的重要意义。

一、推行节地生态葬是落实节约集约用地的重大举措

发布《指导意见》，是在我国人多地少的基本国情和公墓用地只减不增的现实条件下，落实保护耕地、节约集约用地基本国策的政策创新。我国的耕地总面积居世界第三位，但人均不及世界平均水平的1/2，耕地保护形势十分严峻，土地粗放利用和浪费问题尚未得到根本解决。为缓解日益增长的人口资源环境压力，为全面建成小康社会创造更为宽松的生存发展空间，党的十八大将生态文明建设纳入中国特色社会主义事业“五位一体”总体布局，要求大幅降低土地消耗，提高利用效率和效益。国民经济和社会发展“十三五”规划建议进一步强调，要树立节约集约、循环利用的资源观，提高节地标准，坚持最严格的节约用地制度。这种资源观也自然适用于公墓企业。紧迫的公墓用地需求，必然带来市场的激烈反应，创新传统葬式、改革经营模式已经刻不容缓。

一直以来，公墓企业的经营模式都过度依赖土地消耗，在西方国家已经把节地、环保、低碳的绿色殡葬作为主流葬式的今天，上海的骨灰安置形式依然是“80191”的格局，即传统墓葬占八成，节地葬式仅占19%，剩余1%为海葬。在基本国情和传统观念的共同作用下，公墓业内形成了一对难以化解的矛盾：一方面是政府有关部门采取了费用减免和补贴等方式，大力提倡移风易俗，创新骨灰安葬的节地形式；另一方面，“入土为安”的丧葬观念依然根深蒂固，而且把买大墓、树大碑看作孝行、孝道的陈旧民风依然如故，绝大多数市民对花费少又环保的绿色葬式不感兴趣，使得上海各大公墓积压的数万个节地产品少人问津。如何在公墓土地存量不丰且只减不增、人民群众弃小逐大追求炫耀式殡葬消费的现实面前，调整经营模式、推进民众更新殡葬观念、转变葬祭行为已经成为各家公墓共同面临的课题。

对于上海来说，试行节地生态葬的步伐可谓全国领先，绝大部分墓穴面积控制在1平方米左右，然而公墓企业的发展现状却并不乐观。上海现有44家经营性公墓，占有国有土地7500亩左右。截至目前，可使用墓地资源还剩

2000亩[①]。按全市年死亡人口超过11万人来计算，每年要消耗的丧葬土地在100亩到120亩。照此速度，剩余土地大概在20年内就将耗尽。

创建于1994年的上海福寿园，虽然从建园时的300亩地发展到如今的800多亩，然而用地紧张、墓穴开发满足不了市场需求的难题始终牵动着企业管理者的心。既然公墓用地增加无望，就不能坐着等，应该起而行。福寿园审时度势、把握先机、主动求变，在上海各大公墓企业中率先深植绿色殡葬的理念，从建园之初就大胆建设了一系列节地环保的墓穴，如亭葬、别墅葬、植树葬、花坛葬、卓坪葬和小型艺术葬。近年来，在节地产品上又不断推陈出新，十字壁葬、花园立体葬、欧式铜板葬、生态树林葬等新型节地葬相继面世。因其采用了环保材质，并引入时尚元素，充分利用了墓穴上下空间，受到越来越多客户的认可。

20多年来，福寿园坚持推行节地新葬式，既因经济学意义上的动力，也是树立节约集约资源观的必然选择。从生产者角度看，减少浪费，节约成本，意味着间接创造价值；从消费者的角度看，节俭促使消费者优化自己的消费结构，把收入放到更需要的开支上，从而达到双赢的效果。推行节地新葬式很好地缓解了资源约束趋紧特别是人地紧张的矛盾，扭转了粗放消耗土地的旧式经营模式，节地墓占墓地总销售量的比重从原来的不到两成，发展到如今的半壁江山。正是由于树立了节约集约、循环利用的资源观，在此基础上创新出绿色殡葬产品，进而用绿色殡葬产品赢得了市场和客户，同时传播了节约、适度的生活方式与消费理念[②]。福寿园通过推行节地生态葬所带来的这一良性循环，经营模式由重“量”的初级追求转向重“质”的高级追求，给公墓同行带来有益的借鉴，加快了行业转型发展的步伐。

二、推行节地生态葬是解决发展“不和”问题的重大改革

《指导意见》公布前夕，党的十八届五中全会围绕发展提出了“创新、协调、绿色、开放、共享”的五大发展理念，集中反映了我们党对经济社会发展规律认识的深化，极大地丰富了马克思主义发展观。其中提出的绿色发展理念，要求“坚持绿色富国、绿色惠民，为人民提供更多优质生态产品”，正

① 曹玲娟：《上海可用墓地资源目前剩2000亩》，载《人民日报》2014年4月4日。

② 潮汐：《殡葬改革的新理念——上海“福寿园”纪行》，载《上海改革》1995年第10期。

是现代公墓企业转型发展的方向所在。

经历了40多年的改革开放，今日中国实现了发展阶段的历史性跨越，由“生存型社会”步入“发展型社会”。然而，这种高速发展是以牺牲环境、耗竭资源为代价换来的，距离人与自然和谐共生的环境友好型社会形态还十分遥远。我们忽略了社会发展不仅要创造各种社会财富，而且要生成和调整各种社会关系。中国现在正面临着发展“不够”与发展“不和”两大问题①。相对来说，当前发展“不和”问题更甚于发展“不够”问题。这种“不和”很大程度上表现为人与自然之间的关系不和。

中国古人处理人与自然关系的基本原则是“人法地”。老子曰：“人法地，地法天，天法道，道法自然。”王弼注：“法谓法则也。人不违地，乃得安全，法地也。……法自然者，在方法方，在圆法圆，于自然无违也。”② 人类要发展必然要向自然索取资源，索取就必有破坏，必须控制在自然的修复能力之内，与自然和谐共生。如果一味索取，后果不堪设想。无论是过去、现在还是未来，人类生活在与大自然的共生关系中，必须维系“人法地”这一最高法则。

推行节地生态葬，倡导可持续发展、共享发展理念，是为解决当前发展“不和”问题而进行的一次重大改革。它要改变的是人类自我中心主义的发展观，要改变的是以牺牲环境来换取经济利润的“唯GDP论”，要改变的是合法墓葬完全无法满足人民需求的不平等现状，让全国每年900万死亡人口，都找到适合的安葬之所，享受最基本的民生权利，确立一种共生主义的发展观，培养人类命运共同体意识。

绿色，是实现现代公墓永续发展的必要条件，也是上海福寿园“创新务实”的企业精神的充分体现。《指导意见》中所明确的节地生态安葬内涵，包括以节约资源、保护环境为价值导向，鼓励和引导人们采用树葬、海葬、深埋、格位存放等不占或少占土地、少耗资源、少使用不可降解材料的方式安葬骨灰或遗体，使安葬活动更好地促进人与自然和谐发展等内容。上海福寿园汇聚业内外专家智慧，秉承循环利用、绿色环保的设计理念，先后推出如下一些各具特色的节地生态葬式。

---

① 邱耕田：《发展哲学的五大前沿课题》，载《人民日报》2016年3月21日。

② 老子著，王弼等注：《老子》，上海古籍出版社，2013年版。

（一）天堂团聚葬

该项目高效利用了单位土地资源，在具有一定深度椁体内放置多层骨灰盒架，让同一家庭亡故者的骨灰盒依垂直向下次序放置在骨灰盒架上，改变了人们对墓地产品的传统概念。目前，“天堂团聚葬”系列发明一共申请了10项专利，其中8项已授权。2011年9月22日，还荣获第十六届“星火杯”创造发明竞赛一等奖。这是中国殡葬行业首次在“星火杯”这一大型科技发明比赛中获奖。

（二）生态林葬

澳大利亚生态林葬是福寿园首次与国际同步推出的节地产品。其特色在于以大面积的生态树林为中心，让树叶掩映的秀美景色成为产品的背景和依托，让生命回归到宁静的大自然中。生态林葬里的骨灰盒直接深埋，每个产品占地仅0.16平方米，采用仿岩石的玻璃钢材质辅以纪念铜牌，形成别具一格的新型纪念形式。颜色和质感多样，并采用多姿多彩的插花艺术，更显个性化的艺术品位。

（三）生态植树葬

生态植树葬采用可降解的微型骨灰坛（18cm×18cm）替代骨灰盒进行深埋，一改一家一树的传统树葬模式，充分利用树与树之间的空间，一棵树下葬埋多份骨灰。值得一提的是，生态植树葬选择墨西哥落羽杉和桂花树为树种，其最突出的特点就是落叶期短，全年“绿色期”比水杉、池杉都要长。

（四）节地艺术墓

节地艺术墓不是简单粗陋的代名词，同样可以用艺术化的手法加以设计呈现。其产品外观或是一把古琴，或是一本书、一幅画，甚至只是一个简单的几何造型……都凝结了墓主人生命中的精彩瞬间，无声地讲述着他或她的人生故事。广泛采用了琉璃、不锈钢、马赛克、教堂玻璃等多种材质，纪念符号愈加精致，纪念内容更加宽泛，象征性更强。面积仅为0.5平方米左右的节地艺术墓，体现了更少占地、更高科技、更深文化、更美外观的设计宗旨，也体现了现代公墓产品未来的方向。

（五）“公益节地生态葬”

2011年，福寿园海港陵园推出的“公益节地生态葬”占地面积33000平方米（约50亩），采用“无碑深埋”的形式，将逝者骨灰放置于环保可降解的骨灰罐内层级深埋，最大限度地节约土地。每穴收费980元，可安置10万穴。到2016年初，已有超过471户家庭选择了这一葬式。特困对象凭相关证明，可实行费用减免。据统计，有83%的落葬家庭为非经济困难家庭，这意味着接受节地葬的市民以“保护生态”为出发点的远超过“经济能力”的原因。

绿，是一种文明，是造福后代子孙的文明。上海福寿园连续20年推行节地生态安葬，且不断推陈出新，就是在把更多的绿色留下来，让大体积、高硬度的骨灰盒让位给可降解的骨灰坛，让深埋入土的多层骨灰格变成家庭成员团聚的另一个家，让点缀在墓穴两侧的花草树木成为离世者的自然守护天使，最终建成一个人与自然和谐共生发展、满眼绿色的美丽墓园。

三、推行节地生态葬是培育现代殡葬文化的重要抓手

要想实现“到‘十三五’末，在巩固和提高全国年均火化率的基础上，较大幅度提高节地生态安葬比例……节地生态、移风易俗新风尚成为殡葬活动主流”① 的目标，必须着力培育现代殡葬文化。把推行节地生态安葬与倡导“厚养薄葬”、保护生态环境结合起来，厚植符合节地生态、绿色环保要求的安葬理念，培育具有时代特征、民族特点、群众基础的殡葬行为规范。今天中国的不少农村还普遍保留着丧葬陋俗，滥占耕地现象比较严重，重殓厚葬之风盛行，盲目攀比、奢侈浪费，极大地加重了农民负担。一些城市也存在殡葬陋俗，烧纸钱、放鞭炮、僧尼念经作法比比皆是。究其原委，落后的殡葬文化使然。

比行为更难改变的是人的观念，尤其是对生死的观念。殡葬习俗里面蕴含着价值判断，是社会风俗中最难改变的部分，却也是进行生命教育最好的大课堂。推行节地生态葬，是培育通脱生死观和现代殡葬文化的重要抓手。

① 民政部 发展改革委 科技部 财政部 国土资源部 环境保护部 住房和城乡建设部 农业部 国家林业局《关于推行节地生态安葬的指导意见》，载《中国殡葬公益时报》2016年2月25日。

近年来，随着中国殡葬业不断引入新形式、新科技、新理念，人们对殡葬业的满意度大大提升了，对于殡葬业的看法也有了些许改变，从中也映射出中国人日渐更新、走向现代的生死观。曾经崇尚“久丧厚葬”“厚殓重葬”“入土为安”的中国社会，经过一个甲子的殡葬改革，近20个省份的火化率接近100%，火化遗体深入人心。人们逐渐消除了死亡的神秘，开始珍惜、敬畏和关爱生命，越来越多的人选择树葬、海葬、深埋、格位存放等安葬骨灰方式，就从一个侧面反映出中国人生死观的转变，节俭办丧事、文明祭先人的殡葬新风尚正在形成。

上海福寿园充分依托现有的设施资源，有效利用公墓这一教育资料非常丰富的大课堂，秉承“最美墓园致敬生命”的企业理念，重视文化、艺术建园，坚持城市和谐的环保理念，坚决抵制迷信低俗、奢侈浪费等不良丧葬风气。通过推行节地生态葬、开办公墓建设培训班等抓手，帮助人们树立正确的生死观，培育先进的殡葬文化，在现代公墓事业中发挥领军作用，目标是真正建设成一座具有上海特色的人生后花园，以及承载记忆与情感的生命教育高地。2016年年初，福寿园专门成立了“文化教育委员会”和“生命服务学院”，引进、宣讲和落实国际先进殡葬理念，为业务拓展培训和储备专业人才，为培育现代殡葬文化打造了一个放眼长远的平台。

四、结论

综上所述，在“十三五”开局之年，国家9部门联合发布《指导意见》，按照生态文明的建设要求，积极倡导和推行节地生态安葬，归根结底是要培育人们与现代文明合拍的殡葬观念，为建设美丽中国、实现殡葬业永续发展作贡献。对公墓企业来说，《指导意见》的发布是落实保护耕地、节约集约用地的重大举措，是解决公墓发展中“不和”问题的重大改革，是培育现代优秀殡葬文化的重要抓手，具有十分重要的意义。

公墓企业应通过推行节地生态安葬，牢固树立节约集约、循环利用的资源观，绿色环保、科学永续的发展观，以及古为今用、推陈出新的文化观。“三观”正，工作实，行稳致远事业兴，中国殡葬业的共同进步指日可期！

参考文献：

[1] 于光远，邓伟志．生长老病死．上海：华东师范大学出版社，2007.

[2] 朱金龙．殡葬新论．上海：上海社会科学院出版社，2010.

[3] 李伯森．中国殡葬事业发展报告（2014—2015）．北京：社会科学文献出版社，2015.

浅谈殡葬行业如何开展生命教育

上海市殡葬服务中心　高峥嵘

摘　要：目前，在“四个全面”和“五大发展理念”的战略大背景下，在殡葬行业转型发展的趋势及要求面前，已经有部分殡葬的行业先行者开始深入思考如何开展生命教育，践行社会责任，发挥殡葬行业更大的正能量。最近，民政部等九部门共同出台《关于推行节地生态安葬的指导意见》，明确指出：“充分依托现有殡葬设施资源，建设一批生命文化教育基地，打造优秀殡葬文化传承平台。”如何积极落实该指导意见精神，在殡葬行业开展更多更好的生命教育，作者长期在殡葬基层工作，本文是对生命教育的一些粗浅的思考。

关键词：死亡　殡葬　生命教育

作为殡葬行业的两大载体，殡仪馆和墓地的自我的定位一般包含三个层面：一是提供遗体处置和骨灰安放安置及配套服务，是殡葬改革的推进工具；二是通过满足公众殡葬需求，提升服务能级、服务品质，实现自我价值；三是开展生命教育，在全社会营造珍惜生命、尊重生命的文化氛围，引导公众丧事选择，促进社会可持续发展。目前国内大多数的殡葬服务单位处于第二个层面，即努力在殡葬服务环境优化、项目拓展和供给质量等方面进行优化提升，关注客户感受。在“四个全面”和“五大发展理念”的战略大背景下，在殡葬行业转型发展的趋势及要求面前，少量的行业先行者已经开始深入思考第三个层面，即如何更好地开展生命教育，践行社会责任，发挥殡葬行业更大的正能量。

2016 年，民政部等九部门共同出台《关于推行节地生态安葬的指导意见》中，也明确要“充分依托现有殡葬设施资源，建设一批生命文化教育基地，打造优秀殡葬文化传承平台”。

一、生命教育与死亡及殡葬行业

关于什么是生命教育，中国就业培训技术指导中心在2012年的《生命教育导师》中指出：生命教育，即直面生命和人的生死问题的教育，其目标在于使人们学会尊重生命、理解生命的意义以及生命与天人物我之间的关系，学会积极地生存、健康地生活与独立地发展，并通过彼此间对生命的呵护、记录、感恩和分享，由此获得身心灵的和谐，事业成功，生活幸福，从而实现自我生命的最大价值。

自美国人杰·唐纳·华特士1968年提出“生命教育”的教育理论与实践后，几十年间，生命教育的实践在全球得到迅速发展。死亡作为生命的终结，殡葬行业作为服务生命逝去后遗体或骨灰及逝者生前社会关系的服务行业，自然而然与生命教育联系在一起。

（一）西方与死亡及殡葬行业相关的生命教育[①]

西方的生命教育体系较为健全和系统。其中美国为推动青年远离毒品，预防自杀，先后颁发了《2000年目标：美国教育法》《2000年教育规则》。德国在学生初中阶段就开设死亡教育课程，并通过参观医院、育婴室、殡仪馆等场所，让学生了解死亡是人生生命周期规律的一个环节，出版了有关《死的准备教育》等教材，激发青年学生在短暂的生命历程中塑造善良品格和坚韧人格。日本针对日本青少年的脆弱心理和青少年自杀事件，提出并大力倡导“余裕教育”，让青少年能面对并承受好挫折，做到“热爱生命，选择坚强”，并修改《教学大纲》，明确提出以尊重人的精神和对生命的敬畏来定位道德教育的目标。而英国许多中小学校则成立了生命教育中心，由专业人员负责开设生命教育和训练课程，开设了有关死亡的课程，进行体验式教学，邀请殡葬行业人员和医生护士走进课堂，与学生共同讨论如何面对死亡。

---

① 林逢春、陈晓雁、谭法英：《西方国家生命教育的现状、特点及启示》，载《思想教育研究》，2012年9月第9期。

（二）国内生命教育的发展[①]

国内，自 20 世纪 90 年代以来，在各级党和政府特别是教育部门的重视下，多个省市富有创造性地开展了青少年的生命教育。其中上海制定并出台了《中小学生生命教育指导纲要》，辽宁和江苏两省教育系统把开展生命教育作为工作重点。2004 年，党中央、国务院先后出台了 8 号和 16 号文件，文件号召要把生命教育作为思想道德建设的重要载体，并将生命教育纳入全民素质教育内容中。2010 年，教育部公布《国家中长期教育改革和发展规划纲要（2010—2020 年）》，在战略主题中明确提出了要“学会生存生活”，要“重视安全教育、生命教育、国防教育、可持续发展教育”。2012 年，人力资源和社会保障部中国就业培训技术指导中心推出“生命教育导师”岗位职业培训。

（三）国内殡葬行业对生命教育的摸索

国内殡葬行业的先行者们，如上海市殡葬服务中心、上海福寿园、天津永安公墓、武汉石门峰纪念公园等，也纷纷为生命教育的发展贡献出极其特殊的力量。如上海市殡葬服务中心成立了上海殡葬文化研究所，创立了业内颇具盛名的《殡葬文化研究》杂志，积极参与“6·1”东方之星翻沉和“8·12”天津港特大爆炸的善后服务工作。其下属的滨海古园建成了滨海人文景观园、人生文化博物馆、英烈苑、墓葬文化博物馆、海葬文化博物馆；龙华殡仪馆创立了上海殡葬博物馆，并在积极筹建生命教育基地；宝兴殡仪馆率先推出“故人沐浴”服务项目；益善殡仪馆开展了弘扬孝文化的感恩教育，并与上海交通大学临终关怀志愿者协会签署了共建生命教育基地的协议，正在筹建“生命晶石”工作室。天津永安公墓建立了天津市人文纪念公园，牵头建立了海峡两岸生命教育和殡葬文化研究所，组织了公墓里的集体婚礼。武汉石门峰纪念公园修建了武汉抗战纪念园，建成“永恒的生命之光”遗体捐献者纪念碑和武汉遗体捐献者纪念馆，向抗战老兵捐赠纪念墙墓位。上海福寿园人文纪念公园兴建了暖冬园、新四军广场、上海人文纪念博物馆、上海人文纪念研究所、红十字遗体捐献者纪念馆。四川省眉山市殡仪馆设置了孝文化和廉政文化教育窗口，浙江省桐乡市殡仪馆建立了生命感恩教育的

① 参考了“生命教育”互动百科词条，http://www.baike.com/wiki/%E7%94%9F%E5%91%BD%E6%95%99%E8%82%B2。

“千秋亭”，北京社会管理职业学院设立了生命文化节。此外还有不少社会团体、个人主动到殡葬服务单位进行死亡体验，自主接受生命教育。

综观国内殡葬行业已开展的生命教育，墓地相对载体丰富，但直接受众面较窄，开展频率低，主要以红色革命教育、名人人文纪念公园、红十字遗体捐献纪念馆等为载体，开展爱国教育、名人文化、公益宣传等活动；提供劳模、教师、独生子女儿童等特殊对象骨灰安置专区，开展相关纪念、抚慰、救助等活动。殡仪馆受众广，生命教育具有持续性，但目前载体较简单、单一，以提供感恩教育氛围为主，少量提供警示教育，并开展了极少数的死亡体验式教育。学校、研究所以传播生命教育理念、弘扬优秀殡葬文化为主要途径，开展生命教育。

二、在殡葬行业开展生命教育的优势、机遇及益处

（一）生命教育是殡葬行业从产生就具有的社会属性

殡葬行业为逝者和丧属服务，在人的生命逝去后对遗体或骨灰进行服务处置，是一个慎终追远的特殊的社会服务行业。它通过服务逝者遗体或骨灰，让逝者有尊严地离开这个世界，或者换个形式存在于这个世界。在此过程中，让生者平复心情，并体悟到生命的意义和价值，对自我生命价值进行反思[①]，学会感恩，珍惜生命。这是殡葬行业最根本、最大的意义。这与生命教育的目的有着重叠之处，如生命只有一次，每一个人的生命都是独一无二的存在[②]，我们要尊重、关爱、珍惜生命、勇于面对挫折等。尤其是传统的殡葬特别注重弘扬孝道，引导公众学会感恩，这在生命教育中同样是非常重要的内容。

（二）殡葬行业的服务过程本身就是生命教育的过程

死亡作为生命规律中的一个必然组成部分，人必定会面临死亡的痛楚，或亲人，或自己。人的个体生命死亡之后，经其亲人或社会关系委托许可，其遗体被送至殡仪馆，在那里被殡葬工作人员化妆火化，供亲人追思瞻仰，

---

① 王治军、李继宗：《论殡葬的本质与殡葬服务》，载《云南社会主义学院学报》，2012 年第 5 期。

② 晓超：《敬畏生命　珍惜生命》，载《殡葬文化研究》，2016 年第 1 期。

骨灰或选择墓地寄存安葬。在殡葬工作人员服务逝者的过程中，可以通过服务动作、语言、情感、礼仪、流程、仪式来体现对生命的尊重，引导公众对生命产生敬重。同时通过心情抚慰可以引导逝者的亲人宣泄悲伤心情，承受住失去亲人的痛苦，以新的姿态迎接未来。这也是生命教育中的重要组成部分。

（三）殡葬行业的硬件环境利于生命教育的开展

经过多年的发展，各地殡仪馆、墓地有意识地营造适宜治丧或者逝者安息或者引人感悟的环境，如院内绿植、标志物的设计，如礼厅及其内部鲜花、松柏、供台的布置等。久而久之，殡仪馆、墓地成为公众心目中生命逝去、亲情不再、感悟生命的代名词。而殡仪馆用于服务逝者遗体的殡仪车、冰柜(冷藏棺)、火化炉，甚至礼厅式场景设计、音乐、黑纱等，在公众心中也具有了特别的意义。墓地的碑，尤其是烈士陵园的碑、纪念碑更具有情感牵挂的红色革命教育的功能属性。这些都是开展生命教育的有力载体。

（四）殡葬行业有意识的生命教育行为的效果更佳

殡葬行业通过发挥自身优势，有意识地通过遗体抬运、化妆、告别、进炉、拣灰、纳骨、落葬等诸多环节服务行为的优化美化，能明显提升公众对生命的认知和敬重。如上海市殡葬服务中心推出的“故人沐浴”服务项目，获得了市场和公众的高度认可。同时，从一定角度特意组织的以生命教育为主要目的的活动和项目，其意义及影响更加广泛和深远。如天津永安公墓的无条件全免费安葬仪式和集体婚礼、上海滨海古园的海葬公祭仪式和无主骨灰落葬仪式、上海福寿园的红十字遗体捐献纪念馆和新四军广场及“星星港”关爱服务中心、各地殡仪馆举行的殡仪馆开放日活动等，这些项目都具有很大的生命教育意义。另外，殡葬行业的受众本身都因为遭遇到或亲或友或故知生命的离去，利用其参加追悼会、送亲人最后一程的过程，开展生命教育更具有针对性和感染力。

（五）殡葬行业开展生命教育正值强有力的机遇期

随着社会的快速发展，不少社会问题也随之发展，关于人的生命、信仰、意义的话题此起彼伏，国内各界有识之士也因此越来越重视生命教育，寄希望通过生命教育能让每一位公民更加尊重生命、关爱生命、珍惜生命，在生命有限的时间里发挥正能量，勇对挫折，正对诱惑，让社会更加阳光和谐。其中，殡葬行业的先行者也积极进行了有益探索，为生命教育增加了新鲜视角。2016 年 2 月，民政部等九部门共同出台《关于推行节地生态安葬的指导意见》，其中明确要“充分依托现有殡葬设施资源，建设一批生命文化教育基地，打造优秀殡葬文化传承平台”。这是对行业先行者的肯定，更会为生命教育在殡葬行业的兴起提供一个强有力的机遇期。

（六）殡葬行业开展生命教育的益处

毫无疑问，开展生命教育或多或少会占用殡葬单位的一定资源，但带来的益处也毋庸置疑：一是践行社会责任，提升单位的知名度与美誉度，增强员工对单位的归属感、自豪感和职业自信；二是增强了公众对单位的认可，促进公众、单位、政府的良性互动；三是提高相关项目的市场认可度，促进“两个效益”的提升。

三、在殡葬行业开展生命教育存在的主要问题

不可否认，在殡葬行业开展生命教育，无论在主观还是客观，都存在障碍。

（一）殡葬行业现有的硬件设施环境影响生命教育的效果

目前国内不少殡葬单位的硬件设施质量较差，这不仅影响到公众的视觉感观，影响到殡仪服务的供给水平，还让人加深了对殡葬行业落后的印象，不利于行业生命教育效果的发挥。同时有的殡葬单位由于场地空间限制，难以增设专门空间或设施来开展生命教育。

（二）殡葬行业现有的人员素质影响生命教育效果的发挥和相关项目的组织实施

不可否认，虽然殡葬行业近几年引入许多大学生，但行业人员的素质还是呈较低水平或参差不齐状态。一方面，可能存在职业疲劳，或认识不够，或表达能力不够，或管理粗糙，影响了殡葬服务质量的提升；另一方面，也导致殡葬单位自主充分发挥生命教育功能作用不够，缺乏自主开展生命教育的意识、勇气和智慧。

（三）殡葬设施的规划及定位的滞后制约了生命教育的开展

殡葬设施规划和定位的滞后一方面带来空间的不足，难以增设新的空间和设施专门用于生命教育，另一方面致使不少殡葬设施，尤其是殡仪馆满负荷运转，配备的人员仅能满足于一般服务的提供，甚至都不足以支撑精细化殡葬服务的开展，不利于尊重生命氛围的营造，更缺乏精心开展生命教育的基础条件。

（四）社会对殡葬行业的忌讳和消极认知影响生命教育的开展

受传统文化影响，还有相当多的社会公众忌谈死亡，对殡仪馆、公墓等殡葬场所抱有拒绝心理，只有在万不得已的时候才会选择进入。尽管政府一直呼吁要对殡葬职工高看一眼，厚爱一分，但实际依然存在殡葬职工被歧视，存在着职业不自信①的情况。这不利于殡葬行业向外界汲取营养，不利于广泛开展生命教育。殡葬行业目前举行的生命教育活动或项目中，除红色革命教育和遗体捐献纪念活动，其他仍以特定对象的逝者家属为主，不具有普遍性。

四、关于殡葬行业开展生命教育的思考

综合开展生命教育的优势、机遇以及存在的问题，笔者对殡葬行业开展生命教育的前提、内容和方式进行了一些粗浅的思考。

（一）生命教育开展的基本条件

殡葬行业单位开展生命教育的前提条件包括：殡葬单位的管理层要有生命教育的理念与智慧，带动上下齐心协力，共同营造尊重生命的氛围。要通过美化服务环境，增添设施，优化流程，精心设计的仪式，在服务过程中用细节尊重每一位逝去的生命。同时，殡葬单位要通过一切手段来激励员工的主观能动性，将生命教育的愿景共享。另外，建议在新建殡葬设施时，或者对原有殡葬设施进行改造时，规划要提前预留出生命教育的功能与空间。

---

① 乔宽元：《论当代公墓的教育功能》，http：//blog. sina. com. cn/s/blog_ 617d32320100kxjj. html。

（二）生命教育可以开展的内容

1. 生命与安全：消防安全、交通安全、急救知识等。

2. 生命与健康：远离毒品、控烟宣传、环境保护等。

3. 生命与关爱：感恩教育、尊重生命、临终关怀、厚养薄葬、文明丧葬新风、生态节地葬、困难群体殡葬救助、家属悲伤心理社工干预等。

4. 生命与意义：红色教育、遗体捐献、名人文化、廉政建设等。

5. 生命与死亡：服务参与、墓碑文化、遗体告别、遗体进炉、骨灰落葬、墓碑文化体验等。

（三）生命教育开展的一些形式

1. 以优质的殡葬服务体现对生命的尊重。正如前文所言，做好每一个服务细节，同样能在社会营造尊重生命的氛围，增进公众满意度和信任度。同时，可以通过流程和仪式设计，优化或创新服务项目，开展生命教育。如上海市殡葬服务中心推出的“净离别——故人沐浴”，通过“事死如事生”般的尊贵、贴心服务，给家属以美感和安慰。日本影片《入殓师》之所以能大获成功，其细腻充满美感的服务及意义深远的生命教育是其根本所在。

2. 通过现代展览技术增加生命教育效果。在殡葬服务单位的服务接待和公众休息区域，或新设主题区域，在行业传统的主题图片展、实物展、雕塑展的基础上，通过声、光、电多媒体技术和自动控制手段，把幻影成像、实时人景合成、虚拟、激光、三维动态成像等高新技术结合传统的展示内容，产生全新的展示效果，增加展示的可看性与参与性，从而给受众留下深刻的印象。

3. 提供关于死亡的生前体验。电影《非诚勿扰》最后有个“生前告别仪式”的桥段，其实殡葬服务单位可以以此为鉴，为学校、企业、社团、军警等提供类似的体验。有条件的单位还可以建立遗体火化机的模型，通过声、光、电技术，模拟遗体缓缓入炉的过程。条件许可时，还可以公开招募志愿者参与殡葬服务提供过程，为社会提供陪伴生命最后一程的珍贵体验。

4. 创造条件开展专题生命教育项目。如现在不少殡葬单位开展的红色革命教育、名人文化历史教育、红十字遗体捐献纪念、殡葬职工集体婚礼、无主骨灰集体落葬仪式、生命教育研讨会、廉政文化窗口建设、“星星港”（失独家庭）关爱服务中心、癌症俱乐部等项目均是成功的典范。再借助媒体正面报道，促进生命教育又好又快地发展。殡葬服务单位要充分挖掘资源、整合资源，丰富载体，开展生命教育。

5. 主动开展生命教育类公益活动。以公益团队的形式在人员密集场所组织生命与安全、生命与健康、生命与关爱、生命与意义、生命与死亡系列公益活动，同时以适当形式与社区、医院、养老院、学校联合开展临终关怀，与救助站、儿童福利院等机构开展精神文明共建。甚至可以组建自己的社会工作者队伍，或者与专业的社会工作者团队、院系合作，对重大灾难调难者、意外情况突然死亡的逝者等家属提供社会工作者心理干预，恢复其社会功能，重建或增加其乐观面对生活的信心。这些活动长久开展，必然会开辟一个关于生命教育的新空间。

近段时间，台湾虎尾殡仪馆、广东省深圳市殡仪馆、上海市龙华殡仪馆、上海市益善殡仪馆等殡葬服务单位均已正式启动了生命教育的筹备工作。笔者坚信，在民政部政策的春风下，殡葬行业生命教育的前景会更加美好！

生命晶石服务推广及对策研究

上海市殡葬服务中心　刘凤鸣　陈　捷

摘　要：本文从生命晶石的技术特点出发，分析了当今骨灰安置的主要葬式以及存在的问题，系统研究生命晶石这一不占土地新葬式如何更好地被市民广泛接受，并提出有效推进对策。

关键词：生命晶石　葬式　供给侧　对策

一、前言

随着人口老龄化的迅速发展，上海年死亡人口在突破12万之后，仍呈现逐年增加的趋势，2050年前后才能得到减缓。骨灰在公墓中的“累积效应”日益明显，已有1万多亩墓地被石头墓穴大面积挤占，无论是公益性公墓还是经营性公墓都相继面临困境。在土地承载力已接近极限的情况下，我们迫切需要改变火化后骨灰散乱、体积大的状态，大力推进骨灰安置方式多样化，促使骨灰安置环保、节地，这成为“十三五”殡葬事业发展中一项十分重要的工作。

二、生命晶石技术

（一）生命晶石的起源

生命晶石技术首先出现在美国，然后传入日本以及我国台湾和香港等人口密集地，并得到很好的发展和应用。10年前，韩国土葬率超过60%。2016

年，不仅火葬率达到70%，而且不占土地的骨灰制珠逐渐被广泛接受，选择制作生命晶石的骨灰超过10%。

（二）生命晶石与骨灰的关系

揭示生命晶石自身的基本特征，有助于改变人们的传统观念，进而有利于推动生命晶石新葬式。

1. 化学成分。生命晶石是骨灰高温熔融后自然冷却形成的。其化学成分与骨灰基本相同。骨灰的主要成分是磷酸钙$Ca_3(PO_4)_2$，同时含有铬、镉、钡、铅等重金属，其熔点为1670℃。骨灰高温熔融、高压致密冷却后即可形成几何形态（如圆球形）。这种石质态的骨灰衍生品，研制者定名为“晶石”，称之为“生命晶石”。

2. 密度与体积。生命晶石的体积是等重量骨灰体积的10%—15%，体积大幅缩小，密度大幅增加，硬度大幅提高。这都表明，骨灰减量化效果非常明显。

3. 色泽。灰白色的骨灰，经晶石化后，色泽大变，有的晶莹透明，犹如琥珀，有的多色交杂，犹如雨花石，有的则与普通石头相仿。同时，如喜欢某种颜色，如红、黄、蓝，可以加入有色物质进行“调色”。

4. 外部形态。骨灰高温熔融后可在具有某种特定形态的坩埚之中冷却。冷却后的“生命晶石”形态由坩埚的形态决定，可进一步深度加工成所需的多种纪念品。

上述“生命晶石”的四大特征，克服了火化后散状骨灰的许多缺点。骨灰体积的大幅减量，为晶石的多样化安放提供了可能；晶石形态的多样化，为满足个性化需求提供了前提；而丰富的晶石色泽，则显美感，不再令人不寒而栗。

三、目前骨灰安置主要方式及比较分析

目前骨灰安置的主要方式有三大类：

（一）墓葬

“入土为安”的传统殡葬观念导致土葬一直是中国人殡葬的主要方式，即使是火化后的骨灰还是如此。数据显示，上海市年死亡12万人口中，70%左

右的都选择骨灰墓葬，每年消耗的土地约120亩。对土地资源极为紧张的上海来说，这是一个让政府难以接受的数据。

（二）节地生态葬

节地生态葬是指少占土地、与环境友好相处的骨灰安葬方式，主要有“草坪葬”“树葬”“花坛葬”等。

草坪葬是源于西方流行于东方的葬式，取与芳草为伴、吸取大地甘露之理念。将骨灰埋于地下，上面只盖一块50cm×40cm左右的墓碑。与墓葬相比，所占土地较小。远远望去，绿草一片，克服墓葬碑林阴森之感。

树葬是将亲人的骨灰撒在树下，以纪念树或自然石为标记。不留坟头，几乎不占土地，还能绿化山林。花坛葬也同样如此。

显然，节地生态葬，有利于遏制墓葬土地资源过度消耗，有利于推动殡葬服务供给侧结构性改革，加大公益安葬服务的有效供给，进一步减轻市民的丧葬负担，更好地保障群众“逝有所安”的基本需求。然而，虽然这一葬式满足人们“入土为安”的传统观念，但殡葬的“从众”心理（似乎是穷人或不肖子孙才选择这一葬式）使得节地生态葬推进效果不理想。2016年2月29日，民政部等九部门联合下发《关于推行节地生态安葬的指导意见》，有政府的积极倡导，相信节地生态葬将会越来越被人们接受。

其他少占土地葬式有壁葬和塔葬。虽然占比（约占28%）高于树葬、花坛葬，但有悖于“入土为安”传统观念，往往是一种过渡性的安置。每年都有相当数量的壁葬和塔葬骨灰转为墓葬。

（三）海葬

海葬是将骨灰撒入大海的一种葬法。1991年上海首次举办骨灰撒海活动，时任上海市副市长的谢丽娟代表市政府讲话，她说：“如果说从土葬到火葬是一次改革，那么从保留骨灰到撒掉骨灰又是一次改革。我们向走出这一步的人们表示深深的敬意……骨灰归大海，情意留人间！”许多老一辈的革命家，如周恩来、刘少奇、邓小平、邓颖超等率先垂范，选择海葬，为海葬这一不保留骨灰的新葬式起到巨大的推动作用。截至2015年，仅上海共举办266次，有24511户家庭119686人次参加，共撒海骨灰3.08万具。共节省土地近10万立方米，节约石材约1.2万立方米。

然而，尽管采取了一系列措施，包括政府补贴（市民选择海葬，船票免费，政府补贴 1000 元，有的区、县政府再补贴 2000 元），但海葬占比仅为 2%。据多次调查，影响市民选择海葬最主要的原因是，骨灰撒掉以后，没有可供思念的载体，万一后辈希望祭祀祖先根本无法实现，这对家族亲情的传承有制约作用。

四、“生命晶石”的推广及对策

生命晶石是技术手段，但要发展成为普遍接受的葬式，在骨灰安置供给侧起到举足轻重的作用，还有很多问题需要研究。

（一）骨灰减量化：时代的新课题

1. 减量化是节约土地的最有效途径。就处理遗体本身来说，火化后骨灰的体积仅是遗体的 5%左右，减量化率达 95%。人们通常把遗体看作是逝者，又把骨灰看作是遗体的替代物。遗体的保存转变为骨灰的保存。与遗体土葬相比，骨灰墓葬所耗土地少很多。据了解，上海自 1956 年推行火化以来，所节约的土地高达 6000 亩。但在年死亡人口超过 12 万且持续增长的上海，骨灰墓葬消耗的土地也难以承受。因此，殡葬界面临着时代新课题：在遗体减量化后，骨灰需要再减量。

2. “舍利子”保存：骨灰减量化的历史性探索。历史上火化后的骨灰减量化早已有之。佛教中“舍利子”崇拜，认为“舍利子”是得道高僧火化后留下的结晶体，体现了“修行”的程度。因此，基本保存“舍利子”，其余骨灰不再保存。佛教教义中的“一切皆空”的理念，助推了这种方式传承至今。

3. 生命晶石：现代骨灰减量化中的创新。随着现代科学技术的发展，国外早已有了从骨灰中提取碳物质转变为钻石，以资纪念，大量骨灰则另行处理。这对于一般公众来说，接受程度较低，而且成本较高，推广其受众面也极小。如何综合“舍利子”“骨灰变钻石”的优点，克服其“大部分抛弃骨灰”的缺点，又能全都保存？人们在不断探索中，终于诞生了“骨灰变晶石”的创造。

“舍利子”也好，“骨灰钻石”也好，“生命晶石”也好，都是骨灰保存方式变革的探索，目的是寻找不依赖土地的骨灰安置新方式。

（二）“生命晶石”服务推广过程中要素分析

1. 人们接受“生命晶石”的影响因素

“生命晶石”，作为一种产品、一种服务，在推向市场中，就应遵循市场规律。那么其在市场中的推广程度，受哪些因素影响呢?

首先，取决于生命晶石自身的鲜明特色。一般认为，产品的特色与其他产品相比其优势越明显，越有利于产品被消费者接受。生命晶石与骨灰相比，具有减量化效果明显、清洁化程度高、具有审美价值，便于文化赋予，特别是有利于安置方式的分流使综合成本明显下降等诸多优点。

其次，受到人们对于生命晶石的认知过程的影响。由于消费者的社会地位、消费心理、产品价值观、个人性格等多种因素的影响和制约，不同的消费者对“生命晶石”这样的新服务的反应具有很大的差异。

最后，“生命晶石”服务的推广程度，与推广力度密不可分。受习俗影响，人们不会主动去了解“生命晶石”。因此，推广力度就成为推广程度的关键。

2. 生命晶石的流向分析

生命晶石服务是着眼于节约土地而展开的一项新型殡葬服务。这是源头节地的新举措。殡葬服务是民生服务，生命晶石的流向自然也是由市民自主选择决定的。研究市民在何处保存、以何种方式保存，从而进行科学的引导，将决定该服务的推广成效。

生命晶石的流向，大致有六种：

一是公墓。“入土为安”的传统殡葬观念短时间内还难以改变。“生命晶石”是骨灰的另一种表现形式，沿袭骨灰葬式，选择晶石墓葬也是一种自然选择，只是占地面积更少。

二是居家。家庭安放是“生命晶石”安放的一个新的途径，这对于减轻骨灰安置对土地的依赖有重要的意义。

——随着家居条件的改善，客观上具有了安放“生命晶石”的空间。

——随着家庭的小型化，对在几个子女家中分别安放“生命晶石”，也提供了实际需求。

——随着党的宗教政策的进一步落实，家中安置佛龛的也有增加的趋势，为在佛龛中安放提供了与教义相融的场所。

——随着“生命晶石”形态的艺术化，为在家中“公开”安放提供了多样的可能。

三是寺庙。寺庙本有安放僧侣遗骨及“舍利子”的功能。少林寺的塔林就是明证。佛教寺庙开放信徒的“生命晶石”保存，满足信徒“修炼成道”的愿望。

四是随身携带。现代社会人的流动性大大提高。不仅工作单位在各地，生活场所也不固定在一地。因此，很难按民俗节日（清明、冬至、春节等）到墓地祭拜先人。而“生命晶石”则为“地球村人”提供了可以随身携带的形式。

五是社区。在以氏族为特征的传统社区，常有祠堂设施，安放神主牌及棺材是其功能之一。这种祠堂在福建等地复兴很快。具有凝聚姓氏文化的新型祠堂也在兴建。“生命晶石”因占地极微，为当代“祠堂”承当安放功能提供了可能。

六是抛撒。现有的近海骨灰海葬有着污染水域的潜在危险，不宜过度提倡［详见《殡葬绿皮书（2014—2015）》］。而远海海葬又成本过高。问题的关键是要解决骨灰中的有害重金属的固化难题。骨灰晶石化则将有害重金属高度固化在晶石中而不会被海水浸出，即使浸出也是微量的；同样地，目前的骨灰与土壤直接接触的生态葬均不生态，存在着污染土壤与地下水的风险。生命晶石在这一点上有绝对优势。

（三）“生命晶石”服务项目的风险评估

任何创新含量高、具有变革性的技术应用，都会面临风险。生命晶石自然也不例外。

1. 技术风险。任何新技术都要经历一个从创新到成熟的过程。“生命晶石”技术和加工设备均从国外引进。随着人们对“生命晶石”的逐步接受，按照意愿加工成自己所希望的形态的个性化需求将大大增加，势必推动该项技术的发展与创新，那么与引进技术的知识产权界面分割以及创新过程中设备的创新与工作稳定性将是主要的技术风险点。

2. 运营风险。“生命晶石”服务仍属于殡葬服务范畴，不能采用公共传媒广而告之，只能靠人际传播及殡葬工作者的推广，传播面较窄、受众面较小、知晓度较低是客观现实。运营之初，势必有相当长的时间内接受这项服务的市民很少，这会给合作带来风险。另外，颜色的不一致性也会给运营带来风险。不同的逝者、不同的死因，对晶石的色彩都有影响。如果轻诺丧家保证某种色彩，则很容易产生纷争。

3. 习俗风险。“生命晶石”毕竟是骨灰的另一种形式。当人们对晶石的安置观念不一致，就会产生习俗上的争执。如放置门前可见的花盆中时，可能会发生邻里纠纷。

4. 法规风险。调查表明，很多人容易将晶石引申为普通人的“舍利子”，因此81%的人选择安放寺庙。而现行法规没有明确规定。一旦寺庙的安放业务大增时，将会出现利益格局的重新调整。

（四）“生命晶石”的应用对策

1. “生命晶石”服务推广的定位。这是推广该项服务的主导思想，是最基础的方针。从运营性质来看，这是一个商业行为，是为市民提供可选择的服务。但是，这个商业行为与九部门积极推进的生态节地葬相合拍，甚至更进一步，具有积极意义。所以，应该以推广一种新的葬式为根本思路，通过市民广泛接受来取得商业上的成功。

2. 提高创新力度，满足多样需求。一是在形态、色泽等方面的创新，满足公众的多样化需求；二是要重视生产工艺的创新，节能减排，提高效率，大幅度降低成本，为不断降低服务价格提供空间，最大限度地减轻市民的丧葬负担；三是要重视价格创新，发挥价格的“杠杆效应”，以“激励”市民的消费行为，真正产生良好的分流、节地效果。

3. 谨防利益冲动，发挥阵地作用。生命晶石服务，是供给侧节地的一种方式，是落实绿色殡葬的重要举措。殡葬工作者必须遵循殡葬改革的方针，以社会效益为主，充分发挥殡仪馆在深化殡葬改革、移风易俗、源头节地等方面的阵地作用。

4. 研创安放方式，建设现代公墓。在“入土为安”观念仍处主导地位的当下，公墓依然是安放晶石的主要场所。要研究和创新与安放生命晶石相适应的现代服务及价格举措，鼓励更多市民接受骨灰晶石化服务，凸显节地效应。同时，要研究利用该项服务盘活墓地资源。如原来的双穴墓改为家属晶石墓。再如原价购回墓地，骨灰晶石化后另行安置，等等。

5. 积极倡导不占土地的居家安藏模式。葬者，藏也。晶石化后的骨灰，体积小、外观美、无阴森感又环保，完全有条件居家安藏。如同古人设家族祠堂，做一个家族橱，将先人的晶石供奉在内，随时可以和祖先“对话”，居家怀念，居家祭扫，有利于慎终追远优秀传统的传承。

未来节地葬结构形式的发展和推广

上海滨海古园　王钰斐

摘　要：上海已进入了深度老龄化阶段，每年的死亡人口一直保持在10万左右，并有逐年上升的趋势。按照上海每年的死亡率，如果都要采取传统葬式入土的话，即使用低于1平方米的小型化墓穴，按照这样的消耗速度，上海在三到五年内就会无地可葬。在葬的观念上，上海市民还是以传统理念占多数，生态型葬式远未普及。就目前的市场接受度来看，研制开发多样式的小型景观节地葬式，逐步缩减净墓石材用量，增加配套绿化率和景观成分，开发多种骨灰保存的形式，通过以上措施的执行，逐步改变目前的市场受众观念，同时使本市公墓企业的土地消耗量控制在可承受范围内，这需要一个渐进式的过程，需要市场逐步消化这种新的葬式观念。通过近两年的研发和试验，滨海古园对节地葬开发有了一些新的突破。

2016年3月，九部门联合推出的《关于推行节地生态安葬的指导意见》，对上海殡葬乃至中国殡葬下了一剂猛药，从解读新指导意见来看，未来公墓产品必将从传统石材墓穴产品向更小型化、集约化、生态环保化、可持续化的方向发展。下一个五年，将是新型节地葬逐步走向舞台中央的时刻，并为最终向完全生态化葬式过渡和发展打下基础。

关键词：深度老龄化　新型节地葬　生态葬

一、背景

（一）上海已进入老龄化社会，老龄人口正逐年增加，每年死亡人口在不断递增

来自《上海市老年人口和老龄事业监测统计调查制度》统计数据显示，截至2014年12月31日，上海全市户籍人口1438.69万人，其中：60岁及以上老年人口413.98万人，占总人口的28.8%，比上年增加了26.36万人，增长6.8%；65岁及以上老年人口270.06万人，占总人口的18.8%，比上年增加了13.43万人，增长5.2%。上海已进入了深度老龄化阶段。上海每年的死亡人口一直保持在10万左右，并还会有逐年上升的趋势。

（二）上海公墓可利用土地逐年减少与每年死亡人口数量上升之间的矛盾

按照上海每年的死亡率，如果都要采取传统葬式入土安葬的话，即使用现在低于1平方米的小型化墓穴，再加上祭扫道路面积、配套绿化等，平均一个双穴墓葬就要消耗0.88—1平方米的土地，按照这样的消耗速度，上海在三到五年内就会无地可葬。在上海墓园土地资源十分匮乏的情况下，传统葬式已很难满足未来的社会需求，作为行业内人士，应开始探索出多格局的骨灰保存方式，以应对上海公墓土地减少与社会需求之间的矛盾。发挥政策导向、科技效应、媒体影响力，大力推广墓穴小型化、微型化甚至生态化、可持续化，减少墓石等自然资源的消耗。对于一些老公墓，还需要探索实施老墓改建生态化、可持续应用等课题，逐步改变一墓一碑，公墓里碑林交错纵横的环境污染和视觉污染。

（三）生态葬式还无法完全被社会大众所接受，市场占有率较低

在葬的观念上，上海市民还是以传统理念占多数，没有发生实质性的改观，不保留骨灰的海葬仅占年死亡人口量的2%左右；塔葬、壁葬等节地葬占总量的20%，生态型葬式远未普及。

真正意义上的生态葬是深埋的骨灰最终与土壤融合降解回归，这是符合生态循环链的一种葬式，既改变了现有墓葬地下石材用量大的弊端，又便于

土地的循环利用，不让土地被加工石材二次污染，低碳、环保、可持续。但由于中国几千年“入土为安”的旧俗一时难以改变，即使公墓企业停止销售传统墓产品，全部销售生态葬式，市场接受度和企业盈利都是有待考证的。就目前的市场接受度情况来看，研制开发多样式的小型景观节地葬式，逐步缩减净墓石材用量（地上地下），增加配套绿化率和景观成分，开发多种骨灰保存的形式，通过以上措施的执行，逐步改变目前的市场受众观念，同时使上海市公墓企业的土地消耗量控制在可承受范围内。这需要一个渐进式的过程，需要市场逐步消化这种新的葬式观念。

二、新型节地葬在结构形式及材料应用上的突破

作为最终完全生态化处理骨灰的一种过渡，新型节地葬必须在更小型化、石材用料缩减化、周边环境和谐化等方面多考量。

（一）新型节地葬减少石材等自然资源的使用量

新型节地葬的材料组成部分要从原先完全靠天然石材加工转变为部分为石材，其余部分可使用在室外条件下结构稳固的高分子材料、可降解板材、回收循环材料加工的建筑板材等新型建材来制作节地葬产品。好处是这些材料经过市场的考验，质量较为稳定，批量采购容易，使用中损坏，后期维修更换也很方便，同时价格相较天然石材来说也是优势。

（二）调整节地葬地下部分结构，使其占地面积更小、更合理

为了对新型节地葬的地下部分结构进行调整和改进，降低地下部分石材用量，滨海古园在2014年、2015年开始研发地下无石箱但保留骨灰的新型节地葬式，将原先保留骨灰盒改进为保留骨灰坛，缩小地下部分的面积，同时定做加工的自带封盖的高分子材料骨灰坛容器做预埋，地上部分只露出封盖部分，方便落葬时打开。高分子材料耐腐蚀、防水等特性可保障落入骨灰坛的长久性，同时便于后期改造和回收的完整性，满足了现实客户对传统骨灰“永恒保存”的理念，同时为将来生态化改造带来便利。骨灰坛可随容器一起迁出，因为地下部分无石箱构造，故没有对石材的破坏和回收等流程。地上部分只做小尺寸的草坪葬式的墓盖，封挡容器即可。整户占地约0.16平方米，占地少、石材用量少，保留骨灰，后续改造、维修都很方便。

（三）新型材料应用于节地葬设计中，降本增效

目前新型建筑材料层出不穷，很多在室外具有较好的耐候性，环保可回收化。价格便宜的材料如美岩板、陶瓷硅纤板等都可以适当引进，作为节地葬、生态葬等小型节地、景观化葬式的材料来使用，摆脱旧有石材一家独大的局面。况且目前国家对石材开采已作出了更严格的限制，将来石材在供应链上势必会减少。一直依赖于石材建墓的局面必须要打破，引进新材料势必是公墓今后的发展方向。

（四）未来节地葬具有模块化、景观化、低碳可回收、维修简便等特点

通过近两年的研发和试验，滨海古园对节地葬开发有了一些新的突破，部分设计已经出了1∶1样品，部分正在进行室外耐候性考察。总结新型节地葬未来的趋势：一是模块化设计，菜单式组装；二是墓区景观化规划，节地葬式向景观小品靠拢；三是节地葬材料环保可回收，采购、安装、维修极为简便，且价格比天然石材便宜许多。未来的景观节地葬成本趋低，环境超越传统墓区，并可逐步改造成生态型节地葬。由于净墓面积是传统墓型的1/4，环境景观包装高于传统墓区，全区的产出比不会低于传统墓区。

三、在新《指导意见》的推动下，如何做好新型节地葬的研发、推广、销售

2016年3月，九部委联合推出的《关于推行节地生态安葬的指导意见》（以下简称《指导意见》），对上海殡葬乃至中国殡葬下了一剂猛药。从解读《指导意见》来看，未来公墓产品必将从传统石材墓穴产品向更小型化、集约化、生态环保化、可持续化的方向发展。下一个五年，将是新型节地葬逐步走向舞台中央的时刻，并为最终向完全生态化葬式过渡发展打下基础。

（一）新型节地葬在研发上须向科技借力

新型葬式，特别是节地型葬式对结构和材料都有很高的要求，如今日新月异的材料科技发展，正好满足了我们的要求。在各种新型建材的展览上，各家企业都会展示其最新研发或者是在实际应用中已非常稳定的产品，公墓

从业者和开发设计人员应该通过了解和学习，引进一些适合公墓所能应用的新材料，借助科技的力量，走出公墓瓶颈。

（二）节地葬的推广经验是：政策理念在先，价格杠杆助推，打环境牌、人文牌

新型节地葬的推行，政策在先，在新的《指导意见》出台的大环境下，需要更完善的有可操作性、有针对性的措施来解析。所谓“因材施教，因地制宜”，根据上海地区公墓用地少、年死亡量高的现状，推出必要的指导性、参考性方案，在可操作的层面进行试运行，通过实际操作来不断改进，循序渐进。除了在推行节地生态葬上要有鼓励性政策的保驾护航，公墓企业在这类葬式的推广上，除了正面宣传，还须有价格上的鼓励。新型的节地葬式已经有别于过去节地葬相对单一的造型和周边环境的简陋，优美的环境和人文景观已经是未来节地葬式的基本配置，花园式的环境配以人性的后续服务，相信不久新型节地葬产品可以成为市场主流，被大众所接受。

（三）节地葬的销售途径除借助于媒体的宣传，人员引导也很关键

新型节地葬，如果要逐步成为主打产品的话，产品宣传上，除了借助传统纸质媒体和新媒体、“互联网”的三合一造势，销售导购人员的引导也十分重要。毕竟媒介宣传是被动宣传，受众有接受和不接受的权利。但是有需求的客户在与导购人员的接触中，是主动接受宣传，他有接受信息的需求，那如何对节地型产品进行宣传和引导的培训就变得十分重要了。对这种新型产品的销售，首先导购人员自身要摒弃旧有的传统观念；其次是对公墓发展的弊端要有认识，对新指导意见的精髓要吃透和理解，对每一个新型节地葬产品的卖点和特点要完全掌握。针对客户的需求，目前来讲一个是价格，一个是环境，其他还有售后服务。活动推广优惠等是影响客户对产品选择的因素，通过一些必要的销售推广手段加上导购人员对新型节地产品对比传统产品的优势，以及对上海公墓整体情况的介绍，相信虽然这一过程会比较艰辛，但对于整个行业来说，是一次试练，也是重生前的磨炼。这是需要全体行业从业者正视和勇于面对的一块“硬骨头”。

四、新型节地葬的推广应用实例

上海滨海古园在节地型景观葬式开发上的成果

1. 众爱苑节地景观葬

这是由上海市殡葬服务中心提倡，中心下属4家公墓共同响应倡议，针对民生的一项实事项目。众爱苑为上下结构的格位葬式，骨灰坛保留骨灰，故世人姓名及生卒年月统一制作铜质铭牌，集中按墓号固定于主题碑石上。每户净墓占地只有约0.04平方米，极大地降低了土地消耗，是新型节地葬式中的代表和标杆。

2. 芳阁·景观壁葬

滨海古园2015年推出的景观室外壁葬，骨灰坛保留骨灰，壁葬内部结构为前后式，全区集玫瑰主题景观装饰和玫瑰园艺装饰于一体，结构紧凑，外观精致，铜质的外盖兼具防盗功能锁，是一款设计合理、占地少的景观形节地壁葬。

3. 上海故事·雅庭景观小型墓

滨海古园2014年建设，2015年投放市场的一款高端型节地景观葬——“雅庭”。该葬区位于上海故事主题园区，设计要求高于其他传统墓区，整个区域呈等边三角形状，在不足100平方米的地块内，安排了40户前后结构的卧碑葬，骨灰盒保留骨灰，并且该葬式最大的特点是将墓穴安装在石库门造型的景观花坛内，既抬高了墓穴水平线，避免了地下水渗透，同时削弱了卧碑葬视觉点较低的弱点。设计师还点缀了水景与主题雕塑景观等元素，使一块边角料地块带活了周边其他区块，是古园首次以周边景观环境元素为卖点的一款新型节地景观葬产品。

4. 常春苑（沉香坪、天地同春）景观节地葬

滨海古园2016年推出的两款景观节地葬。沉香坪是在早期花坛葬的造型基础上，改进地下结构，以骨灰坛保留骨灰，并利用前期全苑规划，在绿化隔离带内规划出该节地葬，每户净墓面积0.16平方米。天地同春是一款综合景观元素和科技元素的节地景观葬，综合利用高分子材料制作的种植箱和骨灰坛容器，摒弃了传统葬式中的墓盖，改为绿化种植箱，而不是生硬的石材，

单户净墓面积0.2平方米。该区还创新了一种联体碑墓的造型结构，将过去独立的墓碑整合在一面景观墙上，使整个区域都呈现出一派江南风情景观，是首个景观比重超越墓穴比重，远观根本看不出是一片葬区的节地景观葬。

5. 翠庐·景观生态葬

翠庐，位于滨海古园植树葬区，是新开发的一款以造型盆景植物和江南风情景墙为卖点的生态型节地葬区。以可降解骨灰坛深埋，与绿植混合的生态型葬式。

6. 常春苑（春系列家庭葬）

滨海古园2016年推广的一款概念性家庭葬式，整个家庭葬就是一个独立景观花坛，花坛内预埋9个骨灰坛容器，坛内设置独立的攀缘植物种植区，与葬区隔离，结构精巧。并规划预留了可持续性开发更多户数的可能，使其具有家族葬的脉络性和景观观赏性。整个花坛净面积约1.53平方米，可承载约3户双穴葬和1户三穴葬的量，将来更可将原9穴深埋改造，上层空间又可实现9穴落户的可持续性。

五、节地葬逐步过渡至生态葬的未来发展展望

节地葬是针对市场需求和大众观念的一种过渡产品，是从传统墓石产品转换到生态型产品的过渡，小型化、景观化的节地葬式还不是真正意义上的可持续性产品。首先，需要主管部门在墓穴使用年限上出台分级制：永久保留骨灰、少量保留骨灰、短期保留骨灰、不保留骨灰，根据上述等级，来制定墓价和墓穴尺寸，从源头控制大墓生产量和永久保留骨灰的受众意愿。其次，对传统格局的墓穴产品的政策、制度等要在源头上进行改革和政策推动，使其产品线逐步淘汰，向节地型、生态型过渡发展，同时下游公墓企业的实际产品的研发实施要同步跟进。要实地进行问卷调查，了解消费者实际需求，根据渐进式的理念灌输和市场培育，消除消费者的旧有观念，逐步接受生态环保节地型的产品。

节地葬过渡到生态节地葬的过程，是市场适应、消费群理念改变、政策导向坚定明确的一个过程。未来几年将是传统产品走小型化道路、小型化产品走集约化道路、小型集约化产品走生态可持续道路的过程。这是一个任重道远、破旧立新的艰巨任务，是殡葬文化的又一次革新，也是殡葬改革创新的又一个机遇。

参考文献：

[1] 殡葬与环保论文集．上海殡葬文化研究所编．
[2] 王宏阶．上海殡葬业转型中的科技战略研究．上海科学普及出版社．
[3] 朱金龙．殡葬新论．上海社会科学院出版社．

我国公墓市场化进程中的问题、成因及对策

北京社会管理职业学院　张丽丽

摘　要：我国公墓的发展经历了多年的市场化进程后，呈现出了社会需求大、供给价格高、拓展业务多样化的特点。无论公益性公墓还是经营性公墓及其他类别不同的公墓均无法满足普通百姓的需求。为满足百姓社会需求，特别是墓地价格高涨问题，应积极发挥政府能力，无论是市场化的经营性公墓还是起保障作用的公益性公墓，均应体现公益性特点，设计能够引领百姓并采取符合不同社会发展阶段的政策，引导民众改变理论认知，承载殡葬改革进程中的过渡性需求，最终实现绿色殡葬的改革目标。

关键词：公墓　市场化　公益

一、引言

公墓，公共墓地的简称，指专供公众进行骨灰、遗体、遗骸埋葬或安置的场地。在我国，公共墓地属于市政公用设施，有经营性公墓与公益性公墓之分。经营性公墓，具有明显的营利性质。公益性公墓则以满足农村居民和城市低收入居民的殡葬需求为宗旨，不以营利为目的。因此，公益性公墓具有鲜明的社会公益色彩，是农村的公用服务资源。殡葬市场大体存在着三股力量：第一种是独立自主型企业，以殡葬相关用品公司为主；第二种是政府指导型企业；第三种是有限市场型的事业单位。而公益性公墓主要属于有限市场型的事业单位，经营性公墓主要属于独立自主型企业，但大部分也都带有第二种政府指导型企业的特点，一般由经营单位与民政局合作。因此墓地市场既有公益性的事业单位，也有比较严格意义上的市场主体。但在整个墓

地市场发展的过程中，都存在不同程度的问题，甚至在一些大中城市，问题越来越突出。

二、墓地服务市场化现状

目前，墓地主要分为公益性公墓与经营性公墓，在市场化进程中均发展出了自己独特的形式，各自有不同的市场化特征，经营性公墓在提供不同价格的传统公墓之外，均提供不同形式的公益性的花葬、树葬、草坪葬、廊葬等葬式葬法。而公益性墓地在提供相应的公益性墓位之后，也采取不同的方式进行市场经营行为，来获取相应的利润。因此，无论公益性公墓还是经营性公墓，最大的区别在于公益性葬法在整个墓位数中所占的比例，而其市场行为并没有显著区别，其现状可以从以下几个方面描述。

（一）公墓的供给价格

墓地价格公认的是价格高企，主要以北京等大中城市周边比较严重，对于经济发展水平相对落后地区，由于人口集中度比较低，公墓价格虽然不能说合理，但并没有引起周边百姓的关注。以北京市为例，目前北京市的合法公墓共有 104 处。北京市民政局审批的经营性公墓有 33 处，其中，市属 16 家，各区 17 家；各区民政部门审批的公益性公墓有 24 处，乡镇自建公益性灵堂 47 处。在政策设计之初，经营性公墓就是按照市场需求进行定价，而公益性公墓基本上是免费的。而按照规定，拥有北京城镇户口的居民不能在各区购买公益性墓地。公益性公墓、灵堂主要在农村，只安葬本村村民，不对外，不允许开展经营活动。经营性公墓则是为城镇居民提供骨灰或遗体安葬、实行有偿服务的公共墓地。而随着北京市人口数量的逐年增多，城区面积的不断扩大，各墓地价格越来越高，参与竞争的也就不再局限于经营性公墓。以下是北京市在售的部分经营性公墓与部分公益性公墓（对外公开经营部分）的高中低价格表。

表 1 经营性公墓价格表 单位：元

经营性公墓名称	最低价位	中间价位	最高价位
天寿陵园	29800	58800	96800
景仰园骨灰林	33000	69800	128000
凤凰山陵园	39800	68000	118800
炎黄陵园	23800	62800	109800
思亲园陵园	39600	69300	69300
静安墓园	26800	40800	66800
天堂公墓	58000	58000	58000
福安园	5800	15800	65800
三河灵山宝塔陵园	9500	15500	33800
卧龙公墓	7800	28800	62800
皇家龙山陵园	8800	58000	98000
清东陵万佛园	16800	28800	88000
平均价格	24958	47866	82991

表 2 公益性公墓价格表 单位：元

公益性公墓名称	最低价位	中间价位	最高价位
盘龙台公墓	9800	36900	75000
桃峰陵园	18800	36800	68800
德陵公墓	35800	79000	218000
安灵园骨灰林	9000	24800	58000
龙泉公墓	22000	68000	118800
九里山公墓	26800	62800	109800
九公山纪念林	5800	5800	5800
思亲园陵园	39600	69300	69300
极乐园陵园	15800	28800	48800
通惠园陵园	32800	32800	32800
潮白陵园	48900	78900	78900
平均价格	17427	47627	80363

说明：中间价位并非指最低价位与最高价位的平均值，而是指销售过程中出现的大体居于中间的价位，可能有多个，本文调查数据中仅选取大体居于中间的售价的数值。平均价格指的是将表格中数据进行平均之后的理论数值。对于天堂公墓、通惠园陵园一律取中间价位。本表是当前公墓售价。

对以上两个表格进行对比可得如图 1 所示。

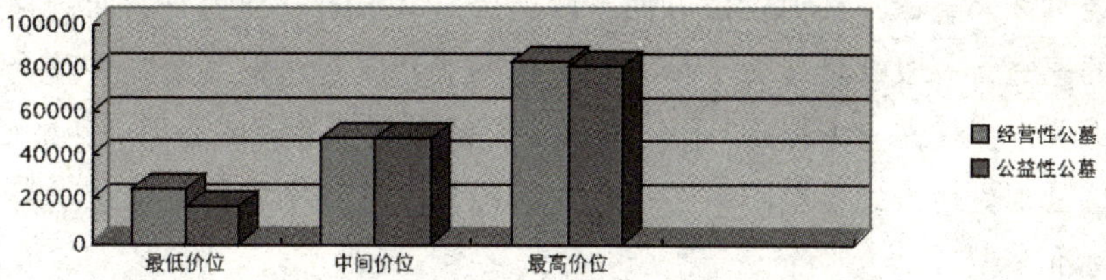

图 1　经营性公墓与公益性公墓价格图

通过对比可以看出，除了最低价位中，经常性公墓与公益性公墓价格有所差异（差别达到近 30%），中间价位与最高价位差别几乎很小。这说明对于普通的民众来讲，除非选择最低价公墓，否则，经营性公墓与公益性公墓的价格差别不是很大。但无论是哪种公墓，所能提供的低价位公墓，在整个公墓业务中，所占比例均不大（根据部分公墓调查估计所得）。

在当前北京市居民大宗商品消费中，墓地是民生消费中的重要一环。以 2014 年为例，北京市城镇居民人均家庭总收入 49730 元，20%低收入家庭人均可支配收入 21180 元，20%高收入家庭人均可支配收入 77667 元。假设 20%的低收入家庭的殡葬活动中的公墓消费可以由政府提供的纯公益性解决，而 20%高收入家庭的殡葬活动中的公墓消费可以由自身财力解决，那么中间 60%的大部分家庭，假设仍然有骨灰安置的需求，并且希望购买墓地，那么可以得到经营性公墓与公益性公墓各价位与家庭收入之比图（见图 2）。

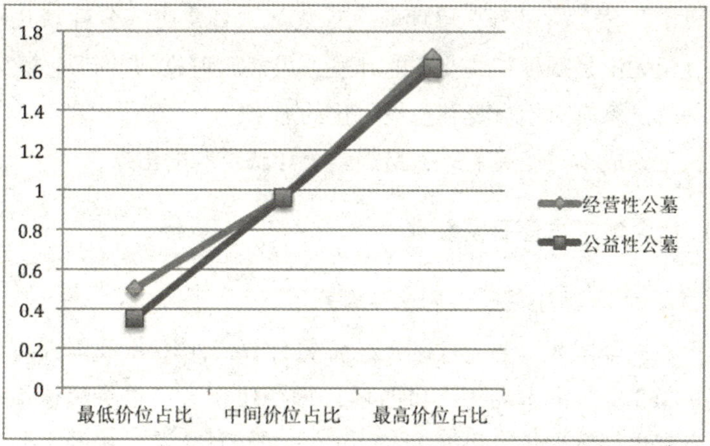

图 2　经营性公墓与公益性公墓占家庭收入之比

通过对比可以看出，公益性公墓除了最低价位在家庭年收入占比方面明显比经营性公墓低，其他价位方面，两类公墓并没有任何差别，而选择最低价位的家庭，一般都是接受了草坪葬、树葬等新式葬法的观念，在整个公墓消费人群中，仅占一小部分。而中间价位已经占到中等家庭近乎一年的收入，高价位公墓更是占到了差不多一年收入的两倍，这还不包括一些艺术墓等其他非标准墓型。

因此，公墓的消费价格相对于城镇居民人均家庭总收入来说，已经不存在经营性与公益性之分，在当前“入土为安”观念仍较深厚的大环境下，均成为普通城镇居民的消费负担。

（二）公墓成本及相关业务

在墓地经营上，一般由开发商与民政局合作，后者出地，前者进行投资和管理。假设每个墓穴标准为 1 平方米，一亩土地一般可修建 350 个墓位，即使按照每个墓穴 1 万元的售价计算，每亩土地上所建墓地的销售额可达 350 万元；由于公墓免收营业税，按照每亩墓地 50 万元的成本计算（石料及土地成本），开发商的利润可达 600%。

而随着现代殡葬文化的传播，当前公墓也呈现出不同的业务发展。第一个特点是园林式。当前公墓都注意打造自身独特的殡葬文化，一般会形成相应的园区风景，以此改变传统墓地留给人们的印象。更有墓园结合当地文化，将安葬纪念、旅游观光、文化展示等融为一体。第二个特点是不同程度地推行生态葬式。花葬、植树葬、草坪葬、骨灰林、骨灰廊等各种新式葬法都进行了开发。但无论是哪种相关业务的开发，虽然政府推行的新理念蕴含其中，但最根本的就是墓园对于自身利益最大化的追求。

因此，无论成本与相关业务，最终均会导致暴利的出现。

（三）社会需求方面日益膨胀

1. 老龄人口加剧与安葬数量逐年攀升

根据第六次全国人口普查详细汇总资料计算，2010 年我国人口平均预期寿命达到 74.83 岁。由于老年人口激增，每年死亡人口也将快速增加，对墓地的需求自然也持续增长。根据 2013 年《民政统计年鉴》中的数据，我国 65 岁及以上的老人近几年急剧增加。65 岁及以上人口数量及占总人口比重数据见表 3。

表 3　65 岁及以上人口数量及占比

年份	1982	1987	1990	1991	1992	1993	1994	1995	1996	1997	1998	1999	2000
65 岁及以上人口数（万人）	4991	5968	6368	6938	7218	7289	7622	7510	7833	8085	8359	8679	8821
占总人数比例（%）	4.9	5.4	5.6	6	6.2	6.2	6.4	6.2	6.4	6.5	6.7	6.9	7
年份		2001	2002	2003	2004	2005	2006	2007	2008	2009	2010	2011	2012
65 岁及以上人口数（万人）		9062	9377	9692	9857	10055	10419	10636	10956	11307	11894	12288	12714
占总人数比例（%）		7.1	7.3	7.5	7.6	7.7	7.9	8.1	8.3	8.5	8.9	9.1	9.4

根据数据可得老年人口及比重增加趋势图。

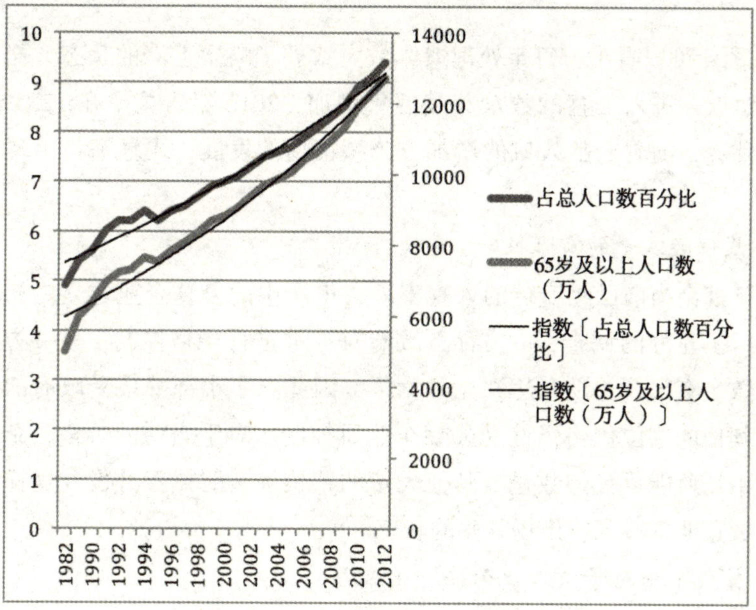

图 3　65 岁及以上人口趋势

从图 3 中可以看出 65 岁及以上老年人口的数量以及占总人口的比重都呈现出加速上涨趋势，至 2012 年每年的 65 岁以上老年人口数已经达到 12714 万人，而且趋势仍是加速上涨，这意味着殡葬业（含公墓业）均会承受很大压力，据估算，2050 年时，老年人口将超过 4 亿，将成为世界上最大的老龄市场。陵园墓地具有巨大的市场空间，涨价将还会持续很长一段时间。截至2013年年末，我国现有公墓数量达1783个。我国每年死亡人数约900万人，根据统计数据可以得到我国每年处理遗体数及安葬数（见图4）。

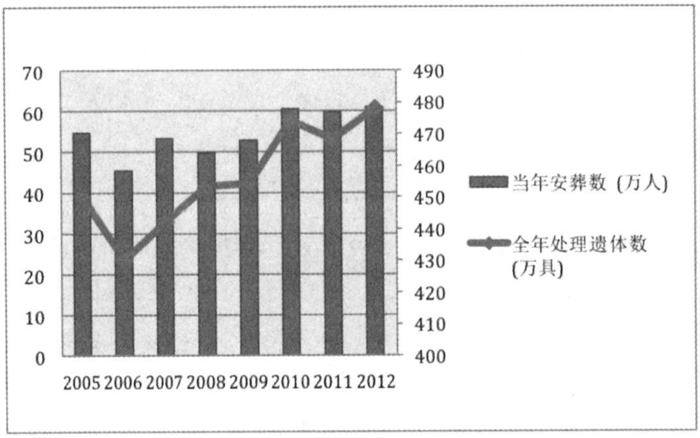

图4　年处理遗体数与当年安葬数

从图4可以看出，每年处理遗体数大致处于略微上涨的状态，而当年安葬数，也就是进入公墓的数量却是逐年增加，2012年入墓率在12.5%左右，但可以估算，随着老龄人口的增加，公墓市场的发展，入墓率将出现巨大的增长。

2. 墓位数容量的有限性

鉴于社会当前已经盛行的入墓安葬，市场中的公墓企业建立之初已经对市场进行了充分的调查，一方面，政府对土地进行严格控制；另一方面，公墓厂商数量有限，并没有达到充分竞争，因此除了小部分接受政府的指导定价外，其他的墓位价格仍然受公墓企业所控制。对于当前的价格，企业只出售需求市场所能承受的数量，其他大量的墓位被暂时搁置开发。这样就出现了墓位数量非常有限，市场紧张的状态。

3. 传统观念对于"入土为安"的需求

传统观念对于墓位的需求依然起着推动作用。廉价墓地几乎没有市场，由于花葬、树葬与中国人传统的"入土为安"观念不符，消费者短期内难以接受。即使是廉价的正常墓穴，也很少有人消费。

三、墓地服务市场化的问题

（一）墓地价格的上涨已经成为必然

1. 经营性公墓的市场化下的垄断效应

经营性公墓建设之初，定位就是市场化下的一种商业行为，其价格直接受市场的供给需求状况影响。这自然形成了经营性公墓的市场化下的垄断行为。国家审批土地政策的从严，信息的不对称，群众“入土为安”的需求的持续存在，城市居民收入的上涨，都使得经营性公墓有利可图。在按照国家规定，象征性地设置了绿色安葬的部分墓位之后，其他的豪华墓、家族墓、艺术墓等暴利墓型受到公墓经营者的青睐，价格自然水涨船高，形成了独特的垄断效应。

2. 公益性公墓的市场化环境下的市场经营行为

民政部1992年颁布、2004年和2010年修改的《公墓管理暂行办法》，为中国的公墓管理制定了基本规则：公墓分为公益性和经营性两种，前者为农村村民提供公共墓地，不许对外经营。然而，当前市场环境下，公墓利润的飞涨让原有的公益性公墓也开始积极参与市场竞争，如前文所述，价格仅仅比经营性公墓略低。虽然这在一定程度上填补了市场供给的不足，但是对于整个大的殡葬改革的推动反而起到阻滞作用，并使得墓穴价格继续高涨。

（二）墓地供需矛盾将在一段时间内愈演愈烈

仅从当前市场的供需来讲，公墓的供给已经呈现多样化的特点，能够满足不同层次群众的需求。但是每年寄存的骨灰持续需要安置，大中城市死亡人口中需要安葬的数量不断增长，“入土为安”的传统观念，造成了墓地供需矛盾将在一段时间内愈演愈烈。一方面，经营性公墓的垄断行为与公益性公墓的市场经营行为，受到国家严格控制丧葬用地的限制；另一方面，国家又不解决老百姓的骨灰安葬需求，那么这种供需的矛盾必然导致公墓的价格飞涨。墓地价格在一段时间内将持续高涨，为了追求利益最大化，必然会减少供给，提升价格，最终实现自身的利益最大化。当然墓区土地一般是荒山利用，建设周期也比较长，这就更加剧了公墓供给的不足性。

（三）政策制定的超前性及监管的滞后行为

政策制定的目的主要也是为了保护耕地，保护土地，但是传统的丧葬观念仍然是“入土为安”，当今公墓的建造大都采用水泥，这就更造成了环境的破坏，与殡葬改革的初衷背道而驰。公益性公墓解决了村民、乡民的安葬问题，而对于落户或者生活在大中城市的大部分人口，除了近几年的生态葬以及骨灰撒海，并没有其他相关的普惠型的政策，而这群人，也构成了经营性公墓或者其他公墓的经营部分的主要消费群体。但同时，国家又出台相关政策保护耕地，控制丧葬用地规模，政策的制定与后期对于公益性及相关价格的监管并没有到位，这就造成了公墓主要消费群体的需求无法满足，最终的结果必然是公墓价格飞涨，非经营性公墓参与市场来实现营利的目的。目前的经营性公墓与公益性公墓的经营性的混乱，已经是管理缺失的体现，公墓价格、数量、面积、性质的监管都没有充分到位，造成市场目前的混乱现况。

四、对于公墓市场化进程中的解决方案

（一）提升政府能力，完善并制定相关监管政策

1. 回归公墓的公益属性

现阶段的公墓，发挥着殡葬改革过渡时期的作用，其中的暴利也多少有政府垄断的影子。一方面，政府将公墓定义为公共设施；另一方面，又利用审批特权进行墓葬用地控制。因为相关公墓企业往往与垄断相连，在现有的经济环境下，它既非公益化组织又非市场化主体，处于半垄断的伪市场化阶段。应让公墓回归公益属性，短期内引导殡葬改革，到了一定的阶段再进行市场的完全开放，否则伪市场阶段的持续只会促使掌握审批权的政府部门与有背景的公司企业对当前市场的暴利垄断状态。

2. 加强市场监管

当前的《殡葬管理条例》中对于公墓的公益性及骨灰处理的方式都有明确的规定和倡导。虽然立法需要不断完善，但按照现行法律严格执行，加强市场监管，对于墓葬用地的范围、价格、类型进行明确规定，对于公益性公墓与经营性公墓的经营权限进行具体监管，同样是殡葬改革的一大进步。

3. 推动民风转变

政府对于民风的转变仍须加强引导，当前的民风攀比盛行，对于物质的追求已经成为时尚，公墓的攀比更是让很多群众非墓地不葬，虽然也有一些公墓有海葬、树葬、草坪葬、花葬等生态葬式，但并没有成为主流，对于当前的公墓市场并没有形成强影响作用。

（二）根据不同的阶段，应该采取不同的市场化模式

1. 公墓市场化发展初期

这一时期由于殡葬文化观念相对陈旧，提供公墓服务的单位多数规模较小，其基础设施滞后。面对殡葬行业市场化的主要工作就要集中在公墓业务拓展阶段。需要依靠市场的中介组织来作为运行主体。因为这一阶段多数人接受的还是以“土葬”为主的殡葬模式，殡葬活动多属于原始状态，还无法完全适应殡葬行业的市场化要求。与此同时，能够为殡葬活动提供优质服务的企业还没有形成规模，相关的配套服务并没有充分地发展起来。

2. 公墓市场化发展中期

经营性公墓与公益性公墓的市场经营部分均应纳入公益体系。因为此时虽然殡葬活动已经由“土葬”逐渐转变为“火葬”，但依然承接了旧的“入土为安”的思想，大部分人仍有遗体火化之后安葬的需求。但这一时期初始阶段，殡葬企业仍然处于发展阶段，市场的主导开始由政府慢慢过渡到企业。这一时期过后，由于资源配置的均衡未完全实现，因此会出现伪市场化下的垄断暴利现象，而我国公墓的发展也正处于这个阶段。因此在公墓市场化发展的中期，未能转变相应的“土葬”观念之前，应将公墓的绝大部分归类为公共设施建设，为民众的需求找到一个出口，及时消除相关的社会矛盾。

3. 公墓市场化的成熟期

这一时期的殡葬行业的消费者，已经转变了原有的旧有观念；已经开始了真正生态葬的模式，其配套设施也已发展开来，陵园墓地的管理与运作也相对成熟。这个阶段已经建立了可以完全满足消费者需求的公墓市场化体系，公墓市场化中的企业厂商可以直接提供优质的服务、生态环保的葬式，殡葬企业和消费者双向选择，签订服务合同，双方按照合同进行利益、责任和权利进行划分，整体的竞争者也开始进入了有序竞争的模式。

（三）改变殡葬理论认识

所有适应时代的转变都需要依据科学来进行。推广公墓市场化同样如此。在推广市场化的过程中，需要以科学发展观和可持续发展作为理论基础，引导群众逐渐改变“入土为安”和“灵魂永存”等一系列古代留下的陈年旧俗。同时必须树立起用科学的符合当前时代需求的理念来主导殡葬行业的观念。但是，随着中华民族五千年历史的浸润，这些陈年旧俗已经深入人心，想要推进公墓行业市场化一定要做好打持久战的准备。具体改变理论认识的方式，主要表现为：

1. 加大力度树立唯物主义，摒除唯心主义。

宣传无神论，改变对有神论和永生论以及鬼神说的盲目崇拜。积极学习马克思主义，从基础教育抓起。

2. 借助国家政府的扶持，抓住时代的主题。

引导人们树立正确的价值观和殡葬习惯。必要的时候，借助国家的法律，以法律手段制裁违法乱纪的行为。

3. 作为带有宗教色彩和文化内涵的情感寄托的安葬活动，想要成功地推行市场化，必须要延续殡葬行业和殡葬活动的文化底蕴，应着重加强其内在的情感底蕴。因此，殡葬行业的发展必须坚持走文化特色产业道路，加强其对传统优良殡葬习俗的继承。殡葬行业市场化变革的推行，实际上也是文化的变革，新兴的殡葬行业的文化只有占有主导化地位，殡葬行业的市场化才能得以推行。

众所周知，新兴的殡葬文化必须包含时代发展的主流，含有科学的世界观和价值观。因为传统观念的转变，并非一蹴而就，需要大量的时间积累。所以，这时要用标杆的、模范的力量来拉动和感染人们摒除旧念，积极向唯物论转变，从而引导人们逐步接受现代殡葬习俗。

五、结束语

随着老龄社会的到来，丧葬业逐渐发展成为新兴产业，殡葬市场也不断发展壮大。随着我国社会主义市场经济体制的建立和完善，殡葬改革事业的不断推进，殡葬市场中的公墓市场必将发展成为现代市场的有机组成部分。而当前殡葬改革正处于过渡时期，传统的“入土为安”的思想仍然存在，这就需要积极发挥政府能力，凸显公墓的公益性特征，满足殡葬改革特定时期的百姓的社会需求。从另外一个角度来看，当前殡葬改革的路径并未走出传统的殡葬观，无论是哪种新颖的公墓葬式、葬法，似乎均不能广泛为广大民众所接受。对于大中城市中的新增人口，如何既能满足他们的墓葬需求，同时又满足绿色环保，成为当前亟待解决的问题。这些问题的解决，需要政府重新对公墓进行定位并对公墓建设的标准、规格等实行严格的监管，杜绝公墓对于利益最大化的追求。只有当新的葬式葬法为广大群众所接受，绿色环保墓位成为具有竞争力的商品，百姓对此的关注才不会存在，城市才不会被墓碑淹没。但是，我们相信，随着殡葬观念的更新，新的价值观的确立，公墓服务将在新的服务形态下实现完全市场化。

参考文献：

［1］民政部社会福利和社会事务司调查小组．修订殡葬管理条例的意见和建议［J］．社会福利，2005（5）．

［2］民政部101研究所．中国殡葬事业发展报告［M］．社会科学文献，2011，2012，2013.

［3］宫杰．哈尔滨市改革殡葬行业垄断［J］．中国民政，2005（6）．

［4］倪雪江，孙建军，罗新阳．对殡葬文化的个案调查——以绍兴市为例［J］．绍兴文理学院学报，2005（4）．

［5］梅向阳．殡葬管理体制——体制与思考［J］．社会福利，2005（5）．

［6］朱金龙．我国殡葬服务市场秩序的规范问题［J］．社会福利，2004（12）．

［7］李煜．寻求公益与效益的平衡［J］．泉州师范学院学报，2011（5）．

［8］马天利．改革为何推而难进［J］．宝鸡社会科学，2004（3）．

［9］胡平仁，鞠成伟．法社会学视野下的法律与习俗［J］．湖北社会科学，2007（4）．

［10］胡汝银．竞争与垄断：社会主义微观经济分析［M］．上海商务出版社，1998.

［11］白津夫．推进国有企业产权多元化［J］．产权导论，2005（1）．

［12］马英娟．政府监管机构研究［M］．北京大学出版社，2006：98-100.

［13］吴伟达．价格垄断及立法规制［J］．中国政法大学学报，2006

（4）.

［14］杜传忠．寡头垄断市场结构与经济效率——兼论中国市场结构调整［M］．经济科学出版社，2003：285.

［15］王全兴．经济法基础理论专题研究［M］．中国检察出版社，2002：56.

［16］李承友，王冰．论完全垄断市场形成的原因及对垄断市场的评论［J］．当代经济研究，1999（10）.

［17］李振进．殡葬市场的理论、实践与发展前景［J］．探求，2001（02）.

在新形势下如何进行殡葬改革初探

名流陵园　段律文

摘　要：本文论述了在法治政府建设过程中如何进行殡葬业的供给侧改革，以完成“十三五”目标，实现“两个一百年”的梦想。

关键词：“十三五”规划　法治政府　供给侧改革

一、全面进行殡葬改革的迫切性与重要性

2016年是毛泽东等老一辈无产阶级革命家签名倡导火化60周年。60年前，中华人民共和国成立不久，百废待兴，第一个国民经济发展五年计划正轰轰烈烈地开展，全国上下齐心协力都在为建设新中国而努力。到1957年，“一五”计划超额完成了规定的任务，实现了国民经济的快速增长，并为我国的工业化奠定了初步基础。①

在当时的经济与政治氛围下，考虑到土地利用、卫生防疫、移风易俗等多方面条件，提出全面实行火化倡议是当时最先进最文明的殡葬理念。首先，从政府层面来看，倡议具有必要性。1957年末，毛泽东主席基于首个五年计划的顺利进行与超额完成情况，提出“十五年赶超英美”。其次，随着人口的快速增长与城市化，城市土地利用对殡葬用地造成压力。60年以来，沿海发达地区的火化率基本已经达到100%，全国的火化率也达到近50%。全面推广火化对我国经济发展和社会进步起到了积极的作用。60年前的签名倡导活动

① 百度：第一个五年计划，简称“一五”计划（1953—1957），是在党中央的直接领导下，由周恩来、陈云同志主持制订的，1955年7月经全国人大一届二次会议审议通过。至1957年，“一五”计划超额完成了规定的任务，实现了国民经济的快速增长，并为我国的工业化奠定了初步基础。

带来的全面推行火化可以看作是新中国的第一次殡葬改革。

60余年以来，殡葬业学者无时无刻不在探讨着如何深入进行殡葬改革。譬如十余年前的21世纪初，当时上海市殡葬服务中心主任朱金龙先生敏锐地意识到“不顾当地殡葬消费的实际能力，斥出大量资金新建和改造殡葬设施，导致运营成本上升，经济效率低下，这些都严重影响了殡葬事业经济增长的质量和效益”①。当时的民政部社会福利和社会事务司负责人更是具有先见地提出“要用一种先进的殡葬文化来引导人，教育人，创造出一个好的氛围，来减少殡葬改革的阻力”②。

2016年的全国“两会”上，中央完整地系统地提出了《中华人民共和国国民经济和社会发展第十三个五年规划纲要》，具体说明与指导了如何在第一个“一百年”③ 收官阶段顺利完成各项经济指标。在中国共产党成立一百年时全面建成小康社会，这是中国梦的第一个宏伟目标。针对殡葬工作方面，“十三五”规划在“基本公共服务项目清单”中纲领性地将“基本殡葬服务”作为增加公共服务供给中的一项提出④。作为阐明国家战略意图，明确经济社会发展目标，指导市场主体行为与政府履行职责的依据性纲领性文件，为殡葬改革指出了明确的方向。

实现中华民族伟大复兴是中华民族近代以来最伟大的梦想，“两个一百年”目标是中国梦的具体体现 。在具体实现过程中，一个明晰有力的政府指导意见是目标实现的保障。2015年“两会”上，李克强总理在《政府工作报告》⑤ 中特意加了“剪除烦苛，禁察非法”八个字，强调了简政放权的决心。这与不久前中共中央、国务院印发的《法治政府建设实施纲要（2015—2020年）》⑥ 理念极其一致。

在此之前不久，为深入贯彻党中央、国务院加快推进生态文明建设和党员干部带头推动殡葬改革的决策部署，进一步深化殡葬改革，推行节地生态

① 上海殡葬文化研究所编：《殡葬文化研究》上海书店，2001年3月，第111页。

② 上海殡葬文化研究所编：《殡葬文化研究》上海书店，2001年3月，序言第3页。

③ 在中国共产党成立一百年时全面建成小康社会，这是中国梦的第一个宏伟目标；在中华人民共和国成立一百年时建成社会主义现代化国家，这是中国梦的第二个宏伟目标。

④ 《中华人民共和国国民经济和社会发展第十三个五年规划纲要》第十五篇专栏22“基本公共服务项目清单”之（五）：社会服务。

⑤ 《政府工作报告》第19页，国务院总理李克强，2016年3月5日在第十二届全国人民代表大会第四次会议上。

⑥ 中共中央、国务院印发《法治政府建设实施纲要（2015—2020年）》，2015年12月27日。

安葬，保护生态环境，促进人与自然和谐相处，2016 年 2 月民政部等九部门联合印发《关于推行节地生态安葬的指导意见》①。

以上种种，都体现出了目前全面进行殡葬改革的迫切性与重要性。

二、“十三五”规划与供给侧改革

在目前国际经济总体低迷，国内经济面临下行压力的情况下，编纂这样一个详尽具体、增长目标明确的五年规划，并且提出了具体的预期性及约束性指标②，无疑具有极大的挑战性。尤其是在实现“十三五”目标的同时，要做到供给侧改革，改变自 30 余年前改革开放以来消费侧驱动的增长模式，确实需要自上至下同心同力去努力争取。

中华人民共和国成立初期，供给侧驱动的经济增长模式取得了良好的效果，当时中国的经济增速处在世界先进行列，而且没有落入苏联的所谓国际分工陷阱，通过自力更生在较短时间内完成了国民经济的初步发展。但是经过一段时间的发展，计划经济的一些弊端在盲目乐观的政策与口号鼓励下开始暴露出来，并且最终导致了国民经济的几近崩溃。

改革开放以来，消费侧驱动的经济增长模式激发了各种所有制形式的经济活力。国民经济经过 30 余年平均 GDP 年增长近 10%地高速发展，我国经济总量跃居世界第二的位置。但同时，随着全球化的发展，世界政治经济更加多元化、复杂化，我国单纯依赖消费侧驱动的经济增长模式遭遇了严峻挑战，近两年经济增速明显放缓。为避免经济硬着陆，中央及时提出了供给侧改革，目标是使国民经济结构趋向合理，保证经济的可持续性发展。

在这样的形势下制订的“十三五”规划，全面考量了各行各业的发展，在保证年增长保持 6.5%以上的水平的同时，全面考虑了环境保护、行业配置、各种所有制协同发展等。规划中关于民生保障方面，提出了一个明晰简要的基本公共服务正面清单，特别提出了基本殡葬服务的保障。提出这样一个明确的正面清单，体现了中央非常坚定而明确的想法，就是政府层面应该做到做好保证基本殡葬服务的提供，市场所需求的在基本殡葬服务以外的产

① 民政部、发展改革委、科技部、财政部、国土资源部、环境保护部、住房和城乡建设部、农业部、国家林业局九部门联合印发《关于推行节地生态安葬的指导意见》，2016 年 2 月 24 日。

② 《中华人民共和国国民经济和社会发展第十三个五年规划纲要》第一篇专栏 2“‘十三五’时期经济社会发展主要指标”。

品与服务应当充分放开市场供应。

考虑到非公经济在整个国民经济中所占比重无论在产值、产能或者劳动力雇佣方面均较高，在这样一个非计划经济环境之下要完成供给侧改革，完成殡葬行业的供给侧改革，必然要求政府管理部门进行正面引导，使产品与服务的提供者能够提供先进文明的产品与服务选择，引导消费。因此，综合理解中央对全面深化改革的部署与要求，可以看出《关于推行节地生态安葬的指导意见》是一个引导性文件，而不是一个约束性政策，是殡葬管理部门协同其他部门在殡葬改革方面进行供给侧改革的有益探索，也是殡葬管理部门为有效进行供给侧改革进行的尝试。

三、简政放权与行业自律

2016 年“两会”期间李克强总理所作的《政府工作报告》，用了许多篇幅强调政府应该简政放权，特别是总理亲自加了“简除烦苛，禁察非法”八个字，含义深远。简政放权必然直接导致利益部门的阻力，引来地方政府的阻力。因此总理在报告中特别提及“注重解决放权不同步、不协调、不到位问题”，丝毫没有回避简政放权所面临的反抗力量，但同时也看出中央的改革决心①。

李克强总理在《政府工作报告》中同时提出“修改和废止有碍发展的行政法规和规范性文件”，结合之前印发的《法治政府建设实施纲要（2015—2020 年）》也提出“清理、废除妨碍全国统一市场和公平竞争的各种规定和做法，破除部门保护、地区封锁和行业垄断”②，中央在指导法治政府建设的同时，罕见地明确指出了一些地方性法规政策的弊端。这其中当然也包含了

① 《政府工作报告》第 18 页。国务院总理李克强，2016 年 3 月 5 日在第十二届全国人民代表大会第四次会议上：“加强供给侧结构性改革，增强持续增长动力。…… 推动简政放权、放管结合、优化服务改革向纵深发展。以敬民之心，行简政之道，切实转变政府职能、提高效能。继续大力削减行政审批事项，注重解决放权不同步、不协调、不到位问题，对下放的审批事项，要让地方能接得住、管得好。……全面公布地方政府权力和责任清单，在部分地区试行市场准入负面清单制度。……修改和废止有碍发展的行政法规和规范性文件。……简除烦苛，禁察非法，使人民群众有更平等的机会和更大的创造空间。”

② 中共中央、国务院印发《法治政府建设实施纲要（2015—2020 年）》第二章“主要任务和具体措施”第（一）节“依法全面履行政府职能”中“措施”的第 5 点“加强市场监管。清理、废除妨碍全国统一市场和公平竞争的各种规定和做法，破除部门保护、地区封锁和行业垄断”，2015 年 12 月 27 日。

一些地方性殡葬政策法规的不合理处，譬如销售服务地域的限制、产品规格限制等。

一方面需要全力以赴完成“十三五”规划目标，另一方面又要约束政府在市场调节过程中的权力，看似难以解决的困难，我们可以在目前同时进行的社会组织与行政部门脱钩行动中看出些端倪。从2015年公布的《行业协会商会与行政机关脱钩总体方案》① 可以看出，中央希望在这一轮改革过程中，真正发挥行业协会、商会等社会组织的作用，使其不再充当单一官方管理的角色，而是借助其社会组织特有的属性，发挥作用，以期做到行业自律与市场自律。2015年，中共中央印发了《关于加强社会主义协商民主建设的意见》②，开始将社会组织纳入协商民主建设体系的尝试。

从政府正面清单明确指示，到负面清单推崇的“法无禁止即可为”，可以感受到中央政府所期望的健康市场。一个健康的、绿色的、可持续发展的殡葬市场应该是充分发挥市场活力，政府不再强行干预，但同时积极引导的一个市场。在政府简政放权的大背景下，殡葬行业更应该通过行业协会与从业单位、从业人员的努力，努力向行业自律与市场自律方向发展。

四、殡葬行业的特殊性

现有的许多殡葬改革措施，多围绕经济效益与环境保护而设。但殡葬业不同于其他行业，具有其非常明显的非经济性一面。

首先，殡葬行业是人类文明发展到一定阶段为了表达对生命的尊重而发展起来的。千百年来，在葬与不葬的问题上人类文明主流选择了葬，殡的形式的多样性发展也始终围绕着对逝者生命表达尊敬的主题。荀子说：“礼者，谨于治生死者也。生，人之始也。死，人之终也。终始俱善，人道毕矣，故君子敬始而慎终。终始如一，是君子之道，礼仪之文也。”③

其次，殡葬行业与宗教、文化、习俗等因素密不可分。在西方社会，在

---

① 中共中央办公厅、国务院办公厅印发《行业协会商会与行政机关脱钩总体方案》第一章“总体要求和基本原则”第（一）节“总体要求”中要求“充分发挥行业协会商会在经济发展新常态中的独特优势和应有作用”，2015年7月10日。

② 中央全面深化改革领导小组《关于加强社会主义协商民主建设的意见》第七章“认真做好人民团体协商”第（19）条“建立完善人民团体参与各渠道协商的工作机制”，2014年10月27日。

③ 王先谦著：《荀子集解》，台北世界书局，1981年版，第238页。

浓重的宗教气氛孕育下殡葬业也含有丰富的宗教含义。美国的一位殡葬业者如此说道："正像我们通过浸礼宣告生者之生命，情人通过婚礼宣告爱情一样，通过葬礼，我们弥合了死亡的发生与死亡的意义之间的距离。[①]" 在中国，"丧葬之礼为中国古代社会中重要的社会活动之一，是无可置疑的。若从祖先崇拜在中国社会中的重要性来看，则丧葬之礼可以算是最重要的社会规范。"[②]

殡葬行业对历史、考古、文化等方面的学术研究历来都有极大帮助，比如"利用墓志进行历史、文学、民俗、社会等方面的研究，成果较为丰硕"[③]。但历史上无论何种经济理论，都没有做到真正量化考量这方面的因素，或者说殡葬行业本身是一个不可单纯以经济衡量的行业。

随着经济发展、社会进步，殡葬也必然必须改革。"丧葬制度与其上层建筑一样，它的产生与发展也同样取决于社会生产力的提高和生产关系的变化，并反作用于经济基础。当旧的经济基础为新的经济基础所代替以后，旧的丧葬制度就必然会被新的丧葬制度所代替。"[④] 然而进行殡葬改革，切忌单纯以经济作为考量，忽略殡葬本身的文化意义，忽略殡葬的社会学范畴重要性，尤其在葬式葬法方面的改革，应该尊重殡葬自身的发展流度规律，循序渐进，正确引导。

纵观历史，我们欣喜地发现，殡葬的发展总体上一直是在向着文明向着进步的。《周易》中写道："古之葬者，厚衣之以薪，葬之中野，不封不树，丧期无数，后之圣人易之以棺椁，盖取诸大过。"[⑤] 当今的一些殡葬改革努力，包括海葬、树葬等绿色、节地葬式，都是在试图通过文明的引导让市场逐渐接受的。

毕竟，无论战争还是和平，无论肤色种族，无论富贵或者贫穷，无论文明抑或野蛮，殡葬是伴随生命而存在的，因此殡葬改革不应当单一地从经济角度去分析调整。

---

① ［美］托马斯·林奇（Thomas Lynch）著：《殡葬人手记（The Undertaking）》，张宗子译，新星出版社，2006年版，第21页。

② 蒲慕州著：《墓葬与生死》，中华书局，2008年版，第14页。

③ 曾良著：《隋唐出土墓志文字研究及整理》，齐鲁书社，2007年版，第7页。

④ 杨晓勇、徐吉军编著：《中国殡葬史》，中国社会出版社，2008年版，第1页。

⑤ 《周易注疏》。

五、三方努力进行殡葬改革

综上所述，综合考虑国家总体发展的战略方针，考虑到政府殡葬管理部门需要同时进行供给侧的改革与适应简政放权的要求，在新形势下的殡葬改革，笔者认为应当是政府、协会、从业单位及从业人员三方共同努力，相互配合，以达到有效进行改革的目的。

（一）政府部门从民生保障角度出发，直接提供或者通过购买服务而提供符合现代文明的基本殡葬服务，严格约束政府对市场的干预。具体而言，即政府殡葬管理部门着重根据中央精神，在确保基本殡葬服务的同时，清理妨碍行业发展的政策法规，鼓励行业内部的创新发展。

（二）行业协会从提高整个行业的服务水平角度出发，广泛依托行业单位与从业人员的能力积累，非行政性地引导行业提供尊重传统文化习俗的产品与服务，引导行业自律与市场自律。通过提供符合文明社会需求的高质量产品和高水平服务，带领整个行业提升到一个新的高度。

（三）充分激发殡葬单位、殡葬企业与殡葬从业人员的创新性、创造性与积极性，提供差异化的产品与服务，以满足社会各层面、各地区、各种宗教信仰与习俗的殡葬需求。

通过三方努力，通过这一系列的改革，将殡葬行业从简单的殡与葬延伸到殡葬礼祭等，真正做到在传承文化的同时，丰富优化供给，达到符合现代文明要求的、可持续发展的殡葬改革目的。

参考文献：

［1］中华人民共和国国民经济和社会发展第十三个五年规划纲要 . 2016 年 3 月 .

［2］政府工作报告 . 国务院总理李克强 . 2016 年 3 月 .

［3］关于推行节地生态安葬的指导意见 . 民政部、发展改革委、科技部、财政部、国土资源部、环境保护部、住房和城乡建设部、农业部、国家林业局，2016 年 2 月 24 日 .

［4］法治政府建设实施纲要（2015—2020 年）. 中共中央办公厅、国务院办公厅，2015 年 12 月 27 日 .

［5］行业协会商会与行政机关脱钩总体方案 . 2015 年 7 月 .

［6］关于加强社会主义协商民主建设的意见.2014.

［7］［美］托马斯·林奇（Thomas Lynch）著.殡葬人手记（The Undertaking），张宗子译.新星出版社，2006.

［8］王先谦著.荀子集解.台北世界书局，1981.

［9］蒲慕州著.墓葬与生死.中华书局，2008：14.

［10］周易注疏.

［11］上海殡葬文化研究所编.殡葬文化研究.上海书店，2001.

［12］杨晓勇，徐吉军编著.中国殡葬史.中国社会出版社，2008.

［13］曾良著.隋唐出土墓志文字研究及整理.齐鲁书社，2007.

城市生态墓园规划设计研究

南京林业大学风景园林学院　王晓晓　许　浩　施瑞婷　李政烨

摘　要：文章以城市墓园为研究对象，以生态设计理念为研究线索，探讨城市生态墓园的规划设计原则及其发展趋势。墓园从传统简单的墓碑罗列到作为城市绿地规划设计的重要组成部分，不仅在概念上产生了质的飞跃，而且由单一性向多功能性转变。除了原本的殡葬功能，还具备了生态、植物造景和文化传承等诸多功能。最后，文章指出生态型城市墓园存在的本质是满足人们的精神需求，墓园的精神功能远胜于实际的物质功能，因此，其规划设计应遵循生态性原则，从而为生态绿色殡葬观念的形成和推广作出积极贡献。

关键词：城市生态墓园　规划设计　绿色殡葬

一、城市生态墓园的概念

随着环境污染和雾霾高发等一系列问题的日益突出，生态与环保变得越来越重要，生态元素已渗透到城市规划与建设的各个方面。此外，由于中国进入老龄化社会，社会对于城市墓园的需求正在加大，所以规划城市生态墓园，提升城市墓园规划的生态性具有重大意义。城市墓园的概念可综合城市与墓园的概念总结得出：在不从事农业活动和不由农业劳动者构成的人口稠密区，生者为逝者建设的不同形式、大小和风格的墓地。日本研究人员对墓园的概念定义为：墓园是城市绿地系统的组成部分，在墓地之上建设庭院和公园元素，将其变为宁静的特殊福利园。在可持续发展观念日益深入人心的大背景下，一种比传统墓园模式更加环保的城市生态墓园理念被提出，这是一种集殡葬设施功能和绿色生态园林功能于一体的新型城市绿地公共空间。较之传统的墓园，城市生态墓园不仅集约了土地资源，同时也塑造一种人与自然和睦共处的新型生态伦理观。

二、传统殡葬观念对城市生态墓园规划的影响

中华民族历史悠久，自古以来殡葬一事受到人们的格外重视，一方面表达了生者对亲人离去的悲痛与追思，另一方面也表达出对于人们死后进入未知世界的敬畏。因此，殡葬文化已成为中华文化特殊的一部分。传统殡葬观念带有浓厚的哲学色彩，例如庄子提出的“天人合一”，被汉代儒家思想家董仲舒发展为哲学思想。儒家思想对中国文化的影响最为深远，注重孝道和礼义，长辈在世时尽孝道，长辈离世后行礼仪，且儒家的无神论思想在殡葬文化中有积极的进步意义，但是儒家思想所倡导的孝道、厚葬与生态墓园的理念背道而驰。与之截然相反的是，道教主张看淡生死，在死亡面前保持乐观与平淡，通过死亡进入极乐世界。佛教在东汉初年传入中国，在后世也被许多皇帝所信奉，认为死亡是新生投胎的一种表现，并且引入火葬。这些殡葬思想没有一种成为主导，而是多种观念相互融合流传后世。与当代城市墓园规划设计息息相关的风水学，在殡葬文化中同样是不可或缺的一环。风水学讲究阴阳五行、方位吉利，所以墓地的选址是重点，要求土壤肥沃、背山靠水、地势高燥，对殡葬建筑的影响主要在于要求人与天地的和谐统一，不但注重周围环境的地形地貌，也考虑墓园构成要素与周围环境的融合。另外，墓园的空间结构布局上要求对称均衡，内部布局等都有特殊的要求，所以墓园常常给人一种安详和庄重的感觉。在国人传统观念中，先人入土，后人才会得到慰藉与心安，入土后与自然融为一体，灵魂才得以超生，逝者才能安息。城市墓园坐落于城市内，由于现代城市土地资源紧缺，土地供不应求，城市不能杂乱无序地进行扩张，所以用于城市墓园的土地十分有限，大面积的墓园不符合生态的理念，在规划上应做到对土地合理利用和节约使用。《道德经》中道家的生死观为“归根曰静，静曰复命”，所以道教的薄葬观念追求顺应天道，崇尚无为，这是传统殡葬习俗的积极飞跃，使得原来烦琐又复杂的入葬程序变得清晰和简化。在生态和环保的大主题下，道教的传统殡葬思想在生态墓园的规划设计中应被推崇。墓地风水学中有群山环抱和流水环绕之说，墓地才能遮风聚气，保先人安息，后人平安。根据传统殡葬观念中风

水学的理论，墓园的规划选址应为山地丘陵之中，有水系穿流而过，墓园内部多为对称布局，从而营造庄重的氛围。

三、传统园林规划设计理念对城市生态墓园规划的影响

“天人合一”思想被灌输在中国传统园林的设计当中，在园林中追求人与自然的和谐状态，即“虽由人作，宛自天开”。巧夺天工的古典园林源于自然又高于自然，中国传统园林多为自然山水园，将名山大川按比例缩小置于园内，还原自然景观，无山水则不成园林。根据中国传统园林之规划设计理念，“天人合一”和回归自然的思想体现在生态墓园的规划设计中，尽量减少人造元素的介入，例如过多的建筑与小品或者大面积的植物修剪和规则式的水域等现象都应避免，应主要以植物造景为重点，选用乡土树种，丰富植物层次让植物自然生长，并利用周围水系，让水体与植物交相辉映，共同营造和谐美丽的自然景观。城市生态墓园坐落于城市市区内，在墓园的生态设计上，要注重与周围景物的协调与融合，在植物与小品的选择上尽量不与周围景观产生太大的差异，避免墓园的景观变得与周边环境格格不入。中国古典园林的景色，像诗像画，有意境，设计师寓情于景，以园抒情。古代也有诗人创作大量诗词来悼念逝去的亲人或表达对已故亲人的哀思，生态墓园的规划也应注重情感的表达，奠定合适的感情基调。墓园的生态特色与景象也会影响到人们的殡葬活动方式，应努力达到活动生态化，从而实现经济生态化的目的。

四、城市墓园规划设计的生态性

（一）选址生态性

在城市墓园的选址上，体现出一定的生态性。一方面，要遵守国家的相关法律法规，服从城市的整体规划，不随意改变土地的用地性质。生态墓园的位置不能距离城市中心过于遥远，否则会增加市民的时间成本与交通成本，增加交通工具所带来的污染排放，好的选址有利于提高使用频率和使用效率。另一方面，生态墓园的选址要与周围环境和发展加强联系，并考虑到城市扩张或旧城改造，避免生态墓园的搬迁和改造。若选址位于山坡丘陵地带，应

尽量建于山坡的向阳面。因为生态墓园以植物造景为主，营造自然景观，拥有较高的绿地率和绿化覆盖率，向阳面有利于植物吸收充足的阳光，改善植物光合作用的效果，优化生态墓园的小气候。

（二）道路规划设计的生态性

考虑到墓园的大小，应设置一个或多个出入口，同时考虑到管理的便利性，设置三个出入口最为合理，入口广场旁建造功能服务设施和停车场，人行步道与车行道要分离，机动车行驶不得干扰行人，丧葬车道单独设计，便于进入墓区，设计无障碍通道，多用坡道代替台阶。墓园内的道路要前后呼应，成为连接园内不同空间的纽带，通过园路形成空间体系，营造动态景观，并按照不同墓区的规模、不同分区的内容和游客数量以及管理需求，将园路分为主要园路和次要园路，在路面的细部设计中，其形式和材料等的设计应符合墓区的环境和功能的需求。城市生态墓园的道路考虑到周围的人群的使用特点，将园区内道路分类，通往墓区的道路应减少曲折和弯角，便于直达墓区；游览步道应多设置回路，且加强自然景观，将墓园内各个景点串联起来形成完整的空间序列，优化市民对墓园的体验感。在坡地区域，若坡度较低，避免设置台阶，以坡道代替；道路低洼处可设计雨水收集装置，收集的雨水可用于生态墓园内的植物灌溉或其他设施的使用，路面的材料设计也应多利用生态元素，鼓励废物利用、材料回收等。

（三）植物造景的生态性

墓园是园林中特殊的一类，文化内涵丰富，意境深刻。墓园的植物种类选择和植物造景设计根据不同的气候和生态条件也有着不同，墓园内应尽量种植寿命长、树龄久的植物，表达永恒的意境，例如松柏类等。应多用常绿植物，使得一年四季中园内都充满生机，并且有万古长青之意，表达对逝者的尊敬，如冬青、广玉兰等。植物的选择可根据墓园的主题以不同的颜色来表现，例如白色代表纯洁与神圣，黄色象征希望与高尚，紫色是优雅与气质的体现等。植物的姿态与树形也有着不同的寓意，垂直挺拔的植物可以营造庄严肃穆的氛围，枝条下垂的表示悲伤，修剪整齐的植物给人以庄重之感。草本植物的运用作为点缀，适当活跃墓园的气氛，避免过于死寂的氛围。城市生态墓园的规划应当被列入城市绿地系统建设当中，与整个城市的绿地融为一体，有利于城市生态墓园的高效使用。在城市生态墓园中，植物造景是整个规划设计中最为重要的环节，植物的选择上应多用乡土树种，这样既减少了运输成本和养护成本，同时植物的生长态势也能得以保障。另外，乡土树种也可与墓园周边的景观环境更好地融合。植物种类上应尽量做到丰富，利用乔木、灌木和草本的搭配在纵向上形成不同的景观层次，错落有致；同时在选择时考虑景观的时间规划，做到四季皆有美景，四季景色有别。丰富的植物组成有利于形成植物群落，良好的植物群落可以促进生态效益，不但能保护生态环境，还能调节墓园的生态气候，净化空气，让生态环境实现良性循环。

多样的植物种类和稳定的植物群落有益于保证物种的多样性，吸引鸟类来此栖息。生意盎然的墓园氛围不但能化解人们的悲伤与痛苦，使得气氛不会过于沉闷，同时美景也能消除市民对于墓园的心理隔阂，让他们愿意将墓园作为休闲地点。从环境保护的角度来说，密集的植物种植加上宽大的叶片以及叶片上的纤毛，可以滞留空气中的可吸入颗粒物和尘埃，部分植物由于其特殊的生物特性，可以吸收空气中的有害气体如二氧化硫和二氧化氮等，从而大大降低空气中污染物的浓度，改善空气质量，对环境保护有积极作用。城市生态墓园中更应倡导可持续性的景观设计，这种设计本质上是一种再生设计，以自然系统为基础，考虑其自我更新的能力，减少对自然系统的损害和干预，使被破坏的景观最大化地修复与再生。可持续性景观可以维持地上和地下水的均衡，利用好自然风和阳光，使用当地的绿色材料，保持土壤活性与生态平衡等，借助自然力量做最少的设计，并因此充分发挥修复生态系统和保证生态循环的作用。

（四）建筑和小品设计的生态性

城市生态墓园中的建筑多为功能性建筑，例如墓园管理人员的办公区域、服务中心以及丧葬用品的处理地点和存放区域等。墓园中的建筑设计要做到既美观又实用，体现地域特色的同时，还要满足功能性需求和体现艺术特色，与整个墓园的大环境相得益彰。大型功能性建筑要根据墓园的规模进行等级划分，合理安排空间布局，主体建筑群应规则式排列，还要保证有单独的丧葬空间，小型建筑多考虑艺术特点，可根据当地的建筑特色来进行设计，色调上不宜过于鲜艳，应选取古朴、雅致的色彩，实现与自然的相互融合来表现出生命的律动。墓碑作为墓园中的重要组成元素应体现出艺术化的设计理念，可用书法雕刻，既弘扬传统文化，又能吸引部分书法艺术爱好者参与其中。雕塑、假山、怪石和岩画等也可用于墓园的设计中，以点缀植物景观、活跃墓园气氛，反映出积极乐观的生命态度和时代文化风格。城市生态墓园中的建筑应做到绿色节能。在建筑设计上应当多角度挑战零排放与零能量消耗。例如：建筑屋顶可做屋顶绿化，建筑外墙可做垂直绿化，不仅丰富景观层次，而且在夏天可起到隔热和遮阳的效果，光合作用产生的氧气还能改善建筑内部空气质量；可以安装雨水收集系统，将雨水用于灌溉并二次利用；安装太阳能光板可以将太阳能转化为电能，用于室内照明与其他设备的运转；若当地风力资源充足，可安装风力发电设备，转化风能；建筑内所产生的废物，可运用生物装置转化为生物能或肥料，促进生态墓园内植物的生长发育。

五、结语

城市生态墓园的设计和所营造出的氛围有利于向市民传播绿色殡葬和生态悼念的观念。密集的植物造景和草本鲜花的点缀，以及许多绿色和生态科技在园内的使用会使得传统的一些迷信做法在园内显得格格不入，从而逐步改变市民的传统殡葬观念。大力提倡城市生态墓园的多功能使用，不但用来安葬和悼念先人，而且能服务周围居民，避免场地功能过于单一和土地资源浪费等现象。另外，城市生态墓园的规划设计要考虑到其特殊性，应注重加强墓园与城市和城市居民的联系，让城市生态墓园在发挥墓园功能的同时，也能服务于城市和市民的使用需求。城市生态墓园所带来的不仅是生态环保的城市墓园，也是墓地本质上的进步与飞跃，从而成为改变人们殡葬方式和殡葬观念的重要契机。

参考文献：

［1］邵锋．论墓园［D］．北京：北京林业大学，2006.

［2］章俊华．日本城市绿地空间（下）［J］．中国园林，2001，17（6）：49-51.

［3］刘尹祯．城市生态墓园初探［D］．西安：陕西师范大学，2012.

［4］李冰，李桂文，陶恺．由中国传统殡葬观分析城市墓园的生态化设计［J］．城市建筑，2009（7）：126-128.

［5］朱建宁，杨云峰．中国古典园林的现代意义［J］．中国园林，2005，11（5）：1-7.

［6］黄文珊．新天堂乐园——论城市景观墓园之规划设计［J］．中国园林，2005，21（11）：22-26.

［7］陈卫刚．我国现代墓园的规划研究［D］．武汉：华中农业大学园艺林学学院，2008.

［8］邵锋，宁惠娟，苏雪痕．墓园植物造景初探［J］．安徽农业科学，2009，37（11）：5235-5238.

［9］杨小洁．我国现代墓园景观规划体系研究［D］．南京：南京林业大学，2012.

［10］俞孔坚，李迪华．可持续景观［J］．城市环境设计，2007（1）：7-12.

［11］黄冬梅．我国公共墓园景观设计初探［D］．北京：北京林业大学，2010.

从政府层面改善殡葬职工心理健康状况

民政部一零一研究所　王永阔　李玉光　付慧群

摘　要：2014—2015 年初，课题组通过对全国多地的 437 名职工的心理健康现状进行调研，得出我国殡葬职工心理健康现状令人担忧的结论。本文内容是课题项目中的对策分析中的一部分，从学术角度尝试提出政府机构应从积极教育引导，整合相关资源，加强市场监管等方面入手，改善殡仪职工心理健康现状，以期为相关决策部门提供一种思路参考。

关键词：殡葬　职工　心理　干预

2015 年 4 月，社会科学文献出版社发布了《中国殡葬事业发展报告（2014—2015）》，其中《殡仪职工心理健康现状研究》发布了课题组通过对全国 10 个省市，21 市县殡仪服务机构的 437 名职工发放 SCL-90 表，并对收回的 338 份有效问卷进行数据分析，结合一对一访谈、集体座谈等方式，获得了一手资料，初步掌握了我国殡葬职工心理健康现状：参评殡葬职工整体心理健康状况严重差于全国水平；“严重心理问题”的比例、各项心理问题比例均显著偏高；受教育程度与参评职工心理健康状况有显著相关；性别、遗体接触程度、工作年限等因素与参评职工心理健康状况无显著相关①。

现代心理学的发展对心理正常从医学、统计学、内省经验和社会适应等不同方面都提出了各自的标准，② 不同标准的本质也是围绕着人的自身感受、社会交往与适应来界定的。正常的心理活动应具有如下功能：保障人顺利适

① 王永阔、杨德慧、陈霜玲等：《殡葬职工心理健康状况调查》，李伯森主编《中国殡葬事业发展报告（2014—2015）》，社会科学文献出版社，2015 年版，第 349-368 页。

② 郭念峰主编：《心理咨询师（基础知识）》，民族出版社，2012 年版，第 293-294 页。

应环境，健康生存和发展；保障人正常进行人际交往，在家庭、社团、机构中正常肩负责任，使社会组织正常运转；保障人正常反映、认知客观世界的本质和规律。

殡葬职工的心理健康问题产生的原因是多方面的，本文从学术角度尝试阐述，从政府层面进行对策分析，提出可行性方案，行业、服务单元、职工和公众层面的干预措施将会后续成文，以期对相关决策部门改善殡仪职工心理健康状况提供一种思路参考。

目前，鲜有主政官员把建设殡仪馆、发展殡葬事业作为任期内“政绩工程”“形象工程”来宣传，殡葬工作属于民生工程，这是毫无疑问的，政府相关部门应像重视其他民生工作一样重视殡葬改革。通过积极教育引导，整合相关资源、加强市场监管等方面改善殡葬职工心理健康状况。

一、回归民生本位

一位基层老职工讲：“我在火葬场、殡仪馆干了36年，感觉政府对殡葬工作的重视程度是在下降的。举个例子，以前一过年，省、市领导就来慰问指导，现在很少来了。因为社会舆论都在说我们是垄断行业、暴利行业，你来慰问殡仪职工，那就是支持垄断、支持暴利。有次领导来了，用一次性纸杯给他倒杯水，人家不喝。烧死人的地方，感情上有距离。按照日程安排要参观火化间，领导身边的工作人员立马说了句，‘还进去看吗？进去了还要和他们握手。’结果，领导经过心理挣扎，最终进去了，还和职工一一握了手。”

一位地方殡葬管理者说：“对殡葬职工的关心，不能仅仅落在口头上、文件上，而应落实到具体的实际中。几年前有从军队转业过来的，干几天不干了，要求借调到其他单位，理由是待遇一样，为什么让我在殡仪馆的岗位上，环境差别简直是天上地下。”

一位分管殡葬的民政副厅长说：“一些地方首长建设大广场的形象工程可以做，若让他把钱投在建殡仪馆上，几乎不可能，他认为不吉利。”

不少殡仪职工会提到非典时期、埃博拉疫情时期、禽流感时期，感到众志成城，有自己发挥作用被重视的自豪感和之后的长久失落感。

现在我国的居丧心理抚慰主要都是医院的护理部门在做，也有了适合医院的大量理论和实践，不少家属在医院和逝者完成了最初、最痛苦的生离死别。殡仪服务单位承载了遗体接运、保存、防腐整容、悼念、火化、骨灰寄存和墓地经营的多种功能，这种划分把殡葬职工界定在了只接触遗体和骨灰的领域内。由于历史原因，殡葬领域多是围绕遗体和骨灰开展各种经营活动的，而很少关注逝者家属的心理感受，同样也很少关注殡葬职工的心理感受，认为和殡葬职工接触就是和死亡接触。这种死后必然会接触，活着忌讳去接触的现状，给殡葬职工形成了巨大的无形屏障，把他们和社会其他行业隔离开来，也严重影响到了与亲戚朋友的交往以及自己子女的心理。

政府应主动增加殡葬服务部门的心理服务职能。目前，我国已经开始逐渐重视“临终关怀”，这种关怀主要是在医院由护士和社会工作者对生命晚期的病人进行心理辅导，而并没有把家属作为重点纳入①。后来社会心理学界有了“沮丧心理辅导”的内容，主要针对逝者家属，但这些心理辅导只是被动地接受主动来访的丧属，很多悲痛期的丧属因为不知道有这项服务内容、没有时间专门去心理咨询机构或者没意识到自己有心理问题，而很少主动去接受心理咨询服务。在殡仪服务单位增设心理服务功能为逝者家属进行居丧心理抚慰，补上国民教育中本该有的生死观教育课程，同时也是为生者营造一个更加人性化的服务环境，让生者日后过得更好，这也应是对逝者最好的悼念。

曾有社科院学部委员说，一部中华民族的历史，就是一部殡葬史。“国之大事，在祀与戎”，殡葬的民生属性应进一步加强。笔者有个大胆设想，殡葬服务单位本身具有宣传我们改革发展路线方针政策的阵地的良好属性，国民最脆弱的时候是发生丧亲之痛的时候，这个时候党发挥的作用应进一步加强。在殡仪服务场所，让党已经在经济物质层面得到了历史和现实的验证的为人民服务宗旨在殡葬领域进一步发挥作用，开辟文化思想宣传阵地，让精神抚慰和心理支撑真正地做到内心，使得为人民服务宗旨在思想心理层面进一步细化，那将是多么美好的事情，于民、于党、于国有何不可？

二、推动生命教育

人天性不喜欢殡葬，但死亡不可避免，殡葬行为是人类区别于动物的重要特质，殡葬行为是“生老病死”的四个自然规律中唯一没有第二次机会尝

① 汤忠萍：《医务社工介入临终关怀服务的实践研究——以“临终关怀 器官捐献与社工服务”项目为例》，华中农业大学法学院学位论文，2013 年。

试的环节，该环节不仅是一个鲜活生命的终结，也是一个具体社会关系载体的消失。殡葬行为是丧属身心和社会关系的大调适。每位逝者在现实中虽已不在，但在众多人脑海中依然存在。亲近了解逝者的人会在脑海中保存逝者音容笑貌、言谈举止。生命存在的形式是由特殊的蛋白质组成的，并伴随一定的意识。一个生命去世后，其肉体和精神虽不直接和外界发生联系，但其经常在众多人的脑海中浮现想起、被意识到，这种“存在”本质上是一种能产生意识的有机物、无机物和生物电的有机组合。这种组合是逝者活在别人的脑海里、心里，何尝不是另一种形式的生命存在。正是这种神奇的存在才使得人类社会文明不断积淀和进步。

缺少了情感表达的殡葬在人类社会中是不存在的。社会的“社”，本意是指土地神和祭祀土地神的地方、日子以及祭礼，人类从动物走向社会很大一部分就是对逝者出现了情感和依恋，而宗教历史性地承载了情感和道德表达的职能。没有了宗教，心理学抚慰同样能承载家属的情感表达作用。从心理学角度看，向神父忏悔和向心理咨询师表达的作用是类似的。

不少地方在具体落实移风易俗政策中走了样，片面地认为传统的就是要想法子改掉。虽然持科学理性思维的人认为人死后其精神和肉体将彻底消亡，但人是感情的动物，有着丰富的情感和发达的大脑，在失去亲朋时，很难极端理性地表现出没发生多大事情一样。我们每年都要通过一定的形式或仪式对逝者进行追思，这是因为逝者的很多形象都已印在了活人的脑海里，我们通过这种追忆方式，在心灵上找寻珍贵的温暖，并确认我们并不孤单。

现在我国医院中常会有孕妇堕胎产生死亡胚胎、胎儿，但至今没有哪个条例或政策对其处置方式作出明确规定，凸显了对曾经是鲜活生命的遗体的不重视，也表明了我国生命教育的苍白。2005 年 2 月发生的我国首例死胎处置权案件中，7 个月（28 周）大的死胎，被医院当作“医疗废弃物”处置掉后，死胎的家属将医院告上了法庭。这件事才引发了人们对死胎的关注①。把死胎当作“医疗废弃物”处理掉的现象在我国医疗机构中十分普遍，近期又不断有媒体爆出某地发现多名婴儿尸体等报道，引起公众舆论的关注。荷兰殡葬法中把怀孕 24 周以上死亡的胚胎也纳入殡葬流程，并进行详细死因鉴定，以避免遗产继承、刑事纠纷等导致死亡事件的发生。德国则从胎儿遗体的重量和卫生

---

① 丁一鹤、邢丽华：《中国首例死胎处置权案》，载《法治与社会》，2006 年版，第 8 期，第 42 页。

环境安全的角度，详细规定了胎儿遗体处理方式，而不是抛尸郊外。

政府层面近几年逐渐开始意识到心理抚慰的重要性，尤其是汶川地震、玉树地震之后，民政部派出了心理咨询师团队前往一线对受灾群众逝者家属进行心理疏导和抚慰。社会层面的心理抚慰主要还多是学者自发的个案研究。邓雪英在对长沙医学院122名新生进行调查后发现，90%以上的干预组大学生愿意再次接受生命教育课程①。

三、避免字面暗示

一位殡仪馆辞职创业者说："我们想开发个App，名称一开始叫'殡葬'，没人看，后来就改为'生命教育'，看的人一下子就多了起来。"

应重新审视殡葬业名称。"殡葬"二字，一个含有"歹"，一个含有"死"，每个字的本身都有死、坏、不吉祥的含义，而我们把这种不吉祥的汉字直接命名在了我们的"殡仪馆""殡葬协会""火葬场"的名称中，进一步强化、渲染了公众对殡葬行业的不良情绪和情感。

英语中的殡葬"FUNERAL"：FUN+ERAL，高兴是错的，回避了死亡的字眼，体现了对生命的依恋，甚至感觉到了些许的小幽默。而公众目前对"殡葬"二字感受到的却是死、冰冷、恐怖、悲痛万分、哀乐轰鸣、声嘶力竭、痛哭流涕的固化印象。当然，还有争议很大的暴利。"殡葬"，就两个字，如同印章一样，在公众心中已经是含有大量负面情绪的代名词，也是鬼、魂等恐怖场景的代名词。国外把殡葬业作为殡仪行业（Funeral Industry）或往生事业（Death Care Industry）。殡仪服务中心一般称为Funeral Home，Funeral Parlor或者Mortuary，其殡仪馆不仅服务逝者，还十分注重对丧属的服务，殡仪之家一般都提供一个举办葬礼仪式的小型教堂。

从"扫垃圾的淘粪工"到"环卫工人"一个称谓的变化，体现了一种社会文明的进步。目前，我国很多民众十分忌讳"殡葬"和"家（Home）"连在一起，国内还没有殡仪馆给自己起"殡仪之家"的名字，但也有个别地方把生命教育、社会事务、生命关怀、生命事业、礼体、天堂之家、银河园、临终关怀等词语应用到了殡葬业中。"清明论坛"的社会影响力和感召力这么

---

① 邓雪英：《死亡教育课程对大学生生命意义的影响效果研究》，中南大学护理学院学位论文，2011年。

大，若改为殡葬论坛，估计社会影响力和关注度会大打折扣。我国研究殡葬的机构没有叫殡葬研究所，而是叫一零一研究所，避开了公众对殡葬的传统固有印象，也利于殡葬改革打破困境。但这种名称上的避讳，不应成为自己不主动融入现代服务业的幌子，而应主动地扩大影响，积极打造殡葬业良好的社会形象。

像“殡葬”“殡仪馆”“火葬场”这类在很多人心中已经固化为一种阴森恐怖的代名词的词语就尽量少用，多起一些有文化内涵、时代特点的名词。比如，广州殡仪服务中心又称为银河园，八宝山殡仪馆殡仪服务又称为一条龙，上海福寿园的一处墓地叫作人文纪念公园，里面的规划布局和精细化设计丝毫不逊色于很多公园，人文纪念园内还设立了人文博物馆。笔者参观过福寿园后，对内地殡葬有了新的认识，应该是多了人文、关爱、阳光、厚重、美丽等，而上次有这种感觉是在台北的金宝山。

四、整合婚丧事务

2011年，美国《福布斯》杂志报道了芝加哥大学国家研究组织的“十大最幸福工作”综合社会调查结果，主持婚礼和葬礼的牧师超过消防员和教师成为最让人幸福的工作。在中国很难想象让主持葬礼的人来主持婚礼，而欧美很多国家的葬礼和婚礼都由同一机构来办理。这也说明我国的“生死观”和国外存在很大的差异，这种观念的差异可否改变呢?

目前我国的殡葬和婚姻工作（俗称红白喜事或婚丧嫁娶），在基层农村是紧密联系，你中有我我中有你的。有名或无名的红白理事人员，让百姓真正感受到添丁少丁是村之大事。而在城市却是割裂的，殡葬是殡葬，婚姻是婚姻，无论从人员还是场所上都泾渭分明，这种割裂并没有让公众感受到更专业化、更有服务水平了。若把人生比作一个圆圈，这个圆圈是断裂的，断裂点就是婚姻、殡葬，这种情况下何谈圆满?

而城市中的实际情况却又是形式上的一致。婚姻和殡葬工作在民政部属于同一个司管理，在地方层面也是同一个处、科管理，但婚姻和殡葬工作之间鲜有业务上的交叉，完全是两个独立的人事编制和业务内容，这就使得我国的殡葬工作更加孤立和边缘化，而婚姻工作也着实缺少了文化内涵。这种情况加剧了殡葬的天然垄断，也加剧了殡葬业的封闭，甚至很多公众一听民政，第一反应就是管结婚登记的政府部门。

殡葬和婚姻在很多人的眼中并不是绝对分开的，殡葬业需要婚姻业的喜庆来照亮，婚姻业需要殡葬业的厚重来加码。笔者在5年前作过一个问卷调查，受访人群中也有51.7%的人认为让酒店、旅店等机构提供遗体悼念服务是可行的，公众并没有天然排斥婚姻和殡葬的结合①。

日本一些婚庆公司在结婚淡季，会从事葬礼主持工作，地点可以在旅馆或饭店举行。有的老人担心到时家属承担不起高昂的殡葬费，会每月向殡葬公司支付一定的费用，以备殡葬开支所需。这种生前就准备后事的行为和子女出嫁之前准备嫁妆，又有什么本质上的区别呢？

人死后，若无殡葬行为，那人类和动物的又有什么区别？因为殡葬行为，有了宗教行为，因为宗教行为，有了人类社会的进步，早期宗教与习俗之间也并无绝对界限。国外的教堂既是婚礼的圣地，也是葬礼的圣地，至今很多的殡葬仪式其实就是宗教仪式的一部分。从普通百姓到社会名流，很多都在宗教场所举行遗体告别仪式，平日主持婚礼的宗教人士也会主持葬礼。而北京社会职业技术学院也同时开设了殡仪主持人和婚礼司仪的专业，将来请这些专业毕业的学生兼职做司仪不是挺好？

虽然政府不会主导建立大量国外“教堂”式的殡仪场所，但我们完全可以借鉴其Funeral Home模式，把殡仪馆改为“殡仪之家”“生命之家”，让每个殡仪馆的悼念厅变成音乐厅，改善殡葬业整体形象。北京老山骨灰堂的悼念大厅的设计和婚礼殿堂几乎一模一样，空灵、洁白、高雅的装修设计风格着实让人眼前一亮，丝毫没有阴森压抑的感觉。

应该鼓励和探索在殡仪馆举行婚礼的做法。部分未婚的青年恋人一方不幸逝世后，和逝者在殡仪馆举行阴阳两界的婚礼的新闻报道近几年屡见报端。民间对于早逝的子女也有举办“阴婚”的习俗，我们姑且不论其到底合不合某些人的口味，但作为丧属，其心理得到了满足。这种“阴婚”行为的存在充分反映了人性的光芒。虽然我们提倡“厚养薄葬”，但对于合理表达对逝者追思且不危害他人的厚葬，我们又有什么理由反对呢？

贵州的海天园内碧树苍松郁郁葱葱，花草藤木环绕园中，既有安葬逝者的缅怀园、奇石园等，也有贵州省的历史、文化名人雕塑园，更有全国首屈一指的休闲娱乐、亲朋聚会和举办婚礼的英格兰庄园，这更成为很多有名的婚纱影楼的外景基地。庄园内分为贵宾楼（含室外游泳池）、网球场和烧烤场

---

① 王永阔：《我国殡葬价格改革的实践与困境》，清华大学公共管理学院学位论文，2010年。

等。殡葬场所和婚庆场所的界限被彻底打破，并实现了很好的统一。

笔者在台湾的台中、台南常能看到主要的交通路口成排摆放着花圈，向当地人员询问才知，这些花圈有一部分是因为有人去世，还有一部分是因为有人结婚，花圈外形都差不多，只是颜色上有些差别。笔者恍然感觉到一种文化的回归，为什么自己就人云亦云地默认为花圈就是给逝者用的，“花圈”，难道不是一个很美好的东西吗？结婚时迎亲车队不也是用很多花来装点吗？大陆学者经常喊“红白喜事”，但又有哪一个真正地做到了“白喜事”，更多的是“红喜事”；白事儿一般都是“白丧事”，灰黑或白色背景的葬礼现场，常能听到沉痛的背景音乐下号啕大哭的声音。丧属的悲痛心情得到了彻底的宣泄，但宣泄之后伴随余生的失落很难得到有效的抚慰。

婚姻和殡葬整合的话，婚姻借殡葬凸显出其仪式的庄重和对将来新生命的珍爱，殡葬借婚姻凸显出生老病死的正常社会规律和对生命轮回的美好期盼。

同时笔者也经历了身边发生的一件事。2015 年，时任民政部副部长邹铭主管部属事业单位时，在未增加编制的情况下，促成了烈士文化与设施建设研究室在殡葬研究机构内成立，第一次在殡葬和烈士之间搭建起了桥梁。这个部门的成立，凸显了国家对烈士褒扬工作的重视，同时也是对殡葬工作者的一种信任。对于这种回归，笔者在 5 年前所做的 MPA 论文曾表达过一丝这样的憧憬，没想到今天竟变成了现实。

五、营造宽松市场

目前，我国的惠民殡葬政策更多是站在政府如何更好管理的视角上制定的，惠民殡葬的种类也多是通过殡仪馆直接减免殡葬费用或通过社保账户领取殡葬补助金，没有从事殡葬公益事业的社会中间组织和全国范围的殡葬救助基金，政府和公民之间缺少更加专业的中间人群体。几乎没有公益基金投向殡葬领域，殡葬领域也不存在业内私募基金。可以说，我国的殡葬业还没有形成成熟和先进的金融架构，这也是其市场化动力不足的深层次原因之一。

看到日本电影《入殓师》中浓厚的殡葬人文关怀，美国电影《阿凡达》中男主角 Jake Sully 的哥哥在如焊枪喷火的火化炉内快速火化，笔者曾惊叹国外殡葬文化和殡葬科技的先进；看到中国热映电影《大腕》《非诚勿扰 2》等新式举重若轻的殡葬方式，也应深刻感受到公众对新式殡葬的热切期待；看到众多媒体娱乐界名人以死亡内容为题材而让观众笑得喷饭的作品段子时，我们也能感受到公众对传统忧伤殡葬方式的长久压抑和强烈的革新意愿。

我们喜欢在喜庆节日里短信祝福亲朋好友：身体健康，阖家欢乐。没人愿意冷不丁提起殡葬、死亡的话题，但是我们也非常乐意在喜庆节日里看以上这些电影，这是什么原因呢？也许主要原因在于这种殡葬中蕴含着先进的文化，蕴含着先进的科技，蕴含着很多涤人心灵的思想。相信一定有很多人宁可多付些钱也愿意自己的葬礼能像影片中那样。

殡葬中介机构的地理分布很具规模，为丧属提供的服务类型更是无奇不有，纸质的汽车、房子等和冥币一起摆在各种丧葬销售个体户的门面上，这种东西的出现，比占用更多纸材的大花圈一定不好吗？人类社会发展到今天，其文明程度已经有了很大的提升，不可能再出现活人和真金白银陪葬的情况了，祭祀用品和活动更多的是寄托物和寄托形式。

现实社会有什么，殡葬业的活动中就可能出现什么，多种多样的殡葬表达方式，丰富了我国的殡葬行为，也丰富了中华文化的灵魂。当然，一些地方在葬礼中出现的跳“脱衣舞”的场景另当别论，但以乐队的形式出现，就变得“高大上”了。封建迷信本身是个模糊的概念，一些管理者不应把有效表达丧属悲痛心情的东西“一刀切”地说成封建迷信。我们在禁止某种丧葬方式和行为的时候，也应禁止“活人”社会中存在的同样情况。殡葬文化不是无根之木、无源之水，在我们认同的“视死如生”思维下，必然会呈现方式各异的殡葬方式。

上坟不是拜鬼，而是拜祭自己的祖先。我国台湾地区的骨灰存放在悼念场所，一家老少经常光顾，在存放自己祖先骨灰的场所，一待就是大半天，一家人品尝着殡仪服务部门提供的西式餐点，上小学的孩子在祖先的“眼皮底下”认真地写着作业。这不应被一些人直接扣上“不尊重祖先”的帽子，这是还原了生命曾经的尊严。殡仪服务部门应进一步摆脱思想桎梏，开阔思路，从现代服务业角度提升服务水平，让殡仪馆的餐厅有“星巴克”式的休闲环境。创造条件让清明一窝蜂扫墓祭祖变为何时想起祖先来就何时到殡仪场所甚至网上祭拜，我们在该领域还需要补上大量的功课。更进一步思考，既然这些服务项目能够在墓地内开设，殡仪悼念活动又为何不能在酒店开设呢？

我们都理解善意的谎言，对于死亡，为什么不能编制一个美丽的童话。用纸钱、纸马、纸洋房、纸轿车、纸洗衣机祭扫逝者到底是迷信还是文化？

为小提琴爱好者立的小提琴造型的墓碑为什么就是艺术，而不是“迷信”？同为纸质的祭扫用品，若烧纸花圈可以，烧纸马为什么就不可以？若从环保的角度出发，那么烧花圈同样也是不环保的。同样，为什么纸钱换鲜花就是文明，剪折鲜花不也是一种浪费、并不环保吗？没有文化支撑的引导，很容易成为打着殡葬改革幌子的折腾和反复。从经济效益和消防安全的因素考虑来限制殡葬行为，很容易使殡葬活动过于单一，不同心理背景的丧属的悲痛心情很难得到良好的释放和缓解，必然会留下日后持久的痛。

公众对殡葬服务单位的忌讳，很大程度上是因为没有从殡葬服务单位得到较好的心理抚慰。这种情况也通过各种方式投射给了殡葬职工，使殡葬职工承受着巨大的心理压力。

历史和现实中，欧美国家教会发挥对社会教化作用的主要方式除专门的传经布道，医疗救助、救济、悼念和埋葬逝者等也发挥了重要的载体作用。

美国的殡葬业设置了严格的从业门槛，因为逝者遗体存在任人摆布的可能。墓地也不可以破产，经营墓地的人，被认为是站在天堂门口的高尚的人，不仅要求殡葬业者家族具有良好的信誉，还要有雄厚的经济实力，这也使得殡葬业者在美国有较高的社会地位。美国很多葬礼是在教会参与下进行的，主持殡葬悼念仪式的牧师更给殡葬业增添了光环。在美国举办一场葬礼的平均花费，大多占到当地居民年收入的一半，但居民并未发生像我国这样的舆论声讨，也许这主要是因为对死亡观念的差异和提供殡葬服务水平的差异导致的。

殡葬和宗教之间有着难解难分的关系，我国历史传统和近代也一直存在宗教色彩浓厚的丧葬仪式。现在，南方很多地方的殡葬仪式会请来法师、道士等主持仪式，殡葬服务市场化发育成熟的地方这种情况更加常见。这种带有浓厚的宗教文化色彩的仪式不仅丰富了殡葬服务的内容，增加了殡葬的文化内涵，更对缓解丧属悲痛心情发挥了良好作用，在客观上还增加了殡仪服务单位的收入，不应“一刀切”地归为“封建迷信”而进行禁止。

近几年，我们常能见到各种新的殡葬服务和产品出现：遗体 SPA、别墅高尔夫场模型祭祀用品（这点给人的感觉倒像是直接把房产开发商的沙盘模型给搬了过来）、纸扎的手机、麻将、平板电脑……可以说，现实社会有什么，殡葬祭祀用品就可能出现什么，也许是因为生者悼念逝者、减轻自身悲痛的最好方式就是希望逝者能够在“另一个世界”中像活着时一样，正常地“生活”。

殡葬业虽然特殊，但也属于现代服务行业。统计部门在经济统计的数据统计中，也多把殡葬划入第三产业目录，紧挨洗浴等服务行业，但在殡葬行业内，很多人并未意识到殡葬属于现代服务业，具有现代服务业的共性，而是过多地强调其特殊性。这必然导致殡葬业自身不能正视存在的价格问题，以特殊性为借口，而使得改革出现停滞不前。从某种程度上说，正是因为观念中总是强调“特殊性”，而使促进其正常发展的“共性”也渐渐淡去甚至消失。

凡是可以放手的，政府应大胆放手。曾听一位主管地方殡葬服务的官员讲：“殡葬业自己改不好，太落后了，必须外行指导内行，要引入其他行业的先进管理经验。”目前来看，全国殡葬服务经济效益好的，并且公众口碑也好的几家殡葬服务单位，其管理者还真是从其他行业转行过来的，当然也有政府采取 BOT、购买服务、职工入股等经营管理方式创新的例子。最终服务水平提高了，多样化的服务，让公众有了更多选择，在保基本的前提下，多花一分钱，就多享受一分钱的服务。不少殡仪馆都举办过每场十几万元的针对商贾巨富的悼念仪式，打出了殡仪服务的品牌优势。这只有在市场化情况下才能实现的葬礼，本身也唤醒了殡葬服务业的竞争意识。

在绿色殡葬理念推动下，2015 年清明时节，南京雨花台功德园与中电电气合作，利用园区壁葬顶面空余面积，开发光伏发电项目，建好后预计全年可以发电 60 万千瓦时。此次将墙壁葬和光伏发电结合起来，改变了陵园骨灰保存的单一功能，园方认为，十年后，陵园不仅是一座人文纪念公园，也是一个绿化环保的小型发电站，成为城市中一道亮丽的风景①。

六、严格监督执法

20 世纪前期，美国殡葬服务机构出现欺诈收费现象，但各种调查最后都不了了之②。此后由于一些有关殡葬的书籍和电影的出版传播让美国民众认识到了这个相对封闭的行业的腐败③，20 世纪 70 年代开始，美国联邦贸易委员会对殡葬业展开调查，并于 1984 年发布了《殡葬贸易条例》。该条例第一次规定了殡葬用品和服务必须明码标价，明确告知丧属可选服务的种类，允许

① http：//mzzt. mca. gov. cn/article/qm2015/b/201504/20150400800842. shtml.

② Jessica Mitford. The American Way of Death，Simon and Schuster 1963.

③ Thomas Mallon. Red Sheep：How Jessica Mitford found her voice，New Yorker，16 Oct 2007.

家庭举办非传统丧俗的各式葬礼。越来越多的殡仪服务公司开始为逝者举办个性鲜明、令人难忘的葬礼，虽然仍有一些老人习惯于传统的葬礼，但成长起来的年青一代更倾向于让殡葬中介公司为自己举办特色葬礼。

为逝去的亲人净身、整理遗容、精心举办一场葬礼，是治疗丧属悲伤心情的非常有效的行为①，但在具体的葬礼过程中不时夹杂着对殡葬收费价格和服务质量的不满。社会上关于殡葬暴利、黑殡葬的说法不绝于耳，但也不是空穴来风。一位殡葬职工说："有的不良生产厂家，来找我们推销骨灰盒，一个成本只有一两百元，让我们卖两三千元，还说买骨灰盒就送花圈、礼炮，为啥？因为他的骨灰盒就是三合板做的，里面充满了水泥，我现场把他的骨灰盒给摔碎了。是这些人败坏了我们殡葬行业的名声。"殡葬行业太平间与殡仪馆、各个流程链的优化改革，做好"加减法"，必将涉及不同的既得利益群体。如何制定更加科学有效的制度，如何去平息负面舆论压力，消除对殡葬职工的社会偏见，考验着管理者的决心和智慧。

七、结语

笔者在调研中深切地感受到，对很多殡葬职工来说，能坐下来倾听他们的诉说，他们就很满足了。虽然很多职工说着说着就泪流满面，尤其是在讲到别人问自己孩子父母做什么工作的时候，殡葬职工的内心是最痛苦的。

任何具体的问卷调查分析结果也很难完全真实地反映复杂多变的真实心理，但应该能使我们得到一些提示和思考。殡葬职工心理问题不仅是职工自身心理内部体验的问题，也反映了家庭、单位、社会中的多种问题。改善殡葬职工心理的过程不能空泛地通过改变职工认知和政府主导来达到，殡葬职工心理的改善是多方协力的过程，需要改变丧属、公众对殡葬业的看法，这个过程是上下互动的。

绝大部分殡葬职工过着两点一线的生活。对于殡葬职心理健康的干预措施，除了可以请专业的心理健康教育机构采取团体和一对一的心理辅导外，还有大量的工作需要政府、行业协会等社会组织、社会公众的理解和帮助，这个行业是我们活着的人必将会接触，死了更会接触的。关心殡葬职工心理

① Cowling and Charles. Good Funeral Guide：Everything You Need to Know- Everything You Need to Do，London：Continuum International Publishing，2010，P. 7.

健康，就是关心我们必然面对的未来。虽然这是人生未来的终点，我们很多时候却不认为有这个行业、有这些职工，也许像很多人每天都默认为自己永远不会死亡一样。这个行业的变革也许是从你我他的心里开始……

悼念权的精神损害赔偿

温州大学法政学院　周　婷

摘　要：悼念权又称祭奠权、祭祀权、悼唁权，是基于配偶关系、父母子女关系或其他亲属之间身份关系而产生的一种身份权，是基于情感对死者表示追思、哀悼、怀念、精神慰藉的权利，是对死者寄托哀思的人身利益，是从社会公德衍生出来的一种人身权利。悼念权表现形式包括亲属死亡的知情权、追思权、祭奠权、安葬权、墓碑（或骨灰罐）署名权、祭祀权、保持墓碑及坟墓（或骨灰罐）完整权等。通过案例分析法，归纳出悼念权被侵害的典型类型，借助国内外精神损害赔偿制度之对比，构建出侵权人应填补侵害悼念权的救济模式。经研究发现，悼念权是一种对身份权中的亲属权之权利；悼念权在某种程度上亦是一种人格权；悼念权被侵害可以依照民事案件请求赔偿；悼念权受侵害有权主张精神损害赔偿；悼念权之精神损害赔偿通过抚慰金实现；悼念权的侵权责任属于一般侵权责任，适用过错原则。

关键词：悼念权　祭奠权　祭祀权　精神损害赔偿

自古以来，我国就存在着多种祭扫制度，如“做七”“服三”，以寄托对死者的哀思之情。自 2001 年，北京出现第一起悼念权纠纷案以来，全国各地法院陆陆续续出现悼念权纠纷案。虽然实践中对悼念权的侵害，法院通过人格权法、合同法、侵权法等不同方式予以保护，但关于悼念权的研究，主要集中在悼念权的概念、法律特征、法律关系、悼念权纠纷类型化以及法律保护路径等方面，较少深入剖析悼念权精神损害赔偿的问题。然而，当悼念权受侵害时，往往使受侵害人产生精神上的痛苦，难以恢复原状。如何对被害人予以抚慰、补偿，并对侵权人的行为进行惩罚，对维护社会公平正义非常重要。因此，对于悼念权受侵害如何适用精神损害赔偿制度，填补被侵权人之损害，以解决悼念权纠纷问题，引发本文研究之动机。

一、侵害悼念权（right to mourn）的精神损害赔偿分析

悼念权又称祭奠权、祭祀权、悼唁权，是基于配偶关系、父母子女关系或其他亲属之间身份关系而产生的一种身份权，可说是基于情感对死者表示追思、哀悼、怀念、精神慰藉的权利，是从社会公德衍生出来的一种人格权利。悼念权的主体通常是与逝者具有配偶关系、父母子女关系或其他亲属之间身份关系的特定的自然人；客体是因特定身份关系而具有的权益；内容是悼念权人享有对逝者进行追思、哀悼、怀念、精神慰藉的权利。

悼念权的义务人负有通知、协助配合且不得妨害悼念权人行使悼念权的义务。例如，公墓业者不得妨害死者家属对死者表示追思、祭奠的权利。悼念权表现形式包括亲人死亡的知情权、追思权、奠祭权、安葬权、墓碑（或骨灰罐）署名权、祭祀权、保持墓碑及坟墓（或骨灰罐）完整等一系列与悼念死者有关的权利。悼念权与公序良俗紧密相关。亲人去世，其尸体或是骨灰由谁安葬、安葬在哪儿、如何安葬等都与当地民风习俗密切相关。司法实践中，可依据《中华人民共和国民法通则》第七条关于民事活动应当符合公序良俗的原则，对公民的悼念权予以保护。例如河南省新乡市牧野区人民法院〔2004〕牧民一初字第346号判决指出，丧葬风俗只要不违背法律、法规和有关政策，并符合公序良俗，应当受法律保护。原告与被告系同父异母的兄弟，在墓碑上只刻被告生母姓名而未刻原告生母姓名，不符合我国的道德伦理、传统风俗，但赔礼道歉、支付精神抚慰金等诉请，因未有相关证据，不予支持。在死者的墓碑上刻名字，不仅须遵从死者的意愿，亦不能损害其亲属的悼念权，更不能基于死者其一亲属之意愿而致使其他亲属的悼念权归于消灭。被告的做法显然侵害了原告的悼念权，对原告造成了精神损伤。在司法实践中，由于我国现对公序良俗原则的规定较为抽象、较为模糊，法官虽同样依照公序良俗原则进行裁判，但判决结果却截然不同。如四川省成都市青羊区人民法院〔2014〕青羊民初字第875号判决指出，我国法律并未规定子女死亡后其骨灰应由父母双方共同安葬，父亲安葬女儿，而不许母亲参加祭奠仪式的行为，明显违背社会遵从的道德风尚。基于公序良俗原则，母亲享有看望祭奠安葬其女骨灰的权利。父亲未通知母亲安葬其女事宜的行为，

侵害了母亲共同安葬子女的善良风俗，法院驳回原告诉讼请求的做法不妥。又如重庆市南岸区人民法院〔2006〕南民初字第3207号判决指出，原告在未通知死者亲人的情况下，将死者遗体火化，违背了中国传统的丧葬习俗，其行为欠妥，但被告精神上的重大痛苦是其子死亡的客观事实造成的，并非原告侵权行为造成。在我国，几千年形成的传统文化和善良风俗中，生者对亡者的悼念和缅怀是一种约定俗成的习惯，这种习惯应当受到人们的尊重。基于公序良俗原则，业者负有通知悼念权人的义务。原告应以善良人的注意义务，将死讯及时告知其亲属。显然，原告的做法侵害了被告的精神利益，法院的判决不妥。当其他规则规定都缺乏适用条件时，公序良俗原则作为兜底条款可保护新型权益。于悼念权而言，公序良俗原则确定其存在之合法性，认定其属民法之保护范畴，但鲜有借助公序良俗原则救济悼念权人之精神利益。因此，须明确适用公序良俗原则的范围，确立适用公序良俗原则救济精神损害赔偿的相关规定。而采用司法解释的形式对公序良俗原则的适用条件作出明确的规定，不失为一种可行的方式。

悼念权作为配偶权、亲权和亲属权的附随权利，是一种人格权。因公序良俗原则无法解决悼念权人精神损害赔偿的问题，在司法实践中，通常是通过适用人格权的相关规定，对受到侵害的悼念权人之精神利益进行救济。最高人民法院《关于确定民事侵权精神损害赔偿责任若干问题的解释》（以下简称《解释》）中第三条第三款以及第四条明确了悼念权人精神损害赔偿的范围限于非法利用、损害遗体、遗骨，或者以违反社会公共利益、社会公德的其他方式侵害遗体、遗骨侵害死者人格权；损坏或损毁具有人格象征意义的特定纪念物品。如江苏省宿迁市中级人民法院〔2011〕宿中民终字第0161号判决指出，因办理丧葬事宜产生纠纷可结合《解释》第三条第三款的规定，判定死者的亲属对死者的人身权益享有独立的精神利益。原被告系同母异父的兄弟姐妹，被告准备将其母的遗体抢回家中的行为，未侵害死者人格利益，不予支持原告诉求。本案中，被告虽未侵犯死者人格权利，但被告的行为侵害了原告追悼其母的权利。被告妨害原告行使悼念权是有过错的、是故意的。但至此时，经协调已排除被告对原告悼念权的妨害，侵害已制止，并未对原告产生损失，因此，不适用精神损害赔偿制度。对遗体、骨灰等特殊的物品，除自然人，法人、企事业单位和其他社会组织等亦能构成侵权行为，如医院、殡仪馆、骨灰寄存处、公墓管理单位等。基于公序良俗原则或是合同行为，服务型组织也可以说是业者负有通知消费者的附随义务，若业者未能尽其义务或其行为有瑕疵，消费者则可通过诉讼或仲裁的方式维权。但涉及亲属死亡的知情权、追思权、奠祭权、墓碑（或骨灰罐）署名权、祭祀权、保持墓碑及坟墓（或骨灰罐）完整权等其他形式悼念权人的权益，《解释》就缺乏适用条件，未能解决所有关于悼念权的纠纷问题。如北京市西城区人民法院〔2010〕西民初字第5548号判决，悼念死者不只有在墓碑上刻原告的名字这种方式，还可以通过其他方式进行悼念，且据死者意愿，被告行为并未侵犯原告的人格权。墓碑不仅是标志死者的安葬之地，亦是寄托亲属哀思、祭拜扫墓的重要物品。如若遵循法院的思路，依照死者不许除原告外的他人悼念的意愿，则含纳了禁止在其墓碑上刻原告名字、禁止原告进行祭奠仪式等活动，致使原告无法表达哀悼之情和寄托哀思，从而损害了原告的精神利益，非合情合理。而设立一般人格权条款，则可弥补这一漏洞，不必勉强适用公序良俗原则进行救济。除通过人格权法对悼念权人的精神利益进行保护，有法官通过身份权制度进行裁判试图弥补人格权法疏漏之处。悼念权无论是基于祭奠性纪念物引发的纠纷，还是因祭奠仪式和程序引发的纠纷，都可归于身份权予以调整。如湖南省新田县人民法院〔2011〕新法民一初字第356号判决指出，墓碑是承载亲属哀思的纪念物，墓碑的署名体现着署名者与逝者特定的身份关系，原告、被告应平等享有对逝去长辈尽孝和悼念的权利。由于目前我国法律没有对公民的悼念权作出明确规定，在司法实践中将悼念权理解为《解释》第一条第二款规定的“其他人格利益”。如安徽省淮南市田家庵区人民法院〔2006〕田民一初字第205号判决依照《中华人民共和国民法通则》第五条，《解释》第一条、第九条、第十条，认定被告应赔偿原告精神损害抚慰金。但既认为悼念权属人身权中的身份权，又归为人格利益进行保护，显然，这样的论证是前后矛盾的。因此，我国的立法应明确悼念权为身份权中亲属权的分支内容，并将其与人格权区分开来，通过构建独立的基于人身关系的法律规定予以调整。

同时，我国亦可借鉴同为大陆法系国家例如德日的司法体系以完善我国悼念权的精神损害赔偿制度。在德国，悼念权可受所有制保护。如若共有所有权的近亲属一方占有悼念性纪念物品，妨碍其他近亲属行使悼念权，顺序在先的亲属可以所有权受侵害为由请求改变占有和管理形式。[①] 我国最高人民法院出台的《关于确定民事侵权精神损害赔偿责任若干问题的解释》第四条，

① 孔祥东：《祭奠权的民法保护》，山东大学，2007年。

规定了可救济因损坏或损毁具有人格象征意义的特定纪念物品之精神利益。据此，我国已然有将所有权制度纳入精神损害赔偿范围的趋势。我国应放大精神损害赔偿的范围，将所有权制度完全纳入保护的范畴，以完善精神损害赔偿制度。在日本，有学者提出直接保护说，认为保护个人尊严是宪法规定的，既然日本民法没有规定自然人权利的终点，死者亦可享有人格权，以运用精神损害赔偿制度对死者利益进行全面保护。在“落日燃烧”事件的控诉审判以及纪实小说《密告》名誉毁损事件后，日本判例认为依日本《刑法》第230条第2款和《著作权法》第60条规定，人死亡后其人格仍然存在①。因此，可采取类推适用的方式，认定侵害死者名誉的行为构成侵权。同样，对死者的姓名、肖像、荣誉、隐私和遗体等行为亦可认定构成侵权。在我国，对死者人格权的独立保护是大势所趋。梁慧星的《中国民法典草案建议稿》（以下简称“梁典”）第25条和第26条规定了对死者人格权的保护，王利明的民法典草案亦持肯定见解。通过上述比较，我国应扩大精神损害赔偿的范围，将所有权制度完全纳入保护的范畴，并为悼念权设立一种新型的权利进行规范。

二、悼念权民法救济途径的完善

在我国民法典编纂过程中，应扩张精神损害赔偿的范围以完善悼念权的救济制度。而对精神损害赔偿制度的完善决定了必须先对悼念权明确予以法律保护。现阶段，应采用司法解释的形式完善公序良俗原则。当具有高度概括性的成文法无法解决此类新型的边缘性权利，原有的司法解释难以跟上社会变化的速度，新司法解释的出台能为法官处理此类案件提供指导性的建议。规范公序良俗在审理案件时独立的认定标准，可借鉴侵权责任制度。适用公序良俗原则以保护悼念权的前提是发生了侵害悼念权的行为，因此侵害行为对悼念权人产生了损害事实，包括物质损失和精神损失，且侵害人主观上存在过错。若满足上述条件，方可适用精神损害赔偿制度对悼念权人的精神权益进行救济。

作为“兜底条款”的公序良俗原则，仅是起到弥补漏洞的作用，能够适用规则的，一般不适用原则救济。此时，须采用概括性条款将悼念权纳入人

① 樊庆增：《中日精神损害赔偿适用范围比较研究》，湖南师范大学学位论文，2006年。

格权的范畴。人格权益是民法予以保护的重要法益，同时，可作为一个兜底性条款而对具体列举的条款所未能涵盖的部分提供概括的保护，从而为社会变迁中出现的新型人格利益如悼念权确立了请求权的基础[①]。法官则可依据人格权规定对涉及悼念权的案件进行裁判，而不必勉强公序良俗原则进行裁判，从而规范裁判行为，提升司法的公信力。因而，采用“自然人的人格权益不受侵犯。自然人的人格利益非依法律规定，不得予以限制，不得转让”的概括性条款，将悼念权纳入人格权的范畴，完善人格权法非常必要。梁慧星在梁典第十六条亦设立了“一般人格权”作为人格权的“兜底条款”，借以保护新型人格权。此时，悼念权作为《解释》第一条规定的“违反社会公共利益、社会公德侵害他人隐私或者其他人格利益，受害人以侵权为由向人民法院起诉请求赔偿精神损害的，人民法院应当依法予以受理”，“其他人格利益”，适用精神损害赔偿制度亦将无可置疑。此外，当人格权法依旧无法完全处理解决悼念权纠纷时，悼念权作为一种附随配偶权、亲权和亲属权而产生的身份权利，最后可通过身份权法进行救济。我国的身份权法在侵权法一般性条款的规定上很明显是个空白，如若对身份权有类似人格权的一般性规定，那么，在身份权上，当类似“悼念权”的新权益需求出现并有必要用法律加以保护时，便可以从一般性条款找到法条依据，方便法官受理案件[②]。因死者不享有民事权利，侵害死者的姓名权、肖像权、名誉权、隐私权等人格权，实际上造成了对悼念权人身份利益的损害。基于悼念权人的情感、传统文化以及社会风俗的影响，引起了悼念权人的精神痛苦。若悼念权人可基于身份权而享有诉权，就能在悼念权遭受不法侵害时完全保障悼念权人的合法权益。杨立新在《中华人民共和国民法通则（草案）》建议稿第 154 条提出“身份权请求权”的概念，“民事主体在其身份权的圆满状态受到妨害或者有妨害之虞时，得向加害人请求为一定行为或者不为一定行为，停止妨害或者排除妨害，以保持或者回复身份权的圆满状态”[③]。此时的“身份权请求权”受侵权责任法的保护，归于精神损害赔偿制度救济的范围。当然，若是悼念权独立于人格权、身份权之外，另立为一种新型的权利进行规范，则无须借以其他权益加以保护。将死者的人格权用概括性条款来规定，可以避免法律适用上的漏洞，有助于进一步规范法院的裁判，且采用概括性条款是各国立法的趋

① 王利明：《人格权法中的人格尊严价值及其实现》，载《清华法学期刊》，2013 年。

② 王文琴：《浅析对悼念权的保护》，《中国商界》（下半月）期刊，2009 年。

③ 杨立新：《中华人民共和国民法通则（草案）建议稿》，载《河南财经政法大学学报》，2015 年。

势。突破现有民法的调整范围，可通过设立“一般死者人格权”“禁止以侮辱、诽谤、贬损、丑化以及其他方式侵害死者的姓名、肖像、荣誉、名誉以及其他权利”，以保护死者的姓名权、肖像权、名誉权、隐私权等人格权，并将遗体、骨灰列为一种特殊的物进行规范。梁典第 25 条和第 26 条都规定对死者人格权的保护，包括姓名、肖像、名誉、隐私和遗体，将其与“一般人格权”相区分。同时，应完善在侵权法部分关于悼念权的立法以对悼念权进行规制，“侵害一般死者人格权造成死者亲属精神损害的，应当停止侵害、恢复名誉、消除影响、赔礼道歉并可适当赔偿精神损失”。

除扩大侵权法精神损害赔偿的范围，亦应将精神损害赔偿的方式、精神损害赔偿数额的计算、增加惩罚性精神损害赔偿的认定等方面修改完善。首先，精神损害赔偿的方式可分为一次性赔偿和分期赔偿。若受害人经医院鉴定，因受到严重侵害，无法恢复身心健康，需要长期医疗的，受害人将来的医疗费、护理费、康复费和生活费的赔偿，或是侵权人因经济等原因无法一次性支付赔偿金额的，可以采用定期金的方式。梁典第 1629 条、第 1630 条对精神损害赔偿的方式亦进行了区分。其次，我国确定精神损害赔偿金额标准可借鉴德国的经验，把侵害人的过错程度，受害人的年龄和个体情况、精神痛苦程度、损害的后果以及双方保险情况、经济状况的对比等纳入法院认定精神损害赔偿金额的范围。此外，可参照最高人民法院、最高人民检察院、公安部、安全部、司法部发布的《人体损伤程度鉴定标准》，订立“受害人精神损害程度鉴定标准”，确立精神损害赔偿金额的划分标准，以形成一个标准化精神损害赔偿体系。最后，应增加惩罚性精神损害赔偿金的认定。悼念物品与一般的物品不同，它具有强烈的纪念意义、人格象征意义，一经破坏就无法复原。基于其独特性、唯一性、不可复制性，以及基于悼念权人对其的特殊情感、文化背景和社会伦理，侵权人理应得到相应惩罚。若精神损害赔偿只限于填补受害人的损失，则无法阻遏心存侥幸的民众不发生此种行为，也不利于维护社会公共秩序，且各国民法几乎都有惩罚性赔偿金。梁慧星认为故意侵害他人生命、身体、健康或具有感情意义的财产的，法院得在赔偿损害之外判决加害人支付不超过赔偿金三倍的惩罚性赔偿金①。在适用惩罚性精神损害赔偿金时应有更为严格的认定标准，主观上若为重大过失的情形，应依据精神抚慰金是否可填补受害人的全部伤害的情况酌情考量。

① 梁慧星：《中国民法典草案建议稿》，总则第 1634 条。

三、结论

悼念权因其纪念性、唯一性、不可逆性，有别于其他权利。而我国现行立法并未对解决悼念权精神损害赔偿的纠纷建立统一模式，因此，明确悼念权的权属和完善精神损害赔偿制度就显得尤为重要。

针对悼念权的权属进行明确的划分，可采用概括性条款，将悼念权纳入人格权的范畴；或是为身份权设立“身份权请求权”，一个类似“人格权请求权”的概念，使请求悼念权精神损害赔偿有所据；抑或是独立于人格权、身份权之外，创设一个新的权利“一般死者人格权”以对悼念权进行规制。这样，悼念权的地位必然不再尴尬，为悼念权精神损害的赔偿提供了前提条件，防止因不用或滥用精神损害赔偿制度而对权利人或义务人造成二次伤害。此外，应建立健全精神损害赔偿制度，真正地将所有权制度纳入精神损害赔偿的范围；明确区分精神损害赔偿的方式为一次性赔偿和分期赔偿；增加受害人的年龄和个体情况、精神痛苦程度，以及双方保险情况、经济状况的对比等精神损害赔偿数额认定标准；依照是否可填补受害人全部的伤害，酌情考量主观上为重大过失的情形，是否可赔偿惩罚性精神损害等方面。

当前，我国正在制定民法典，悼念权应成为法定权利，使那些因社会发展需要而出现的、迫切需要法律保护的新的利益成为法定权利，以使当事人的要求有法可依，达到调整社会关系的根本目的，更有利于我国民法典体系的充实和完善。

参考文献：

一、司法案例

北京市西城区人民法院〔2010〕西民初字第 5548 号 .

成都市青羊区人民法院〔2014〕青羊民初字第 875 号 .

河南省新乡市牧野区人民法院〔2004〕牧民一初字第 346 号 .

宿迁市中级人民法院〔2011〕宿中民终字第 0161 号 .

淮南市田家庵区人民法院〔2006〕田民一初字第 205 号 .

湖南省新田县人民法院〔2011〕新法民一初字第 356 号 .

二、法律规范

《中华人民共和国民法通则》

《中国民法典草案建议稿》梁慧星

中国最高人民法院《关于确定民事侵权精神损害赔偿责任若干问题的解释》

《日本刑法》

《日本著作权法》

三、学位论文

孔祥东（2007）：《祭奠权的民法保护》，山东大学。

樊庆增（2006）：《中日精神损害赔偿适用范围比较研究》，湖南师范大学。

四、学术期刊

王文琴（2009）：《浅析对悼念权的保护》，《中国商界》（下半月）期刊。

王利明（2013）：《人格权法中的人格尊严价值及其实现》，《清华法学》期刊。

杨立新（2015）：《中华人民共和国民法通则（草案）》建议稿，《河南财经政法大学学报》。

放眼上海殡葬文化的前世今生

上海市龙华殡仪馆　李　路

摘　要：上海的殡葬史就是一部变革史。史载，明末东阁大学士兼礼部尚书徐光启在万历三十六年（1608 年）请来了意大利人郭居静，为自己的父亲举行天主教葬礼。这是上海人初见西洋人，第一次竖起“十字架”，用肃穆的“祷告”代替披麻戴孝的“哭孝”。上海开埠以后，出现了十里洋场、外商云集的局面。1844 年，英商麦都恩开办第一家公墓——山东路公墓（外国坟山）。1896 年，静安寺公墓及火葬处建立。于 1924 年诞生了中国第一个具有社会服务功能的殡仪馆——上海万国殡仪馆，开创了我国殡仪业的现代史。

关键词：殡葬史　服务品牌　龙华殡仪馆

一、上海殡葬业的三个阶段与四次转型

1953 年上海市民政局所属殡葬管理所接管万国殡仪馆，成立了第一家国营殡仪馆，实行大众化价格，对困难丧属实行减免，使殡仪馆成为劳动人民也能办理丧事的场所。1956 年上海殡葬业响应以毛泽东主席为首的老一辈无产阶级革命家倡导遗体火化的号召，在以后的 20 多年时间里，对葬式和遗存的陋俗进行了不懈变革，使上海率先全部实现了遗体火化。现在，上海城乡殡葬体系基本形成。

综观上海殡葬业的发展，从中华人民共和国成立后大致可分为三个阶段：第一阶段是 1949—1966 年（内含二次转型），初步形成以火化为中心的殡仪服务体系；第二阶段是“文化大革命”十年，殡葬业遭受极“左”路线的巨大摧残；第三阶段是改革开放至今，随着殡葬业的大发展，殡葬科技呈现出

高度繁荣，殡葬科技的一系列成就成为殡葬业改革开放的重要标志。

殡葬业的转型，是上海解放60年来的历史必然。这样的转型，在上海已发生了三次：第一次是1950年后上海的制度性转型，殡葬业由私有制转为公有制，新型殡葬事业从此诞生并蓬勃发展。第二次是遗体处理方式的转型，由遗体葬转为火葬，1956年上海开始在城乡全面推行火葬，并在火葬的基础上构建完成了新的殡葬服务体系。第三次是改革开放后，殡葬业导入市场机制，殡仪馆开始提供选择性的殡葬服务，公墓开始形成多种体制并存的经营体制。当下的这次转型，即第四次殡葬业转型，发生在胡锦涛同志对上海提出了“四个率先”的要求以后，上海各行各业认真贯彻落实科学发展观，努力转变发展方式的历史大背景下。这是一次内涵与要求都不同于以往的转型。

上海殡葬业的第四次转型，将主要体现在以下五个方面：一是殡葬服务将由以“遗体处理为中心”转变到为公众殡葬活动全过程服务的轨道上来，二是殡仪服务方式将由简陋、粗俗转变到以人为本、体现人的尊严的轨道上来，三是殡葬服务方式将进一步由以手工和体力为主转变到现代服务业的轨道上来，四是殡葬消费将由粗放型、资源消耗型转变到集约型、资源节约型的轨道上来，五是殡葬活动模式将由传统文化型转变到现代文化型的轨道上来。

我国的殡葬业是在计划经济体制下发展起来的。在改革开放中，随着我国市场经济体制的不断完善，殡葬业暴露出的一些突出矛盾和问题，阻滞了行业的发展。有人把矛头直指殡葬业的垄断、暴利，引起了业内外广泛的关注。

二、殡葬品牌的建设

马克思主义认为，生产社会化是现代化大生产发展的必然趋势，随着生产力的发展，生产社会化的程度必将越来越高。同样，随着我国市场化、工业化、城市化步伐的加快，传统的治丧形式已经不再适应社会的发展，由经过专门训练的具有专业技能的职业阶层来承担殡葬服务，促进殡葬服务由“自助行为”转变为“社会服务”，成为殡葬业适应社会发展的必然要求。这种“社会服务”的不断发展，在得到社会公认的同时，品牌的诞生便是服务更好的延续。因为品牌是行业的旗帜，品牌兴业，品牌兴市。上海殡葬业方方面面的变革必须在形成中国特色、上海特点的品牌上聚焦。

上海市龙华殡仪馆经历了64年的发展，在上海有较高的知名度，已积累了丰富的品牌建设经验。龙华本身已成为品牌，是上海殡葬界的品牌。近年来，龙华在品牌内涵发展方面，开展了保存人生文化和褒扬生命价值服务的探索，为品牌建设的系统化建构、加快品牌的文化转型创造了前提。

当下，我国殡葬服务和产品，低水平、同质化的现象比较明显。在现代化殡葬建设中，龙华要在品牌建设中发挥率先作用，在市民心中确立“优质殡葬”“文化殡葬”的“精品龙华”形象。

（一）我心伴你行——殡仪陪同服务

陪同服务是一种新颖的服务模式，核心在陪同。整个殡殓流程的全过程陪同，大大地方便了丧属，也大大地提升了满意度。

龙华殡仪馆每年平均接待200万人次。对于服务量已经饱和的龙华殡仪馆来说，由单一追求效率的简约化服务转化为体现人性化的陪同服务，将大大地增加服务量。因此，陪同服务一定要把“负担”转化为责任，体现“人本龙华，大爱无界”的核心价值观，争取成为行业著名品牌。

陪同服务要高度关注公众的切身感受。公众对殡仪服务的满意，是通过切身感受产生、形成并强化的，是一个从接触、感觉、感受的经验层面，提升到满意的判断的理性层面的过程。其中的关键，是要让服务对象“直接感受”到良好的服务。

陪同服务要着眼于满足个性化需求。不同的服务对象有着不同的个性化需求。因此，要善于进行个性化流程设计。现代殡葬是人本殡葬，必须尊重并尽力满足顾客的多样化需求。要从根本上改变传统殡葬下的“低水平、同质化”的服务流程。殡仪陪同服务人员，要成为个性化殡仪活动流程设计的高手，使顾客由表及里地深刻感受到、享受到陪同服务的优越，取得更加满意的效果。

（二）王刚工作室——遗体修复服务

在“以人为本”理念指导下的现代殡葬建设中，把对生命的尊重放到至上的位置。同时，科学技术的飞速发展为遗体修复服务提供了现代化手段。

传统的遗体整形整容，仅仅是简单的填充和缝合，特整效果缺乏立体感。因此工作室想到，必须通过项目攻关来突破目前遗体整容领域的技术缺失，他们利用高新技术，通过三维立体激光扫描和三维成像处理，研发遗体三维立体修复技术，运用骨骼的固定、胶原填充、雕塑倒模等手段，实现了遗体特整的高仿真性。同时还针对老年人面部表情纹明显、肌肤缺少弹性、脂肪萎缩、重力效应发生的局部部位塌陷、变形等情况创新研发出皮肤紧缩术和胶原填充术。多次受到委托方的高度认可，突破了遗体整容的高、精、尖瓶颈。

工作室以人性化服务为宗旨，坚持刻苦钻研业务并发挥指导和辐射作用紧密结合的原则，把工作室作为一个研究、学习、交流活动的主要载体，加强个人技能操作水平，提升专业知识的掌握，开展技术交流活动，促进员工专业化成长，通过多种形式的学习研讨、实践探索、主题研究，提升全体员工的理论知识，促进业务水平和实际操作能力的提高。把工作室建设成一支具有创新精神、科研意识和较强的教育实践能力的团队，使之成为研究的平台、成长的阶梯。

（三）白玉兰遗体养护工作室——遗体养护服务

2002 年龙华殡仪馆推出全由“80 后”女孩组成的女子化妆服务，在业界引起强烈反响。2005 年女子化妆组引入遗体养护概念，冠名为“白玉兰”。2010 年，龙华在女子化妆组的基础上，由张宏伟领衔创立“白玉兰遗体养护”工作室。2013 年，上海市民政局“张宏伟白玉兰遗体养护工作室”孕育而生，这也是全国首家专业从事遗体养护的工作室。至今服务万余位逝者，满意率始终保持在 100%。在品牌文化创建中，“白玉兰遗体养护”工作室更加凸显遗体养护服务对生命的尊重。实践表明，社会越尊重生命，对遗体养护的需求量越大，要求也越高，呈现出“正反馈效应”。

“颜面修复”术被钻研出来，它利用专业修复材料，遮盖逝者的尸斑、生前留下的疤痕，再运用妆面材料实现面部妆容完善。同时，工作室将根源于传统的遗体整容化妆的手法，从尊重生命和给予更多的人文关怀的角度出发，探索家庭式养护理念，推出“礼仪沐浴”服务，内容包括面部清洁、指甲清洁与打磨、四肢和身体清洁、洗发吹发、喷涂保湿液、更衣、化妆等，通过轻柔而舒缓的抚摸、揉搓、擦拭动作，解决了人过世后肌肉的紧绷和关节的僵硬及传统的简单擦身、更衣对遗体清洁度不够的问题，最大限度地恢复逝者的身体状态，慰藉家属心灵。目前创新成果已被广泛应用于遗体养护全程，全年约完成 7800 次“礼仪沐浴”仪式。

（四）阳光车队——遗体接送服务

龙华“阳光车队”以优质服务为宗旨，不断完善服务理念，加快文化转型。“阳光车队”要在文化服务的新视角上实现新的跨越，使之成为“率先”的新亮点。

创造一整套“以人为本”而不是“以物为本”的文化恭送礼仪，是体现车队的文化服务水平高低的重要标志；要将这一套文化恭送礼仪制度化、标准化，在本领域中凸显“龙华标准”的水平和层次，把人本的阳光让业内同行共享。

进一步重视高新技术的应用。传统殡葬是在短缺经济时代发展起来的，遗体接运车没有专门的设计，而改装传统车辆的基本出发点就是“运输”，这已成为现代殡葬下车辆服务开展功能创新的重点。文化服务需要硬件支撑，阳光车队要善于运用科技成果，努力由“运输”式服务，向“恭送”式的文化服务方向转变。

（五）心连心服务团队——上门服务

龙华的上门服务已走过了十多个年头，具有良好的品牌基础。传统殡葬下的上门服务曾是与“一条龙”竞争的手段，如今已发展为方便居民治丧、展示龙华风采、体现龙华形象的服务品牌。龙华上门服务的社会知晓度和公众美誉度不断提高，从而为从“送服务”向“送文化”的现代转型创造了前提。

针对殡葬活动的文化特质，创新上门服务中的文化服务新模式，努力把公众的殡葬服务需求“拉”向具有时代特征的、符合社会主义核心价值观的方向上来；要体现“人本龙华、大爱无界”的核心价值观，积极开展精神抚慰、心理疏导工作；要积极推广龙华多年来的文化创新成果。在文化礼仪的个性化策划、文化礼厅、人生小电影、文化花篮等文化项目的推广中，要有新的力度；要遵照“首推制”的要求，在第一时间把殡葬公益举措送上门，把党和政府的关怀送上门，并努力帮助解决特殊困难群体的特殊困难，彰显龙华的公益形象；要精心打造上门服务的人才队伍，尽快形成一支懂得科学、懂得殡葬民俗、善于掌握政策、乐于为民排忧解难、特别能吃苦耐劳的人才团队，培育出在市内外有影响的业务骨干。

龙华的品牌建设，既是龙华殡仪馆这一整体作为一个品牌的建设，让龙华成为国内外殡仪馆的著名品牌；同时，又是龙华的多个特色品牌的集合，形成贯穿龙华核心价值观的品牌集群。各个品牌都要有各自不同的内容、形态和特色，但都要体现龙华品牌这一全局的文化灵魂，并展现文化强馆的核心价值。

龙华品牌是以龙华为主体的品牌集群。不仅凝聚了60多年来龙华人服务的精诚和技艺的精湛，而且更凝结了龙华文化创新的智慧，成为龙华人核心价值观的有形载体，成为殡葬现代文化转型的重要标志。新时期龙华的品牌建设，更要体现现代殡葬转型的特征，要成为龙华文化强馆中的璀璨明珠。

三、殡葬文化发展的趋势

龙华人的共同愿景，就是要把殡仪服务从“以遗体处理为中心”向生命文化服务转型。现代转型是我国殡葬改革中殡仪馆科学发展的历史必然。龙华人顺应历史潮流，努力在同行中发挥领先优势。现代转型对于龙华来说，不可能一蹴而就。为此，重要的是培育持续发展力。只有凭借持续发展力，才能在现代转型中长久地保持领先优势。谓之领先者，其服务必应卓越，而不平庸；其效果，必然社会满意，而不平常。用卓越的服务，赢得社会各方的高满意度，也正是龙华人之心愿。有生必有死。圆满谢幕，是人生“五福”中所追求的“最后之愿”。龙华人开展生命文化服务之宏愿，就是把众人之愿化为己愿，让逝者谢幕更加圆满。

参考文献：

[1] 变革的殡葬.

[2] 龙华文化创新研究与CIS系统.

公墓产品设计软件应用心得
——从设计稿到施工图

福寿园国际集团　张　帆

摘　要：众所周知，一个产品从设计稿到出施工图会有很多环节，需要手工绘制线稿及借助各种计算机软件配合在一起，才能将设计构想绘制到纸上并且确保施工。殡葬行业的产品设计也遵循着这个流程。就设计公墓产品而言，如何把各软件整体有效地结合在一起，在保证速度和准确性的同时还要保证不失真，似乎尚未有好的案例。本文结合了笔者的一些工作经验，将公墓行业中产品从设计稿到出施工图上的一些过程和方法进行了梳理和总结。

关键词：公墓产品设计　软件应用　施工

对于公墓行业而言，产品包括了很多种类，比如说预先做好的成品墓、叠放的室内外壁葬、平放的卧碑平板墓、节地形式的植树葬和花坛葬、具有良好视觉通透感的草坪墓，以及私人个性化定制的艺术墓。

艺术墓是根据逝者的生平而专门设计的墓型，是艺术化与个性化的高度结合，文化品位很高。通过墓碑的设计，可以体现家属的情感和设计者的匠心。以著名电影表演艺术家金焰先生在福寿园的墓碑为例，其碑体是一个“J”字形的变形黑色胶卷，即“金”字的第一个汉语拼音字母。碑身上的灰石镜框内镶嵌浮雕，再现了金焰先生英俊刚毅的形象，镜框四周则各饰一顶皇冠。

当今，在墓园内安放的纪念碑，在标注逝者信息和寄托家属情感之外，其实也是一种精神生命的传达，反映着社会各层次的文化、信仰和价值观。所以，对设计者而言需要强调一个“主题性”，其目的是为了让人们通过产品的一个画面、一个造型产生出对逝者的联想，甚至发展成一个故事。

好的墓碑设计应该是充满符号的，虽然这些符号不能完整地包含所有逝者的信息，但是它们一定会传达一种印象。试想一下在观看某个纪念碑时，在试图解读的同时，观者自己也已经被牵扯其中，产生深刻的感受和印象，这也是作为设计者所要达到的最终目的。所以，主题性、画面感、叙事性是墓碑设计的重要元素。在公墓产品设计师接待一个客户时就要通过交谈了解客户的一些想法和感受，进一步了解他们的生活观、价值观和世界观，这样才能更贴近他们的想法，再通过进一步的交流达成共识，最终设计出既符合客户需求，又具有美感的作品。

笔者以一套艺术墓设计为案例，介绍一下公墓产品设计的流程。

首先，设计师结合客户的想法、生活观、价值观和世界观以及一些喜好，经过艺术加工和提炼，再融合美学以及当地风俗特点，绘制出一张墓碑的正面稿。一般产品设计须使用到以下应用软件：图像处理软件 Photoshop、制图软件天正 CAD 或 AutoCad、三维制作及渲染软件 RHINO。3DMAX 是当下主流的渲染软件，但结合实际经验来看，笔者认为 RHINO 在公墓产品设计上更为适用，后文有具体介绍。

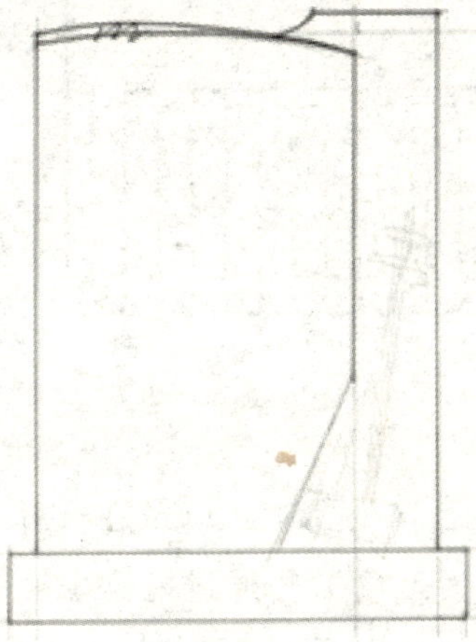

图 1

图 1 是所设计的产品的正面稿，有个大概的轮廓。当然，这也要建立在设计师对该设计尺度及比例有把握的基础上。将手稿扫描至电脑并用 Photoshop 打开，利用 PS 中的图像大小工具根据园区所规定的标高和宽度将比例调整好。

接下来我们为了让尺寸更加精准些，还需要借助 CAD 来勾一遍轮廓，同

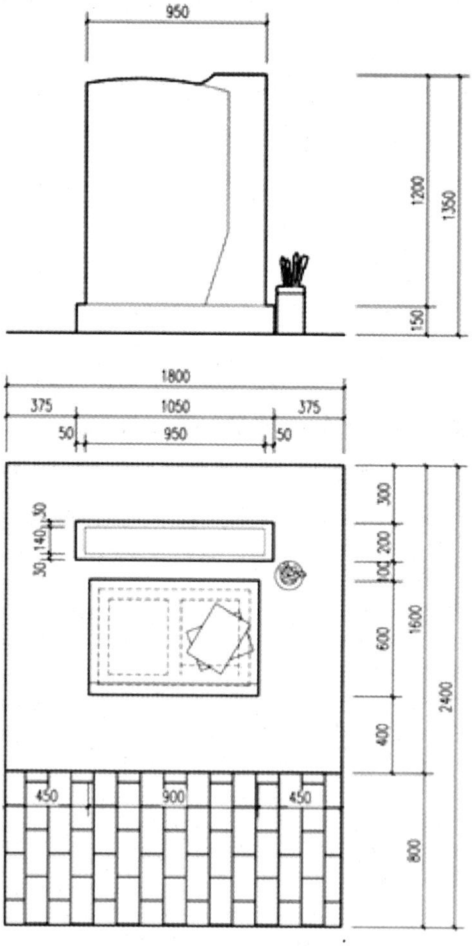

图 2

时也能验证一下是否符合客户的要求，以及在尺寸及工艺上是否能做得到，如果需要局部调整可以直接在 CAD 里通过拖拉线条进行，这样速度快而且尺寸准。与此同时，我们再将顶视图绘制出来，通过这个也能检验我们所设计的墓放置在其购买的地块中尺寸是否够用，经过仔细考量后我们可以得到上面这样的图纸（见图 2）。目前阶段，我们只需要将平立面绘制出来就可以了，其他的视图及尺寸留到今后补充。有些视图甚至可在模型建立起来后由电脑帮助完成。根据实际空间，我们还可以添置小部件或者加出一条小路来，如果空间不足就要考虑是否需要进行适当的缩减。

待尺寸全部测量完毕后，就可以将 CAD 中平立面单独另存出来形成一个

图 3

图 4

图 5

DWG 文件，再用 RHINO 导入，特别需要注意的是导入时的对应尺寸，应毫米对毫米或厘米对厘米。根据导入的线框可以很轻松地得到图 3 这个模型，这时暂时还没有附上材质，不过也能看清其结构及空间感觉了。墓碑四周的方框就是其占地的范围，可用来框画绿化和道路的配比，这样最终呈现的效果图才能和实际产品一致。接下来，是将现场的照片和模型的角度对起来，如图 4 所示。根据之前做的框将四个角点对应好现场的地块就可以了。对应好后，附上石材材质效果，再次渲染后就能得到图 5 这样有光泽、有质感的效果图了。当然这并不算完工，还需要将正面的石碑装饰及碑文效果图在图纸上一一表现。但这里出现了一个问题，设计者所做的效果图都是带有透视的，直接将装饰和碑文摆放上去易造成视觉上的不适。如果直接在 PS 中修改其透视效果，又产生一个新问题，如果设计稿通过了，那么大样怎么办呢，还需要重新再做一遍吗？重新再做一遍能保证相对位置及大小绝对不变吗？那么怎么做才能保证万无一失呢？方法是有的。

利用 Photoshop 中一个强大的工具——智能图层。

回到 CAD 中将正面的线稿以 PDF 的格式导出。然后将这个 PDF 拖动到现在做的这个效果图 PSD 中，我们可以看到图层面板上多了一个类似图 6 这样的矢量图层，右键点这个图层并栅格化，之后再次右键点它并转换为智能图层。双击这个智能图层我们就可以进入另一个新的 PSB 文件的界面，将图像尺寸调整至和实际正面尺寸一致（切记改动大小时不要重定义图像像素，否则文件会变得超级大），然后要做的就是将碑文及大样全部贴上去。为了方便观察，我们还可以新建一个临时的材质图层，不用很逼真，自己看得明白就可以，因为最后我们也还是要利用之前做好的那个图的材质的。现在我们得到的情况是这样的，见图 7。当然有些大样需要自己手绘，如图中的二胡。保存并关掉这个 PSB 文件，回到原来的这个 PSD 文件当中，可能会发现这个 PSD 都变成一个纯色了，这是因为刚才做的 PSB 文件尺寸比较大的原因，对它进行缩放，缩到画面内后将更改智能图层的透明度以便观察，同时利用 PS 变换工具中的透视功能，将图层调整至图 8 样子（以几个角点对齐渲染好的碑的几个角点为准），这样做出来的图透视就和现场一致了。这样做还有一个好处，就是一旦需要调整，只需要双击进入到智能图层中，就可以很方便地进行修改。保存后就能得到修改好的透视图案，一旦客户确认效果后，又能很便捷地从智能图层中取得没有变形的大样。

接下来需要在刚才那个智能图层中关掉一些不需要显示的图层，再回到效果图中，利用 CTRL+J 的方式将需要做立体效果的花样取出来并添加效果，最后在效果图中补种一些绿化。这样可以得到最终效果图，如图 9 所示。一般来说，效果图都会根据客户的意见经过多次调整才能最终定稿。如果是局部小调整，利用修改智能图层就能很快完成。

确认好效果后就是出施工图了。先前做过的模型可以帮助我们将效果图毫无偏差地表现在图纸上。完成这个步骤，使用的是模型转换。

打开最终确认的模型，选中需要转换的那部分模型实体，然后用 RHINO 特有的工具——建立 2D 图面可以得到四张图（见图 10），导出到 DWG 格式并用 CAD 软件打开，复制粘贴到我们的图纸文件后标注尺寸。因为之前都是用精确尺寸做的模型，所以这里的线稿也不会差 1 毫米，替换掉之前的粗糙

图 6

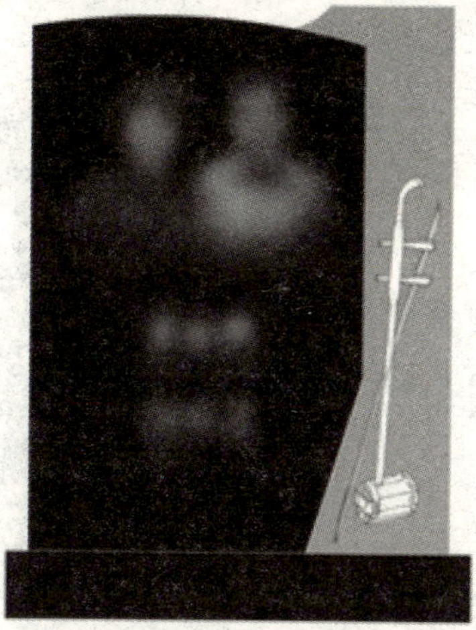

图 7

图 8

的平面，标好尺寸的基本图纸就算完工了。

这就是前文提到的为什么不选用 3DMAX 而改用 RHINO 作为三维软件的原因。RHINO 能更快、更精准地制作出模型，同时又能根据需要将模型转换成平面的三视图。总而言之，根据公墓产品设计的特点，它在整个过程的连贯性上是大大超出其他三维软件的。在这一点上 3DMAX 有局限性，但不可否定，3DMAX 在就单单只做效果图上还是很出色的，这使得 3DMAX 更偏向于纯设计端。

另外，在图 10 四张 2D 图纸中的右上角有一张透视的 2D 线稿图。透视图往往能给人感性的认识，能让不懂施工图的人很直观地了解尺寸。这里，对

图 9

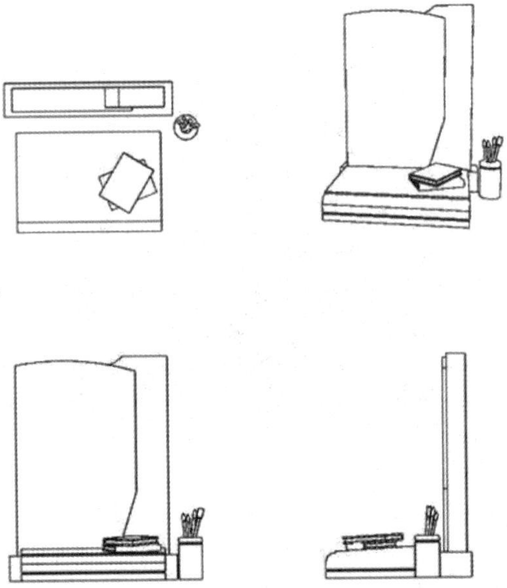

图 10

于三维软件举一例。通常我们事先做好的整石石棺尺寸是 800mm×500mm×450mm（深），内部空间是 310mm×390mm×360mm（深），客户对此是不具备认知的。在和客户确认施工图时如果附有一张图 11 这样的三维线框图，就能一目了然地了解墓穴结构及尺寸了。但在 CAD 中徒手画这种透视图是件很麻烦的事，而且这还需要操作者具备相当的绘画功底。但如果借助 RHINO 就

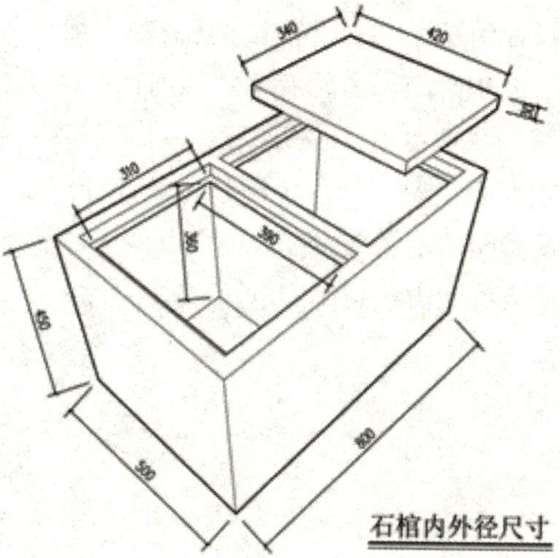

图 11

能很轻松地做到，只要在透视窗口中选好一个角度，导出平面线框就可以得到。

再回到之前的这个艺术墓设计案。例中，将具体的施工图绘制出来后经与客户确认尺寸和效果，就可以正式交给工厂开始加工制作了。同时因为之前设计大样都已详细绘制过，所以可以立即完成大样的交接工作，而且达到了拷贝不走样。这样，工厂拿到了高质量的设计大样，如果辅以技术好的工匠就能做出几近完美的作品。再附上一张全部安装好后的现场照片图 12 作为

图 12

介绍流程的结束。

在公墓产品从设计到设计出图环节上，还有很多细节和需要注意的地方，还有一些具体操作上的小窍门，另外有些特殊的产品由于其特殊的造型还有其他的手法可以表现，我们可另外进行探讨。对于公墓行业，光有产品是远远不够的，产品必须要和主题园区、陵园整体的设计规划定位有所联系，公墓产品需要有各个园中园的主题来烘托，而主题的定位需要根据当地的环境、风俗再配合当地人的喜好和市场规律而定。

关于殡葬人才培养及管理的研究

上海市龙华殡仪馆　吴　斌

摘　要：时值清明，殡葬——这一特殊的被部分公众刻意“回避”的行业，再一次受到了各界关注。同时，近年来随着殡葬业神秘的面纱被慢慢揭开，在行业内所呈现的各种问题也被媒体推到了风口浪尖。分析殡葬业现状后不难发现，关于殡葬人才方面的核心问题正潜移默化地影响着现代殡葬业发展和改革的步伐。因此，本文就殡葬业在人才培养及管理方面所存在的问题进行分析与研究，期望找出问题的症结，找到人才培养的有效管理办法。

关键词：殡葬　人才培养　人才管理

一、人才培养及管理的重要性

众所周知，人才是一个国家、一个城市、一个企业发展的核心竞争力。做好人才的培养，首先要营造人才发展的良好环境，其次要做好人才培养工作，最后要做好使用人才工作。

殡葬人才是这个社会上较为独特的“稀缺资源”。他们的出现将会带动整个行业的良性发展和进步，将会为长久以来人民大众对这一被边缘化的行业的认知产生积极的改变。从宏观意义上看，目前加快殡葬人才的培养与管理是刻不容缓、至关重要的。

然而殡葬人才的稀缺和流失一直成为业内公认的难题，如何引进人才、留住人才、管理人才，这是有识之士应当时刻重视及探讨的话题。时值清明，殡葬——这一特殊的被部分公众刻意“回避”的行业，再一次受到了各界关注。同时，近年来随着殡葬业神秘的面纱被慢慢揭开，在行业内所呈现出的各种问题也被媒体推到了风口浪尖。分析现状后不难发现，关于殡葬人才方面的核心问题正潜移默化地影响着现代殡葬业发展和改革的步伐。因此，此文就殡葬业在人才培养及管理上所存在的问题进行分析与研究，期望找出问题的症结，找到人才培养的有效管理办法。

二、殡葬业在人才储备和管理上存在的问题

（一）部分殡葬从业者缺失基本的职业道德及操守

在悠悠殡葬史的长河中，我们清晰地看到了人民大众对于殡葬业的态度是有着明显不同的，从孔子的儒家文化对殡葬的启蒙认知，到封建王朝中对于殡葬礼俗和制度一脉相承，以及人民大众的深深敬畏和服从。今天，在现代化的进程中，人民大众对于殡葬的认识和评判也有了不同角度的见地，从先民时期对于殡葬的敬畏、对于殡葬从业者的尊重，到现在的各种不理解甚至是批判谩骂，更有甚者，当今的部分殡葬从业者都不能正视自己的角色，认为自己是社会的底层分子；还有的甚至是违背了起码的职业准则和道德底线，干起了黑心买卖，非法经营，欺骗人民群众，既糊弄了死者又伤害了生者。

就因为部分殡葬从业者缺失了基本的职业道德及操守，所以每年一到清明、冬至，除了主流宣传，听到最多的声音莫过于各种殡葬业的负面消息。此类信息传播的危害又在市民群众于治丧过程中所反映出的不信任得到了集中体现，这让殡葬管理的领导们每年都头疼不已，不仅要疲于应付各路媒体记者，还要解决矛盾集中的物价、环保、资源问题等，但真正在殡葬从业者的基本道德素质方面提升力度不够，问题得不到解决。

（二）殡葬从业者对于专业知识、技能的学习尚有缺漏

追古思今，我们的祖师辈们通过日积月累的研究和实践，总结出了众多适应当时社会环境的“殡葬理论”和“殡葬技能”。例如按“天地君亲师”阶级制度制定出的严苛的祭奠礼仪；又比如在祭祀大典中进行演奏的乐师和他们的礼乐；或是在特殊日子里，气宇轩昂地念着公祭文的司仪。他们当之无愧是那个时期里重要的殡葬人才，是能为历史和文化所传承的宝贵财富。但是在现在，我们除丢失了一些主流文化和精神，还在殡葬文化和技能上缺

少了传承，有的技艺甚至是毫无保留地被贴上了“过时”和“封建”的标签，一股脑儿地全部丢弃了。这虽然有受到某一特殊政治时期的影响，但也和我们殡葬管理者和操作者对于专业知识和技能的研究学习重视程度不够有关系。有时候，我们不难发现，当大家在近些年热衷于搞一些返璞归真的祭祀大典时，竟发现不会写也不会读那些复杂、拗口的古文，更别说那些琳琅满目的祭器用品了，如何使用、何时使用、谁人使用也是“一问三不知”。在如今殡葬业逐渐兴起的个性化丧事中，大家很想摆脱传统的悼念形式，却无从下手，凭空创造却没有经典依据；“个性之风”百家争鸣，却也乱象丛生。这么重大的课题，不是站几个护灵员、录一段照片视频、说一些矫揉造作的司仪稿能解决的。

（三）青年人才对殡葬业的认可度和关注度较低

虽然最近几年媒体对于殡葬业正视不少，也作了一些正面宣传，但许久以来的社会认可度和关注度造成了殡葬业岗位需求的严重失衡。这集中表现在高素质、高学历、高技术青年人在各类殡葬岗位上的缺失。有些小城市的殡葬单位求贤若渴，年薪十多万，甚至抛出了解决编制等诱人待遇来找一名基层殡仪人员，但依旧门可罗雀，问津者甚少。在上海有一家全国知名的殡仪馆，数年前曾一口气招聘了四名大学生来实习，可实习期还没有到，他们却都相继提出了辞职。究其原因，有的是家中长辈有所忌讳，有的感受到工作环境产生压抑感心生畏惧；更有甚者认为殡葬业只是一个择业的过渡，有了更“响亮”的新工作便会毫不犹豫地辞职走人。如此一来，用人单位想要的人不想来，来的人又留不下来，留下来的也未必能培养。这般循环，是真的叫用人部门苦闷、人事部门叫屈了。

当然，从研究就业者的心态出发是一方面，从社会大环境和殡葬业自身的宣传来探讨又是另一方面的问题了。一直以来殡葬难宣传，也只能每逢清明、冬至，才发现有那么几天的新闻会关注到这个行业来，或只说点相关政策法规，或批判一些丧葬陋习，有的还曝光一些黑暗内幕，这就使得原本艰难得想依靠口碑存活的殡葬企业雪上加霜。所有主流媒体留给殡葬的板块甚至还不如一些保健品或是花边新闻，试问这让整天面对多媒体的年轻人从何种渠道正确认识和了解殡葬业呢？

（四）部分殡葬从业者缺乏竞争意识，忧患意识有待提高

就目前来看，殡葬行业主营业务集中，受外界金融市场冲击小，人民大众需求稳定，这就造成了从业人员的相对岗位稳定性。直白地说，如今业内许多人看来，在工作没有太大过失的前提下，面临失业的可能性微乎其微。于是就有了社会上的“金饭碗”“铁饭碗”一说，倘若如此的工作性质还未能满足大众的治丧需求，从侧面也加剧了双方的长期对立。

在许多单位，老员工按部就班，每天完成同样的工作，收摊回家，很少思考如何提升服务效率和能力。更遗憾的是，当初有的员工虽踌躇满志，却架不住岁月的侵蚀，逐渐丧失了前进的欲望，也就如此一般，渐渐老去。那将是整个殡葬业最不想看到的结局，如此，姑且殡葬改革、创新不谈，基本的治丧需求和满意度也很难维持高分。长久以来，我们对于顶层设计就不曾停歇过，各种形式的创新和产品的推广都不遗余力、乐此不疲，可基层员工甚至是部分中层干部依旧抱着死气沉沉的工作环境和作风，是无法成就改革的推力的，相反只能渐行渐远。

近年来，由于部分民营资本、外资注入，一旦政府手起刀落，开启了那扇尘封数十年的“大门”，那么，我们辛苦了几辈子人的行业将在一夜间被资本化、私有化、企业化，岗位将不再是固定的设置，编制不再是稳稳的设定，若无法满足企业掌管者的要求，面临的结果只有被淘汰。不论那一天是否会来到，那把刀却真真悬在了我们的头顶。

三、造成殡葬业在人才储备和管理上问题的原因

（一）造成部分殡葬从业者缺失基本的职业道德及操守的原因

部分殡葬从业者缺失基本的职业道德及操守，这算得上比较原则的问题，相信也是诸多单位领导感到头疼的地方。最典型的问题就有以下两方面。

一方面，对逝者缺少起码的尊重，对生者少了人文关怀。在有些地方，殡葬从业者在处理遗体或服务家属的过程中，不自觉地还会把逝者看作是一个“物件”来对待，例如停灵的环境脏乱，抬放遗体不知轻重等。

另一方面，损公肥私，利益至上。这两类人员均存在文化水平低，没有职业道德素养的自律性，是最初入职门槛设置太低造成的历史遗留问题；

同时也有相关管理人员监管缺失问题，在制度上没有约束力和执行力，对于那些犯有职业道德和操守问题的员工，认为只要对业务开展未产生严重影响便没有必要引起重视和警惕，领导层对其只是小有惩戒，上升高度没有思想教育，这是远远不够的。殊不知，员工的职业态度也深深影响着企业的口碑和发展前途。同时，在员工入职和从业期间的培训上，不少单位除了正常业务培训，在职业道德教育上几乎是空白，而我们却可以在诸多殡葬教辅书籍的前几章都能发现职业道德的定义和重要意义，这也对今后培训部门提出了要求。

（二）造成殡葬从业者对于专业知识、技能学习尚有缺漏的原因

在很长时间里，不少人都认为殡葬从业者是“大老粗”，这也是由于20世纪的殡葬工作内容和环境单一，对人员各方面要求较低，导致现在整个殡葬业内职工平均学历较低。同时，殡葬业的培训机构、专业院系极少，教辅书籍和文献数量远不及其他专业，有时为了考证一个专业学术问题，竟无处查询。行业的特殊性影响了相关教育的不完善发展，这也注定了从业者的起点低，须花费更大的精力用在基础学习和钻研上。在全国范围内，熟知的相关专业院校仅包括长沙民政职业技术学院、重庆城市管理技术学院、武汉民政职业技术学院、北京社会管理职业技术学院等。这样的缓慢培养，对于中国庞大的殡葬人才需求量可谓是难以满足的。

其次，在部分殡葬从业者个人身上也能寻找到答案。一些有点“远见”的人意识到了目前行业内出现的问题，希望通过大刀阔斧的改革和创新来达到“洗心革面”的效果，但有时看来有点急功近利。现在的局势是处处求发展，处处要改革，于是乎就有了“改”，有了“革”。有些地方确实改观了治丧环境和感受度，但有的改革怎么看都是个“四不像”，凭空添加了许多缺少经典依据的“创新”口号和服务；没有鲜明的人物个性的支撑，只有宽泛、做作的司仪通用稿；为了营造“个性”而“个性”的排场，甚至是一味迎合单位的经济增长点而有意为之的种种“创新产物”。

（三）造成青年人才对殡葬业的认可度和关注度较低的原因

按照常理，如今年青一代，应当对新鲜事物接受程度最高、最快。抛开这一群体自身对殡葬业的种种观点不提，分析影响其择业和关注度的原因有以下几点。

首先，传统观念的左右。这一观念与其说是自身的观念不如说是受外界影响更深一些，比如来自他们的家庭内部；比如考虑到今后的社交中面临的问题，都让青年们不得不重新考量是否从事这个职业。

其次，社会对于殡葬业依旧存在着片面的误解。一直以来我们的社会都不愿主动深入了解这个行业，浅析原因还是在有些宏观问题上与政府和相关机构的僵持，例如很多次双方就殡葬是否属于暴利行业展开过大讨论，又比如在是否“死得起”上各执一词。其实就从这样的尴尬处境来看，社会对于殡葬业的理解怎么说都潜移默化地影响了当下一大批青年人对这一行业的看法和关注。

最后一个很重要的方面就在于殡葬业自身。长久以来，殡葬业很少在自我宣传上做文章，企业价值很难得到提升，更别说是社会功能上有进一步的发展。虽然其中有社会接纳度的部分客观因素，但我们的高层管理者在宣传力度上还须下功夫。烟草虽害人，但其公益广告的宣传比起殡葬却深入人心得多，那句“山高人为峰”，后接“××烟草集团”的广告依然历历在目，发人深思。

（四）造成部分殡葬从业者缺乏竞争意识的原因

首先，显而易见，目前的工作性质决定了殡葬从业人员的心态。长久的历史“经验”告诉他们，这是一份难得的“铁饭碗”，进了这一行，似乎等同于期待退休，过上了安逸的生活。确实，或许这样的思想曾活跃在之前的殡葬业中，也是不少关于殡葬传闻里最普遍的一条。殡葬业本身没有竞争对手，只要有死亡率，就有客户的需求，加之不少地方都为员工设置了“编制”福利，为殡葬单位摆了一张“朝南坐”的椅子，一副不求人的脸孔。

其次，殡葬单位内部对于员工的晋升和激励机制并不完善和成熟。如今不少地方都出现了殡葬人才的年龄断层，青黄不接。发现后继无人了，再着急培养甚至临时聘用为时已晚。有些殡葬从业者踌躇满志来到单位，期待大展宏图，却不想经过岁月的侵蚀，一无展现自身价值的平台，二没有伯乐相助，激情与动力便逐年消亡，职业进入疲劳期，再有机会发展也许都心有余而力不足了。

四、如何解决殡葬业在人才储备和管理上的问题

（一）完善招聘机制，重视综合素质，加强企业培训

招聘环节应引起用人单位相当的重视，这是人才引入的进口关。不论是发放招聘信息还是面试录用，都应该以服从岗位的基本需求为出发点，避免浪费岗位资源的现象出现。在发放招聘信息时，应注重应聘者的学历及相关专业。由于目前专业院校的稀缺，专业也可与岗位尽量对应，也可以根据单位宏观需要来特别录用专有人才。例如要注重殡葬文化研究岗位的，可以尝试招聘人文或史学专业，避免招聘信息泛泛而谈或避而不谈、面议等情况出现，造成投递的简历量流失。同时，在基层或窗口岗位上，可多尝试在一些高等院校中招收优秀人才，让学历高弥补殡葬单位的整体文化高度的不足，为开展相关工作提供便利；相对其他层次人员，院校学生有可塑性强、服从性强、创新力强等优点，符合用人岗位的需求。

习近平总书记曾说过“德才兼备，以德为先”。由此看来德行的重要性是首要考虑因素，同样，一个人的职业道德和操守也是他就业的基本准则。在人才的综合素质上观察，要有符合殡葬业的基本素质，也要有与该殡葬单位相称的基本素养，并非每一个干好本职工作的人员都能成为一名优秀的受欢迎的企业员工。除此，更要有服从意识、集体意识，爱岗敬业不是一句口号那么简单。

殡葬单位对于员工基本素质方面的培训一直都是软肋，虽然很多单位每年花费大量的时间开展培训，但主要还是企业的文化、理念、岗位操作类的培训等，对个人的素质教育和培训没有系统性地开展和跟踪。在这方面，不妨学习一些先进的外企，在那里注重的是员工的基本素质是否全面，是否能为员工提供全面发展的平台，这样角度的教育和培训是以人为本的，能大大提升员工的归属感。因此培训教育是不容忽视的一个环节。

（二）扩增专业培训机构，自给自足加速探索、研究

由于专业院校目前还不能满足全国诸多殡葬单位的用人需求，而增设院校、系又涉及国家教育布局等相关层面的大问题，短期内很难落实解决。因此，可以建议设立一些殡葬机构内部的培训基地，自给自足，原先有的要加

快步伐，原先缺失的要抓紧弥补、研究。

例如在某殡仪馆，其防腐整容技术堪称全国最优，那就可以由民政部及相关殡葬机构牵头，在当地设立该技术培训基地，由该殡仪馆技术大师开班授业，传承技术，这不仅能够为该馆延续这项荣誉，也能为全国殡葬发展提供源源不断的有生力量。

如果在某些地区，对某一领域的课题很有兴趣，或许能创造出很大的革新项目，那可以专门组成一个课题小组，“请进来、走出去”，把相关领域的老师邀请来讲课、指导，也可以设计成调研报告，走出单位，走近群众，了解当地的风土人情、殡葬习俗、治丧需求等。有了理论和数据的支撑，很大层面上技术的革新都不会发生偏差。

对于在某一方面技术上有潜力，对上进有要求的员工，我们的领导要有一双慧眼、一颗伯乐的心。因为当一名员工渴求进步、渴求知识的时候，那是他最容易提升的时候，有条件的可以针对其特长专门提供培训，创造各种条件，因为专业领域人才非常稀缺，所以对每一棵苗子都要精心呵护好。须知，或许有一天，他们将是这个行业的领军人或接班人。

（三）加强对外联络、开展形象宣传

针对殡葬难宣传，以及不实宣传多、负面新闻多的现状，应主动出击，不要等到每年某些特点时刻，媒体上门了才疲于应对。有时对媒体的态度应更友善一些，要学会借力推力。例如，某殡仪馆在一次创新服务举措上推出了为逝者清洗遗体的“故人沐浴”服务，推广之前就与媒体联络，既开了媒体通气会，又幸运地被邀请到电台进行正面宣传，一夜之间，家喻户晓，于是在后续的业务营销中并没有遇到太大的阻力，服务被成功打造成为该殡仪馆的明星服务品牌。这就是善于借助媒体的力量进行宣传。同样的道理还包括，每一次重大重要丧事办理中，那些媒体人眼中的殡葬机构和他们的服务，很可能就是他们笔下潜在的素材。典型的案例有已故上海本土作家程乃珊女士，她就是在接受到温情的殡仪服务后，在当地晚报上撰稿，感激默默付出的殡葬人，为殡葬业正名。

其次，对于殡葬单位而言，其社会责任担当有所加强，须努力借助每一次自我宣传的机会，给社会公众递交一张美丽的“名片”。现如今公益活动深入大街小巷，殡葬单位也可以联合社区、养老机构进行对口服务，例如“助残”“助学”“敬老”等，社会公益活动能巧妙地规避宣传难的窘境，还容易

被社会接受，提升企业的社会形象。

除此以外，有条件的殡葬单位还可以增设“市民开放日”等活动，组织社会团体或市民群众走进殡葬机构，走近殡葬从业人员，正面客观地了解这个神秘的行业。

所以要解决青年人甚至是普通百姓对于殡葬业传统观念的认知，殡葬行业努力展现自我形象，增强宣传推广力度是个好的解决办法。

（四）加强员工的大局观，改变或完善殡葬人才的晋升和激励制度

一直以来，殡葬业都是“死气沉沉”“活不起来”。没有竞争的紧迫感，没有居安思危的忧患意识是一大问题。其实，内地殡葬业的现状不容乐观，“各路势力”都虎视眈眈，紧紧盯着这份大蛋糕。而我们的殡葬单位和从业人员依然感觉高枕无忧，有的还抱着“天下第一”的自我良好意识裹足不前。有些个人能力强，有些单位基础好，起步早，但近年来迟迟没有新的成果展现，甚至还有倒退或者被超越的迹象。对此，从领导层应该首先引起重视，可以多请外面的老师前来授课，教授新的知识和理念，同样也可以多组织考察和参观，让职工从直观上认识到自己的差距。有机会的，可以多参加同行间的交流比赛，以检验学习成果，共同进步。

在企业内部，管理者应知人善用，完善制度，对晋升和激励有新的考评办法，不用人唯亲，不暗箱操作，不搞“一言堂”。良好的企业发展需要各梯队人才的综合培养，发现和培养优秀的有潜力的殡葬人才，避免人才断层，这是考量一个成熟企业的标准之一。如此这般，人才得以发现，随之培养，然后投入工作、管理，提出创新，提升技术，这些都将成为顺理成章的事。很多时候，殡葬单位在工作中遇到的诸多困惑和阻碍等都是关乎殡葬人才培养的事，也就是“人”的事。

五、结束语

在对殡葬业的现状进行剖析后，我们发现了一些常见的问题，也许现实层面远不止上文所述的那几条，为此也针对其原因给予了相应的对策和建议。研究发现，要解决殡葬人才的难题，不仅是人才个人的发展，而且要有政府相关职能部门的支持、企业的有效管理、社会及大众人才意识的转变等多方协同努力，才会有所成效。

“路漫漫其修远兮，吾将上下而求索。”悠悠五千年的中华历史文化积淀，殡葬文化的传承与发展，需要众多的高素质的殡葬人才，殡葬人才的培养和管理任重而道远。

参考文献：

［1］朱胜进，陈维国，陈利．中国殡葬行业现状——来自浙江省的调研［D］．2012.

［2］赵宝爱，龚晓洁．略论殡葬行业的垄断和暴利现象［J］．2006.

［3］时铿，徐西胜．丧葬习俗与殡葬文化［J］．2001.

［4］高海生，史广峰，裴清芳．论殡葬文化的内涵、形态和特征［J］．2006.

［5］郑晓江．中国人的生死企盼与现代殡葬业发展的思考［J］．2005.

［6］赵海．殡葬管理五十年［M］．1999.

关于殡葬社会工作对家庭文化建设的研究

北京社会管理职业学院　周世强*

摘　要：殡葬社会工作在业界还是一项探索性的工作，从人性化、社会化的角度去开展探索的话，应该重视三个阶段的工作：生前的临终关怀介入、殡葬仪式安排、后期的家庭纪念风俗传扬。从临终关怀到葬礼设计再到家庭纪念，社会工作者可以作为资源的协调者和具体活动的组织者参与其中，为服务对象及其家庭提供专业的、人性化的服务。推动社会工作者参与到从临终关怀到殡葬、祭扫等社会活动中，有利于社会治理，有利于社会融合，有利于家庭文化建设。

关键词：殡葬社会工作　家庭　文化建设

殡葬社会工作在业界还是一项探索性的工作，从人性化、社会化的角度去开展探索的话，应该重视三个阶段的工作：生前的临终关怀介入、殡葬仪式安排、后期的家庭纪念风俗传扬。这三个阶段围绕的核心服务对象虽然往往只有一人，但事实上开展服务面对的是家庭群体，所以从一定意义上来说，殡葬社会工作的探索可以从家庭文化建设的角度来获得业界以及社会公众的认同，从而推动殡葬直接服务对象全面实现“优死”。

---

* 本文是2016年度民政政策理论研究委托课题“生命文化视角下我国殡葬家庭功能建设研究”的阶段性成果，项目编号为2016MZRL010805。

周世强，河南巩义人，北京社会管理职业学院生命文化学院院长助理，讲师，社会工作师。主要研究方向为社会工作、社会文化变迁。

一、临终关怀与家庭文化建设

临终关怀是为生存时间有限的服务对象提供综合性的照护服务，以减轻其生理痛苦和心理恐惧，其目的既不是治疗疾病或延长寿命，也不是加速死亡，而是改善服务对象余寿的质量。这是一门新兴的边缘学科，涉及医学、心理学、社会学、护理学和伦理学等众多学科，就像黑暗中温暖的火苗，让每一个临终的服务对象在有限的时光里安详、舒适、有尊严而无憾地走完人生的最后旅程。①

（一）老年临终服务对象的心理护理

老年临终服务对象的心理变化比较复杂，须根据服务对象年龄、性别、职业、经济状况、文化程度、宗教信仰等的不同，实施个性化的照顾。心理护理的核心是帮助服务对象正确认识疾病，积极配合诊断治疗，正视现实，调动老年临终服务对象与疾病抗争的内在积极性，当老化进展迅速或病情逐渐恶化，身心极度痛苦，表现出愤怒、绝望时，社会工作者用爱心、同情心温暖老人，使老人体会到社会、家庭对自己的关心照顾，心理获得平衡。当老人心情压抑需要发泄时，应当创造条件让老人把这种压抑情绪宣泄出来，获得放松和快乐。而当老人心烦、感到全身不适时，可以主动为老人按摩肢体和背部，与老人谈心。当老人生命垂危时，须安慰老人，采取一切措施，尽最大努力减轻老人痛苦，给老人以生的希望；同时用委婉的语言让老人理解生老病死是人生的自然规律，强化心理安慰，使老人心理上的创伤得到充分解脱，轻松告别人世。

（二）为老年临终服务对象家属提供心理支持

当朝夕相处的亲人身患绝症直至临终，服务对象家属的心理将经历一次沉重的打击，此时对其家属进行必要的哀伤辅导是不可缺少的。家属因为自身的文化、社会修养、家庭经济状况不同，会表现出各种不同的反应，所需要关怀的内容也不尽相同。在亲人即将离世时，家属不仅要承担经济负担还

---

① 宋岳涛、刘运湖主编：《临终关怀与舒缓治疗》，北京·中国协和医科大学出版社，2014 年版，第 1 页。

要负责照顾等工作，而且需要心理上的转变和适应，会表现出悲伤、恐惧、忧虑、愤怒等各种不同的心理反应。尽管家属知道临终服务对象首选的是舒适护理，但他们仍会请求生命支持治疗，想尽量延长服务对象的生命。当得知亲人失去康复的希望时，做好服务对象的生活护理、减轻服务对象的疼痛也是对家属的安慰。及时告诉家属服务对象的病情进展情况，让家属参与治疗决策，与服务对象家属建立相互依靠、相互合作的关系。同时对家属进行适当的生命文化教育，以减少照顾濒死服务对象的焦虑。

（三）善终与善后的服务

对那些生命即将结束的临终者，协助服务对象把未尽事宜沟通好；通知临终者的亲属、好友，使他们尽可能地陪伴在其身边；为临终者准备好寿衣，使其皮肤清洁、完整，五官祥和，四肢端正，以维持死者人体最终的完美，使其有尊严地离开人间；善待临终者亲友，协助其做好殡葬事务。工作并不因服务对象的死亡而终止，应安抚服务对象家属及朋友，减轻其痛苦，并与其共同讨论服务对象死亡后需要办理的手续及联系殡仪馆、安排葬礼等。

实施家庭式临终关怀既能为老年临终者创造一个类似家庭的临终环境，又能为他们提供基本的医疗护理，使老年服务对象得到真正意义上的临终关怀。①

二、殡葬仪式安排与家庭文化建设

我国的社会事务管理在城乡二元结构的背景下对城和乡分别以不同的方式进行管理，使城乡的殡葬仪式差异较大，城市的遗体告别仪式往往较为单调、刻板，民众的服务需要被遮蔽，而乡村的遗体告别仪式保留了传统民间文化的仪式规程，热闹而富有情感，具有强烈的家庭文化建设意味。

（一）城市里的遗体告别仪式与家庭文化建设

中共中央在解放战争时期后期曾经为破除封建迷信，开展过简单文明的追悼会仪式。中华人民共和国成立后，开始着手采用一系列制度强制或采用文化引导方式，改革几百年来遗留下来的社会积弊，包括殡葬习俗的改革，发起一

① 宁林金、高伟、尹小桃：《家庭式临终关怀在基层医院的实施体会》，载《中国医药指南》，2011年第25期，第145-146页。

场向旧传统的全面革新。其主要目的是破除封建迷信，废除葬礼仪式中的繁文缛节，倡导厚养薄葬以及文明节俭的丧葬形式，同时也起到了节约土地的作用。

遗体告别仪式从第一次在我党内部实行开始，到现在通过行政强制手段推行，基本上已经内化为城市居民处理丧葬事宜的基本观念，也经历了一个在“文明节俭”的精神指导下葬礼不断简化的过程。现在葬礼仪式的一般程序是：主持人宣布遗体告别仪式开始；由主持人带领到场人员默哀一分钟；由死者单位领导或亲属做简单致辞，表示悼念之情，祝愿死者安息，时间三至五分钟；瞻仰遗容，到场人员绕遗体一周，并向遗体三鞠躬，过程中进行录像、照相留念；主持人宣布遗体火化开始，遗体由工作人员或家属送到火化间，目送遗体入炉；家属在接待室等待骨灰出炉。基本上从死者死亡后登记，安排进入殡仪馆举行遗体告别仪式到火化，亲属取回骨灰存放后，整个葬礼的相关仪式宣告结束。这种以行政法规和相关法律形式规定的基本葬礼形式是适用于每个中国公民的，主要包括默哀和瞻仰遗容两部分，甚至部分地区省略了致悼词的步骤，取而代之的是殡仪馆录音致悼词中“代表殡仪馆向死者的家属表示沉痛的哀悼”等相关语汇。这些统一的流程步骤，加之同样的礼堂回荡着相同的录音指导语，相差无几的执行时间等，表现出了城市中葬礼仪式程式化程度之高，以及仪式间相似度之高。

在葬礼仪式上，通过亲属之间的交流、支持和慰藉使得葬礼结束后，原本因为死者缺位而造成断裂的社会关系网络得到修补。现代葬礼中遗体告别仪式也有同样的效果。在遗体告别仪式的过程中，死者的音容笑貌在亲人心目中不断被回想和追忆，与此同时，与死者具有各种形式亲缘、社会关系的人们聚集到一起，相互交流、劝慰，使原本因为死者的关系而聚集到一起的个体得到一次沟通的机会。家庭成员的聚首从形式上加强了家庭内部的紧密关系，帮助家属度过这一丧亲阶段。同时参加遗体告别仪式的亡者的朋友和同事也对亡者亲属表达哀悼和慰问之情，告别仪式在宣告旧有的社会关系消失的同时，也可能建立起了一些新的联系。而且在国内大多数地区有上午举行告别仪式的传统，通常家属与参与遗体告别的主要亲友中午一起就餐，由于葬礼基本告一段落，所以这个时间也是亲友们交流感情、互通近况的主要渠道。[①]

① 齐月娜：《葬礼：面对死亡的社会安排——城市环境下葬礼仪式浅析》，载《中国农业大学学报》（社会科学版），2008 年第 1 期，第 128-129 页。

（二）乡村里的遗体告别仪式与家庭文化建设

在社会快速变迁的大背景下，社会失范现象非常普遍，民众对仪式的联结和指导越来越少，人们只知仪式如何做，却不知背后的哲学伦理和世界观。在这样的大背景下就凸显出丧葬仪式的重要作用和意义了，尤其体现出其对家庭文化建设的价值。

1. 丧葬仪式具有不可替代的强制性

丧葬仪式具有不可替代的强制性，这种强制性来源于情感和责任上的束缚。参加至亲的葬礼是整个社会的主流文化，也是家庭成员能为至亲做的最后一件事。因此，不管在什么情况下，参加丧葬仪式具有不能避免的强制性。

除此之外，因为死者的社会关系网络丰富，可能将一个家庭、一个家族的丧葬仪式变成一个社区事务。由于人情的关系来参加葬礼的人越多，所形成的场域就越大，所营造出的氛围就越浓郁。

2. 参与中的观察和场域的影响

在保证丧葬仪式参与度的前提下，丧葬仪式是一种表演行为，通过详细地遵循指导和规定进行仪式达到一种展现自我家族归属的效果。

参与仪式中的人们通过场域的识别区分了我群和他群。受到在场其他家庭成员的影响，能够快速地融入仪式中去。通过观察了解到整个仪式的过程和禁忌，并且在此过程中会有意识或无意识地注意。心理学已有的研究表明，行为可以改变认知，因此通过参与仪式这个行为，可以逐渐改变自身的自我认知，其中就包括了自我家族归属感等。

3. 多渠道的个人情感唤醒

参与到丧葬仪式中的人们通过多个渠道唤醒个人情感。首先，通过环境的布置，营造出一个空间上的氛围，可以唤醒自己与家族的感情，这样的感情是一种对于故土的、对于家的质朴的情感。其次，参与丧葬仪式者与死者有或远或近的关系，他们在参加葬礼的过程中执着于自己与死者的情感，自己悲伤的情绪被参与的仪式所唤醒，在听司仪讲述死者的生前时将会唤起参与者的回忆，让参与者反思作为一个人生命的意义，生与死同时出现在仪式之中，让参与者反思在日常生活中应该如何改善。在这个过程中，参与者不是一个单独的个体，他们是一个明确的群体，他们共享同一种文化体系，并且同时参与一个仪式。在这样的过程中，个人的符号被弱化了，而个人所归属的群体却被加强了。个人参与丧葬仪式越多，他们对于自己属于这个群体就越明确。

4. 丧葬仪式促进家庭保持和谐

在家庭意义上，由于丧葬仪式的社会评价属性，家庭需要在整个丧葬仪式的过程中保持和谐一致的家庭形象。在公共场合中，整个家族团结的标签尤其重要，这不仅是社区声望的集中体现，还是家族力量的集中展示。家族希望给整个社区一个团结、友善、和睦的形象，并且利用这一形象开展自己的家族事务。家族还希望被社区贴上“孝顺”的标签，这个标签是该家族在社区生存的合法性依据，是社区成员互助的资本。因此，每一个举行丧葬仪式的家族都需要审慎地准备，并且最虔诚地将丧葬仪式顺利进行下去①。

三、家庭纪念风俗与家庭文化建设

家庭纪念风俗的传承可以依靠民间对这种仪式的信仰和纯粹的社会心理需求产生自发的认同感，程式化的遗体告别仪式具有追思亡者、凝聚生者的功能，但毕竟时间过短。在一个重视家庭关系的社会中，家庭成员的缺失需要很长时间来抚慰和弥补，死者的家人也需要更广阔的时间和空间来恢复。

（一）居丧守孝文化传统倡导的是家庭孝文化

死者安葬后，其家人要居丧守孝，这是对死者或亡灵致哀的又一表现形式。居丧期有长有短，少则数日，多则几年。蒙古族的居丧一般不隔年，只要能尽孝 7 天即可，多也不过 49 天或 100 天，而汉族则要服丧 3 年。过去少数民族的服孝时间均不甚长，这与它们漂泊不定的生活和部分民族不信鬼神有关。但后来受汉民族丧葬礼制的影响，时间变得越来越长。居丧时有许多讲究，如不修边幅，不参加娱乐活动，不办喜事（嫁娶），不行房事，不准大声喧哗，逢年过节不许拜客，也不贴年画、春联（有的汉族贴异色—— 一年黄、两年绿对联），等等。其最为明显的是戴孝。戴孝的时间和规制由亲缘远近来定。

---

① 闪鑫：《丧葬仪式与社区团结》，北京工业大学硕士论文，2014：41-42。

（二）祭奠活动有效推动了家庭文化建设

与居丧同时进行且用意近同的是祭奠。祭奠是对死者的纪念性活动。常见的有汉族的“做七”“扫墓”“祭祖”，部分少数民族的“周年祭”以及许多民族的年节祭。所谓“做七”，就是逢七就祭，直到七七四十九天为止。“扫墓”一般都在清明节进行，“祭祖”则不定，除清明节、端午节、七月十五中元节、立冬、春节、周年祭祀，每逢重大家庭活动前亦有“祭祖”之礼，集中家庭里面所有的成员去对已经去世的先人进行祭拜，表达自己的思念和尊敬，祈求来年的保佑。周年祭，是在每逢周年时祭祀。由于地域和民族的不同，祭祀的方式也多种多样，一般说来，有摆供品、烧纸钱或纸扎冥具，打扫、砌坟茔、请宗教执行人念经，迎魂、别魂、送魂、叩拜、脱孝等活动。其意蕴是供奉亡灵、告别死魂、悼念先人，以尽孝心。①

葬后的扫墓习俗承担着确认兄弟家庭关系良好与否的标志功能，通过给固定祭祀对象扫墓，借以对长辈的怀念来强调血缘关系，同时巩固兄弟家庭之间的亲密关系。在汉族家庭里，成年完婚的兄弟同住的很少，一般是兄弟成家之后，分家另过。但兄弟间仍存在生产、经济、人情等方面的往来，一旦与外界发生纠纷，兄弟就成了最稳固的联盟。但也有兄弟关系不好的，一旦兄弟之间的纠纷不可调和，那么一切往来就会断绝。这无疑是对一个家族团结发展最大的阻碍，也会让地下先人不安。如果兄弟关系可以调和，那么扫墓无疑是效果最佳的调和方式。此时，扫墓习俗成为血缘关系的纽带。②

四、殡葬社会工作探索的客观障碍与社会价值

从临终关怀到葬礼设计再到家庭纪念，社会工作者可以作为资源的协调者和具体活动的组织者参与其中，为服务对象及其家庭提供专业的、人性化的服务。这个过程是复杂且难以介入的，但能从临终关怀阶段即获得认同，后两个阶段就顺理成章了，其难度就在于服务对象涵盖整个家庭，我国的社会文化变迁还没有让社会工作者成为家喻户晓的职业，认同较难达成。但这三个阶段在社会运行中保有着重要的家庭文化建设功能，对生者的生活质量

① 陈玉文：《我国丧葬文化浅论》，载《黑龙江民族丛刊》，1993年第4期，第80页。

② 李清：《沂蒙丧葬文化研究》，青海师范大学硕士论文，2010：45-46。

提升和社会稳定具有重要的意义。推动社会工作者参与到从临终关怀到殡葬、祭扫等社会活动中，有利于社会治理，有利于社会融合，有利于家庭文化建设。

参考文献：

[1] 宋岳涛，刘运湖主编．临终关怀与舒缓治疗［M］．北京：中国协和医科大学出版社，2014：1.

[2] 宁林金，高伟，尹小桃．家庭式临终关怀在基层医院的实施体会［J］．中国医药指南，2011，25：145-146.

[3] 齐月娜．葬礼：面对死亡的社会安排——城市环境下葬礼仪式浅析［J］．中国农业大学学报（社会科学版），2008，1：128-129.

[4] 闪鑫．丧葬仪式与社区团结［D］．北京工业大学硕士论文，2014：41-42.

[5] 陈玉文．我国丧葬文化浅论［J］．黑龙江民族丛刊，1993，4：80.

[6] 李清．沂蒙丧葬文化研究［D］．青海师范大学硕士论文，2010：45-46.

红白事理事会作用的探讨

河北省殡葬行业协会　张铁军　满开纪

摘　要： 文章在组织机构、理事组成、设备购置、制度建设方面分析了红白事理事会发展现状，肯定了红白事理事会在减轻群众精神、经济负担，化解家庭矛盾，促进风气好转、生态文明建设方面的作用。同时找出了当前红白事理事会存在的问题和原因，提出了提高认识、完善设备设施、加强组织建设方面的设想。

关键词： 殡葬改革　社会组织　发展现状　对策研究

20世纪80年代初期，随着人民生活水平的提高，一些群众把靠汗水换来的大量资金用在了婚丧事大操大办和封建迷信上，大批劳力为红白事奔波，大片良田变为坟地，大量木材被埋在地下，巨大财富从而付诸东流，造成了触目惊心的浪费，动辄花费6万—7万元。党和政府为制止这种浪费行为，总结了河北柏乡县群众首创的自我教育、自我管理、自我服务的群众性组织——红白事理事会——的经验，继而在全省推广。20世纪80年代中期，红白事理事会经验被群众认可，沧州、保定、衡水等地红白事理事会像雨后春笋般地遍地开花，甚至全国红白事理事会经验交流会也在河北省召开。

20世纪90年代后，红白事理事会由于缺之管理、支持不够，一些地方的红白事理事会组织松散的弊端显露出来：有的理事会不作为，形同虚设；有的理事会乱作为，优亲厚友甚至以红白事理事会合法的身份掩盖大操大办和搞封建迷信活动。为解决这些问题，有些地方的党政领导运用行政手段，把红白事理事会工作列为干部政绩考核的重要内容和评定文明单位的重要标准，红白事理事会在治理红白事的大操大办和搞封建迷信活动中发挥了一定的作用。

在全党全国各族人民正为全面建成小康社会、全面深化改革、全面依法治国、全面从严治党而努力奋斗的今天，红白事理事会现状怎样？作用发挥得怎样？如何促进其发展？带着这些问题，我们通过听取市、县、乡、村工作汇报、查阅资料、现场查看及询问等形式，对柏乡、饶阳、黄骅、青县、顺平五个县（市）的12个村、社区红白事理事会进行了调研。调查显示，红白事理事会在困境中生存、在艰难中发展，在经济发展、政治民主、社会和谐、文化进步、生态文明建设中有其天然的、顽强的生命力。

一、红白事理事会发展现状

（一）组织机构

据测算，红白事理事会作用发挥得好，能按照国家政策引导群众开展殡葬改革，制止了大操大办和封建迷信活动，群众满意度高的占全省乡村总数的25%左右。这样的村庄多是经济发达、集体财力较强、党政班子较强的地方；饶阳县殡改工作搞得较好，红白事理事会管理规范，全县195个村庄有150多个红白事理事会开展较好，占全县村数的近80%；他们都建有红白事理事会组织。理事会的组织有紧密型和松散型之分。紧密型的一般领导班子较强，集体财力较好，开展“一条龙”服务，帮助料理群众所有丧事活动。如青县下马厂村红白事理事会有章程，坚持定时间、定标准、定规模的“三定原则”，执行“禁烟酒、禁棺木、禁歌舞”的“三禁规定”。设施设备通过村里拿一些、群众集一些、大户捐一些、向上级争取一些的集资方法，建立了红白事理事会服务场所。他们统一购置了餐具、桌椅、板凳、帐篷、冰箱、冰柜、厨灶、标志服装等办事必要的设备器材，组成流动服务餐厅。丧事过程中从受理、准备、操办、待客到结束等服务都由理事会操办。村民使用场地和设备只交100元的管理费，所有理事会成员统一义务无偿服务，真正让村民办事省时、省钱、省力。松散型的理事会一般集体财力较差，理事会和族长共商红白事办理方案，在社会上租用厨具等。

（二）理事组成

理事会成员大都通过选举产生，村委会主任或书记任理事长，德高望重的老党员、老干部任理事。有的村还增加了片长或族长。理事会成员料理丧事，多数是甘尽义务、无私奉献；有集体经济实力的村庄给予一定的误工补助，少的年补120元，多的年补4000余元。

（三）设备设施购置

随着经济发展，基础设施建设的不断完善，很多地方将红白事理事会场所建成综合服务场所。不办理红白事时，红白事理事会设施可做图书阅览室、科技培训站、文化活动室，形成一室多用，办事时又起到民事调解作用，发挥了村委会难以代替的作用，成为农村传播信息和文化的中心，成为农村精神文明建设的前沿阵地。

集体经济较好的村，多为村集体购置，群众免费使用，损失赔偿；有的村采取村筹、群众集资和大户捐助等形式购置设备等；有的理事会成员和群众集资购置，使用时交一定管理费用；有的村庄理事会联系流动食堂，依靠市场解决就餐问题。

（四）制度的完善

在当地党政领导下，各理事会都建立了比较规范的章程或村规民约等制度。基本内容有总则、机构产生、职责任务、服务原则、内容和措施、纪律。但由于各地经济实力、风俗习惯不同，规章、制度有所不同。如青县陈嘴乡出台实施了“禁烟、禁酒、禁棺木、禁歌舞”的“四禁”新规；青县清州耿官屯，“丧事在祠堂内进行，不使用棺木，不请吹鼓手，宴席不用酒，按标准用餐，免费使用炊具、灶具、餐具，并补助1000元”；八里庄制定了“骨灰盒代替棺木，放哀乐代替吹鼓手，黑纱代替穿大孝”的“三代替”制度；青县金牛镇党道庄制定了“骨灰盒进祠堂，大锅菜代替宴席，丧事不超3000元”的制度；青县下马厂村制定填写明白纸、登记受理、制订方案、确定标准、人员安排、报告“两委”等理事流程。有的章程规定了限制开支数量、办理丧事时间和吊唁送葬人员范围。不同的村庄条件，产生了不同的制度，最终达到了禁止丧事大操大办和杜绝封建迷信的目的。黄骅市刘家堡白事消费标准由4万元下降到了1万元。

二、红白事理事会的主要作用

（一）帮助丧属料理后事，减轻了丧属的思想压力和体力消耗

理事会成员得到村民去世的消息后，主动上门吊唁，了解丧属意向，提出处理方案，得到丧属认可后，组织人员料理后事。丧属在悲痛之时，免去了诸多思想负担和体力消耗，有的丧属说："送走一位老人，如同得一场大病，很长时间缓不过神来。理事会帮助料理后事，会把更多的时间、精力用在工作上，理事会确实帮了大忙。"

（二）减轻了丧属经济负担，促进了经济发展

老人去世后，丧属碍于面子和习惯，在世人面前也要大操大办和搞一些烦琐的礼仪，以示孝顺。但丧属从内心讲，不愿将过多的资财、时间、精力用在丧事的料理上，不愿搞一些烦琐的礼仪。理事会制止丧事大操大办和封建迷信活动，正合丧属之意。有的虽然口头有些不悦，但内心拥护理事会的决定。青县清水白社区过去办丧事要花 4 万—5 万元，理事会制止使用大棺材（6000 至 1 万元）、穿白（6000 至 1.5 万元）、酒席（4 万至 5 万元）、演戏（1.5 万至 2 万元）等殡葬陋俗后，丧事只花 1 万元左右，群众真心满意。丧属把省下来的钱用到生产生活上，促进了经济发展。

（三）化解家庭矛盾，构建了社会和谐

在办理丧事中，亲属之间、朋友之间及邻里之间往往为出钱多少产生矛盾，闹纠纷，造成婆媳不和、兄弟反目、妯娌相讥、姑嫂伤情，甚至由此结下怨仇、打架斗殴，以致闹出人命；有的由于家境不宽裕，还要大操大办，不惜明抢暗偷，铤而走险，触犯法律。红白事理事会在理事时，花钱少了，礼仪简化了，避免了钱财支出上的矛盾纠纷。既减轻了经济负担，也减轻了思想压力，化解了各种矛盾，促进社会和谐文明。

（四）促进了党风政风的好转

过去遇到红白事，有的干部要到丧属家大吃大喝，甚至倚仗职权敲诈勒索，损害了干群关系。有的大款为显示实力，要求使用高档烟酒，抬高宴席

标准。红白事理事会为制止攀比之风，制止大操大办，坚持依规办事，从而限制了殡葬消费数量和标准，促进了党风政风的好转。

（五）促进了生态文明建设

饶阳县西张堡村红白事理事会限制丧属乱烧纸扎，倡导一朵鲜花送亲人。青县清水白社区理事会为提升社区形象，对占地300亩的乱坟岗进行了改造，该社区通过资金补助，鼓励群众迁坟，通过集体建公益性公墓，供群众免费落葬等政策，既建立了公益性生态公墓，又扩大了近300亩耕地，同时还规范了文明祭扫行为，减少了烧纸对空气的污染。黄骅市李子札村红白事理事会不比出大殡，比孝老敬老，全村经济发展，精神面貌改观，环境幽雅，群众幸福指数高，全村人口1700人，90岁以上老人有20多人，80岁以上老人有60多人，80岁以上老人占总人口的4.7%。

（六）宣传党和国家的殡改方针、政策和法规，促进了文明

饶阳县西张堡村大力宣传厚养薄葬和敬老模范，制定了丧事不放炮、不穿白、不摆宴席，倡导“一朵白花送亲人”的出殡和祭扫方式，群众很满意。理事身在乡村，料理白事容易贴近实际、贴近生活、贴近群众，与丧属有一定的亲近感。他们自身又有一定的法制观念和政策水平，便于把党和国家的殡葬政策、法规以通俗的语言向群众宣传解释，变为丧属的实际行动，容易把殡改政策、法规落到实处。

三、当前红白事理事会存在的问题和原因分析

（一）主要问题

1. 红白事理事会发展不平衡。工作开展得好，能按政策料理群众丧事的乡村约占全省乡村数的四分之一；红白事理事会虽然有组织，也宣传了殡改政策，帮助群众料理丧事，但服务项目少，对大操大办和封建迷信思想制止不力的村庄约占全省乡村总数的50%；组织不健全、不能积极宣传殡改政策，丧事由族长按旧风俗办理的村庄约占25%。这样的村庄多是经济欠发达、班子较弱、矛盾较多的村庄。

2. 一些地方的红白事理事会作用发挥得不好，这些地方的理事敬业心和

能力欠佳。理事任务、目标、流程不明确，随波逐流，理事靠宗族力量。对大操大办和封建迷信者的行为制止不力。有的甚至不作为，理事会形同虚设。有的乱作为，帮助丧属违规殡葬。

3. 有些地方的红白事理事会设备设施简陋。多数乡村没有专项设施，多与科技文化站、图书阅览室等设施共处一室，有事时露天料理丧葬后事；多数地方缺少骨灰存放设施，群众火化后产生后顾之忧；有的骨灰堂缺乏管理，美化、绿化欠佳；有的公益性公墓管理欠规划，形同乱坟岗。殡仪服务设备管理形式多样，有的村是集体购置，群众免费使用；多数村为多方集资购置，群众使用交少量的管理费；有的村依靠市场租用流动食堂办理丧事，这种形式租费相对较高。

4. 制度不健全，不完善。有些地方有理事会组织，但制度没能形成文字，丧事标准、程序全凭村主任、会长掌握，殡仪服务不规范；有的虽有文字制度，强调了火化，但对骨灰存放服务没有规定，对文明祭扫没有要求；有的有制度，但缺乏强有力的领导和执行人员，执行力欠缺，生态文明殡葬未能落到实处。

5. 红白事理事会队伍素质有待提高。有的理事法制意识差，理事随波逐流，不能引导丧属依法殡葬；有的理事敬业精神差，工作不作为；有的理事政策水平低，办事能力差。

（二）原因分析

1. 党政班子对红白事理事会的作用、意义认识不够。工作只讲传统，不讲创新发展，使几千年丧葬旧俗继续蔓延，认为没有红白事理事会，照样办丧事；有的班子办事软弱，怕得罪人，对大操大办和封建迷信行为不敢制止。

2. 有的地方经济欠发达，集体经济力量单薄，没有为民解困的经济力量，对设施设备购置投入少，对理事会成员的误工补助少。

3. 理事会制度不健全，服务不规范，没有形成理事为丧属理事的大气候。

4. 理事队伍政策水平低，依法办事能力差。

四、完善红白事理事会组织的设想

（一）提高红白事理事会作用的认识

红白事理事会是我国最基层的殡仪服务组织，是联系群众最广，专为悲痛群众解难的自治组织。它贴近实际、贴近生活、贴近群众，是党和政府联系群众的桥梁和纽带，是有效推动殡葬改革的重要力量，是落实殡葬习俗改革和依法治葬的有力抓手。完善红白事理事会，充分发挥其作用，是实行殡葬改革“最后一公里”的工程。红白事理事会搞好了，在减轻群众负担，加速小康步伐；化解基层矛盾，提升文化素质；改善生态环境，促进文明建设；端正党风建设，构建和谐社会；聚精会神搞建设，推动经济大发展等方面都起着重要作用。各级党委政府要把完善理事会组织，发挥理事会功能，推动殡葬改革深入发展工作列为全面建成小康社会，全面深化改革，全面依法治国和全面从严治党工作的组成部分。各级民政、文明办等部门，要明确提出并采取有力措施反对陈规陋俗，提倡文明健康生活方式；反对封建迷信活动，提倡科学进步；反对大操大办，提倡节俭之风。并把红白事理事会建设列入党政工作议事日程，列入立法规划和新农村建设规划。各部门、团体要结合业务特点各司其职，支持理事会工作，实行齐抓共管的局面，共同推动理事会建设健康发展。

（二）加强理事会服务设施设备的建设

各级党委、政府及民政部门在大力推进殡葬改革，努力提高火化率的同时，也要加大对理事会的支持力度。要组织企事业单位及有能力的个人，支持帮助红白事理事会的建设，发挥其“急丧属所急，帮丧属所需”的作用，做到有钱的出钱，有物的出物，有力的出力，共谋殡葬服务之事业，共建殡葬服务之组织，共解民众丧葬之困难。

（三）加强红白事理事会组织建设

各级党政领导在加强农村“两委”班子建设的同时，也要加强理事会的建设。要注重理事会成员的培训，提高其服务水平；交流先进理事会的服务经验；整顿红白事理事会组织，对理事会作用发挥不好的要进行调整；要完善规章制度，明确理事会任务、目标、工作流程，适应群众丧葬需求。